Forum Geschichte

9/10

Gymnasium Niedersachsen G 9
Handreichungen

Handreichungen für den Unterricht
mit audiovisuellen Materialien und
Kopiervorlagen

Forum Geschichte 9/10 – Gymnasium Niedersachsen G 9
Vom Ende des Ersten Weltkrieges bis zur Gegenwart
Handreichungen für den Unterricht
mit Kopiervorlagen Kompetenztraining, Selbsteinschätzungsbögen,
Jahrgangscurriculum und CD-ROM mit Film- und Hördokumenten

Erarbeitet von:
Bettina Asch, Marlen Gröschke, Jan Johannes, Dagmar Scheich, Andrea Welk, Caterina Zwilling

Redaktion: Andrea Welk
Umschlaggestaltung: Ungermeyer – grafische Angelegenheiten, Berlin
Umschlagbild: East-Side-Gallery an der ehemaligen Berliner Mauer, © Ulf Böttcher/Look-foto, 2011
Layout und technische Umsetzung: zweiband.media, Berlin

www.cornelsen.de

1. Auflage, 1. Druck 2018

© 2018 Cornelsen Verlag GmbH, Berlin

Die Links zu externen Webseiten Dritter, die in diesem Lehrwerk angegeben sind,
wurden vor Drucklegung sorgfältig auf ihre Aktualität geprüft. Der Verlag übernimmt
keine Gewähr für die Aktualität und den Inhalt dieser Seiten oder solcher, die mit ihnen
verlinkt sind.

Das Werk und seine Teile sind urheberrechtlich geschützt.
Jede Nutzung in anderen als den gesetzlich zugelassenen Fällen
bedarf der vorherigen schriftlichen Einwilligung des Verlages.
Hinweis zu den §§ 46, 52 a UrhG: Weder das Werk noch seine Teile dürfen
ohne eine solche Einwilligung eingescannt und in ein Netzwerk eingestellt
oder sonst öffentlich zugänglich gemacht werden.
Dies gilt auch für Intranets von Schulen und sonstigen Bildungseinrichtungen.
Die Kopiervorlagen dürfen für den eigenen Unterrichtsgebrauch in der jeweils
benötigten Anzahl vervielfältigt werden.

Druck: Bosch-Druck GmbH

ISBN: 978-3-06-245011-2

PEFC zertifiziert
Dieses Produkt stammt aus nachhaltig
bewirtschafteten Wäldern und kontrollierten
Quellen.
www.pefc.de

Inhaltsverzeichnis

Übersicht: Kopiervorlagen Kompetenztraining und Selbsteinschätzungsbögen in der Handreichung 5

Einleitung
Hinweise zum Aufbau der Handreichung 6
Hinweise zum Aufbau des Schülerbuches 7

Übersicht über das Begleitprogramm zur Lehrwerksreihe „Forum Geschichte" 7

Jahrgangscurriculum Forum Geschichte Niedersachsen 9/10 8

Kapitel 1: Neue Weltmächte – neue Gesellschaftsordnungen
Sachinformationen zum Kapitelaufbau 16
Hinweis zum Unterrichtsverlauf 16
Hinweis zum Kompetenzerwerb 16
Hinweis zum Selbsteinschätzungsbogen 16
Weiterführende Hinweise auf Forum-Begleitmaterialien 16
Literatur, Jugendbücher, Filme, Internethinweise für Lehrkräfte 16
Hintergrundinformationen zu Materialien und Aufgabenlösungen 17
Lösungen zu den Kopiervorlagen der Handreichung 33
Kopiervorlagen zu Kapitel 1 35

Kapitel 2: Die Weimarer Republik (1918–1933)
Sachinformationen zum Kapitelaufbau 39
Hinweis zum Unterrichtsverlauf 39
Hinweis zum Kompetenzerwerb 39
Hinweis zum Selbsteinschätzungsbogen 39
Weiterführende Hinweise auf Forum-Begleitmaterialien 39
Literatur, Jugendbücher, Filme, Internethinweise für Lehrkräfte 39
Hintergrundinformationen zu Materialien und Aufgabenlösungen 40
Lösungen zu den Kopiervorlagen der Handreichung 57
Kopiervorlagen zu Kapitel 2 59

Kapitel 3: Eine Ideologie setzt sich durch: Der Nationalsozialismus
Sachinformationen zum Kapitelaufbau 63
Hinweis zum Unterrichtsverlauf 63
Hinweis zum Kompetenzerwerb 63
Hinweis zum Selbsteinschätzungsbogen 63
Weiterführende Hinweise auf Forum-Begleitmaterialien 63
Literatur, Jugendbücher, Filme, Internethinweise für Lehrkräfte 63
Hintergrundinformationen zu Materialien und Aufgabenlösungen 64
Lösungen zu den Kopiervorlagen der Handreichung 78
Kopiervorlagen zu Kapitel 3 80

Kapitel 4: Leben im Nationalsozialismus
Sachinformationen zum Kapitelaufbau 85
Hinweis zum Unterrichtsverlauf 85
Hinweis zum Kompetenzerwerb 85
Hinweis zum Selbsteinschätzungsbogen 85
Weiterführende Hinweise auf Forum-Begleitmaterialien 85
Literatur, Jugendbücher, Filme, Internethinweise für Lehrkräfte 85
Hintergrundinformationen zu Materialien und Aufgabenlösungen 86
Lösungen zu den Kopiervorlagen der Handreichung 104
Kopiervorlagen zu Kapitel 4 106

Kapitel 5: Nationalsozialistische Außenpolitik und Zweiter Weltkrieg

Sachinformationen zum Kapitelaufbau	110
Hinweis zum Unterrichtsverlauf	110
Hinweis zum Kompetenzerwerb	110
Hinweis zum Selbsteinschätzungsbogen	110
Weiterführende Hinweise auf Forum-Begleitmaterialien	110
Literatur, Jugendbücher, Filme, Internethinweise für Lehrkräfte	110
Hintergrundinformationen zu Materialien und Aufgabenlösungen	111
Lösungen zu den Kopiervorlagen der Handreichung	132
Kopiervorlagen zu Kapitel 5	134

Kapitel 6: Der Ost-West-Konflikt spaltet die Welt

Sachinformationen zum Kapitelaufbau	138
Hinweis zum Unterrichtsverlauf	138
Hinweis zum Kompetenzerwerb	138
Hinweis zum Selbsteinschätzungsbogen	138
Weiterführende Hinweise auf Forum-Begleitmaterialien	138
Literatur, Jugendbücher, Filme, Internethinweise für Lehrkräfte	138
Hintergrundinformationen zu Materialien und Aufgabenlösungen	139
Lösungen zu den Kopiervorlagen der Handreichung	151
Kopiervorlagen zu Kapitel 6	154

Kapitel 7: Deutschland nach 1945: Zwei Staaten, eine Nation?

Sachinformationen zum Kapitelaufbau	159
Hinweis zum Unterrichtsverlauf	159
Hinweis zum Kompetenzerwerb	159
Hinweis zum Selbsteinschätzungsbogen	159
Weiterführende Hinweise auf Forum-Begleitmaterialien	159
Literatur, Jugendbücher, Filme, Internethinweise für Lehrkräfte	159
Hintergrundinformationen zu Materialien und Aufgabenlösungen	160
Lösungen zu den Kopiervorlagen der Handreichung	185
Kopiervorlagen zu Kapitel 7	186

Kapitel 8: Leben im geteilten Deutschland

Sachinformationen zum Kapitelaufbau	190
Hinweis zum Unterrichtsverlauf	190
Hinweis zum Kompetenzerwerb	190
Hinweis zum Selbsteinschätzungsbogen	190
Weiterführende Hinweise auf Forum-Begleitmaterialien	190
Literatur, Jugendbücher, Filme, Internethinweise für Lehrkräfte	190
Hintergrundinformationen zu Materialien und Aufgabenlösungen	191
Lösungen zu den Kopiervorlagen der Handreichung	207
Kopiervorlagen zu Kapitel 8	209

Kapitel 9: Die deutsche Wiedervereinigung

Sachinformationen zum Kapitelaufbau	213
Hinweis zum Unterrichtsverlauf	213
Hinweis zum Kompetenzerwerb	213
Hinweis zum Selbsteinschätzungsbogen	213
Weiterführende Hinweise auf Forum-Begleitmaterialien	213
Literatur, Jugendbücher, Filme, Internethinweise für Lehrkräfte	213
Hintergrundinformationen zu Materialien und Aufgabenlösungen	214
Lösungen zu den Kopiervorlagen der Handreichung	227
Kopiervorlagen zu Kapitel 9	229

Kapitel 10: Die globalisierte Welt seit 1990: Eine Welt? Viele Welten?

Sachinformationen zum Kapitelaufbau	234
Hinweis zum Unterrichtsverlauf	234
Hinweis zum Kompetenzerwerb	234
Hinweis zum Selbsteinschätzungsbogen	234
Weiterführende Hinweise auf Forum-Begleitmaterialien	234
Literatur, Jugendbücher, Filme, Internethinweise für Lehrkräfte	234
Hintergrundinformationen zu Materialien und Aufgabenlösungen	235
Lösungen zu den Kopiervorlagen der Handreichung	251
Kopiervorlagen zu Kapitel 10	252

Zusatzaufgaben

Hintergrundinformationen zu Materialien und Aufgabenlösungen	256

Zur Auswahl und zum Einsatz der audiovisuellen Materialien

Übersicht über die Arbeitsblätter zu den audiovisuellen Materialien	264
Sachinformationen und didaktische Hinweise	265

Übersicht: Kopiervorlagen Kompetenztraining und Selbsteinschätzungsbögen in der Handreichung

KV 1.1	Manipulierte Fotos untersuchen	KV 6.1	Textquellen erarbeiten und vergleichen
KV 1.2	USA und UdSSR: Neue Weltmächte – neue Gesellschaftsordnungen?	KV 6.2	Zwischen Entspannung und Konfrontation: Der Kalte Krieg
KV 1.3	Selbsteinschätzungsbogen für Schüler Kapitel 1	KV 6.3	Auf dem Weg zur wirtschaftlichen Einigung Europas
KV 2.1	Propagandaplakate untersuchen	KV 6.4	Selbsteinschätzungsbogen für Schüler Kapitel 6
KV 2.2	Jugend in der Weimarer Republik	KV 7.1	Alltag in der Nachkriegszeit
KV 2.3	Selbsteinschätzungsbogen für Schüler Kapitel 2	KV 7.2	Deutschland nach 1945 – zentrale Begriffe
KV 3.1	Lebenserinnerungen auswerten	KV 7.3	Selbsteinschätzungsbogen für Schüler Kapitel 7
KV 3.2	Instrumentalisierte Kunst analysieren	KV 8.1	Wandel der Lebensformen in den 1960er Jahren
KV 3.3	Selbsteinschätzungsbogen für Schüler Kapitel 3	KV 8.2	Leben im geteilten Deutschland
KV 4.1	Spielfilme untersuchen	KV 8.3	Selbsteinschätzungsbogen für Schüler Kapitel 8
KV 4.2	Jugend im Nationalsozialismus	KV 9.1	Ein Denkmal interpretieren
KV 4.3	Selbsteinschätzungsbogen für Schüler Kapitel 4	KV 9.2	Die Folgen der deutschen Einheit
KV 5.1	Eine biografische Recherche durchführen – Strukturierungshilfe	KV 9.3	Selbsteinschätzungsbogen für Schüler Kapitel 9
KV 5.2	Der Nationalsozialismus – zentrale Begriffe	KV 10.1	Flucht nach Europa
KV 5.3	Selbsteinschätzungsbogen für Schüler Kapitel 5	KV 10.2	Die globalisierte Welt seit 1990 – zentrale Begriffe
		KV 10.3	Selbsteinschätzungsbogen für Schüler Kapitel 10

Wie ist die Handreichung *Forum Geschichte* aufgebaut?

Passgenau abgestimmt auf die Kapitelinhalte des Schülerbuchs *Forum Geschichte Gymnasium Niedersachsen G 9*, bietet jedes **Kapitel der Handreichung** folgende Elemente:

- Sachinformationen
- Hinweise zum Unterrichtsverlauf
- zu erwerbende Kompetenzen
- Verweis „Selbsteinschätzungsbogen Schüler"
- themengenaue weiterführende Materialhinweise aus dem *Forum*-Begleitprogramm
- Medienhinweise: Literatur, Jugendbücher, Filme, Internethinweise für Lehrkräfte
- **Kopiervorlagen Kompetenztraining**
- **Kopiervorlage „Selbsteinschätzungsbogen Schüler"**

Es folgen die Erläuterungen zu allen Materialien und die Lösungen zu allen Arbeitsaufträgen. In der **Randspalte** werden sie ergänzt durch Verweise auf das multimediale *Forum*-Begleitprogramm:

> **Was sind Webcodes?**
>
> Mit einem Webcode gelangen Schüler und Lehrkräfte zu weiteren Informationen, Bildern und Filmen im Internet. Gehen Sie auf:
> **www.cornelsen.de**
> Geben Sie in das dortige Feld den Code ein, z. B.
> ***FG450099-020***
> Die Internetadressen „hinter" den Webcodes werden aktuell gehalten.

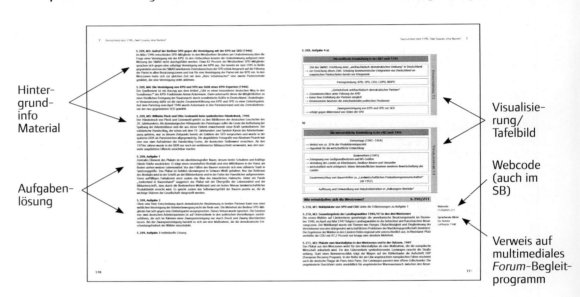

Was finden Sie auf der CD-ROM dieser Handreichung?

- Film- und Hördokumente
- Jahrgangscurriculum
- alle Kopiervorlagen (editierbar in Word)
- alle Texte der Handreichung (als PDF)

Wie ist das Schülerbuch *Forum Geschichte* aufgebaut?

- Die **Auftaktseiten** am Kapitelanfang mit attraktiven Großbildern und motivierenden Kurztexten aktivieren das Vorwissen und die Fragekompetenz.
- Die **Orientierungsseiten** (blau) geben eine räumliche und eine zeitliche Einordnung. Materialien und Aufgaben führen zu Kerninhalten, Kompetenzzielen und Leitfragen.
- Die **Zusammenfassung** (blau) am Kapitelende resümiert die großen Zusammenhänge.
- Die Abschlussseite **Kompetenzen prüfen** (blau) bietet die Möglichkeit, die in einer Übersicht dargestellten Lehrplankompetenzen anhand von Übungen zu testen (Lösungen im Anhang).
- Die **Themenseiten** bilden den Kern des Schülerbandes. Der **Moderationstext** ordnet das Thema für die Lernenden ein und bietet einen Arbeitsleitfaden. Es folgen **Darstellungstexte, Materialien, Begriffs-/Personeninfos, Webcodes** und **Arbeitsaufträge**.
- Die **Methodenseiten** (grün) führen mit Übungen in Fachmethoden und Arbeitstechniken ein.
- Die **Geschichte-kontrovers-Seiten** (blau) fördern die Multiperspektivität.
- Die **Landesgeschichte-Seiten** (blau) laden zur Untersuchung der Geschichte Niedersachsens ein.

Wie können Sie mit dem Schülerbuch differenzieren?

- Die an Operatoren orientierten **Arbeitsaufträge** in *Forum* folgen unterschiedlichen Schwierigkeitsgraden. Sie beinhalten eine **Progression** gemäß den Anforderungsbereichen I bis III.
- Darüber hinaus finden sich auf der Ebene aller drei Anforderungsbereiche **Wahlaufgaben** (orange), die verschiedene Lernertypen und Lernniveaus ansprechen.
- Vertiefende **Methodenaufgaben** sind grün markiert.
- Rot gekennzeichnete **Lerntipps** fördern die schwächeren Schüler.
- Orange markierte **Zusatzaufgaben** fordern die stärkeren Schüler.
- Auf den **Wähle-aus-Seiten** (orange) arbeiten alle Lernenden zu einem gemeinsamen Thema bzw. zu einer gemeinsamen Fragestellung – aber jeweils mit unterschiedlichen, niveauspezifischen und lernertypischen Materialien und Aufgaben.

Kompetenzen trainieren mit dem *Forum*-Begleitprogramm

Arbeitshefte 1 bis 4.
Lesetraining, Fachmethoden,
Fragekompetenz,
Urteilskompetenz
AH 1: ISBN 978-3-06-065211-2
AH 2: ISBN 978-3-06-064633-3
AH 3: ISBN 978-3-06-064634-0
AH 4: ISBN 978-3-06-064635-7

Kompetenztraining
Geschichte
ISBN 978-3-06-064939-6

Differenzierende
Kopiervorlagen Geschichte
ISBN 978-3-06-064604-3

Sprechende Bilder
Geschichte.
DVD mit Animationen
ISBN 978-3-06-065211-2

Foliensammlung Geschichte
Teil 1: ISBN 978-3-464-64315-0
Teil 2: ISBN 978-3-464-64316-6

Geschichte interaktiv.
Digitale Bilder und
Arbeitsblätter
CD I: ISBN 978-3-464-64317-4
CD II: ISBN 978-3-464-64318-1

Invitation to history
Zur bilingualen Reihe für Geschichte siehe: *www.cornelsen.de*

Jahrgangscurriculum *Forum Geschichte*. Niedersachsen 9/10

Kerncurriculum Standards für *inhaltsbezogene* und *prozessbezogene Kompetenzen* *Sachkompetenz (S-K); Methodenkompetenz (M-K); Urteilskompetenz (U-K)* Strukturierende Aspekte Begriffe, Daten	Forum Geschichte 9/10	Arbeitsheft Forum Geschichte 4 (978-3-06-064635-7)
	Stundenzahl (ca.)	
	1 Neue Weltmächte – neue Gesellschaftsordnungen (S. 14–43) ca. 9 Stunden	
Strukturierende Aspekte: Herrschaft und Staatlichkeit, Weltdeutung und Religion, Wirtschaft und Umwelt	**Auftaktseite (S. 14–15)** **Orientierung im Kapitel (S. 16–17)**	
Herrschaftsidee des Sowjetkommunismus und ihre Folgen *Die Schülerinnen und Schüler* – *nehmen komplexe logische Verknüpfungen zwischen historischen Sachverhalten vor, (S-K)* – *reflektieren Aussagen über historische Wirklichkeit in Quellen und Darstellungen sowie deren Konstruktcharakter, (M-K)* – *reflektieren die Perspektivität historischer Urteile, (U-K)* – *reflektieren das Nebeneinander unterschiedlicher Urteile. (U-K)* Begriffe, Daten: – Epochenjahr 1917, Russische Revolution(en), Kommunismus, Terror	Russland unter der Zarenherrschaft (S. 22–23) Die Russischen Revolutionen 1917 (S. 24–25) Der Weg in die kommunistische Diktatur (S. 26–27) **Wähle aus:** Leben in der Sowjetunion in den 1930er-Jahren (S. 28–29) **Methode:** Manipulierte Fotos untersuchen (S. 30–31) **Geschichte kontrovers:** Die Herrschaft Stalins im Blickwinkel der Zeit (S. 32–33); fakultative Themeneinheit	Vom Zarenreich zum Kommunismus (S. 37) **Methodentraining:** Bildanalyse – historische Gemälde – Die UdSSR unter Stalin (S. 40–41) **Lesetraining:** Der Aufstieg der USA und der UdSSR im Vergleich (S. 42–43)
Strukturierende Aspekte: – Herrschaft und Staatlichkeit, Weltdeutung und Religion, Wirtschaft und Umwelt	Gelingt eine Neuordnung Europas nach dem Ersten Weltkrieg? (S. 18–19) Der Völkerbund: Instrument für den Frieden? (S. 20–21)	
Strukturierende Aspekte: – Herrschaft und Staatlichkeit, Wirtschaft und Umwelt	Der Aufstieg der USA zur Weltwirtschaftsmacht (S. 34–35); fakultative Themeneinheit Absturz der Weltwirtschaft: Die Krise von 1929 (S. 36–37) Wie reagierten die USA auf die Krise? (S. 38–39)	Die USA werden Weltwirtschaftsmacht (S. 39) **Lesetraining:** Der Aufstieg der USA und der UdSSR im Vergleich (S. 42–43)
Strukturierende Aspekte: – Herrschaft und Staatlichkeit, Weltdeutung und Religion, Wirtschaft und Umwelt	**Zusammenfassung (S. 40–41)** **Kompetenzen prüfen (S. 42–43)**	
	2 Die Weimarer Republik (1918–1933) (S. 44–75) ca. 9 Stunden	
Strukturierende Aspekte: – Herrschaft und Staatlichkeit, Gesellschaft und Recht, Wirtschaft und Umwelt	**Auftaktseite (S. 44–45)** **Orientierung im Kapitel (S. 46–47)**	

Kerncurriculum Standards für **inhaltsbezogene** und ***prozessbezogene Kompetenzen*** *Sachkompetenz (S-K), Methodenkompetenz (M-K), Urteilskompetenz (U-K)* Strukturierende Aspekte Begriffe, Daten	Forum Geschichte 9/10 Stundenzahl (ca.)	Arbeitsheft Forum Geschichte 4 (978-3-06-064635-7)
Weimarer Republik – Chancen (z. B. Modernisierung, Partizipation, Emanzipation) und Belastungen *Die Schülerinnen und Schüler* – *nehmen komplexe logische Verknüpfungen zwischen historischen Sachverhalten vor. (S-K)* – *analysieren und reflektieren grundlegende gattungsspezifische Strukturmerkmale. (M-K)* – *setzen Ergebnisse der Quellenkritik in Beziehung zum erschlossenen Inhalt. (M-K)* – *beurteilen und bewerten historische Fragestellungen und Probleme unter Offenlegung der verwendeten Kriterien. (U-K)* Strukturierende Aspekte: – Herrschaft und Staatlichkeit, Gesellschaft und Recht, Wirtschaft und Umwelt Begriffe, Daten: – Versailler Vertrag, Inflation, Weltwirtschaftskrise	1918/19: Welche Staatsform soll Deutschland bekommen? (S. 48–49) Die politische Ordnung der Weimarer Republik (S. 50–51) Kriegsniederlage und Friedensbedingungen (S. 52–53) Wie sollen die Reparationen bezahlt werden? (S. 54–55) Wer bekämpfte die Republik? (S. 56–57) **Methode:** Propagandaplakate untersuchen (S. 60–61) Die „Goldenen Zwanziger": Stabilität und Veränderung (S. 62–63) **Wähle aus:** Mehr Rechte für Frauen? (S. 64–65) Jugend in der Weimarer Republik: selbst- oder fremdbestimmt? (S. 66–67; fakultative Themeneinheit) Börsenkrach in New York: Wie wirkte sich die Krise auf Deutschland aus? (S. 68–69) Politische Instabilität als Folge der Wirtschaftskrise (S. 70–71)	Personen in der Geschichte (S. 4) Kieler Matrosenaufstand – Revolution in Deutschland (S. 5) „Der Kaiser hat abgedankt!" (S. 6) Der Versailler Vertrag – eine gerechte Strafe? (S. 7) **Methodentraining:** Urteilsbildung – Die Weimarer Verfassung (S. 8–9) Die Krisenjahre der Republik (S. 10–11) Phase der relativen Stabilität (S. 12–13) **Methodentraining:** Werbeplakate analysieren – Die goldenen 20er-Jahre (S. 14–15) Die Phase der Präsidialkabinette (S. 16–17) **Lesetraining:** Historiker über die Weimarer Republik (S. 18–19)
Außenpolitik (mögliche Ergänzung zum verbindlichen Fachwissen) Strukturierende Aspekte: – Herrschaft und Staatlichkeit	Deutsche Außenpolitik nach Versailles (S. 58–59)	
Strukturierende Aspekte: – Herrschaft und Staatlichkeit, Gesellschaft und Recht, Wirtschaft und Umwelt	Zusammenfassung (S. 72–73) Kompetenzen prüfen (S. 74–75)	Weißt du Bescheid? (S. 20–21)
	3 Eine Ideologie setzt sich durch: Der Nationalsozialismus (S. 76–101) **ca. 7 Stunden**	
Strukturierende Aspekte: – Herrschaft und Staatlichkeit, Weltdeutung und Religion	Auftaktseite (S. 76–77) Orientierung im Kapitel (S. 78–79)	
Elemente der nationalsozialistischen Ideologie (und deren Wurzeln) *Die Schülerinnen und Schüler* – *problematisieren den Raumbegriff in historischen Diskursen. (S-K)* Strukturierende Aspekte: – Weltdeutung und Religion Begriffe, Daten: – Rassenideologie, Antisemitismus, Führermythos	NS-Ideologie: Weltanschauung und Ziele der Nationalsozialisten (S. 80–81)	**Lesetraining:** NS-Ideologie: antisemitische Vorläufer (S. 26)

Kerncurriculum Standards für **inhaltsbezogene** und **prozessbezogene Kompetenzen** *Sachkompetenz (S-K); Methodenkompetenz (M-K); Urteilskompetenz (U-K)* Strukturierende Aspekte Begriffe, Daten	Forum Geschichte 9/10 Stundenzahl (ca.)	Arbeitsheft Forum Geschichte 4 (978-3-06-064635-7)
Zerstörung von Demokratie und Rechtsstaatlichkeit *Die Schülerinnen und Schüler* – wenden Fachbegriffe eigenständig im Rahmen der Erschließung von Vergangenheit und Gegenwart an (Allgemeines – Singuläres), (S-K) – setzen Ergebnisse der Quellenkritik in Beziehung zum erschlossenen Inhalt, (M-K) – beurteilen historische Situationen und Ereignisse aus verschiedenen Perspektiven, (U-K) – reflektieren die Perspektivität historischer Urteile. (U-K) Strukturierende Aspekte: – Herrschaft und Staatlichkeit, Weltdeutung und Religion Begriffe, Daten: – 1933, „Ermächtigungsgesetz", „Gleichschaltung", Konzentrationslager	**Geschichte kontrovers:** Der 30. Januar 1933: Hitler wird Reichskanzler (S. 82–83) **Methode:** Lebenserinnerungen auswerten (S. 84–86) **Landesgeschichte:** Die „Machtergreifung" in Braunschweig (S. 87; fakultative Themeneinheit) **Wähle aus:** Der „Tag von Potsdam" (S. 88–89) Das „Ermächtigungsgesetz": Selbstentmachtung des Reichstags? (S. 90–91) **Landesgeschichte:** Die Emslandlager – Orte des Terrors und der Erinnerung (S. 92–93) Die Errichtung der Diktatur (S. 94–95) **Methode:** Instrumentalisierte Kunst analysieren (S. 96–97)	Personen in der Geschichte (S. 22) Die NSDAP – eine Partei in der Republik gegen die Republik (S. 23) Die NPD – die NSDAP der Gegenwart? (S. 24) Hitler festigt seine Macht (S. 25)
Strukturierende Aspekte: – Herrschaft und Staatlichkeit, Weltdeutung und Religion	Zusammenfassung (S. 98–99) Kompetenzen prüfen (S. 100–101)	Weißt du Bescheid? (S. 34–35)
	4 Leben im Nationalsozialismus (S. 102–131) ca. 9 Stunden	
Strukturierende Aspekte: – Gesellschaft und Recht	Auftaktseite (S. 102–103) Orientierung im Kapitel (S. 104–105)	
Elemente der nationalsozialistischen Ideologie (und deren Wurzeln) *Die Schülerinnen und Schüler* – beurteilen historische Situationen und Ereignisse aus verschiedenen Perspektiven. (U-K) Strukturierende Aspekte: – Herrschaft und Gesellschaft Begriffe, Daten: – Rassenideologie, „Volksgemeinschaft"	Die „Volksgemeinschaft": Ein Ideal? (S. 106–107) Eugenik und „Euthanasie" (S. 126–127)	NS-Ideologie: Die „Volksgemeinschaft" (S. 27)
Lebenswirklichkeiten und Handlungsspielräume im Nationalsozialismus zwischen Unterstützung und Anpassung, Verfolgung und Widerstand *Die Schülerinnen und Schüler* – wenden Fachbegriffe eigenständig im Rahmen der Erschließung von Vergangenheit und Gegenwart an (Allgemeines – Singuläres), (S-K) – analysieren und reflektieren grundlegende gattungsspezifische Strukturmerkmale, (M-K) – beurteilen und bewerten historische Fragestellungen und Probleme unter Offenlegung der verwendeten Kriterien. (U-K) Strukturierende Aspekte: – Gesellschaft und Recht, Weltdeutung und Religion Begriffe, Daten: – Novemberpogrome 1938	**Wähle aus:** Frauen in der „Volksgemeinschaft" (S. 108–109) Propaganda im Nationalsozialismus (S. 110–111) **Methode:** Spielfilme untersuchen (S. 112–113; fakultative Themeneinheit) Ideologievermittlung durch Feste und Feiern (S. 114–115) Freizeit im NS-Staat (S. 116–117) Jugend im Nationalsozialismus (S. 118–119) Schule im Nationalsozialismus (S. 120–121) Die Ausgrenzung der Juden bis 1938 (S. 122–123) **Landesgeschichte:** Die Reichspogromnacht 1938 in Hannover (S. 124–125)	Personen in der Geschichte (S. 22) **Methodentraining:** Werbeplakate analysieren – Frauen im Nationalsozialismus (S. 30)

| Kerncurriculum
Standards für inhaltsbezogene und prozessbezogene Kompetenzen
Sachkompetenz (S-K); Methodenkompetenz (M-K); Urteilskompetenz (U-K)
Strukturierende Aspekte
Begriffe, Daten | Forum Geschichte 9/10   Stundenzahl (ca.) | Arbeitsheft Forum Geschichte 4
(978-3-06-064635-7) |
|---|---|---|
| Strukturierende Aspekte:
- Weltdeutung und Religion, Gesellschaft und Recht | **Zusammenfassung (S. 128–129)
Kompetenzen prüfen (S. 130–131)** | Weißt du Bescheid? (S. 34–35) |
| | **5 Nationalsozialistische Außenpolitik und Zweiter Weltkrieg (S. 132–167)**   ca. 12 Stunden | |
| Strukturierende Aspekte:
- Herrschaft und Staatlichkeit, Transkulturalität | **Auftaktseite (S. 132–133)
Orientierung im Kapitel (S. 134–135)** | |
| **(1) Zweiter Weltkrieg**
Die Schülerinnen und Schüler
- nehmen komplexe logische Verknüpfungen zwischen historischen Sachverhalten vor, (S-K)
- wenden Fachbegriffe eigenständig im Rahmen der Erschließung von Vergangenheit und Gegenwart an (Allgemeines – Singuläres), (S-K)
- setzen Ergebnisse der Quellenkritik in Beziehung zum erschlossenen Inhalt, (M-K)
- reflektieren das Nebeneinander unterschiedlicher Urteile, (U-K)
- beurteilen und bewerten historische Fragestellungen und Probleme unter Offenlegung der verwendeten Kriterien. (U-K)

Strukturierende Aspekte:
- Herrschaft und Staatlichkeit, Transkulturalität

Begriffe, Daten:
- 1.9.1939, Vernichtungskrieg, Holocaust, Flucht und Vertreibung | Welche Rolle spielte die Wirtschaft für den NS-Staat? (S. 136–137)
Nationalsozialistische Außenpolitik 1933–1938 (S. 138–139)
Der Zweite Weltkrieg in Europa (S. 140–141)
Besatzungspolitik und Vernichtungskrieg im Osten (S. 142–143)
Shoa: Die Ermordung der Juden (S. 144–145)
Methode: Historische Ereignisse bewerten (S. 146–147)
„Totaler Krieg" und Niederlage (S. 152–153)
Wähle aus: Der Bombenkrieg (S. 154–155)
Zwangsarbeit im Dritten Reich (S. 156–157)
Flucht und Vertreibung (S. 158–159) | Vorbereitung auf den Krieg – Die NS-Wirtschafts- und Außenpolitik (S. 28)
Jugend in der Zeit des Nationalsozialismus (S. 29)
Der „D-Day" (S. 32) |
| **(2) Lebenswirklichkeiten und Handlungsspielräume im Nationalsozialismus zwischen Unterstützung und Anpassung, Verfolgung und Widerstand**

Strukturierende Aspekte:
- Herrschaft und Staatlichkeit | Gab es Widerstand gegen die NS-Herrschaft? (S. 148–149)
Methode: Eine biografische Recherche durchführen (S. 150–151) | Personen in der Geschichte (S. 22)
Widerstand gegen die nationalsozialistische Herrschaft (S. 31) |
| Die Schülerinnen und Schüler
- entwickeln aus Wissen und Einsichten über die Vergangenheit Beurteilungsmaßstäbe und Handlungsalternativen für Gegenwart und Zukunft. (S-K)

Strukturierende Aspekte:
- Herrschaft und Staatlichkeit | Kultur der Erinnerung (S. 158–159)
Rechtsextremismus heute (S. 160–161) | Die NPD – die NSDAP der Gegenwart? (S. 24) |
| Strukturierende Aspekte:
- Herrschaft und Staatlichkeit, Transkulturalität | **Zusammenfassung (S. 164–165)
Kompetenzen prüfen (S. 166–167)** | Weißt du Bescheid? (S. 34–35) |

| Kerncurriculum
Standards für **inhaltsbezogene** und **prozessbezogene Kompetenzen**
Sachkompetenz (S-K); Methodenkompetenz (M-K); Urteilskompetenz (U-K)
Strukturierende Aspekte
Begriffe, Daten	Forum Geschichte 9/10	Stundenzahl (ca.)	Arbeitsheft Forum Geschichte 4 (978-3-06-064635-7)
	6 Der Ost-West-Konflikt spaltet die Welt (S. 168–193)	**ca. 10 Stunden**	
Strukturierende Aspekte: – Herrschaft und Staatlichkeit	Auftaktseite (S. 168–169) Orientierung im Kapitel (S. 170–171)		
(1) Deutsche und globale politische Situation nach dem Ende des Zweiten Weltkrieges *Die Schülerinnen und Schüler* – *reflektieren zeitliche Strukturierungskonzepte und problematisieren diese ggf. als Konstrukte (Gleichzeitigkeit – Ungleichzeitigkeit), (S-K)* – *nehmen komplexe logische Verknüpfungen zwischen historischen Sachverhalten vor, (S-K)* – *analysieren und reflektieren grundlegende gattungsspezifische Strukturmerkmale, (M-K)* – *beurteilen und bewerten historische Fragestellungen und Probleme unter Offenlegung der verwendeten Kriterien. (U-K)* Strukturierende Aspekte: – Herrschaft und Staatlichkeit, Transkulturalität Begriffe, Daten: – Hiroshima, Kalter Krieg	Blockbildung im Kalten Krieg (S. 172–173) Bündnissysteme in einer bipolaren Welt (S. 174–175) Die Kuba-Krise: Die Welt hält den Atem an! (S. 178–179) **Methode**: Spielfilme auf Feindbilder untersuchen (S. 180–181) USA und UdSSR: Zwischen Sicherheitsdenken und Entspannung (S. 182–183) Entspannungspolitik und neue Konfrontation (S. 184–185)		**Methodentraining**: Urteilsbildung – Die Blockbildung – Warschauer Pakt vs. NATO (S. 44–45) Der Vietnamkrieg (S. 47)
(2) Dekolonialisierung (mögliche Ergänzung zum verbindlichen Fachwissen) Strukturierende Aspekte: – Herrschaft und Staatlichkeit	Dekolonisation: Aus Kolonien werden Staaten (S. 176–177)		
(3) Europäische Einigung (mögliche Ergänzung zum verbindlichen Fachwissen) *Die Schülerinnen und Schüler* – *nehmen komplexe logische Verknüpfungen zwischen historischen Sachverhalten vor. (S-K)* Strukturierende Aspekte: – Herrschaft und Staatlichkeit	Die Europäische Einigung – ein Projekt des Westens? (S. 186–187) Deutschland und Frankreich – Motor der EU im Kalten Krieg? (S. 188–189)		
Strukturierende Aspekte: – Herrschaft und Staatlichkeit	Zusammenfassung (S. 190–191) Kompetenzen prüfen (S. 192–193)		Weißt du Bescheid? (S. 48–49)

Kerncurriculum Standards für inhaltsbezogene und prozessbezogene Kompetenzen Sachkompetenz (S-K); Methodenkompetenz (M-K); Urteilskompetenz (U-K) Strukturierende Aspekte Begriffe, Daten	Forum Geschichte 9/10　　　　　　　　　　Stundenzahl (ca.)	Arbeitsheft Forum Geschichte 4 (978-3-06-064635-7)
	7 Deutschland nach 1945: Zwei Staaten, eine Nation? (S. 194–233) ca. 15 Stunden	
Strukturierende Aspekte: – Herrschaft und Staatlichkeit, Wirtschaft und Umwelt, Gesellschaft und Recht	Auftaktseite (S. 194–195) Orientierung im Kapitel (S. 196–197)	
(1) Deutsche und globale politische Situation nach dem Ende des Zweiten Weltkrieges *Die Schülerinnen und Schüler* – analysieren die historische Bedingtheit heutiger Identitätskonstruktionen (Integration – Ausgrenzung), (S-K) – setzen Ergebnisse der Quellenkritik in Beziehung zum erschlossenen Inhalt. (M-K) Strukturierende Aspekte: – Herrschaft und Staatlichkeit, Gesellschaft und Recht, Wirtschaft und Umwelt Begriffe, Daten: – 8. Mai 1945	Der 8. Mai 1945 – Niederlage oder Befreiung? (S. 198–199) Was wird aus Deutschland? (S. 200–201) **Methode:** Arbeiten im Archiv – Beispiel: Flüchtlinge und Vertriebene (S. 202–203; fakultative Themeneinheit) **Wähle aus:** Gesellschaft und Alltag im Nachkriegsdeutschland (S. 204–205) Entnazifizierung und Nürnberger Prozesse (S. 206–207) Wie entwickelte sich die Ostzone? (S. 208–209) Wie entwickelte sich die Westzone? (S. 210–211) **Landesgeschichte:** Die Gründung des Landes Niedersachsens (S. 216–217; fakultative Themeneinheit)	**Methodentraining:** Urteilsbildung – 8. Mai 1945 – Tag der Niederlage oder der Befreiung? (S. 33) Die Stunde null – Neuanfang im zerstörten Deutschland (S. 51) **Methodentraining:** Bildanalyse – Trümmerfrauen (S. 52–53) **Methodentraining:** Urteilsbildung – Entnazifizierung (S. 54–55) Besatzungszonen und Deutschlandpolitik der Alliierten (S. 56)
(2) Konkurrierende Staatsformen und Werteordnungen der beiden deutschen Staaten *Die Schülerinnen und Schüler* – nehmen komplexe logische Verknüpfungen zwischen historischen Sachverhalten vor, (S-K) – setzen Ergebnisse der Quellenkritik in Beziehung zum erschlossenen Inhalt. (M-K) – beurteilen historische Situationen und Ereignisse aus verschiedenen Perspektiven. (U-K) Strukturierende Aspekte: – Herrschaft und Staatlichkeit, Wirtschaft und Umwelt Begriffe, Daten: – Bundesrepublik, DDR	Die Gründung der Bundesrepublik Deutschland (S. 212) Die Gründung der Deutschen Demokratischen Republik (S. 214–215) Plan und Markt: Zwei Wege zum Wohlstand? (S. 218–219) Die Bundesrepublik wird Bündnispartner des Westens (S. 220–221) 17. Juni 1953 – Volksaufstand in der DDR (S. 222–223) 1961 – Bau der Berliner Mauer (S. 224–225) Neue Ost- und Deutschlandpolitik (S. 226–227) Die deutsch-deutschen Beziehungen nach Unterzeichnung des Grundlagenvertrages (S. 228–229)	Personen in der Geschichte (S. 50) Die doppelte Staatsgründung (S. 57) Die deutschen Verfassungen im Vergleich (S. 58–59) **Lesetraining:** Die Wirtschaftsordnungen im Vergleich (S. 60–61) Der 17. Juni 1953 (S. 62) Der Mauerbau – 13. August 1961 (S. 63)
Strukturierende Aspekte: – Herrschaft und Staatlichkeit, Wirtschaft und Umwelt, Gesellschaft und Recht	Zusammenfassung (S. 230–231) Kompetenzen prüfen (S. 232–233)	Weißt du Bescheid? (S. 64–65)

Kerncurriculum Standards für **inhaltsbezogene** und *prozessbezogene Kompetenzen* *Sachkompetenz (S-K); Methodenkompetenz (M-K); Urteilskompetenz (U-K)* Strukturierende Aspekte Begriffe, Daten	Forum Geschichte 9/10	Arbeitsheft Forum Geschichte 4 (978-3-06-064635-7)
	Stundenzahl (ca.)	
	8 Leben im geteilten Deutschland (S. 234–263) ca. 10 Stunden	
Strukturierende Aspekte: – Wirtschaft und Umwelt, Gesellschaft und Recht	**Auftaktseite (S. 234–235)** **Orientierung im Kapitel (S. 236–237)**	
(1) Lebensbedingungen in den beiden deutschen Staaten (z.B. **Wohlstandsentwicklung, Mobilität, Freizeitgestaltung, Geschlechterrollen**) *Die Schülerinnen und Schüler* – *analysieren die historische Bedingtheit heutiger Identitätskonstruktionen (Integration – Ausgrenzung). (S-K)* – *reflektieren das Nebeneinander unterschiedlicher Urteile. (U-K)* Strukturierende Aspekte: – Herrschaft und Staatlichkeit, Wirtschaft und Umwelt, Gesellschaft und Recht Begriffe, Daten: – „Wirtschaftswunder", „1968"	Wirtschaft in Ost und West: Mangel gegen Wohlstand? (S. 238–239) **Wähle aus:** Aus Gastarbeitern werden Einwanderer (S. 240–241) Der Alltag in West- und Ostdeutschland (S. 242–243) Die „Stasi" – das Machtinstrument der SED (S. 244–245) Frauenrollen in West und Ost (S. 246–247) Jugend in der DDR (S. 248–249) Jugend in der Bundesrepublik (S. 250–251) „Wir-Gefühl" durch sportliche Großereignisse? (S. 252–253; fakultative Themeneinheit) Die 68er: Ziviler Ungehorsam und Protestbewegung (S. 254–255) **Methode:** Zeitzeugen befragen (S. 256–257)	Personen in der Geschichte (S. 66) Wirtschaftsentwicklung der beiden deutschen Staaten im Vergleich (S. 67) Die Bundesrepublik Ende der 1960er-Jahre – zwischen Studentenprotest und Terrorismus (S. 68–69) **Methodentraining:** Bildanalyse Comic – die Bundesrepublik in der Ära Kohl (S. 70–71) **Lesetraining:** Die Jugend in der DDR – die FDJ (S. 74–75)
(2) RAF (mögliche Ergänzung zum verbindlichen Fachwissen) Strukturierende Aspekte: – Herrschaft und Staatlichkeit, Gesellschaft und Recht	Terrorismus in Deutschland – die RAF (S. 258–259)	
Strukturierende Aspekte: – Wirtschaft und Umwelt, Gesellschaft und Recht	**Zusammenfassung (S. 260–261)** **Kompetenzen prüfen (S. 262–263)**	Weißt du Bescheid? (S. 79)

Kerncurriculum Standards für inhaltsbezogene und prozessbezogene Kompetenzen Sachkompetenz (S-K); Methodenkompetenz (M-K); Urteilskompetenz (U-K) Strukturierende Aspekte Begriffe, Daten	Forum Geschichte 9/10 Stundenzahl (ca.)	Arbeitsheft Forum Geschichte 4 (978-3-06-064635-7)
	9 Die deutsche Wiedervereinigung (S. 264–289) ca. 8 Stunden	
Strukturierende Aspekte: – Herrschaft und Staatlichkeit, Gesellschaft und Recht, Wirtschaft und Umwelt	Auftaktseite (S. 264–265) Orientierung im Kapitel (S. 266–267)	
(1) Das Ende der bipolaren Welt *Die Schülerinnen und Schüler* – nehmen komplexe logische Verknüpfungen zwischen historischen Sachverhalten vor, (S-K) – setzen Ergebnisse der Quellenkritik in Beziehung zum erschlossenen Inhalt, (M-K) – reflektieren das Nebeneinander unterschiedlicher Urteile, (U-K) – reflektieren die Perspektivität historischer Urteile. (U-K) Strukturierende Aspekte: – Herrschaft und Staatlichkeit, Gesellschaft und Recht, Wirtschaft und Umwelt Begriffe, Daten: – Wiedervereinigung 1990	Umbruch in Osteuropa in den 1980er-Jahren (S. 268–269) Reformpolitik in der Sowjetunion (S. 270–271) Warum brach die DDR zusammen? (S. 272–273) Die „friedliche Revolution" in der DDR (S. 274–275) Wie gelang die Einigung Deutschlands? (S. 276–277) **Wähle aus:** Staatliche Einheit – gespaltene Gesellschaft? (S. 278–279; fakultative Themeneinheit) Folgen der Wiedervereinigung (S. 280–281) **Geschichte kontrovers:** Die DDR – ein Unrechtsstaat? (S. 282–283; fakultative Themeneinheit) Nationalfeiertage: Warum feiern wir in Deutschland am 3. Oktober? (S. 284–285)	Die DDR in den 1980er-Jahren (S. 72–73) **Methodentraining:** Urteilsbildung – War die DDR ein Unrechtsstaat? (S. 76–77) November 1989 – die friedliche Revolution (S. 78)
Strukturierende Aspekte: – Herrschaft und Staatlichkeit	Zusammenfassung (S. 286–287) Kompetenzen prüfen (S. 288–289)	Weißt du Bescheid? (S. 79)
	10 Die globalisierte Welt seit 1990: Eine Welt? Viele Welten? (S. 290–317) ca. 9 Stunden	
Strukturierende Aspekte: – Herrschaft und Staatlichkeit, Wirtschaft und Umwelt, Gesellschaft und Recht	Auftaktseite (S. 290–291) Orientierung im Kapitel (S. 292–293)	
(1) Das Ende der bipolaren Welt *Die Schülerinnen und Schüler* – nehmen komplexe logische Verknüpfungen zwischen historischen Sachverhalten vor, (S-K) – setzen Ergebnisse der Quellenkritik in Beziehung zum erschlossenen Inhalt, (M-K) – reflektieren das Nebeneinander unterschiedlicher Urteile, (U-K) – beurteilen und bewerten historische Fragestellungen und Probleme unter Offenlegung der verwendeten Kriterien. (U-K) Strukturierende Aspekte: – Herrschaft und Staatlichkeit, Wirtschaft und Umwelt, Gesellschaft und Recht, Weltdeutung und Religion	Kann die UNO Frieden schaffen? (S. 294–295) Herausforderungen der EU: Vom Kalten Krieg in die globalisierte Welt (S. 296–297) Die Nato-Osterweiterung – ein Vertragsbruch? (S. 298–299) Russland – zwischen Stagnation und neuer Stärke (S. 300–301) China heute – führende Weltwirtschaftsmacht? (S. 302–303) **Wähle aus:** Gelten Menschenrechte überall? (S. 304–305; fakultative Themeneinheit) Warum gibt es Terroranschläge? (S. 306–307) Wohin führte der „Arabische Frühling"? (S. 308–309) Migration: Viele Gründe, viele Grenzen (S. 310–311) Globalisierung – Segen oder Fluch? (S. 312–313)	Die Weltfeuerwehr – UNO (S. 46)
Strukturierende Aspekte: – Herrschaft und Staatlichkeit, Gesellschaft und Recht, Wirtschaft und Umwelt	Zusammenfassung (S. 314–315) Kompetenzen prüfen (S. 316–317)	

1 Neue Weltmächte – neue Gesellschaftsordnungen SB S. 14–43

Sachinformationen zum Kapitelaufbau

Mit dem Ersten Weltkrieg setzte eine Phase der Instabilität ein. Die europäischen Staaten, die geschwächt aus dem Krieg hervorgingen, mussten ihre politische Vormachtstellung an die neuen Weltmächte USA und UdSSR abgeben. Auf dem Gebiet des ehemaligen Osmanischen Reichs und der österreichisch-ungarischen Doppelmonarchie entstanden neue Staaten. In zahlreichen Ländern bildeten sich faschistische Bewegungen. Zu tief greifenden Veränderungen kam es jedoch nicht nur in Europa, sondern auch in den USA und Russland. In Russland ergriffen die Bolschewiki 1917 in einem Putsch gewaltsam die Macht: Die Zeit der Zarenherrschaft war vorüber. Nach dem Tod Lenins baute dessen Nachfolger Stalin seine Stellung zur Alleinherrschaft aus. Die brutal durchgesetzte Industrialisierung, Zwangskollektivierungen und die Verfolgung politischer Gegner forderten Millionen Todesopfer. Die USA waren bereits zu Beginn des 20. Jahrhunderts zum größten Agrar- und Industriestaat aufgestiegen. Durch die Vergabe von Krediten an die durch den Krieg wirtschaftlich angeschlagenen europäischen Staaten kam es zu einem weiteren Anstieg der Industrieproduktion. Die Rolle der USA als größter Kreditgeber der Welt führte jedoch dazu, dass der Konjunktursturz des Jahres 1929 eine Kettenreaktion auslöste und den Ruin der internationalen Wirtschaft bedeutete.

Hinweis zum Unterrichtsverlauf

siehe Jahrgangscurriculum, S. 8

Kompetenzerwerb in Kapitel 1 (s. Schülerband S. 42)

Eine detaillierte Liste der zu erwerbenden Kompetenzen finden Sie hier in der Handreichung auf dem Selbsteinschätzungsbogen, S. 38.

Selbsteinschätzungsbogen für Schüler zum Kapitel 1

siehe Kopiervorlage 1.3, S. 38

Weiterführende Hinweise auf Forum-Begleitmaterialien (s. Einleitung, S. 7)

- Arbeitsheft 4, Kap. 3: USA, UdSSR und Kalter Krieg
- Kompetenztraining, Kap. 20: Die Sowjetunion – neue Weltmacht im 20. Jh.
- Kompetenztraining, Kap. 21: Die USA – Aufstieg zur Weltmacht im 19. und 20. Jh.
- Geschichte interaktiv II, Kap. 5: Imperialismus und Erster Weltkrieg
- Foliensammlung Geschichte 2, Folie 16: Die russische Gesellschaft
- Foliensammlung Geschichte 2, Folie 17: Sowjetische Plakate
- Foliensammlung Geschichte 2, Folie 19: Stadtleben in Amerika
- Invitation to History: Volume 2, Unit 1: The aftermath of World War I

Literatur, Jugendbücher, Filme, Internethinweise für Lehrkräfte

Literatur
Helmut Altrichter, Kleine Geschichte der Sowjetunion 1917–1991, 4. akt. und erw. Aufl., München (C. H. Beck) 2013.
Walther L. Bernecker, Europa zwischen den Weltkriegen 1914–1945, Stuttgart (Ulmer) 2002.
Philipp Gassert u. a., Kleine Geschichte der USA, Stuttgart (Reclam) 2008.
Jugendbücher
Sylvia Englert, Cowboys, Gott und Coca Cola. Die Geschichte der USA erzählt von Sylvia Englert, Frankfurt/New York (Campus) 2005.
Marcus Sedgwick, Rot wie Blut – Weiß wie Schnee, München (dtv) 2009.

Neue Weltmächte – neue Gesellschaftsordnungen

Internethinweise für Lehrkräfte
http://www.1000dokumente.de/index.html?c=1000_dokumente_ru&viewmode=0&l=de (Projekt „100[0] Schlüsseldokumente zur russischen und sowjetischen Geschichte [1917–1991]" der Bayerischen Staatsbibliothek)
http://www.russianposter.ru (virtuelles Plakatmuseum des Lotman-Instituts für russische und sowjetische Kultur der Ruhr-Universität Bochum in Zusammenarbeit mit der Russischen Staatsbibliothek Moskau)
https://fdrlibrary.org/great-depression-new-deal (Dokumente, Fotografien und Features zum „New Deal")

Auftaktseiten — S. 14/15

S. 14 f.: „Lenin spricht vor den Arbeitern der Putilow-Werke in Petrograd", Gemälde, 1929
Zu den Werken, die während der Weltausstellung 1937 in Paris im Pavillon der Sowjetunion ausgestellt wurden, gehörte auch das abgebildete, 2,8 × 5,5 m große Gemälde von Isaak Brodskij (1883–1939). Als Vorlage für das fotografisch-naturalistische Monumentalgemälde dienten Brodskij Fotos von Lenin und von verschiedenen Arbeitern sowie fotografische Aufnahmen des Fabrikgeländes. Das Bild erweckt so den Eindruck eines Zeitzeugnisses, es entstand jedoch rund zehn Jahre nach Lenins Rede auf der Arbeiterversammlung in Petrograd. Durch das hölzerne Podium und das durch die Wolkendecke hervorbrechende Licht wird Lenin optisch aus der großen Menschenmenge herausgehoben.

Orientierung im Kapitel — S. 16/17

S. 16, M1: Wirtschaftliche Gewinner und Verlierer des Ersten Weltkrieges
Seit Kriegsbeginn hatten die USA – obwohl offiziell neutral – die Entente-Mächte, insbesondere Großbritannien und Frankreich, mit großen Mengen an Munition, Rohstoffen und Nahrungsmitteln versorgt, zum Vorteil der einheimischen Industrie. Dadurch hatten die Unternehmen der amerikanischen Rüstungsindustrie hohe Gewinne erzielen können, die teilweise um ein Achtfaches über denjenigen der Vorkriegszeiten lagen. Auch die Banken machten mit der Vergabe von Krediten an die europäischen Kriegsteilnehmer ein gutes Geschäft. Folglich waren die USA die großen Gewinner des Ersten Weltkrieges, während Europa – insbesondere Großbritannien und Frankreich – an Bedeutung verlor. In der Karte spiegeln sich die neuen Verhältnisse: Nicht Europa befindet sich – wie sonst üblich – im Mittelpunkt, sondern die USA.

S. 17, M2: Die Freiheitsstatue von New York
Die Freiheitsstatue ist ein Geschenk Frankreichs zum 100. Jahrestag der Amerikanischen Revolution. Die 46,4 m hohe Statue wurde in einjähriger Bauzeit von dem elsässischen Bildhauer Fréderic Auguste Bartholdi aus 2,5 cm starkem Kupferblech geschaffen. Die mit einem Strahlendiadem geschmückte Figur (7 Strahlen = 7 Weltmeere) hält in ihrer rechten Hand eine Fackel, während eine Tafel in ihrer linken Hand auf die Unabhängigkeitserklärung hinweist. Ein von Gustave Eiffel konstruiertes inneres Stahlgerüst sorgt durch seine Elastizität für die notwendige Standfestigkeit. Zerlegt in 350 Einzelteile und verpackt in mehr als 200 Kisten, machte sich die durch Spenden und eine Lotterie finanzierte Statue auf den Weg nach New York, wo sie am 28. Oktober 1886 offiziell eingeweiht wurde.

S. 17, M3: Statue „Arbeiter und Bäuerin"
Für die Fassade des sowjetischen Pavillons auf der Pariser Weltausstellung des Jahres 1937 schuf die Bildhauerin Vera I. Muchina (1889–1953) eine monumentale Figurengruppe, die die beiden staatstragenden Klassen der Sowjetmacht darstellt: Arbeiter und Bauern. Erst im Dezember des Vorjahres hatte die neue Verfassung die UdSSR als „Arbeiter- und Bauernstaat" definiert. Hammer und Sichel in den emporgestreckten Händen der Figuren waren somit nicht nur Attribute der beiden Klassen, sondern zugleich sowjetisches Staatsemblem. Der neue Werkstoff, ein rostfreier Stahl, sollte den Fortschritt in der Industrie demonstrieren und die Ausdruckskraft und Dynamik der Figurengruppe unterstreichen.

S. 17, Aufgabe 1 individuelle Lösung

1 Neue Weltmächte – neue Gesellschaftsordnungen

S. 17, Aufgabe 2
Während die Statue von Vera I. Muchina sinnbildlich für den sozialistischen Staat steht, steht die Freiheitsstatue für den demokratischen Staat. Sie erinnert an die Amerikanische Revolution, die u. a. die Erklärung der Menschen- und Bürgerrechte von 1789 in Frankreich beeinflusst hatte. Grundlage der Verfassung der USA bildet das Prinzip der Volkssouveränität, anders hingegen in der Sowjetunion unter Stalin. Dieser war, nachdem er alle Konkurrenten ausgeschaltet hatte, unumschränkter Alleinherrscher über Partei und Staat.

S. 17, Aufgabe 3 a)
Ereignisse 1917 bis 1930:
- April 1917: entscheidender Kriegseintritt der USA
- Februar und Oktober 1917: Ende der Zarenherrschaft, Revolutionen in Russland, Bürgerkrieg, Sieg der Kommunisten
- 1918: Ende des Ersten Weltkrieges
- 1919/20: Konferenzen zur Neuordnung Europas, Versailler Vertrag
- 1920: erstmaliges Treffen des Völkerbundes
- 1922: Gründung der Sowjetunion (erster kommunistischer Staat der Geschichte)
- ab 1927: Diktatur Josef Stalins in der Sowjetunion
- 1929: Weltwirtschaftskrise

b) Die beiden Ereignisse, die das Jahr 1917 zum „Epochenjahr" werden ließen, waren zum einen der Zusammenbruch des Zarenreichs durch die russischen Revolutionen im Februar und Oktober/November 1917 und zum anderen der Kriegseintritt der USA im April 1917.

S. 17, Aufgabe 4
wirtschaftlicher Gewinner: USA
wirtschaftliche Verlierer: Frankreich und Großbritannien
Vermutungen zu den Folgen: Die USA steigen zur wirtschaftlichen Großmacht auf. Frankreich und Großbritannien gehen aus dem Ersten Weltkrieg wirtschaftlich und damit auch politisch geschwächt hervor. Sie verlieren ihre weltpolitische Machtstellung an die USA.

Gelingt eine Neuordnung Europas nach dem Ersten Weltkrieg? S. 18/19

Webcode
FG450099-018

S. 18, M1: Opfer des Ersten Weltkrieges
Der Einsatz neuartiger Waffen mit großer Reichweite und hoher Vernichtungskraft (Maschinengewehre, Handgranaten, Giftgas, Minen) forderte Millionen Tote und Verwundete. Allein in der Schlacht an der Somme starben zwischen Juli und November 1916 etwa 200 000 französische, 500 000 deutsche und 500 000 britische Soldaten. Die schlechte Versorgungslage forderte aber auch aufseiten der Zivilbevölkerung viele Opfer: Etwa 6,5 Millionen Menschen starben während des Ersten Weltkrieges infolge von Hunger und Krankheiten.

S. 18, M2: Die von deutschen Truppen zerstörte Stadt Reims, September 1914
Das Foto zeigt ein Bild der Verwüstung: Große Teile (etwa 80 Prozent) der Stadt Reims wurden während des Ersten Weltkrieges zerstört. Auch die Kathedrale mit ihren 83 m hohen Türmen wies große Schäden auf: Das Dach war in Flammen aufgegangen, etliche der Buntglasfenster und Skulpturen waren zerstört oder schwer beschädigt.
Die Stadt Reims, in deren unmittelbarer Nähe die Frontlinie verlief, war am 4. September 1914 von deutschen Truppen besetzt worden. Rund eine Woche später (ab 13. September) begann die Rückeroberung durch das französische Heer. Die (angebliche) Sichtung eines französischen Wachpostens auf einem der Türme der Kirche war der Anlass für die am 19. September 1914 beginnende Beschießung der Kathedrale Notre Dame. Im Frühjahr 1918 wurden große Teile der Zivilbevölkerung aus der zerstörten Stadt evakuiert, deren Wiederaufbau in den 1920er Jahren erfolgte; die Kathedrale wurde erst 1938 wieder eingeweiht.

S. 19, M3: Südost- und Ostmitteleuropa vor 1914 und nach den Friedenskonferenzen
Infolge der Pariser Vorortverträge kam es zu großen territorialen Veränderungen vor allem in Mittel- und Osteuropa. Das Staatsgebiet des Deutschen Reichs wurde sowohl im Westen als auch im Osten verkleinert. Eupen-Malmedy musste an Belgien abgetreten werden, Elsass-Lothringen an Frankreich, von den östlichen Teilen des Reichs gingen Posen, Westpreußen und Oberschlesien an den neu entstandenen polnischen Staat. Neu entstanden auch die drei baltischen Staaten Estland, Lettland und Litauen. Die österreichisch-ungarische Doppelmonarchie wurde aufgelöst (Österreich, Ungarn,

Tschechoslowakische Republik), Serbien und Montenegro verschwanden von der politischen Landkarte und gingen ebenso wie Kroatien, Slowenien und Bosnien im neu errichteten Königreich der Serben, Kroaten und Slowenen (1929 umbenannt in Jugoslawien) auf. Die Staatsgebiete Italiens und Rumäniens wurden vergrößert, das bulgarische Territorium hingegen verkleinert.

S. 19, M4: Wilsons Friedensprogramm, Januar 1918
Monate vor dem Ende des Ersten Weltkrieges stellte US-Präsident Wilson dem Kongress sein 14 Punkte umfassendes Friedensprogramm vor. Zu den angestrebten Zielen gehörte neben dem Selbstbestimmungsrecht der Völker auch die politische und wirtschaftliche Unabhängigkeit der Staaten. Letztere sollte u. a. durch eine „uneingeschränkte Freiheit der Schifffahrt auf den Meeren" erreicht werden. Zu den wichtigsten Punkten zählen die geplante Abrüstung (Punkt 4) und die Gründung eines Völkerbundes (Punkt 14). Allerdings konnte Wilson viele Punkte seines Programms bei den Friedensverhandlungen in Versailles nicht durchsetzen.

S. 19, Aufgabe 1 Mit folgenden Maßnahmen wollten die Amerikaner den Frieden sichern:
- flächendeckende Einführung demokratischer Staatsformen
- umfassende Rüstungsbeschränkungen
- Gründung eines Völkerbundes, der als eine Art Schiedsgericht fungieren sollte
- konsequentes Selbstbestimmungsrecht aller Völker
- Abschaffung der Geheimdiplomatie
- Beseitigung von Wirtschaftsbeschränkungen (sollte für einen freien Handel und damit für Wohlstand sorgen)

S. 19, Aufgabe 2 In ihrem Brief könnten die Bewohner von Reims folgende Forderungen stellen:
- Aufbau und Restaurierung der Kathedrale
- Wiederaufbau der öffentlichen Gebäude und Wohnhäuser
- Instandsetzung der Infrastruktur
- Entschädigungszahlungen für Inventar, Haushaltsgegenstände und Nutztiere
- Schmerzensgeld für erlittenes Leid (Tod von Angehörigen, Verletzungen, Evakuierung)

S. 19, Aufgabe 3 a)
die Türkei, Polen, die Tschechoslowakische Republik, die Republiken Österreich und Ungarn und das Königreich der Serben, Kroaten und Slowenen (Jugoslawien)
b) Die Republik Polen setzte sich aus Gebieten zusammen, die vor Kriegsbeginn zum Deutschen Reich (Posen, Teile Westpreußens und Oberschlesiens), zum Russischen Reich (Wolhynien) sowie zu Österreich-Ungarn (Galizien) gehört hatten.

S. 19, Aufgabe 4 Recherche-Aufgabe

Der Völkerbund: Instrument für den Frieden? S. 20/21

S. 20, M1: Woodrow Wilson und der Völkerbund, amerikanische Karikatur, 1919 siehe die Erläuterungen zu Aufgabe 1

Webcode
FG450099-020

S. 21, M2: Nationsbildung im Orient
Durch den am 10. August 1920 zwischen den Siegerstaaten des Ersten Weltkrieges und dem Osmanischen Reich geschlossenen Friedensvertrag von Sèvres – der jedoch nie ratifiziert wurde – hätte das Osmanische Reich einen Großteil seines Territoriums verloren. Syrien und Kilikien sollten an Frankreich, der Irak und Palästina an Großbritannien, Rhodos an Italien und der größte Teil Ostthrakiens an Griechenland gehen. Zwischen Griechenland und dem Osmanischen Reich war es bereits 1919 zu einer militärischen Auseinandersetzung gekommen, die erst 1922 durch den Sieg der türkischen Truppen und den Waffenstillstand von Mudanya (Oktober 1922) beendet wurde. Durch den Friedensvertrag von Lausanne (Juli 1923) wurden die heutigen Grenzen der Türkei festgelegt. Drei Monate nach Abschluss der Friedensverhandlungen trat eine Konvention über den Bevölkerungsaustausch zwischen Griechenland und der Türkei in Kraft. Etwa 0,4 bis 0,5 Millionen griechische Staatsangehörige muslimischen Glaubens mussten in die Türkei auswandern, in die umgekehrte Richtung zogen etwa 1,2 Millionen Anhänger des griechisch-orthodoxen Glaubens, die vor allem aus Kleinasien und Ostthrakien stammten.

1 Neue Weltmächte – neue Gesellschaftsordnungen

S. 21, M3: Der Völkerbund, Karikatur aus der englischen Zeitschrift „Punch", 1919 siehe die Erläuterungen zu Aufgabe 1

S. 21, Aufgabe 1
Beide Karikaturen stellen dar, dass der Anspruch des Völkerbundes, dauerhaften Frieden zu sichern, und die Wirklichkeit weit auseinanderklafften:
- In der amerikanischen Karikatur M1 versucht Woodrow Wilson in der Gestalt eines Huhns, ein viel zu großes Ei – den Völkerbund – auszubrüten. Es ist offensichtlich, dass aus dem Ei niemals ein Küken schlüpfen wird. Entsprechend ist das Projekt Völkerbund nach Ansicht des Zeichners zum Scheitern verurteilt.
- In der englischen Karikatur M3 bietet Woodrow Wilson der Friedenstaube einen abgebrochenen Zweig – den Völkerbund – als Sitzplatz an. Doch die Friedenstaube lehnt das Angebot ab: Der Platz ist ihr nicht sicher genug.

S. 21, Aufgabe 2 a)

VISUALISIERUNG 1.1

positive Bewertung	negative Bewertung
• erfolgreich bei der Lösung von Grenzkonflikten • erfolgreich bei der Durchführung von humanitären Aktionen und der Bekämpfung der Sklaverei • Einrichtung eines Internationalen Gerichtshofes	• Völkerbund galt als politisch geschwächt, da die Großmächte USA und Sowjetunion nicht von Anfang an im Völkerbund vertreten waren (Sowjetunion trat Völkerbund 1934 bei) • begrenzter Handlungsspielraum in Konfliktfällen (durfte Sanktionen aussprechen, verfügte aber nicht über militärische Mittel zu ihrer Durchsetzung)

b) Der Völkerbund funktionierte nur teilweise als „Instrument für den Frieden", denn das Gelingen dieser Mission hing im Wesentlichen von den beteiligten Parteien ab. Waren Großmächte in den Konflikt verwickelt, konnte sich der Völkerbund nicht durchsetzen, bei kleineren Konflikten hingegen war die Friedenssicherung erfolgreich. Und auch auf humanitärem Gebiet und in Fragen des nationalen Minderheitenschutzes bewährte sich der Völkerbund mit Erfolg.

S. 21, Aufgabe 3 a) Türkei, Armenien, Kurdistan, Irak, Syrien, Transjordanien, Palästina
b) Syrien: unter französischem Mandat; Palästina, Transjordanien und Irak: unter britischem Mandat

S. 21, Aufgabe 4
Mustafa Kemal Pascha (1881–1938), genannt „Atatürk", trat nach dem Zusammenbruch des Osmanischen Reichs 1918 an die Spitze der nationalrevolutionären Bewegung und brach mit der Regierung des Sultans. 1923 wurde er zum Präsidenten der Republik gewählt und bei den drei folgenden Wahlen im Amt bestätigt. Er führte verschiedene Reformen durch, die sich die Modernisierung der Türkei im Sinne einer europäischen Zivilisation zum Ziel setzten, wie z. B. die Einführung des gregorianischen Kalenders im Dezember 1925, die Einführung des lateinischen Alphabets im November 1928, die Übernahme des Schweizerischen Zivilgesetzbuches im Jahr 1926 oder die Trennung von Staat und Kirche im Jahr 1928.

Russland unter der Zarenherrschaft — S. 22/23

HRU-CD
Film „Nikolaus II. – Der letzte Zar von Russland"

HRU, S. 37, KV
1.2 USA und UdSSR: Neue Weltmächte – neue Gesellschaftsordnungen?

S. 22, M1: „Die Wolgatreidler", Gemälde von Ilja Repin
Das 131,5 × 281 cm große Gemälde zeigt eine Gruppe von elf Männern, die einen Lastkahn ziehen. Obwohl 1815 das erste russische Dampfschiff in See stach (im Hintergrund rechts ist ein Dampfschiff zu sehen), wurden aus Kostengründen weiterhin Treidler zum Ziehen von Schiffen und Kähnen eingesetzt. Die Arbeit war sehr hart: Starke Strömungen oder durch Regen bzw. die Schneeschmelze überflutete Treidelpfade erschwerten das Ziehen der Schiffe.
Die Gruppe der Treidler gibt auf den ersten Blick ein einheitliches Bild ab: In gedeckten Farben gehalten, stemmen sich alle Männer in am Schiff befestigte Gurte, die um ihre Oberkörper geschlungen sind. Nur der offensichtlich jüngste Treidler steht aufrecht und blickt über den Fluss in die Ferne. Er befindet sich in der Mitte der Gruppe, ist in helleren Farben gemalt und sticht dadurch hervor. Im Gegensatz zu seinen alten Kollegen, die erschöpft auf den Boden starren, erscheint er gesund, stark und tatkräftig. Vermutlich versucht er den Gurt abzustreifen, um sich aus seiner leidvollen Position

Neue Weltmächte – neue Gesellschaftsordnungen 1

zu befreien. Man könnte die dargestellte Szene folgendermaßen interpretieren: Die gebeugten, geplagten Treidler stehen für das alte System der Unterdrückung, der junge Mann verkörpert den Willen zum Aufstand gegen dieses System und den Kampf für eine bessere Zukunft.

S. 23, M2: Flugblatt der illegalen russischen Sozialdemokraten, 1900 siehe die Erläuterungen zu Aufgabe 4

S. 23, M3: Ministerpräsident Sergej Witte schrieb an den Zaren am 9./22. Oktober 1905
Der Unternehmer Sergej Witte (1849–1905), Initiator der Transsibirischen Eisenbahn, begann seine politische Laufbahn 1889. Im Jahr 1893 wurde Witte, der für die Modernisierung Russlands eintrat, zum Finanzminister ernannt. Als sich im Januar 1905 die revolutionäre Bewegung nach der blutigen Niederschlagung einer friedlichen Demonstration Petersburger Arbeiter im ganzen Land ausbreitete, musste der Zar einlenken. Im „Oktobermanifest" (17./30. Oktober 1905), das Witte ausarbeitete, erließ der Zar eine konstitutionelle, parlamentarische Verfassung und stellte bürgerliche Grundrechte und die Wahl einer Volksvertretung (Duma) in Aussicht. Durch verschiedene Maßnahmen (z. B. Einrichtung eines Reichsrats als Gegengewicht zur Duma) beschränkte der Zar jedoch den Einfluss der Duma, die im Mai 1906 zusammentrat. Sie wurde mehrfach aufgelöst, und nach einer Wahlrechtsreform hatten schließlich die Konservativen die Mehrheit in der Duma.

S. 23, Aufgabe 1 siehe die Erläuterungen zu M1

S. 23, Aufgabe 2 Recherche-Aufgabe

S. 23, Aufgabe 3
- Festhalten am System der autokratischen Herrschaft des Zaren
- großer Einfluss der orthodoxen Kirche, die nicht an Reformen interessiert war
- Verbot politischer Parteien und Gewerkschaften, Pressezensur
- Einfluss des Adels weiterhin sehr groß (Klassenwahlrecht)
- Aufhebung der Leibeigenschaft löste nicht das Problem der Landnot (es mussten hohe Ablösesummen gezahlt werden, Landflächen daher zu klein, um Lebensunterhalt zu sichern)
- Großteil der Bevölkerung konnte nicht lesen und schreiben
- kleine und nur wenig emanzipierte bürgerliche Schicht in den Städten

S. 23, Aufgabe 4
Das Flugblatt zeigt die streng hierarchische Gesellschaft während der Zarenherrschaft: Die Spitze wird vom Zarenpaar gebildet, dessen Thron von der Zarenkrone und dem Wappentier des Zaren, einem doppelköpfigen Adler, bekrönt wird. Zwei Adler sitzen auch auf der nächsten scheibenförmigen Plattform, auf der drei Minister oder Beamte, teilweise in Uniform mit Schärpe, zu sehen sind. Vertreter der orthodoxen Kirche, darunter die Patriarchen von Petersburg, Moskau und Kiew, die gerade den Segen austeilen (Weihrauchgefäße, Weihwasserwedel), haben sich auf der darunter liegenden Plattform versammelt. Unter ihnen haben Soldaten die Gewehre angelegt, um auf das Volk zu schießen, wie die Beschriftung am Bildrand verrät. Auf der vorletzten Plattform feiern Adlige und Angehörige des Großbürgertums ein Fest. Getragen wird die Gesellschaftspyramide von den Bauern (rechts) und Industriearbeitern (links), auf ihren Schultern ruht die ganze Last, die sie teilweise in die Knie zwingt. Eine Person sitzt erschöpft am Rand der Gruppe, ein kleines Kind liegt leblos am Boden. Die Arbeiter links beginnen sich aus ihrer Lage zu befreien und erheben sich: Sie haben ihren Platz verlassen, weisen anklagend auf die ausgelassene Festgesellschaft und schwenken eine Fahne mit der Aufschrift „Leben in Freiheit, Sterben im Kampf".
Das Flugblatt der „Union russischer Sozialisten", das um 1900 im Ausland verbreitet wurde, erzeugte Stimmung gegen den Adel und die Zarenherrschaft, weil es die ungleiche und ungerechte Verteilung der Lasten anprangerte.

S. 23, Aufgabe 5 a)
Die Lagebeurteilung des Ministerpräsidenten zeugt von Intelligenz und Weitsicht, denn er prophezeit den Sturz des Zaren, wenn dieser sich gegen die Freiheitsbewegung stellt. Sein Lösungsvorschlag, sich an die Spitze der Bewegung zu stellen, erscheint tatsächlich als der einzig mögliche Ausweg, um die Zarenherrschaft zu halten.
b) Der Brief könnte sinngemäß folgende Überlegungen beinhaltet haben: Die Radikalität der Bewegung und die Furcht vor einem Umsturz veranlassen den Zaren notgedrungen, Wittes Vorschlag zuzustimmen.

1 Neue Weltmächte – neue Gesellschaftsordnungen

Die Russischen Revolutionen 1917 — S. 24/25

Webcode
FG450099-024

HRU, S. 37, KV
*1.2 USA und UdSSR:
Neue Weltmächte –
neue Gesellschafts-
ordnungen?*

S. 24, M1: „Genosse Lenin reinigt die Erde vom Müll"
Das Plakat von Viktor Nikolaevič Deni (1893–1946) zeigt Lenin, der – bekleidet mit einem dunklen Anzug und der Schiebermütze des Proletariats – auf einer Weltkugel steht und die Erde mit einem roten Besen vom „Müll" säubert. Zu diesem „Müll" zählt neben dem Klerus und dem Bürgertum bzw. dem Kapitalismus, der durch den wohlgenährten Mann mit Zylinder und dickem Geldsack verkörpert wird, auch der Adel. Mit seinem roten Besen, der ein Hinweis auf die sozialistische Revolution unter seiner Führung ist, fegt Lenin zwei gekrönte Häupter, bei denen es sich möglicherweise um den Zaren und den deutschen Kaiser handelt, von der Erdkugel. Nach der Beseitigung der alten Systeme in Russland, so die Aussage des Plakats, kann der Kommunismus auch in andere Länder getragen werden (Anspruch auf Weltrevolution).

S. 25, M2: Wahlergebnisse in Russland 1917/18
Das Scheitern einer russischen Offensive an der Front, das Zusammenbrechen der Lebensmittelversorgung und das Verzögern von Landreform und Wahl zur konstituierenden Versammlung führten dazu, dass die „Provisorische Regierung" immer mehr an Rückhalt in der Bevölkerung verlor und diese ihre Hoffnungen auf die Räte und vor allem auf die Bolschewiki setzte. Mit 300 Abgeordneten (49 Prozent) waren die Bolschewiki die stärkste Gruppierung im 2. Allrussischen Sowjetkongress (M2a). Diesen Erfolg konnten sie jedoch nicht wiederholen, als am 12. (25.) November die Wahl zur verfassunggebenden Versammlung (M2b) durchgeführt wurde. Die von der Bauernschaft unterstützten Sozialrevolutionäre erzielten hier hohe Stimmengewinne und waren mit 380 Abgeordneten (54 Prozent) die größte Fraktion, während die Bolschewiki starke Verluste erlitten hatten (168 Sitze, 24 Prozent). Als sich die konstituierende Versammlung, die am 5. (18.) Januar erstmals zusammentrat, jedoch weigerte, die Sowjetmacht uneingeschränkt anzuerkennen, wurde sie gewaltsam aufgelöst. Lenin begründete diesen Schritt damit, dass eine Nichtanerkennung der uneingeschränkten Macht der Sowjets den Zusammenbruch der Oktoberrevolution zur Folge hätte und eine Befreiung der Arbeiter und Bauern damit unmöglich werde.

S. 25, M3: Lenin über die „Diktatur des Proletariats" siehe die Erläuterungen zu Aufgabe 3 a)

S. 25, Aufgabe 1 a)
Nach der Abdankung des Zaren bildete das Parlament (Duma) eine provisorische Regierung, die vorläufig die Staatsgeschäfte übernahm. Die zehnköpfige „Provisorische Regierung", deren Mitglieder mit Ausnahme des sozialrevolutionären Parteiführers Kerenski dem bürgerlich-liberalen Lager angehörten, stellte Wahlen zur konstituierenden Versammlung in Aussicht und trat für die Durchsetzung der bürgerlichen Freiheiten ein. Parallel dazu hatten sich im ganzen Land Vertretungen der Arbeiter, Soldaten und Bauern gebildet, die die Aufgaben eines Parlaments übernahmen, d. h. Gesetze berieten und beschlossen sowie deren Ausführung überwachten.

b) Unterschiedliche Positionen von „Provisorischer Regierung" und Lenin (Sowjets):

VISUALISIERUNG 1.2

Konfliktfragen	„Provisorische Regierung"	Lenin (Sowjets)
Welche Form der Demokratie ist die richtige?	• eine parlamentarische Demokratie	• ein basisdemokratisches Rätesystem
Den Krieg gegen die Mittelmächte fortsetzen oder beenden?	• den Krieg fortsetzen und möglichst gewinnen	• sofortige Beendigung des Krieges ohne Gebietsabtretungen und Entschädigungen (Grundforderung: „Frieden")
An wen soll das Land verteilt werden und wann soll diese Reform umgesetzt werden?	• Landreform auf die Zeit nach den Wahlen verschieben	• sofortige Landverteilung an mittellose Bauern (Grundforderung: „Brot und Land")

Neue Weltmächte – neue Gesellschaftsordnungen   1

S. 25, Aufgabe 2 Vergleich der Sitzverteilung:
- Oktober 1917 (M2a): Die Wähler erhofften sich von den Bolschewiki eine rasche Umsetzung ihrer Versprechen (Landreform, Beendigung des Krieges, Verbesserung der Versorgungslage), deshalb bekamen die Bolschewiki die meisten Stimmen.
- Januar 1918 (M2b): Die Wähler waren enttäuscht, weil die Bolschewiki ihre Versprechen nicht so schnell umsetzten wie versprochen, deshalb wanderten viele ihrer Wähler zu anderen Parteien ab. Davon profitierten die Sozialrevolutionäre, die die meisten Stimmen bekamen.

Urteil über die Auflösung der verfassunggebenden Versammlung durch Lenin: Lenin zeigt damit, dass er den Wählerwillen nicht respektiert. Er handelt undemokratisch.

S. 25, Aufgabe 3 a)
Lenins Ziel war eine vollkommene Demokratie, die seiner Auffassung nach nur in einer kommunistischen, klassenlosen Gesellschaft möglich sei. Die Diktatur des Proletariats bildete dabei den Übergang zur Errichtung des Kommunismus. Nach der Aneignung des Staatsapparates durch das Proletariat sei zunächst eine Phase der Repression gegenüber den Unterdrückern, Ausbeutern und Kapitalisten notwendig, um die neuen Herrschaftsverhältnisse abzusichern. An diese durch die Diktatur des Proletariats charakterisierte sozialistische Übergangsphase schließe sich dann der angestrebte Endzustand der vollkommenen Demokratie an. Die Revolution in Russland sollte dabei Ausgangspunkt einer Weltrevolution werden (siehe M1).
b) individuelle Lösung

Der Weg in die kommunistische Diktatur   S. 26/27

S. 27, M1: Enteignete Bauern vor ihrem beschlagnahmten Haus in der Ukraine
Als es 1929 trotz allgemeiner Ablieferungspflicht zu Engpässen bei der Getreideversorgung kam, sah die Regierung in der Enteignung der Großbauern (Kulaken) den einzigen Ausweg aus der Krise. Im Februar 1930 wurde ein entsprechendes Gesetz erlassen. Die Kulaken und ihre Familien wurden von ihren Höfen vertrieben und am Rand der Dörfer angesiedelt oder in entlegene Regionen im Norden und Osten des Landes deportiert, ihr Besitz wurde beschlagnahmt. Viele leisteten Widerstand, verbrannten ihre Ernte und flohen in die Städte, einige von ihnen wurden erschossen. 1934 wurden auch die Mittelbauern Opfer der sogenannten Entkulakisierung.

S. 27, M2: Folgen der Zwangskollektivierung
Der mit der Zwangskollektivierung einhergehende Umwälzungsprozess der Agrarwirtschaft führte zu einem deutlichen Rückgang der Erträge, da es den Kolchosen an landwirtschaftlichen Maschinen und Traktoren fehlte. Mangel herrschte auch an Zugtieren (und damit an Dünger), denn zahlreiche Bauern hatten ihr Vieh lieber abgeschlachtet, als es den Kollektivwirtschaften zu überlassen. Im Winter 1932/33 hatte sich die Situation derart verschärft, dass in vielen Teilen des Landes Hunger herrschte. Neben Kasachstan, dem Nordkaukasus und Westsibirien war vor allem die Ukraine betroffen, wo etwa vier Millionen Menschen starben. Da die Sowjetregierung überzeugt war, dass der Widerstand der ukrainischen Bauern gegen die Zwangsabgaben nationalistisch motiviert war, wurden Hilfsmaßnahmen für die hungernde Bevölkerung in diesem Gebiet verboten. Kolchosen, die nicht genug Getreide abgeliefert hatten, mussten mit harten Strafen rechnen (z. T. Beschlagnahmung sämtlicher Nahrungsmittel). Es wurde eine vollständige Blockade über die Ukraine verhängt, der Handel in den staatlichen Läden wurde eingestellt.

S. 27, M3: Lenin zum ersten Gesamtwirtschaftsplan
Auf dem Weg vom kleinbäuerlichen zu einem großindustriellen Land kam nach Ansicht Lenins der Elektrifizierung die entscheidende Rolle zu. Sie galt als Grundlage für ein wirtschaftliches Aufbauprogramm. Im Jahr 1922 begann man, das Vorhaben in die Tat umzusetzen. Vier Jahre später wurde am Wolchow das erste Wasserkraftwerk der UdSSR in Betrieb genommen.
Ein zweiter, wenn nicht gar der entscheidende Faktor für den Fortschritt war laut Lenin die Bildung. Der gesamte Bereich der Kultur unterlag daher von Anfang an dem Einfluss der Partei. Hauptaufgabe war dabei die Beseitigung des Analphabetismus. Die eingeleiteten Maßnahmen führten jedoch nicht zum gewünschten Erfolg. Auch 1926 konnten noch etwa 80 Prozent der Frauen weder lesen noch schreiben.

Webcode
FG450099-027

HRU, S. 37, KV
1.2 USA und UdSSR:
Neue Weltmächte –
neue Gesellschafts-
ordnungen?

1 Neue Weltmächte – neue Gesellschaftsordnungen

S. 27, Aufgabe 1
März 1918	Frieden von Brest-Litowsk
1918–1921	Zeit des Bürgerkriegs und des „Kriegskommunismus"
1922	Gründung der UdSSR
1924	Tod Lenins, Stalin beginnt seine Stellung zur Alleinherrschaft auszubauen
ab 1927	Diktatur Stalins
ab 1929	Zwangskollektivierung der Landwirtschaft, Industrialisierung

S. 27, Aufgabe 2
Grundlage der Modernisierung von Staat und Gesellschaft waren nach Ansicht Lenins Bildung und die Elektrifizierung des Landes. Die Elektrifizierung war jedoch nur mit „kulturell hochstehenden, politisch bewussten, gebildeten Werktätigen" (Z. 12–14) erreichbar. Da 1917 noch etwa 70 Prozent der Bevölkerung Analphabeten waren, erforderte diese Zielsetzung erhebliche Investitionen in den Bereichen Bildung und Infrastruktur.

S. 27, Aufgabe 3
Verlauf:
- Landwirtschaftliche Betriebe werden zwangsweise kollektiviert: Land, Viehbestand und Arbeitsgeräte werden in Kollektivwirtschaften überführt, die Bauern dürfen nur wenig Vieh und ein kleines Stück Land behalten, das sie neben der Arbeit in der Kolchose bewirtschaften.

Folgen:
- Bauern, die Widerstand gegen Kollektivierung leisten, werden nach Sibirien deportiert.
- Hungersnot infolge Zwangsablieferungen von Getreide und Vieh
- Fälle von Kannibalismus treten auf
- Millionen Menschen sterben

S. 27, Aufgabe 4
Das Foto zeigt eine große Menschenmenge (erkennbar sind nur Männer) vor einem Haus. In der Bildmitte ist ein Mann zu sehen, der ein Pferdegespann führt. Der Wagen ist hoch mit Säcken beladen, die vermutlich mit den beschlagnahmten Getreidevorräten (eventuell auch Hausrat, Bettzeug etc.) der Bauernfamilie gefüllt sind. In der linken Bildhälfte sind weitere Säcke zu erkennen. Bei den fotografierten Personen wird es sich zum einen um Soldaten handeln, die mit der Durchführung der Zwangsenteignung beauftragt worden waren (der Mann am linken Bildrand scheint ein Gewehr im Arm zu halten), zum anderen um Dorfbewohner, vielleicht arme Bauern oder Landarbeiter, die neugierig und möglicherweise auch mit einer gewissen Genugtuung beobachten, wie ihr reicher Nachbar oder ehemaliger Arbeitgeber von seinem Hof vertrieben wird. Die Familie des „reichen" Bauern wird wahrscheinlich zwangsweise umgesiedelt.

S. 27, Aufgabe 5
Recherche-Aufgabe, siehe auch die Erläuterungen zu M2

Wähle aus: Leben in der Sowjetunion in den 1930er Jahren — S. 28/29

HRU, S. 37, KV
1.2 USA und UdSSR: Neue Weltmächte – neue Gesellschaftsordnungen?

Diff. Kopiervorlagen
15.2 Die Sowjetunion unter Stalin: Politische Säuberungen zur Zeit des „Großen Terrors" (1936–1938)

S. 28, M1: Strafgefangene beim Bau des Weißmeer-Ostsee-Kanals
Der 227 km lange Weißmeer-Ostsee-Kanal (auch Stalin-Kanal oder Belomorsko-Baltiski-Kanal) verbindet die Städte Powenez am Onegasee und Belomorsk am Weißen Meer und verkürzt die Fahrtroute von Leningrad zum Weißen Meer um ca. 4000 km. Das Bauprojekt sollte nach Vorgabe Stalins möglichst schnell und ohne hohen Kostenaufwand realisiert werden, nur 20 Monate Bauzeit waren vorgesehen. Baumaschinen und Kräne standen nicht zur Verfügung, es wurde fast ausschließlich Holz und nur wenig Beton als Baustoff verwendet. Die Schätzungen über die Zahl der zum Bau eingesetzten Häftlinge, die teilweise (Ingenieure) eigens für den Kanalbau verhaftet und zur Zwangsarbeit verurteilt worden sein sollen, reichen von 200 000 bis 500 000. Etwa 50 000 bis 250 000 Arbeiter sollen den Einsatz nicht überlebt haben. Aufgrund des geringen Tiefgangs konnte der im April 1933 fertiggestellte Kanal (Baubeginn September 1931) nicht von großen Frachtern und Kriegsschiffen befahren werden.

S. 28, M2: Alexander Solschenizyn schildert seine persönlichen Erlebnisse im Gulag
Alexander Solschenizyn (1918–2008) war 1945 wegen antistalinistischer Äußerungen inhaftiert worden und bis 1953 in einem sowjetischen Arbeitslager interniert. Nachdem er freigekommen war, begann er über seine dortigen Erlebnisse zu schreiben. Wegen seiner eindrücklichen Schilderungen über das ganze Ausmaß des stalinistischen Terrors wurde er vom Sowjetregime zum Staatsfeind erklärt.

Er lebte und arbeitete im Verborgenen und veröffentlichte seine Romane „Der erste Kreis der Hölle" (1968) und „Der Archipel Gulag" (1973) nur im Westen. 1970 erhielt er für „Der erste Kreis der Hölle" den Literaturnobelpreis.

S. 29, M3: Zwei Bauarbeiterinnen am Wasserkraftwerk Dnjepr (Ukraine) siehe die Erläuterungen zu Aufgabe 2 (Material B)

S. 29, M4: Entwicklung der Industrie in der Sowjetunion
Die Sowjetführung setzte in ihrer Wirtschaftspolitik hauptsächlich auf die Herstellung von Produktionsmitteln. Daher floss ein Großteil der staatlichen Investitionen in die Kohle- und Erdölförderung, die Stahlproduktion, die Erzeugung von Elektrizität und die Herstellung von Maschinen. Mit Fünfjahresplänen glaubte die Sowjetführung, die Industrialisierung des Landes am schnellsten voranbringen zu können. Die Zielsetzungen waren jedoch überhöht und ignorierten die tatsächlichen Bedürfnisse der Bevölkerung nach Konsumgütern. Daraus entstand ein Missverhältnis: Während die Produktionsmittelindustrie boomte, war die Bevölkerung materiellen Entbehrungen ausgesetzt.

S. 29, M5: In einem Lied von 1938 heißt es siehe die Erläuterungen zu Aufgabe 1 (Material C)

S. 29, M6: „Lang lebe Stalin, großer Architekt des Kommunismus" siehe die Erläuterungen zu Aufgabe 2 (Material C)

S. 28, Aufgabe 1 (Material A)
Die Lebens- und Arbeitsbedingungen der Häftlinge waren hart. Gearbeitet wurde in drei Schichten rund um die Uhr. An Arbeitsgeräten standen lediglich Äxte und Sägen zur Verfügung, Bagger oder Kräne wurden nicht eingesetzt. Im Sommer mussten die Häftlinge, die einem großen Zeit- und Leistungsdruck unterworfen waren, im Freien oder in Zelten schlafen, für den Winter standen einfache Baracken bereit. Aufgrund der unzureichenden Verpflegung und der katastrophalen hygienischen Verhältnisse konnten sich Krankheiten und Seuchen schnell ausbreiten, an denen viele Häftlinge verstarben. Das für den Kanalbau errichtete Lagergebiet BELBALTLag (von Belomorsko-Baltiski-Kanal) erstreckte sich entlang des geplanten Kanalverlaufs von Leningrad nach Kem.

S. 28, Aufgabe 2 (Material A)
Stalin herrschte nach dem Prinzip „Zuckerbrot und Peitsche": Einerseits präsentierte er sich als fürsorglicher Herrscher, der den Kult um seine Person mit repräsentativen Bauprojekten und verherrlichenden Darstellungen als Vater der Nation festigte. Andererseits machte er seine Kritiker mundtot, indem er sie entweder hinrichten oder nach Sibirien in die berüchtigten Gulags verschleppen ließ. Allein die Aussicht auf diese Strafe ließ viele Gegner verstummen und verschaffte Stalin die uneingeschränkte Macht eines Diktators.

S. 29, Aufgabe 1 (Material B)
Siehe die Erläuterungen zu M4; zur Analyse der Tabelle können die Arbeitsschritte „Eine Statistik auswerten" auf S. 335 des Schülerbandes herangezogen werden.

S. 29, Aufgabe 2 (Material B)
Beschreibung: Das Foto zeigt zwei junge Frauen, die auf der Kraftwerkbaustelle arbeiten. Im Hintergrund erkennt man das Wasserkraftwerk und Baukräne.
Vermutungen zur Wahl des Motivs: Die Bildelemente – zwei junge, glücklich lächelnde Frauen und ein Kraftwerk, durch dessen Anlage das Wasser kraftvoll strömt – sollen die Energie und Dynamik der sowjetischen Wirtschaft symbolisieren.

S. 29, Aufgabe 1 (Material C)
Das Lied huldigt Stalin, im Text werden ihm folgende positive Eigenschaften zugeschrieben:
- zuverlässig: guter Freund und Genosse (Z. 1)
- verantwortungsbewusst: Freund der Menschheit (Z. 5)
- zielstrebig: Stalin führt alle zu Glück und Frieden (Z. 6 f.)
- treu und klug (Z. 9)

1 Neue Weltmächte – neue Gesellschaftsordnungen

S. 29, Aufgabe 2 (Material C) Merkmale und Deutung der Selbstdarstellung Stalins in M6:
- *Bildkomposition:* Stalin steht im Vordergrund eines freien Raumes (hier: Flusstal mit Wasserkraftwerk) und ist im Vergleich zu den anderen Personen übergroß dargestellt. Die übrigen Personen blicken zu Stalin und jubeln ihm teilweise zu.
- *Ausstattung Stalins:* Uniform mit rotem Stern als Symbol der kommunistischen Weltanschauung, ein zusammengerollter Plan und eine Pfeife
- *Haltung und Gesichtsausdruck Stalins:* aufrechte Körperhaltung, fester, konzentrierter Blick in die Ferne (oder Zukunft)
- *Deutung der Darstellung Stalins:* Stalin präsentiert sich als Führer, der seinem Volk die Richtung weist und einen genauen Plan für die Zukunft hat. Die vertrauten Merkmale (Kleidung, Gesicht, Bart, Pfeife) erinnern an die Rolle des fürsorglichen Vaters, die er gerne auf Propagandadarstellungen einnahm.

S. 29, Aufgabe für alle individuelle Lösung

Methode: Manipulierte Fotos untersuchen S. 30/31

HRU, S. 35, KV
1.1 Manipulierte Fotos untersuchen

S. 30, M1: Lenin hält eine Rede vor Soldaten der Roten Armee, Foto, 1920
In der Antike konnten unliebsame Herrscher, die der Tyrannis bezichtigt wurden, durch einen Rechtsakt posthum aus dem kollektiven Gedächtnis gestrichen werden. Die beiden Fotografien sind ein Beispiel für die „Damnatio memoriae", die Auslöschung der Erinnerung an Trotzki und Kamenew; ein Schicksal, das später auch Lenin und im Zuge der Entstalinisierung auch Stalin ereilte. Aufgrund seiner politischen Zielsetzung, die derjenigen Stalins widersprach, wurde Trotzki aus dem kollektiven Gedächtnis gelöscht. 1927 aus dem Zentralkomitee der Partei entlassen und zwei Jahre später aus der Sowjetunion ausgewiesen, wurde er 1940 auf Anordnung Stalins ermordet, erst 60 Jahre später wurden wieder Fotografien und Artikel von Trotzki veröffentlicht. Kamenew, einer der engsten Mitarbeiter Lenins und Schwager Trotzkis, musste 1926 seine Partei- und Staatsämter aufgeben. Er wurde 1936 zum Tode verurteilt und hingerichtet.

S. 30, M2: „In Stalins Armen", Foto, 1936
Seit der Mitte der 1930er Jahre prägten Aufnahmen von Stalin mit Kindern das Bild des gütigen und väterlichen Machthabers. Das Wort „Vater" wurde für viele Sowjetbürger zum Synonym für Stalin, der damit an vorrevolutionäre Zeiten anknüpfte, in denen der Zar in der Bevölkerung als „Väterchen", als guter und gerechter Herrscher angesehen wurde. Dieses Foto zeigt Stalin mit einem kleinen Mädchen auf dem Arm. Bei dem Mädchen handelt es sich um die sechsjährige Engelsina Markizova, die gemeinsam mit ihren Eltern Teil einer Besuchergruppe aus der Burjatischen Autonomen Republik (ein Teil Sibiriens) war, die im Januar 1936 im Kreml empfangen wurde. Das Foto sollte Stalin nicht nur in der Rolle des väterlichen Beschützers zeigen, sondern auch demonstrieren, dass Menschen aus allen Teilen des großen Sowjetreichs Stalin liebten und verehrten.

S. 31, Aufgabe 1
1. Man sieht auf beiden Fotos ein Rednerpodest, auf dem ein Mann steht. Der Mann spricht zu einer großen Menschenmenge, die sich um das Podest versammelt hat.
2. Im rechten Bild sind viel mehr Zuhörer zu sehen. Die Haltung des Redners auf dem Podest ist etwas anders. Auf der Treppe des Podestes stehen auf dem linken Bild zwei Männer, auf dem rechten Bild ist dort niemand zu sehen.
3. Dargestellt sind Soldaten der Roten Armee, die sich um ein Holzpodium versammelt haben, auf dem Lenin eine Rede hält. Auf dem Bild links stehen Trotzki und Kamenew auf den Stufen des Rednerpodestes. Ihre Position verdeutlicht, dass es sich bei ihnen um Vertraute Lenins und führende Kräfte der Revolution handelt. Auf dem rechten Foto wurden die beiden Männer wegretuschiert.
4. der Fotograf Grigori Goldstein
5. Das Foto wurde am 5. Mai 1920 auf dem Moskauer Swerdlow-Platz aufgenommen.
7. Das Foto wurde von einer erhöhten Position heraus gemacht. Der Fotograf hatte dazu wohl eine Leiter dabei. Auf dem bearbeiteten Foto (rechts) ist das Podest mehr zur Mitte des Bildes gerückt, damit Lenin im Zentrum steht. Die leere Straße hinten rechts ist so nicht mehr zu sehen.
8. Auf dem rechten Foto sind Trotzki und Kamenew durch Holzstufen ersetzt worden, nur die dritte Person, die unten auf der Treppe zur Rednerbühne stand, ist noch zu sehen. Im Hintergrund wurden Zuhörer eingefügt, die Gruppe erscheint nun wesentlich größer.
12. individuelle Lösung

Neue Weltmächte – neue Gesellschaftsordnungen 1

S. 31, Aufgabe 2 a) und b) siehe die Erläuterungen zu M2; zur Analyse des Bildes können die Arbeitsschritte „Eine Bildquelle auswerten" auf S. 333 des Schülerbandes herangezogen werden.

S. 31, Aufgabe 3 individuelle Lösung, siehe auch die Erläuterungen zu M2

Geschichte kontrovers: Die Herrschaft Stalins im Blickwinkel der Zeit S. 32/33

S. 32, M1: „Russland berauscht sich an seinem größten Mörder", Artikel in der „Welt" siehe die Erläuterungen zu Aufgabe 1 a)

S. 32, M2: 2005 aufgestellte Büste Stalins in Mirny, Russland siehe die Erläuterungen zu Aufgabe 1 a)

S. 33, M3: Die russischen Historiker W. Buldakow und M. Gorinow diskutierten 2007
Wladimir Buldakow (geb. 1944) ist ein in Russland hoch angesehener Historiker, der die Ansicht vertritt, dass Putin das alte sowjetische Erbe erfolgreich wieder belebt.
Michail Gorinow (geb. 1956) war Sekretär eines parteiamtlichen Historikers und bewertet die Art und Weise, wie die Sowjetunion 1991 aufgelöst wurde, als undemokratisch.

S. 33, M4: Cover eines „Spiegel"-Sonderhefts aus dem Jahr 2007 siehe die Erläuterungen zu Aufgabe 3 a)

S. 33, Aufgabe 1 a) Die Beschreibung sollte folgende Aspekte enthalten:
- Besinnung auf Triumphe der Vergangenheit: Sieg im Zweiten Weltkrieg
- kritische Betrachtung Stalins rückläufig: von 43 Prozent im Jahr 2001 auf 20 Prozent im Jahr 2015
- Eine wachsende Mehrheit möchte kein Urteil über die Diktatur Stalins fällen.
- Die russische Regierung kontrolliert die Geschichtsinterpretation.
- Das Ende des Stalin-Kults würde für die Russen einen Identitätsverlust bedeuten.
- Die Verehrung Stalins ist anhand zahlreicher Stalinbüsten und -denkmäler sichtbar.

b) Ursachen für die positive Bewertung Stalins:
- schlechte politische Gesamtlage auf der Welt
- internationale Isolation und wirtschaftliche Probleme Russlands
- Bewahrung einer (positiven) russischen Identität

S. 33, Aufgabe 2

	W. Buldakow	M. Gorinow
Bewertung Stalins	• erbärmlicher Typ • animalischer Machtinstinkt • dumm • kleinmütig • schäbig	• Pragmatiker: seine Maßnahmen 1929 (Zwangskollektivierung und -arbeit) waren zweckmäßig • großer Machtwillen • kein talentierter Führer, deshalb musste er seine Gegner beiseiteschaffen • nicht schäbig • Marxist
Bewertung Lenins	• große Persönlichkeit	• genialer Politiker
öffentliche Bewertung der beiden Personen in Russland	• Bewertung von Stalin und Lenin abhängig von der aktuellen Politik • parallele Geschichtsauslegung: das Fernsehen erzählt gleichzeitig vom Terror und den Verdiensten Stalins	

VISUALISIERUNG 1.3

1 Neue Weltmächte – neue Gesellschaftsordnungen

S. 33, Aufgabe 3 a)
Das Urteil sollte die verschiedenen Perspektiven berücksichtigen: Inwiefern sind die Sichtweisen der russischen Bevölkerung, der russischen Regierung, der beiden russischen Historiker und der deutschen Presse (am Beispiel des Magazins „Spiegel") gerechtfertigt? Folgende Argumente könnten jeweils angeführt werden:
- *russische Bevölkerung:* Wie die meisten Menschen, so möchten auch die Russen ihre Geschichte und die Taten ihrer Vorfahren in einem möglichst positiven Licht sehen. Das ist menschlich nachvollziehbar, allerdings ignoriert dieser Umgang mit der Vergangenheit das Schicksal der zahlreichen Opfer.
- *russische Regierung:* Die Regierung möchte ihre Politik, das Land, die Menschen und ihre Geschichte für die Russen selbst, aber auch vor allen anderen positiv darstellen. Deshalb werden die Verdienste Stalins betont, während seine Terrorherrschaft heruntergespielt wird.
- *russische Historiker:* Sie bewegen sich auf dünnem Eis und sind befangen, denn einerseits haben sie als Wissenschaftler die Aufgabe, die Wahrheit zu berichten, andererseits sind sie selbst Teil der Geschichte und Mitglieder der heutigen russischen Gesellschaft.
- *deutsche Presse („Spiegel"):* Auf dem Cover des „Spiegel" ist Lenin als Protagonist der Russischen Revolution im Vordergrund abgebildet, Stalin und Gorbatschow stehen hinter ihm. Stalin wird hier gleichberechtigt neben Gorbatschow als Erbe Lenins dargestellt. Ein Urteil über den Umgang Stalins mit Lenins Erbe ist von dem Cover nicht direkt ableitbar.

b) individuelle Lösung, siehe auch die Erläuterungen zu Aufgabe 3 a)

Der Aufstieg der USA zur Weltwirtschaftsmacht — S. 34/35

Webcode
FG450099-034

HRU, S. 37, KV
1.2 USA und UdSSR: Neue Weltmächte – neue Gesellschaftsordnungen?

S. 34, M1: „Prosperity" – Plakat zur Präsidentschaftswahl 1896
Bei den Präsidentschaftswahlen im Jahr 1896 ging der Kandidat der Republikanischen Partei als klarer Sieger hervor. Dank der Unterstützung der Industrie gelang es dem Rechtsanwalt William McKinley, die Wähler in den 22 Staaten des Nordens und Ostens für sich zu gewinnen und in der Folge eine Wende in der amerikanischen Politik herbeizuführen. McKinley versprach den Wählern wirtschaftlichen Aufschwung („Prosperity"). Die Bindung der Währung an den Goldstandard (Dollarmünze) spielte dabei neben dem Handel (Einfuhrzölle; Schiffe) und der Zivilisation, d. h. der fortschreitenden Industrialisierung und Verstädterung (rauchende Fabrikschlote, Hochhäuser, Eisenbahn) eine entscheidende Rolle bei der Verwirklichung des „American Dream", der von jedermann getragen und Vorteile für alle bringen sollte.

S. 35, M2: Zahlen zum Wirtschaftswachstum siehe die Erläuterungen zu Aufgabe 3

S. 35, M3: Kinderarbeit in einem Bergwerk in Pennsylvania, 1911
Zu Beginn des 20. Jahrhunderts gingen laut einer Volkszählung mehr als 1,7 Millionen Kinder im Alter zwischen zehn und 15 Jahren in den USA einer Erwerbstätigkeit nach, und das oft 5½ Tage die Woche. Vor allem in den südlichen Bundesstaaten war Kinderarbeit weit verbreitet, da hier nach dem Ende des Bürgerkrieges ein wirtschaftlicher Aufschwung eingesetzt hatte und zahlreiche Baumwollspinnereien entstanden waren. Gesetze zur Einschränkung der Kinderarbeit wurden auf nationaler Ebene erst 1938 verabschiedet („Fair Labour Standards Act"), in einigen Bundesstaaten existierten aber bereits zuvor Verordnungen zum Schutz arbeitender Kinder.

S. 35, Aufgabe 1 a)
- *Bildbeschreibung:* Für die Beschreibung kann die Methode „Eine Bildquelle auswerten" auf S. 333 des Schülerbandes herangezogen werden.
- *Bildaussage:* In den USA hat jeder die Chance, Wohlstand und gesellschaftliches Ansehen zu erlangen („American Dream").

b) Farbige, Frauen und Kinder fehlen auf dem Wahlplakat M1 (Dollarmünze wird nur von weißen Männern getragen). Kinder armer Eltern werden ausgebeutet (siehe M3).

S. 35, Aufgabe 2
Unter dem Begriff „amerikanische Produktionsweise" versteht man die industrielle Fertigung von Gütern. Durch die Fließbandproduktion konnten die Herstellungskosten und damit auch die Endverbraucherpreise gesenkt werden. Eine Voraussetzung für diese Form der Produktion war die Standardisierung der Produkte.

Neue Weltmächte – neue Gesellschaftsordnungen 1

S. 35, Aufgabe 3
Die beiden Tabellen zeigen den Aufstieg der USA zur dominierenden Wirtschaftsmacht:
- *M2a:* An diesen Zahlen wird deutlich, dass in den USA vor allem im Bereich der Eisen- und Stahlproduktion und des Ausbaus des Schienennetzes hohe Zuwachsraten verzeichnet werden konnten. Zwischen 1860 und 1890 hatte sich die Strecke der verlegten Eisenbahngleise verfünffacht. Vergleicht man die Zahlen in den Spalten zwei und drei, so kann man erkennen, dass 1910 etwa 27-mal so viel Kohle gefördert und 36-mal so viel Eisen produziert wurde wie 1860. Zuwächse – allerdings nicht so hohe – gab es auch bei der industriellen und der landwirtschaftlichen Produktion.
- *M2b:* Die Tabelle verdeutlicht, dass die USA bereits im Jahr 1900 die einst führende Wirtschaftsmacht Großbritannien überflügelt hatten. Ein Jahr vor dem Ausbruch des Ersten Weltkrieges stieg das Deutsche Reich zur zweitstärksten Wirtschaftsmacht hinter den USA auf. Die Industrieproduktion in Frankreich und Russland blieb trotz steten Wachstums hinter den führenden Industrienationen zurück.

S. 35, Aufgabe 4 Vergleich der wirtschaftlichen Entwicklung in den USA und Russland/UdSSR:

	USA	Russland/UdSSR
Politik	Demokratie	Herrschaft des Zaren; Revolution; Herrschaft der Sowjets; Diktatur Stalins
Geografie	• riesige unbebaute Flächen • reich an Bodenschätzen • große Vorkommen von Brennstoffen (Holz, Kohle)	• riesige unbebaute Flächen • reich an Bodenschätzen • große Vorkommen von Brennstoffen (Gas, Kohle)
Wirtschaft	• Wirtschaftsordnung: Angebot und Nachfrage bestimmen den Markt • Mentalität: Unternehmergeist, Erfindungsreichtum, Leistungsdenken • „amerikanische Produktionsweise": industriell gefertigte, standardisierte Massenartikel Folge → Aufschwung, „Market Revolution", Differenz zwischen Großstädten und flachem Land, Kapitel konzentriert sich in den Händen weniger Großindustrieller	• Wirtschaftsordnung: staatliche Planwirtschaft • Mentalität: Eigeninitiative wird nicht belohnt, alle sind gleich, kein Privatbesitz • „Fünfjahrespläne": Schwerpunkt Herstellung von Produktionsmitteln, wenig Konsumgüterproduktion Folge → Überhang an Produktionsmitteln, Mangel an Konsumgütern, die breite Bevölkerung ist unzufrieden, politische Eliten bereichern sich
Gesellschaft	Reiche dominieren, Arme werden ausgebeutet	• politischer Führungskader unterdrückt – teils brutal (Stalin) – die Bevölkerung

VISUALISIERUNG 1.4

S. 35, Aufgabe 5 Recherche-Aufgabe

Absturz der Weltwirtschaft: Die Krise von 1929   S. 36/37

S. 36, M1: Die Wallstreet am „Black Friday", 25. Oktober 1929
Der ungeregelte Aktienmarkt und die strukturellen Schwächen des Bankwesens sowie der Spekulationsboom führten Ende Oktober 1929 zum Zusammenbruch der New Yorker Börse. Als Mitte Oktober 1929 die Börsenkurse fielen, versuchten vor allem Kleinanleger, die den Aktienkauf häufig durch Kredite finanziert hatten, ihre Wertpapiere zu veräußern. Der verstärkte Aktienverkauf löste einen Kurssturz aus („Black Thursday", 24. Oktober 1929), der auch durch Stützkäufe der Banken nicht gestoppt werden konnte („Black Friday"), sodass am „Black Tuesday" (29. Oktober 1929) schließlich der endgültige Zusammenbruch der Börse folgte.

Webcode
FG450099-037

1 Neue Weltmächte – neue Gesellschaftsordnungen

HRU, S. 37, KV
1.2 USA und UdSSR: Neue Weltmächte – neue Gesellschaftsordnungen?

Diff. Kopiervorlagen
15.3 Weltwirtschaftskrise und „New Deal" in den USA

S. 36, M2: Auswirkungen des Börsenkrachs: Verkauf von Luxusgütern
Dramatisch sinkende Löhne und Massenarbeitslosigkeit waren nur zwei Auswirkungen der Wirtschaftskrise. Bis zum Höhepunkt der Krise im Jahr 1933 stieg die Arbeitslosenquote in den USA auf knapp 25 Prozent an. Diejenigen, die noch einen Arbeitsplatz hatten, mussten im selben Zeitraum große Lohneinbußen hinnehmen: Das Durchschnittseinkommen nahm um fast 60 Prozent ab, Luxusgüter mussten angesichts der Krise verkauft werden, in einigen Teilen des Landes kam es 1933 zu Hungersnöten. Die im Rahmen des „New Deal" initiierten Bauprojekte sorgten für einen langsamen Rückgang der Arbeitslosenzahlen, die jedoch erst durch den Ausbau der Kriegsproduktion merklich zurückgingen (1945: knapp 2 Prozent).

S. 37, M3: Farmerfamilie auf dem Weg nach Kalifornien
Die Landwirtschaft gehörte zu den Bereichen, die am stärksten von der Wirtschaftskrise betroffen waren. Trotz der Maßnahmen des „New Deal" waren viele Farmer aufgrund des Preisverfalls der Agrarprodukte nicht mehr in der Lage, die Kredite für ihre Farmen zu tilgen, es kam zu zahlreichen Zwangsversteigerungen. Als Mitte der 1930er Jahre starke Dürreperioden auftraten, verließen Tausende Menschen ihre zum „Dust Bowl" gewordene Heimat in Oklahoma, Texas, Kansas oder Colorado, um sich als Wanderarbeiter zu verdingen.

S. 37, Aufgabe 1, Text 1
a) 1. wirtschaftlicher Aufschwung nach dem Ersten Weltkrieg (Z. 1–7); 2. ungleiche Verteilung des Vermögens (Z. 7–11); 3. Vergabe von Kleinkrediten für Konsumzwecke (Z. 11–15); 4. Absatzschwierigkeiten infolge Marktsättigung (Z. 15–20); 5. Spekulationsboom und Zusammenbruch der Börse (Z. 21–28); 6. Absturz der Weltwirtschaft (Z. 28–39)
b) Folgende Gründe werden im Text genannt:
- Der große Geldzufluss durch Rückzahlungen von Krediten und der Schutz der einheimischen Industrie durch Schutzzölle führten nach dem Ersten Weltkrieg zu einem enormen Wirtschaftswachstum.
- Der Wirtschaftsboom ließ die Aktienkurse explodieren, auch Kleinaktionäre kauften – z. T. auf Kredit – Aktien.
- Die Sättigung des Marktes führte bei Landwirtschaft und Industrie zu Absatzschwierigkeiten, der Preis der Aktie repräsentierte nicht mehr ihren tatsächlichen Wert.
- Die Unternehmer investierten das erworbene Geld nicht.
- Als 1929 die Dividende ausblieb und die Aktien fielen, reagierten viele Kleinanleger mit Panikverkäufen, was zum Zusammenbruch der Börse führte.

c) individuelle Lösung; siehe auch die Erläuterungen zu b) und die Unterrichtsmethode „Eine Mindmap anfertigen" auf S. 329 des Schülerbandes

S. 37, Aufgabe 1, Text 2
a) 1. Zwischen Wirtschaftsliberalismus und Keynesianius: zwei unterschiedliche „Rezepte" gegen die Wirtschaftskrise (Z. 40–59); 2. die Maßnahmen der britischen und der französischen Regierung (Z. 60–74); 3. die Situation in der Sowjetunion (Z. 77–89)
b) *USA:* Viele vertraten nun die Ansicht des Wirtschaftswissenschaftlers John Maynard Keynes, der in Krisenzeiten für regulierende Maßnahmen des Staates plädierte, um beispielsweise die sinkende private Nachfrage durch staatliche Projekte (z. B. Straßenbau) auszugleichen.
Großbritannien: Verzicht auf radikalen Abbau der Sozialleistungen, Konjunkturprogramme
Frankreich: Erhöhung der sozialen Leistungen, Einführung eines bezahlten Urlaubs

c) Beispiellösung

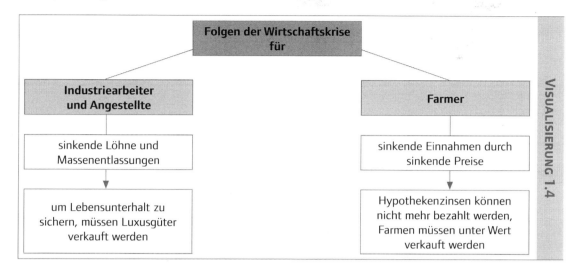

Wie reagierten die USA auf die Krise?   S. 38/39

S. 38, M1: Die Familie des Pächters Bud Fields siehe die Erläuterungen zu Aufgabe 3 a)

S. 39, M2: Radioansprache von Präsident Roosevelt vom 17. September 1937
Der aus einer wohlhabenden New Yorker Familie stammende Franklin D. Roosevelt (1882–1945) begann seine politische Karriere 1910, als er für die Demokraten in den Senat einzog. Bei den Präsidentschaftswahlen 1920 kandidierte er an der Seite von James M. Cox für das Amt des Vizepräsidenten, musste sich jedoch dem Republikaner Warren G. Harding geschlagen geben. Roosevelt, der 1928 Gouverneur von New York geworden war (1930 Wiederwahl), konnte sich 1932 im Präsidentschaftswahlkampf gegen den amtierenden Präsidenten Herbert Hoover durchsetzen. Bei den drei folgenden Wahlen 1936, 1940 und 1944 wurde Roosevelt im Amt bestätigt.

S. 39, M3: War der „New Deal" erfolgreich?
Der „New Deal" war ein von Präsident Roosevelt initiiertes Wirtschafts- und Sozialprogramm, das zur Bewältigung der Wirtschaftskrise beitragen sollte, jedoch nur in Teilbereichen Erfolge erzielen konnte. Zu den ersten Maßnahmen gehörten die Verkündigung von viertägigen „Bankferien" und der Erlass eines Gesetzes, das der Kontrolle des Wertpapierhandels und der Regulierung des Bankwesens dienen sollte. Die größten Eingriffe erfolgten im Bereich der Landwirtschaft, wo die Preise durch Anbaubeschränkungen angehoben wurden, um die wirtschaftliche Position der Farmer zu stärken. In der 1935 einsetzenden zweiten Phase des „New Deal" sollten verschiedene soziale Reformen, wie die Einführung von Arbeitslosenversicherung und Altersrente (1935), und die Festschreibung von Mindestlöhnen und regulärer wöchentlicher Arbeitszeit für eine Verbesserung der Arbeitsbedingungen sorgen und die Arbeitnehmer vor sozialer Not bewahren.

S. 39, Aufgabe 1 Die Aufgaben der Regierung nach Roosevelt:
- höherer Lebensstandard für die breite Masse des Volkes (Z. 4–6)
- höhere Löhne und kürzere Arbeitszeiten für Arbeiter (Z. 9 f.)
- beständige Einkommen für Farmer (Z. 10–12)
- Entlastung von zerstörerischen Praktiken für Geschäftsleute (Z. 12–15)
- Sicherung der Grundrechte (Z. 15–21)
- Vermittlung von Vertrauen in Recht und Sicherheit (Z. 23–27)

HRU, S. 37, KV
*1.2 USA und UdSSR:
Neue Weltmächte –
neue Gesellschaftsordnungen?*

Diff. Kopiervorlagen
*15.3 Weltwirtschaftskrise und „New Deal"
in den USA*

1 Neue Weltmächte – neue Gesellschaftsordnungen

S. 39, Aufgabe 2

VISUALISIERUNG 1.6

Linderung der Not	wirtschaftliche Erholung
• staatliches Arbeitsbeschaffungsprogramm zur Bekämpfung der Arbeitslosigkeit • Einführung von Alters- und Arbeitslosenversicherung (nicht für alle Berufs- und sozialen Gruppen)	• Ankurbelung der Wirtschaft durch staatlich finanzierte Bauprojekte (z. B. Bau von Straßen, Brücken, Flugplätzen, Staudämmen, Stromtrassen)

S. 39, Aufgabe 3 a)
1. Die Fotografie entstand 1936 in Hale County, Alabama, im Wohnhaus der Familie Fields.
2. Das Foto zeigt die Familie des Pächters Bud Fields: seine Frau, seine drei Kinder, seine Mutter/Schwiegermutter.
3. der Fotograf Walker Evans (1903–1975) im Auftrag der Zeitschrift „Fortune"
4. für die Leser des Magazins „Fortune"
5. Es handelt sich nicht um einen Schnappschuss, sondern um eine sorgfältig im Stil der bürgerlich-aristokratischen Familienporträts inszenierte Aufnahme mit einer von den beiden etwas abgerückten Frauen flankierten Dreiergruppe, die aus dem Familienvater und seinen beiden ältesten Kindern besteht.
6. Das Foto zeigt den Schlafraum der Familie Fields, deren Mitglieder auf Stühlen und dem Bett Platz genommen haben; die beiden älteren Kinder stehen. Die Einrichtung macht einen ärmlichen Eindruck, die Kleidung der Personen wirkt abgetragen und schmutzig, lediglich die Großmutter trägt Schuhe. Der Blick der Erwachsenen ist distanziert und skeptisch, ihre emotionale Erstarrung wird durch die lebhafte Fröhlichkeit des kleinen Jungen zusätzlich betont.
7. Durch die perfekte Inszenierung der Armut (schief in Angeln hängende Tür, kaputte Dielen, abgetragene Kleidung) wollte Evans den Blick des Betrachters schärfen und Fragen nach den Ursachen dieses Daseins am Rande des Existenzminimums provozieren.

b) Durch die „Neuverteilung der Karten" sollte jeder eine neue Chance bekommen. Dass dies in der Realität anders aussah, zeigt das Beispiel der Landarbeiter. Sie profitierten nicht vom „Social Security Act" von 1935, der die Einführung einer Arbeitslosenversicherung und einer Altersversorgung vorsah, da sie wie andere Geringverdiener von der Sozialversicherung ausgeschlossen waren. Auch die festgelegten Beschränkungen der regulären Arbeitszeit galten nur für Angestellte und Industriearbeiter, nicht aber für die große Gruppe der in der Landwirtschaft Tätigen.

S. 39, Aufgabe 4
Die beiden Historiker ziehen ein nüchternes Fazit und bescheinigen dem „New Deal" allenfalls Teilerfolge. Die Macht der Großunternehmen war ungebrochen und den Landpächtern wurde nicht dauerhaft geholfen. Das Programm habe zwar den Aufbau eines Sozialversicherungssystems bewirkt und es vermocht, der Bevölkerung Vertrauen in die Zukunft zu vermitteln, von den sozialpolitischen Maßnahmen profitierten jedoch nicht alle Bürger. Einige Gruppen blieben am Rand des „New Deal", auch zur Einführung einer staatlichen Krankenversicherung sei es nicht gekommen. Die zahlreichen Arbeitsbeschaffungsprogramme hätten die Arbeitslosigkeit zwar verringern, aber nicht wirklich beseitigen können. Erst mit dem Zweiten Weltkrieg und der Intensivierung der Rüstungsproduktion sanken die Arbeitslosenzahlen.

S. 39, Aufgabe 5 Recherche-Aufgabe

Kompetenzen prüfen — S. 42/43

HRU, S. 38, KV
1.3 Selbsteinschätzungsbogen für Schüler

S. 42, M1: „Erster Jahrestag der Diktatur des Proletariats", Plakat von 1919
„Proletarier aller Länder – vereinigt euch!" forderte nicht nur der Text des Plakates auf, dieser Spruch schmückte 1918 auch die Südseite des Schlossplatzes in Petrograd. Die Stadt an der Newa hatte ihre Position als Landeshauptstadt zwar an Moskau abgeben müssen, als „Hauptstadt" der Revolution wurde hier jedoch in besonderem Maße an die Ereignisse des Oktober/November 1917 erinnert. Bis 2005 war der Jahrestag der Oktoberrevolution ein offizieller Feiertag in Russland, heute ist er lediglich ein Gedenktag.

Neue Weltmächte – neue Gesellschaftsordnungen 1

S. 42, M2: „America First" siehe die Lösungshilfen zu S. 43, Aufgabe 3 b) auf S. 337 des Schülerbandes

S. 42, M3: Kinder stehen an einer Suppenküche an siehe die Lösungshilfen zu S. 43, Aufgabe 4 auf S. 337 des Schülerbandes

S. 43, M4: „We demand a New Deal" siehe die Lösungshilfen zu S. 43, Aufgabe 5 auf S. 337 des Schülerbandes

S. 43, M5: Veränderungen in der Bevölkerungsstruktur Russlands und der Sowjetunion
Zur Zeit des Ersten Weltkrieges war der überwiegende Teil der russischen Bevölkerung in der Landwirtschaft tätig, der Großteil der Bauern lebte dabei in einem ökonomischen Abhängigkeitsverhältnis zum Gutsherrn, auf dessen Feldern sie arbeiten mussten; nur ein Drittel der Bauern gehörte zu den sogenannten Mittel- oder Großbauern. Die 1929 einsetzende Zwangskollektivierung der Landwirtschaft führte dazu, dass die Zahl der selbstständigen Bauern drastisch zurückging, während die Zahl der Kolchosbauern anstieg. Die forcierte Industrialisierung unter Stalin führte zu einer Verlagerung der Arbeitskräfte von der Landwirtschaft zur Industrie.

S. 43, Aufgabe 1 bis 8 siehe die Lösungshilfen auf S. 337 des Schülerbandes

Lösungen zu den Kopiervorlagen der Handreichung

KV 1.1, Aufgabe 1
1. Man sieht auf beiden Fotos mehrere Männer, die am Ufer eines Kanals entlanggehen, im Hintergrund scheint sich eine Schleuse zu befinden. Die Männer tragen überwiegend lange Militärmäntel und -mützen. Der Mann links mit Brille und Schnurrbart trägt Zivilkleidung.
2. Auf dem bearbeiteten Bild fehlt der Mann rechts. Dafür ist auf diesem Foto der Mann im Militärmantel (Kliment Jefremowitsch Woroschilow, Volkskommissar für Verteidigung) links, der auf der Originalaufnahme nicht so gut zu erkennen ist, etwas besser zu sehen.
3. Bei dem Mann in Zivil handelt es sich um Wjatscheslaw M. Molotow (1890–1986), seit 1930 Vorsitzender des Rates der Volkskommissare. Rechts neben Molotow und scheinbar einen Schritt vor diesem gehend ist Stalin zu sehen. Zu seiner Linken befindet sich der Chef der unter dem Namen Volkskommissariat für Innere Angelegenheiten (NKWD) bekannten Geheimpolizei, Nikolaj Jeschow (1895–1940), der drei Jahre nach der Veröffentlichung des linken Fotos auf Befehl Stalins ermordet wurde.
4. keine Angaben vorhanden
5. Das Foto wurde 1937 gemacht, in der bearbeiteten Version wurde es seit 1940 verbreitet.
6. Das Foto entstand vermutlich während der Besichtigung des im Hintergrund zu sehenden Moskwa-Wolga-Kanals. Das 128 km lange Bauwerk wurde zwischen 1932 und 1937 von Häftlingen errichtet. Die Fertigstellung erfolgte im April 1937, die offizielle Inbetriebnahme im Juli desselben Jahres.
7. Für das Originalfoto wurde ein anderer Bildausschnitt gewählt als für das bearbeitete Bild. Es wirkt so, als hätte der Fotograf etwas dichter bei den fotografierten Personen gestanden.
8. Der Geheimdienstchef Nikolaj Jeschow wurde auf dem rechten Foto wegretuschiert. Das linke Foto scheint unten sowie an den Seitenrändern beschnitten worden zu sein.
9. Die Bildunterschrift informiert über die politische Karriere Nikolaj Jeschows seit Mitte der 1930er Jahre sowie über seine schrittweise Entmachtung und seine Hinrichtung.
10. Stalin wollte Jeschow und seine Verbindung zu ihm aus dem öffentlichen Gedächtnis löschen. Unter Jeschow verselbstständigte sich der Terror und wurde von Stalin immer mehr als Bedrohung seiner eigenen Macht wahrgenommen.
11. Bibliothek, Internetrecherche
12. individuelle Lösung

KV 1.2, Aufgabe 1
1. Oktoberrevolution; 2. New Deal; 3. Menschewiki; 4. Kolchose; 5. Großer Terror; 6. Roosevelt; 7. Sozialismus; 8. Bolschewiki; 9. Lenin; 10. große Depression; 11. Demokratie; 12. Kommunismus; 13. Diktatur 14. Sowjet; 15. Wirtschaftsliberalismus; 16. Gulag; 17. Hoover

1 Neue Weltmächte – neue Gesellschaftsordnungen

KV 1.2, Aufgabe 2

VISUALISIERUNG 1.7

Kriterien	USA	Sowjetunion
Herrschaft und Staatlichkeit	• parlamentarische Demokratie • freiheitliche Verfassung • hohe Eigenverantwortlichkeit: geringe staatliche Sozialleistungen	• autokratische Herrschaft des Zaren • nach Abdankung des Zaren kurze Zeit der „Doppelherrschaft" von „Provisorischer Regierung" und Sowjets • im Oktober/November 1917 übernehmen die Bolschewiki die Macht • ab 1927 autoritäre Diktatur Stalins • gewaltsame Verfolgung und Ausschaltung politischer Gegner („großer Terror") • Nutzung des Mediums Fotografie zur Selbstdarstellung und zur symbolischen Entfernung politischer Gegner
Weltdeutung und Religion	• Jeder Mensch nimmt sein Schicksal selbst in die Hand. • Religion: keine Angaben	• angestrebtes Ziel: klassenlose Gesellschaftsform ohne Privatbesitz an Produktionsmitteln • Religion: keine Angaben
Wirtschaft und Umwelt	• neues unternehmerisches Denken führt in Kombination mit wirtschaftlichem Aufschwung zur „Market Revolution" • „amerikanische Produktionsweise" (Fließbandproduktion, Massenproduktion) • Kapital und Wirtschaftsmacht konzentrieren sich in Großkonzernen („Big Business") • Wirtschaftsliberalismus • während der Weltwirtschaftskrise: Abkehr vom System des Wirtschaftsliberalismus, der Staat greift regulierend in Wirtschaft ein („New Deal") • im Vergleich zu Europa große Mobilität per Auto	• staatlich gelenkte Wirtschaft (Fünfjahrespläne) mit dem Ziel, das Land möglichst schnell zu einem modernen Industriestaat zu machen • staatliche Investitionen fließen vornehmlich in die Herstellung und Förderung von Produktionsmitteln • ab 1929 Zwangskollektivierung der Landwirtschaft • Einsatz von Strafgefangenen zum Bau von Eisenbahnen, Kanälen, Industrieanlagen etc.

1 Neue Weltmächte – neue Gesellschaftsordnungen   Kopiervorlage 1.1

Name: Klasse: Datum:

KV 1.1 Manipulierte Fotos untersuchen

M1 Stalin mit Geheimpolizeichef Nikolaj Jeschow (rechts) am Ufer des Moskwa-Wolga-Kanals, unbekannter Fotograf, links Originalfoto von 1937, rechts die nach 1940 verbreitete Version.
Nikolaj Iwanowitsch Jeschow war von 1936 bis 1938 Leiter der Geheimpolizei NKWD und damit verantwortlich für den Tod von 750 000 Menschen zur Zeit des „Großen Terrors" 1937. Als er durch seinen Polizeiapparat in vielen Teilen der Sowjetunion nahezu alle Parteimitglieder als „Konterrevolutionäre" ermorden ließ und sich Klagen über die katastrophalen Arbeitsleistungen in den ihm unterstellten Gulags häuften, ließ Stalin seinen treu ergebenen Mitarbeiter 1939 verhaften. Jeschow wurde 1940 erschossen und die Erinnerung an ihn getilgt.

1   Bearbeite M1 anhand der Methode „Manipulierte Fotos untersuchen". Vergleiche die beiden Bilder und analysiere mithilfe der Bildlegende den Aspekt „Manipulationen erkennen und bewerten".

Arbeitsschritte „Manipulierte Fotos untersuchen"

Einzelheiten beschreiben	
1. Was ist auf dem Original und dem manipulierten Bild zu sehen?	
2. Welche Unterschiede zwischen Original und Fälschung fallen dir auf?	
3. Welche Personen sind dargestellt?	

Autorin: Andrea Welk
Bildrechteinhaber: FOTOFINDER/Voller Ernst/David King

1 Neue Weltmächte – neue Gesellschaftsordnungen Kopiervorlage 1.1

Name: Klasse: Datum:

Fragen zum Fotografen und zur Bildtechnik

4. Wer hat das Foto gemacht?

5. Wann wurde es aufgenommen?

6. Gab es einen bestimmten Anlass und einen Auftraggeber für das Foto?

7. Welche Bildtechnik wurde gewählt (Figuren, Gegenstände, Blickwinkel, Brennweite, Entfernung, Ausschnitt)?

8. Wurde das Bild bearbeitet durch Montage, Retusche oder Beschnitt?

Weitere Informationen hinzuziehen

9. Welche Informationen gibt die Bildunterschrift (Hilfe, Beeinflussung, Irreführung)?

Gesamtaussage und Deutung

10. Wozu wurde das manipulierte Bild verbreitet?

11. Wie kann ich mich über den Zweck der Manipulationen informieren (z. B. „gelöschte" Personen)?

12. Welche Fragen bleiben offen?

Autorin: Andrea Welk
Bildrechteinhaber: FOTOFINDER/Voller Ernst/David King

KV 1.2 USA und UdSSR: Neue Weltmächte – neue Gesellschaftsordnungen?

M1 Kreuzworträtsel

1. Den Verlauf der Weltgeschichte beeinflussendes Ereignis im Herbst 1917.
2. Bezeichnung für die Wirtschafts- und Reformpolitik, mit der US-Präsident Roosevelt auf die Weltwirtschaftskrise reagierte.
3. Aus der Spaltung der Russischen Sozialdemokratischen Arbeiterpartei hervorgegangene Fraktion („Minderheitler").
4. Durch Kollektivierung entstandener großer landwirtschaftlicher Betrieb in der UdSSR.
5. Bezeichnung für die 1937 durchgeführte gewaltsame Ausschaltung politischer Gegner unter Stalin.
6. Sieger der Präsidentschaftswahlen des Jahres 1932 in den USA.
7. Übergangsstadium zum Kommunismus.
8. Die andere Fraktion der Russischen Sozialdemokratischen Arbeiterpartei („Mehrheitler").
9. Revolutionär und Politiker, unter dessen Führung die Russische Revolution durchgeführt wurde.
10. Bezeichnung für die Zeit der Weltwirtschaftskrise.
11. Gegenteil einer Diktatur.
12. Lehre von Karl Marx und Friedrich Engels.
13. Unter Stalin verbreitete Herrschaftsform in der Sowjetunion.
14. Russische Bezeichnung für spontan gewählte Vertretungen der Arbeiter, Soldaten und Bauern.
15. Durch das „freie Spiel der Kräfte" gekennzeichnete Form der Wirtschaftspolitik.
16. Arbeitslager in der Sowjetunion (Abkürzung).
17. Vorgänger Roosevelts im Amt des US-Präsidenten.

1 Fülle das Kreuzworträtsel in M1 aus, indem du die Fragen 1–17 beantwortest (ß = ss).

2 Partnerarbeit: Untersucht die Unterschiede zwischen den USA und der Sowjetunion hinsichtlich folgender Kriterien: Herrschaft und Staatlichkeit, Weltdeutung und Religion, Wirtschaft und Umwelt. Tipp: Teilt die Seiten des Schülerbandes zur Sowjetunion (S. 22–33) und den USA (S. 34–39) untereinander auf und stellt eure Ergebnisse in einer Tabelle zusammen.

Autorin: Andrea Welk

KV 1.3 Neue Weltmächte – neue Gesellschaftsordnungen

Ich kann, weiß, verstehe …	sehr sicher	sicher	unsicher	sehr unsicher	Hilfen finde ich hier: (SB = Schülerbuch)
1 Ich kann erläutern, wie die Amerikaner dauerhaft Frieden und Wohlstand in Europa erreichen wollten.					SB, S. 18/19
2 Ich kann die Veränderungen in Europa nach dem Ersten Weltkrieg beschreiben.					SB, S. 18/19
3 Ich kann beurteilen, ob der Völkerbund ein Instrument für den Frieden war.					SB, S. 20/21
4 Ich kann die Situation im russischen Zarenreich beschreiben und erläutern, welche Hindernisse einer wirtschaftlichen und gesellschaftlichen Modernisierung entgegenstanden.					SB, S. 22/23
5 Ich kann Gründe, Verlauf und Folgen der russischen Revolutionen erklären und bewerten.					SB, S. 24/25
6 Ich kann eine Zeitleiste mit wichtigen Daten und Ereignissen der sowjetischen Geschichte erstellen.					SB, S. 26/27
7 Ich kann den Unterschied zwischen revolutionärem Anspruch und sowjetischer Wirklichkeit darstellen.					SB, S. 26/27
8 Ich kann die Lebensbedingungen der Menschen in der Sowjetunion unter Stalin beschreiben und bewerten.					SB, S. 28/29
9 Ich kann die Bedeutung der Arbeitslager für die Herrschaft Stalins erläutern.					SB, S. 28/29
10 Ich kann die Rolle Stalins in der russischen Geschichte diskutieren.					SB, S. 28/29
11 Ich kann manipulierte Fotos untersuchen.					SB, S. 30/31
12 Ich kann den Umgang mit der Herrschaft Stalins im heutigen Russland beschreiben und bewerten.					SB, S. 32/33
13 Ich kann den Aufstieg der USA zur Weltwirtschaftsmacht erläutern.					SB, S. 34/35
14 Ich kann die Situation in den USA mit der in Russland und der UdSSR vergleichen.					SB, S. 22–26, 34/35
15 Ich kann Ursachen, Folgen und Lösungsstrategien der Weltwirtschaftskrise 1929 in ausgewählten Ländern vergleichen und bewerten.					SB, S. 36/37
16 Ich kann eine Mindmap zur Weltwirtschaftskrise und ihren Folgen für die Menschen erstellen.					SB, S. 36/37
17 Ich kann erklären, mit welchen Maßnahmen die Regierung unter Präsident Roosevelt auf die „Great Depression" reagierte.					SB, S. 38/39
18 Ich kann den Erfolg des „New Deal" bewerten.					SB, S. 38/39

Autorin: Andrea Welk

2 Die Weimarer Republik (1918–1933)   SB S. 44–75

Sachinformationen zum Kapitelaufbau

Die Weimarer Republik wird oft negativ bewertet, weil sie mit dem Aufstieg der Nationalsozialisten endete. Dabei wird übersehen, mit welchen Schwierigkeiten die junge Republik und ihre Vertreter zu kämpfen hatten. Im vorliegenden Kapitel gewinnen die Schülerinnen und Schüler ein differenziertes Bild von den Widerständen, denen die Demokraten während der Weimarer Republik begegnet sind. Dazu erarbeiten sie folgende Fragen: Welche Gruppen kämpften für eine demokratische, welche Gruppen für eine autoritäre Staatsform? Inwiefern belasteten die Folgen des Ersten Weltkrieges die junge Republik? Mit welchen wirtschaftlichen, sozialen und politischen Herausforderungen wurden die Politiker und Menschen in den 1920er Jahren konfrontiert? Woran scheiterte die Weimarer Republik? Neben diesen Fragen beschäftigen sich die Schülerinnen und Schüler mit neuen gesellschaftlichen, kulturellen und künstlerischen Entwicklungen, wie beispielsweise der Jugend- und Frauenbewegung sowie der Neuen Sachlichkeit. Die Methodenseite führt in die Analyse von Propagandaplakaten ein.

Hinweis zum Unterrichtsverlauf

siehe Jahrgangscurriculum, S. 8/9

Kompetenzerwerb in Kapitel 2 (s. Schülerband S. 74)

Eine detaillierte Liste der zu erwerbenden Kompetenzen finden Sie hier in der Handreichung auf dem Selbsteinschätzungsbogen, S. 62.

Selbsteinschätzungsbogen für Schüler zum Kapitel 2

siehe Kopiervorlage 2.3, S. 62

Weiterführende Hinweise auf Forum-Begleitmaterialien (s. Einleitung, S. 7)

- Arbeitsheft 4, Kap. 1: Ende des Ersten Weltkrieges und Weimarer Republik
- Kompetenztraining, Kap. 22: Die Weimarer Republik
- Geschichte interaktiv II, Kap. 6: Weimarer Republik
- Foliensammlung Geschichte 2, Folie 21: Wahlplakate aus der Weimarer Republik
- Invitation to History: Volume 2, Unit 2: The Weimar Republic

Literatur, Jugendbücher, Filme, Internethinweise für Lehrkräfte

Literatur
Eberhard Kolb, Die Weimarer Republik, 8. Aufl., München (Oldenbourg) 2013.
Gunther Mai, Die Weimarer Republik, 2., durchges. Aufl., München (C. H. Beck) 2014.
Bjoern Weigel, Die Weimarer Republik. Politik, Kultur, Gesellschaft, Berlin (Palm-Verlag) 2017.
Jugendbücher
Wolf Durian, Kai aus der Kiste, Hamburg (Dressler) 2004.
Erich Kästner, Emil und die Detektive. Ein Comic von Isabel Kreitz, 2. Aufl., Hamburg (Dressler) 2012.
Klaus Kordon, Die roten Matrosen oder Ein vergessener Winter, 17. Aufl., Weinheim (Beltz & Gelberg) 2015.
Filme
FWU 4611202:   Weimarer Republik
WBF D-2120:   Revolution in Deutschland 1918/19
WBF D-2130:   Das Krisenjahr 1923
WBF B-2155:   Weltwirtschaftskrise 1929–1932. Die Republik gerät in Not.

2 Die Weimarer Republik (1918–1933)

Internethinweise für Lehrkräfte
https://www.planet-wissen.de/geschichte/deutsche_geschichte/weimarer_republik/index.html
(Informationen zur Geschichte der Weimarer Republik)
https://www.dhm.de/lemo/kapitel/weimarer-republik (umfangreiche Informationen zur Weimarer Republik, zusammengestellt vom „Lebendigen Museum Online" [„LeMO"] des Deutschen Historischen Museums in Berlin)
http://www.deutschegeschichten.de/zeitraum/themaindex.asp?KategorieID=1001&Inhalt ID=1555 (Dossier zum Thema „Deutsche Revolution")

Auftaktseiten — S. 44/45

S. 44 f.: „Hungermarsch", Gemälde von Hans Grundig, 1932
Hans Grundig (1901–1958) war ein deutscher Maler und Grafiker. Seine Werke werden überwiegend der Neuen Sachlichkeit, spätere auch dem Expressionismus zugeordnet. Inhaltlich haben seine Bilder oft politische, proletarisch-revolutionäre Bezüge. Grundig, seit 1929 Mitglied der KPD, erhielt 1934 Berufsverbot, da seine Kunst als „entartet" eingestuft wurde. Er wurde 1940 im KZ Sachsenhausen interniert, konnte jedoch fliehen und lief zur Roten Armee über. Ab 1946 war Grundig Rektor der Dresdner Hochschule für Bildende Künste.

Das Gemälde „Hungermarsch" von 1932 spiegelt die kritische Haltung des Künstlers gegenüber der Herrschaftsform Republik in der Zeit der Weimarer Republik: Aus seinem Café „Republik" blicken die Mitglieder der Oberschicht auf die ärmlichen Demonstranten. Die Oberschicht sitzt nicht nur erhöht, sondern auch durch geschlossene Fenster getrennt vom einfachen Volk. Die Demonstranten – Arbeiter, Frauen, Kinder und Kriegsversehrte – sind schlicht gekleidet. Sie blicken ernst nach links, scheinen aber kein besonderes Ziel zu haben. Der Mann rechts unten im Bild blickt nachdenklich am Betrachter vorbei. Möglicherweise handelt es sich um ein Selbstbildnis des Künstlers, denn er hat als einzige Person individuelle Gesichtszüge.

Orientierung im Kapitel — S. 46/47

S. 46, M1: Deutschland nach dem Versailler Vertrag 1919 siehe die Erläuterungen zu Aufgabe 2

S. 47, M2: Streikende und Demonstranten während der Novemberrevolution 1918 in Berlin
Bereits Ende September 1918 hatten Militärs den Krieg verloren gegeben. Hunger und Elend, zusammen mit der Enttäuschung über die Niederlage, entluden sich in Deutschland in revolutionären Ausschreitungen. Ohne Widerstand zu leisten, dankte Kaiser Wilhelm II. ab und floh ins holländische Exil. Die Ausrufung der Republik durch Philipp Scheidemann und Karl Liebknecht wurde von weiten Teilen der Bevölkerung begrüßt. So kann man auf dem vorliegenden Foto Demonstranten aus allen Schichten erkennen. Im Hintergrund sieht man die Alte Bibliothek und das Palais Kaiser Wilhelms.

S. 47, M3: Plakat anlässlich der Reichstagswahl im November 1932
Zielgruppe dieses Wahlplakats der NSDAP sind diejenigen, die von Arbeitslosigkeit betroffen oder bedroht waren. Wie man an der Kleidung der abgebildeten Personen erkennen kann, waren das alle Teile der Bevölkerung: Arbeiter, Angestellte, Geschäftsleute, Frauen und Männer gleichermaßen. In dieser Phase der Weimarer Republik versuchte sich die NSDAP von ihrem Image als gewalttätige Partei zu befreien und seriös zu wirken. Entsprechend wurden die Wahlplakate anders gestaltet als früher: kein aggressives Rot und keine Kampfsymbolik mehr. Gleichzeitig wurde ganz auf die Person Hitlers abgehoben, der gleichsam religiös überhöht als Retter in der Not dargestellt wurde.

S. 47, Aufgabe 1
Krisenjahre: 1920–1923; Stabilisierung: 1924–1929; wirtschaftliche und politische Erschütterungen: 1929–1933

S. 47, Aufgabe 2
Gebietsverluste im Vergleich zum Reichsgebiet 1871: Nord-Schleswig, Teile Schlesiens, Memelland, Westpreußen, Posen, Elsass-Lothringen

Die Weimarer Republik (1918–1933)

S. 47, Aufgabe 3 a) individuelle Lösung
b) Man erkennt auf dem Foto alle Gesellschaftsgruppen: Marinesoldaten (in Mitte mit Fahne), Angehörige des Heeres (mit langem Militärmantel und Militärmütze, z. B. links) sowie Arbeiter und Bürger (Anzug, langer Mantel, weißes Hemd, Krawatte, Hut; Arbeiter kleideten sich in Öffentlichkeit häufig als „Bürger"). Vor allem die Kopfbedeckungen sind aufschlussreich: Matrosen-, Schieber-, Schirmmützen oder Hüte. Auch einige Frauen und Kinder bzw. Jugendliche nehmen an der Demonstration teil.
c) siehe die Erläuterungen zu M3

1918/19: Welche Staatsform soll Deutschland bekommen?   S. 48/49

S. 48, M1: Kaiser Wilhelm II. geht ins Exil nach Holland, Karikatur aus dem „Simplicissimus"
Der aus einer bürgerlichen jüdischen Familie stammende Zeichner Thomas Theodor Heine (1867 bis 1948) prägte mit seinen Karikaturen das Bild der satirischen Zeitschrift „Simplicissimus". Als Heine 1933 auf den Verhaftungslisten der Gestapo stand, floh er über Stationen in Prag und Oslo nach Schweden.
Die Zeitschrift „Simplicissimus" wurde 1896 von Albert Langen gegründet. Ihre Macher nahmen vor allem die Vertreter des Obrigkeitsstaates aufs Korn und verurteilten die Klassenjustiz. Der Stil war äußerst bissig und bisweilen respektlos. 1933 wurde der „Simplicissimus" von der NS-Regierung „gleichgeschaltet" und 1944 endgültig eingestellt.

Webcode
FG450099-048

HRU-CD
*Hördokument
„Philipp Scheidemann ruft die Republik aus, 9. November 1918"*

S. 49, M2: Ausrufung der Republik durch Philipp Scheidemann
Der sozialdemokratische Politiker und Publizist Philipp Scheidemann (1865–1939), der das Ende der Monarchie und die Republik ausgerufen hatte, wurde im Februar 1919 von der Nationalversammlung zum Reichsministerpräsidenten (de facto Regierungschef) gewählt. Nach seinem Rücktritt noch im selben Jahr war er bis 1925 Oberbürgermeister von Kassel. 1933 floh er nach Dänemark, wo er 1939 starb. Da Scheidemann seine Rede spontan gehalten hat, gab es keine Aufnahme davon. Die Situation wurde später nachgestellt und dieses Foto gemacht. Auch der Text seiner Ansprache war improvisiert – er hat sie später in seinen Memoiren aus dem Gedächtnis aufgeschrieben.

S. 49, M3: „Es lebe die deutsche Republik!" siehe die Erläuterungen zu M2

S. 49, M4: „Ich proklamiere die freie sozialistische Republik!"
Karl Liebknecht (1871–1919) war schon zu Zeiten des Kaiserreichs ein bekannter Marxist. Von 1912 bis 1916 war er Abgeordneter des Reichstages und führte den linksrevolutionären Flügel der SPD an. Er lehnte den sogenannten Burgfrieden ab und wurde wegen Landesverrates zu vier Jahren Zuchthaus verurteilt. Kurz vor Kriegsende kam er im Zuge einer Amnestie vorzeitig frei und war neben Scheidemann der zweite Politiker, der am 9. November 1918 die Republik ausrief – allerdings mit einer linksrevolutionären Ausrichtung. Am 11. November gründete er gemeinsam mit Rosa Luxemburg und anderen Gesinnungsgenossen den Spartakusbund. Jedoch wurde ihr Konzept einer sozialistischen Räterepublik im Dezember 1918 im Reichsrätekongress abgelehnt. Zu Beginn des Jahres 1919 war Liebknecht Mitbegründer der Kommunistischen Partei Deutschlands (KPD). Kurz darauf wurden er und Rosa Luxemburg nach dem Januaraufstand von Freikorpsoffizieren ermordet.

S. 49, Aufgabe 1 a) Die Beschreibung sollte folgende Punkte enthalten:
- Kriegsniederlage unausweichlich
- Meuterei von Soldaten und Matrosen
- Generalstreik legt Wirtschaft lahm
- Abdankung Kaiser Wilhelms II.
- Oberste Heeresleitung übergibt Macht an Reichskanzler und Parlament, die neue Regierung handelt Waffenstillstand mit den Kriegsgegnern USA, Großbritannien und Frankreich aus

b) Die Karikatur stammt vom 3. Dezember 1918, also aus der Zeit nach der Abdankung und Flucht des Kaisers und der Novemberrevolution. Zu sehen sind Menschen aus dem einfachen Volk, darunter verwundete Kriegsheimkehrer, Frauen und Kinder, die einen erschöpften, müden Eindruck machen. Im Hintergrund erkennt man den fliehenden Kaiser Wilhelm II. Der Ausspruch in der Bildunterschrift soll die Gedanken der Untertanen anlässlich der Flucht ihres Kaisers ausdrücken: tiefe Enttäuschung. Nur der Mann mit Brille und Krücken an der Spitze der Gruppe wendet sich dem Betrachter der Karikatur zu. Er scheint ihn mit seinem Blick aufzufordern, eine Lehre oder Konsequenz aus der Flucht des Kaisers zu ziehen.

2 Die Weimarer Republik (1918–1933)

Die Schülerinnen und Schüler werden die Karikatur vermutlich positiv bewerten, da sie die Stimmung im Volk in dieser Zeit treffend wiederzugeben scheint.

Diff. Kopiervorlagen
16.1 „Prost Noske!" –
Die „gebremste"
Revolution von
1918/19

S. 49, Aufgabe 2

1918

24.–28. Oktober	Deutschland wird eine parlamentarische Monarchie (Oktoberreform)
28. Oktober	Meuterei der Matrosen
9. November	doppelte Ausrufung der Republik
10. November	Vereinbarung zwischen dem SPD-Vorsitzenden Friedrich Ebert und den Militärs zur Wahrung der inneren Ordnung
11. November	Unterzeichnung des Waffenstillstandsvertrages
16.–20. Dezember	Beschluss zu Wahlen zur Verfassunggebenden Nationalversammlung
30. Dezember	Gründung der KPD aus dem Spartakusbund

1919

5.–16. Januar	Aufstände der KPD- und USPD-Anhänger, Ermordung Rosa Luxemburgs und Karl Liebknechts
19. Januar	Wahlen zur Nationalversammlung

S. 49, Aufgabe 3
Vermutlich werden folgende Ereignisse als besonders wichtig eingestuft werden:
- die Abdankung des Kaisers im November 1918, weil sie das Ende der Monarchie bedeutet
- der Beschluss der Räteversammlungen zur Wahl der Verfassunggebenden Nationalversammlung im Dezember 1918, weil damit die zukünftige Staatsform Republik festgelegt wurde

S. 49, Aufgabe 4 a) bis c)

VISUALISIERUNG 2.1

	Scheidemann	Liebknecht
Wendet sich an die ...	• Arbeiter, Soldaten und das Volk im Allgemeinen	• Parteigenossen (der USPD)
Äußert sich über den Krieg und die Monarchie ...	• *Krieg:* unglückselig, das Morden • *Monarchie:* Feinde des werktätigen Volkes, das Alte und Morsche	• *Krieg:* Leichenfeld • *Monarchie:* das Alte, Herrschaft des Kapitalismus
Hat folgende Erwartungen und Absichten ...	• alles für das Volk, alles durch das Volk • Arbeiterregierung • große und unübersehbare Arbeit	• es wird keine Knechte mehr geben • jeder ehrliche Arbeiter wird ehrlichen Lohn erhalten

S. 49, Aufgabe 5
Welche Staatsform für Deutschland? Republik
Wer sollte in Zukunft die Politik bestimmen? Schon während der Aufstände und Streiks übernahmen Arbeiter- und Soldatenräte die Verwaltung. Die SPD als Vertretung der Arbeiter und stärkste Partei im Reichstag bot sich auf Reichsebene als politische Kraft an. Sie stellte mit ihrem Vorsitzenden Friedrich Ebert zunächst den Reichskanzler. Teile der SPD und USPD bildeten als provisorische Regierung den Rat der Volksbeauftragten. Nachdem Liebknechts Konzept einer sozialistischen Räterepublik abgelehnt und er zusammen mit Rosa Luxemburg ermordet worden war, bestimmte die SPD bis zur Wahl der Verfassunggebenden Versammlung im Januar 1919 das weitere Vorgehen.

Die Weimarer Republik (1918–1933)

Die politische Ordnung der Weimarer Republik — S. 50/51

Webcode
FG450099-051

S. 50, M1: Die Weimarer Verfassung 1919 siehe die Erläuterungen zu Aufgabe 1

S. 51, M2: Die Parteien in der Weimarer Republik siehe die Erläuterungen zu Aufgabe 3

S. 51, M3: Sitzverteilung nach der Wahl zur Nationalversammlung am 19. Januar 1919
Da die Weimarer Verfassung keine Fünfprozentklausel enthielt, waren im Reichstag relativ viele, oft sehr kleine Fraktionen vertreten. Die Koalitionen aus SPD, Zentrum und DDP, die Regierungen auf Reichs- und Länderebene stützten, werden als „Weimarer Koalition" bezeichnet.

S. 51, M4: Auszüge der Weimarer Verfassung (1919)
Die am 31. Juli 1919 verabschiedete Weimarer Verfassung sicherte dem Reichspräsidenten weitreichende Befugnisse zu. Bei einer erheblichen Störung der öffentlichen Sicherheit und Ordnung konnte er laut Artikel 48 die Grundrechte außer Kraft setzen. In der Schlussphase der Weimarer Republik wurde diese Bestimmung zum entscheidenden Instrument, mit dem die Nationalsozialisten Schritt für Schritt die Macht übernehmen konnten.

S. 51, Aufgabe 1
Die Weimarer Verfassung legt die Machtverteilung zwischen folgenden Verfassungsorganen fest:
- ausführende Gewalt: Reichspräsident, Reichswehr, Reichsregierung und Länderregierungen
- gesetzgebende Gewalt: Reichsrat, Reichstag, Länderparlamente
- richterliche Gewalt: Reichsgericht

Der Reichspräsident, die Länderparlamente und der Reichstag werden von den wahlberechtigten Staatsbürgern direkt auf sieben Jahre (Reichspräsident) oder in einer Verhältniswahl auf vier Jahre (Reichstag und Länderparlamente) gewählt. Der Reichspräsident hat den Oberbefehl über die Reichswehr, ernennt/entlässt die Reichsregierung, kann den Reichstag auflösen, ernennt auf Vorschlag des Reichstages das Reichsgericht und kann die Grundrechte außer Kraft setzen. Dazu kommt das Notverordnungsrecht, das sich aus Artikel 48 ergibt. Die Macht des Reichspräsidenten, die in alle drei Bereiche der staatlichen Gewalt hineinwirkt, macht das Funktionieren der Weimarer Republik von seiner Person abhängig.

S. 51, Aufgabe 2
Die herausragende Position des Reichspräsidenten ergibt sich aus der Weimarer Verfassung, die ihm umfassende Rechte einräumte (Artikel 48). Tatsächlich konnte man den Eindruck gewinnen, dass mit der Position des Reichspräsidenten eine Art „Ersatzkaiser" geschaffen worden war. Dies war wohl der Tatsache geschuldet, dass viele der jungen Demokratie noch nicht recht vertrauten. Auch der Einfluss konservativer Kräfte, die teilweise immer noch eine Monarchie vorgezogen hätten, mag eine Rolle gespielt haben. Insbesondere Paul von Hindenburg verstärkte als Adliger und ehemaliger General das Bild des Reichspräsidenten als „Ersatzkaiser".

S. 51, Aufgabe 3
Im Reichstag saßen sich Befürworter (SPD, USPD, Zentrum, DDP) und Gegner (KPD, DVP, DNVP, NSDAP) der Demokratie gegenüber. Das politische Spektrum war demnach so breit, dass eine Zusammenarbeit zwischen vielen Parteien unmöglich war.
Mögliche Koalitionspartner waren:
- SPD, USPD, Zentrum und DDP
- DVP, DNVP und NSDAP

Diese Konstellation machte die Bildung einer stabilen Koalition in den nächsten Jahren z. T. unmöglich.

S. 51, Aufgabe 4
Eberts Leistung bestand im Ausgleich zwischen den alten Eliten und den neuen politischen Kräften. Er verbündete sich zum einen mit der Führung der Reichswehr und unterstützte ein Bündnis mit bürgerlichen Kräften (Zentrum). Er schaffte damit in gewisser Weise eine Kontinuität zwischen der Zeit vor November 1918 und danach. Zum anderen stand er als Vorsitzender der SPD auf der Seite der Arbeiter und der Befürworter der parlamentarischen Demokratie, die die treibenden Kräfte der Revolution waren.

2 Die Weimarer Republik (1918–1933)

Kriegsniederlage und Friedensbedingungen — S. 52/53

S. 52, M1: „Medusenhaupt und Matrosenmütze", Karikatur, Januar 1919
Werner Hahmann (1883–1951) war ein deutscher Karikaturist, der vor allem für seine Karikaturen in der Satirezeitschrift „Kladderadatsch" bekannt ist. Die vorliegende Karikatur thematisiert die in der Weimarer Republik weit verbreitete „Dolchstoß-Legende". In der Zeichnung präsentiert Hindenburg als Conférencier den „Dolchstoß": Der aufrechte Soldat wird von dem hinterhältigen „Medusenhaupt" mit „Matrosenmütze", der Sozialdemokratie im Bund mit den aufständischen Matrosen, von hinten mit einem Spieß erdolcht.

S. 53, M2: Plakat „Deutschlands Verstümmelung" siehe die Erläuterungen zu Aufgabe 2 a)

S. 53, M3: Aus dem Versailler Friedensvertrag (1919) siehe die Erläuterungen zu Aufgabe 1

S. 53, Aufgabe 1 Die zentralen Bestimmungen des Versailler Vertrages waren:
- Schuldeingeständnis: Deutschland übernimmt die alleinige Kriegsschuld (Art. 231)
- Reduzierung der Truppenstärke: Beschränkung des Heeres auf 100 000 Mann
- Gebietsabtretungen: Rheinland, Elsass-Lothringen, Sudetenland, Oberschlesien, Posen, Westpreußen, Memelland, Nord-Schleswig u. a.
- Reparationen: hohe Reparationszahlungen und Sachleistungen

S. 53, Aufgabe 2 a)
Aussage des Plakats: Das Vokabular des Plakats („Verstümmelung") verrät, dass es sich hier nicht um eine rein informative Karte handelt, sondern dass damit Propaganda betrieben wurde. Deutschland wird als Kriegsopfer dargestellt. Die Gebietsabtretungen, die im Versailler Vertrag festgelegt wurden, werden als ungerechtfertigte Bürde präsentiert. Die Tatsache, dass diese Karte in Schulbüchern abgedruckt wurde, zeigt, wie stark verbreitet diese Sichtweise war.
Vermutungen: Österreich wurde von den Machern des Plakats als Teil Deutschlands angesehen, weil man dort auch Deutsch spricht und sie eine Zusammenlegung der beiden Länder anstrebten.
b) individuelle Lösung

S. 53, Aufgabe 3
Aussage der Karikatur: Hindenburg als ehemaliger General der Obersten Heeresleitung (OHL) und Urheber der „Dolchstoß-Legende" ist hier als Conférencier dargestellt. Er öffnet den Vorhang, hinter dem die von ihm propagierte Legende präsentiert wird: Eine Frau erdolcht von hinten einen Soldaten. Die Frau verkörpert sowohl die Sozialdemokraten (sie trägt Kleidung, die für Frauen der Sozialdemokratie damals üblich war) als auch die aufständischen Matrosen (Matrosenmütze), die sich am Kriegsende den Befehlen der Obersten Heeresleitung (OHL) verweigert hatten. Der Soldat repräsentiert alle Soldaten, die nach Ansicht Hindenburgs im Felde unbesiegt geblieben waren.
Standpunkt des Zeichners: Der Karikaturist entlarvt Hindenburgs „Dolchstoß-Legende" als Schmierenkomödie und Lüge, die von ihm inszeniert wird, um von seiner Niederlage abzulenken.

Wie soll Deutschland die Reparationen bezahlen? — S. 54/55

Webcode
FG450099-054

S. 54, M1: Die Entwicklung des Brotpreises siehe die Erläuterungen zu Aufgabe 2 a)

S. 54, M2: „Hände weg vom Ruhrgebiet!", deutsches Plakat von 1923
Theo Matejko (1893–1946) war ein österreichischer Illustrator. Eigentlich war er auf die Themen Motor, Technik und Sport spezialisiert, fuhr selbst Autorennen und nahm an der Fahrt des Zeppelins nach Amerika teil. Seit 1920 gestaltete er auch Film- und andere Plakate. Während der Herrschaft der Nationalsozialisten arbeitete Matejko als Illustrator für den Ullstein Verlag und zeichnete für die Zeitschrift „Die Wehrmacht".

Die Weimarer Republik (1918–1933) 2

S. 54, M3: Stefan Zweig über die Inflation
Stefan Zweig (1881–1942) war ein österreichischer Schriftsteller. Er kam aus großbürgerlich-jüdischer Familie und studierte Philosophie, Germanistik und Romanistik. Während des Ersten Weltkrieges war er zunächst propagandistisch tätig, später engagierte er sich aber für den Frieden. 1934 siedelte Zweig, dessen Werke von den Bücherverbrennungen am 10. Mai 1933 betroffen waren, nach Großbritannien über. 1940/41 hielt er sich in den USA auf und ließ sich schließlich in Brasilien nieder, wo er sich – depressiv geworden – am 23. Februar 1942 gemeinsam mit seiner Frau das Leben nahm.
In dem posthum erschienenen autobiografischen Werk „Die Welt von Gestern. Erinnerungen eines Europäers" beschreibt Zweig die Kultur, die Mode, das Leben der Jugendlichen, das Erziehungssystem, die Sexualmoral und das Wertesystem der europäischen Gesellschaft mit dem Schwerpunkt Wien und k.-u.-k.-Monarchie.

S. 54, M4: Eine Frau heizt mit Geld siehe die Erläuterungen zu Aufgabe 2 b)

S. 54, Aufgabe 1
- Kriegskosten in Höhe von 160 Milliarden Mark, die größtenteils von Bürgern durch Kriegsanleihen finanziert worden waren
- staatliche Ausgaben: Steuereinnahmen decken nur noch 14 Prozent der Ausgaben
- Versorgungsleistungen für verwundete Soldaten
- Reparationsforderungen in Höhe von 132 Milliarden Goldmark

S. 54, Aufgabe 2 a)
galoppierende Inflation: Nach Kriegsende bis Ende 1921 stiegen die Preise für Lebensmittel und Waren des täglichen Bedarfs auf das Zehnfache.
Hyperinflation: Von 1921 bis November 1923 stiegen die Preise so rasant, dass die Gelddruckereien nicht mehr hinterherkamen. Ein Laib Brot kostete schließlich 201 Milliarden Mark.
b) Besonders betroffen waren die Unterschicht sowie Kleinbürger mit bescheidenem Einkommen und Sparkonten, aber ohne Besitz von Sachwerten wie beispielsweise Immobilien. Sie konnten von ihrem Arbeitslohn oder Einkommen keine Lebensmittel mehr kaufen, ihr Erspartes war nichts mehr wert.

S. 54, Aufgabe 3 a) Beispiellösung

2 Die Weimarer Republik (1918–1933)

b) Das Plakat kann mithilfe der Arbeitsschritte „Propagandaplakate untersuchen" auf S. 60 des Schülerbandes interpretiert werden:
1. aggressiv, beängstigend, abstoßend
2. Eine übergroße, leicht bekleidete Frauenfigur mit Mütze und Gewehr hockt über einem modellhaft erscheinenden Industriegebiet. Sie greift mit der rechten Hand nach den Gebäuden und Schornsteinen, die sich z. T. wie Stacheln in ihre Hand gebohrt haben; mit der linken Hand umfasst sie das Gewehr. Ihr Mund und ihre Augen sind weit aufgerissen und auf den Betrachter gerichtet. Zwischen den Industrieanlagen liegt ein Soldatenhelm auf dem Boden.
3. Theo Matejko
4. Ruhrbesetzung durch die Franzosen 1922
5. Bei der Frauenfigur handelt es sich um „Marianne", die Nationalfigur und das Freiheitssymbol Frankreichs.
6. Die Figur der „Marianne" trägt eine Jakobinermütze und ein Gewehr. Sie steht für die Bedrohung des Ruhrgebietes und damit der ganzen deutschen Wirtschaft durch die Franzosen.
7. Die „Marianne" ist übergroß, während das Ruhrgebiet modellhaft klein ist. Der Soldatenhelm steht vermutlich für die militärische Niederlage. Die Bildkomposition lässt die Besetzung durch die Franzosen als große Bedrohung erscheinen, derer sich das Ruhrgebiet durchaus zu wehren weiß (spitzen-/stachelartige Schornsteine).
8. Die Mahnung „Hände weg vom Ruhrgebiet!" richtet sich an die Franzosen, die im Laufe des Jahres 1923 auf internationalen Druck hin gezwungen waren, die Besetzung aufzuheben.
9. Die rote Jakobinermütze fällt besonders auf. Sie war ein wichtiges Zeichen der Französischen Revolution, in deren Spätphase (1791–1794) es zu einer Zeit der Radikalisierung und der Schreckensherrschaft gekommen war.
10. Die deutsche Bevölkerung soll sich gegen die Besetzung des Ruhrgebietes wehren und Widerstand leisten, da der Anspruch der Franzosen darauf unberechtigt sei.
11. Die Betrachter werden auf emotionaler Ebene angesprochen und gegen die Ruhrbesetzer aufgewiegelt.

Wer bekämpfte die Republik? S. 56/57

Webcode
FG450099-057

S. 56, M1: Die Hauptangeklagten des Hitlerputsches
Auf dem Foto sind folgende Personen abgebildet (von links nach rechts):
- Heinz Pernet (1896–1973), Offizier, Mitglied der NSDAP: Pernet beschlagnahmte einen großen Geldbetrag bei der jüdischen Druckerei Mülthaler und Parcus, mit dem er die Putschisten finanzieren wollte. Nach der Zerschlagung des Putsches floh er zunächst, stellte sich aber 1924 freiwillig. Das Urteil beim Prozess fiel milde aus.
- Friedrich Weber (1892–1955), Veterinärmediziner, Beamter und später SS-Führer: Weber war Führer eines Freikorps und als solcher am Putsch beteiligt. Er wurde zu fünf Jahren Haft verurteilt.
- Wilhelm Frick (1877–1946), NS-Politiker: Er leitete die Politische Polizei in München und unterstützte durch die großzügige Genehmigung von Versammlungen und Plakaten Hitler und die NSDAP. Er wurde zu 15 Monaten Haft verurteilt.
- Hermann Kriebel (1876–1941), Offizier und Freikorpsführer, später SA-Gruppenführer und NS-Politiker: Er gehörte neben Hitler und Ludendorff zu den Hauptorganisatoren des Putsches. Er wurde ebenfalls zu fünf Jahren Haft verurteilt, aber bereits nach einem Jahr auf Bewährung entlassen.
- Erich Ludendorff (1865–1937), General und Politiker: Im Ersten Weltkrieg war er Chef der Obersten Heeresleitung gewesen, später war er sowohl am Kapp- als auch am Hitlerputsch beteiligt. Er wurde wegen seiner Verdienste im Ersten Weltkrieg freigesprochen.
- Adolf Hitler (1889–1945), Vorsitzender der NSDAP: Er war neben Ludendorff der Drahtzieher des Putsches und wurde zu fünf Jahren Haft verurteilt, aber bereits nach neun Monaten auf Bewährung entlassen.
- Wilhelm Brückner (1884–1954), Offizier, Führer des SA-Regiments München: Er wurde zu 18 Monaten Haft verurteilt, aber schon nach vier Monaten auf Bewährung entlassen. Später wurde er Hitlers Chef-Adjutant.
- Ernst Röhm (1884–1934), Offizier, NS-Politiker und Kampfbundführer: Er war einer der ersten Mitglieder der NSDAP und baute die paramilitärische Sturmabteilung (SA) auf. Sein Urteil fiel mit fünf Monaten Haft vergleichsweise milde aus, allerdings wurde er unehrenhaft aus der Reichswehr entlassen. Nachdem Röhm zunächst zu den engsten Vertrauten Hitlers gehört hatte, kam es 1934 zum Bruch und zur Entmachtung und Hinrichtung Röhms (siehe Schülerband S. 158).

- Robert Wagner (1895–1946), Freiwilliger im Ersten Weltkrieg, Nationalsozialist und später Gauleiter und Chef der Zivilverwaltung im besetzten Elsass: Am Hitlerputsch nahm Wagner als Anführer der Mannschaften der Infanterieschule teil, die sich als persönliche Sturmabteilung Ludendorffs verstanden. Beim Prozess wurde er zu 15 Monaten Haft verurteilt.

S. 57, M2: Auszug aus Hitlers Schlussrede vor Gericht am 27. März 1924

Der am 26. Februar 1924 beginnende Hochverratsprozess gegen die Organisatoren des Hitlerputsches ist ein Beispiel für die „politische Justiz" der Weimarer Republik. Vorsitzender Richter war der rechtskonservative Georg Neithardt. Die zehn Angeklagten erklärten sich für „nicht schuldig". Hitler trat mit seinem Eisernen Kreuz Erster Klasse am Revers auf und behauptete, es gäbe keinen Hochverrat gegen die Landesverräter von 1918. Nach 25 Prozesstagen, bei denen Öffentlichkeit und Presse größtenteils aus Sicherheitsgründen ausgeschlossen worden waren, durften die Angeklagten abschließende Erklärungen geben. Hitler erläuterte, dass er sich berufen fühle, ein Volk zu regieren, und beschuldigte Ebert und Scheidemann des Hochverrats. Zuletzt sprach er dem Gericht das Recht ab, einen Schuldspruch zu fällen.

S. 57, M3: Aus der Urteilsbegründung gegen Hitler vom 1. April 1924

Am Tag der Urteilsverkündung stellten sich die Angeklagten den Fotografen (siehe M1), die Offiziere trugen dabei ihre Uniformen, Ludendorff und Kriebel Pickelhauben. Außer Ludendorff wurden alle Angeklagten schuldig gesprochen. Da die Untersuchungshaft von der Strafzeit abgezogen wurde, kamen Frick, Röhm, Wagner und Brückner auf Bewährung frei. Hitler, Weber, Kriebel und Pöhner wurden zu fünf Jahren Haft und einer Geldstrafe von 200 Goldmark verurteilt. Nach § 9 Abs. 2 des Republikschutzgesetzes hätte man den Österreicher Hitler eigentlich ausweisen müssen, aber da dieser sich als Deutscher betrachtete und viereinhalb Jahre im deutschen Heer gedient hatte, wurde das Gesetz nicht angewandt.

S. 57, M4: Der britische Historiker Ian Kershaw über das Urteil gegen Hitler

Der britische Historiker Ian Kershaw gilt als einer der führenden Experten auf dem Gebiet der deutschen Geschichte des 20. Jahrhunderts. Seine 2008 veröffentlichte zweibändige Biografie über Hitler wird mittlerweile als Standardwerk betrachtet.

S. 57, Aufgabe 1

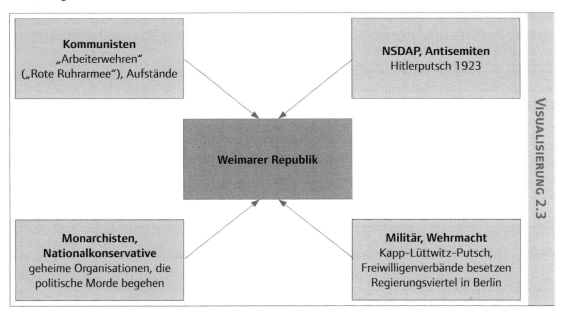

VISUALISIERUNG 2.3

S. 57, Aufgabe 2

- Reduzierung des Heers auf 100 000 und der Marine auf 15 000 Mann (Bedingung des Versailler Vertrags), 300 000 Angehörige der Reichswehr von Entlassung bedroht
- Auflösung der Freiwilligenkorps: Besetzung des Regierungsviertels in Berlin durch Freikorps auf Befehl von General von Lüttwitz

2 Die Weimarer Republik (1918–1933)

S. 57, Aufgabe 3
Aus der Sicht des Fotografen und der Angeklagten handelt es sich um ein gelungenes Foto, denn die abgebildeten Männer sehen nicht wie Straftäter aus, sondern vielmehr wie ehrbare Persönlichkeiten, die ein Erinnerungsfoto von einer Zusammenkunft unter Gleichgesinnten machen lassen.

S. 57, Aufgabe 4 a)
Hitler hält sich für den rechtmäßigen Vertreter des Volkes (Z. 9: „unser Volk"). Die Regierung der Weimarer Republik ist seiner Ansicht nach dagegen unrechtmäßig und kann deshalb nicht über ihn und seinen Putsch urteilen.
b) Die Begründung zeigt, dass die Richter mit den Angeklagten und den Zielen ihres Putsches sympathisierten. Deshalb verurteilten sie die Putschisten zwar juristisch, moralisch sprachen sie sie allerdings frei. Das Urteil ist nicht richtig, da zahlreiche Anklagepunkte nicht berücksichtigt wurden.
c) Ian Kershaw bezeichnet das Urteil als „skandalös", da die Richter offenkundig voreingenommen waren. Schwere Straftaten der Angeklagten (Geiselnahme, Mord, Raub) wurden nicht berücksichtigt, das Strafmaß fiel entsprechend zu gering aus.

S. 57, Aufgabe 5
Recherche-Aufgabe. Der Begriff „politische Justiz" meint, dass Menschen nicht wegen konkreter Straftaten, sondern aufgrund ihrer Gesinnung verurteilt werden. Die politische Opposition wird mit dem Strafrecht bekämpft, während Straftaten der eigenen Gesinnungsleute kaschiert werden. Über die Weimarer Republik wird oft gesagt, dass die Justiz „auf dem rechten Auge blind gewesen sei, um mit dem linken umso schärfer zu sehen". Als bestes Beispiel hierfür wird der Hitlerprozess angeführt. Statistiken über Todesurteile, die in der Weimarer Republik gefällt wurden, zeigen, dass erheblich mehr gegen Linke verhängt wurden als gegen Rechte.

Deutsche Außenpolitik nach Versailles — S. 58/59

Webcode
FG450099-059

Diff. Kopiervorlagen
16.2 Vertrag von Rapallo (1922): Erschütterung der Versailler Nachkriegsordnung?

Diff. Kopiervorlagen
16.6 Die Kampagne gegen den Young-Plan (1929)

S. 58, M1: Stresemann als Retter Deutschlands, Titelblatt des „Simplicissimus", 1923
Karl Arnold (1883–1953) war ein deutscher Zeichner und Karikaturist. Er veröffentlichte seit 1907 Karikaturen im „Simplicissimus" und blieb auch während der NS-Zeit dem Blatt als Zeichner erhalten.

S. 58, M2: Deutsche Außenpolitik 1922–1929
Eine sehr kurze, aber übersichtliche Aufstellung der wesentlichen Schritte der deutschen Außenpolitik auf dem Weg zurück zu einem anerkannten und gleichberechtigten Mitglied der damaligen internationalen Staatengemeinschaft.

S. 59, M3: Heinrich August Winkler urteilte 1993
Der Historiker Heinrich August Winkler (geb. 1938) ist einer der führenden Experten für deutsche Geschichte des 20. Jahrhunderts. Sein zweibändiges Werk „Der lange Weg nach Westen" gilt als Standardwerk, in welchem er den Weg Deutschlands zum Nationalstaat und zur Demokratie beschreibt.

S. 59, M4: Wahlplakat der DNVP, 1928
Die DNVP gehörte zu den Kritikern des Vertrags von Locarno. Aus Protest über das als „Erfüllungspolitik" bezeichnete Vertragswerk verließ sie die Regierung (Zentrum, DDP, DNVP, DVP), in der sie seit Januar 1925 die Posten des Innen-, Wirtschafts- und Finanzministers besetzte.
Das Wahlplakat zur Reichstagswahl am 20. Mai 1928, bei der die DNVP nur 73 von 491 Sitzen errang, zeigt im Vordergrund das in gelb-orangefarbenem Ton gehaltene Rheintal; das linksrheinische Gebiet war mit Inkrafttreten des Versailler Vertrages von alliierten Truppen besetzt worden. Am düsteren Horizont ragen drohend das Wort „Locarno?" und die übergroße Gestalt eines schwarzen Kolonialsoldaten auf. Die DNVP schwor mit ihrem Plakat das Schreckgespenst der französischen Überlegenheit am Rhein herauf.

Die Weimarer Republik (1918–1933)

S. 59, Aufgabe 1
- Senkung der Reparationsleistungen
- Verständigung mit Frankreich
- Erlangung einer gleichberechtigten Position unter den europäischen Mächten

S. 59, Aufgabe 2 a)
Die Schülerinnen und Schüler können die Karikatur mithilfe der Arbeitsschritte selbstständig analysieren. Die Aussage der Karikatur lässt sich wie folgt zusammenfassen: Gustav Stresemann, als Schutzengel dargestellt, sichert den deutschen Michel auf seinem Seilakt über den Abgrund. Dabei verlässt der Michel den von Schlangen und Kröten besetzten Felsen (Symbol für den Krieg und die Niederlage) und gelangt hinüber zur anderen Seite, wo Blumen blühen und Schmetterlinge umherfliegen (Symbol für den Frieden und den Aufschwung). Durch den von ihm eingeschlagenen Weg der Mitte und seine Politik des Ausgleichs wird Stresemann – so die Aussage der Karikatur – das Deutsche Reich sicher durch das Krisenjahr 1923 hindurchführen.
b) Stresemann gelang es mit der Beendigung der Ruhrkrise, der Einführung der Rentenmark und seinen Bemühungen um eine Aussöhnung mit Frankreich, die Situation Deutschlands zu verbessern.

S. 59, Aufgabe 3 Im Ausstellungstext sollten folgende Informationen enthalten sein:
- Berufsweg und politische Positionen: studierter Volkswirt, Jurist, 1903 Stadtrat in Dresden, 1907 Mitglied des Reichstages, 1919 erneut Mitglied des Reichstages, 13. August bis 23. November 1923 Reichskanzler, 1923 bis 1929 Reichsminister des Auswärtigen
- Parteizugehörigkeit: 1903 Eintritt in die Nationalliberale Partei, die 1917 in der DVP aufging, Stresemann war bis zu seinem Tod ihr Vorsitzender
- Beurteilung seiner Karriere und Leistungen: Stresemann trug vor allem als Außenminister erheblich dazu bei, Deutschland wieder in die Reihen der Großmächte zurückzuführen. Für die Politik des Ausgleichs mit Frankreich wurden Stresemann und sein französischer Amtskollege Aristide Briand 1926 mit dem Friedensnobelpreis geehrt.

S. 59, Aufgabe 4
Die DNVP bewertete die Ergebnisse der Verhandlungen in Locarno aus folgenden Gründen negativ:
- Die DNVP war an den Verhandlungen in Locarno nicht beteiligt.
- Eine Verständigung mit den ehemaligen Kriegsgegnern Frankreich, Italien, Großbritannien, Polen, Tschechoslowakei und Belgien kam für die DNVP, die für ein „starkes deutsches Volkstum" eintrat und die Bestimmungen des Versailler Vertrages als „Schmach" ablehnte, grundsätzlich nicht infrage.

Methode: Propagandaplakate untersuchen S. 60/61

S. 60, M1: Wahlplakat für den Zentrumskandidaten Wilhelm Marx, 1925 siehe die Erläuterungen zu Aufgabe 1

Webcode
FG450099-061

S. 60, M2: Wahlplakat für Paul von Hindenburg, 1925 siehe die Erläuterungen zu KV 2.1, Aufgabe 1

HRU, S. 59, KV
2.1 Propagandaplakate untersuchen

S. 61, Aufgabe 1
1. individuelle Lösung
2. Hintergrund: stramm marschierende Personen (NS-Vertreter mit Hakenkreuz und Pistole), Monarchisten mit Pickelhaube, Bürger oder Adlige im Frack mit Zylinder, Mann mit Trachtenhut, Waffen (Schwert und Kanone); Text oben: „Was steckt hinter dieser Maske?"; Text unten: „also wählt Marx"
3. Walter Riemer
4. Reichspräsidentenwahl 1925, das erste Mal wurde der Reichspräsident direkt vom Volk gewählt
5. Paul von Hindenburg war der gemeinsame Kandidat von DNVP und DVP, der auch von der Zentrumspartei und der Bayerischen Volkspartei unterstützt wurde. Er war im Ersten Weltkrieg Generalfeldmarschall gewesen und genoss deshalb in konservativen Kreisen hohes Ansehen.
6. Die Darstellungsweise Hindenburgs deutet an, dass er nur das Aushängeschild der konservativen Kräfte ist. Die Maske „Hindenburg" ist hohl, sie hat keinen eigenen politischen Inhalt, keine Bedeutung. Hinter ihr verbergen sich verschiedene konservative und reaktionäre Kräfte, die die Maske „Hindenburg" wie einen Schutzschild vor sich hertragen. Die Wähler werden darauf hingewiesen, dass sie mit Hindenburg diese konservativen Kreise wählen.

2 Die Weimarer Republik (1918–1933)

Die Aufforderung „also wählt Marx" zielt auf den gemeinsamen Kandidaten der SPD, DDP und Zentrumspartei. Marx war ein Zentrumsabgeordneter, von Beruf Jurist und zum damaligen Zeitpunkt 62 Jahre alt. Er galt als Vermittler zwischen den demokratischen Parteien der Weimarer Koalition.

7. Zylinder, Pickelhaube, Hakenkreuz und Waffen stellen Attribute einerseits der alten Eliten aus Militär, Beamten- und Unternehmerschaft und andererseits der neuen rechtsextremen Kräfte dar.
8. Der Begriff „Maske" deutet auf den Vorwurf hin, dass es sich bei dem Kandidaten Hindenburg nur um einen hohlen Vorzeigekandidaten handelt, ohne eigenes politisches Profil. Hindenburg – damals schon 78 Jahre alt – lässt sich von den rechtsextremen politischen Kräften instrumentalisieren.
9. Die Farben Schwarz, Weiß und Rot (Farben des Kaiserreichs) stehen für den politischen Gegner der demokratischen Parteien.
10. Die Betrachter sollen darüber aufgeklärt werden, dass sie mit Hindenburg die Politik der rechten bis rechtsextremen Parteien wählen würden. Um ein Erstarken der Rechten zu verhindern, sollen sie den Kandidaten der demokratischen Parteien, Wilhelm Marx, wählen.
11. Die demokratischen Parteien präsentieren sich als die Ehrlichen, während die Rechten im Gegensatz dazu den Wähler belügen.

S. 61, Aufgabe 2 siehe die Erläuterungen zu KV 2.1, Aufgabe 1

S. 61, Aufgabe 3 Mögliche Argumente:
Ein Plakat muss zunächst die Aufmerksamkeit auf sich ziehen. Insofern stimmt die These vom Blickfang. Im Weiteren muss allerdings die politische Aussage geeignet und überzeugend präsentiert werden, ansonsten bleibt der Zweck des Wahlplakates unerfüllt.

Die „Goldenen Zwanziger": Stabilität und Veränderung — S. 62/63

S. 62, M1: „Großstadt", Triptychon von Otto Dix
Otto Dix (1881–1969) war ein deutscher Maler und Grafiker, dessen bekannteste Werke – wie das hier abgebildete Triptychon – der Neuen Sachlichkeit zugeordnet werden. Das dreiteilige Gemälde „Großstadt" (Seitenteile: je 181 × 101 cm, Mittelteil: 181 × 200 cm), welches heute zur Sammlung des Stuttgarter Kunstmuseums gehört, steht in der Tradition spätgotischer Wandaltäre; eines seiner Vorbilder soll der Herrenberger Altar gewesen sein.

S. 62, M2: Löhne und Lebenshaltungskosten siehe die Erläuterungen zu Aufgabe 2

S. 63, M3: Ankunft eines Linienfluges in Berlin-Tempelhof
Am 6. Januar 1926 wurde die Vorgängerin der heutigen Lufthansa AG, die Luft Hansa Aktiengesellschaft, gegründet. Sie bestand, seit 1933 unter dem Namen Deutsche Lufthansa AG, bis 1945. Am Gründungstag umfasste die Flotte 162 Flugzeuge, größtenteils alte Militärmaschinen aus dem Ersten Weltkrieg. Das Unternehmen hatte seinen Sitz in Berlin, von dort führte der erste Flug über Halle, Erfurt und Stuttgart nach Zürich. Das Streckennetz wurde schnell vergrößert. Schon im Herbst 1928 konnte man direkt von Berlin nach Tokio fliegen.

S. 63, M4: Sozialpolitische Maßnahmen der Weimarer Republik
In der Weimarer Republik wurden zahlreiche gesetzliche Regelungen zum Schutz der einfachen Bürger in den Bereichen Arbeits-, Sozial- und Mietrecht eingeführt. Sie sollten Missstände beenden, die im Zuge der Industrialisierung entstanden waren.

Diff. Kopiervorlagen
16.4 Wohnen nach Norm? Städtebau und „Neues Bauen"

Diff. Kopiervorlagen
16.5 Das „Laboratorium der Hausfrau": Die „Frankfurter Küche" (1926)

S. 63, M5: Weißenhofsiedlung in Stuttgart
1927 veranstaltete der Deutsche Werkbund gemeinsam mit der Stadt Stuttgart die Ausstellung „Die Wohnung". Siebzehn international bekannte Architekten wie Le Corbusier, Walter Gropius oder Peter Behrens beteiligten sich an dem Projekt, das unter der künstlerischen Leitung von Mies van der Rohe stand. In nur viereinhalb Monaten entstanden 33 Häuser mit 63 Wohnungen. Die Mustersiedlung auf dem Stuttgarter Killesberg, die zur Zeit des Nationalsozialismus abgerissen werden sollte, steht heute unter Denkmalschutz.

Die Weimarer Republik (1918–1933)

S. 63, M6: Radiohören im Jahr 1926
Am 22. Dezember 1920 fand in Deutschland die erste Rundfunkübertragung statt. Doch nach dem sogenannten Funkerspuk, bei dem am 9. November 1918 Arbeiter die Zentrale des deutschen Pressenachrichtenwesens besetzt hatten, um den vermeintlichen Sieg der Revolution zu verkünden, wurde das junge Medium von der Regierung verstärkt kontrolliert: Das Reich hatte das Hoheitsrecht für den Betrieb von Sende- und Empfangsanstalten. Als Beginn des deutschen Rundfunks wird allgemein der 29. Oktober 1923 bezeichnet, als die erste Unterhaltungssendung aus dem Vox-Haus in Berlin gesendet wurde. Radiogeräte mit eingebauten Lautsprechern kamen 1929 auf den Markt.

S. 63, Aufgabe 1 Veränderungen nach 1923:
- Mobilität: neue Entwicklungen in der Autoindustrie, Modernisierung des Verkehrswesens (Luftfahrt)
- technischer Fortschritt: Telefon, neue Arbeitsprozesse
- Kunst und Architektur: abstrakte Malerei, Neue Sachlichkeit, Bauhausstil
- Kultur und Unterhaltung: ein neues Medienzeitalter (Film, Rundfunk, Schallplatten) bricht an, Radio und Kino erreichen Massenpublikum, neue Musikrichtungen und Tänze (Jazz, Charleston)
- gesellschaftliche Veränderung: neue Mittelschicht, Gleichstellung der Frauen

S. 63, Aufgabe 2
Im Vergleich zur Vorkriegszeit stiegen die Löhne in der zweiten Hälfte der 1920er Jahre deutlich an. Allerdings stiegen parallel dazu auch die Preise, sodass die Reallöhne etwa gleich blieben.

S. 63, Aufgabe 3
Die Schülerinnen und Schüler können das Gemälde mithilfe der Arbeitsschritte selbstständig entschlüsseln. Die Aussage des Triptychons kann folgendermaßen zusammengefasst werden: Während auf den beiden Seitenbildern Randfiguren der Gesellschaft – Prostituierte, Kriegsinvalide – dargestellt sind (linker Flügel: Szene auf der Straße mit obdachlosen Kriegsversehrten und Prostituierten; rechter Flügel: eine Gruppe von Frauen in luxuriöser Kleidung geht achtlos an einem Kriegsversehrten vorbei), zeigt die mittlere Tafel wohlhabende Bürger und Bohemiens beim abendlichen Tanzvergnügen.
Zur Frage, ob der Begriff „Goldene Zwanziger" nur für einen Teil der Gesellschaft galt, können folgende Argumente angeführt werden:
- „Golden" waren die Zwanzigerjahre vor allem für die Mittel- und Oberschicht in den Großstädten. Auch die Arbeiter profitierten vom wirtschaftlichen Aufschwung und besseren Sozialleistungen. Sie genossen die neue liberale Gesellschaft und die modernen Unterhaltungsmöglichkeiten.
- Nicht „golden" waren die Zwanzigerjahre für die Kriegsinvaliden. Sie mussten um ihren Lebensunterhalt betteln. Auf dem Triptychon von Otto Dix scheinen sich die feiernden Reichen mit Musik, Alkohol und Konsum von dem Elend der Kriegsversehrten auf der Straße abzulenken und abzugrenzen.

S. 63, Aufgabe 4 a)
Mit dem Begriff „Bauhaus" bezeichnet man die Architektur und das Design, wie sie von Walter Gropius und seinen Schülern in der 1919 von ihm in Weimar gegründeten Kunstschule, dem Staatlichen Bauhaus, sowie später in Dessau und Berlin, entwickelt wurden. Das Neue am Konzept Bauhaus war die Verbindung der drei traditionell getrennten Bereiche bildende Kunst (Malerei und Architektur), darstellende Kunst (Theater und Film) und angewandte Kunst (Handwerk und industriell hergestellte Gebrauchsgegenstände). Vom Bauhaus gingen nachhaltige Wirkungen auf die moderne Architektur, Wohnraumgestaltung, Industrieformen und Kunstpädagogik aus. Die Architektur, geprägt von Klarheit, Helligkeit und Funktionalität, setzte neue Maßstäbe, die auch anregend auf den sozialen Wohnungsbau wirkten.
b) Der Begriff „Neue Sachlichkeit" ist ein Sammelbegriff für die Neuerungen in verschiedenen künstlerischen Bereichen zur Zeit der Weimarer Republik. Kennzeichnend für die Malerei der Neuen Sachlichkeit war die wirklichkeitsgetreue, nüchterne, möglichst objektive Darstellungsweise.
c) Der Begriff „Neue Frau" beschreibt die veränderte Rolle der Frau in der Gesellschaft. Die „Neuen Frauen" waren frei, rechtlich gleichgestellt, eigenständig, gebildet und entsprechend selbstbewusst. Dies drückte sich in ihrer Kleidung (kein Korsett, kurze Röcke), ihrem Haarschnitt (Bubikopf, Garçon-Schnitt) und ihrem Verhalten (Rauchen, Alkoholkonsum) aus.

2 Die Weimarer Republik (1918–1933)

Wähle aus: Mehr Rechte für Frauen? S. 64/65

Webcode
FG450099-065

S. 64, M1: Alltag einer 23-jährigen Textilarbeiterin, 1928 siehe die Erläuterungen zu Aufgabe 1 (Material A)

S. 64, M2: Eine Ärztin erinnert sich an die Probleme in den 1920er Jahren siehe die Erläuterungen zu den Aufgaben 1 und 2 (Material A)

S. 65, M3: Wahlplakat 1919 siehe die Erläuterungen zu Aufgabe 1 (Material B)

S. 65, M4: „Mädels von heute"
Die Monatszeitschrift „Das Magazin" wurde 1924 von dem späteren Filmemacher Robert Siodmak und dem Journalisten F. W. Koebner in Berlin gegründet. Thematisch widmet sich die Zeitschrift, die auch heute noch auf dem Zeitungsmarkt vertreten ist, allen Bereichen der Kultur von Tanz über Kunst bis Lebensart. Siehe auch die Erläuterungen zu den Aufgaben 1 und 2 (Material B).

S. 65, M5: Wandel der Erwerbstätigkeit von Frauen siehe die Erläuterungen zu Aufgabe 1 (Material C)

S. 64, Aufgabe für alle

VISUALISIERUNG 2.5

	Frauen im Kaiserreich	Frauen in der Weimarer Republik
Erwerbstätigkeit	vor allem niedrig qualifizierte Arbeiten: Nähen, Haushalt etc.	teilweise höher qualifizierte Tätigkeiten
Bezahlung	schlechter als Männer für die gleiche Arbeit	unverändert
Schule und Ausbildung	meistens keine Ausbildung; erst ab 1896 können Mädchen an Mädchenschulen ein Abitur machen; Studium erst ab 1908 erlaubt (in Baden bereits im Jahr 1900)	unverändert
Wahlrecht	kein Wahlrecht, nur politisches Engagement in Vereinen zeitweise erlaubt	Wahlrecht seit 1919
Rolle und Rechte in der Ehe	Ehemann entscheidet über Leben der Frau, die Aufgaben der Frau sind Kindererziehung und der Haushalt	unverändert

S. 64, Aufgabe 1 (Material A)

VISUALISIERUNG 2.6

	Textilarbeiterin	Ärztin
berufliche Tätigkeit	Schichtarbeit von 7 bis 17 Uhr, keine Mittagspause	Ärztin mit eigener Praxis
häusliche Verpflichtungen	eigenen Haushalt führen, hilft darüber hinaus im Haushalt der Mutter (auch am Wochenende)	Haushalt mit fünf Kindern, vermutlich hat sie eine Haushaltshilfe
gesellschaftliche Stellung	Arbeiterin, Lohnempfängerin	freiwilliges Engagement als Sozialarbeiterin und Frauenrechtlerin

Die Weimarer Republik (1918–1933)

S. 64, Aufgabe 2 (Material A)
Die Rollenverteilung zwischen Ehepartnern hatte sich im Krieg verändert: Die Männer kamen traumatisiert von der Front nach Hause und waren dem Alltag psychisch nicht mehr gewachsen. Die Frauen dagegen hatten an Selbstbewusstsein gewonnen: Sie hatten den Haushalt und das Arbeitsleben allein bewältigt und forderten nun Mitsprache in Bereichen, in denen zuvor die Männer alleine bestimmt hatten. Daraus ergaben sich zwangsläufig Konflikte, die immer öfter zur Scheidung führten.

S. 65, Aufgabe 1 (Material B)
Analyse Wahlplakat M3
1. positiv, selbstbewusst, Aufbruchstimmung
2. Man erkennt einen Mann und eine Frau, Alter etwa Mitte 20 bis 30. Die Frau schwenkt eine große Fahne mit dem Aufdruck „Frauen!". Den linken Arm stemmt sie in die Hüfte. Sie trägt einen knöchellangen Rock und eine Bluse. Der Mann hat den linken Arm um die Hüfte der Frau gelegt, die rechte Hand ist zur Faust geballt. Er trägt eine Hose und ein Sakko. Beide blicken nach vorne, auf einen Punkt über dem Kopf des Betrachters. Darunter befindet sich in mittelgroßer Schrift der Text „Gleiche Rechte = Gleiche Pflichten", in großer Schrift „Wählt sozialdemokratisch!" und in kleiner Schrift darunter „Sozialdemokratische Partei Deutschlands".
3. Fritz G. Kirchbach
4. Reichstagswahl 1919
5. Nein, es sind keine bekannten Persönlichkeiten.
6. Hinter dem Spruch „Gleiche Rechte = gleiche Pflichten" verbirgt sich der Wandel in der Rollenverteilung zwischen Männern und Frauen und die damit verbundene Folge, dass nun das erste Mal Frauen wahlberechtigt sind.
7. Das moderne, gleichberechtigte Paar steht im Mittelpunkt der Politik der SPD. Die Partei propagiert eine neue Gesellschaftsordnung, in der Frauen und Männer gleichberechtigt, aber eben auch mit gleichen Pflichten nebeneinanderstehen.
8. Die Aufschrift auf der Fahne und der Text unter dem Paar stellen die neue Rolle der Frauen besonders heraus. Sie scheint aber auch die Männer anzusprechen, indem sie nicht nur die neuen Rechte der Frauen betont, sondern auch die damit verbundenen Pflichten.
9. Rot, die Farbe der Sozialdemokratie, als Fahne und Farbe des größten Schriftzuges („Wählt sozialdemokratisch!") wird als einzige Farbe eingesetzt und dominiert in der Wirkung.
10. Das Motiv des Plakats erinnert an Eugène Delacroix' „Die Freiheit führt das Volk". Es greift die gesellschaftlichen Veränderungen nach dem Krieg auf und macht sie zur Grundlage einer demokratischen Revolution, die aus Sicht der SPD ähnlich bedeutsam ist wie die Französische Revolution 1789.
11. Die gesellschaftlichen Veränderungen, vor allem die Gleichberechtigung der Frauen, sollen als Chance für eine bessere Zukunft für Männer und Frauen wahrgenommen werden. Die SPD präsentiert sich mit diesem Plakat als politische Kraft, die diese Chance ermöglicht.

Analyse Foto M4
Das Foto aus der Zeitschrift „Das Magazin" zeigt zwei Frauen, die mit übereinandergeschlagenen Beinen jeweils auf einer der Armlehnen eines Stuhles sitzen. Sie tragen knielange Röcke, haben kurze Haare und Zigaretten im Mund, die sie an der Spitze zusammenführen. Die Kopfhaltung der Frauen ist leicht nach oben gerichtet, während sie sich aber in die Augen schauen.

S. 65, Aufgabe 2 (Material B)
Das Wahlplakat und das Foto zeigen folgende „Bilder der Frau":
SPD-Wahlplakat: Arbeiterin, Partnerin, engagiert, tatkräftig, fleißig, ernsthaft
„Das Magazin": lustbetont, locker, frech, selbstbewusst, aufmüpfig, übernimmt männliche Gewohnheiten und Vorlieben, möglicherweise lesbisch

S. 65, Aufgabe 1 (Material C)
Während der Anteil der erwerbstätigen Frauen über die Jahrzehnte relativ konstant blieb, verdoppelte sich der Anteil der Arbeiterinnen von 1882 bis 1925. Der Anteil der Angestellten und Beamtinnen stieg im gleichen Zeitraum sogar um das Sechsfache. Dagegen sanken die Zahlen in den Bereichen „Dienstmädchen/Hausangestellte" und „Landwirtschaft", der Anteil der Selbstständigen war ebenfalls rückläufig.

S. 65, Aufgabe 2 (Material C)
Die erhöhte Erwerbstätigkeit von Frauen bedeutete für diese eine Doppelbelastung durch Haushalt, Familie und Schichtarbeit, denn die Hausarbeit blieb meist trotz ihrer Berufstätigkeit die Aufgabe der Frauen.

2 Die Weimarer Republik (1918–1933)

HRU, S. 61, KV
2.2 Jugend in der Weimarer Republik

Jugend in der Weimarer Republik: Selbst- oder fremdbestimmt? S. 66/67

S. 66, M1: Erziehungsmaßnahme des Berliner Jugendamtes

Bereits im Kaiserreich hatte es Maßnahmen gegen sogenannte Schundliteratur gegeben. Diese Erziehungsmaßnahmen wurden auf Betreiben der rechten Parteien in der Weimarer Republik unverändert fortgesetzt, obwohl die linken Parteien sich gegen eine solche Zensur aussprachen. Von 1926 bis 1935 existierte sogar ein „Gesetz zur Bewahrung der Jugend vor Schund- und Schmutzschriften". Prüfstellen in Berlin und München führten eine Liste der „Schmutz- und Schundschriften", die nicht an Jugendliche unter 18 Jahren verkauft werden durften. Auch an Erwachsene durften die Schriften nur unter dem Ladentisch verkauft werden. Das Gesetz stellte keine klaren Kriterien für Schmutzliteratur auf, meist wurden jedoch Groschenromane und erotische Literatur auf die Liste gesetzt.

S. 67, M2: Aus einem Artikel der Zeitschrift „Freideutsche Jugend"

Unter der Bezeichnung „Freideutsche Jugend" versammelten sich verschiedene Jugendgruppen wie der Wandervogel, die bündische Bewegung und die Pfadfinder. Die Jugendbewegungen entstanden aus dem Bedürfnis heraus, dem städtischen, industrialisierten Leben ein Naturerleben entgegenzusetzen. Die Gruppen unternahmen selbstorganisiert Wanderungen und Fahrten in die Natur. In der Folge entstanden die ersten Jugendherbergen.
Zunächst waren die Gruppen unpolitisch, sie waren jedoch trotzdem den ideologischen Strömungen der jeweiligen Zeit ausgesetzt. So stellte der Erste Weltkrieg einen ersten tiefen Einschnitt dar, einen zweiten Einschnitt bildete später die nationalsozialistische Bewegung. Sie führte zur Zwangseingliederung aller Jugendverbände in die Hitlerjugend.

S. 67, M3: „Wandervogel"-Gruppe siehe die Erläuterungen zu M2

S. 67, M4: Bericht aus der Pfadfinderzeitschrift „Das Lagerfeuer"

Die Pfadfinderbewegung hat ihren Ursprung in dem Buch „Aids to Scouting" („Anleitung zum Kundschafterdienst") des englischen Kriegshelden Robert Baden-Powell aus dem Jahr 1899. Auf dieser Grundlage entwickelte Baden-Powell ein pädagogisches Konzept, das er in dem Buch „Scouting for Boys" in einer für Jugendliche angepassten Version darlegte. Demnach bestanden die Aufgaben der „Scouts" (Pfadfinder) darin, ehrlich und ritterlich zu sein, anderen zu helfen und die Umwelt zu schützen. Das erste Pfadfindertreffen fand 1909 in London statt, die Bewegung breitete sich anschließend in ganz Europa und Amerika aus.

S. 67, Aufgabe 1 a)

Ziele der Jugendlichen: Selbstbestimmung, Befreiung aus der autoritären Erziehung der Elterngeneration
Kritik an älteren Generationen: Die Älteren können nicht die Zukunft der Jungen gestalten, denn ihre Gesetze und Reformen passen nicht zu den Bedürfnissen der jungen Generation.
b) Im Gegensatz zu den Forderungen der Jugendbewegung dominierte im Alltag die autoritäre Haltung der Elterngeneration. Hier wurde von den Jugendlichen Gehorsam und Anpassung gefordert. Freiheit und Selbstbestimmung fanden im täglichen Leben keinen Platz.

S. 67, Aufgabe 2

1932 werden die Jugendlichen bei den Pfadfindern zunehmend auf die Ideologie der rechten, konservativen Parteien eingeschworen. „Kriegsspiele" werden eingeführt und die Jugendlichen sollen wohl schon für den Ernstfall üben.

S. 67, Aufgabe 3

Die Wirkung des Fotos kann man folgendermaßen zusammenfassen: Die singenden Mädchen in legerer Kleidung und mit Musikinstrumenten wandern durch den Wald. Sie wirken, als seien sie ganz bei sich angekommen. Es befinden sich keine Erwachsenen unter ihnen, die sie beobachten und kontrollieren. Das Lebensgefühl der Jugendlichen lässt sich mit folgenden Adjektiven beschreiben: unbeschwert, fröhlich, naturverbunden.

S. 67, Aufgabe 4

Die Schüler könnten folgendermaßen urteilen: Verbote haben selten gewirkt. Sie bewirken eher das Gegenteil, weil sie das Verbotene noch interessanter machen.

Die Weimarer Republik (1918–1933) 2

Börsenkrach in New York: Wie wirkte sich die Krise auf Deutschland aus? S. 68/69

S. 68, M1: „Erst Essen – dann Miete" siehe die Erläuterungen zu Aufgabe 3

S. 69, M2: Welthandel 1930 bis 1932 siehe die Erläuterungen zu Aufgabe 2

S. 69, M3: Arbeitslosigkeit 1923 bis 1933 siehe die Erläuterungen zu Aufgabe 2

S. 69, M4: Arbeitslose in Hamburg siehe die Erläuterungen zu Aufgabe 4

S. 69, M5: Ein junger Arbeitsloser erzählt von seiner Arbeitslosigkeit
„Der Wiener Tag" war eine österreichische Tageszeitung, die von 1922 bis 1938 erschien. Sie richtete sich an das bürgerliche Publikum und vertrat linksliberale Ansichten. Am Tag des „Anschlusses" Österreichs an Deutschland wurde die Zeitung von den Nationalsozialisten eingestellt. Siehe auch die Erläuterungen zu Aufgabe 4.

S. 69, M6: Folgen der Arbeitslosigkeit für Kinder siehe die Erläuterungen zu Aufgabe 4 a) und b)

S. 69, Aufgabe 1 Folgende Aspekte sollten in der Mindmap genannt werden:
- Produktion wurde eingeschränkt
- Absatzmärkte brachen weg
- Geschäfte und Landwirte gingen bankrott
- Bankzusammenbrüche: Ersparnisse wurden vernichtet
- fünf Millionen Arbeitslose
- niedrige „Hungerlöhne"
- Menschen konnten Mieten und Rechnungen nicht mehr bezahlen
- Hunger, soziale Not, Obdachlosigkeit

S. 69, Aufgabe 2

Deutschland	Frankreich	Großbritannien	USA
• exportiert mehr, als es importiert • von 1930 zu 1932: Rückgang des Handelsvolumens um mehr als 50 Prozent	• importiert mehr, als es exportiert • von 1930 zu 1932: Rückgang des Handelsvolumens um etwa 50 Prozent	• importiert doppelt so viel, wie es exportiert • von 1930 zu 1932: Rückgang des Handelsvolumens um etwa 50 Prozent	• Exporte überwiegen Importe um etwa ein Drittel • von 1930 zu 1932: Rückgang des Handelsvolumens um mehr als 50 Prozent

VISUALISIERUNG 2.7

Zusammengefasst kann man festhalten, dass Deutschland und die USA mehr exportieren als importieren, während in Frankreich und Großbritannien das Verhältnis umgekehrt ist. Das Handelsvolumen reduziert sich in allen Ländern im Zuge der Wirtschaftskrise um etwa die Hälfte.

S. 69, Aufgabe 3
Infolge des Börsenkrachs 1929 in New York forderten die amerikanischen Banken ihre Kredite zurück. Die Rückforderungen belasteten die deutschen Unternehmen schwer, Massenentlassungen waren die Folge. Diese Entwicklung setzte sich bis 1933 fort. Das Foto M1 stammt aus dem Jahr 1932. In den Hinterhöfen lebten damals Arbeiter und kleine Angestellte mit ihren Familien. Viele von ihnen waren seit Jahren arbeitslos, ihre Rücklagen waren aufgebraucht, und sie konnten die Mieten nicht mehr bezahlen. Die Forderung „Erst Essen – dann Miete" bezieht sich auf ihre Notlage und ist vermutlich an ihre Vermieter gerichtet. Die Fahnen geben Auskunft, von welcher politischen Extreme man sich mehr Hilfe erwartete: von den Nationalsozialisten oder den Kommunisten.

2 Die Weimarer Republik (1918–1933)

S. 69, Aufgabe 4 a)
Die Folgen der Arbeitslosigkeit waren Verarmung, Not, Hunger und Verzweiflung (M4 und M6). Die Menschen trauten den demokratischen Parteien die Lösung ihrer Probleme nicht mehr zu und begannen sich von ihnen abzuwenden und die Lösung ihrer Probleme bei rechts- oder linksextremen Parteien zu suchen (M1 und M5).
b) Folgen von Arbeitslosigkeit für:
- den Einzelnen: Verarmung, Obdachlosigkeit, keine medizinische Versorgung, psychische Probleme
- die Gesellschaft: soziale Unruhen, teilweise Zusammenbruch des gesellschaftlichen Lebens
- den Staat: die demokratischen Parteien verlieren das Vertrauen der Wähler, diese suchen Halt bei den undemokratischen, rechts- oder linksextremen Parteien

Politische Instabilität als Folge der Wirtschaftskrise — S. 70/71

Webcode
FG450099-071

Sprechende Bilder
Die Stützen der Gesellschaft

S. 70, M1: Karikatur aus dem „Simplicissimus", 1931
Die Karikatur thematisiert die ab 1931 einsetzende politische Radikalisierung. Straßenkämpfe zwischen paramilitärischen Verbänden, wie der Sturmabteilung (SA) der NSDAP und dem von der KPD gegründeten Roten Frontkämpferbund (RFB), bestimmten die Tagespolitik. Zwei Demonstrationszüge der Kommunisten (Fünfzackstern) und einer der Nationalsozialisten (Hakenkreuz) marschieren durch trostlos und verlassen wirkende verschneite Straßen, in die nur die Fahnen und politischen Kennzeichen der beiden Gruppierungen etwas Farbe bringen. Die Demonstrationszüge drohen bald aufeinanderzustoßen. Da die immer brutaler werdenden politischen Auseinandersetzungen Verletzte und Todesopfer forderten, führen die Demonstrationszüge in der Zeichnung jeweils einen Leichenwagen mit.

S. 71, M2: Ergebnisse der Reichstagswahlen 1919 bis 1932 siehe die Erläuterungen zu Aufgabe 3 a)

S. 71, M3: Politik der Präsidialkabinette siehe die Erläuterungen zu Aufgabe 2 b)

S. 71, Aufgabe 1 a)
- hohe Arbeitslosigkeit → Streit über geeignete Maßnahmen in der Koalition → Koalitionsbruch
- undemokratische Parteien verhindern demokratische Mehrheit → Reichspräsident regiert mit Notverordnungen
- Straßenkämpfe → Verunsicherung der Bevölkerung
- geschickte Propaganda der NSDAP → Unterstützung durch Repräsentanten der Wirtschaft → Aufstieg Hitlers zum seriösen Politiker

b)
- die Bedingungen des Versailler Vertrages belasten die junge Republik („Dolchstoß-Legende", Reparationen)
- radikale Gruppierungen bekämpfen die Republik

S. 71, Aufgabe 2 a)
Die Gewaltenteilung konnte mithilfe der Artikel 25 und 48 außer Kraft gesetzt werden. Sowohl das Parlament als auch die Regierung konnten vom Reichspräsidenten entmachtet werden. Hatte die Regierung zudem im Parlament keine Mehrheit (Präsidialkabinette), brach die Koalition bei jedem Konflikt auseinander.
b) Die verschiedenen Regierungen der Präsidialkabinette scheinen sich mehr um den Machterhalt zu kümmern als um die Sorgen der einfachen Bevölkerung. Zwar versucht man unter Brüning den Haushalt zu konsolidieren, indem man Steuern erhöht und Ausgaben senkt, allerdings führen Einsparungen in den öffentlichen Haushalten meist zu einer Verschlechterung der Lage der Bedürftigen.

S. 71, Aufgabe 3 a)
Die Wahlergebnisse der KPD und der Zentrumspartei bleiben über diese Jahre relativ konstant. Die SPD verliert über die Jahre sechs Prozent der Wähler. Die NSDAP kann ihre Wähler verdoppeln. Zu ihr wandern vor allem Wähler der DVP und DDP bzw. DNVP und teilweise Wähler der sonstigen Parteien und sogar der SPD.
b) individuelle Lösung

Die Weimarer Republik (1918–1933) 2

S. 71, Aufgabe 4 a)
Sowohl der rechte als auch der linke Extremismus lehnen die Weimarer Republik und ihre Verfassung ab. Beide wollen das vorhandene System zerstören und ein anderes aufbauen. Allerdings haben sie unterschiedliche Ziele: die Linken eine Räterepublik nach sowjetischem Vorbild, die Rechten eine Diktatur.
b) individuelle Lösung

Kompetenzen prüfen   S. 74/75

S. 74, M1: „Was wir verlieren sollen!", Plakat der DNVP
Der Entwurf des Plakates stammt von Louis Oppenheim (1879–1936), einem deutschen Grafiker, der mit Werbeplakaten für Kriegsanleihen im Ersten Weltkrieg seine Karriere begann und später zahlreiche Plakate für die Industrie, Theater und Filme entwarf. Zum Plakat siehe die Erläuterungen zu S. 75, Aufgabe 1 auf S. 337/338 des Schülerbandes.

HRU, S. 62, KV
2.3 Selbsteinschätzungsbogen für Schüler

S. 74, M2: Franzosen an der Ruhr
„Le Petit Journal" war eine französische Tageszeitung, die von 1863 bis 1944 erschien. Sie war um 1900 eine der vier bedeutendsten Zeitungen Frankreichs und hatte in dieser Zeit rund eine Million Leser. Siehe auch die Erläuterungen zu S. 75, Aufgabe 2 auf S. 338 des Schülerbandes.

S. 75, M3: Otto Dix, Bildnis der Journalistin Sylvia von Harden
Die Lyrikerin und Journalistin Sylvia von Harden (1894–1963) war eine schillernde Persönlichkeit: Zwar entstammte sie einer bürgerlichen Familie in Hamburg, verließ diese jedoch, um in die Berliner Bohemeszene einzutauchen. Sie galt als besonders mutig, reiselustig und unkonventionell. 1936 floh sie in die Schweiz und später nach England, wo sie ihre letzten Lebensjahre verbrachte. Siehe auch die Erläuterungen zu S. 96, Aufgabe 3 b).

S. 75, M4: Eine Republik ohne Republikaner? siehe die Lösungshilfen zu S. 75, Aufgabe 7 auf S. 338 des Schülerbandes

S. 75, M3: Karikatur zum Ende der Weimarer Republik, 1970 siehe die Lösungshilfen zu S. 75, Aufgabe 3 auf S. 338 des Schülerbandes

S. 75, Aufgabe 1 bis 9 siehe die Lösungshilfen auf S. 337/338 des Schülerbandes

Lösungen zu den Kopiervorlagen der Handreichung

KV 2.1, Aufgabe 1
1. individuelle Lösung
2. Man kann den Kopf eines ernsten, aufmerksam blickenden alten Mannes erkennen und daneben in alter Schreibschrift den Schriftzug „Der Retter".
3. keine Angaben
4. Reichspräsidentenwahl 1925
5. Paul von Hindenburg (1847–1934): Generalfeldmarschall, übernahm im Ersten Weltkrieg die Oberste Heeresleitung, Reichspräsident von 1925 bis 1934
6. Der Text bezeichnet Hindenburg als Retter. Es stellt sich die Frage, wen er vor wem oder was rettet.
7. Die linke Plakathälfte wird fast vollständig vom Porträt Hindenburgs ausgefüllt, rechts befindet sich der Schriftzug „Der Retter". Die Anordnung des Porträts und der Schrift soll zeigen, dass sich Hindenburg höchstpersönlich als Retter anbietet.
8. Die Bezeichnung „Der Retter" soll kurz und bündig Hindenburg als Lösung für alle politischen Probleme und gesellschaftlichen Missstände präsentieren. Die Wahl der Schriftart soll die Botschaft persönlich erscheinen lassen.
9. Die Farbgebung ist dezent und zurückhaltend, sie wirkt seriös.
10. Die Botschaft des Plakates lautet: Hindenburg ist immer noch da! Er steht für Kontinuität und Beständigkeit, für das alte System der Monarchie, für die alten, bekannten Werte und Richtlinien. Er bringt wieder alles in Ordnung und rettet die Menschen aus dem Chaos, das die Demokraten angerichtet haben.

2 Die Weimarer Republik (1918–1933)

11. Die Macher des Plakates wollten, dass das Plakat auf die Wähler beruhigend und vertrauenerweckend wirkt. Das Plakat sprach diejenigen an, die mit der politischen Entwicklung seit der Novemberrevolution nicht einverstanden waren und die sich möglicherweise die Monarchie zurückwünschten. Hindenburg ist ein vertrautes Gesicht, deshalb – so die Idee der Plakatgestalter – würden sie ihm eher ihr Vertrauen schenken als den abstrakten Ideen der demokratischen Parteien.

KV 2.2, Aufgabe 1
1. Verherrlichung militärischen Lebens
2. keine demokratische Tradition
3. Sehnsucht nach einer „Gemeinschaft"
4. Jugendkult
5. neue Lebensformen
6. Massenarbeitslosigkeit
7. die Jugendbewegung wird massenhaft organisiert

KV 2.2, Aufgabe 2
Die Erwachsenen:
- organisieren Treffen, Großveranstaltungen und Reisen
- geben die äußerliche Form und die geistigen Ideale vor
- versuchen die Jugendlichen auf ihre Seite zu ziehen

KV 2.2, Aufgabe 3
Jugendbewegung: entsteht spontan, entzieht sich der Kontrolle durch Erwachsene, Ziele werden von den Jugendlichen selbst gesetzt, Aktivitäten werden von den Jugendlichen selbst organisiert
Jugendorganisation: wird von einer Interessengruppe Erwachsener gegründet und organisiert, Erwachsene kontrollieren die Organisation und geben den Rahmen mit Inhalten und Zielsetzung vor

KV 2.2, Aufgabe 4
Eine Jugendbewegung stellt bestehende gesellschaftliche Strukturen infrage und strebt ihre Veränderung oder wenigstens ihre Weiterentwicklung an. Eine Jugendorganisation dient dazu, bestehende gesellschaftliche Strukturen zu festigen.

KV 2.2, Aufgabe 5
Auf dem Lernplakat sollten die Schülerinnen und Schüler auf folgende Aspekte eingehen:
- *Herrschaft und Staatlichkeit:* Staatsform, politische Ordnung, Verfassung, Außenpolitik (Versailler Vertrag), politische Krise (Umsturzversuche radikaler linker und rechter Gruppen), Propaganda
- *Gesellschaft und Recht:* „Goldene Zwanziger", Gleichberechtigung von Frauen („Neue Frau"), Jugendbewegung und andere gesellschaftliche Veränderungen
- *Wirtschaft und Umwelt:* „Goldene Zwanziger", Reparationen, Börsenkrach, Wirtschaftskrise, wirtschaftliche Stabilisierung

2 Die Weimarer Republik (1918–1933) Kopiervorlage 2.1

Name: Klasse: Datum:

KV 2.1 Propagandaplakate untersuchen

M1 „Der Retter", Wahlplakat für Paul von Hindenburg, 1925

Arbeitsschritte „Propagandaplakate untersuchen"

Ersten Eindruck festhalten	
1. Wie wirkt das Plakat?	

Einzelheiten beschreiben	
2. Welche Personen und Gegenstände erkennst du? Achte auf die Art ihrer Darstellung und den Zusammenhang zwischen Text und Bild.	

Zusätzliche Informationen heranziehen	
3. Wie heißt der Grafiker?	

Autorin: Dagmar Scheich
Bildrechteinhaber: bpk/Kunstbibliothek, SMB/Dietmar Katz

2 Die Weimarer Republik (1918–1933) — Kopiervorlage 2.1

Name: Klasse: Datum:

4. Aus welchem Anlass ist das Plakat entstanden?	
5. Lässt sich über die dargestellte Person etwas herausfinden?	
6. Wer oder was verbirgt sich hinter den Anspielungen im Text?	

Aussage des Plakates formulieren

7. Welche Bedeutung hat die Anordnung der dargestellten Figuren und Gegenstände?	
8. Welchen Zweck verfolgt der Text zum Bild?	
9. Welche Akzente werden durch die Farbgebung gesetzt?	

Aussage des Plakates beurteilen

10. Welche Botschaft enthält das Plakat?	
11. Welche Wirkung soll erzielt werden?	

1 Untersuche das Plakat mithilfe der Arbeitsschritte in der Tabelle. **Tipp:** Für den ersten Arbeitsschritt kannst du auch anderen Schülern das Plakat zeigen und ihre Eindrücke aufnehmen.

Autorin: Dagmar Scheich
Bildrechteinhaber: bpk/Kunstbibliothek, SMB/Dietmar Katz

KV 2.2 Jugend in der Weimarer Republik

M1 Jugendbewegung in der Weimarer Republik
Der Erziehungswissenschaftler Hermann Giesecke beschreibt Merkmale der Gesellschaft, die auf die Jugendbewegung in der Weimarer Republik Einfluss hatten:

1. Der verlorene Krieg hatte nicht nur viele Menschenleben gefordert und zu wirtschaftlichem Chaos geführt [...]. Nahezu alle Gruppen der Bevölkerung fühlten sich betrogen. Die Soldaten, weil ihr Kampf nicht belohnt war und sie in eine Heimat zurückkehrten, in der sie nur schwer wieder Fuß fassen konnten; [...] „Wahre" und „echte" Demokratie war das, was sich in den Schützengräben abgespielt hatte [...]; dagegen erschien das neue parlamentarische System von Regeln und Verfahrensweisen unlebendig und als Parteiengezänk. [...] In diesem Klima setzten sich [...] militärische Formen auch in der Jugendarbeit durch; [...] aus dem „wilden Haufen" der Wandervögel vor dem Kriege wurde die im Gleichschritt marschierende Gruppe [...]

2. [...] Demokratisches Denken und demokratische Vorstellungen und Werte hatten in Deutschland so gut wie keine Tradition. [...] So erschien die neue Demokratie auf den ersten Blick lediglich als ein Bündel von [...] Regeln zur Machtbildung, aber ohne deutlich erkennbaren [...] Sinn. [...]

3. [...] Bis in weite Kreise der Sozialisten hinein gab es eine Sehnsucht nach „Gemeinschaft". [...] Was waren da schon gewählte, persönlich in der Regel unbekannte Politiker im Vergleich zu den „Führern" in den unmittelbaren Gruppen etwa der Jugendbewegung? [...]

4. Diese verbreitete Sehnsucht nach „Gemeinschaft" wurde von vielen Erwachsenen auf die junge Generation projiziert: Sie allein könne es schaffen, das deutsche Volk zusammenzuhalten, über allen Trennungen und Spaltungen hinweg wieder „Volksgemeinschaft" zu stiften, weil sie im Unterschied zu den Älteren [...] „reine Ideale" vertreten und durchhalten könne. [...] Es gab also einen regelrechten „Jugendkult", der sich wechselseitig bestätigte: Viele Erwachsene projizierten[1] ihre Hoffnungen und Erwartungen auf die junge Generation, diese definierte sich selbst weitgehend als die „eigentliche" Substanz[2] des Volkes [...].

5. Die [...] Verunsicherung des Bürgertums und Kleinbürgertums nach dem Kriege führte zu einer tiefgehenden „Sinnkrise" auch für das private Leben und seine Zukunft. Alle möglichen Vorstellungen zur „Lebensreform" wurden entwickelt oder wieder entdeckt: Schrebergarten-Bewegung; Freikörperkultur; „natürliche" Lebens- und Ernährungsweisen; Entwicklung einer volkstümlich laienhaften Musik- und Theaterkultur; freiwilliger Arbeitsdienst usw. Unvermeidlich ergriffen diese Ideen auch die junge Generation und ihre Organisationen.

6. [...] Vor dem Ersten Weltkrieg hatte es keine nennenswerte Arbeitslosigkeit gegeben. Das änderte sich nun. Zwar wurde nach dem Kriege die Arbeitslosigkeit zunächst überwunden, so dass 1922 fast von Vollbeschäftigung die Rede sein konnte. Aber danach gab es das vorher nicht bekannte Phänomen[3] der „Massenarbeitslosigkeit" [...]. Die mittelständische und proletarische Jugend [...] wuchs also in einer politischen Kultur auf, die durch ein hohes Maß an [...] Desorganisation[4] charakterisiert werden kann.

7. [...] Die massenhafte Zunahme der Jugendbewegung wie der Jugendarbeit (Jugendpflege) warf auch neue organisatorische Probleme auf, die den Zugriff der Erwachsenen erleichterten: Das „Auf-Fahrt-Gehen" musste nun irgendwie organisiert werden [...]; große Veranstaltungen mit Tausenden von Jugendlichen mussten sorgfältig geplant werden. [...] Die [...] Ausdehnung der Jugendarbeit entstand keineswegs „spontan", ebenso wenig wie „spontan" Treffen von Tausenden von Jugendlichen entstehen konnten. All dies musste organisiert werden von Erwachsenen, und nach dem Motto „Wer die Jugend hat, hat die Zukunft" wurden von den Organisationen der Erwachsenen Jugendorganisationen geschaffen, die den eigenen [...] Nachwuchs rekrutieren[5] sollten. Auf diese Weise wurden bis zum Ende der Republik immer größere Teile der Jugend in die innere politische Polarisierung[6] einbezogen.

Hermann Giesecke, Vom Wandervogel bis zur Hitlerjugend.
Jugendarbeit zwischen Politik und Pädagogik,
München (Juventa) 1981, S. 81–87.

[1] übertragen – [2] Hauptbestandteil – [3] Erscheinung – [4] Chaos, Zerrüttung – [5] einberufen, zusammenstellen – [6] Aufspaltung

---

1 Finde für die sieben Textabschnitte Überschriften.

2 Erkläre, wie die „Erwachsenenwelt" die Jugendbewegung veränderte.

3 Erläutere den Unterschied zwischen einer „Jugendbewegung" und einer „Jugendorganisation".

4 Erörtert gemeinsam, welche Bedeutung eine Jugendbewegung bzw. eine Jugendorganisation in der Gesellschaft haben kann.

5 Stellt in Gruppen das Thema „Die Weimarer Republik" auf einem Lernplakat dar. Gliedert das Plakat gemäß den Bereichen Herrschaft und Staatlichkeit, Gesellschaft und Recht, Wirtschaft und Umwelt.

Autorin: Dagmar Scheich

KV 2.3 Die Weimarer Republik (1918–1933)

Ich kann, weiß, verstehe …	sehr sicher	sicher	unsicher	sehr unsicher	Hilfen finde ich hier: (SB = Schülerbuch)
1 Ich kann die Situation Deutschlands bei Kriegsende beschreiben.					SB, S. 48/49
2 a) Ich kann eine Zeitleiste mit allen wichtigen revolutionären Ereignissen von Oktober 1918 bis Januar 1919 erstellen.					SB, S. 48/49
b) Ich kann die jeweilige Bedeutung der einzelnen Ereignisse für den Übergang zur Demokratie beurteilen.					
3 Ich kann die Entwicklungen in Politik, Wirtschaft und Gesellschaft der ersten deutschen Republik erkennen, verstehen und verknüpfen.					SB, S. 50/51, 62–65
4 Ich kann die Rolle und Bedeutung von politischen Akteuren erkennen und einschätzen (Gustav Stresemann, Friedrich Ebert, Paul von Hindenburg).					SB, S. 50–53, 58/59
5 Ich kann die Verfassung der Weimarer Republik anhand eines Schaubildes erläutern.					SB, S. 50/51
6 Ich kann die Aussage von Zeitgenossen bewerten, der Reichspräsident sei ein „Ersatzkaiser".					SB, S. 50/51
7 Ich kann Chancen und Belastungen der Weimarer Republik benennen und beurteilen (Politik, Wirtschaft, Gesellschaft).					SB, S. 52–59, 68–71
8 Ich kann die Verpflichtungen des Versailler Vertrags benennen und erklären, welche politischen Folgen der Vertrag für Deutschland hatte.					SB, S. 52/53
9 Ich kann den Zusammenhang zwischen Reparationsforderungen der Alliierten und der Inflation von 1923 erläutern.					SB, S. 54/55
10 Ich kann ein Schaubild zu den Gründen und Auswirkungen der Ruhrbesetzung erstellen.					SB, S. 54/55
11 Ich kann ein Schaubild zu den Gegnern der Weimarer Republik, ihrem Vorgehen und ihren Zielen gestalten.					SB, S. 56/57
12 Ich kann den Begriff der „politischen Justiz" in der Weimarer Republik anhand eines Beispiels erklären.					SB, S. 56/57
13 Ich kann die Ziele der deutschen Außenpolitik nach Versailles nennen.					SB, S. 58/59
14 Ich kann Propagandaplakate untersuchen.					SB, S. 60/61
15 Ich kann den Wandel von Frauenrollen und Erziehungsmustern der Jugend verstehen und beurteilen.					SB, S. 64–67
16 Ich kann die Ziele und Kritiken junger Menschen in den 1920er Jahren beschreiben und mit der Alltagswirklichkeit vergleichen.					SB, S. 66/67
17 Ich kann die Auswirkungen der Weltwirtschaftskrise auf Deutschland erläutern und in Form einer Mindmap darstellen.					SB, S. 68/69
18 Ich kann erläutern, welche Faktoren das Ende der Weimarer Republik begründeten.					SB, S. 70/71
19 Ich kann bewerten, welchen Anteil die Krise der politischen Führung und die Radikalisierung am Scheitern der Weimarer Republik hatten.					SB, S. 70/71

Autorin: Andrea Welk

3 Eine Ideologie setzt sich durch: Der Nationalsozialismus   SB S. 76–101

Sachinformationen zum Kapitelaufbau

Als Hitler am 30. Januar 1933 zum Reichskanzler ernannt wurde, war den wenigsten Zeitgenossen die historische Tragweite dieses Ereignisses bewusst. Die Konservativen waren überzeugt, den NSDAP-Führer durch die Einbindung in die Regierungsgewalt rasch zähmen und „entzaubern" zu können; viele Gegner des Nationalsozialismus glaubten an ein baldiges Scheitern der neuen Regierung. Den Nationalsozialisten gelang es jedoch innerhalb kürzester Zeit, ihre Herrschaft zu festigen und auf die verschiedensten Gesellschaftsbereiche auszudehnen. Nachdem sich am „Tag von Potsdam" die Konservativen für einen kurzen Moment im Lichte eines Gelingens ihrer Bändigungsstrategie sonnen konnten, übertrugen die bürgerlichen Parteien Hitler nur zwei Tage später umfangreiche diktatorische Befugnisse. Gegen den einsetzenden Prozess der politischen und gesellschaftlichen „Gleichschaltung" regte sich kaum Widerstand. Grund dafür war zum einen die brutale Repression politischer Gegner, zum anderen die Anschlussfähigkeit der – nun mit der Fülle staatlicher Machtmittel propagierten – NS-Ideologie an die politischen Einstellungen breiter Teile der Bevölkerung.

Das vorliegende Kapitel befasst sich mit der Durchsetzung der nationalsozialistischen Herrschaft in der Anfangsphase des Regimes. Anhand einer einführenden Themeneinheit erarbeiten sich die Schülerinnen und Schüler grundlegende Kenntnisse zur nationalsozialistischen Ideologie. Nach den Themenseiten zu Hitlers Ernennung zum Reichskanzler bietet der erste Methodenteil die Möglichkeit, sich mit dem Quellentypus „Lebenserinnerungen" auseinanderzusetzen. Die folgende Seite zur Landesgeschichte versammelt Materialien zur nationalsozialistischen Machtübernahme im Freistaat Braunschweig, wo die NSDAP bereits seit 1930 an der Regierung beteiligt war. Nach einer Doppelseite zum „Tag von Potsdam" analysieren die Schülerinnen und Schüler Zustandekommen und Bedeutung des „Ermächtigungsgesetzes". Im Mittelpunkt der anschließenden Themeneinheit stehen die Emslandlager als regionalgeschichtliches Beispiel für die „frühen" Konzentrationslager. Auf eine Doppelseite zum Gleichschaltungsprozess folgt der zweite Methodenteil, in dem sich die Lernenden Kompetenzen im Bereich der Analyse instrumentalisierter Kunst erarbeiten.

Hinweis zum Unterrichtsverlauf

siehe Jahrgangscurriculum, S. 9/10

Kompetenzerwerb in Kapitel 3 (s. Schülerband S. 100)

Eine detaillierte Liste der zu erwerbenden Kompetenzen finden Sie hier in der Handreichung auf dem Selbsteinschätzungsbogen, S. 84.

Selbsteinschätzungsbogen für Schüler zum Kapitel 3

siehe Kopiervorlage 3.3, S. 84

Weiterführende Hinweise auf Forum-Begleitmaterialien (s. Einleitung, S. 7)

- Arbeitsheft 4, Kap. 4: Nationalsozialismus und Zweiter Weltkrieg
- Kompetenztraining, Kap. 23: Das nationalsozialistische Herrschaftssystem
- Geschichte interaktiv II, Kap. 7: Nationalsozialismus und Zweiter Weltkrieg
- Invitation to History: Volume 2, Unit 3: National Socialism 1933–1945

Literatur, Jugendbücher, Filme, Internethinweise für Lehrkräfte

Literatur
Bernd Sösemann (Hg.), Der Nationalsozialismus und die deutsche Gesellschaft. Einführung und Überblick, Stuttgart (DVA) 2002.
Hans-Ulrich Thamer, Verführung und Gewalt. Deutschland 1933–1945, Berlin (Siedler) 1998.
Andreas Wirsching, Das Jahr 1933. Die nationalsozialistische Machteroberung und die deutsche Gesellschaft, Göttingen (Wallstein) 2009.

3 Eine Ideologie setzt sich durch: Der Nationalsozialismus

Jugendbücher
Ruth Damwerth, Schwarz, rot, braun, Düsseldorf (Sauerländer) 2005.
Klaus Kordon, Mit dem Rücken zur Wand, 17. Aufl., Weinheim (Beltz & Gelberg) 2017.
Mark O'Sullivan, Engel ohne Flügel, Stuttgart (Verlag Freies Geistesleben) 2001.
Filme
FWU 4611044: Hitlers Weg an die Macht
FWU 4602599: Hitler an der Macht
Internethinweise für Lehrkräfte
http://www.deutschegeschichten.de/zeitraum/index.asp?KategorieID=1003 → Machtergreifung (ausführliche Informationen zur „Machtergreifung" und Festigung der NS-Herrschaft)
https://www.dhm.de/?id=11677 (Website des Deutschen Historischen Museums zur Etablierung der NS-Herrschaft)
https://www.niedersachsen.de/land_leute/geschichte/gedenkstaetten/19981.html (Übersichtsseite zu den niedersächsischen NS-Gedenkstätten)
http://www.vernetztes-gedaechtnis.de (Das Projekt macht Spuren der nationalsozialistischen Herrschaft in der Stadt Braunschweig sichtbar.)

Auftaktseiten — S. 76/77

S. 76 f.: Reichserntedankfest auf dem Bückeberg
Das Reichserntedankfest gehörte zu den größten regelmäßig stattfindenden Massenfesten der NS-Zeit. Mit der Erhebung des traditionellen Erntefestes zum nationalen Feiertag sollte die Eingliederung der Bauern als „Reichsnährstand" in den NS-Staat weiter vorangetrieben werden. Die Anknüpfung an christliches Brauchtum fand nicht nur in der Wahl des religiös geprägten Festtags, sondern auch in bestimmten Elementen der Festgestaltung, wie dem „Erntealtar", ihren Ausdruck. Dass sich das Massenerlebnis zu einem nahezu religiösen Rauschzustand steigerte, zeigt sich u. a. in begeisterten Augenzeugenberichten, die den Auftritt Hitlers nach langen Stunden des Wartens mit dem Erscheinen von Christus verglichen. Zu den zentralen Bestandteilen des Festablaufs gehörten zunehmend umfangreiche Militärübungen. In Anknüpfung an die Idealisierung des Bauerntums in der „Blut-und-Boden-Ideologie" waren die Festlichkeiten von einer folkloristischen Ästhetik geprägt. Zugleich fanden modernste Techniken ihren Einsatz: Die Anreise der Besucher mit Sonderzügen erforderte eine Logistik auf neuestem Stand, die Ankunft der Massen auf dem Festgelände vollzog sich mit militärischer Präzision, ein Zeppelin wurde für Luftaufnahmen eingesetzt.

Orientierung im Kapitel — S. 78/79

S. 78, M1: Demokratien und Diktaturen in Europa 1918–1938
Ungarn, 1920: Nach dem Sturz der Räterepublik und zwei Jahren des Weißen Terrors wird Admiral Miklós Horthy zum „Reichsverweser" in einer Monarchie ohne König.
Italien, 1922: Benito Mussolini errichtet nach dem „Marsch auf Rom" ein faschistisches Regime.
Albanien, 1925: Mit Unterstützung der jugoslawischen Armee stürzt Ahmet Zogu die gewählte Regierung und wird Präsident.
Litauen, 1926: Ein vom Militär gestützter Putsch bringt Präsident Antanas Smetona an die Macht.
Polen, 1926: Nach einem Staatsstreich durch Militärangehörige setzt sich Józef Piłsudski als zentrale Machtinstanz des Landes durch, die Ämter des Staats- und Regierungschefs übernehmen seine Gefolgsleute.
Portugal, 1926: Durch einen Militärputsch wird die republikanische Verfassung beseitigt; in den Folgejahren setzt sich António de Oliveira Salazar als Machthaber durch.
Jugoslawien, 1929: König Alexander Karađorđević löst mithilfe der Armee das Parlament auf und macht sich zum alleinigen Träger der Staatsgewalt.
Deutsches Reich, 1933: „Machtergreifung" Hitlers
Österreich, 1933: Nach einer Pattsituation im Nationalrat verkündet Bundeskanzler Engelbert Dollfuß die „Selbstausschaltung" der Volksvertretung.
Bulgarien, 1934: Ein Militärputsch bringt die Regierung von Kimon Georgiew an die Macht, welche die Verfassung außer Kraft setzt und Parlament wie Parteien auflöst.
Estland, 1934: Staatsoberhaupt Konstantin Päts und führende Armeeangehörige nehmen den wachsenden Einfluss der faschistischen Bewegung als Anlass für einen autoritären Staatsstreich.

Lettland, 1934: Durch einen Staatsstreich schaltet der amtierende Ministerpräsident Kārlis Ulmanis Parlament und Parteien aus.
Griechenland, 1936: Der vom König eingesetzte Ministerpräsident Ioannis Metaxas installiert nach der Niederschlagung von Arbeiterunruhen ein autoritäres Regime.
Rumänien, 1938: König Carol II. errichtet vor dem Hintergrund eines Erstarkens der faschistischen Bewegung eine Königsdiktatur.
Spanien, 1936: Das Militär putscht unter der Führung von General Francisco Franco gegen die demokratisch gewählte Regierung der Volksfront.

S. 79, M2: Nachgestellte Szene des Fackelzugs der SA vom 30. Januar 1933
Am Brandenburger Tor waren nach der Niederlage im Ersten Weltkrieg die heimkehrenden deutschen Truppen offiziell begrüßt worden. Umso mehr lag es den Nationalsozialisten nach der Machtübernahme am Herzen, diesen traditionsreichen Ort mit einer neuen Symbolik zu besetzen. Die Originalbilder des Marsches des Fackelzugs durch das Brandenburger Tor waren indes verwackelt und wenig beeindruckend. Darum wurde die Szene wenige Monate später – im Rahmen der Dreharbeiten für den Propagandafilm „Horst Westmar" – aufwendig nachgestellt. Siehe auch die Erläuterungen zu M2, S. 82 des Schülerbandes.

S. 79, M3: Letzte Sitzung des Preußischen Landtags am 18. Mai 1933
Im Preußischen Landtag war die NSDAP bereits seit den Wahlen vom 24. April 1932 mit 37 Prozent der Stimmen die stärkste Fraktion. Ende März 1933 wurde der Landtag durch das „Vorläufige Gesetz zur Gleichschaltung der Länder mit dem Reich" aufgelöst und die Sitze nach den Ergebnissen der Reichstagswahl vom 5. März neu verteilt, sodass die NSDAP nun gemeinsam mit ihren Bündnispartnern von der DNVP über eine absolute Mehrheit verfügte. Zum neuen Ministerpräsidenten ernannte Hitler kurz darauf Hermann Göring. Am 18. Mai 1933 verabschiedete der Landtag mit den Stimmen von NSDAP, DNVP und bürgerlichen Parteien ein „Gesetz zur Behebung der Not von Volk und Land", das der preußischen Regierung unter Göring dieselben unumschränkten gesetzgeberischen Befugnisse zusprach, die sich die Exekutive auf Reichsebene bereits durch das „Ermächtigungsgesetz" vom 24. März gesichert hatte. Der Landtag, der nach dieser Sitzung nicht mehr zusammentrat, wurde im Januar 1934 – wie alle anderen Landesparlamente – durch das „Gesetz über den Neuaufbau des Reiches" aufgehoben.

S. 79, M4: Verhaftung von Kommunisten am Tag nach den Reichstagswahlen, 6. März 1933
Schon der Wahlkampf für die Märzwahlen 1933 war von Repression und Terror gegen Sozialdemokraten und Kommunisten geprägt. Mit der „Reichstagsbrandverordnung" vom 28. Februar 1933 wurde schließlich das Prinzip der Rechtsstaatlichkeit endgültig aufgehoben. Massenweise erfolgten danach Inhaftierungen von KPD- und SPD-Mitgliedern sowie regimekritischen Intellektuellen. Erste „KZs" wurden für die „Schutzhäftlinge" eingerichtet, die jedoch trotz Folter und Mord von den späteren Vernichtungslagern zu unterscheiden sind. Bis Jahresende belief sich die Zahl der Verhafteten auf weit über 100 000; die Zahl der Ermordeten ging in die Hunderte (nach anderen Schätzungen gar in die Tausende). Die Fotografie zeigt verhaftete Regimegegner im Gewahrsam der SA-Hilfspolizei in Berlin. Die Verhafteten befinden sich vermutlich in der Haftanstalt Plötzensee, die Identifizierung des Aufnahmeortes ist jedoch ungesichert.

S. 79, Aufgabe 1
Zwischen 1918 und 1938 errangen in einer Vielzahl europäischer Staaten antidemokratische Regime die Macht. Die Sowjetunion wurde seit 1917 kommunistisch regiert. Bereits 1922 begann Mussolini in Italien mit der Errichtung der ersten faschistischen Diktatur in Europa. Im Verlauf der 1920er und 1930er Jahre gerieten alle ost- und südosteuropäischen Staaten (Ausnahme: Tschechoslowakei) sowie Österreich unter die Herrschaft von autoritären Regimes oder Militärdiktaturen. Mit der Machtübernahme der Nationalsozialisten im Deutschen Reich wurde die demokratische Struktur einer der wichtigsten europäischen Großmächte zerschlagen. Seit dem Putsch Francos 1936 in Spanien war auch die gesamte Iberische Halbinsel in antidemokratischer Hand (Portugal seit 1926). Neben den beiden demokratisch strukturierten Großmächten Frankreich und Großbritannien blieben nur die nordeuropäischen Länder, die Beneluxstaaten sowie die Schweiz, die Tschechoslowakei und Irland von der Welle autoritärer Machtübernahmen ausgenommen. In vielen dieser Länder ließ sich jedoch eine Zunahme von faschistischen Bewegungen und autoritären Tendenzen verzeichnen.

3 Eine Ideologie setzt sich durch: Der Nationalsozialismus

S. 79, Aufgabe 2 a)
Die Materialien M2 bis M4 verweisen beispielhaft auf die Rolle massenwirksamer Inszenierungen, scheinlegaler Maßnahmen und repressiver Gewalt bei der Errichtung der NS-Diktatur. Anhand der Zeitleiste lässt sich nachverfolgen, wie innerhalb weniger Monate Parlament, Gewerkschaften und Parteien ausgeschaltet wurden. Siehe auch die Erläuterungen zu den Materialien. Vermutungen und Fragen: individuelle Lösung.

b) Die Fotografien geben Hinweise auf die Rolle massenwirksamer Inszenierungen, scheinlegaler Maßnahmen und repressiver Gewalt bei der Errichtung der NS-Diktatur. Bei der Analyse der Bilder muss man sich jedoch darüber bewusst sein, wer die Aufnahmen zu welchem Zweck gemacht hat. Besonders deutlich wird dies bei M2: Hier wird nicht die historische Realität des Fackelmarsches vom 30. Januar 1933 abgebildet, sondern dessen Neuinszenierung zu Propagandazwecken. Auch bei M3 handelt es sich um eine Fotografie, die für die Veröffentlichung bestimmt war und die pompöse Inszenierung von Göring als Redner affirmativ spiegelt. Ebenso ist M4 ein Bild, das zumindest mit Billigung der SA aufgenommen wurde. Es lässt den (aus Unterperspektive aufgenommenen) SA-Mann mächtig, seine Opfer verschreckt und die Verhaftungsaktion geordnet wirken.

NS-Ideologie: Weltanschauung und Ziele der Nationalsozialisten — S. 80/81

Webcode
FG450099-081

S. 80, M1: Aus dem Parteiprogramm der NSDAP
Das NSDAP-Programm zielte weniger auf die Fixierung einer eindeutigen politischen Handlungsanweisung als auf die Mobilisierung der Anhänger ab. So zeichnen sich viele Programmpunkte eher durch Publikumswirksamkeit als durch klare Inhalte aus; andere, wie einige sozialistisch anmutende Punkte zur Wirtschafts- und Sozialpolitik, wurden in der politischen Praxis ignoriert. Dennoch offenbart das Manifest wichtige Ziele und ideologische Elemente des Nationalsozialismus, wie Revanchismus (2), Lebensraumideologie (3), „Rassegedanke" und Antisemitismus (4), Propagierung einer scheinbar egalitären „Volksgemeinschaft" und ideologische Durchdringung des Bildungsapparats (20), „Volksgesundheit" als Element der Kriegsvorbereitung (21), Ablehnung von Presse- und Kunstfreiheit (23), Ideal eines starken Staates (25).

S. 80, M2: NS-Propagandaplakat „Es lebe Deutschland!"
Das in den 1930er Jahren von Karl Stauber entworfene Plakat mit dem Titel „Es lebe Deutschland" hat eine feierlich-erhabene bis kitschige Ästhetik. Im Vordergrund ist Hitler mit SA-Uniform und Eisernem Kreuz dargestellt. In der rechten Hand hält er eine Hakenkreuzflagge, die linke ist zur Faust geballt. Sein Gesichtsausdruck ist entschlossen. Hinter ihm marschieren unzählige Menschen: Die SA-Männer in den vorderen Reihen tragen teils Hakenkreuzfahnen, teils haben sie die Hand zum Hitlergruß erhoben. Ihre Gesichter weisen keine individualisierten Züge auf. In den hinteren Reihen verschwimmen die Menschen zu einer einzigen amorphen Masse. Hoch im Himmel über Hitler fliegt ein Vogel mit ausgebreiteten Schwingen; Sonnenstrahlen brechen durch die Wolken. In der Farbgebung dominieren die Farben Weiß und Rot, die von gedämpften Grau-, Braun- und Schwarztönen kontrastiert werden. Hitler wird durch Gesichtsausdruck und Haltung der Hände als entschlossener und kämpferischer Führer dargestellt. Er sticht als einziges Individuum aus der Masse hervor. Hinter ihm scheint nicht nur die SA, sondern ganz Deutschland zu marschieren. Der Vogel erinnert an den Reichs- oder Parteiadler, ruft aber zugleich Assoziationen mit der Taube als Symbol des Heiligen Geistes hervor. Auch die Sonnenstrahlen um Hitlers Kopf sind der christlichen Ikonografie entnommen und verweisen auf göttliche Erleuchtung. Hitler wird hier als von der Vorsehung auserwählter Führer dargestellt, der die – „wie ein Mann" hinter ihm stehenden – Deutschen durch Kampf zur Erlösung geleitet.

S. 81, M3: Aus Adolf Hitlers „Mein Kampf" (1924/26)
Die zentrale Programmschrift des Nationalsozialismus rankt in ihren Kernstücken um die „Lösung der Rassenfrage" durch den Kampf gegen das „Weltjudentum" und die Gewinnung von „Lebensraum im Osten". In dem Text stilisiert Hitler den „Arier" zum alleinigen Kulturbegründer, der sich in einem sozialdarwinistischen „Kampf ums Dasein" die anderen „Rassen" untertan zu machen habe. Die „arische" Überlegenheit basiere auf den spezifischen schöpferischen Qualitäten dieser „Rasse", die auf Opferbereitschaft und Arbeitswillen zurückzuführen seien. Die Juden als „Parasiten" figurieren in der von Hitler dargelegten Weltsicht als absolutes Gegenprinzip zu diesem schöpferischen „Arier". Ziel des Judentums sei die Zersetzung und schlussendliche Zerstörung der „arischen Rasse". Grundlegende Bestandteile der „jüdischen Weltverschwörung", die auf Waffen wie den Parlamentarismus oder den Pazifismus zurückgreife, seien Finanzkapital und Marxismus zugleich. Des jüdischen Angriffes könne sich das deutsche Volk nur durch brutales Zurückschlagen und die Vernichtung des

Gegners erwehren. In Bezug auf die zu schaffende staatliche Ordnung zeichnet Hitler das Bild eines völkischen Staates, der ganz auf die Sicherung der Existenz der „arischen Rasse" ausgerichtet sein müsse. Diese Bestimmung könne er nur in Funktion seines dynamischen Kernelements, der nationalsozialistischen Bewegung und ihres „Führers", und mittels einer auf Befehl und unbedingten Gehorsam ausgerichteten inneren Struktur erfüllen. Im Bereich der Außenpolitik könne das Überleben der „arischen Rasse" nur durch die kriegerische Unterwerfung minderwertiger „Rassen" und Raumgewinn im Osten gesichert werden.

S. 81, Aufgabe 1
Rassenideologie: M1 → Z. 8–11; M3 → Z. 1–16; *Antisemitismus:* M1 → Z. 8–11; M3 → Z. 17–28; *Lebensraumideologie:* M1 → Z. 5–7; M3 → Z. 29–45; „*Führerprinzip":* (M1 → in Ansätzen: Z. 29–31); M3 → Z. 46–57

S. 81, Aufgabe 2 individuelle Lösung

S. 81, Aufgabe 3 a) siehe die Erläuterungen zu M2
b) Das Plakat ruft die ideologischen Topoi Führerkult, „Kampfbereitschaft", „deutsche Stärke" und Aufgehen des Einzelnen in der Masse auf.

Geschichte kontrovers: Der 30. Januar 1933: Hitler wird Reichskanzler   S. 82/83

S. 82, M1: Aus dem Bericht des Oberstleutnants Duesterberg
Im Vorfeld der Ernennung Hitlers zum Reichskanzler hatte es um Einzelfragen eine Vielzahl von Konflikten zwischen den nationalkonservativen und den nationalsozialistischen Bündnispartnern gegeben. Die dennoch erreichte Einigung drohte Hitler mit seiner nachgeschobenen Forderung nach Neuwahlen zu sprengen. Mit den in Aussicht stehenden staatlichen Machtmitteln im Rücken konnte Hitler mit einem deutlichen Zuwachs der Stimmen für seine Partei rechnen. Das war auch dem DNVP-Exponenten Hugenberg klar, der bei Neuwahlen mit Verlusten für seine Partei und einer Schwächung der nationalkonservativen Position in der Regierung rechnen musste. Von Papen gab bereits in dieser Situation dem Bündnisprojekt mit der NSDAP gegenüber der „Zähmungsstrategie" den Vorzug. Der Verfasser der Quelle, Theodor Duesterberg, war Bundesvorsitzender des deutschnationalen „Stahlhelm" und stand politisch der DNVP nahe.

Webcode
FG450099-082

S. 82, M2: Fackelzug anlässlich der Ernennung Hitlers zum Reichskanzler, 30. Januar 1933
Am Abend des 30. Januar 1933 fand in Berlin der von Goebbels organisierte, zentrale Aufmarsch der Nationalsozialisten zur Feier der Ernennung Hitlers statt. Die Schätzungen zu den Teilnehmerzahlen gehen von 15 000 bis zu mehreren Zehntausend; Massen von Unterstützern und Schaulustigen säumten den Straßenrand. Mit Militärmusik und Fackeln zog der Marsch vorbei an der Reichskanzlei, wo Hitler vom Fenster aus die Ehrenbekundungen entgegennahm. Auch Hindenburg ließ sich am Fenster seines Amtssitzes von der Menge feiern. Das Bild zeigt marschierende SA-Männer mit Hakenkreuzfahne und Fackeln, den Blick nach rechts gerichtet. Auch die vielen Schaulustigen (z. T. mit Hakenkreuzfähnchen) blicken gebannt und teils erfreut in dieselbe Richtung. Es steht zu vermuten, dass Hitler oder Hindenburg in dieser Blickrichtung am Fenster zu sehen sind.

S. 83, M3: Aus einem Artikel der konservativen „Deutschen Allgemeinen Zeitung"
Die „Deutsche Allgemeine Zeitung" (DAZ) war eine der renommiertesten Zeitungen der Weimarer Republik. Nach diversen Besitzerwechseln wurde Ende der 1920er Jahre ein Konsortium der Ruhrindustriellen zum Haupteigentümer. In der Folgezeit vertrat die DAZ deutschnationale Positionen und begann bald der Einbindung der NSDAP in die Regierung das Wort zu reden. Trotz Bedenken angesichts der Erschütterungen, die Hitlers Regierungsbeteiligung mit sich bringen würde, vertritt der Artikel die in nationalkonservativen Kreisen verbreitete Position, dass eine Einbindung Hitlers die Zähmung oder das Ende des NSDAP-Führers zur Folge haben wird: Es wird erwartet, dass Hitler sich entweder den Gepflogenheiten und Sachzwängen des Regierungsgeschäfts beugt und als besonnener Staatsmann agiert oder scheitert.

3 Eine Ideologie setzt sich durch: Der Nationalsozialismus

S. 83, M4: Der Historiker Eberhard Kolb über die Ernennung Hitlers zum Reichskanzler
Ab 1930 wurde die Weimarer Republik durch sogenannte „Präsidialkabinette" regiert. Diese Minderheitsregierungen wurden durch Reichspräsident Hindenburg gestützt, der unter Berufung auf Artikel 48 der Weimarer Verfassung die legislativen Kompetenzen des Parlaments aushebelte. Hindenburgs Strategie lag u. a. sein erklärter Wille zugrunde, die Sozialdemokraten aus der Regierung zu verdrängen. Auch wenn Interpretationen, die den Nationalsozialismus als eine bloße Marionette des Kapitals darstellen, vor den historischen Tatsachen nicht standhalten, ist in der Forschung inzwischen anerkannt, dass die traditionellen Eliten aus Industrie, Militär und Großlandwirtschaft durch ihre Ablehnung der Weimarer Demokratie und die vehemente Bekämpfung der Sozialdemokratie dem Nationalsozialismus in entscheidendem Maße den Weg ebneten. Auf der Suche nach einer autoritären Umgestaltung der Gesellschaft konnten sich zuletzt jene Teile der Eliten durchsetzen, die zur Sicherung ihrer Interessen auf eine Regierungsbeteiligung Hitlers setzten.

S. 83, M5: Hitlers Kabinett, Foto, 30. Januar 1933
Im „Kabinett der nationalen Konzentration" waren (neben Hitler) mit Frick und Göring zunächst nur zwei NSDAP-Angehörige vertreten. Das zahlenmäßige Übergewicht lag bei den Vertretern des deutschnationalen und konservativen Lagers. Auch in Kleidung und Habitus präsentierte sich die neue Regierung bei den ersten Fototerminen durchaus konventionell. Stehend v. l.: Franz Seldte, Günther Gereke, Lutz Graf Schwerin von Krosigk, Wilhelm Frick, Werner von Blomberg, Alfred Hugenberg.

S. 83, Aufgabe 1
Darstellungstext: NSDAP mit 37 Prozent bereits 1932 stärkste Fraktion im Reichstag; parteiinterne Krisenerscheinungen lassen das Ziel der Besetzung des Reichkanzlerpostens durch Hitler umso dringlicher erscheinen; zur Erreichung dieses Ziels auf Bündnispartner im nationalkonservativen Lager angewiesen; die bürgerliche Rechte setzt zur Durchsetzung ihrer autoritären Absichten auf Hitler, der durch eine „Einrahmung" durch gemäßigtere Kräfte gezähmt werden soll.
M1 und M5: Das Foto M5 scheint das Gelingen einer „Einrahmung" zu bestätigen: nur zwei NSDAP-Minister; von Papen als konservativer Vizekanzler; konventionelles Auftreten der Regierungsmitglieder aus der NSDAP. M1 zeigt die starke Verhandlungsposition, die Hitler im Bündnis erreicht hatte; nur Hugenberg stellt sich gegen Neuwahlen, die zu einer Stärkung der Position der NSDAP führen müssen.

S. 83, Aufgabe 2
Von Papen hoffte, Hitler für eine gesellschaftliche Umstrukturierung im Sinne der nationalkonservativen Eliten einspannen zu können. Durch die einengende Position als Kanzler in einer bürgerlich dominierten Regierung sollte Hitler für die Zwecke der alten Eliten fügsam gemacht werden. Für Goebbels stellt sich die Übertragung der Regierungsgewalt an Hitler als überwältigender Sieg dar. Er geht davon aus, dass es Hitler aus dieser Position heraus gelingen wird, den konservativen Zähmungsring zu sprengen.

S. 83, Aufgabe 3
Die Massen der Zuschauer beim Aufmarsch der SA zeigen, dass viele Menschen begeistert auf die Ernennung Hitlers zum Reichskanzler reagiert haben: Auch wenn sich vielleicht einzelne kritische Beobachter unter den Umstehenden befinden, scheint der Fackelzug insgesamt doch einen Volksfestcharakter zu haben. Auf die verbreitete Begeisterung spielt auch der Artikel der „DAZ" an, er mahnt jedoch zur Vorsicht. Der Autor befürwortet zwar voll und ganz die Machtübertragung an Hitler, sieht in ihr jedoch eher ein notwendiges Übel. Die Formulierung des letzten Satzes, nach der Hitler sich jetzt vor „uns" als Staatsmann, also als besonnener Politiker, zu erweisen habe, zeigt, dass der Autor den neuen Kanzler in einer eher schwachen Position der Bringschuld gegenüber Dritten sieht.

S. 83, Aufgabe 4
Ohne die Unterstützung der Großindustrie, der Junker und des Militärs wäre Hitler, Kolb zufolge, nicht an die Macht gekommen. Die Vertreter der alten Eliten – so der Historiker – zielten zwar nicht auf eine totalitäre Diktatur, für die Bekämpfung von Demokratie und der erstarkten Arbeiterbewegung schien ihnen Hitler aber ein geeigneter Partner, den sie für ihre Zwecke instrumentalisieren zu können glaubten.

Eine Ideologie setzt sich durch: Der Nationalsozialismus

S. 83, Aufgabe 5
Der Begriff „Machtergreifung" lässt die Vorgänge des 30. Januar in einem kämpferischen Licht erscheinen. Alleinige Akteure scheinen die Nationalsozialisten zu sein.

Methode: Lebenserinnerungen auswerten S. 84–86

S. 84, M1: „Es ging um Leben und Tod"
Melita Maschmann (1918–2010) wuchs in einem bürgerlichen, nationalkonservativen Elternhaus auf, das grundlegend antidemokratisch und antisemitisch geprägt war und zugleich dem Nationalsozialismus ablehnend gegenüberstand. Als 15-Jährige trat Maschmann gegen den Willen der Eltern dem BDM bei, in dem sie in der Folgezeit Führungspositionen übernahm. Im Erwachsenenalter überwachte sie die Vertreibung polnischer Bauern und die Ansiedlung von „Volksdeutschen" auf deren Höfen. 1945 wurde die inzwischen 27-Jährige festgenommen und verbrachte drei Jahre in Haft. Ihr 1963 erschienenes autobiografisches Buch wird bis heute kontrovers beurteilt: Während einige den Text als ehrliche und authentische Selbstkritik loben, kritisieren andere ihn als Selbstrechtfertigungsversuch, der von Ungereimtheiten und dem Opfertopos der missbrauchten Jugend geprägt ist.

HRU, S. 80, KV
3.1 Lebenserinnerungen auswerten

S. 86, M2: „Kaum eine Chance, lange zu regieren"
Sebastian Haffner (eigentlich Raimund Pretzel; 1907–1999) war studierter Jurist, entschloss sich aber nach der NS-Machtübernahme dazu, diesen Beruf – in einem nunmehr zur Farce verkommenen Rechtssystem – nicht weiter auszuüben. Während seiner folgenden Tätigkeit als Journalist beschränkte er sich auf unpolitische Themen, bei denen er sich außerhalb der Propagandarichtlinien der NS-Regierung bewegen konnte. 1938 wanderte er nach England aus. Grund für diese Entscheidung war nicht nur der Umstand, dass seine Verlobte von antisemitischen Verfolgungen bedroht war, sondern auch die Tatsache, dass er ein Verbleiben in Deutschland zunehmend als passive Kollaboration empfand. Nach Kriegsende war Haffner zunächst in England, dann in Deutschland als Journalist tätig und erlangte als Autor historischer Sachbücher breite Bekanntheit. Ein im Jahre 1939 abgeschlossenes Manuskript, das persönliche Erinnerungen aus der Zeit zwischen 1914 und 1933 mit politischen Analysen zum Aufstieg des Nationalsozialismus verbindet, wurde posthum unter dem Titel „Erinnerungen eines Deutschen" veröffentlicht und von der Kritik ob der Weitsichtigkeit und Schärfe des analytischen Blicks hochgelobt.

S. 86, Aufgabe 1
  2. zur Kurzbiografie siehe die Erläuterungen zu M1
  3. Zwischen Bericht und Ereignis liegen 30 Jahre. Die Verfasserin war zum Zeitpunkt des Geschehens 15 Jahre alt.
  9. Die Schilderung einer rauschhaften Stimmung während des Siegesmarsches scheint im Lichte der Fotografie S. 82, M2 glaubwürdig, und auch der Übergriff auf den Mann fügt sich in das Gesamtbild der gewaltsam vorgehenden NS-Bewegung. Die gesamte Darstellung ist jedoch geprägt vom subjektiven Blick der damals 15-Jährigen und ihrer Faszination für den Nationalsozialismus. Der Leser wird durch die Darstellung in die Perspektive der jugendlichen Melita hineingezogen, ihre Faszination erscheint verständlich, ja fast schon alternativlos. Es gilt jedoch zu bedenken, dass andere, auch jugendliche Zeitzeugen dieser Faszination nicht erlegen sind. Die 15-jährige Melita kann die Implikationen der NS-Machtübernahme sicherlich noch nicht voll überblicken, die Brutalität der Nazis wird ihr jedoch deutlich vor Augen geführt, ohne dass dadurch die für sie fesselnde Wirkung des Nationalsozialismus geschmälert würde.
  10. Der Text weckt ein hohes Maß an Verständnis für und Identifikation mit der jungen Melita. Trotz seiner erklärt selbstkritischen Ausrichtung enthält er dadurch eine Rechtfertigungstendenz.
  11. individuelle Lösung

S. 86, Aufgabe 2 siehe die Erläuterungen zu KV 3.1, Aufgabe 2

3 Eine Ideologie setzt sich durch: Der Nationalsozialismus

S. 86, Aufgabe 3

VISUALISIERUNG 3.1

Melita Maschmann (M1)	Sebastian Haffner (M2)
• direkt im Geschehen	• Geschehen vermittelt durch Zeitung
• emotionaler Zugang: in Bann geschlagen von Mischung aus Gefühl des Grauens und des feierlichen Ernstes	• abgeklärter, analysierender Blick: Gefühle der Bedrohung und des Ekels werden rasch abgeschüttelt
• Faszination für Nationalsozialismus	• entschiedene Ablehnung, aber auch Unterschätzung des Nationalsozialismus

S. 86, Aufgabe 4

Hitlers Ernennung zum Reichskanzler am 30. Januar 1933 erfolgte mit Unterstützung großer Teile der republikfeindlichen alten Eliten, die sich den Reichskanzler für ihre Zwecke nutzbar machen wollten. Die Ernennung Hitlers wurde mit Begeisterung, mit zurückhaltender Zustimmung, aber auch mit entschiedener Ablehnung aufgenommen. Vielen Zeitgenossen, darunter sowohl konservative Unterstützer wie erklärte Gegner des Nationalsozialismus, war die historische Bedeutung des Ereignisses nicht bewusst.

Landesgeschichte: Die „Machtergreifung" in Braunschweig — S. 87

S. 87, M1: Nationalsozialistische Herrschaft in Braunschweig

Bei den braunschweigischen Landtagswahlen im September 1930 erhielt die NSDAP 22 Prozent der Stimmen und lag damit vier Prozent über ihrem Ergebnis im Reichsdurchschnitt. Insbesondere in den protestantisch-agrarisch geprägten ländlichen Gebieten des Freistaates konnte die NSDAP hohe Ergebnisse erzielen. Die Bürgerliche Einheitsliste (26 Prozent) lehnte eine Koalition mit der SPD (41 Prozent) ab und optierte für eine Koalitionsregierung mit der NSDAP. Der zunächst als Minister für Inneres und Volksbildung amtierende Nationalsozialist Anton Franzen wurde nach einer Meineidaffäre im September 1931 durch Dietrich Klagges ersetzt. Aufgrund der Beteiligung der NSDAP an der Landesregierung bot sich im Folgemonat Bad Harzberg als Gründungsort für die (gegen die Regierung Brüning gerichtete) „Harzburger Front" an, da die Nationalsozialisten über Innenminister Klagges die Polizei kontrollierten und Proteste politischer Gegner von vorneherein ausgeschlossen werden konnten. Ebenfalls mit Unterstützung Klagges wurde der „Marsch der 100 000" im selben Monat zum größten nationalsozialistischen Aufmarsch in der Zeit der Weimarer Republik. Auf Betreiben der Braunschweiger Regierung erhielt der staatenlose Hitler 1932 die deutsche Staatsbürgerschaft, die er benötigte, um im gleichen Jahr bei der Wahl zum Reichspräsidenten zu kandidieren: Der Führer der NSDAP wurde allein zu diesem Zweck zum Regierungsrat bestellt und umgehend beurlaubt. Nach dem Sturm auf das „Volksfreund-Haus" durch SS und SA am 9. März 1933 wurden dort SPD-Abgeordnete unter Folter zum Verzicht auf ihre Mandate gezwungen. Zwei Sozialdemokraten wurden dabei ermordet. Nur zwei Tage später richtete sich eine als spontaner Ausbruch des „Volkszorns" getarnte Aktion der Nationalsozialisten gegen jüdische Geschäfte und ihre Kunden. Nach dem erzwungenen Mandatsverzicht der Sozialdemokraten, dem Verbot der KPD und der Selbstgleichschaltung der bürgerlichen Parteien bestand der Landtag ab dem 29. April nur noch aus Abgeordneten der NSDAP. Mit den „Rieseberg-Morden", denen am 4. Juli zehn Gewerkschafter und ein Student zum Opfer fielen, fand der nationalsozialistische Terror im Freistaat Braunschweig einen neuen Höhepunkt: Der Tod eines SS-Mannes im „friendly fire" seiner Kameraden war dem politischen Gegner angelastet und als Anlass für die neue Terrorwelle genommen worden. Gerüchte über eine kommunistische Untergrundbewegung führten im September 1933 zu einer Repressionswelle in Blankenburg: 140 politische Gegner wurden in einer als provisorische Haftstätte genutzten Gaststätte unter brutaler Folter zu Aussagen erpresst; mehrere Inhaftierte versuchten den Qualen durch Selbstmord zu entgehen. Mit dem „Gesetz über den Neuaufbau des Reichs" vom 30. Januar 1934 wurde die Souveränität der Länder aufgehoben.

S. 87, M2: „Marsch der 100 000" auf dem Braunschweiger Schlossplatz, Propagandafoto

Mit dem Aufmarsch auf dem Braunschweiger Schlossplatz wollten die Nationalsozialisten – wenige Tage nach dem Bündnistreffen in Bad Harzburg – ihren absoluten Führungsanspruch unterstreichen. Aus dem gesamten Reichsgebiet waren SA-Männer mit Lastwagen und Sonderzügen herangeschafft worden. Die angestrebte Zahl der Marschteilnehmer nahm provokativ auf den Versailler Vertrag Bezug,

Eine Ideologie setzt sich durch: Der Nationalsozialismus

der dem Deutschen Reich ein stehendes Heer von nicht mehr als 100 000 Mann zubilligte. Nach einem Fackelzug am Vorabend des Aufmarsches waren SA-Trupps in Braunschweiger Arbeiterviertel gezogen und hatten dort gewalttätige Auseinandersetzungen provoziert. Zwei Arbeiter wurden dabei von Nationalsozialisten ermordet. Die Fotografie zeigt Hitler in Rückansicht, der mit gestrecktem Arm die in militärischer Formation vorbeiziehenden SA-Mannschaften grüßt. Blickfang ist die fast ein Viertel des Bildes einnehmende Hakenkreuzfahne. Nach 1933 fand die Fotografie als Einklebebild für Sammelalben massenhafte Verbreitung.

S. 87, Aufgabe 1
Das nationalsozialistische Vorgehen in Braunschweig ist durch eine mehrgleisige Strategie gekennzeichnet. Die Nationalsozialisten stützen sich auf demokratische Wahlen und nutzen den durch Wahlerfolge erreichten Machtzuwachs für ihre Zwecke. Gegenüber politischen Gegnern ist ihr Vorgehen von extremer Gewalt gekennzeichnet. Auf dem Weg zur Macht geht die NSDAP zudem Zweckbündnisse mit rechtskonservativen Kräften ein, die sie sich wenig später völlig untertan machen wird. Zugleich setzt sie auf die massenwirksame Kraft von Großmobilisierungen wie dem „Marsch der 100 000". Nach dem 30. Januar 1933 erreicht der Terror in Braunschweig – nunmehr mit uneingeschränktem staatlichen Rückhalt – eine neue Qualitätsstufe: Politische Gegner aus SPD und KPD werden massenhaft verhaftet, gefoltert und mitunter direkt ermordet. Nach der Zerschlagung der Opposition und der Selbstgleichschaltung der bürgerlichen Parteien erlangen die Nationalsozialisten in dem Freistaat die unumstrittene Alleinherrschaft. Durch die Ausschaltung des Föderalismus im Januar 1934 wird die Macht auf Reichsebene zentralisiert.

S. 87, Aufgabe 2
In Braunschweig konnten die Nationalsozialisten besonders früh Erfolge feiern. Ihre Strategie, die durch die Ausnutzung demokratischer Spielräume, legalistische Maßnahmen, repressive Gewalt und massenwirksame Inszenierungen gekennzeichnet war, hatte sich bewährt und wurde in ähnlicher Form auch bei der Machtübernahme im Reich angewendet.

S. 87, Aufgabe 3 Recherche-Aufgabe

Wähle aus: Der „Tag von Potsdam" S. 88/89

S. 88, M1: Protokoll für den Ablauf der Feier
Der „Tag von Potsdam", mit dem die Vereinigung des „neuen und alten Deutschlands" in Szene gesetzt werden sollte, war über weite Strecken von einer monarchisch-konservativen Symbolik geprägt. Im Mittelpunkt des Festaktes stand Hindenburg, der in der Garnisonskirche vor den versammelten Spitzenvertretern aus Politik, Wirtschaft, Verwaltung und Militär die leere Loge der Hohenzollern grüßte und am Grab von Friedrich Wilhelm I. und Friedrich II. einen Ehrenkranz ablegte. Hitler trat mit schwarzem Gehrock und Zylinder statt in Parteiuniform auf und gab sich auch bei seiner Rede betont moderat. Als Hitler sich auf den Treppen der Garnisonskirche mit tiefer Verbeugung und Handschlag von Hindenburg verabschiedete, schien in den Augen vieler das Zähmungskonzept aufgegangen zu sein.

S. 88, M2: Postkarte zum „Tag von Potsdam" siehe die Erläuterungen zu Aufgabe 2 (Material A)

S. 89, M3: Hindenburg schreitet nach dem Festakt zur Ehrentribüne
Die Fotografie zeigt Hindenburg in der Uniform eines preußischen Generalfeldmarschalls vor einer Einheit von SA-Männern, die mit Hitlergruß salutieren. Für die folgende Militärparade war dem Reichspräsidenten ein gesondertes Ehrenpodest errichtet worden, Hitler folgte dem Aufmarsch von einer Tribüne, auf der zahlreiche weitere ranghohe Zuschauer versammelt waren.

S. 89, M4: Zuschauermassen
Zehntausende von Schaulustigen hatten sich für die Feierlichkeiten nach Potsdam begeben, um Hitler und Hindenburg zuzujubeln. Bereits am frühen Morgen waren die Straßenbahnen überfüllt, die Häuser beflaggt. Die Sicherheitskräfte mussten die tobenden Massen zurückhalten. Auf der vorliegenden Fotografie ist – neben der Begeisterung der Menge – zu beobachten, wie Polizei und SA dabei Hand in Hand zusammenarbeiten. Für den Historiker Martin Sabrow ist der „Tag von Potsdam" auch ein Symbol dafür, dass die Nationalsozialisten die Macht auf der Woge einer breiten Zustimmung in der Bevölkerung erlangten.

Webcode
FG450099-088

HRU-CD
Film „1933 – Der Weg in die Diktatur"

3 Eine Ideologie setzt sich durch: Der Nationalsozialismus

S. 89, M5: Aus der Rundfunkübertragung
Durch die Rundfunkübertragung wurde der „Tag von Potsdam" zu einem identitätsstiftenden Gemeinschaftserlebnis, das die ganze Nation mobilisierte. Millionenfach wurde im heimischen Wohnzimmer oder auf öffentlichen Versammlungen zugehört, Sonderausgaben der Presse fanden reißenden Absatz. Am Ende des Tages konnte die NS-Bewegung für sich einen Etappensieg auf dem Weg zur totalen Macht verbuchen.

S. 88, Aufgabe 1 (Material A)
Der Festakt knüpft mit der Wahl von Ort und Datum symbolisch an Preußen und das Kaiserreich an. Die katholische und besonders die evangelische Kirche haben einen prominenten Platz im Ablauf der Festlichkeit. Hitler und Hindenburg präsentieren sich einträchtig; Letzterem wird die zentrale Rolle im Festakt überlassen. Der „Tag von Potsdam" soll die Vereinigung des „alten und neuen Deutschlands" symbolisieren: Mit dem Machtantritt der Nationalsozialisten – so die Botschaft – ersteht nach der Zäsur der Weimarer Republik das glorreiche Deutschland der Vergangenheit mit neuer Kraft wieder auf und besinnt sich auf seine Traditionen.

S. 88, Aufgabe 2 (Material A)
Die Postkarte zeigt die symbolträchtige Garnisonskirche, die die Gräber der preußischen Könige beherbergt und Ort der Reichstagseröffnung von 1871 war, und knüpft somit an die preußische Tradition und das Kaiserreich an. Darunter ist – als eine Art Urvater deutscher Größe – Friedrich II. abgebildet. Sein Porträt wird von Bildern Hindenburgs und Hitlers flankiert. So wird eine direkte Verbindungslinie zwischen dem Preußenkönig, dem bereits im Kaiserreich als Helden verehrten Hindenburg und dem neuen Reichskanzler suggeriert. „Der Potsdamer Kurs" steht in Vergangenheit und Zukunft für den Weg zu deutscher Größe.

S. 89, Aufgabe 1 (Material B)
M3: Das Abschreiten der Truppen durch den hochdekorierten Hindenburg vermittelt eine feierliche Stimmung. Die Marschmusik der Trommler hat vermutlich ebenso wie der Flaggenschmuck an den Häusern zur festlichen Atmosphäre beigetragen. Im Hintergrund sind zahlreiche Schaulustige und Reporter zu sehen: Das Ereignis hat Event-Charakter.
M4: Die Zuschauer drängen mit fröhlichen Gesichtern gegen die Polizeiketten. Sie sind vor Begeisterung buchstäblich kaum zu halten.

S. 89, Aufgabe 2 (Material B) individuelle Lösung

S. 89, Aufgabe 1 (Material C) a)
Der Radiosprecher vermittelt dem Zuhörer das Gefühl einer direkten Teilnahme am Geschehen, eines gemeinsamen Erlebens (Z. 2: „ich stehe … mit Euch", Z. 4: „wir treten ein"). Er beschwört die Verbindung von altem und neuem Deutschland (Z. 5–7). Hindenburg beruft sich auf das alte Preußen und seine Tugenden (Gottesfurcht, Arbeitsethos, Mut, Vaterlandsliebe), durch die Deutschland vereint und groß gemacht worden sei (Z. 10–14). Der preußische Geist soll Deutschland zu neuer Größe in der Gegenwart führen (Z. 14–19). Hitler drückt in seiner Rede eine große Ehrerbietung gegenüber Hindenburg aus (Z. 22: „großherzig", Z. 23: „wir erheben uns", Z. 24–26: Zeuge historischer Größe). Er bezieht sich auf Bismarck und die Reichseinigung (Z. 24–26). Dem Reichspräsidenten spricht er die Rolle des „Schirmherrn" der Wiederauferstehung Deutschlands zu (Z. 27 f.).
b) individuelle Lösung

S. 89, Aufgabe für alle individuelle Lösung

Das „Ermächtigungsgesetz": Selbstentmachtung des Reichstags? S. 90/91

Webcode
FG450099-091

HRU-CD
Film „1933 – Der Weg in die Diktatur"

S. 90, M1: „Ermächtigungsgesetz", 24. März 1933
Mit dem „Gesetz zur Behebung der Not von Volk und Reich" sicherte sich Hitler die legislative Macht in Unabhängigkeit von Reichstagsmehrheiten und präsidentieller Gegenzeichnung. Die nationalkonservativen Bündnispartner hatten gegen die Zerstörung von Parlamentarismus und Verfassung nichts Grundsätzliches einzuwenden. Mit ihrer Zustimmung zum Gesetz akzeptierten sie, dass infolge der Einschränkung der präsidentiellen Macht die zentrale Bastion ihrer „Bändigungsstrategie" fiel. Die Zentrumspartei wiederum wollte sich in einer Stimmung des nationalen Taumels nicht ins Abseits stellen: Mit einigen leeren Versprechungen ließen sich auch die Katholiken zum „Ja" bewegen. Hitler hätte sich die diktatorischen Vollmachten auch ohne Absegnung des Reichstags sichern können. Durch

Eine Ideologie setzt sich durch: Der Nationalsozialismus

die formale Legalisierung der Diktatur aber festigte er seine Akzeptanz im konservativen Milieu, dem ein geordnetes, nach außen hin rechtmäßiges Vorgehen am Herzen lag. Siehe auch die Erläuterungen zu Aufgabe 2.

S. 91, M2: Der SPD-Abgeordnete Wilhelm Hoegner über die Stimmung am 23. März 1933
Hitler hatte bereits im Vorfeld der Abstimmung deutlich gemacht, dass er bereit sei, sich die diktatorischen Vollmachten auch auf gewaltsamem Weg zu beschaffen. Unter der drohenden Präsenz von SA und SS mussten vor allem die SPD-Abgeordneten fürchten, das Gebäude nicht mehr in Freiheit verlassen zu können. Wie realistisch solche Befürchtungen waren, zeigten die Festnahmen der SPD-Abgeordneten Julius Leber und Carl Severing auf dem Weg zum Parlament (auch wenn Letzterer doch noch vor der Abstimmung auf freien Fuß gesetzt wurde). Wilhelm Hoegner, der in der vorliegenden Quelle von seinen Erinnerungen berichtet, emigrierte nach Verhängung eines Berufsverbots im Juli 1933.

S. 91, M3: SA- und SS-Einheiten vor der Kroll-Oper
Bereits am Morgen hatten sich zahlreiche Braununiformierte am Parlamentssitz versammelt. Die Abgeordneten mussten sich durch ein Spalier und – im Falle politischer Missliebigkeit – unter wüsten Beschimpfungen und Drohungen den Weg in den Sitzungssaal bahnen. NSDAP-kritische Abgeordnete wurden angerempelt, die Hüte wurden ihnen vom Kopf geschlagen. Im Sitzungssaal positionierten sich die SA-Mitglieder hinter oppositionellen Abgeordneten und setzten ihre Beschimpfungen so lange fort, bis Hitler das Wort ergriff. Von draußen drangen die bedrohlichen Sprechchöre weiter ins Innere. Hitler und die übrigen NSDAP-Abgeordneten waren – anders als noch zwei Tage zuvor in Potsdam – in Braunhemden erschienen. Die große Hakenkreuzflagge am Kopfende des Saales zeigte, wer jetzt das Sagen hatte.

S. 91, M4: Auszug aus der Rede des SPD-Vorsitzenden Otto Wels
Die SPD-Abgeordneten, die nicht bereits in Haft oder untergetaucht waren, mussten sich vor der Reichstagssitzung entscheiden: Sollten sie der Sitzung fernbleiben und so Anfeindungen und eventuellen Repressalien entgehen oder mit ihren Stimmen ein Zeichen gegen den Nationalsozialismus setzen. Die Fraktionsmitglieder entschieden sich für die Teilnahme an der Abstimmung. In einer knapp siebenminütigen Rede begründete Otto Wels die geschlossene Ablehnung des Gesetzes durch die SPD-Fraktion. In der damaligen Situation war seine Rede, obwohl sie aus taktischen Gründen auch Gemeinsamkeiten mit der nationalsozialistischen Regierung betonte und beispielsweise deren Politik gegen den Versailler „Gewaltfrieden" lobte, ein mutiger Akt des öffentlichen Widerstandes. Otto Wels sah sich schon wenige Wochen nach seinem Auftritt zur Emigration gezwungen.

S. 91, Aufgabe 1
Die Aufhebung der Grundrechte ermöglichte willkürliche Festnahmen und Haft ohne Gerichtsurteil. Zehntausende wurden bereits in den ersten Monaten des Regimes verhaftet. Selbst der Abgeordnetenstatus war für Oppositionelle kein Schutz; jede demokratische Willensbildung im Parlament war allein schon durch die Repressalien gegen SPD und KPD torpediert. Auch Presse- und Versammlungsfreiheit waren abgeschafft. Jeder, der sich kritisch gegenüber dem Nationalsozialismus äußerte, musste mit drastischen Konsequenzen rechnen.

S. 91, Aufgabe 2
Das Parlament wurde durch das Gesetz seiner legislativen Gewalt beraubt und somit machtlos. Jede weitere Betätigung der Parteien im Reichstag hatte den Charakter einer Farce. Hitler hatte sich von der Kontrolle durch Parlament und Reichspräsident befreit und die exekutive und legislative Gewalt in seiner Hand konzentriert. Er verfügte über diktatorische Vollmachten.

S. 91, Aufgabe 3
Ein solches Gesetz könnte nicht verfassungsgemäß zustande kommen. Die Fundamentalnormen des Grundgesetzes (Art. 1 u. 20), d.h. die Menschenwürde und die Grundrechtsbindung der staatlichen Gewalt und die föderale, soziale und demokratische Struktur der Bundesrepublik, sind durch die Ewigkeitsklausel (Art. 79 [3] GG) geschützt.

3 Eine Ideologie setzt sich durch: Der Nationalsozialismus

S. 91, Aufgabe 4
Wels verweist zur Begründung seiner Ablehnung des „Ermächtigungsgesetzes" auf die Verfolgung der SPD durch die NS-Regierung. Er erkennt die Mehrheitsverhältnisse aus der Wahl vom 5. März an, fordert von der NSDAP-DNVP-Koalition aber, ihrer Pflicht zu einem verfassungsgemäßen Vorgehen nachzukommen. Wels prangert die massive Einschränkung und letztliche Ausschaltung der demokratischen Volksvertretung an. Er spricht der NS-Bewegung jeden sozialistischen Charakter ab, ihr Werk beschränke sich auf Zerstörung. Am Ende seiner streckenweise vorsichtig formulierten Rede findet Wels deutliche Worte gegen das NS-Regime, deren Mut bis heute beeindruckt: Er bekennt sich zu Menschlichkeit, Gerechtigkeit, Freiheit und Sozialismus, grüßt die Verfolgten und Bedrängten und drückt seine Zuversicht in eine hellere Zukunft aus.

S. 91, Aufgabe 5 individuelle Lösung

Landesgeschichte: Die Emslandlager – Orte des Terrors und der Erinnerung — S. 92/93

Webcode FG450099-093

S. 92, M1: Häftlinge eines Emslandlagers bei der Arbeit im Moor
Die Gefangenen der Emslandlager wurden zur Urbarmachung der Moorlandschaft eingesetzt, mit der die Autarkiebestrebungen NS-Deutschlands vorangetrieben werden sollten. Bis zu zwölf Stunden täglich mussten die Häftlinge bei Straßenbau, Entwässerung und Torfabbau Zwangsarbeit leisten. Die Essensrationen waren der harten Arbeit nicht im Mindesten angepasst. Eine nicht mehr zu rekonstruierende Zahl von Häftlingen starb infolge der unmenschlichen Haftbedingungen oder aufgrund direkter Gewalt.

S. 92, M2: Besondere Lagerordnung für das KZ-Esterwegen, 1. August 1934
Die Lagerordnung stellt das Konzentrationslager zynisch als eine Art Erziehungsanstalt dar, in der die Insassen zu guten „Volksgenossen" geformt werden. Durch Gefangenenkleidung und das Scheren der Haare sollte den Häftlingen ihre Individualität genommen werden. Die Vorschriften verlangen absoluten Gehorsam und liefern die Gefangenen der Willkür des Wachpersonals aus. Bereits bei geringsten Vergehen konnten Häftlinge ohne Zuruf erschossen werden. Das Untersagen von lautem Rufen, dem Besteigen der Barackendächer oder dem Werfen von Steinen könnte darauf abgezielt haben, den Kontakt von Gefangenen mit der Außenwelt zu unterbinden. Die frühen Konzentrationslager wurden zwar keineswegs geheim gehalten, sondern waren im Gegenteil Gegenstand verschiedener offizieller Presseberichte, dennoch sollten die Häftlinge isoliert werden.

S. 93, M3: Wolfgang Langhoff berichtet aus seiner Haftzeit im KZ Börgermoor 1933/34
Der Schauspieler und Regisseur Wolfgang Langhoff war aufgrund seiner kommunistischen Aktivitäten im Februar 1933 festgenommen und bald darauf als „Schutzhäftling" in das KZ Börgermoor überstellt worden. Nach seiner Entlassung aus der KZ-Haft im März 1934 floh Langhoff in die Schweiz. Hier wurde 1935 sein Augenzeugenbericht publiziert, der zu den ersten öffentlichen Zeugnissen über das Ausmaß der Gewalt in den Konzentrationslagern gehört. In dem auch literarisch hochwertigen Text beschreibt Langhoff das Leid der Häftlinge, aber auch die wachsende Solidarität unter den Leidensgenossen. Sein Bericht ist auch als Aufruf zur Einheit aller Antifaschisten im Kampf gegen den Faschismus zu verstehen. Das Lager Börgermoor war im Juni 1933 eingerichtet worden. Die Zuständigkeit für die Bewachung der Häftlinge ging von der SS zunächst an die Polizei und bald an die SA über. An der unmenschlichen Behandlung der Gefangenen änderte sich dadurch nichts.

S. 93, M4: „Wir sind die Moorsoldaten"
Nach Berichten von Zeitzeugen entstand das „Moorsoldaten-Lied" im Kontext einer Theatervorstellung im Konzentrationslager, mit der die Gefangenen den Wachmannschaften und sich selbst ihren ungebrochenen Lebensmut unter Beweis stellen wollten. Der Text wurde von dem Gewerkschafter Johann Esser geschrieben und von Wolfgang Langhoff überarbeitet, die Musik stammt aus der Feder des Kommunisten Rudi Goguel. Das Lied wurde kurz nach der Aufführung von der Lagerleitung verboten, dennoch hatten offenbar auch die Wachmannschaften Gefallen an dem Stück gefunden: Immer wieder forderten sie die Häftlinge zum Vorsingen auf. Durch Gefangenenverlegungen, Besuche von Ehefrauen und Entlassungen fand das Lied rasch auch außerhalb des Konzentrationslagers Börgermoor Verbreitung und wurde bald zu einer inoffiziellen Hymne des antifaschistischen Widerstandes, die selbst im spanischen Bürgerkrieg und von den Mitgliedern der französischen Résistance gesungen wurde. Die heute bekannte musikalische Version beruht auf einer Fassung von Hanns Eisler. Dieser schwächte die Monotonie der Melodie ab, mit der Rudi Goguel den gleichförmigen Alltag der Gefangenen spiegeln wollte, und gab dem Lied so eine zuversichtlichere Note.

Eine Ideologie setzt sich durch: Der Nationalsozialismus

S. 93, M5: Carl von Ossietzky als Häftling im KZ Esterwegen
Carl von Ossietzky, der durch seinen Stiefvater sozialdemokratisch geprägt war, entwickelte sich im Ersten Weltkrieg zum glühenden Pazifisten. Als Journalist und ab 1927 als Herausgeber der Zeitschrift „Die Weltbühne" machte er es sich zur Aufgabe, gegen Krieg und Nationalismus anzuschreiben. 1931 wurde Ossietzky wegen Geheimnisverrats zu einer 18-monatigen Haftstrafe verurteilt: Er hatte in einem Artikel Aufrüstungsmaßnahmen der Reichswehr aufgedeckt, die gegen den Versailler Vertrag verstießen. In der Nacht des Reichstagsbrands im Februar 1933 verhaftete die Gestapo den Publizisten und misshandelte ihn schwer. Es folgten Jahre der Haft in verschiedenen Konzentrationslagern (zuletzt in Esterwegen), in denen sich die körperlichen Übergriffe fortsetzten. Am 4. Mai 1938 starb Ossietzky, der unter Polizeiaufsicht in ein Berliner Krankenhaus eingeliefert worden war, an den Folgen einer Tuberkuloseinfektion und der jahrelangen Misshandlungen. Im November 1936 war ihm rückwirkend für das Jahr 1935 der Friedensnobelpreis zuerkannt worden.

S. 93, Aufgabe 1 individuelle Lösung, siehe die Erläuterungen zu M1 bis M5

S. 93, Aufgabe 2 a) siehe die Erläuterungen zu M5
b) Otto Eggerstedt (1886–1933): 1918/19: Teilnahme am Kieler Matrosenaufstand. In der Folgezeit: verschiedene hauptamtliche Tätigkeiten in der Kieler SPD und als Abgeordneter in Stadtrat und Reichstag. 1920: Teilnahme am Widerstand gegen den „Kapp-Lüttwitz-Putsch". 1927: Übergang in den Staatsdienst, zunächst als Hilfsreferent bei der Polizei. 1929: Ernennung zum Polizeipräsidenten von Altona. 1932: Polizeipräsident Eggerstedt gerät nach dem „Altonaer Blutsonntag" mit 18 Toten in Kritik; er hatte einen SA-Aufmarsch in der durch die Arbeiterbewegung geprägten Altstadt genehmigt; nach dem „Preußenschlag" wird er wie viele andere Sozialdemokraten von seinem Posten entfernt; März 1933: Eggerstedt stimmt im Reichstag mit der SPD-Fraktion gegen das „Ermächtigungsgesetz"; bei der Beerdigung des von den Nationalsozialisten ermordeten Sozialdemokraten Wilhelm Spiegel, die mit Tausenden von Teilnehmern zu einem Ausdruck des Widerstandes wurde, hält er die Trauerrede; Mai 1933: der untergetauchte Eggerstedt wird nach einer Denunziation verhaftet; Oktober 1933: Eggerstedt wird im KZ Esterwegen erschossen.
c) Hans Loritz (1895–1946): 1914: Kriegsfreiwilliger. Nach seiner Rückkehr: Aufnahme in den Polizeidienst. 1928: Loritz muss nach diversen Verfehlungen den Dienst quittieren und wird Beamter bei den Augsburger Stadtwerken. 1930: Eintritt in die NSDAP. 1933: verschiedene Tätigkeiten bei der SS, zuletzt Leiter des SS-Hilfswerkes in Dachau; nach finanziellen Unstimmigkeiten muss Loritz diesen Posten verlassen. 1934: Kommandant des KZ Esterwegen; die von ihm eingeführte Lagerordnung ahndet geringste Vergehen mit brutalen Folterstrafen; Loritz deckt mindestens 21 durch seine Untergebenen begangene Morde. 1936: Kommandant des KZ Dachau. 1940: Kommandant des KZ Sachsenhausen; unter seiner Ägide wird eine Genickschussanlage entwickelt, mit der innerhalb weniger Wochen 12 000 sowjetische Kriegsgefangene ermordet werden. 1942: Infolge einer Korruptionsaffäre wird Loritz in den Dienst des Höheren SS- und Polizeiführers nach Norwegen versetzt, wo er bis Kriegsende in verschiedenen Stellungen tätig ist. 1945/46: Flucht nach Schweden; Verhaftung; Selbstmord.

S. 93, Aufgabe 3 individuelle Lösung

Die Errichtung der Diktatur S. 94/95

S. 94, M1: Postkarte „1. Mai 1933"
Mit einer Mischung aus Propaganda und Terror brachte das NS-Regime auch die Arbeiterschaft unter Kontrolle, die dem Nationalsozialismus zunächst in weiten Teilen distanziert bis oppositionell gegenübergestanden hatte. Bereits nach den Märzwahlen hatten sich SA-Überfälle auf Gewerkschaftshäuser und Festnahmen von Gewerkschaftsvertretern gehäuft. Der Allgemeine Deutsche Gewerkschaftsbund hatte auf den zunehmenden Druck mit einem Anpassungskurs und der Distanzierung von der SPD reagiert. Die Anbiederung blieb vergeblich. Ohne größeren Widerstand wurden die Gewerkschaften zerschlagen und in die „Deutsche Arbeitsfront" (dem neuen Einheitsverband der Arbeitgeber und -nehmer) überführt. Die Propagandapostkarte zeigt unter der Hakenkreuzflagge Arm in Arm marschierende Arbeiter. In ihrer ästhetischen Gestaltung drücken sich das Idealbild des starken „Ariers", der Kult der Männlichkeit und des Soldatischen sowie die Ideologie der „Volksgemeinschaft" aus.

HRU-CD
Film „1933 – Der Weg in die Diktatur"

3 Eine Ideologie setzt sich durch: Der Nationalsozialismus

S. 95 M2: Machtstruktur der NS-Diktatur
Im NS-„Führerstaat" hatte Hitler die obersten Staatsämter sowie die Führung der seit Dezember 1933 als „Körperschaft öffentlichen Rechts" fungierenden Partei in seinen Händen konzentriert. Von einer straffen monolithischen Herrschaftsstruktur kann dennoch keineswegs die Rede sein: Der NS-Staat war ein polykratisches, ständigen Veränderungsprozessen unterworfenes Herrschaftsgebilde, das von einer unsystematischen Kompetenzverteilung und permanenten Machtkämpfen geprägt war. Zugleich war es aber gerade dieses administrative Durcheinander, das es Hitler erlaubte, als letztgültige Entscheidungsinstanz aufzutreten. Siehe auch die Erläuterungen zu Aufgabe 3.

S. 95, M3: Tagebucheintrag des Reichspropagandaministers Goebbels
Der Quellentext verweist auf die Doppelstrategie der Nationalsozialisten gegenüber der Arbeiterbewegung (Vereinnahmung und Gewalt). Goebbels sollte mit seiner Prognose eines relativ reibungslosen Ablaufs der Zerschlagung der Gewerkschaften Recht behalten: Die Gewerkschaftsführung rief die Arbeiter zum Stillhalten und zur Beibehaltung eines legalistischen Kurses auf (kein Einsatz von Generalstreik oder anderen Kampfmaßnahmen). Siehe auch die Erläuterungen zu M1.

S. 95, Aufgabe 1
„Gleichschaltung" bezeichnet den Prozess des Umbaus politischer und gesellschaftlicher Strukturen nach den Vorstellungen der Nationalsozialisten. Durch das „Ermächtigungsgesetz" erhielt die NS-Regierung uneingeschränkte legislative Gewalt (ohne Beschränkungen durch Reichstag oder Reichspräsidenten). Mit dem „Gesetz zur Gleichschaltung der Länder" wurde die Unabhängigkeit der Landesregierungen abgeschafft. Das Gesetz zur „Wiederherstellung des Berufsbeamtentums" sicherte eine politisch auf Linie stehende Beamtenschaft. Die Gewerkschaften wurden zerschlagen, die Parteien wurden verboten oder lösten sich in einem Prozess der „Selbstgleichschaltung" auf. Neu eingerichtete staatliche Institutionen überwachten, dass nur politisch genehme Äußerungen an die Öffentlichkeit gelangten. Durch den Prozess der „Gleichschaltung" erreichte der Nationalsozialismus eine tiefe Durchdringung so gut wie aller politischen und gesellschaftlichen Bereiche.

S. 95, Aufgabe 2
Die Strategie der Nationalsozialisten bewegte sich zwischen Vereinnahmung und Gewalt. Siehe auch die Erläuterungen zu S. M1 und M3.

S. 95, Aufgabe 3 a)
Volksgerichtshof: seit 1934 zunächst für Hoch- und Landesverrat zuständig, bald auch für zahlreiche weitere Delikte; *Kanzlei der NSDAP:* Hitler direkt unterstellte Parteistelle; *Gauleiter/Kreisleiter/Ortsgruppenleiter:* territoriale Parteiführer in der jeweiligen Gebietseinheit; *NSKK (Nationalsozialistisches Kraftfahrerkorps):* zuständig u.a. für die Kraftfahrerausbildung beim Heer; *DAF (Deutsche Arbeitsfront):* Einheitsorganisation für Arbeitnehmer und Arbeitgeber; *SD (Sicherheitsdienst):* befasst mit Überwachung und Bespitzelung im In- und Ausland

b) Bündelung der Macht beim „Führer" (alle zentralen Staats- und Parteiämter in seiner Hand); Doppelstruktur von Partei- und Staatsinstanzen (z.T. auch Verschmelzung: SS übernimmt hoheitliche Aufgaben); keine Gewaltentrennung (Volksgerichtshof vom „Führer" abhängig; Reichstag entmachtet); hierarchische Struktur (Rolle der „Volksgenossen" auf Akklamation beschränkt)

S. 95, Aufgabe 4 Beispiellösung:

VISUALISIERUNG 3.2

Die Errichtung der Diktatur

auf der Grundlage von Terror, Verführung und verbreiteter Zustimmung

„Gleichschaltung" auf staatlicher Ebene
- Entmachtung des Reichstags
- Beseitigung der Unabhängigkeit der Länder
- Sicherung einer politisch fügsamen Beamtenschaft
- Verbot der Parteien
- NSDAP als Staatspartei
- Zusammenlegung des Amtes des Staatsoberhauptes und des Regierungschefs zum „Führer und Reichskanzler"

„Gleichschaltung" auf zivilgesellschaftlicher Ebene
- Zerschlagung der Gewerkschaften
- Kontrolle von Presse, Literatur und Kunst
- Durchdringung der Gesellschaft durch Parteiorganisationen wie DAF und HJ

Eine Ideologie setzt sich durch: Der Nationalsozialismus

Methode: Instrumentalisierte Kunst analysieren   S. 96/97

HRU, S. 82, KV
3.2 Instrumentalisierte Kunst analysieren

S. 96, M1: „Die Fahne" siehe die Erläuterungen zu Aufgabe 1 sowie die Lösungshinweise im Schülerband

S. 96, M2: „Turner" siehe die Erläuterungen zu KV 3.2, Aufgabe 1

S. 96, Aufgabe 1
1. Das Bild wurde von Paul Herrmann gemalt und 1942 veröffentlicht.
2. Die ernste, feierliche und heroische Stimmung wird erzeugt durch: den entschlossenen Schritt der einsam voranmarschierenden Führungsgruppe; die dunkle Kleidung der Prozessionsteilnehmer; die Ehrbekundungen der Beistehenden; die an antike Religionen erinnernden Feuerschalen auf den Säulen; das Spiel mit Licht und Dunkel sowie Nebel und Klarheit, das an eine religiös geprägte Bildsprache angelehnt ist.
8. Die hervorgehobene Position der vier Voranmarschierenden verweist auf den nationalsozialistischen Leitgedanken des „Führertums": Die Führungsgruppe scheint die Prozession aus den dunklen, mystisch-vernebelten Häuserschluchten ins klare Licht und damit zur Erlösung zu leiten.
9. Das Aquarell ist in Anlehnung an eine bekannte Fotografie von Heinrich Hoffmann, dem „Privatfotografen" Hitlers, entstanden. Die Fotografie einer Prozession in Erinnerung an den Hitlerputsch war am 11. November 1937 auf der Titelseite des „Illustrierten Beobachters" veröffentlicht worden. Das Bild von Herrmann weist kleinere Abweichungen von seinem Vorbild auf: Nicht nur wurde das Spiel mit Lichtkontrasten durch die Farbgebung ausgeweitet, es wurden auch störende Einzelheiten wie z. B. die auf dem Foto deutlich zu erkennenden Straßenbahnkabel ausgespart (siehe die Straßenbahnschienen am Boden). Der Maler Paul Herrmann (1864 bis vermutlich 1944) hatte zunächst Architektur studiert und sich dann der Malerei zugewandt. Während des Nationalsozialismus legte er seinen Schwerpunkt auf die Architektur- und Monumentmalerei – mit Erfolg: 1941 erhielt er eine Professur, 1944 die Goethe-Medaille.
10. Das Bild zieht den unkritischen Betrachter in seinen emotionalen Bann. Es stellt den Nationalsozialismus als etwas Großes, Starkes und Erhabenes dar und hat seine beabsichtigte Wirkung – die erhöhte Identifikation mit dem Regime – vermutlich bei vielen zeitgenössischen Betrachtern erzielt.
11. Siehe die Anmerkungen zu 8. Kunst wird hier im Dienst der nationalsozialistischen Diktatur instrumentalisiert. Sie dient Propagandazwecken: Die nationalsozialistische Ideologie wird in ästhetisierter Form transportiert, die NS-Diktatur wird gefeiert, beim Betrachter soll Bewunderung und Zustimmung geweckt werden.

S. 96, Aufgabe 2 siehe die Erläuterungen zu KV 3.2, Aufgabe 2

S. 96, Aufgabe 3 a) individuelle Lösung
b) Der Künstler Otto Dix arbeitet in „Großstadt" und „Das Bildnis der Sylvia von Harden" mit einer grellen Farbgebung. Die Menschen werden mit ihren Mängeln gezeigt, die z.T. ins Groteske überzeichnet sind. Fratzenhaft wirken die Gesichter der Prostituierten auf dem linken Flügel des Triptychon; Sylvia von Harden wird mit großer Nase, scharfem Kinn und verquollenen Augen dargestellt. In beiden Bildern werden menschliche Laster (Alkohol; Zigaretten) und Sexualität (Prostitution und „heiße Tänze"; der verrutschte Strumpf und die roten Lippen der Journalistin Sylvia von Harden) thematisiert. „Großstadt" hält der Gesellschaft durch die schroffe Gegenüberstellung von bettelnden Kriegsversehrten und dem wilden Taumel der Vergnügungen kritisch den Spiegel vor. Das Bildnis der Journalistin betont mit Monokel und blasser Haut die Intellektualität der Abgebildeten, die sich mit kurzem Haar und dem Konsum von Zigaretten und Alkohol männlich konnotierte Moden und Laster zu eigen macht. Während „Turner" ein idealisiertes Körperbild von Männlichkeit und Stärke propagiert, das ganz den Vorstellungen der nationalsozialistischen Machthaber entspricht, geht es Otto Dix um eine kritische und (bei aller Überzeichnung) realistische Darstellung der Gesellschaft.

S. 96, Aufgabe 4 Recherche-Aufgabe

3 Eine Ideologie setzt sich durch: Der Nationalsozialismus

S. 96, Aufgabe 5
Offiziell als Künstler arbeiten konnte im nationalsozialistischen Deutschland nur, wer den Machthabern genehm war. Künstler, deren Werke nicht den Vorstellungen der Nationalsozialisten entsprachen, wurden mit Berufsverboten belegt. Maler wie Paul Herrmann waren mit eindeutig politischen Bildmotiven Teil der nationalsozialistischen Propagandaproduktion. Aber auch scheinbar unpolitische Motive wie die „Turner" von Gerhard Keil stützten den Nationalsozialismus, indem sie seine Ideale transportierten. Aus Überzeugung oder mit Blick auf die eigene Karriere dienten solche Künstler dem nationalsozialistischen Staat.

Kompetenzen prüfen S. 100/101

HRU, S. 84, KV
3.3 Selbsteinschätzungsbogen für Schüler

S. 100, M1: „Der 30. Januar 1933"
Arthur Kampf (1864–1950) studierte an der Düsseldorfer Kunstakademie. Bereits im Kaiserreich war er ein angesehener Historienmaler. Während der NS-Zeit setzte Kampf, nunmehr Mitglied der NSDAP, seine erfolgreiche Karriere fort: So stellte er u. a. auf der Großen Deutschen Kunstausstellung von 1939 aus, erhielt den „Adlerschild des Deutschen Reiches" und wurde 1944 von Hitler persönlich in die „Gottbegnadeten-Liste" aufgenommen.

S. 100, M2: Der Historiker Volker Ullrich über den 30. Januar 1933
Volker Ullrich schildert in seinem Artikel zur „Machtergreifung" die Krise, in die die NSDAP ab August 1932 infolge der Weigerung Hindenburgs, Hitler die Kanzlerschaft zu übertragen, geraten war. Der unaufhaltsame Siegeszug der Partei schien angesichts der Wahlergebnisse im November desselben Jahres gebrochen. Zum Jahresende zeigte zudem die Wirtschaft Zeichen der Erholung. Die Machtübernahme Hitlers Anfang 1933 bezeichnet Ullrich vor diesem Hintergrund als eine überraschende Wende, die auf das Ränkespiel einiger weniger Akteure (wie Hindenburg, von Papen und einflussreicher ostelbischer Junker) zurückzuführen sei.

S. 101, M3: Rede Reinhold Maiers zum „Ermächtigungsgesetz"
Die 1918 gegründete Deutsche Demokratische Partei verband als linksliberale bürgerliche Partei ein klares Bekenntnis zur Weimarer Verfassung mit sozialpolitischen Reformbestrebungen. Nach massiven Wählerverlusten schwenkte sie 1930 auf den gesellschaftlichen Kurs nach rechts ein und ging eine kurzlebige Verbindung mit dem nationalliberalen Jungdeutschen Orden ein. Im selben Jahr erfolgte die Umbenennung in Deutsche Staatspartei. Das Votum zum „Ermächtigungsgesetz" war innerhalb der DStP-Fraktion bis zuletzt umstritten (Maier gehörte zu den Befürwortern der Annahme). Bei der Abstimmung im Parlament stimmten aus Gründen der Fraktionsdisziplin jedoch alle Abgeordneten mit „Ja". Nach 1945 übernahm Maier als FDP-Politiker verschiedene politische Posten und Parteiämter.

S. 101, M4: Ein amerikanischer Historiker über die „Machtergreifung" in kleineren Städten siehe die Lösungshilfen zu S. 101, Aufgabe 4 auf S. 338 des Schülerbandes

S. 101, Aufgabe 1 bis 7 siehe die Lösungshilfen auf S. 338/339 des Schülerbandes

Lösungen zu den Kopiervorlagen der Handreichung

KV 3.1, Aufgabe 1 a) Z. 1–23; **b)** Z. 12 f.; Z. 19 f.; Z. 24–33; **c)** Z. 33–42

KV 3.1, Aufgabe 2 a) siehe die Erläuterungen zu Aufgabe 2 b) (Punkt 2, 4 und 5)
b)
1. die Ernennung Hitlers zum Reichskanzler und die Reaktionen des Verfassers und seines Umfeldes
2. Sebastian Haffner (1907–1999); Jurastudium; ablehnende Haltung gegenüber dem NS-Regime; 1938 Auswanderung nach England; Journalist und Autor politischer Sachbücher in England und ab 1954 in Deutschland
3. Von den Ereignissen des 30. Januar 1933 erfährt Haffner aus der Zeitung; in persönlichen Gesprächen tauscht er sich mit seinem Vater über die Einschätzung der Ereignisse aus.
4. Die Erinnerungen wurden 1939 aufgezeichnet, d. h. sechs Jahre nach dem Ereignis; noch während der NS-Zeit, bevor die Ausmaße des Judenmordes und des Weltkrieges voll absehbar waren.

5. Der Verfasser will mit seinem Text einen Beitrag zur Aufklärung über den Nationalsozialismus liefern.
6. Haffner beschreibt Hitlers Machtübernahme aus der sachlichen Haltung eines politisch interessierten Zeitungslesers. Seine Informationen zu Hitlers Kanzlerschaft sind betont sachlich gehalten.
7. Haffner reagiert emotional zutiefst schockiert auf das Ereignis.
8. Auf verstandesmäßiger Ebene kommt Haffner zunächst zu einem beruhigenderen Ergebnis: Hitlers Chancen auf eine längere Regierungszeit seien äußerst gering.
9. Aus der rückblickenden Perspektive des Jahres 1939 erscheint Haffner seine spontane schockierte Reaktion als „richtig" (Z. 24 f.).
10. Die Aussagen zu den politischen Vorgängen sind glaubhaft. Entgegen den Angaben von Haffner berichten andere Quellen aber durchaus von revolutionärer Stimmung auf den Straßen. Haffner ist ein politisch informierter Zeitzeuge. Aus der zeitgenössischen Perspektive überblickte er die Bedeutung von Hitlers Machtübernahme allerdings nicht.
11. Der Text gibt interessante Einblicke in die Reaktionen des NS-kritischen Bürgertums. Haffner berichtet selbstkritisch von seiner Fehleinschätzung der Ereignisse. Er scheint um ehrliche Aufklärung bemüht.
12. Beispiellösung: War die kommende NS-Diktatur in der Tat so schwer vorhersehbar? Oder wollten auch kritische Zeitgenossen die Gefahr nicht wahrhaben? Gab es andere Zeitgenossen, die sich des historischen Einschnitts bewusst waren?

KV 3.2, Aufgabe 1
Zum nationalsozialistischen Rassenideal gehörte der Kult um einen gesunden und starken Körper. Insbesondere mit Blick auf die Wehrhaftmachung war Sport von Bedeutung.

KV 3.2, Aufgabe 2
1. Das Bild „Turner" wurde 1939 von Gerhard Keil gemalt.
2. Das Bild vermittelt einen Eindruck von Kraft, Ruhe und Konzentriertheit. Dieser Eindruck wird sowohl durch Körper und Gesichtsausdruck der Athleten transportiert als auch durch den klaren Bildaufbau.
3. Dargestellt sind vier männliche Athleten. Die Männer laufen barfuß und tragen nur eine kurze weiße Sporthose: Es dominiert die Nacktheit ihrer muskulösen Körper. Im Hintergrund und rechts sind Architekturelemente zu erkennen, die an griechische Tempel erinnern.
4. Im Bildvordergrund befinden sich die vier Sportler – ganz nah beim Betrachter und direkt auf diesen zulaufend. Der Betrachter blickt zu den Athleten empor (Froschperspektive), diese blicken über ihn hinweg in die Ferne. Im klaren Bildaufbau dominieren vertikale Linien.
5. Im Bild herrschen helle Farben vor: das Hellblau des Himmels, das Weiß der Säulen und der Sporthosen, die helle Hautfarbe der Sportler. Der offene Bildraum scheint von Luft und Licht durchflutet; es entsteht ein Eindruck von Weite und Reinheit. Nur im Vordergrund verdunkelt sich der Steinboden und „erdet" so die Läufer.
6. Das Bild feiert den starken und makellosen männlichen Körper.
7. Die griechisch anmutenden Architekturelemente und die Nacktheit der Körper verweisen auf das Körperideal der griechischen Antike.
8. Die Athleten wirken stark und entschlossen. Die Uniformität ihrer Körper, ihr synchroner Lauf erinnern ans Soldatische. Individualität wird zugunsten des Aufgehens in der Gruppe aufgegeben; Schwäche und Abweichung von der Norm sind nicht vorgesehen. Der Körper der Läufer ist entsprechend des Ideals des „arischen" Mannes gestaltet.
9. Gerhard Keil (1912–1992) studierte an der Akademie der Künste in Dresden. 1938 erhielt er für seine künstlerischen Leistungen den Rompreis. Sein Bild „Turner" erschien auch als Postkarte und trug so zur weiteren Verbreitung des nationalsozialistischen Körperideals bei.
10. Das Bild vermittelt den Eindruck von Stärke, Entschlossenheit und Gemeinschaftsgefühl. Viele „arische" Betrachter haben sich angesichts des Bildes vermutlich gerne als Teil dieser Gemeinschaft gesehen, die unbesiegbar zu sein scheint.
11. Das Bild propagiert das „arische" Körperideal und damit den nationalsozialistischen Rassismus. Stärke und Wille zum Sieg, die sich in dem Bild ausdrücken, verweisen zudem auf das Soldatische und den nationalsozialistischen Bellizismus: Nichts kann die gemeinsam vorwärtsdrängenden stählernen Körper aufhalten, aus dem „Rassenkrieg" werden sie siegreich hervorgehen.

KV 3.1 Lebenserinnerungen auswerten

M1 „Kaum eine Chance, lange zu regieren"
Sebastian Haffner (1907–1999) in seinem 1939 verfassten Manuskript „Geschichte eines Deutschen. Die Erinnerungen 1914–1933":

Hitler wurde Reichskanzler … Verfassungsrechtlich war der Vorgang weit normaler und unrevolutionärer als das meiste, was sich im Jahr zuvor abgespielt hatte. Und äußerlich verlief der Tag ebenfalls ohne alle revolutionären Merkmale – wenn man nicht einen Fackelzug der Nazis durch die Wilhelmstraße und eine belanglose nächtliche Schießerei in einem Vorort als solche gelten lassen will. Für uns andere bestand das Erlebnis des 30. Januar tatsächlich nur in Zeitungslektüre – und den Empfindungen, die sie auslöste.

Morgens hieß die Überschrift: Hitler zum Reichspräsidenten gerufen – und man empfand einen gewissen hilflosen nervösen Ärger: Hitler war im August und war im November zum Reichspräsidenten gerufen worden und hatte den Vizekanzler- und Kanzlerposten angeboten bekommen; jedes Mal hatte er unmögliche Bedingungen gestellt, und jedes Mal war danach feierlich erklärt worden: Nie wieder … Mittags hieß die Überschrift: Hitler verlangt wieder zu viel. Man nickte halb beruhigt. Sehr glaubhaft …

Gegen 5 Uhr dann waren die Abendzeitungen da: Kabinett der nationalen Konzentration gebildet – Hitler Reichskanzler. Ich weiß nicht genau, wie die allgemeine erste Reaktion war. Die meine war etwa eine Minute lang richtig: Eisiger Schreck. Gewiss, es war „drin" gewesen, schon lange. Man hatte damit rechnen müssen. Dennoch, es war so phantastisch. So unglaubhaft … Hitler – Reichskanzler … Einen Augenblick spürte ich fast körperlich den Blut- und Schmutzgeruch um diesen Mann Hitler, und ich empfand etwas wie die zugleich bedrohliche und ekelerregende Annäherung eines mörderischen Tieres, eine schmutzige scharfkrallige Pfote an meinem Gesicht. Dann schüttelte ich das ab, versuchte zu lächeln, versuchte nachzudenken und fand in der Tat viel Grund zur Beruhigung. Am Abend diskutierte ich die Aussichten der neuen Regierung mit meinem Vater, und wir waren uns einig darüber, dass sie zwar eine Chance hatte, eine ganz hübsche Menge Unheil anzurichten, aber kaum eine Chance, lange zu regieren. Eine schwarz-reaktionäre Regierung im Ganzen, mit Hitler als Mundstück. Bis auf diesen Zusatz unterschied sie sich wenig von den beiden letzten, die [Reichskanzler] Brüning gefolgt waren.

Sebastian Haffner, Geschichte eines Deutschen.
Die Erinnerungen 1914–1933, Freiburg (dva) 2000, S. 103 ff.

1 Markiere mit unterschiedlichen Farben Abschnitte und Sätze, die a) die historischen Vorgänge beschreiben, b) die spontanen Emotionen des Verfassers wiedergeben oder c) die verstandesmäßige Einschätzung der Vorgänge durch den Verfasser zum Zeitpunkt des Ereignisses darlegen.

2 a) **Recherche:** Erstelle eine Kurzbiografie zu Sebastian Haffner und informiere dich über die Entstehung seiner „Geschichte eines Deutschen".
b) Untersuche M1 mithilfe der Methodenschritte.

Arbeitsschritte „Lebenserinnerungen auswerten"

Formale Aspekte	
1. Über welches Ereignis wird berichtet?	
2. Wer ist der Autor (Kurzbiografie)?	
3. Auf welchem Weg hat der Verfasser Kenntnis von dem Ereignis erhalten?	

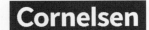
Autorin: Caterina Zwilling

3 Eine Ideologie setzt sich durch: Der Nationalsozialismus Kopiervorlage 3.1

Name: Klasse: Datum:

4. In welchem zeitlichen Abstand zum Ereignis stehen die Aufzeichnungen?	
5. Zu welchem Zweck hält der Verfasser seine Erinnerungen schriftlich fest?	

Inhalte erschließen

6. Wie beschreibt der Verfasser das Ereignis?	
7. Wie bewertet der Verfasser das Ereignis spontan auf emotionaler Ebene?	
8. Wie bewertet er es auf verstandesmäßiger Ebene zum Zeitpunkt des Ereignisses?	
9. Wie bewertet er das Ereignis im Rückblick?	

Autobiografische Erinnerungen mit anderen historischen Quellen vergleichen

10. Sind die Aussagen glaubwürdig? Inwiefern lassen sie sich durch andere Quellen stützen oder infrage stellen? Was konnte der Verfasser wissen, was nicht?	
11. Wie lässt sich der Text abschließend bewerten?	
12. Gibt es offene Fragen?	

Autorin: Caterina Zwilling

3 Eine Ideologie setzt sich durch: Der Nationalsozialismus

KV 3.2 Instrumentalisierte Kunst analysieren

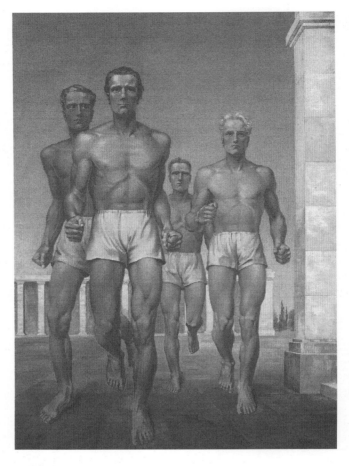

M1 „Turner", Gemälde von Gerhard Keil, 1939

Arbeitsschritte „Instrumentalisierte Kunst analysieren"

Thema und Einzelaspekte des Bildes erfassen und beschreiben	
1. Wer hat das Bild gemalt? Wann ist es entstanden?	
2. Welchen ersten Eindruck und welche Stimmung vermittelt das Bild?	
3. Welche Personen und Gegenstände sind zu sehen?	

Autorin: Caterina Zwilling
Bildrechteinhaber: bpk/Staatliche Kunstsammlungen Dresden/Elke Estel

3 Eine Ideologie setzt sich durch: Der Nationalsozialismus   Kopiervorlage 3.2

Name: Klasse: Datum:

4.	Wo befinden sich die Personen und wie ist das Bild aufgebaut (Bildmittelpunkt, Perspektive)?	
5.	Werden Farben, Licht und Schatten eingesetzt?	

Symbolik und Geschichtlichkeit des Bildes erschließen und deuten

6.	In welchem Bezug stehen die Einzelelemente und welche „Geschichte" erzählt das Bild?	
7.	Lassen sich Symbole oder bildhafte Vergleiche finden?	
8.	An welchen Bildelementen werden die Vorstellungen der Nationalsozialisten sichtbar?	

Entstehung und Wirkung des Bildes untersuchen und in seinem Zusammenhang interpretieren

9.	Was wissen wir über die Entstehung des Werkes und über den Künstler? Wie stand der Künstler zu den Nationalsozialisten?	
10.	Welche Wirkung könnte es auf Zeitgenossen gehabt haben?	
11.	Lassen sich ideologische Bezüge erkennen? Inwiefern liegt hier ein Beispiel „instrumentalisierter Kunst" vor?	

1 **Think-Pair-Share:** Sport hatte für die Nationalsozialisten einen besonders hohen Stellenwert. Überlege zunächst eine Minute lang im Stillen, warum das so war, und tausche dich danach mit deinem Partner aus. Vergleicht eure Ergebnisse im Klassengespräch.

2 Untersuche M1 mithilfe der Arbeitsschritte.

Autorin: Caterina Zwilling
Bildrechteinhaber: bpk/Staatliche Kunstsammlungen Dresden/Elke Estel

Name: Klasse: Datum:

KV 3.3 Eine Ideologie setzt sich durch: Der Nationalsozialismus

Ich kann, weiß, verstehe …	sehr sicher	sicher	unsicher	sehr unsicher	Hilfen finde ich hier: (SB = Schülerbuch)
1 Ich kann die Elemente der nationalsozialistischen Ideologie beschreiben und ihre Anziehungskraft erklären.					SB, S. 80/81
2 Ich kann einen Lexikonartikel zur „Ideologie der Nationalsozialisten" verfassen.					SB, S. 80/81
3 Ich kann die Schritte zur Zerstörung von Demokratie und Rechtsstaatlichkeit ab 1933 benennen und erläutern.					SB, S. 82/83, 88/89, 90/91, 94/95
4 Ich kann darstellen, wie die Ernennung Hitlers zum Reichskanzler rückblickend bewertet wird.					SB, S. 82/83
5 Ich kann Lebenserinnerungen auswerten.					SB, S. 84–86
6 Ich kann die Merkmale des nationalsozialistischen Vorgehens in Braunschweig erläutern.					SB, S. 87
7 Ich kann die Machtübernahme der NSDAP in Braunschweig mit der Machtübernahme im Reich vergleichen.					SB, S. 87
8 Ich kann erläutern, welche Botschaft der „Tag von Potsdam" transportieren sollte.					SB, S. 88/89
9 Ich kann das Zustandekommen und die Folgen des „Ermächtigungsgesetzes" beschreiben und beurteilen.					SB, S. 90/91
10 Ich kann überprüfen, ob ein ähnliches Gesetz heute möglich wäre.					SB, S. 90/91
11 Ich kann erklären, welche Funktion die frühen Konzentrationslager im Emsland hatten und wer dort unter welchen Bedingungen inhaftiert war.					SB, S. 92/93
12 Ich kann Ziele, Maßnahmen und Auswirkungen der „Gleichschaltung" erklären.					SB, S. 94/95
13 Ich kann die Organisation und Struktur der NS-Diktatur beschreiben.					SB, S. 94/95
14 Ich kann ein Schaubild zur Errichtung der NS-Diktatur erstellen.					SB, S. 94/95
15 Ich kann instrumentalisierte Kunst analysieren.					SB, S. 96/97

Autorin: Andrea Welk

4 Leben im Nationalsozialismus SB S. 102–131

Sachinformationen zum Kapitelaufbau

Inklusion der „Volksgenossen" und Exklusion der als anders Definierten sind die beiden untrennbar verbundenen Grundmechanismen des nationalsozialistischen Konzepts der „Volksgemeinschaft". Für die Partizipanten bedeutete die Zugehörigkeit zu dieser Gemeinschaft sicherlich auch den Verlust an individuellen Freiräumen und den Druck zur Anpassung an eine autoritäre Ordnung, durch die Distinktion von den Ausgeschlossenen aber zugleich ökonomischen Gewinn und Herrschaftsteilhabe. Das nationalsozialistische Regime bemühte sich um einen umfassenden Zugriff auf alle Lebensbereiche der „Volksgenossen". Die Freizeitgestaltung, die Schule, das Verständnis der Geschlechterrollen – kaum ein gesellschaftlicher Bereich blieb von Propaganda und organisatorischen Eingriffen unberührt. Der Ausschluss aus der „Volksgemeinschaft" war gleichbedeutend mit Diskriminierung, Verfolgung und Tod. Der Prozess der Entrechtung der Juden begann unmittelbar nach der Machtübernahme und fand in den Novemberpogromen einen ersten gewaltsamen Höhepunkt. Mit der „Kinder-Euthanasie" und der „Aktion T4" wurde der systematische Mord an Kranken und Behinderten in Gang gesetzt.

Im diesem Kapitel setzen sich die Schülerinnen und Schüler mit dem Alltagsleben im Nationalsozialismus auseinander und lernen dabei Mechanismen der Konsensherstellung und der Diskriminierung kennen. Nach einer einführenden Doppelseite zum Begriff der „Volksgemeinschaft" untersuchen die Lernenden in der folgenden Themeneinheit die Rolle der Frauen im Nationalsozialismus. Auf die Themenseiten zur Propaganda folgen ein Methodenteil zur Untersuchung von NS-Filmen und eine thematische Einheit zur Rolle von Festen bei der Ideologievermittlung. Der nationalsozialistische Zugriff auf die Freizeit steht im Mittelpunkt der folgenden Doppelseite, an die sich Themeneinheiten zur Jugend und zur Schule im Nationalsozialismus anschließen. Erkenntnisse über Bedeutung und Ausmaß des gewaltsamen Ausschlusses aus der „Volksgemeinschaft" erarbeiten sich die Lernenden mithilfe der Themenseiten zur Ausgrenzung der deutschen Juden bis 1938, zur Reichspogromnacht (die anhand des landesgeschichtlichen Beispiels Hannover präsentiert wird) und zu den „Euthanasie"-Morden.

Hinweis zum Unterrichtsverlauf

siehe Jahrgangscurriculum, S. 10/11

Kompetenzerwerb in Kapitel 4 (s. Schülerband S. 130)

Eine detaillierte Liste der zu erwerbenden Kompetenzen finden Sie hier in der Handreichung auf dem Selbsteinschätzungsbogen, S. 109.

Selbsteinschätzungsbogen für Schüler zum Kapitel 4

siehe Kopiervorlage 4.3, S. 109

Weiterführende Hinweise auf Forum-Begleitmaterialien (s. Einleitung, S. 7)

- Arbeitsheft 4, Kap. 4: Nationalsozialismus und Zweiter Weltkrieg
- Kompetenztraining, Kap. 24: Leben in der nationalsozialistischen Diktatur
- Geschichte interaktiv II, Kap. 7: Nationalsozialismus und Zweiter Weltkrieg
- Foliensammlung Geschichte 2, Folie 22: Propaganda im Nationalsozialismus
- Foliensammlung Geschichte 2, Folie 23: Eine Jüdin in Deutschland
- Invitation to History: Volume 2, Unit 3: National Socialism 1933–1945

Literatur, Jugendbücher, Filme, Internethinweise für Lehrkräfte

Literatur
Arno Klönne, Jugend im Dritten Reich, Köln (PapyRossa) 1999.
Wolfgang Schneider, Frauen unterm Hakenkreuz, Hamburg (Hoffmann und Campe) 2001.
Michael Wildt, Geschichte des Nationalsozialismus, Göttingen (Vandenhoeck & Ruprecht) 2008.

4 Leben im Nationalsozialismus

Jugendbücher
Jürgen Seidel, Blumen für den Führer, München (cbj) 2010.
Anja Tuckermann, Ein Volk, ein Reich, ein Trümmerhaufen, Würzburg (Arena) 2013.
Elisabeth Zöller, Anton oder die Zeit des unwerten Lebens, Frankfurt a. M. (Fischer) 2004.

Filme
FWU 4611043: Judenverfolgung im Dritten Reich
WBF B-2250: Hitler und der Führerkult
SWR 4683502: Grafeneck 1940 – Die Mordfabrik auf der Schwäbischen Alb (kostenloser Download unter *https://www.planet-schule.de/sf/php/sendungen.php?sendung=8305*)

Internethinweise für Lehrkräfte
http://www.jugend1918-1945.de (ausführliche Informationen, Lebensgeschichten, Videos und Chronik zum Thema „Jugend in Deutschland 1918–1945")
https://www.bpb.de/izpb/137211/volksgemeinschaft?p=all (Aufsatz über die „Volksgemeinschaft", Auszug aus den „Informationen zur politischen Bildung", Heft 314/2012)
https://www.dhm.de/lemo/kapitel/ns-regime/alltagsleben.html (Informationen zum Alltag im Nationalsozialismus, Angebot des „Lebendigen Museums Online" [LeMO])

Auftaktseiten — S. 102/103

S. 102 f.: Propagandawagen der Hitlerjugend
Mit dem Tod Hindenburgs am 2. August 1934 führte die NS-Regierung das Amt des Reichskanzlers und des Reichspräsidenten in den Händen Hitlers zusammen. Nachdem sich Hitler mit der Mordaktion vom Juni/Juli 1934 bereits interner Widersacher und konservativer Kritiker entledigt hatte, kannte seine Macht nun keine institutionellen Grenzen mehr. Für den 19. August 1934 wurde die Bevölkerung zur Akklamation der staatsstreichartigen Zusammenlegung der beiden höchsten Staatsämter aufgerufen. Nach offiziellen Ergebnissen votierten 89,9 Prozent der Abstimmenden mit „Ja". Neben enormen Propagandaanstrengungen setzten die Nationalsozialisten auch im Vorfeld dieser „Wahl" auf Terror.

S. 103, Aufgabe
Das Bild zeigt einen Propagandawagen der HJ mit Fahnen und Spruchband. Die uniformierten Jugendlichen scheinen zu singen; einige führen Trompeten mit sich. Ihr Gesichtsausdruck ist teils kämpferisch-entschlossen, teils vergnügt. Etliche Passanten am Straßenrand grüßen die Vorbeifahrenden mit dem Hitlergruß. Für die Kinder und Jugendlichen mischt sich bei der Propagandaaktion vermutlich Vergnügen mit dem Gefühl, einer Gemeinschaft der „Starken" anzugehören, die für etwas „Großes" einsteht und auch von Erwachsenen respektiert werden muss.

Orientierung im Kapitel — S. 104/105

S. 104, M1: Schaubild zur Verbreitung von Rundfunkgeräten
Das wichtigste Massenmedium der NS-Propaganda war der Rundfunk. Das durch das Reichspropagandaministerium gesteuerte Rundfunkprogramm bot neben massensuggestiven Direktübertragungen von propagandistischen Großveranstaltungen und alltäglicher Indoktrination auch unpolitische Unterhaltung, mit der die Zufriedenheit der Bevölkerung gesteigert werden sollte. Die Einführung des „Volksempfängers" VE 301, der 1933 auf der Deutschen Funkausstellung vorgestellt wurde, folgte selbst bei der Namensgebung propagandistischen Zwecken: Die Zahl 301 wurde in Erinnerung an die Machtübernahme vom 30. Januar gewählt. Der außerordentlich niedrige Preis des Gerätes war vom Propagandaministerium festgelegt und sah für die Herstellerfirmen nur eine sehr geringe Gewinnspanne vor. Durch die einfache Ausführung des Gerätes und die staatlich gesteuerte Preispolitik wurden die zuvor teuren Radioapparate nun auch für die breite Masse der Bevölkerung erschwinglich. Ab 1938 eroberte ein noch einfacheres Radio den Markt: Mit dem „Deutschen Kleinempfänger 1938" gelang es, den Preis des „Volksempfängers" um 45 Prozent zu unterbieten. Das Schaubild zeigt die relativ stabilen Verkaufszahlen regulärer Radios. Der steile Anstieg der Radioverkäufe ab 1933 ist fast ausschließlich auf die Einführung des „Volksempfängers" zurückzuführen. Nach gewissen Sättigungserscheinungen ab 1935 steigen die Verkaufszahlen ab 1937 und besonders ab 1938 wieder deutlich an.

Leben im Nationalsozialismus **4**

S. 104, M2: Schaubild zu den Verkaufszahlen von „Kraft-durch-Freude"-Reisen
Urlaubsreisen waren bis 1933 ein Privileg des Bürgertums. Die KdF-Reisen, die – durch Subventionen aus der Kasse der „Deutschen Arbeitsfront" und den Einkauf großer Transport- und Unterkunftkapazitäten – extrem niedrige Preise kalkulieren konnten, sollten das Reisen auch für Angestellte und Arbeiter erschwinglich machen. Die Teilnehmerzahlen bei KdF-Reisen stiegen zwischen 1934 und 1938 von 2,4 auf 10,3 Millionen pro Jahr. Ein Großteil davon waren Tages- oder Wochenendausflüge, die begehrten Kreuzfahrten blieben trotz der Niedrigpreisstrategie für Arbeiter weiterhin kaum bezahlbar und wurden vor allem von der Mittelschicht und verdienten Parteigenossen genutzt. Dennoch entwickelten die organisierten Urlaube – als Sinnbild für die vermeintlich realisierte „Volksgemeinschaft" ohne Klassenunterschiede – eine enorme propagandistische Strahlkraft. Mit Kriegsbeginn wurde das Reiseprogramm eingestellt.

S. 105, M3: Ausgabe von Kleidung an Bedürftige durch das „Winterhilfswerk"
Das im Herbst 1933 gegründete „Winterhilfswerk" sollte für schnelle und sichtbare Erfolge bei der Armutsbekämpfung sorgen. Mit großangelegten Sammelaktionen, bei denen Mitglieder von NS-Organisationen wie HJ und SA von Haus zu Haus gingen, dem Verkauf von Abzeichen an Spendewillige, publikumswirksamen „Eintopfsonntagen" und einer Vielzahl von weiteren Veranstaltungen erreichte das Spendenaufkommen von Beginn an beeindruckende Ausmaße. Auch wenn die spektakulären Erfolge auf einer Mischung aus Freiwilligkeit, Druck und Zwangsmaßnahmen (wie dem automatischen Einzug eines bestimmten Lohnanteils) sowie einer bald als lästig empfundenen Dauerpräsenz der Spendensammler basierten, war das „Winterhilfswerk" in den Augen vieler Deutscher Ausdruck der neu erwachten „nationalen Solidarität" und einer funktionierenden „Volksgemeinschaft". Eng verflochten war das „Winterhilfswerk" auf finanzieller und personeller Ebene mit der „NS-Volkswohlfahrt", deren Fürsorgearbeit explizit und ausschließlich nach „rasse- und erbbiologischen" Kriterien ausgerichtet war.

S. 105, M5: Angehörige des Jungvolks der HJ siehe die Erläuterungen zu S. 118, M1

S. 105, M5: Öffentliches Kahlscheren
Mit öffentlichen Demütigungen gingen die Nationalsozialisten u. a. gegen Juden und „Deutschblütige" vor, die in einer Liebesbeziehung zueinander standen. Unter dem Vorwurf der „Rassenschande" wurden den beteiligten Frauen öffentlich die Haare abgeschnitten, Männer und Frauen mussten herabwürdigende Schilder tragen. Unabdingbarer Bestandteil dieser öffentlichen Demütigungen war das Publikum, das auch in der im Schulbuch abgebildeten Szene in großer Zahl erschienen ist, um sich an dem Schauspiel zu weiden.

S. 105, Aufgabe 1
Die von den Nationalsozialisten propagierte „Volksgemeinschaft" bot den „Dazugehörenden" handfeste Vorteile: Plötzlich waren Luxusgüter wie Radios oder Reisen erschwinglich (M1, M2); Fürsorgeeinrichtungen wie das „Winterhilfswerk" halfen Bedürftigen (M3). Auch auf psychologischer Ebene konnten die Inkludierten von der „Volksgemeinschaft" profitieren: NS-Organisationen wie die Hitlerjugend offerierten ein anheimelndes Gemeinschaftsgefühl (M4); gegenüber den Exkludierten konnte man sich überlegen fühlen (M5). Von Bedeutung für die hohe Zustimmung zum NS-Regime war zudem dessen erfolgreiche Propagandapolitik: So sorgte beispielsweise der politisch geförderte Verkauf von Radiogeräten dafür, dass die Propaganda bis in die Wohnzimmer von Millionen von Zuhörern reichte (M1); Massenorganisationen wie die Hitlerjugend vermengten die weltanschauliche Zurichtung mit attraktiven Gemeinschaftserlebnissen (M4).

S. 105, Aufgabe 2 a)
„Winterhilfswerk": siehe die Erläuterungen zu M3. „Kraft durch Freude": Die NS-Gemeinschaft KdF, eine Unterorganisation der „Deutschen Arbeitsfront", bot ein breites kulturelles und touristisches Freizeitprogramm, das sich primär an die Arbeiterschaft richten sollte, tatsächlich aber vor allem von Angestellten genutzt wurde. Ziele der KdF waren eine verstärkte Identifikation mit dem Regime auch vonseiten der Arbeiter sowie eine Erhöhung der Arbeitsproduktivität und Wehrfähigkeit durch gezielte Erholungsphasen.
b) siehe die die Erläuterungen zu M2

4 Leben im Nationalsozialismus

S. 105, Aufgabe 3
Durch die Verbreitung von Radios förderten die Nationalsozialisten den Einzug eines wichtigen Propagandamediums in Millionen von deutschen Haushalten. Die politische Indoktrinierung drang so bis in die privaten Wohnzimmer vor. Die Verbreitung des begehrten Konsumgutes, das auch Unterhaltung und Entspannung bot, sollte zudem die Zufriedenheit der Bevölkerung erhöhen.

S. 105, Aufgabe 4 individuelle Lösung

Die „Volksgemeinschaft": Ein Ideal? S. 106/107

Webcode
FG450099-107

S. 106, M1: Öffentliches Eintopfessen
Im Herbst 1933 verfügte die NS-Regierung, dass jeweils am ersten Sonntag der sechs kälteren Monate des Jahres zu Hause und in Restaurants nur ein Eintopfessen gereicht werden solle. Der durch den Verzicht auf das traditionell üppigere Sonntagsgericht gesparte Betrag sollte an das „Winterhilfswerk" gespendet werden. Bei öffentlichen Eintopfessen, die die erzwungene Bescheidenheit zelebrierten, zeigte sich auch die NS-Prominenz und inszenierte sich so als Teil einer opferbereiten „Volksgemeinschaft".

S. 107, M2: Plakat von René Ahrlé
Der Maler und Werbegrafiker René Ahrlé (1893–1976) inszeniert auf seinem Propagandaplakat die „arische" Familie als Keimzelle der „Volksgemeinschaft". Gemäß der nationalsozialistischen Rollenbilder hält die dreifache Mutter ihr Jüngstes im Arm, die kleine Tochter steht dicht bei ihr; der Vater umarmt in einer schützenden Geste Frau und Kinder, sein rechter Arm ruht auf der Schulter des erstgeborenen Sohnes. Die dargestellten Personen entsprechen dem NS-„Rassenideal". Der hinter ihnen abgebildete riesenhafte deutsche Adler hat seine Flügel schützend um die Familie gelegt. Bild und Text des Plakates idealisieren die „Volksgemeinschaft" als Geborgenheit und Sicherheit gebende Solidargemeinschaft.

S. 107, M3: Mitglieder der „Deutschen Arbeitsfront" am Deutschen Eck
Die „Deutsche Arbeitsfront" wurde wenige Tage nach der Zerschlagung der Gewerkschaften Anfang Mai 1933 als Verband „aller schaffenden Deutschen" gegründet. Als Einheitsorganisation für Arbeiter, Angestellte, Selbstständige sowie für Arbeitgeber zählte sie 25 Millionen Mitglieder (1942) und war damit die größte NS-Organisation. Mit einem enormen bürokratischen Apparat von 40 000 Funktionären und der sich aus den Mitgliederzahlen ergebenden Finanzkraft im Rücken versuchte der DAF-Reichsleiter Robert Ley, entscheidenden Einfluss in der Wirtschafts- und Sozialpolitik zu gewinnen. Hauptaufgabe der DAF blieb aber die ideologische Schulung ihrer Mitglieder.

S. 107, M4: Auszug aus dem Programm der NSDAP (1920)
Der Quellenauszug verdeutlicht den Ausschlusscharakter, der dem Konzept der „Volksgemeinschaft" inhärent ist: Das Innen der Gemeinschaft der „Volksdeutschen" ist logisch untrennbar mit dem Außen der „Rassefremden" verbunden. Laut Punkt 4 und 5 sollen den Juden – als per definitionem nicht zur „Volksgemeinschaft" Gehörenden – die Staatsbürgerschaft sowie die damit verbundenen Rechte entzogen werden. Punkt 10 des Quellenauszuges unterstreicht die antiindividualistische Stoßrichtung des Konzeptes: Der Einzelne hat der „Volksgemeinschaft" „schaffend" zu dienen.

S. 107, Aufgabe 1
Unter dem Banner mit der Aufschrift „Berlin ißt heute sein Eintopfgericht" steht eine von mehreren Frauen umringte „Suppenkanone". An den blumengeschmückten Tischen wird bereits gegessen. Auf der linken Seite ist – ähnlich einem Heiligenbild – ein mit Hakenkreuzwimpeln geschmücktes „Führerbild" aufgestellt. Im Hintergrund sieht man eine SA-Kapelle, die mit Blasmusik für Feststimmung sorgt. Durch die öffentlichen Eintopfessen und die an diese gebundenen Spendenaufrufe sollte das Gemeinschaftsgefühl gestärkt und die Bevölkerung zu opferbereiten „Volksgenossen" erzogen werden.

S. 107, Aufgabe 2 Beispiellösung:

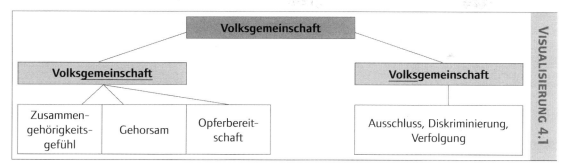

S. 107, Aufgabe 3
NS-Parolen: „Gemeinnutz geht vor Eigennutz"; „Du bist nichts, dein Volk ist alles!"; „Schicksalsgemeinschaft des deutschen Volkes"
Die nationalsozialistischen Parolen zielen auf die Auflösung des Individuums in der „Volksgemeinschaft" ab. Der Einzelne muss sich unterordnen und wird dafür durch ein verstärktes Zugehörigkeits- und Gemeinschaftsgefühl „belohnt".

S. 107, Aufgabe 4 siehe die Erläuterungen zu M2

S. 107, Aufgabe 5 a) siehe die Erläuterungen zu M3

b) Das Denkmal wurde für Kaiser Wilhelm I. errichtet, unter dem 1871 die Reichseinigung vollzogen wurde. Mit der Wahl des Ortes wollten sich die Nationalsozialisten in die Tradition des Kaiserreichs stellen und an historische Momente „deutscher Größe" anknüpfen.

S. 107, Aufgabe 6 individuelle Lösung

Wähle aus: Frauen in der „Volksgemeinschaft" S. 108/109

S. 108, M1: Titelbild der NS-Zeitschrift „Frauen-Warte"
Als „Gedenk- und Ehrentag der deutschen Mütter" war der Muttertag seit 1934 fester Bestandteil des nationalsozialistischen Feierjahres. In der Mehrung der „Volksgemeinschaft" durch das Gebären von „erbgesundem" Nachwuchs bestand in den Augen der Nationalsozialisten die heiligste Aufgabe der deutschen Frau. Die „Frauen-Warte", eine von mehreren Publikationsorganen der „NS-Frauenschaft", richtete sich mit ihrer Propaganda für das nationalsozialistische Frauenideal auch an nicht politisierte Frauen. Die Illustrierte bot hauswirtschaftliche Gebrauchstexte (wie Kochrezepte, Strickmuster etc.), halbdokumentarische Berichte von – nach nationalsozialistischen Vorstellungen – vorbildhaften Frauen und mitunter einige Seiten zur politischen Lage.

S. 108, M2: Verleihung des Mutterkreuzes
Das „Ehrenkreuz der deutschen Mutter" wurde seit 1938 in den Ausführungen Bronze (4–6 Kinder), Silber (6–8 Kinder) und Gold (mehr als 8 Kinder) an Mütter mit „arischem" und „erbgesundem" Nachwuchs verliehen. Die symbolische Ehrung war Teil der nationalsozialistischen Familien- und Geburtenpolitik, in deren Mittelpunkt die quantitative und „qualitative" Stärkung des deutschen Volkes stand. Mit dem 1936 eingeführten Kindergeld und Ehestandsdarlehen, bei denen die Höhe der Rückzahlungssumme mit jedem Kind abnahm, wurden dafür auch finanzielle Anreize geschaffen.

S. 109, M3: Heiratsanzeigen in der Parteizeitung „Völkischer Beobachter"
Der Quellentext zeigt den zentralen Stellenwert, den die Produktion von „erbgesundem" Nachwuchs in der nationalsozialistischen Ideologie hatte. Beide Geschlechter betonen ihre „arische" Abkunft und gesunde Konstitution und fordern Gleiches von ihrem zukünftigen Partner; die Ehevorstellungen in beiden Anzeigen sind ganz auf das Zeugen und Gebären von Kindern ausgerichtet. Der Mann rühmt sich seiner Führungsrolle in der SA und seiner Tapferkeit (und entspricht damit dem in der Annonce der Frau ausgedrückten Wunsch nach einem „zackigen Uniformträger"), ein Familiennest hat er gemäß seiner Versorgerrolle bereits geschaffen. Siehe auch die Erläuterungen zu Aufgabe 1 und 2 (Material B).

Diff. Kopiervorlagen
17.3 „Deutschland wächst aus starken Müttern": Das NS-Frauenbild

4 Leben im Nationalsozialismus

S. 109, M4: Zeitungsartikel über die BDM-Haushaltsschule (1934)
In der Anfangsphase des 1930 gegründeten „Bund Deutscher Mädel" (BDM) dominierten mit Wanderungen und Aufmärschen Aktivitäten, die auch für die männliche HJ typisch waren. Nach verstärkter Kritik vonseiten der NS-Führung an dieser vermeintlichen „Vermännlichung" stellte die BDM-Arbeit in einer zweiten Phase die Vorbereitung der Mädchen auf ihre Rolle als Hausfrau und Mutter deutlicher in den Vordergrund. So wurden bis 1938 auch die BDM-Haushaltsschulen nahezu verdoppelt. Neben der hauswirtschaftlichen Erziehung und der weltanschaulichen Schulung durch „rassekundliche" Propaganda blieb die sportliche Ertüchtigung – mit Blick auf die Sicherstellung von „erbgesundem" Nachwuchs – ein wichtiger Bestandteil der BDM-Aktivitäten.

S. 109, M5: Zeitungsartikel zum Kriegseinsatz von Frauen (1943)
Mit Kriegsbeginn änderten sich die Ziele und Tätigkeiten des BDM. In den Vordergrund traten immer stärker kriegsunterstützende Einsatzbereiche. Dazu gehörten der Ernteeinsatz, Krankenbetreuung, hauswirtschaftliche Unterstützungstätigkeiten für die Wehrmacht (Nähen, Kochen etc.) und vieles mehr. Im Zuge des Ostfeldzuges betreuten BDM-Mitglieder die – auf Basis von Enteignung, Vertreibung und Ermordung der ansässigen Bevölkerung vollzogene – Ansiedlung von „Volksdeutschen".

S. 108, Aufgabe für alle
Zu Veränderungen kam es beispielsweise im Bereich der Frauenbewegung: Hatten Frauen seit dem 19. Jahrhundert in Vereinen für ihre Rechte gekämpft und in der Weimarer Republik die politische Gleichberechtigung erhalten, wurden die bürgerlichen Frauenbewegungen im Herbst 1933 im „Deutschen Frauenwerk" gleichgeschaltet. Bereits seit 1931 existierte mit der „Deutschen Frauenschaft" eine Organisation, deren Aufgabe in der Schulung der Frauen im Sinne der NS-Ideologie lag. In der NS-Ideologie kam Frauen die Rolle einer Hausfrau, Mutter und treu sorgenden Gefährtin ihres Ehemannes zu. Angesichts des drohenden Krieges musste jedoch umgedacht werden, die Arbeitskraft der Frauen wurde insbesondere in der wachsenden Rüstungsindustrie dringend benötigt. Die Kriegswirtschaft führte – ähnlich wie im Ersten Weltkrieg – zu weiteren Karrierechancen.

S. 108, Aufgabe 1 (Material A)
M1 zeigt eine Frau, die von ihren drei kleinen Kindern umringt ist. Zwei von ihnen hält sie liebevoll umarmt, das dritte hat seine Hand auf ihre Schulter gelegt. Die blonden Kinder wirken gesund und vergnügt. Die Frau macht einen zufriedenen Eindruck. Das Bild wirkt insgesamt harmonisch. M2 zeigt die Ehrung einer älteren Frau durch das Mutterkreuz. Zwei BDM-Mädchen überreichen ihr Blumen und befestigen den Orden. Die Szene erinnert durch die Positionierung der Sitzbänke, die „Sonntagskleidung" der Anwesenden und die insgesamt feierliche Stimmung an einen Gottesdienst.

S. 108, Aufgabe 2 (Material A)
Die Mutterschaft soll als Glück bringende und ehrenhafte Aufgabe der deutschen Frau dargestellt werden.

S. 108, Aufgabe 3 (Material A) individuelle Lösung

S. 109, Aufgabe 1 (Material B)
In beiden Anzeigen wird als zentrale Aufgabe der Frau die Erfüllung der ihr zugedachten Rolle als Gebärerin und Mutter herausgestellt. Als Erhalterin des „Stammes" muss sie eine hohe Gebärfähigkeit („starke Hüften") vorweisen und auch mit Blick auf kommende Generationen „rassische Vollwertigkeit" garantieren können. In der Annonce der Frau wird Letzteres durch den Verweis auf ihre Herkunft aus „bäuerlicher (und damit „urdeutscher") Sippe" betont. Schlichtheit im Auftreten („niedere Absätze – kein Lippenstift") wird als positive Eigenschaft hervorgehoben.

S. 109, Aufgabe 2 (Material B)
Ausdrücke wie „Vollgermane", „erbgesund", „rassische Vollwertigkeit" und „artbewusst" verweisen auf die NS-Rasseideologie. Diese kommt auch im Gegensatzpaar „stattliche Blondine" und dem stark abwertenden Begriff „nachgedunkelte Schrumpfgermanin" zum Ausdruck. Mit antiquierten Ausdrücken wie „Minne" soll an vermeintlich germanische Traditionen angeknüpft werden. Auch die Wendungen „Wahrerin seines Hortes" und „Frohwalterin seines Stammes" inszenieren in ihrer Antiquiertheit Traditionslinien und beschwören zugleich durch ihre Feierlichkeit die behauptete Erhabenheit der Tätigkeit. Der Begriff „Jungmann" wurde auch für die Schüler von NS-Eliteschulen verwendet. Das Adjektiv „zackig" steht für soldatisches Auftreten.

S. 109, Aufgabe 3 (Material B)
Die Quelle bestätigt die Befunde aus S. 107, M2 und S. 108, M2: Der nationalsozialistischen Ideologie zufolge ist Mutterschaft die Hauptaufgabe der deutschen Frau. Die Mutterrolle ist für sie sowohl Pflicht als auch innere Erfüllung.

S. 109, Aufgabe 1 (Material C)
M4 spricht sich gegen Emanzipation und die Betätigung von Frauen in allen Berufen aus. Tendenzen in eine solche Richtung seien als „Seuche" anzusehen und widersprächen dem „Lebensgesetz", nach dem der „natürliche" Wirkungsbereich der Frau in der Familie angesiedelt sei. Die BDM-Haushaltsschulen zielen auf die hauswirtschaftliche Ausbildung sowie auf eine weltanschauliche Schulung ab, mit der auch die Akzeptanz des vorgeschriebenen Rollenbildes verstärkt werden soll. Ihre Rolle als Hausfrau und Mutter sollen die Mädchen im Dienste der „Volksgemeinschaft" erfüllen.

S. 109, Aufgabe 2 (Material C)
Der kriegsbedingte Arbeitskräftemangel führte zu Veränderungen in Bezug auf den Wirkungsbereich von Frauen. Entgegen der Ideologie von der deutschen Frau als Hausfrau und Mutter wurden Frauen nun vermehrt in der kriegswichtigen Industrieproduktion eingesetzt. Auch die Mädchen des BDM wurden für kriegsunterstützende Tätigkeiten herangezogen, dazu gehörten Soldatenbetreuung, Hilfe für Hinterbliebene, Nachbarschaftshilfe für berufstätige Frauen, Hilfe in Krankenhäusern und bei der Ernte. Neben typisch weiblichen Tätigkeiten wie dem Nähen und Kochen für Soldaten nennt M5 auch die männlich konnotierte Betätigung im Bereich der Feuerwehr.

S. 109, Aufgabe 3 (Material C)
M5 betont die Eigeninitiative der Mädchen bei den kriegsunterstützenden Tätigkeiten („freiwillig", „die Mädchen ... wollen", „aus ihrer Initiative", „zur Verfügung stellten"). Unabhängig von der sicherlich weitverbreiteten Begeisterung (auf der Grundlage der Zustimmung zur NS-Ideologie und angesichts der Aussicht auf eine selbstständige, anerkannte Tätigkeit) gilt es allerdings zu beachten, dass die Mädchen zum Dienst verpflichtet wurden. Die Betonung der Freiwilligkeit dient propagandistischen Zwecken. Der Krieg eröffnete den Mädchen Betätigungsfelder im öffentlichen Bereich. Durch ihren Einsatz trugen auch die BDM-Mädchen direkt dazu bei, den nationalsozialistischen Kriegsapparat am Laufen zu halten.

Propaganda im Nationalsozialismus   S. 110/111

S. 110, M1: Plakat zur Rundfunkausstellung 1936 siehe die Erläuterungen zu S. 104, M1

Webcode
FG450099-111

S. 110, M2: Deutsche Funkausstellung in Berlin 1939
Die Funkausstellungen wurden von den Nationalsozialisten seit Beginn ihrer Herrschaft als Propagandabühne genutzt. Bei der Messe des Jahres 1933 wurde mit dem ersten „Volksempfänger" eines der wichtigsten NS-Propagandainstrumente vorgestellt, 1938 folgte an gleicher Stelle der noch preiswertere „Deutsche Kleinempfänger". Bei seiner Eröffnungsrede zur Funkausstellung 1939 schwor Goebbels die Zuhörer auf den geplanten Krieg ein und erklärte den Rundfunk und andere Medien zu Waffen im „Daseinskampf des Volkes".

S. 111, M3: Hitler mit Goebbels und dessen Tochter
Neben mythologisierenden Herrscherbildern, die Hitler als entschlossenen und heldenhaften „Führer" präsentierten, produzierte die nationalsozialistische Propaganda immer wieder auch explizit „vermenschlichende" Darstellungen Hitlers. Dadurch sollte die Identifikation der Bevölkerung mit dem „Führer" gefördert und das Gefühl einer fast schon familiären Intimität innerhalb der „Volksgemeinschaft" vermittelt werden. Ein besonders beliebtes Motiv war die Darstellung Hitlers mit „arischen" Kindern. Das auf dem Foto abgebildete kleine Mädchen, eine Tochter von Goebbels, wurde wenige Tage vor Kriegsende gemeinsam mit ihren fünf Geschwistern von den Eltern getötet, die anschließend Selbstmord verübten.

S. 111, M4: Hitler schreibt in „Mein Kampf" über das Wesen der Propaganda

Im Kapitel „Kriegspropaganda" seiner Programmschrift beschreibt Hitler Techniken und Methoden einer weltanschaulichen Agitation im Sinne des Nationalsozialismus. Die Propaganda habe sich stets an die Masse zu richten: Dementsprechend müsse sie sich in Bezug auf ihr Niveau dem breiten Publikum anpassen, insbesondere die Gefühlswelt der Adressaten ansprechen und schlagwortartig in stets neuen Wiederholungen vorgetragen werden. Als Blaupause für eine gelungene politische Agitation zieht Hitler immer wieder Beispiele aus der Welt der kommerziellen Werbung heran. In weiteren Kapiteln zum Thema hebt er Massenveranstaltungen und die öffentliche Rede als zentrale Mittel der Propaganda heraus.

S. 111, M5: Reichssendeleiter Eugen Hadamovsky über Grundsätze der Propaganda (1933)

Zu den Merkmalen des Nationalsozialismus sowohl der Bewegungs- als auch der Regimezeit gehört die Verbindung von Propaganda und Gewalt. Von Beginn an war die Bekämpfung von Gegnern nicht die einzige Funktion der Gewalt: Sie wurde auch zu vielfältigen propagandistischen Zwecken eingesetzt. So wurden beispielsweise in der Bewegungszeit Saalschlachten mit politischen Gegnern gezielt provoziert, um mediale Aufmerksamkeit zu erreichen. Darüber hinaus war Verherrlichung von Gewalt im „Kampf ums Dasein" ein konstitutiver Bestandteil der NS-Ideologie, die sich in der Ästhetisierung von Stärke, kämpferischer Männlichkeit und Krieg äußerte.

S. 111, Aufgabe 1

Propaganda kann als die gezielte Verbreitung weltanschaulicher Ideen mit dem Ziel der Beeinflussung des allgemeinen Bewusstseins definiert werden. Mindmap: individuelle Lösung.

S. 111, Aufgabe 2

Durch den verordneten „Gemeinschaftsempfang" war es schwierig, sich dem Radiohören zu entziehen. (Fast) alle wurden so durch die Rundfunkpropaganda erreicht. Zudem wurde das gemeinsame Hören zu einem Gemeinschaftserlebnis, das die Wirkung der Propaganda erhöhte.

S. 111, Aufgabe 3

Die Abbildung zeigt Reichspropagandaminister Goebbels und den Reichsintendanten des deutschen Rundfunks Heinrich Glasmeyer auf der Funkausstellung von 1939. Die Anwesenheit des Reichsministers ist ein Hinweis auf die hohe Bedeutung, die die Nationalsozialisten insbesondere den neuen Medien beigemessen haben. Technische Neuerungen, wie der Volksempfänger, wurden gezielt eingesetzt, um die Schlagkraft der Propaganda zu erhöhen.

S. 111, Aufgabe 4

M3 zeigt Hitler, Goebbels sowie dessen kleine Tochter am Strand. Hitler, im Anzug und mit Blumenstrauß in der Hand, hat sich lächelnd zu dem Mädchen hinuntergebeugt, dieses blickt keck zu ihm hinauf. Das Mädchen im weißen Sommerkleid mit Blumenkranz erscheint als Inbegriff kindlicher Niedlichkeit und Unschuld. Im Hintergrund steht Goebbels in weißer Freizeitkleidung und betrachtet lächelnd die Szene. Das Foto stellt Hitler als einen freundlichen und kinderlieben Menschen dar. Der Betrachter soll ihn mögen und sich mit ihm identifizieren können.

S. 111, Aufgabe 5

Lautsprecherwagen, Plakate, Parteizeitungen, aufsehenerregende Aktionen („Hitler über Deutschland"), Rundfunk, Kino (politisch-propagandistische Spielfilme und Dokumentationen, ablenkende Unterhaltungsfilme, „Kulturfilme", „Wochenschau"), Fotografie

S. 111, Aufgabe 6

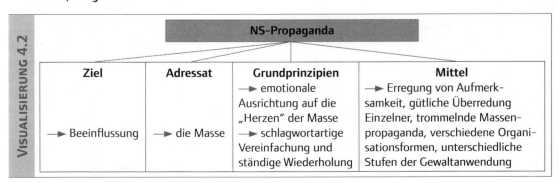

VISUALISIERUNG 4.2

	Ziel	Adressat	Grundprinzipien	Mittel
	→ Beeinflussung	→ die Masse	→ emotionale Ausrichtung auf die „Herzen" der Masse → schlagwortartige Vereinfachung und ständige Wiederholung	→ Erregung von Aufmerksamkeit, gütliche Überredung Einzelner, trommelnde Massenpropaganda, verschiedene Organisationsformen, unterschiedliche Stufen der Gewaltanwendung

NS-Propaganda

Leben im Nationalsozialismus 4

Methode: Spielfilme untersuchen S. 112/113

S. 112, M1: „Quax, der Bruchpilot", Filmplakat siehe die Erläuterungen zu Aufgabe 3

HRU, S. 106, KV
4.1 Spielfilme untersuchen

S. 112, M2: Szenenfoto
Die Abbildung zeigt Groschenbügel, den Fluglehrer Hansen sowie weitere Fluganfänger vor der ersten Flugstunde. Der komödiantische Charakter des Protagonisten wird in der Szene optisch durch die zu große Fluguniform und die – einen albernen Eindruck erweckenden – hochgeklappten Enden seiner Fliegermütze unterstrichen.

S. 113, Aufgabe 1
Groschenbügel macht einen sympathischen und unbeschwerten Eindruck. In seiner äußerlichen Erscheinung gleicht er „dem Mann von nebenan" und nicht einem unerreichbar fernen Helden. Der Zuschauer kann sich gut mit der Figur identifizieren.

S. 113, Aufgabe 2
4. Schauspieler: Heinz Rühmann (Otto Groschenbügel); Karin Himboldt (Marianne Bredow); Lothar Firmans (Fluglehrer Hansen)
10. Die Hauptfigur verwandelt sich von einem ängstlichen und angeberischen Angestellten zu einem – im Sinne der nationalsozialistischen Ideologie – wahrhaft „männlichen" Flughelden. Ängstlichkeit, leere Prahlerei und mangelnder Wille zur Unterordnung werden ersetzt durch Disziplin und Einordnung in die Gemeinschaft.
13. Der Film soll in einem Moment, in dem der Krieg zunehmend auch für die deutsche Bevölkerung spürbar wurde, unterhalten und ablenken. Zugleich vermittelt er die nationalsozialistischen Werte von Disziplin, Gehorsam und Unterordnung des Individuums unter die Gemeinschaft. Durch die Darstellung waghalsiger Flugmanöver und faszinierender Technik wirbt der Film für die Luftwaffe.

S. 113, Aufgabe 3
Das Plakat, das für den 1941 veröffentlichten Film „Quax, der Bruchpilot" wirbt, macht insgesamt einen fröhlichen Eindruck und spricht zugleich die Abenteuerlust an. Im rechten Bildvordergrund ist ein Mann in Fliegerkleidung abgebildet. Er lächelt und hat seine rechte Hand in einer triumphierenden Geste erhoben. Über seinem Kopf ist ein Doppeldecker-Flugzeug im Tiefflug zu sehen. Im Hintergrund sind ein Gebäude, geparkte Flugzeuge und eine Reihe von – den fröhlichen Eindruck unterstreichenden – weiß-blauen Fahnen zu erkennen. Die Weite des Himmels und die Leere des Flugplatzes vermitteln ein Gefühl von Freiheit. Farblich dominieren das helle Grau des Flugplatzes, das Hellblau des Himmels sowie die Beigetöne der Fliegeruniform. Der Pilot wird durch warmes, gelbes (Sonnen-)Licht beleuchtet. Am oberen Bildrand ist in roter Schrift der Name des Hauptdarstellers zu lesen, darunter steht ein schräg platzierter, dynamisch wirkender blauer Schriftzug, der den Titel angibt. Das Plakat soll beim Betrachter den Eindruck vermitteln, dass es sich bei „Quax, der Bruchpilot" um einen lohnenden Film handelt, der nicht nur hochkarätig besetzt ist, sondern auch Unbeschwertheit und Witz mit abenteuerlichen Elementen zu verbinden weiß.

S. 113, Aufgabe 4 Recherche-Aufgabe

Ideologievermittlung durch Feste und Feiern S. 114/115

S. 114, M1: Reichsparteitag in Nürnberg 1933
Die Reichsparteitage der NSDAP dienten ab 1933 in erster Linie als wirkungsmächtige Tribüne für den Führerkult und für die Inszenierung der „Volksgemeinschaft". Massenaufmärsche, militärische Darbietungen, Reden, Totenehrungen und Fahnenweihen bestimmten die Liturgie der Parteitage. Durch den alle Sinne ansprechenden Erlebnischarakter der Festlichkeiten sollten die Teilnehmer in Bann geschlagen werden. Die Parteitage waren von Volksfesten, Konzerten und Feuerwerken umrahmt und wurden über Rundfunk und Film massenhaft reproduziert. Die Fotografie zeigt eine der zahlreichen Massenaufmarschszenen, bei denen sich der Einzelne in der unendlich scheinenden Menge verliert, die in militärischer Präzision und ausgestattet mit Uniformen und Fahnen posiert: Das Individuum löst sich hier sinnbildlich in der „Volksgemeinschaft" auf.

Webcode
FG450099-115

S. 115, M2: Programm des Erntedankfestes auf dem Bückeberg
Der Festablauf zeigt die für die Reichserntedankfeste typische Kombination von folkloristischen, religiös anmutenden und militärischen Elementen. Letztere wurden im Lauf der Jahre zum immer bestimmenderen Teil der Veranstaltung: Ab 1935 fanden ausgedehnte Gefechtsübungen mit Panzern und Kampfflugzeugen statt. Der „Führer" traf stets erst Stunden nach Beginn der Feierlichkeiten auf dem Festgelände ein. Dies hatte nicht nur logistische Gründe, sondern diente auch dazu, die Erwartungshaltung der Versammelten zu steigern und die suggestive Kraft des Auftritts Hitlers zu erhöhen. Zum Reichserntedankfest siehe auch die Erläuterungen zur Abbildung auf S. 76/77 des Schülerbandes.

S. 115, M3: Rede Hitlers anlässlich des Reichserntedankfestes
Die Teilnehmer des Reichserntedankfestes wurden nicht nur durch militaristische Masseninszenierungen und Militärübungen auf den kommenden Krieg vorbereitet. Auch in der Rede Hitlers, einem zentralen Programmpunkt des Festes, durfte trotz des scheinbar harmlosen Anlasses die Kriegspropaganda nicht fehlen. Hitler zeichnet in der vorliegenden Rede das Bild eines bedrohten Deutschlands: Durch die Verbreitung eines paranoiden Bedrohungsgefühls wird der Boden für die Zustimmung zu einem scheinbar präventiven Erstschlag bereitet. Das Reichserntedankfest von 1937 war das letzte seiner Art. Ein Jahr später wurde das Fest kurzfristig abgesagt: Die für die Teilnehmer vorgesehenen Sonderzüge waren mit Soldaten belegt und in Richtung tschechischer Grenze gelenkt worden. Zur Rede siehe auch die Erläuterungen zu Aufgabe 4.

S. 115, M4: Reichserntedankfest auf dem Bückeberg bei Hameln
„Der Weg durchs Volk" gehörte zu den zentralen Ritualen des Reichserntedankfestes. Dabei durchschritt Hitler mit seinem Gefolge auf einem eigens dafür angelegten, leicht erhöhten „Führerweg" die auf dem Festplatz versammelte Menge. Hitler gab sich dabei volksnah, ging immer wieder auf die Menschen zu, ließ sich anfassen, nahm Blumen entgegen. Kinder und Frauen durchbrachen die Absperrung und suchten die Nähe des verehrten „Führers". Für den nur 600 m langen Weg benötigte Hitler bis zu 45 Minuten. So inszenierte er sich als Teil der „Volksgemeinschaft".

S. 115, Aufgabe 1 a)
Die Menschenmenge scheint unendlich, sie steht im Block zusammen, uniformiert und in präzisen Reihen. Das Bild vermittelt den Eindruck von Stärke, Ordnung und Geschlossenheit. Zugleich wirkt es bedrohlich: Gewaltbereitschaft wird nicht nur gegenüber dem Außen der geschlossenen Gemeinschaft impliziert, Gewalt wird auch dem teilnehmenden Individuum angetan, das sich in der Masse auflöst.
b) Beide Bilder stammen von einem Reichserntedankfest. In M4 ist Hitler als volksnaher „Führer" dargestellt. Er lächelt, schüttelt Hände, ist ganz nah bei der begeisterten Menge. Auf der Abbildung von S. 76/77 steigt Hitler nach dem Gang durch die Menge die Treppe zur Tribüne empor. Er blickt ernst, geht allein voran. Auf den Treppen der hohen Tribüne stehen etliche Reihen von SA-Männern, die „Führer" und Volk symbolisch trennen. Hitler ist hier als einsame und entrückte Herrscherfigur inszeniert.

S. 115, Aufgabe 2
Mit spektakulär inszenierten Massenveranstaltungen wurde eine rauschhafte Stimmung geschaffen. Die Teilnehmer fühlten sich als Teil einer starken Gemeinschaft und konnten so Allmachtsfantasien ausleben. Hitler wurde sowohl als „Volkskanzler" als auch als fast schon göttlicher Heilsbringer inszeniert. Wünsche nach Hingabe und Selbstaufgabe fanden in ihm eine ideale Projektionsfläche.

S. 115, Aufgabe 3 a)
Das Erntedankfest ist ein christliches Fest, mit dem Gott für die Ernte gedankt werden soll. Bereits in vorchristlicher Zeit gab es in vielen Kulturen Feste von ähnlichem Charakter. Im vorchristlichen Mittel- und Nordeuropa wurde zum Zeitpunkt der Tag- und Nachtgleiche ein Erntedank mit Opfergaben gefeiert.
b) Die Nationalsozialisten nahmen die christliche Tradition nicht nur durch die Wahl des Anlasses, sondern auch durch Elemente der Festliturgie (z. B. „Segnungs"-Chor) auf, um so eine größere Anschlussfähigkeit bei der christlich geprägten Bevölkerung zu schaffen.
c) individuelle Lösung

Leben im Nationalsozialismus 4

S. 115, Aufgabe 4 a)
Die Struktur des Textauszuges folgt einem Muster von Spannung und Auflösung: Schwere der Aufgabe ↔ Großartigkeit des Erreichten; Bedrohung von außen ↔ undurchdringbare Verteidigung. Hitler rhythmisiert die Rede mit Anaphern („zu viele ... zu kleinen"; „es mangelt ..., mangelt"). Er bezieht das Publikum mit einer Reihe rhetorischer Fragen ein und verwendet Bilder (Deutschland als „bestellter Garten"; „eisern" für unerschütterlich). Auf die Betonung der vermeintlichen Friedliebigkeit folgt die kaum verhohlene Aggressivität, die mit dem Verweis auf die angebliche Bedrohung durch die „internationalen jüdischen Bolschewistenverbrecher" als Verteidigung legitimiert werden soll.
b) Hitler apostrophiert Deutschland als Garten. Die Metapher ruft Assoziationen von Ruhe, Geborgenheit und Gedeihen hervor. Naheliegend ist auch die gedankliche Verbindung mit dem „Garten Eden". Es erscheint einleuchtend, dass dieses scheinbare Paradies gegen die vermeintlichen Angreifer von außen verteidigt werden muss. Der durch die Garten-Metapher evozierte Harmoniebezug entpuppt sich mit Blick auf die Lage der von den Nationalsozialisten Verfolgten als blanker Zynismus. Das Bild vom Garten spielt zudem aufs Private an. Jedes Mitglied der „Volksgemeinschaft" soll Deutschland als sein Eigen begreifen und bereit sein, sich dafür zu opfern.

Freizeit im NS-Staat   S. 116/117

S. 116, M1: Betriebssport
Die Förderung sportlicher Betätigung war den Nationalsozialisten aufgrund „rassenpolitischer" Erwägungen („Volksgesundheit"; Auslese) und mit Blick auf eine Erhöhung der Wehrtüchtigkeit ein wichtiges Anliegen. Die Organisation „Kraft durch Freude" (KdF), die über ein eigenes Sportamt verfügte, bot vielfältige Sportkurse zu minimalen Gebühren an und machte so auch ehemals kostspielige Sportarten für ein breites Publikum zugänglich. Mit KdF-Betriebssportgruppen und -stätten wurde die Leibesertüchtigung direkt am Arbeitsplatz organisiert.

S. 117, M2: Plakat der Organisation „Kraft durch Freude" siehe die Erläuterungen zu S. 104, M2 und S. 117, Aufgabe 2

S. 117, M3: Prora, Innenansicht
Die Grundsteinlegung des Gebäudekomplexes erfolgte am 2. Mai 1936. Der Jahrestag der Zerschlagung der Gewerkschaften sollte symbolisch dafür genutzt werden, die vermeintlichen Errungenschaften des Nationalsozialismus für die Arbeiter zu feiern. Der Bauplan sah Schlafräume mit Waschbecken im Vorraum vor; Duschen und Toiletten sollten in den Seitenflügeln auf der vom Strand abgewandten Seite untergebracht werden. Angesichts der verlängerten Saison sollten alle Zimmer mit Zentralheizung ausgestattet werden. Darüber hinaus war die Anbringung von Lautsprechern in den Zimmern geplant, mit denen Reden und Musik direkt in die Schlafräume übertragen werden konnten. Schlichtheit und Zweckmäßigkeit waren in Bezug auf die Einrichtung vorgesehen.

S. 117, M4: Prora, Außenansicht
Zwei sechsgeschossige, jeweils 2000 m lange Bettenhäuser wurden, parallel zum Strand, zu beiden Seiten des zentralen Platzes und der Festhalle errichtet. Für die zu erwartenden Besucherströme wurden ein Bahnhof, verschiedene Zufahrtsstraßen sowie ein Wirtschaftshof mit Heizzentrale, Kühlhäusern, Bäckerei, Wäscherei und anderen Wirtschaftsbetrieben eingerichtet. Die entpersönlichende Monumentalität des Gebäudekomplexes hatte nicht nur funktionale Gründe, sondern folgte auch ideologischen Vorstellungen: In der Ferienanlage ist die Masse und nicht das Individuum das Maß der Dinge.

S. 117, M5: KdF-Wagen
1934 erhielt Ferdinand Porsche den Auftrag, einen „Volkswagen" zu entwickeln, der einen Preis von 1000 RM nicht überschreiten sollte. Hitler, der das unter der Trägerschaft der KdF-Gemeinschaft stehende Projekt persönlich unterstützte, wollte damit die Massenmotorisierung Deutschlands einleiten und sozialpolitische Akzente setzen. 1938 wurde im heutigen Wolfsburg der Grundstein für eine KdF-eigene Produktionsstätte gelegt. In groß angelegten Kampagnen wurde der wöchentliche Erwerb von Sparkarten im Wert von 5 RM beworben, durch die auch Durchschnittsverdiener langfristig in den Genuss eines eigenen Autos kommen sollten. Keiner der 336000 Einzahler erhielt sein Auto: Das KdF-Werk produzierte ausschließlich Fahrzeuge für den militärischen Gebrauch.

Webcode
FG450099-117

Diff. Kopiervorlagen
17.2 Die NS-Organisation „Kraft durch Freude": Erlebnisangebote oder Propaganda?

4 Leben im Nationalsozialismus

S. 117, Aufgabe 1
ideologische Beeinflussung der Arbeiter durch Propagieren des Gedankens der „Volksgemeinschaft"; Entspannung und Förderung der „Volksgesundheit" zur Erhöhung der Arbeitsleistung und Stärkung der Wehrtüchtigkeit

S. 117, Aufgabe 2
Die Plakate suggerieren, dass das Glück, das die abgebildeten Menschen ausstrahlen, auch für den Betrachter zum Greifen nahe ist. Jeder kann es dem fröhlichen und attraktiven Sportler aus M1 gleichtun. Auch mit geringen finanziellen Mitteln kann man – wie die Fotografie des einfach gekleideten Paares in M2 zeigt – eine KdF-Reise buchen. Selbst ein eigener Wagen wie in M5 scheint möglich. Die Plakate arbeiten mit einer intensiven, großflächigen Farbgebung. Der Sportler in M1 blickt direkt in Richtung des Betrachters, das Paar am rechten Rand von M2 scheint mit Blicken sogar zum Mitkommen einzuladen. Die Plakate M2 und M5 sprechen den Betrachter direkt an: Formulierungen wie „Dein Urlaub"/„Dein KdF-Wagen" beflügeln die Fantasie.

S. 117, Aufgabe 3
Über die KdF-Gemeinschaft fanden die Nationalsozialisten Zugriff auf fast alle Bereiche des alltäglichen Lebens. Freizeitgestaltung, Kulturgenuss, Sport und Urlaub – all das wurde dem Bereich des Privaten entzogen und der ideologisch ausgerichteten staatlichen Organisation unterworfen.

S. 117, Aufgabe 4 siehe die Erläuterungen zu M5

S. 117, Aufgabe 5 a)

Kriegsende	russisches Internierungslager für ostdeutsche Großgrundbesitzer, dann zunehmend als Steinbruch genutzt
1949–1990	Ausbildungs- und Übungsgelände der Kasernierten Volkspolizei und später der Nationalen Volksarmee
1990–1992	Nutzung durch die Bundeswehr; 1993–1999: Verfall und Teilnutzung als Jugendherberge
seit 1994	als Zeugnis der NS-Geschichte unter Denkmalschutz
2000	Eröffnung des Dokumentationszentrums Prora
seit 2004	Verkauf einzelner Blöcke an verschiedene private Investoren

b) individuelle Lösung

Jugend im Nationalsozialismus — S. 118/119

Webcode
FG450099-119

HRU, S. 108, KV
4.2 Jugend im
Nationalsozialismus

S. 118, M1: Hitlerjugend beim Appell
Der Alltag in der Hitlerjugend (HJ) war geprägt von militärischen Übungen, Marsch und Lager, Sportwettkämpfen, weltanschaulichen Schulungen und praktischen Einsätzen im Sinne einer Stärkung der „Volksgemeinschaft" (Geldsammlungen für das Winterhilfswerk, Ernteeinsätze etc.). Viele Kinder und Jugendliche zogen aus ihrer Tätigkeit in der HJ ein Gefühl von Gemeinschaft und „Kameradschaft". Zudem befriedigte die Organisation das jugendliche Geltungsbedürfnis. In besonderem Maße galt das für die HJ-Funktionsträger. Der Erziehungsanspruch der HJ bedeutete auch eine Kampfansage an die traditionellen Erziehungsinstanzen Schule und Eltern, die den Wünschen vieler Jugendlicher nach Unabhängigkeit scheinbar entgegenkam. Diesen positiven Erfahrungen standen aber auch unangenehme Eindrücke von Drill und endlosen Appellen zur Seite. Gerade für Jugendliche, die keine Führungspositionen innehatten, waren die HJ-Aktivitäten gleichbedeutend mit unablässigem Zwang zum Gehorchen. Dennoch beteiligten sich viele Jungen und Mädchen begeistert an der nationalsozialistischen Jugendorganisation. Das Foto zeigt Reichsjugendführer Baldur von Schirach während des Besuchs eines HJ-Zeltlagers.

S. 118, M2: BDM-Plakat
Das adrette und vergnügte Mädchen auf dem Plakat ist allem Anschein nach noch im Grundschulalter. Dadurch wird verdeutlicht, in welch frühem Alter der Zugriff der NS-Jugendorganisationen erfolgte. Der Plakattext führt zudem den Totalitätsanspruch der nationalsozialistischen Pädagogik vor Augen. In völliger Hingabe und unter Aufgabe des Selbst soll sich das deutsche Mädchen dem „Führer" zur Verfügung stellen. Zum BDM siehe die Erläuterungen zu S. 109, M4 und M5.

Leben im Nationalsozialismus 4

S. 119, M3: Zeitungsartikel über das Führerlager der HJ am Gelterswoog
Lager und Kolonne, so erklärte Erziehungsminister Rust 1934, seien die geeignetsten Formen einer nationalsozialistischen Erziehung. In den HJ-Lagern übten sich die männlichen Kinder und Jugendlichen in wehrsportlichen Aktivitäten und verinnerlichten die Mechanismen von Befehl und Gehorsam. Beides sollte sie auf ihre Rolle als funktionierende Soldaten vorbereiten. Alle Reste der „verweichlichenden" Zivilisation sollten zunächst abgeschliffen werden, um auf Grundlage des vermeintlich „reinen Materials der Natur" den nationalsozialistischen Mann zu formen.

S. 119, M4: Eine Tochter berichtet über die Ausgrenzung ihres Vaters
Ab dem Sommer 1933 wurden NSDAP-unabhängige Jugendgruppen in die HJ überführt oder aufgelöst. Nur die katholischen Gruppierungen konnten – begleitet von Diffamierungskampagnen und Angriffen der HJ – noch einige Jahre ihre eigenständigen Organisationen behaupten, 1938/39 wurden auch diese verboten. Seit den ersten Monaten der NS-Herrschaft wurde auf Jugendliche, die keine HJ-Mitglieder waren, ebenso wie auf deren Eltern, massiver Druck ausgeübt: So erfuhren Jugendliche beispielsweise Nachteile bei der Ausbildungsstellen- und Arbeitssuche, waren von Sportvereinen ausgeschlossen, im öffentlichen Dienst beschäftigte Eltern mussten mit ihrer Entlassung rechnen.

S. 119, M5: Erinnerungen des Schriftstellers Max von der Grün
In „Wie war das eigentlich?" setzt sich Max von der Grün, der Autor des erfolgreichen Jugendbuchs „Vorstadtkrokodile", mit seiner Kindheit im Nationalsozialismus auseinander. Von der Grüns Adoptivvater war als Zeuge Jehovas ab 1938 im KZ interniert. Aufgrund der Inhaftierung seines Vaters blieb Max von der Grün der Zugang zum Gymnasium verwehrt.

S. 119, Aufgabe 1
Gemeinschaftserlebnis mit Gleichaltrigen; Gefühl, einer starken Gruppe anzugehören und Teil von etwas Ernsthaftem und Bedeutendem zu sein; Freizeitaktivitäten fernab der Kontrolle der Eltern; Sport und Abenteuer in der freien Natur

S. 119, Aufgabe 2
Disziplin, Gehorsam, Hingabe, Opferbereitschaft, „Kameradschaft" im Sinne der „Volksgemeinschaft", Verinnerlichung der nationalsozialistischen Ideologie. Speziell bei Mädchen: hauswirtschaftliche Fertigkeiten sowie körperliche Kraft und Gesundheit zur Produktion und Versorgung von „erbgesundem" Nachwuchs. Speziell bei Jungen: seelische Härte, körperliche „Stählung", militärische Grundfertigkeiten und soldatische Verhaltensmuster zur Sicherung der Wehrtüchtigkeit.

S. 119, Aufgabe 3
Nichtmitglieder der HJ waren massivem Druck ausgesetzt. Sie hatten Probleme bei der Suche nach Lehrstellen oder Arbeit. Schon im Sommer 1933 waren andere Jugendorganisationen (soweit nicht bereits verboten) umfangreichen Einschränkungen unterworfen. Aktivitäten von oder Zugehörigkeitsbekundungen zu solchen Jugendgruppen waren nur noch versteckt möglich.

S. 119, Aufgabe 4
Bei den Jungen zielte die HJ-Erziehung auf die Schaffung von kriegstüchtigen Soldaten ab, bei den Mädchen auf die Herstellung von Gebärfähigkeit sowie auf die Entwicklung von Fertigkeiten, die der Erfüllung der Hausfrauen- und Mutterrolle dienen. Beide sollten zu Staatsbürgern erzogen werden, die den nationalsozialistischen Ideen und dem Regime ergeben sind.

S. 119, Aufgabe 5 individuelle Lösung

Schule im Nationalsozialismus S. 120/121

S. 120, M1: Schulunterricht im Zeichen des Hakenkreuzes
Die Schule erwies – angesichts ihres institutionellen Eigengewichts und aufgrund der Tatsache, dass sie jenseits von ideologischen Fragen den Schülern die Fähigkeit zu einer produktiven Betätigung zu vermitteln hatte – ein gewisses Beharrungspotenzial gegen die totale Indienstnahme durch die Nationalsozialisten. Am 7. April 1933 wurden mit dem „Gesetz zur Wiederherstellung des Berufsbeamtentums" politisch missliebige und jüdische Lehrer ausgeschaltet. Im selben Jahr erfolgte die Einführung von „Rassenkunde" als Schulfach in Preußen, 1935 erging ein entsprechender Erlass für das gesamte Reichsgebiet. Neben Geschichte und Biologie waren insbesondere die Fächer Deutsch,

Webcode
FG450099-120

4 Leben im Nationalsozialismus

Geografie, Musik und Kunst von einer zunehmenden Durchdringung durch die nationalsozialistische Ideologie betroffen. Verbindliche Regelungen über neue Lehrplaninhalte wurden allerdings erst ab 1937 geschaffen, und auch die Produktion nationalsozialistisch ausgerichteter Schulbücher nahm Jahre in Anspruch.

S. 121, M2: Otto Jehuda Reiter über seine Schulzeit

Seit der „Machtergreifung" waren jüdische Schüler der zunehmenden Ausgrenzung und Aggression vonseiten ihrer Mitschüler und Lehrer ausgesetzt. Mit dem „Gesetz gegen die Überfüllung deutscher Schulen und Hochschulen" wurde bereits am 25. April 1933 der Zugang zu höheren Schulen nach „Rassenzugehörigkeit" beschränkt. Bis 1935 halbierte sich die Anzahl jüdischer Schüler an öffentlichen Schulen, die „Rassengesetze" desselben Jahres verschärften den Verdrängungsprozess weiter. Am 15. November 1938, kurz nach der Reichspogromnacht, wurden jüdische Schüler endgültig aus der öffentlichen Schule ausgeschlossen.

S. 121, M3: Ordensburg Sonthofen

Auf Initiative des DAF-Führers und Reichsschulungsleiters Robert Ley wurden 1936 die Ordensburgen Sonthofen, Krössinsee und Vogelsang eröffnet. Die Schulungszentren sollten Absolventen der Adolf-Hitler-Schulen (nach der Absolvierung ihres Arbeits- und Wehrdienstes) ab einem Alter von 23 Jahren aufnehmen und für politische Führungsfunktionen ausbilden. Da die Pläne für den Bau von Adolf-Hitler-Schulen in jedem der 32 Gaue der NSDAP stockten, wurde ab Mitte 1937 ein Großteil der bis dahin gegründeten Schulen in den Gebäuden der Ordensburgen untergebracht. In diesen Internatsschulen gehörten Konzepte wie „charakterliche Veranlagung", „Führerfähigkeit", „Angriffsfreude" sowie „körperliche Fähigkeiten" noch vor den fachlichen Leistungen zu den zentralen Bewertungskategorien.

S. 121, M4: Helmut Steiner will Priester werden

Die Nationalsozialisten sahen sich in ihrem totalen Machtanspruch von der katholischen Kirche bedroht: Kein Glaube sollte über demjenigen an „Volk und Führer" stehen. Ungeachtet des Reichskonkordats von 1933 war das NS-Regime deshalb stets bemüht, den traditionell starken kirchlichen Einfluss in Schule und Jugendarbeit zurückzudrängen. Katholische Jugendliche mussten mit Repressalien rechnen, wenn sie sich über die zahlreichen Verbote im Bereich der Jugendgruppen hinwegsetzten, die vom Verbot von Gruppenuniformen und gemeinsamer sportlicher Betätigung über die grundsätzliche Beschränkung auf rein kirchliche Aktivitäten bis hin zum endgültigen Verbot der kirchlichen Jugendgruppen in den Jahren 1938/39 gingen.

S. 121, Aufgabe 1

Übernahme von NS-Symbolik und -Ritualen: Hitlerporträts und Hakenkreuzfahnen in den Klassenräumen; Hitlergruß und Fahnenappelle
Gleichschaltung der Lehrer: NS-Lehrerbund als alleinige Vertretung der Lehrkräfte; Ausschaltung jüdischer Lehrkräfte
Einflussnahme auf den Unterricht: nationalsozialistische Inhalte in Geschichte und Biologie; Ausbau des Sportunterrichts
Einführung von nationalsozialistischen „Eliteschulen": Adolf-Hitler-Schulen, Napola, Ordensburgen

S. 121, Aufgabe 2

Der Aufnahme in die NS-„Eliteschulen" gingen Prüfungen der „Rasseneinheit", der „Erbgesundheit", der ideologischen Überzeugungen und der körperlichen Leistungsfähigkeit voraus. Die Schüler, die diese Tests erfolgreich absolvierten, konnten sich als Teil einer Elite fühlen. Von der Ausbildung an den NS-Schulen versprachen sich Eltern und Schüler zudem erhöhte Chancen auf einen sicheren Arbeitsplatz in Staat und Partei, wenn nicht gar auf eine Karriere in der politischen Leitungsebene.

S. 121, Aufgabe 3

Entlassung jüdischer Lehrer; Ausgrenzung von und Angriffe auf jüdische Schüler; Verdrängung von jüdischen Schülern aus den öffentlichen Schulen; Angriffe auf jüdische Schulen; Deportationen von jüdischen Schülern und Lehrern

Leben im Nationalsozialismus **4**

S. 121, Aufgabe 4 a)
Das Gebäude nimmt Elemente der mittelalterlichen Kloster- und Burgarchitektur auf. Mehrere Höfe werden von langgestreckten Bauten umsäumt, die teilweise mit kreuzgangartigen Passagen versehen sind. Der Hof auf der rechten, vorderen Seite ist mit Treppenpodest und Fahnenstange für Appelle und offizielle Veranstaltungen ausgestattet. Die monumentalen Ausmaße des Baus spiegeln die Geringschätzung des Individuums in der NS-Ideologie wider.
b) siehe die Erläuterungen zu M3

S. 121, Aufgabe 5 Recherche-Aufgabe

S. 121, Aufgabe 6
Der junge Helmut Steiner wollte Priester werden und verweigerte sich NS-Ritualen wie dem Hitlergruß. Daraufhin wurde ihm vorgeworfen, Kommunist zu sein, und ein Verfahren wegen „politischer Umtriebe" eingeleitet. Mit überzogenen Vorwürfen und scharfer Repression wurde bereits auf kleine Abweichungen reagiert.

Die Ausgrenzung der Juden bis 1938   S. 122/123

S. 122, M1: Öffentliche Demütigung
Öffentliche Demütigungen waren eine gängige Methode der nationalsozialistischen Verfolgungspraxis, die vor allem im Zusammenhang mit dem Vorwurf der „Rassenschande" eingesetzt wurde. In den Monaten nach der Machtübernahme kam es zu einer ersten Welle solcher Aktionen. Eine erneute Zunahme der öffentlichen Anprangerungen lässt sich für das Jahr 1935 verzeichnen und kann als Vorbereitung für die Nürnberger Gesetze interpretiert werden. Eine dritte Hochphase öffentlicher Demütigungen fällt in die Jahre 1940/41, als die Zahl der Kriegsgefangenen und ausländischen Zwangsarbeiter im Deutschen Reich zunahm.
Die Fotografie zeigt den jüdischen Kino- und Strumpfladenbesitzer Oskar Dankner und die nichtjüdische Verkäuferin Adele Edelmann, die im Juli 1933 in einem Spießrutenlauf durch Cuxhaven getrieben wurden. Oskar Dankner verließ Cuxhaven noch im selben Jahr und ließ sich in Warschau nieder. Dass er weiterhin die Pacht für sein vermietetes Kino erhielt, war in den Augen der Nationalsozialisten ein Devisenvergehen. Dankner wurde deshalb 1937 zu einer Haftstrafe verurteilt und starb 1938 im Gefängnis – nach offiziellen Angaben an einem Lungenleiden.

S. 123, M3: Auszug aus dem Tagebuch von Victor Klemperer
Die Tagebücher des Philologen Victor Klemperer gelten als bedeutende zeithistorische Dokumente. Der 1881 geborene Sohn eines jüdischen Reformpädagogen war 1912 zum Protestantismus konvertiert und fühlte sich selbst keineswegs als Jude. Mit umso größerem Unglauben musste er seine Ausgrenzung als „Jude" unter dem Nationalsozialismus miterleben. Die Entlassung aus dem Universitätsdienst, das Verbot der Benutzung von Bibliotheken und des Bücherkaufs (das Klemperer als Intellektuellen besonders traf), die Umsiedlung der Familie in verschiedene „Judenhäuser" und der Zwang zum Tragen des „Judensterns" sind nur einige der Etappen der Entrechtung, die Klemperer in seinem Tagebuch eindrucksvoll beschreibt.

S. 123, Aufgabe 1
Die Fotografie zeigt einen Mann und eine Frau, die demütigende Schilder um den Hals tragen. Auf dem Schild des Mannes wird dieser herabwürdigend als „Judenjunge" bezeichnet. Bei der Frau hingegen handelt es sich um eine Nichtjüdin (im Nazijargon: „deutsches Mädchen"). Um die beiden herum haben sich SA-Männer in Uniform positioniert. Die SA-Männer sind um eine straffe Körperhaltung bemüht und blicken meist streng in die Kamera (nur derjenige direkt hinter der Frau scheint zufrieden zu lächeln). Auch die beiden Opfer haben ihr Gesicht dem Fotografen zugewandt, der Blick der Frau geht aber unbestimmt an der Kamera vorbei. Inszenierte Bilder wie dieses waren Teil der Demütigungsaktion: Sie sollten den beschämenden Moment perpetuieren. Zugleich dienten solche Fotografien dem NS-affinen Publikum der Belustigung, gegenüber weniger Überzeugten sollten sie einen Abschreckungseffekt erzielen.

Webcode
FG450099-123

HRU-CD
Film „1935 – Die Ausgrenzung der Juden"

S. 123, Aufgabe 2

Victor Klemperer berichtet in seinen Tagebucheinträgen aus der Perspektive eines direkt Betroffenen von den antijüdischen Verfolgungsmaßnahmen der Nationalsozialisten. In den Einträgen vom 30. und 31. März 1933 beschreibt Klemperer Vorbereitungen und Beginn der Boykott-Aktion gegen jüdische Geschäfte, Anwälte und Ärzte, die am 1. April reichsweit koordiniert durchgeführt wurde. Aus den Quellenabschnitten geht hervor, wie fremd vielen als anders Definierten die nationalsozialistischen Zuschreibungen waren und wie perplex sie ihrem plötzlichen Ausschluss gegenüberstanden: Mit Nachdruck betont Klemperer, dass er sich immer als Deutscher gefühlt habe (Z. 8 f.), und notiert wenig später, dass sich die nationalsozialistischen Verfolgungsmaßnahmen nicht um die Religionszugehörigkeit scheren, sondern einzig und allein an den rassistischen Kriterien des Regimes ausrichten (Z. 20–23). Klemperers Tagebucheinträge illustrieren auch sein Schwanken zwischen Angst und Hoffnung: Er hofft, dass die Schreckensherrschaft nicht lange dauern kann, fürchtet aber von ihr begraben zu werden (Z. 5–8); das baldige Eintreten der Katastrophe hält er an manchen Tagen für sicher, an anderen für weniger gewiss (Z. 30–32). Auch Hass gehört zu Klemperers emotionalen Reaktionen auf die völlige Entrechtung und die Verfolgungsmaßnahmen (Z. 26–28). Im Eintrag vom 10. April 1933 setzt sich Klemperer mit den Auswirkungen des „Gesetzes zur Wiederherstellung des Berufsbeamtentums" auseinander. Als ehemaliger „Frontkämpfer" (Teilnehmer am Ersten Weltkrieg, Z. 35 f.) bleibt er zunächst noch im Amt. Um ihn herum ist die Atmosphäre jedoch von „zitternder Angst" (Z. 37 f.) geprägt; Bekannte berichten von tödlichen Misshandlungen im Zuge der Berufsverbote (Z. 38–42). Der Eintrag aus dem Jahr 1942 listet einen Teil der unzähligen antisemtischen Vorschriften auf, die die Nationalsozialisten nunmehr durchgesetzt haben. Nachdem viele Juden bereits 1933 ihre Lebensgrundlage verloren hatten, ist der Ausschluss nun komplett: Alle Lebensbereiche sind von demütigenden Vorschriften und Verboten betroffen.

S. 123, Aufgabe 3 a)

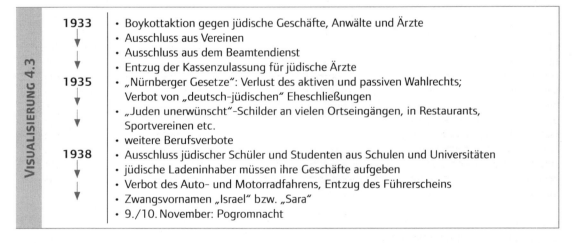

VISUALISIERUNG 4.3

1933
- Boykottaktion gegen jüdische Geschäfte, Anwälte und Ärzte
- Ausschluss aus Vereinen
- Ausschluss aus dem Beamtendienst
- Entzug der Kassenzulassung für jüdische Ärzte

1935
- „Nürnberger Gesetze": Verlust des aktiven und passiven Wahlrechts; Verbot von „deutsch-jüdischen" Eheschließungen
- „Juden unerwünscht"-Schilder an vielen Ortseingängen, in Restaurants, Sportvereinen etc.
- weitere Berufsverbote

1938
- Ausschluss jüdischer Schüler und Studenten aus Schulen und Universitäten
- jüdische Ladeninhaber müssen ihre Geschäfte aufgeben
- Verbot des Auto- und Motorradfahrens, Entzug des Führerscheins
- Zwangsvornamen „Israel" bzw. „Sara"
- 9./10. November: Pogromnacht

b) Die Betroffenen verloren ihre Lebensgrundlage, sie waren aus dem gesellschaftlichen Leben vollkommen ausgeschlossen, selbst die alltäglichsten Handlungen waren mit Verboten belegt. Durch die völlige Entrechtung und den Ausstoß aus der Gesellschaft wurde bereits vor der Massenvernichtung ein Prozess der „Entmenschlichung" der Juden in Gang gesetzt.

c) Recherche-Aufgabe

S. 123, Aufgabe 4 individuelle Lösung

Landesgeschichte: Die Reichspogromnacht 1938 in Hannover — S. 124/125

S. 124, M1: Synagoge an der Bergstraße in Hannover

Die Neue Synagoge in der Bergstraße wurde 1870 eingeweiht, nachdem ein älteres Gotteshaus aufgrund des starken Anwachsens der jüdischen Gemeinde zu klein geworden war. Jahrzehntelang war sie das religiöse Zentrum der Juden in Hannover. Während der Reichspogromnacht wurde die Synagoge von SS-Männern in Brand gesetzt. In den folgenden Wochen erfolgte die Sprengung und vollständige Entfernung der Gebäudereste. Während des Krieges wurde auf dem Gelände ein Tiefbunker errichtet. Ab 1954 erinnerte eine Gedenktafel an der Außenwand des Bunkers an die Zerstörung der Synagoge. Der Gedenkort wurde 1977/78 erweitert und erhielt 1993 seine heutige Form.

Leben im Nationalsozialismus **4**

S. 124, M2: Geplündertes jüdisches Geschäft in Hannover
Das 1892 gegründete Hamburger Modehaus „Gebr. Hirschfeld" hatte in Hannover mehrere Filialen. Die Verkaufsräume in der Großen Packhofstraße wurden in der Nacht vom 9./10. November 1938 vollständig zerstört, die Warenlager in den Folgetagen von der SS systematisch ausgeräumt. Der finanzielle Schaden belief sich insgesamt auf etwa 200 000 Reichsmark. Herbert Hirschfeld, Geschäftsführer von „Gebr. Hirschfeld" in Hannover und Sohn eines der Firmengründer, wurde am 10. November ohne Angaben von Gründen verhaftet und in das KZ Buchenwald verschleppt. Wenige Monate nach seiner Entlassung im Januar 1939 emigrierte Herbert Hirschfeld. Der Besitz der „Gebr. Hirschfeld" wurde „arisiert". Davon profitierten Geschäftsmänner wie Otto Heutelbeck, der in Hannover die Immobilien und Verkaufsräume der Firma kostengünstig erwerben konnte.

S. 125, M3: Lagebericht der Schutzpolizei Hannover vom 10. November 1938
Die Polizei war im Laufe der Nacht vom 9./10. November angewiesen worden, die gewaltsamen Übergriffe und Zerstörungen nicht zu behindern. Lediglich auf die Einhaltung bestimmter Richtlinien sei zu achten: Insbesondere seien Plünderungen zu unterbinden, aber auch das Übergreifen von Flammen auf Nachbargebäude müsse verhindert werden. Der Lagebericht veranschaulicht den „geordneten" Ablauf der Pogrome: Während Geschäfte und Wohnungen zerstört und Brände gelegt werden, sichert die Polizei die Schadensstellen und überwacht die sich bildenden Menschenmengen.

S. 125, M4: Bericht von Irene Mierzinsky
Der Bericht schildert die blinde Zerstörungswut der Täter, die auch vor Privatwohnungen nicht Halt machten. Deutlich wird auch, dass die Pogrome (trotz anderslautender zentraler Vorgaben) zur persönlichen Bereicherung genutzt wurden: Die Silbersachen der Familie Loewenstein sind offensichtlich Plünderern zum Opfer gefallen. Neben antisemitischem Hass gehörte auch Habgier zu den Motiven, die auch viele nicht nationalsozialistisch organisierte Deutsche zur spontanen Beteiligung an den Übergriffen bewogen.

S. 125, M5: Bericht von Horst E. Berkowitz
Im Zusammenhang mit dem Novemberpogrom wurden in Hannover 180 jüdische Männer verhaftet und in einem Sammeltransport mit weiteren Verhafteten aus dem Umland in das KZ Buchenwald gebracht. Die körperlichen Misshandlungen der Verhafteten begannen am Bahnhof von Weimar und setzten sich auf dem Weg ins Lager fort, das Berkowitz nach Schlägen durch das Wachpersonal bewusstlos erreichte. Wie die anderen Hannoveraner Juden wurde Berkowitz nach mehreren Wochen aus dem KZ entlassen. 233 „Aktionsjuden" aus anderen Städten überlebten die unmenschlichen Haftbedingungen im KZ Buchenwald jedoch nicht. Insgesamt starben etwa 500 der im Zusammenhang mit der Reichspogromnacht Verhafteten in den Konzentrationslagern. Als Träger eines Verwundetenabzeichens aus dem Ersten Weltkrieg und Ehemann einer nicht jüdischen Frau überlebte Berkowitz den Holocaust. Seine Mutter Esther, sein Bruder Gerhard, seine Schwägerin Else und seine vierjährige Nichte Birgit wurden ermordet.

S. 125, Aufgabe 1
Im Laufe der Reichspogromnacht wurden in Hannover Geschäfte und Privatwohnungen verwüstet und die Synagoge an der Bergstraße zerstört. Dabei kam es auch zu Plünderungen. Die Polizei schritt nicht gegen die Gewalttäter ein, sondern sorgte für einen „geordneten" Ablauf der Pogrome, indem sie Schadensstellen sicherte, Brandstellen absperrte und den Verkehr regelte. Dabei arbeitete sie eng mit SS und SA zusammen. Neben den Verwüstungs- und Gewaltexzessen auf der Straße wurde in der Nacht des 9./10. November auch eine antijüdische Verhaftungsaktion durchgeführt. Die Inhaftierten wurden in das KZ Buchenwald verschleppt. Für die Juden in Hannover bedeutete die Reichspogromnacht massive ökonomische Verluste bis hin zur Zerstörung der beruflichen Lebensgrundlagen. Bei der Verwüstung von Privatwohnungen gingen Sachschäden mit dem Verlust des Zuhauses einher. Die Zerstörung der Synagoge führte zum Verlust des Zentrums des religiösen Gemeindelebens. Für etliche Juden in Hannover bedeutete die Reichspogromnacht auch den Verlust der persönlichen Freiheit und der körperlichen Unversehrtheit.

S. 125, Aufgabe 2
Bei der Reichspogromnacht handelte es sich nicht um einen „Ausbruch des spontanen Volkszorns". Die NS-Führung hatte das Attentat auf den deutschen Gesandtschaftsrat in Paris zum Anlass genommen, um reichsweit antijüdische Übergriffe durchführen zu lassen. Federführend waren bei den Pogromen SA, SS und örtliche Parteigruppen der NSDAP.

S. 125, Aufgabe 3 Recherche-Aufgabe

4 Leben im Nationalsozialismus

Eugenik und „Euthanasie" S. 126/127

Webcode
FG450099-127

Diff. Kopiervorlagen
17.7 Sinti und Roma als Opfer der NS-Rassenpolitik

S. 126, M1: Rassenkunde in der Schule
Die nationalsozialistische „Rassenlehre" richtete sich nicht nur gegen die Vermischung der „arischen Rasse" mit „fremdrassigen Elementen". Nach nationalsozialistischem Verständnis ging es auch darum, die von Degeneration bedrohte „Herrenrasse" selbst durch Zucht und Auslese zu stärken. Neben der Förderung von „erbgesundem" Nachwuchs gehörten von Anfang an auch Maßnahmen wie die Zwangssterilisierung von „Erbkranken" zur nationalsozialistischen Rassenpolitik. Die Fotografie zeigt den „rassenkundlichen" Unterricht in einem Schulungslager für Schulhelferinnen, die während des Krieges den zunehmenden Mangel an Lehrern ausgleichen sollten. Anhand von Schautafeln wie der abgebildeten wurden die Grundlagen zu vermeintlichen körperlichen Unterscheidungsmerkmalen und seelischen Eigenschaften der verschiedenen „Rassen" vermittelt.

S. 126, M2: Denkmal „Grauer Bus"
In grauen Bussen mit zugestrichenen oder verhängten Fenstern wurden die Opfer der „Euthanasie"-Morde von Kliniken und Sammelstationen zu den Tötungsstätten transportiert. 2007 wurde am Zentrum für Psychiatrie Weißenau in Ravensburg ein Mahnmal in Form eines Busses errichtet, das an die mindestens 691 Patienten der ehemaligen Heilanstalt Weißenau und die vielen anderen Opfer erinnern soll, die mit solchen Transporten in den Tod geschickt wurden. Ein zweites Bus-Denkmal wird an wechselnden Standorten mit Bezug zu den „Euthanasie"-Morden aufgestellt. In den Jahren 2008/09 stand dieses mobile Denkmal in der Berliner Tiergartenstraße, in der sich 1940/41 das Verwaltungsgebäude der für das „Euthanasie"-Programm zuständigen Dienststelle befand.

S. 127, M3: Brief eines Vaters
Die Familien der im Rahmen des „Euthanasie"-Programms Ermordeten erhielten Briefe mit fingierten Todesursachen, in denen häufig auch über die bereits erfolgte Einäscherung der Toten informiert wurde. Früh begannen Angehörige Verdacht zu schöpfen, weil ihre Verwandten nach verschiedenen Verlegungsaktionen und Besuchsverboten so plötzlich verstarben oder die angegebenen Todesursachen Ungereimtheiten aufwiesen. Die Reaktionen blieben in ihrer Gesamtheit allerdings ambivalent: Sie reichten von Wut, Schmerz und Trauer über kühle Reaktionen und eine geschäftsmäßige Abwicklung der Formalitäten bis hin zu Erleichterung.

S. 127, M4: Auszug aus einem Brief eines Körperbehinderten
Selbstzeugnisse von Betroffenen des „Euthanasie"-Programms tragen dazu bei, die Opfer im Nachhinein aus der Anonymität zu befreien und ihnen eine Stimme zu geben. Die von den Nationalsozialisten als „geistig tot" eingestuften Menschen artikulieren in solchen Zeugnissen ihre Wahrnehmungen, Ängste und Wünsche und widersprechen so dem vonseiten der Mörder gezeichneten Bild. Der Brief zeugt vom Bewusstsein der Bedrohung und den Gefühlen der Ausweglosigkeit, die den Verfasser quälten.

S. 127, M5: Schreiben des Bischofs von Limburg an den Reichsminister der Justiz
Spätestens seit Sommer 1940 waren die systematischen Krankenmorde in der deutschen Gesellschaft zumindest gerüchteweise bekannt. Bis auf wenige Aufforderungen zur Stellungnahme und einige Protestnoten hielten zunächst auch die Vertreter der Kirchen still. Erst im Sommer 1941, nachdem bereits 60 000 Menschen getötet worden waren, regte sich bei einzelnen Kirchenvertretern entschiedener Protest. Viele Kleriker wählten allerdings auch zu diesem Zeitpunkt, wie der Verfasser der vorliegenden Quelle, den nicht öffentlichen Weg. Von besonderer Bedeutung war die Predigt des Münsteraner Bischofs von Galen gegen die „Euthanasie"-Morde vom 3. August 1941, da sie durch ihren öffentlichen Charakter erstmals Breitenwirkung entfalten konnte.

S. 127, M6: Der Journalist Klaus Funke schrieb 2001
Die Täter der „Euthanasie"-Morde gehörten zum großen Teil dem medizinischen Personal an, jenem Personenkreis also, dessen Aufgabe die Rettung von Leben und die Pflege von Kranken sein müsste. Neben den direkt involvierten Tätern trugen auch diejenigen Ärzte, Hebammen und Pflegekräfte zum reibungslosen Funktionieren der Mordmaschinerie bei, die seit Sommer 1939 gewissenhaft der Meldepflicht für behinderte Neugeborene nachkamen oder die Meldebögen der Patienten für den Abtransport in die Tötungsstätten ausstellten. Proteste oder Verweigerung gab es vonseiten des medizinischen Personals kaum – zu breit hatten sich bereits seit dem Kaiserreich und der Weimarer Republik „rassenhygienische" Vorstellungen durchgesetzt.

Leben im Nationalsozialismus **4**

S. 127, Aufgabe 1

ideologische Grundlage	• pseudowissenschaftliche Rassen- und Vererbungslehre
Ziele	• Steigerung der „Volksgesundheit" • Heranzüchtung einer „Herrenrasse"
Mittel	• Registrierung und Aussonderung • Zwangssterilisation • Verbot der Ehe zwischen „Erbkranken" und „Erbgesunden" • systematische Mordprogramme

VISUALISIERUNG 4.4

S. 127, Aufgabe 2
M3: Aus dem Brief des Vaters spricht Erschütterung über den Tod des Sohnes und Anteilnahme an seinem Schicksal. Der Schreiber ist verunsichert: Die Erklärungen der Anstaltsleitung empfindet er als unbefriedigend. Der Ton des Briefes bleibt aber überaus höflich.
M4: Der im Brief von R. W. formulierte Wunsch, zu fliehen und sich zu verstecken, zeigt, dass sich der Betroffene der existenziellen Bedrohung bewusst war. Als „unnützer Brotesser" erwartet er sich keine Solidarität von seinen Mitmenschen.
M5: Der Bischof hat Kenntnis von den planmäßig vollzogenen „Euthanasie"-Morden und von einer großen Opferzahl (Gleiches gilt für die Hadamarer Bürger). Gegen dieses „himmelschreiende Unrecht" protestiert er vehement unter Berufung auf Gott und die Strafgesetzordnung. Der in dem Schreiben an den Reichsminister der Justiz formulierte Protest bleibt nicht öffentlich.

S. 127, Aufgabe 3
Zu den Textaussagen: Durch Selektion und Überstellung von Patienten an die Tötungsanstalten habe sich die deutsche Ärzteschaft am „Euthanasie"-Programm aktiv beteiligt. Proteste vonseiten der Beteiligten habe es nicht gegeben. Einige unmittelbare Täter seien bei den Nürnberger Ärzteprozessen verurteilt worden. Als Grundlage für das Funktionieren der Mordmaschine habe man die technischen und infrastrukturellen Errungenschaften der Industriegesellschaft genutzt. Heutige Techniken wie die Gentechnik könnten, so Klaus Franke, die Ideen von genetischer Verbesserung durch Zucht und Auslese beflügeln.
Bewertung: individuelle Lösung

S. 127, Aufgabe 4 a)
In grauen Bussen wurden die Opfer der „Euthanasie"-Morde von Kliniken und Sammelstationen zu den Tötungsstätten gebracht.
b) „Aktion T4" ist der Name für das systematische „Euthanasie"-Mordprogramm der Nationalsozialisten von 1940/41. Die Abkürzung bezieht sich auf die Adresse der zuständigen Dienststelle der Reichskanzlei in der Berliner Tiergartenstraße 4.

Kompetenzen prüfen   S. 130/131

S. 130, M1: Der Historiker Michael Wildt über die „Volksgemeinschaft"
Die nationalsozialistische „Volksgemeinschaft" versprach die Aufhebung der Klassengegensätze. Angesichts der realen Fortexistenz der gesellschaftlichen Klassenstruktur scheint sich das Konzept aus historiografischer Sicht rasch als leeres ideologisches Konstrukt zu entpuppen. Dennoch hält Michael Wildt den Begriff der „Volksgemeinschaft" für ein wichtiges Element zum Verständnis des Nationalsozialismus. Dabei legt er sein Hauptaugenmerk nicht so sehr auf die Inszenierung der „Volksgemeinschaft" mithilfe von „Winterhilfswerk", Eintopfsonntagen und KdF-Reisen für jedermann, sondern auf den Aspekt der Exklusion. Die im Innern mitnichten hierarchiefrei und solidarisch organisierte „Gemeinschaft" brauchte den Ausschluss zu ihrer Konstituierung: Sie wurde in den Momenten der gewalttätigen Ausgrenzung der anderen erst eigentlich hergestellt. Für die Partizipanten bedeutete die „Volksgemeinschaft" als Exklusion der „anderen" – auf einer letztendlich durchaus realen Ebene – erhebliche Distinktions- und Machtgewinne.

HRU, S. 109, KV
4.3 Selbsteinschätzungsbogen für Schüler

S. 130, M2: „Reichsparteitag der Einheit und Stärke" siehe die Erläuterungen zu S. 114, M1

4 Leben im Nationalsozialismus

HRU, S. 106, KV
4.1 Spielfilme untersuchen

S. 130, M3: Szene aus dem Spielfilm „Napola" siehe die Erläuterungen zu KV 4.1, Aufgabe 1

S. 131, M4: Wolfgang Benz
Der Historiker Wolfgang Benz, der bis zu seiner Emeritierung das Zentrum für Antisemitismusforschung in Berlin leitete, interpretiert die Reichspogromnacht einerseits als einen „Rückfall in die Barbarei": Errungenschaften der Aufklärung und der bürgerlichen Revolutionen verloren vor den Augen aller ihre Gültigkeit. Mit dem Pogrom schienen antisemitische Praktiken des Mittelalters wieder aufzuleben. Zugleich betont er den neuartigen Charakter der Novemberpogrome, die staatlich inszeniert wurden. Der moderne Staatsapparat trat als treibende Kraft der antisemitischen Verfolgungen auf, die dadurch eine zuvor unbekannte Qualität erreichten.

S. 131, M5: „60 000 RM", Propagandaplakat
Zur Steigerung der Akzeptanz ihrer „Euthanasie"-Politik führte die NS-Propaganda neben der „Volksgesundheit" insbesondere ökonomische Begründungen ins Feld. Der Plakattext verdeutlicht, dass Behinderte aus der „Volksgemeinschaft" ausgeschlossen sind: Sie werden zum bloßen Kostenfaktor degradiert. Durch die Anrede als „Volksgenosse" und die Markierung der Pflegeausgaben als „Dein Geld" fühlt sich der Betrachter direkt angesprochen und in seinen wirtschaftlichen Interessen berührt.

S. 131, Aufgabe 1 bis 10 siehe die Lösungshilfen auf S. 339 des Schülerbandes

Lösungen zu den Kopiervorlagen der Handreichung

KV 4.1, Aufgabe 1
1. Dennis Gansel
2. Dennis Gansel, Maggie Peren
3. Max Riemelt (Friedrich), Tom Schilling (Albrecht)
4. (Geschichts-)Drama
5. Freundschaft zwischen Friedrich und Albrecht; Darstellung des Schulalltags an einer Napola; Albrechts Verhältnis zu den Eltern
6. Einsatz der Schüler bei Suche der geflüchteten Gefangenen
7. Freundschaft zwischen Friedrich und Albrecht; Verachtung von Albrechts Vater für seinen Sohn
8. Insbesondere die Figur des schmächtigen, sensiblen, schöngeistigen Albrecht weist typisierte Züge auf. Ähnliche Figuren gibt es in zahlreichen literarischen Werken und Filmen. Ihm gegenüber steht der eher pragmatische, körperlich robuste Friedrich. Andere aus Internatsfilmen bekannte Figuren: der böse „Stubenälteste" (Hundertschaftsführer Jaucher); der schikanierende Sportlehrer; der autoritäre Vater.
9. Friedrichs Haltung zur Napola entwickelt sich von kritikloser Akzeptanz zu offener Ablehnung
10. Ockerfilter schafft historisch anmutende Atmosphäre; viele Nahaufnahmen der Gesichter; gefühlige Musik mit Streichorchester und Klavier; Zeitlupe in dramatischen Boxszenen; starke Ästhetisierung von Albrechts Selbstmord (durch Licht, Zeitlupe und Musik).
11. Der Film zeigt die rassistische Indoktrinierung und den militärischen Drill an den Napolas sowie die Verführung und Indienstnahme der Jugendlichen durch den Nationalsozialismus. Insgesamt konzentriert er sich aber eher auf das allgemein Menschliche. Ob sich damit der Nationalsozialismus erfassen lässt, bleibt fraglich. Einige Einzelheiten wirken unglaubwürdig: Autostopp zur Schule; Mädchen als Bedienstete an einer Jungenschule; katholischer Pfarrer an der NS-Eliteschule.
12. Freundschaft; Mitgefühl. Der Film transportiert eine allgemein humanistische Haltung: Es ist notwendig, gegen Brutalität aufzustehen.
13. Der Film zeigt viele Elemente des Alltags an einer Napola, er ist bemüht, die Verführung der Jugend durch den Nationalsozialismus nachvollziehbar zu machen. Filmerzählung und Inszenierung setzen allerdings insgesamt eher auf eine Emotionalisierung. Dazu werden traditionelle, ein breites Publikum ansprechende filmische Mittel eingesetzt.

KV 4.1, Aufgabe 2 individuelle Lösung

KV 4.2, Aufgabe 1 Beispiellösung:

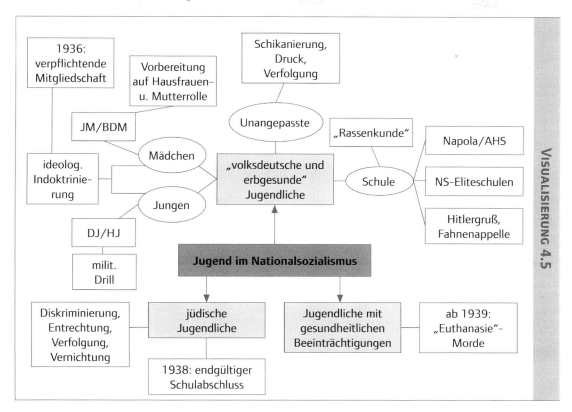

KV 4.2, Aufgabe 2 Recherche-Aufgabe, Präsentation

4 Leben im Nationalsozialismus — Kopiervorlage 4.1

Name: Klasse: Datum:

KV 4.1 Spielfilme untersuchen

M1 „Napola – Elite für den Führer"

Der Spielfilm „Napola – Elite für den Führer" aus dem Jahr 2004 handelt von der Freundschaft zwischen Friedrich, einem talentierten Boxer und Arbeiterkind, und dem sensiblen Albrecht, Sohn eines Gauleiters. Beide Jugendlichen kommen als begeisterte NS-Anhänger an eine Napola, ihre immer stärker werdenden Zweifel führen aber schließlich zum Selbstmord Albrechts und zu Verweigerung und Schulausschluss bei Friedrich.

Das Szenenbild auf S. 130 des Schulbuches zeigt den gefürchteten Sportlehrer Josef Peiner, der bei einer militärischen Übung die Schüler im Granatenwerfen unterweist.

Verfassertext

1. **Gruppenarbeit:** Schaut euch den Spielfilm „Napola – Elite für den Führer" an und untersucht ihn anschließend mithilfe der Arbeitsschritte.

2. Verfasse einen Tagebucheintrag aus der Sicht Albrechts, in dem dieser von seinen alltäglichen Erfahrungen an der „Napola" berichtet.

Arbeitsschritte „Spielfilme untersuchen"

Formale Betrachtung	
1. Wer ist der Regisseur?	
2. Wer hat das Drehbuch geschrieben?	
3. Welche Schauspieler sind beteiligt?	
4. Welchem Genre ist der Film zuzurechnen?	
Handlungsablauf untersuchen	
5. Lassen sich unterschiedliche Handlungsebenen erkennen?	
6. Welche Wende- oder Höhepunkte lassen sich ausmachen?	

Autorin: Caterina Zwilling

Figurenkonstellation analysieren	
7. In welcher Beziehung stehen die Filmfiguren zueinander?	
8. Wirken die Figuren realistisch oder typisiert?	
9. Welche Entwicklungen machen die Figuren durch?	

Technische Gestaltungsmittel auf ihre Wirkung hin überprüfen	
10. Kameraführung und Kameraeinstellungen, Musik, Licht, Farbe	

Historische Triftigkeit überprüfen	
11. Werden historische Tatsachen korrekt dargestellt? Wird ein stimmiges Bild des historischen Zeitabschnitts gezeichnet?	

Botschaft des Films erfassen	
12. Welche Werte vermittelt der Film?	
13. Steht Unterhaltung im Sinne eines emotional fesselnden Filmes oder die Auseinandersetzung mit einem historischen Thema im Vordergrund?	

Autorin: Caterina Zwilling

KV 4.2 Jugend im Nationalsozialismus

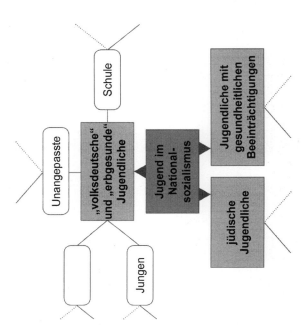

1. Ergänze die Mindmap unter Zuhilfenahme deines Schulbuchs mit Informationen zum Leben von Jugendlichen im Nationalsozialismus.

2. **Partnerarbeit:** Recherchiert in der Online-Ausstellung „Du bist anders?" (*https://www.dubistanders.de* → *Namen*) über das Leben eines der Jugendlichen während des Nationalsozialismus und entwerft ein Plakat, das „euren" Jugendlichen vorstellt.

4 Leben im Nationalsozialismus — Kopiervorlage 4.3

Name: Klasse: Datum:

KV 4.3 Leben im Nationalsozialismus

Ich kann, weiß, verstehe …	sehr sicher	sicher	unsicher	sehr unsicher	Hilfen finde ich hier: (SB = Schülerbuch)
1 Ich kann die Lebensbedingungen für den Einzelnen in einer Diktatur darlegen und bewerten.					SB, S. 106/107
2 Ich kann eine Mindmap zum Begriff „Volksgemeinschaft" erstellen.					SB, S. 106/107
3 Ich kann die nationalsozialistische „Volksgemeinschaft" aus unterschiedlichen Perspektiven bewerten.					SB, S. 106/107
4 Ich kann darstellen, welche Rolle den Frauen in der NS-Ideologie zugeschrieben wurde.					SB, S. 108/109
5 Ich kann die durch den Zweiten Weltkrieg hervorgerufenen Veränderungen der Frauenrolle erklären.					SB, S. 108/109
6 Ich kann Bedeutung und Wirkung von Propaganda beschreiben und erklären.					SB, S. 110/111
7 Ich kann eine Mindmap zum Thema „Propaganda im Nationalsozialismus" erstellen.					SB, S. 110/111
8 Ich kann Spielfilme untersuchen.					SB, S. 112/113
9 Ich kann erläutern, wie die Nationalsozialisten Feste und Feiern zu Propagandazwecken nutzten.					SB, S. 114/115
10 Ich kann die Ziele der Organisation „Kraft durch Freude" erläutern und bewerten.					SB, S. 116/117
11 Ich kann den nationalsozialistischen „Griff nach der Jugend" erklären und die Instrumentalisierung der Jugendlichen für die NS-Ideologie beurteilen.					SB, S. 118/119
12 Ich kann Lebenssituationen im Nationalsozialismus mit denen in einer heutigen Demokratie vergleichen und beurteilen.					SB, S. 118/119
13 Ich kann beschreiben, wie sich die Schule unter dem NS-Regime veränderte.					SB, S. 120/121
14 Ich kann erläutern, wie der NS-Staat mit jüdischen Lehrern und Schülern umging.					SB, S. 120/121
15 Ich kann Fakten benennen, die die Menschenverachtung der nationalsozialistischen Ideologie belegen.					SB, S. 122/123, 128/129
16 Ich kann einen Zeitstrahl zum Thema „Entrechtung der Juden 1933–1938" gestalten und die Folgen der Maßnahmen für die Betroffenen erläutern.					SB, S. 124/125
17 Ich kann am Beispiel Hannovers das Vorgehen der Nationalsozialisten während der Reichspogromnacht und die Auswirkungen für die Juden erläutern.					SB, S. 126/127
18 Ich kann Motive, Ziele und Methoden der nationalsozialistischen „Euthanasie" darstellen.					SB, S. 128/129
19 Ich kann die Auswirkungen der NS-„Euthanasie" auf die Betroffenen, ihre Angehörigen und die Öffentlichkeit untersuchen und bewerten.					SB, S. 128/129

Autorin: Andrea Welk

5 Nationalsozialistische Außenpolitik und Zweiter Weltkrieg
SB S. 132–167

Sachinformationen zum Kapitelaufbau

Mit dem deutschen Überfall auf Polen begann am 1. September 1939 der Zweite Weltkrieg, in dessen Verlauf der Nationalsozialismus sein Vernichtungspotenzial voll entfaltete und im systematischen Massenmord an den Juden gipfeln ließ. Die Konsequenzen des von NS-Deutschland entfesselten totalen Krieges wurden mit den alliierten Bombenangriffen sowie den Vertreibungen am und nach Kriegsende auch für die deutsche Zivilbevölkerung spürbar. Aktiver Widerstand gegen den Krieg und die Judenvernichtung blieb auf wenige, mutige Einzelpersonen beschränkt. Mit der bedingungslosen Kapitulation vom 8. Mai 1945 endete das NS-Regime. Die Erinnerung an die Shoa hat inzwischen einen festen Platz in der politischen Kultur der Bundesrepublik. An den rechtsextremen Rändern des politischen Spektrums, aber auch als latentes Potenzial in der gesellschaftlichen Mitte finden Grundelemente der nationalsozialistischen Ideologie wie Rassismus, Antisemitismus und Autoritarismus allerdings nach wie vor ihren Platz.

In diesem Kapitel setzen sich die Schülerinnen und Schüler mit dem Zweiten Weltkrieg und der nationalsozialistischen Vernichtungspolitik auseinander. Anhand der beiden ersten Themeneinheiten erarbeiten sich die Lernenden die wirtschafts- und außenpolitischen Hintergründe der NS-Kriegspolitik. Im Anschluss an die Themenseiten zum Kriegsverlauf bieten zwei Doppelseiten vertiefende Materialien zum Vernichtungskrieg im Osten und zur Shoa. Mit der Bewertung historischer Ereignisse am Beispiel der Mitschuld Einzelner an der Shoa beschäftigt sich der erste Methodenteil. Die anschließende Themeneinheit zum Widerstand gegen den Nationalsozialismus wird mit Methodenseiten zur biografischen Recherche ergänzt. Im Mittelpunkt der nächsten Doppelseite stehen die letzten Kriegsjahre und die deutsche Niederlage, darauf folgt eine vertiefende Themeneinheit zum Bombenkrieg. Nach einer thematischen Einheit zur Zwangsarbeit widmet sich die folgende Doppelseite dem Thema Flucht und Vertreibung der Deutschen. Das Kapitel schließt mit einem Ausblick auf die aktuelle Erinnerungskultur sowie auf den Rechtsextremismus heute.

Hinweis zum Unterrichtsverlauf

siehe Jahrgangscurriculum, S. 11

Kompetenzerwerb in Kapitel 5 (s. Schülerband S. 166)

Eine detaillierte Liste der zu erwerbenden Kompetenzen finden Sie hier in der Handreichung auf dem Selbsteinschätzungsbogen, S. 137.

Selbsteinschätzungsbogen für Schüler zum Kapitel 5

siehe Kopiervorlage 5.3, S. 137

Weiterführende Hinweise auf Forum-Begleitmaterialien (s. Einleitung, S. 7)

- Arbeitsheft 4, Kap. 4: Nationalsozialismus und Zweiter Weltkrieg
- Kompetenztraining, Kap. 25: Zweiter Weltkrieg und Völkermord
- Geschichte interaktiv II, Kap. 7: Nationalsozialismus und Zweiter Weltkrieg
- Foliensammlung Geschichte 2, Folie 24: Der Zweite Weltkrieg
- Invitation to History: Volume 2, Unit 3: National Socialism 1933–1945
- Invitation to History: Volume 2, Unit 4: Extermination and Annihilation Germany 1933–1945

Literatur, Jugendbücher, Filme, Internethinweise für Lehrkräfte

Literatur
Wolfgang Benz, Der Holocaust, 8. Aufl., München (C. H. Beck) 2014.
Gedenkstätte Deutscher Widerstand (Hg.), Dauerausstellung „Widerstand gegen den Nationalsozialismus", Berlin (Gedenkstätte Deutscher Widerstand) 2014.
Rolf-Dieter Müller, Der Zweite Weltkrieg. 1939–1945, 10. Aufl., Stuttgart (Klett-Cotta) 2004.

Nationalsozialistische Außenpolitik und Zweiter Weltkrieg 5

Jugendbücher
Joe Kubert, Yossel – 19. April 1943. Graphic Novel, Köln (Egmont) 2005.
Digne M. Marcovicz, Massel – Letzte Zeugen, München (Hanser) 2007.
Dietmar Strauch, Ihr Mut war grenzenlos. Widerstand im Dritten Reich, Weinheim (Beltz) 2006.
Anja Tuckermann, Mano – Der Junge, der nicht wusste, wo er war, München (Hanser) 2008.
Filme
FWU 4611103: Der Ausbruch des Zweiten Weltkriegs
FWU 4632679: Die Weiße Rose
FWU 4610595: Zwangsarbeiter im 2. Weltkrieg
WBF D-2263: Die Wannsee-Konferenz 1942
WBF D-2298: Durchhalten bis zum Ende – Deutscher Alltag im Zweiten Weltkrieg
Internethinweise für Lehrkräfte
https://www.bpb.de/geschichte/nationalsozialismus/dossier-nationalsozialismus
(Dossier der Bundeszentrale für politische Bildung zum Thema „Nationalsozialismus und Zweiter Weltkrieg")
http://www.gdw-berlin.de/de/vertiefung/internetangebote (Links zu Internetangeboten der Gedenkstätte Deutscher Widerstand, z. B. zu Georg Elser oder zum 20. Juli 1944)
http://www.yadvashem.org/yv/de/holocaust/about/index.asp (umfassende Informationen zur Shoa, Angebot der Gedenkstätte Yad Vashem)

Auftaktseiten S. 132/133

S. 132 f.: Flagenhissung auf dem Reichstag
Die Fotografie des Kriegsreporters Chaldej hat sich als Symbol für das Ende des Zweiten Weltkrieges in das kollektive Bildgedächtnis eingebrannt. Der um eine perfekte Bildkomposition bemühte Fotograf verschoss bei der nachgestellten Szene einen ganzen Film, bevor er mit seinen Ergebnissen zufrieden war. Er wählte einen Bildausschnitt, bei dem das zerstörte Berlin zu sehen ist, und dokumentierte somit nicht nur freudigen Triumph, sondern auch die Härten des Krieges. Die Figur des Soldaten, der ganz am Rand des Daches steht, weist Parallelen zu den Statuen im Hintergrund auf. Seine dynamische, über den Rand gebeugte Haltung hält den Betrachter in Atem. Durch die nachträglich hinzugefügten Rauchschwaden wird das Bild zusätzlich dramatisiert. Als allzu offensichtlicher Hinweis auf Plünderungen wurde die zweite Uhr des Soldaten am unteren Bildrand wegretuschiert.

Orientierung im Kapitel S. 134/135

S. 134, M1: Bündnisse im Zweiten Weltkrieg
Die Karte verdeutlicht, dass der Zweite Weltkrieg in der Tat ein globaler Krieg war. Nur wenige Staaten blieben von der kriegerischen Auseinandersetzung unberührt. 1939 hatte NS-Deutschland sein Bündnis mit dem faschistischen Italien als „Stahlpakt" offiziell besiegelt, 1940 wurde die „Achse Berlin-Rom" durch den „Dreimächtepakt" um Japan als Bündnispartner erweitert. Als Alliierte werden im allgemeinen Sprachgebrauch heute oft die Hauptsiegermächte des Zweiten Weltkrieges, die Sowjetunion, die Vereinigten Staaten von Amerika, das Vereinigte Königreich und teilweise auch Frankreich bezeichnet. Das alliierte Bündnis hatte aber eine Vielzahl von wechselnden Mitgliedern, zu denen u. a. auch die Commonwealth-Staaten oder China zählten. Die USA traten dem Bündnis nach dem japanischen Angriff auf Pearl Harbour Ende 1941 bei. Im Moment der größten Machtausdehnung kontrollierten das Deutsche Reich und seine Verbündeten in Europa fast den gesamten Kontinent sowie Teile Nordafrikas, Japans Machtsphäre umschloss große Teile des Pazifischen Ozeans sowie die angrenzenden Küstenregionen auf dem asiatischen Festland.

S. 135, M2: Kritische Schrift zu den Olympischen Spielen in Berlin 1936
Die Nationalsozialisten wussten die Olympischen Spiele von 1936 als perfekte Bühne für ihre Propaganda und zur Steigerung ihres Prestiges im Ausland zu nutzen. Millionen Besucher und viele internationale Pressevertreter waren von den Sportinszenierungen begeistert (allzu offen antisemitische Aktionen waren für die Dauer der Spiele ausgesetzt worden). Die abgebildete, im Vorfeld der Spiele in Paris gedruckte, deutschsprachige Broschüre prangert den Missbrauch der Olympischen Spiele durch die Nationalsozialisten an und fordert zur Unterstützung der Antifaschisten im Deutschen Reich auf. In der Abbildung erscheint hinter dem vermeintlich friedlichen NS-Sportler der Schatten eines Soldaten mit Gasmaske und Handgranate.

5 Nationalsozialistische Außenpolitik und Zweiter Weltkrieg

S. 135, M3: Einmarsch der deutschen Truppen in Prag
Im September 1938 hatten Frankreich und Großbritannien – unter Protest der tschechoslowakischen Regierung – Hitler die deutschsprachigen Sudetengebiete zugestanden. In der formell weiter mit Prag verbundenen Slowakei etablierte sich eine NS-affine Regierung. Die Versprechungen der NS-Regierung, mit dem Münchner Abkommen seien Gebietsforderungen abgegolten, waren eine Lüge: Bereits im Oktober 1938 wurde mit den Planungen für die „Zerschlagung der Rest-Tschechei" begonnen. Der Einmarsch in das hoch industrialisierte und somit für die Rüstungsziele interessante Tschechien im März 1939 erfolgte, nachdem Hitler mit der Bombardierung Prags gedroht hatte, ohne militärische Gegenwehr.

S. 135, M4: Ankunft und „Selektion" ungarischer Juden in Auschwitz-II-Birkenau
Im Mai 1944 wurde in Auschwitz – neben der Rampe am Stammlager und einem nahe gelegenen Güterbahnhof – ein weiterer Eisenbahnanschluss am Lager Birkenau eingerichtet: Die Transporte konnten nun direkt an die Vernichtungsanlagen herangefahren werden. Sofort nach ihrer Ankunft mussten sich die Gefangenen in zwei Reihen aufstellen: auf der einen Seite die Frauen und Kinder, auf der anderen die Männer. Dann erfolgte die Selektion durch SS-Ärzte. Nach einem kurzen Blick wurden die Menschen in „Arbeitsfähige" und „Arbeitsunfähige" eingeteilt. Letztere – oft 70 bis 80 Prozent der Menschen eines Transports – wurden ohne vorherige Registrierung in den Gaskammern ermordet.

S. 135, Aufgabe 1 siehe die Erläuterungen zu M1

S. 135, Aufgabe 2
Hinter dem schönen Schein der sportlichen Wettkämpfe versteckt sich die nationalsozialistische Kriegstreiberei. Bildunterschrift: individuelle Lösung.

S. 135, Aufgabe 3
M3 → 1939: März: Zerschlagung der Tschechoslowakei; M4 → 1944. Eindrücke und Fragen: individuelle Lösung.

Welche Rolle spielte die Wirtschaft für den NS-Staat? S. 136/137

Webcode
FG450099-137

S. 136, M1: Die öffentlichen Ausgaben im Deutschen Reich
Das NS-Regime verfolgte eine antizyklische Ausgabenpolitik, bei der die Staatsnachfrage einen zentralen Impuls für das Wirtschaftswachstum bildete. Wichtiger Bestandteil der staatlichen Konjunkturpolitik war der Ausbau der Infrastruktur, der als Arbeitsbeschaffungsmaßnahme Bedeutung hatte, zugleich aber auch rüstungspolitische Implikationen aufwies. Kennzeichnend ist zudem die massive Erhöhung der Militärausgaben: Von vier Prozent der öffentlichen Gesamtausgaben stieg der Wehretat (über 18 Prozent 1934 und 39 Prozent 1936) auf ca. 50 Prozent im Jahre 1938. Insbesondere ab Mitte der 1930er Jahre war die gesamte wirtschaftliche Entwicklung immer deutlicher von der Rüstungskonjunktur geprägt: Wie das Schaubild zeigt, stiegen die absoluten Zahlen der Rüstungsausgaben allein von 1935 bis 1938 von etwa fünf Milliarden RM auf fast 16 Milliarden RM.

S. 136, M2: „Der Vierjahresplan"
Mit der abgebildeten Sonderausgabe des „Vierjahresplans", einer von 1937 bis 1944 erschienenen „Zeitschrift für nationalsozialistische Wirtschaftspolitik", sollte der Aufschwung der NS-Wirtschaft und das deutsche Rüstungspotenzial propagandistisch wirkungsvoll in Szene gesetzt werden. Siehe auch die Erläuterungen zu Aufgabe 2.

S. 137, M3: Aus der geheimen Denkschrift Hitlers zum Vierjahresplan
Anlass für die zunächst nur einem kleinen Kreis vorgelegte Denkschrift waren Rohstoffengpässe in der deutschen Wirtschaft. Neben dem Erreichen der Kriegsfähigkeit auf ökonomischer und militärischer Ebene gehörte die Schaffung von Autarkie bei wichtigen Wirtschaftsgütern (und damit die Immunisierung gegen Wirtschaftsblockaden) zu den zentralen in der Schrift formulierten Zielsetzungen. Ein der Denkschrift entsprechender, auf vier Jahre ausgelegter Plan wurde auf dem Reichsparteitag vom September 1936 verkündet. Den Posten des „Beauftragten für den Vierjahresplan" übernahm Hermann Göring. Der von ihm geschaffene, zentralisierte Steuerungsapparat konnte über die Lenkung der knappen Rohstoffe, Devisen und Arbeitskräfte sowie durch die Kontrolle von Preisen und Löhnen in die Produktionsprozesse eingreifen. Siehe auch die Erläuterungen zu Aufgabe 3.

Nationalsozialistische Außenpolitik und Zweiter Weltkrieg

S. 137, M4: Lohnentwicklung in den Kruppschen Gussstahlfabriken
Die Lohnentwicklung während des Nationalsozialismus war durch eine zunehmende Differenzierung nach Branchen und durch die Kopplung der Löhne an die individuelle Leistung gekennzeichnet. Aufgrund des mit der Beschäftigungszunahme einhergehenden Mangels an Facharbeitern erreichten die Löhne ab 1937 zumindest in rüstungswichtigen Betrieben das Niveau der Vorkrisenzeit von 1928/29. Der Lohnzuwachs ging allerdings häufig auf eine Verlängerung der Arbeitszeit zurück. Zudem wurden Lohnsteigerungen durch wachsende Abgaben und „freiwillige" Spenden neutralisiert. Dementsprechend wuchs die private Kaufkraft kaum.

S. 137, Aufgabe 1 a)
M1 zeigt die Entwicklung der Staatsausgaben zwischen 1933 und 1938 und stellt die Daten dem Vergleichsjahr 1928 gegenüber. Ins Auge springt vor allem die Explosion der Rüstungsausgaben, die von unter 1 Milliarde RM im Jahr 1933 auf fast 16 Milliarden RM im Jahre 1938 ansteigen. Ein leichter Anstieg ist auch bei Ausgaben für den Bereich des Verkehrs zu erkennen. Insgesamt nehmen die absoluten Zahlen der öffentlichen Ausgaben drastisch zu.
b) M4 beschäftigt sich mit der Lohnentwicklung in zwei Lohnkategorien einer Stahlfabrik zwischen 1929/30 und 1935/36. In der Kategorie „Werkzeugmacherei" wird 1935/36 das Monatslohnniveau von 1929/30 annähernd erreicht. Der Angleichungseffekt wird durch die Erhöhung der Arbeitszeit allerdings auf der Ebene des Stundenlohns zunichte gemacht: Hier bleibt das Lohnniveau unter dem von 1929/30. In der höheren Lohnkategorie „mech. Werkstatt" bleibt sowohl der Monats- als auch der Stundenlohn bei gestiegener Arbeitszeit 1935/36 hinter dem Niveau von 1929/30 zurück.

S. 137, Aufgabe 2
M2 verdeutlicht den engen Zusammenhang von Wirtschaftspolitik und Kriegsvorbereitung im Nationalsozialismus. Über dem das Feld bestellenden Bauern, Symbol für die Landwirtschaft als Basis der Versorgung, sind imposante Industrieanlagen abgebildet. Am gelb und feuerrot gefärbten Himmel sieht man in stark vergrößertem Maßstab Geschützrohre und Kampfflugzeuge. Durch Maßstab und Positionierung sind die Kriegsgeräte als Krönung der wirtschaftlichen Anstrengungen gekennzeichnet. Die gesamte Wirtschaftstätigkeit soll auf das Ziel der Kriegsfähigkeit ausgerichtet werden.

S. 137, Aufgabe 3 a)
Hitler sieht Deutschland unter der tödlichen Bedrohung des Bolschewismus als letztes Bollwerk der abendländischen Welt. Zudem sei wegen Überbevölkerung die Ernährung des deutschen Volkes nicht gewährleistet.
b) Um der Vernichtung durch den Bolschewismus zu entgehen, müsse sich Deutschland in kürzester Zeit zur weltweit stärksten Kriegsmacht entwickeln. Zur Überlebenssicherung sei zudem die Gewinnung von „Lebensraum" zur Erweiterung der Rohstoff- und Ernährungsbasis notwendig. Innerhalb von vier Jahren müssen darum Armee und Wirtschaft kriegsfähig sein.

Nationalsozialistische Außenpolitik 1933–1938   S. 138/139

S. 138, M1: Amerikanische Karikatur zur Rede Hitlers am 17. Mai 1933 siehe die Erläuterungen zu Aufgabe 1

S. 138, M2: Adolf Hitler in Wien
Nachdem die englische Regierung zu erkennen gegeben hatte, dass sie gegen einen „Anschluss" Österreichs keine Einwände habe, zwang Hitler den österreichischen Kanzler Schuschnigg im Februar 1938 zur Unterschrift unter eine Vereinbarung, die Österreich faktisch zum Satellitenstaat degradierte. Eine Volksabstimmung über die Unabhängigkeit musste auf deutschen Druck abgesetzt werden. Am 11. März 1938 stürzte ein inszenierter Staatsstreich der österreichischen Nationalsozialisten die Regierung. Am Folgetag marschierten die deutschen Truppen unter dem Jubel der Bevölkerung ein und vollzogen den „Anschluss". In Wien und anderen österreichischen Städten ließ sich Hitler als Held feiern, der selbst den kühnen Bismarck übertroffen habe.

S. 139, M3: Hitlers Rede vom 17. Mai 1933
Die „Friedensrede" zielt auf eine Beruhigung des Auslands ab: In außenpolitischer Kontinuität mit den Regierungen der Weimarer Republik, so die Botschaft, verfolgten auch die Nationalsozialisten einen friedlichen Revisionismus und strebten nichts weiter als die Gleichberechtigung mit den anderen europäischen Mächten an. Hitler betont ausdrücklich, dass die NS-Regierung keinerlei aggressive Absichten habe und distanziert sich von der Idee einer „Germanisierung" anderer Völker. Im Feb-

ruar desselben Jahres hatte Hitler in einer Geheimrede vor dem Reichsaußenminister und den Spitzen der Wehrmacht eine ganz andere Sprache gesprochen: Zunächst müsse zwar das Hauptaugenmerk auf die Konsolidierung der Herrschaft im Innern gelegt werden, sei diese aber erreicht, müsse man auch mit kriegerischen Mitteln zur Ausweitung des „Lebensraums" übergehen. Ziel der Eroberungen könne – hierin stimmt die Geheimerklärung mit der „Friedensrede" überein – nicht die „Germanisierung" der dortigen Bevölkerung sein, es müsse um eine „Germanisierung des Bodens" gehen: Das impliziert die Vertreibung oder Auslöschung der ansässigen Bevölkerung.

S. 139, M4: Rede Hitlers vom 10. November 1938

Mit seiner nicht öffentlichen Rede stimmte Hitler die beim Abendempfang für die deutsche Presse versammelten 400 Journalisten und Verleger auf den zukünftig zu vertretenden Kurs ein. Nach dem Erfolg der Münchner Konferenz vom September ließ Hitler bei diesem Anlass jede Vorsicht fallen und verzichtete auf jegliche Camouflage: Ganz offen bezeichnet er seine frühere Friedensrhetorik als Täuschungsmanöver, jetzt müsse es um die Einschwörung auf den kommenden Krieg gehen. Angesichts der Vielzahl der Gäste konnte Hitler trotz des geschlossenen Charakters der Veranstaltung nicht damit rechnen, dass seine Aussagen geheim bleiben würden.

S. 139, Aufgabe 1 a)

Die im Frühjahr 1933 erschienene Karikatur zeigt zahllose in Reih und Glied stehende Soldaten, deren Menge sich im Horizont verliert. Auf dem Boden vor den Soldaten ist ein großes Hakenkreuz gezeichnet. Über ihnen ist ein Kanonenrohr zu sehen, an dessen Ende das überlebensgroße Gesicht Hitlers erscheint. Die Kanonenmündung fungiert als weit geöffneter Mund Hitlers, der neben einer Rauchwolke eine Friedenstaube mit Ölzweig ausspuckt. Die Friedenssymbole Taube und Ölzweig sind ein Verweis auf Hitlers friedensbeteuernde Rhetorik, hinter der sich in Wahrheit – so die zentrale Aussage der Karikatur – Militarismus und Kriegstreiberei verstecken.
b) In der Tat ist der Wille zur kriegerischen Expansion ein zentrales Element der nationalsozialistischen Ideologie. Eine massive Steigerung der Rüstungsanstrengungen ist bereits kurz nach der Machtübernahme zu verzeichnen. Die nationalsozialistische Außenpolitik war 1933–1938 von einem unstillbaren Willen zur Expansion geprägt. Kriegerische Mittel waren in dieser Phase aufgrund des beschwichtigenden Entgegenkommens der Großmächte zur Erreichung der Ziele nicht nötig. Aufrüstung und stets neue Gebietsansprüche ließen aufmerksame Zeitgenossen jedoch erkennen, dass der außenpolitische Kurs des NS-Regimes Richtung Krieg ging.

S. 139, Aufgabe 2

Die Fotografie unterstreicht den Erfolg, den Hitler mit dem „Anschluss" Österreichs errungen hat. Im offenen Wagen lässt er sich von einer riesigen Menschenmenge feiern. Fast alle Arme sind zum Hitlergruß erhoben. Der antik anmutende, mit Hakenkreuzfahnen geschmückte Torbogen im Hintergrund, durch den Hitlers Kolonne eingefahren ist, erinnert an einen Triumphbogen und eignet sich damit besonders gut als Kulisse für die „Heldenfeier". Im Gegensatz zur Prager Bevölkerung reagiert die Masse der Österreicher mit Begeisterung auf den deutschen Einmarsch.

S. 139, Aufgabe 3 a)

M3: Deutschland wünscht eine Revision des Versailler Vertrages. Bei der Verfolgung dieses Zieles wird es seine außenpolitischen Verträge einhalten. Es verfolgt eine friedliche Außenpolitik.
M4: Die jahrzehntelange Rede von Frieden war bloße Rhetorik. Sie diente dazu, sich den notwendigen Freiraum für die Aufrüstung zu schaffen. Es steht zu befürchten, dass sich die deutsche Bevölkerung von der Friedensrhetorik hat einlullen lassen. In der jetzigen Phase ist es notwendig, in der deutschen Bevölkerung den Kriegswillen zu wecken.
b) M3 stammt aus der Frühphase der NS-Herrschaft und richtet sich an die Weltöffentlichkeit. Ziel ist es in einer Phase, in der die innere Machtstabilisierung noch nicht abgeschlossen ist, durch die Behauptung deutscher Friedfertigkeit das Ausland zu beruhigen. Die Rede M4 wurde zu einem Zeitpunkt gehalten, zu dem das NS-Regime im Innern gefestigt war und zahlreiche außenpolitische Erfolge vorzuweisen hatte. Sie richtet sich an die Vertreter der NS-Propagandamaschinerie in der Presse. Zeitpunkt der Rede und Adressaten erlauben deutliche Töne. Ziel ist es, zur Vorbereitung der Bevölkerung auf den geplanten Krieg zunächst die Journalisten auf den neuen, offen aggressiven Kurs einzuschwören.
c) Hitlers Außenpolitik war von Anfang an auf Krieg ausgerichtet. Mit der Rede von friedlichen Absichten sollte Zeit für die Aufrüstung gewonnen werden. Die mit nichtmilitärischen Mitteln erreichten deutschen Gebietsgewinne der 1930er Jahre waren Hitler zwar selbstverständlich willkommen, sie taten seinem unbedingten Willen zur kriegerischen Expansion aber keinen Abbruch.

S. 139, Aufgabe 4 a) und b) Recherche-Aufgaben

Der Zweite Weltkrieg in Europa — S. 140/141

S. 141, M1: Obdachlos gewordene Kinder
Der Luftkrieg wird in der deutschen Öffentlichkeit fast ausschließlich aus deutscher Opfer-Perspektive thematisiert. Gerne gerät dabei aus dem Blick, dass bis Juni 1941 allein in Großbritannien mehr als 40 000 Menschen bei deutschen Bombenangriffen getötet wurden. Nachdem seit Sommer 1940 vor allem Flughäfen im Süden Englands bombardiert worden waren, erging im September der Befehl zum Angriff auf englische Großstädte. Insbesondere London war bis zum Mai 1941 fast täglich Ziel deutscher Luftschläge. Dann zwang der Krieg gegen die Sowjetunion die Wehrmacht zu einer Reduzierung der Angriffe. Noch in den letzten Kriegswochen forderte der Dauerbeschuss durch deutsche Flugbomben und Fernraketen Tausende von Toten in Großbritannien und Belgien.

Webcode
FG450099-141

S. 141, M2: Europa unter der Herrschaft Deutschlands und seiner Verbündeten 1942 siehe die Erläuterungen zu Aufgabe 1

S. 141, M3: Aus dem Befehl Hitlers zum Angriff auf Polen
Dem Angriff auf Polen (Codename „Fall Weiß") war ein monatelanger Propagandafeldzug vorangegangen, der von Berichten über vermeintliche polnische Provokationen und Gräueltaten gegen die deutsche Minderheit geprägt war. In der Nacht zum 1. September 1939 fingierten die Nationalsozialisten polnische Angriffe auf deutschem Gebiet: Erschossene KZ-Häftlinge in Uniform dienten in dieser makaberen Inszenierung als „polnische Soldaten". Ohne Kriegserklärung fiel die Wehrmacht in den Morgenstunden in das Nachbarland ein. Nach anfänglichem Zögern kamen Frankreich und Großbritannien am 3. September ihren Bündnisverpflichtungen mit Polen nach und erklärten dem Deutschen Reich den Krieg.

S. 141, Aufgabe 1

↓	1. September 1939	Überfall auf Polen
↓	April 1940	Besetzung Dänemarks
↓		Angriffe auf Holland, Belgien, Luxemburg und Frankreich
↓	Juni 1940	Besetzung Norwegens Kapitulation Frankreichs
↓	Sommer 1940 bis Anfang 1941	Luftangriffe auf England
↓	Juni 1941	Überfall auf die Sowjetunion

VISUALISIERUNG 5.1

Bis 1941 konnte die Wehrmacht enorme Erfolge für sich verbuchen. Fast ganz Europa war der Besatzung durch die Nationalsozialisten (oder ihre Verbündeten) unterworfen. Auch der Krieg gegen die Sowjetunion verlief in der Anfangsphase erfolgreich: Der deutschen Armee gelang es, weit in das sowjetische Staatsgebiet vorzudringen. Mit Frankreich war schon im Juni 1940 ein wichtiger Gegner in die Knie gezwungen worden. England allerdings ließ sich auch durch massive Luftangriffe nicht nachhaltig schwächen.

S. 141, Aufgabe 2
Die deutsche Außenpolitik war bereits seit 1919 auf eine Revision des Versailler Vertrages ausgerichtet. Zu den außenpolitischen Zielen der Weimarer Zeit gehörten die Wiederherstellung militärischer Gleichberechtigung und die Absenkung der Reparationsleistungen. Die im Versailler Vertrag festgelegte deutsch-polnische Grenze wurde von deutscher Seite nie anerkannt. Die angestrebten Revisionen wollten Politiker der Weimarer Republik wie Gustav Stresemann aber mit friedlichen Mitteln erreichen.

S. 141, Aufgabe 3 individuelle Lösung

5 Nationalsozialistische Außenpolitik und Zweiter Weltkrieg

S. 141, Aufgabe 4
Hitler stellt den Angriff auf Polen als letzte Wahl (nach dem Scheitern einer angeblichen Suche nach friedlichen Alternativen) zur Lösung der vermeintlich „unerträglichen Lage" an der Ostgrenze dar. Auch in Bezug auf die Westfront will er den Anschein erwecken, dass die Verantwortlichkeit für den Beginn der Kriegshandlungen nicht beim Deutschen Reich, sondern bei Frankreich und England liege. Die Neutralität Hollands, Belgiens und Luxemburgs soll (aus propagandistischen und kriegstaktischen Gründen) zunächst beachtet werden.

Besatzungspolitik und Vernichtungskrieg im Osten — S. 142/143

Webcode
FG450099-143

S. 142, M1A: „Kriegsgerichtsbarkeitserlass"
Der „Kriegsgerichtsbarkeitserlass" ist das zentrale Dokument der unter der Ägide Hitlers ausgearbeiteten völkerrechtswidrigen Befehle, die die administrative Grundlage für den rassenideologischen Vernichtungskrieg gegen die Sowjetunion bildeten. Die Direktive autorisiert zur Exekution von Zivilisten ohne vorherigen Prozess und zu kollektiven Repressalien gegen die Zivilbevölkerung. Die Aussetzung des Verfolgungszwangs bei Straftaten schafft einen praktisch rechtsfreien Raum.

S. 142, M1B: „Kommissarrichtlinien"
Die „Kommissarrichtlinien", ein Zusatzbefehl zum „Kriegsgerichtsbarkeitserlass", ordneten die sofortige Exekution gefangen genommener sowjetischer Politoffiziere an. Der Mord an regulären, uniformierten Kriegsgefangenen stellte einen offenen Bruch mit dem Völkerrecht dar. Neben der Schwächung der gegnerischen Truppenmoral diente das Mordprogramm vor allem einem ideologischen Selbstzweck: der „Ausrottung" des Marxismus. Beide Erlasse wurden von der Wehrmacht weitgehend befehlsgemäß umgesetzt.

S. 143, M2: Der Obergefreite Müller erzählt
Die Tötung von Geiseln, das Niederbrennen von Dörfern, die Ermordung von Zivilisten können zum allgemein praktizierten Vorgehen der Wehrmacht an der Ostfront gezählt werden. In den von der Militärführung kontrollierten Feldpostbriefen an Angehörige oder in Selbstzeugnissen aus der Nachkriegszeit haben sich die Soldaten dazu freilich nur selten offen geäußert. Mit den Abhörprotokollen von Wehrmachtsoldaten aus einem englischen Kriegsgefangenenlager liegt ein seltener Quellenfundus vor: In den ohne das Wissen der Abgehörten mitgeschnittenen Tonbandaufnahmen äußern sich die Wehrmachtsoldaten unverhohlen und häufig mit offensichtlichem Vergnügen über ihre Verbrechen an der Ostfront.

S. 143, M3: Bericht der Einsatzgruppe A über durchgeführte Hinrichtungen
Am 2. Juli 1941 wies SS-Obergruppenführer Reinhard Heydrich die Höheren SS-Führer im Hinterland der Front an, alle kommunistischen Funktionäre, Juden in politischen Stellungen und Widerstandskämpfer umgehend zu exekutieren. Die Einsatzgruppenberichte legen Zeugnis davon ab, dass der grausame Schwerpunkt der Morde auf die Tötung von Juden gelegt wurde. Ob politisch tätig oder nicht – unterschiedslos waren alle jüdischen Männer, Frauen und Kinder im Visier der Mordtruppen. Im Gesamtbericht der Einsatzgruppe A vom Februar 1942 wird stolz verkündet, befehlsgemäß die „möglichst restlose Beseitigung des Judentums" in Angriff genommen zu haben: Für das Einsatzgebiet werden 229 052 exekutierte Juden gemeldet.

S. 143, M4: Getreidebeschlagnahme
Die in Görings Vierjahresplanbehörde ausgearbeiteten wirtschaftspolitischen Richtlinien für den Feldzug gegen die Sowjetunion sahen Bevölkerungsverluste von ungeheuren Ausmaßen vor. Die in der besetzten Sowjetunion erzeugten landwirtschaftlichen Güter sollten vorrangig der Versorgung der Wehrmacht dienen, an zweiter Stelle sollten Lebensmittellieferungen ins Deutsche Reich folgen. Dabei wurde der Hungertod von etlichen Millionen Menschen in den besetzten Gebieten bewusst einkalkuliert. Der deutschen Hungerpolitik im Rahmen des Unternehmens „Barbarossa" fielen vier bis sieben Millionen Menschen zum Opfer. Neben der Bevölkerung großer Städte und Kriegsgefangenen waren besonders Juden, Behinderte und Psychiatriepatienten vom Hungertod betroffen. Die Nationalsozialisten nutzten die Hungerpolitik gezielt zur Durchsetzung ihrer bevölkerungspolitischen und rassistischen Ziele.

Nationalsozialistische Außenpolitik und Zweiter Weltkrieg

S. 143, M5: Hinrichtung von Partisanen
Neben Polizei- und SS-Kommandos waren auch einheimische Milizen und Wehrmachtsoldaten an der Partisanenbekämpfung beteiligt. Dem mit enormer Brutalität betriebenen Vorgehen gegen die von den Nationalsozialisten als „Banditen" bezeichneten Partisanen fielen zahllose Unbeteiligte zum Opfer: „Säuberungsaktionen" richteten sich häufig kollektiv gegen die Bewohner ganzer Ortschaften, die der Unterstützung antideutscher Aktionen beschuldigt wurden. Die Leichen der ermordeten Partisanen, Verdächtigen und Zivilisten wurden zur Abschreckung oft tagelang zur Schau gestellt. Für die Jahre 1943 und 1944 sind durch Berichte deutscher Stellen etwa 150 000 getötete „Banditen" an der Ostfront belegt.

S. 143, Aufgabe 1
„Kriegsgerichtsbarkeitserlass": Der Erlass fordert zum brutalen Vorgehen gegen Partisanen und „feindliche Zivilisten" auf. Diese sind – egal ob im Kampf oder auf der Flucht – zu töten. Verbrechen gegen „feindliche Zivilpersonen" müssen nicht strafrechtlich verfolgt werden, was einem Freifahrschein für Kriegsverbrechen gleichkommt. Auch in der Wortwahl drückt sich ein radikaler Vernichtungswille aus („schonungslos", „mit äußersten Mitteln", „Vernichtung", „niederkämpfen").
„Kommissarrichtlinien": Mit dem Verweis auf die angeblich „barbarisch asiatischen Kampfmethoden" der Gegenseite wird die eigene barbarische Aggression gerechtfertigt. Menschlichkeit und Völkerrecht haben nach den Richtlinien der Wehrmacht im Ostfeldzug keine Geltung. Die Politischen Kommissare der Roten Armee sind grundsätzlich zu töten.

S. 143, Aufgabe 2 a)
Der Obergefreite Müller versucht sich durch die Abgrenzung von Soldaten wie Brosicke in ein positives Licht zu stellen. Er selbst habe an Erschießungen von Frauen und Kindern nicht teilgenommen, außer bei diesen habe es sich sicher um Partisanen gehandelt. Zugleich gibt er durch die „Wir"-Form unverblümt zu, am Niederbrennen des Dorfes beteiligt gewesen zu sein.
b) Das Vorgehen der Wehrmacht scheint in seinen Augen kein Kriegsverbrechen zu sein: Auch in der Rückschau ist die Zerstörung des Dorfes für ihn eine gerechtfertigte Handlung (Z. 1–3); die Soldaten, die Frauen und Kinder niedergeschossen haben, bleiben seine „Kumpels". Die saloppe, „lockere" Sprache kann als Hinweis auf die Abwesenheit von Empathie mit den Opfern gedeutet werden.

S. 143, Aufgabe 3 a) und b)
Der Krieg gegen die Sowjetunion zeichnete sich durch eine besondere Brutalität und das Nichteinhalten des Kriegs- und Völkerrechtes aus. Der „Kriegsgerichtsbarkeitserlass" und die „Richtlinien für das Verhalten der Truppe in Russland" legitimierten bereits im Vorfeld die massenhafte Ermordung von Kommunisten und Juden (M1). Der Bericht der Einsatzgruppe A zeigt, dass die Zahl der Opfer von Erschießungen bereits wenige Monate nach dem Beginn des Feldzuges die Hunderttausendermarke weit überstieg (M3). Im Kampf gegen vermeintliche Partisanen wurde auch gegen die nichtjüdische Bevölkerung mit äußerster Brutalität vorgegangen (M5). Ganze Dörfer wurden niedergebrannt, ihre Bewohner ermordet (M2). Hinzu kam eine Politik der wirtschaftlichen Ausplünderung (M4). Der Feldzug gegen die Sowjetunion wurde von den Deutschen als Vernichtungsfeldzug gegen die Zivilbevölkerung geführt.

S. 143, Aufgabe 4 Recherche-Aufgabe

Shoa: Die Ermordung der Juden — S. 144/145

S. 144, M1: Kennzeichnung der KZ-Häftlinge durch die NS-Bürokratie
Die Zugehörigkeit zu einer bestimmten Häftlingskategorie entschied über die unmittelbaren Lebensbedingungen und damit auch über die Überlebenschancen des Einzelnen. Neben jüdischen Häftlingen standen „Asoziale" und Sinti und Roma sowie Homosexuelle weit unten in der Lagerhierarchie. Mit der Einteilung in Kategorien zielte die SS auch darauf ab, die Häftlinge gegeneinander auszuspielen und einen solidarischen Zusammenhalt zu verhindern.

HRU-CD
*Hördokument
„Adolf Hitler auf der Kundgebung im Berliner Sportpalast, 30. Januar 1942"*

S. 144, M2: Misshandlung eines Juden im Getto Litzmannstadt (Łódź)
Im Februar 1940 wurde die Einrichtung eines Gettos in Łódź verfügt. Die vordem polnische Stadt war Ende 1939 vom Deutschen Reich annektiert und wenige Monate danach in Litzmannstadt umbenannt worden. Das Getto im nördlichen Teil der Stadt wurde am 30. April abgeriegelt: Jeder Versuch, es zu verlassen, wurde mit dem Tod bestraft. 16 000 Menschen mussten hier, auf viel zu wenig Wohnraum zusammengepfercht, in Häusern leben, die meist keinen Anschluss an fließend Wasser oder die

Diff. Kopiervorlagen
17.6 Der nationalsozialistische Völkermord an den Juden

5 Nationalsozialistische Außenpolitik und Zweiter Weltkrieg

Kanalisation hatten. In der Folgezeit wurden weitere Tausende Juden sowie Roma und Sinti in dem Getto zwangsuntergebracht. Der Lebensalltag war von Hunger, Krankheiten und Zwangsarbeit geprägt. Im Januar 1942 begannen die Deportationen in das Vernichtungslager Kulmhof (Chelmno), in dem bis September desselben Jahres 70 000 Gettobewohner in Gaswagen ermordet wurden. Im Juni 1944 wurde die Räumung des Gettos angeordnet: Die Transporte gingen nach Chelmno und Auschwitz.

S. 145, M3: Karte „Die Ermordung der europäischen Juden" siehe die Erläuterungen zu Aufgabe 2

S. 145, M4: Aussage von Rudolf Höß vor dem Nürnberger Kriegsverbrecherprozess
Rudolf Höß (NSDAP-Mitglied seit 1922, SS-Angehöriger seit 1934) wurde 1940 nach Auschwitz versetzt, wo er an der Organisation des Lageraufbaus beteiligt war. Als Erster Kommandant bereitete er ab Sommer 1941 das Lager baulich und technisch für den systematischen Massenmord durch Gas vor und organisierte anschließend die Mordaktionen. Ende 1943 wechselte er in eine leitende Stellung im SS-Wirtschafts- und Verwaltungshauptamt. Im Sommer 1944 wurde Höß erneut in Auschwitz eingesetzt und leitete dort u. a. die Ermordung der Juden Ungarns: Im Zuge der „Aktion Höß" wurden innerhalb von 56 Tagen über 400 000 Juden nach Auschwitz transportiert und ermordet. 1947 wurde Höß vom Obersten Gerichtshof in Warschau zum Tode verurteilt und hingerichtet. Der vorliegende Quellenausschnitt ist Höß' eidesstattlicher Erklärung als Zeuge bei den Nürnberger Prozessen entnommen.

S. 145, Aufgabe 1
Die Nationalsozialisten kategorisierten und kennzeichneten die Menschen in den KZs nach ideologischen und rassistischen Kriterien: Dadurch nahmen sie den Häftlingen ihre Individualität und entmenschten sie (M1).
Die Wachmänner misshandeln und demütigen einen wehrlosen Mann und empfinden dabei augenscheinlich Freude (M2). Darin drückt sich eine extreme Mitleidslosigkeit und Sadismus aus. Der junge Mann am rechten Bildrand kann vor Freude kaum an sich halten: Sein vorgebeugter Oberkörper, die zusammengehaltenen Hände, das breite Lachen drücken enormen „Spaß" aus.

S. 145, Aufgabe 2
Die Shoa hat die Juden ganz Europas betroffen. Der größte Teil der Ermordeten stammte aus den angegliederten und besetzten Gebieten, insbesondere aus Osteuropa und der Sowjetunion. KZs gab es im gesamten Gebiet des Deutschen Reichs und in angegliederten und besetzten Gebieten, insbesondere im Osten. Die Vernichtungslager, in denen systematisch und „industriell" organisiert der Massenmord vollzogen wurde, befanden sich in den besetzten Gebieten Osteuropas.

S. 145, Aufgabe 3
Bulgarien: 1940 antisemitische Gesetze nach deutschem Vorbild; 1941 Beitritt zum Achsenbündnis; ab 1943 Deportation von Tausenden von Juden aus den bulgarisch besetzten Gebieten; nach Protesten wird die Deportation von Juden aus dem bulgarischen Kernland nicht durchgeführt
Dänemark: 1940 deutsche Besetzung; Verhandlungspolitik mit Deutschem Reich ermöglicht Aufrechterhaltung einer gewissen Autonomie, die auch Bestimmungen zum Schutz der Juden umfasst; 1943 deutsche Besatzer beginnen mit Verhaftung der Juden; es bildet sich massiver Widerstand: dänische Behörden und die Bevölkerung verhelfen fast allen Juden zur Flucht nach Schweden

S. 145, Aufgabe 4
Höß spricht in einem bürokratisch-distanzierten Tonfall von der Ermordung von Millionen Menschen. Er hat die Befehle in seinen Augen ordentlich erledigt: Mit Präzision in Bezug auf die chemische Zusammensetzung und die durchschnittliche Länge des Todeskampfes der Ermordeten macht er Angaben zum Ablauf des Mordprozesses. Ausdrücke wie „Ausrottungserleichterungen" sind ein Spiegel der Menschenverachtung der Nationalsozialisten. Von Reue findet sich in Höß' Aussage keine Spur.

S. 145, Aufgabe 5 a) und b) Recherche-Aufgabe

S. 145, Aufgabe 6 Diskussion

Nationalsozialistische Außenpolitik und Zweiter Weltkrieg

Methode: Historische Ereignisse bewerten — S. 146/147

S. 146, M1: Der amerikanische Historiker Christopher Browning (1993)
Zur Sicherung von „Ruhe und Ordnung" wurden im Zuge der Eroberungen große Polizeikontingente in den Osten verlegt, die sich massiv an den Verbrechen gegen die Menschlichkeit beteiligten. Allein das Reserve-Polizeibataillon 101 hat zwischen 1942 und 1943 38000 Menschen erschossen und 45000 in die Vernichtungslager deportieren lassen. Sowohl Browning als auch Goldhagen interessieren sich besonders für die Polizeibataillone, da ihre Mitglieder nicht nach militärischen oder ideologischen Gesichtspunkten ausgewählt wurden: Es handelte sich um gewöhnliche deutsche Männer. Browning führt die Mordbereitschaft dieser Männer in erster Linie auf Gruppendruck und Untertanengeist sowie auf situative Gründe wie die Brutalisierung durch den Krieg zurück. Seine 1992 erstmals veröffentlichte Studie fand in der historiografischen Diskussion viel Beachtung.

S. 146, M2: Männer des Polizeibataillons 101
Die SS- und Polizeiführung sorgte sich um das seelische Wohl der Vollstrecker des Massenmordes. Nach der Durchführung von Massenerschießungen sollten Kameradschaftsabende durchgeführt werden, um in wohligem Beisammensein die Eindrücke des Tages verblassen zu lassen. Das Foto zeigt Männer des Polizeibataillons 101, die mit Alkohol und Musik den Abend begehen.

S. 147, M3: Der amerikanische Politologe Daniel J. Goldhagen (1996)
Goldhagens 1996 veröffentlichtes Buch löste in der deutschen Öffentlichkeit eine der größten Debatten über die Ursachen des Holocaust aus. Der Historiker wendet sich gegen Erklärungen, die auf allgemeine Mechanismen wie Autoritätshörigkeit oder Gruppendruck verweisen, und sieht im eliminatorischen Antisemitismus den grundlegenden Beweggrund für die Mordbereitschaft: Bei nichtjüdischen Opfergruppen, wie etwa im Fall der „Euthanasie"-Morde, habe sich schließlich durchaus Widerstand geregt und auch die Täter hätten sich an der Ermordung von nichtjüdischen Opfern keinesfalls mit dem gleichen Eifer beteiligt. Auch beim Judenmord selbst hätten sich deutsche Täter direkten Befehlen widersetzt – allerdings in der Form, dass sie eigenmächtig noch über die angeordneten Grausamkeiten hinausgingen. In seiner Studie kommt Goldhagen in Bezug auf die Motivation der Täter darum zu folgendem Schluss: Sie morden, weil sie als Antisemiten davon überzeugt waren, das Richtige zu tun.

S. 146, Aufgabe 1
2. Der Holocaust war nicht einfach das Werk der NS-Führungselite. Zu seiner Durchführung war die Mitarbeit von unzähligen Menschen nötig, die Aufgaben auf der organisatorischen Ebene des Massenmords oder direkt bei der Ermordung von Millionen von Menschen übernahmen. In der deutschen Bevölkerung regte sich so gut wie kein Widerstand gegen die Vernichtung der Juden.
4. durch befehlskonformes Verhalten die Karrierechancen erhöhen; die Welt vom „Übel der Juden" befreien
6. Zeitgenossen weltweit haben mit Entsetzen auf den Judenmord reagiert. In manchen besetzten europäischen Gebieten, z. B. in Dänemark, gab es eine breite, aktive Solidarität mit den verfolgten Juden. In der deutschen Bevölkerung haben Einzelpersonen ihr Leben riskiert, um Juden zu retten und Widerstand gegen den Nationalsozialismus zu leisten. Andere sind emigriert, weil sie nicht Teil des verbrecherischen Regimes sein wollten. Die breite Mehrheit der deutschen Bevölkerung zeigte keine offene Ablehnung gegenüber der Judenverfolgung. In der konkreten Situation bei den Erschießungskommandos haben sich Einzelne geweigert zu töten.
7. individuelle Lösung in Abhängigkeit von den vermuteten Zielsetzungen
10. ... weil in der modernen Gesellschaft das Gefühl für die persönliche Verantwortung geschwächt wird und Verhalten sowie moralische Vorstellungen des Einzelnen durch gruppendynamische Prozesse geprägt werden. Goldhagen meint, die Täter wollten sich aktiv beteiligen, denn es haben auch diejenigen mitgemacht, die wussten, dass sie sich der direkten Mitwirkung am Massenmord ohne ernsthafte Nachteile hätten entziehen können.
11. Die Polizisten konnten sich der Beteiligung an den Morden verweigern, ohne dass ihnen daraus ernsthafte Nachteile erwuchsen. Wichtig für die Beurteilung historischer Handlungen ist zudem der zeitgenössische moralische Bezugsrahmen. Für die Zeit des Nationalsozialismus lässt sich feststellen: Seit der Aufklärung und der Französischen Revolution gehört die Achtung des Individuums, seiner Unversehrtheit und Würde zum Begriffsrahmen der westlich geprägten Zivilisation. Anders als etwa in der antiken Sklavenhaltergesellschaft gab es während des Nationalsozialismus in der Welt einen Wertekanon, der die Taten verurteilte. Er war auch den Tätern bekannt, sie wendeten ihn aber in Bezug auf die Juden nicht an.
12. individuelle Lösung

S. 146, Aufgabe 2

Beide Historiker betonen, dass die Täter die Wahl gehabt hätten, sich dem Morden gefahrlos zu entziehen. Ihre Schuld kann nicht mit dem Verweis auf einen Befehlsnotstand bagatellisiert werden. Auch wenn Browning betont, dass die Verantwortung für die Tat beim Einzelnen liegt, scheint der von ihm als Beweggrund genannte Gruppendruck für den heutigen Betrachter zumindest nachvollziehbar. Dies gilt in weit geringerem Maße bei Goldhagens Begründung: Seiner Ansicht nach wollten die Täter als überzeugte Antisemiten Vollstrecker des Völkermordes sein.

Gab es Widerstand gegen die NS-Herrschaft? S. 148/149

Webcode
FG450099-149

HRU-CD
Film „1942 –
Die Weiße Rose"

S. 148, M1: Hitler und Mussolini besichtigen die Zerstörungen

Das Attentat auf Hitler vom 20. Juli 1944 sollte nach den Plänen der Beteiligten den Staatsstreich einleiten. General von Stauffenberg platzierte zu diesem Zweck bei einer Lagebesprechung in der „Wolfsschanze" eine Bombe. Der Anschlag schlug fehl: Es war nicht gelungen, einen der zwei eingeplanten Sprengköpfe scharf zu machen, auch weil wegen des anstehenden Staatsbesuchs Mussolinis die Besprechung um eine halbe Stunde vorverlegt worden war. Vier der 24 anwesenden NS-Funktionäre wurden getötet, Hitler und 19 weitere überlebten. Beim Empfang Mussolinis am Abend erklärte Hitler sein Überleben zu einem Zeichen des Schicksals, das den baldigen Sieg ankündige.

S. 149, M2: Urteil des Volksgerichtshofes gegen Karl Friedrich Stellbrink

Der evangelische Pfarrer Stellbrink hatte sich bereits während der Weimarer Republik mehreren völkischen Organisationen angeschlossen und war seit seinem Eintritt in die NSDAP im Jahre 1933 ein überzeugter Nationalsozialist. Die antikirchliche Haltung des NS-Regimes führte jedoch zu einer zunehmenden Entfremdung von der Partei und schließlich zum Bruch. 1937 wurde Stellbrink wegen parteischädigender Kritik aus der NSDAP ausgeschlossen. Seine kritische Haltung entwickelte sich während des Krieges zur offenen Ablehnung. Ab 1941 pflegte er Kontakte mit einer Gruppe von oppositionellen katholischen Geistlichen um Johannes Prassek und Hermann Lange. Kurz nach einer Predigt, in der Stellbrink die Bombardierung Lübecks als Strafe Gottes interpretiert hatte, wurde er wegen Hochverrats und Wehrkraftzersetzung festgenommen und im November 1943 hingerichtet.

S. 149, M3: Aufruf der Widerstandskämpfer vom 20. Juli 1944

Die Mitglieder der Gruppe des 20. Juli stammten aus militärischen und zivilen nationalkonservativen Kreisen. Einige der Beteiligten waren schon seit Längerem gegen das Regime aktiv, andere wandten sich erst aus Furcht vor den Konsequenzen der absehbaren Niederlage gegen den Nationalsozialismus. Auch von Stauffenberg, ein glühender Nationalist, zeigte sich lange Zeit fasziniert von Hitlers Großmachtsplänen und seinen militärischen Erfolgen. Im Angesicht der deutschen Massenmorde im Osten sowie der sich abzeichnenden militärischen Katastrophe wurde er schließlich zum entschlossenen Gegner des NS-Regimes. Für die Zeit nach einem geglückten Staatsstreich strebten die an der Konspiration Beteiligten ein Ende des Judenmordes und einen raschen Friedensschluss an. In Bezug auf die zukünftige staatliche Organisation war von der Wiederherstellung von Recht und Freiheit die Rede, eine Rückkehr zur parlamentarischen Demokratie lehnte der Kreis um Stauffenberg jedoch mehrheitlich ab.

S. 149, M4: Stufen abweichenden Verhaltens nach Detlev Peukert

Die Definition von widerständigem Verhalten gegen den Nationalsozialismus hat sich in der Forschungsdiskussion mehrmals gewandelt. Während in den 1950er und 1960er Jahren eine begrifflich enge Fassung dominierte, die kaum mehr als die detailliert ausgearbeiteten Umsturzpläne der Gruppe des 20. Juli als Widerstand anerkannte, wurde der Begriff mit dem Aufkommen alltagsgeschichtlicher Ansätze in den 1970er Jahren zunehmend ausgeweitet. Nun wurden auch niedrigschwellige Formen von nonkonformem Verhalten in den Blick genommen und als Widerstand definiert. Eine zunehmend inflationäre Verwendung des Widerstandsbegriffs geriet aber bald in die Kritik. Peukert schlägt eine vierstufige Gradation für die Definition von abweichendem Verhalten vor, die nach Umfang der Kritik (von partiell bis generell) und Art der Handlungssphäre (von privat bis öffentlich) unterscheidet. Abweichendes Verhalten reicht nach dieser Definition von Nonkonformität, die auf partieller Kritik basiert und im privaten Raum stattfindet, über Verweigerung und Protest bis hin zu Widerstand. Dieser kritisiert das System als Ganzes und trägt seine Kritik in die Öffentlichkeit.

Nationalsozialistische Außenpolitik und Zweiter Weltkrieg   5

S. 149, Aufgabe 1 a) und b) Beispiellösung:

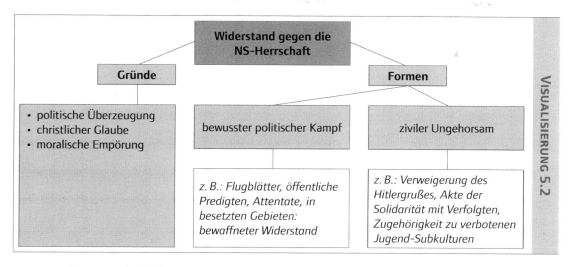

S. 149, Aufgabe 2 individuelle Lösung

S. 149, Aufgabe 3
Widerstand: z. B. kommunistische Flugblätter, die zum Widerstand aufrufen; öffentliche Predigten gegen Euthanasie; Kritik der „Weißen Rose" an Missachtung von Menschenrechten und menschenverachtender Kriegsführung; Attentate → Die Kritik ist grundlegend, die Handlungssphäre öffentlich.
Protest/Verweigerung: z. B. Protestschreiben der Kirchen an Hitler wegen Verfolgung der Kirchen → Die Kritik ist partiell, die Protestschreiben sind zwar nicht privat, aber auch nicht an die allgemeine Öffentlichkeit gerichtet. Zum Beispiel Verweigerung des Hitler-Grußes → Ein solches Nicht-Gehorchen setzt Kritik an verschiedenen Punkten voraus; der Handlungsrahmen reicht von privat bis öffentlich.
Nonkonformität: heimliches Hören diffamierter Musik → Der Handlungsrahmen ist privat. Eine weitergehende Kritik kann die Folge, muss aber nicht die Voraussetzung sein.

S. 149, Aufgabe 4
Den Nationalsozialisten war es gelungen, weite Teile der Bevölkerung für ihre Ansichten zu gewinnen. Verstärkt wurde die Zustimmung durch die außen- und wirtschaftspolitischen Erfolge des Regimes. Ein Teil derjenigen, die nicht einverstanden waren, sah – angesichts des brutalen Vorgehens gegen echte und vermeintliche Oppositionelle – aus Angst davon ab, selbst Widerstand zu leisten.

S. 149, Aufgabe 5 Diskussion

Methode: Eine biografische Recherche durchführen   S. 150/151

S. 150, M1: Aus dem letzten Flugblatt der „Weißen Rose"
Seit dem Sommer 1942 hatten die Mitglieder der „Weißen Rose" fünf Flugblätter verfasst. Die mühsam hergestellten Kopien wurden an Freunde weitergegeben, an Intellektuelle in München und im Umland der Stadt verschickt und zuletzt in einer nächtlichen Aktion an der Münchner Universität verteilt. Nach der deutschen Niederlage in Stalingrad hoffte die Gruppe mit einer erneuten Flugblattaktion auf eine größere Resonanz in der Bevölkerung zu stoßen. Ein sechstes Flugblatt wurde im Februar 1943 von dem Mentor der Studentengruppe, dem Philosophieprofessor Kurt Huber, verfasst und richtete sich an die Studentenschaft. Beim Auslegen des Flugblattes an der Universität wurden Sophie Scholl und ihr Bruder Hans entdeckt und verhaftet. Die Geschwister sowie vier weitere Mitglieder der „Weißen Rose" wurden kurz darauf hingerichtet.

Webcode
FG450099-150

HRU-CD
Film „1942 –
Die Weiße Rose"

S. 150, M2: Mitglieder der „Weißen Rose"
Hans Scholl hatte sich nach anfänglichem Engagement in der HJ einer im Untergrund agierenden bündischen Jugendgruppe angeschlossen und war deshalb bereits 1937 kurzzeitig verhaftet worden. Während seines Studiums, in dessen Rahmen er auch Vorlesungen des regimekritischen Professors Kurt Hubert belegte, begann Hans mit seinem Freund Alexander Schmorell Flugblätter zu verbreiten, die zunächst zu passivem Widerstand, bald aber offen zum Umsturz des Regimes aufriefen. Zum Zeitpunkt seiner Hinrichtung war Hans 24 Jahre alt. Christoph Probst wuchs in einem liberal gepräg-

5 Nationalsozialistische Außenpolitik und Zweiter Weltkrieg

ten familiären Umfeld auf. Auch weil seine Stiefmutter Jüdin war, wurde ihm der bedrohliche Charakter des Nationalsozialismus früh bewusst. Über seinen Freund Alexander Schmorell kam er im Sommer 1942 in Kontakt mit den anderen Mitgliedern der „Weißen Rose". Er beteiligte sich an Diskussionen und entwarf ein Flugblatt-Manuskript. Im Alter von 23 Jahren wurde Christoph, Vater von drei kleinen Kindern, hingerichtet. Sophie Scholl zeigte sich als BDM-Mitglied zunächst beeindruckt von den vermeintlichen Gemeinschaftsidealen der Nationalsozialisten, geriet jedoch bald in Widerspruch zur herrschenden Ideologie. Wegen „bündischer Umtriebe" wurde sie 1937 kurzzeitig verhaftet. In Briefen äußerte sie bereits 1939 Kritik an der Unmenschlichkeit des Krieges. Spätestens seit Anfang 1943 beteiligte sie sich aktiv bei der „Weißen Rose". Sophie wurde im Alter von 21 Jahren hingerichtet.

S.150, M3: Aus den Verhörprotokollen von Sophie Scholl
Als angesichts der Beweislast deutlich wurde, dass jedes Leugnen zwecklos war, bekannten sich Hans und Sophie Scholl in den Gestapo-Verhören zu ihrer Tat und erklärten, dass sie nach wie vor von der Richtigkeit ihres Tuns überzeugt seien. Beide nannten zwar Namen von Freunden, versuchten aber nach Möglichkeit, diese zu entlasten und sich selbst als die Hauptschuldigen darzustellen. Die Verhörprotokolle sind Dokumente der NS-Täter und müssen als solche mit besonderer Vorsicht ausgewertet werden – umso mehr beeindruckt die ruhige Charakterstärke von Sophie und Hans Scholl, die aus ihnen spricht.

S.151, Aufgabe 1
Das Flugblatt verurteilt das NS-Regime als verabscheuungswürdige Gewaltherrschaft. Zur Befriedigung ihrer Machtgelüste hätten die Nationalsozialisten die Deutschen der Freiheit beraubt. Das Sterben der deutschen Jugend im Krieg müsse beendet, die Freiheit wiederhergestellt werden.

S.151, Aufgabe 2
Sophie begründet die Tat mit ihrer Überzeugung von einer unausweichlichen deutschen Niederlage im Krieg und der daraus folgenden Sinnlosigkeit jedes weiteren Todesopfers. Sie räumt ausdrücklich ein, dass es ihr Ziel war, den NS-Staat zu beseitigen. Sie nennt die Namen von Freunden, versucht aber, deren Mitverantwortung zu minimieren oder zu leugnen.

HRU, S.134, KV
5.1 Eine biografische Recherche durchführen – Strukturierungshilfe

S.151, Aufgabe 3 siehe die Erläuterungen zu KV 5.1, Aufgabe 1

S.151, Aufgabe 4 individuelle Lösung

Webcode
FG450099-153

„Totaler Krieg" und Niederlage   S.152/153

S.152, M1: Gefallene Angehörige der Hitlerjugend
1943 erfolgte die Aufstellung einer HJ-Panzerdivision, die ab Herbst unter dem Namen „12. SS-Panzerdivision Hitlerjugend" agierte. Geführt von Offizieren, die zuvor Führungspositionen in der HJ innehatten, bestand die Division aus Absolventen von Wehrertüchtigungslagern, in denen die 16- bis 18-jährigen Rekruten innerhalb von sechs Wochen auf den Kriegseinsatz vorbereitet werden sollten. Die Division, deren Mitglieder während des Nationalsozialismus sozialisiert worden waren, gilt als ideologisch besonders fanatisch. Unzureichend ausgebildet und ohne nennenswerte Kampferfahrung erlitt die Einheit vor allem bei ihrem Einsatz in der Normandie ab Sommer 1944 erhebliche Verluste. Die wenigen Überlebenden ergaben sich im Mai 1945 der US-Armee.

S.153, M2: Das von der Atombombe zerstörte Hiroshima
In der Potsdamer Deklaration vom 26. Juli 1945 hatten Truman und Churchill die sofortige und bedingungslose Kapitulation Japans gefordert. Im Falle der Ablehnung kündigten sie Japan die sofortige und vollständige Zerstörung an. Die Vorbereitungen für den Abwurf der Atombomben waren zu diesem Zeitpunkt bereits angelaufen. Die USA zielten mit dem atomaren Schlag auf ein rasches Kriegsende ohne weitere hohe Verluste unter den amerikanischen Soldaten ab: Die Schätzungen der Todeszahlen für eine Invasion Japans beliefen sich auf mindestens 300 000 tote US-Soldaten. Zudem wollten die USA durch die Beschleunigung des Kriegsendes ein Eingreifen der Sowjetunion in den Krieg gegen Japan und daraus folgende Gebietsansprüche verhindern.

S.153, M3: Überlebender des KZ Buchenwald
Am 11. April 1945 trafen amerikanische Soldaten im KZ Buchenwald ein. Zu diesem Zeitpunkt hatten die Häftlinge – organisiert und zum Teil bewaffnet – bereits die Kontrolle über das Lager erlangt. Dies war möglich, da im Angesicht der herannahenden US-Streitkräfte ein Großteil der SS-Männer geflo-

hen war. Das Sterben war damit jedoch nicht beendet. An den Folgen der Haftbedingungen starben allein bis zum 19. April, dem Tag des „Buchenwald-Schwurs", mehr als 400 ehemalige Insassen. In anderen befreiten Lagern war die Todesrate noch weitaus höher: In Bergen-Belsen starben noch drei Wochen nach der Befreiung täglich etwa 200 Menschen an den Folgen von Unterernährung und Krankheiten.

S. 153, M4: Die Toten des Zweiten Weltkrieges siehe die Erläuterungen zu Aufgabe 2

S. 153, Aufgabe 1
Für den „totalen Krieg" mobilisierten die Nationalsozialisten die letzten Kräfte. Auch halbe Kinder, wie die jungen Männer in M1, wurden jetzt in den Kampf geschickt. „Total" war auch die Gewalt, die die Nationalsozialisten gegenüber denjenigen ausübten, die sie als „minderwertig" definierten (M3). Die Dimensionen, die die Angriffskriege und das Menschenschlachten Deutschlands und seiner Verbündeten erreicht hatten, ließen auch die alliierte Kriegsführung nicht unberührt: Um das trotz aussichtsloser Situation erbittert weiterkämpfende Japan in die Knie zu zwingen, nahmen die USA mit dem Abwurf der Atombomben weit über 100 000 zivile Opfer in Kauf (M2).

S. 153, Aufgabe 2
Die größte Zahl an Kriegsopfern hatte die Sowjetunion zu beklagen: Fast die Hälfte der Toten des Zweiten Weltkrieges stammte aus diesem Land. Auch für das eher kleine Land Polen ist die Anzahl der Toten mit etwa sechs Millionen fast ausschließlich zivilen Opfern enorm hoch. Die Zahlen unterstreichen den Vernichtungscharakter des deutschen Ostfeldzugs. In Jugoslawien waren es – wie in Polen – in erster Linie Zivilisten, die der nationalsozialistischen Terrorherrschaft zum Opfer fielen. Insbesondere die 13,5 Millionen chinesischen Kriegsopfer, von denen die große Mehrheit Zivilisten waren, führen die in Europa oft vergessenen Ausmaße und Grausamkeiten des Weltkrieges in Asien vor Augen.

S. 153, Aufgabe 3
Im Sinne der NS-Ideologie war es die Aufgabe der deutschen Frauen, „erbgesunden" Nachwuchs zu gebären und sich um Kinder und Haushalt zu kümmern. Zunächst wurde darum ein Zurückdrängen der weiblichen Erwerbstätigkeit angestrebt. Im Zuge des kriegsbedingten Arbeitskräftemangels wurden Frauen aber verstärkt in Produktion und Verwaltung eingesetzt. Für den Sieg im „totalen Krieg" zeigten sich die Nationalsozialisten bezüglich der Rolle der Frauen als ideologisch flexibel.

S. 153, Aufgabe 4 individuelle Lösung

S. 153, Aufgabe 5 Diskussion

Wähle aus: Bombenkrieg — S. 154/155

S. 154, M1: Erinnerungen an einen Luftangriff auf Osnabrück 1945
Am 25. März 1945 wurde Osnabrück von einem letzten, besonders schweren Luftangriff getroffen. Bei der nur knapp eine halbe Stunde andauernden Attacke wurden 178 Menschen getötet und 241 verletzt. Etwa 15 000 Osnabrücker verloren ihr Obdach. Zehn Tage nach dem Angriff erreichten britische und kanadische Truppen die Stadt, die kampflos kapitulierte.

S. 154, M2: Zerstörte Eisenbahnstraße in Osnabrück
Die Fotografie zeigt die in der Nähe des Hauptbahnhofs gelegene Eisenbahnstraße, die parallel zu den Gleisen verlief. Von den Häusern sind nur noch die Fassaden stehengeblieben, im Straßenbelag klaffen tiefe Löcher. Die vier Personen, die sich ihren Weg durch die Trümmer bahnen, scheinen Lebensmittel zu transportieren.

S. 154, M3: Daten zum Bombenkrieg in Osnabrück
Der Hauptbahnhof Osnabrücks war ein wichtiger Verkehrsknotenpunkt der Reichsbahn. Von strategischer Bedeutung war die Stadt darüber hinaus, weil sie über bedeutende Industriebetriebe wie das Klöckner-Stahlwerk, das Karmann-Werk (Herstellung von Militärfahrzeugen) und das Osnabrücker Kupfer- und Drahtwerk verfügte. Zudem war die relativ nördlich gelegene Gemeinde für die britischen Flieger leicht zu erreichen, die z. T. auch auf dem Rückflug von Angriffen in Mitteldeutschland restliche Bomben abwarfen.

5 Nationalsozialistische Außenpolitik und Zweiter Weltkrieg

S. 155, M4: Radioansprache von Thomas Mann
Thomas Mann, der 1938 aus NS-Deutschland emigriert war, richtete sich in fast 60 deutschsprachigen Rundfunksendungen der BBC an die deutsche Bevölkerung. In seinen mahnenden und kritischen Appellen konfrontierte er die Hörer auch mit den nationalsozialistischen Kriegsverbrechen und Informationen über die Judenvernichtung. 1940/41 unternahm die deutsche Wehrmacht die erste große Luftoffensive in der Geschichte, die feindliche Städte zum Ziel hatte. Der Angriff vom 14. November verwüstete die britische Stadt Coventry, die zum Symbol für die Zerstörungen des deutschen Bombenkriegs wurde. Weit über 500 Menschen starben.

S. 155, M5: Bombenabwürfe 1940–1945
Zum deutschen Luftkrieg gegen Großbritannien siehe die Erläuterungen zu S. 141, M1. Nach den deutschen Angriffen auf Coventry und andere englische Städte begann die britische Luftwaffe mit den Flächenbombardements deutscher Städte, an denen sich nach dem Kriegseintritt auch die amerikanischen Streitkräfte massiv beteiligten. In einer „kombinierten Bombenoffensive" flogen ab 1943 amerikanische und britische Bomber im Wechsel Tages- und Nachtangriffe. Ab Frühjahr 1944 hatten die Alliierten die uneingeschränkte Lufthoheit. Nachdem dadurch der Einsatz deutscher Kampfflugzeuge verhindert war, setzte die deutsche Wehrmacht selbst gesteuerte Flugbomben und Raketen für Luftangriffe ein.

S. 155, M6: Jörg Friedrich über den Bombenkrieg
Das 2002 erschienene Buch „Der Brand" von Jörg Friedrich entfachte in der deutschen Öffentlichkeit umfangreiche Diskussionen um den alliierten Bombenkrieg. In der historischen Forschung überwog Kritik an dem Buch, dem handwerkliche Mängel und ein übermäßiger Hang zur Emotionalisierung vorgeworfen wurden. Der Historiker Dan Diner ordnet das Buch in eine wachsende Tendenz ein, Leiderfahrungen des Zweiten Weltkrieges durch Anthropologisierung zu enthistorisieren: Das durchaus auch von Deutschen erfahrene Leid würde so dekontextualisiert, die es hervorbringenden Umstände verdrängt.

S. 155, M7: Antwort des Historikers Volker Ullrich siehe die Erläuterungen zu Aufgabe 1 (Material C)

S. 154, Aufgabe für alle Diskussion

S. 154, Aufgabe 1 (Material A)
Durch die 79 Luftangriffe auf Osnabrück wurden 65 Prozent des Stadtgebiets zerstört. Tausende Wohnhäuser wurden unbewohnbar, etwa 90 000 Osnabrücker verloren so ihre Wohnstätte. Insgesamt forderten die Angriffe 1434 Todesopfer. Mit etwa 20 Prozent der Toten waren Zwangsarbeiter unter den Toten überrepräsentiert. M2 gibt einen Eindruck vom Grad der Zerstörungen: Krater klaffen in der Straße, der Straßenbelag ist verschwunden, Trümmer säumen den Weg. M1 vermittelt die Auswirkungen der Bombardierungen auf einer subjektiveren Ebene: Eine Zeitzeugin berichtet von brennendem Asphalt und den Schreien der Verletzten aus einem zerstörten Bunker. Als „furchtbar" (Z. 11) bezeichnet sie ihre Eindrücke.

S. 154, Aufgabe 2 (Material A) individuelle Lösung

S. 154, Aufgabe 3 (Material A) Recherche-Aufgabe

S. 155, Aufgabe 1 (Material B) a)
Angesichts der Angriffe auf Lübeck erinnert Mann in seiner Radioansprache an die Zerstörung von Coventry durch die deutsche Luftwaffe. Trotz der Verbundenheit mit seiner Heimatstadt beklagt er die Bombardements nicht. Er betont, dass die tödliche Aggression von NS-Deutschland ausging. Die jetzigen Angriffe auf deutsche Städte seien nur die logische Konsequenz daraus. Mann vermutet, dass auch unter den Betroffenen im Deutschen Reich viele antifaschistisch Gesinnte die Luftangriffe als Schlag gegen Hitler guthießen. Ziel müsse die Zerstörung von NS-Deutschland sein, damit ein besseres Deutschland geschaffen werden könne.
b) individuelle Lösung

S. 155, Aufgabe 1 (Material C)
Friedrich veranschaulicht die Auswirkungen der Bombardements mit drastischen Worten (Z. 4/5). Auch sonst zielt er sprachlich mit Begriffen wie „Marter" (Z. 6), „fürchterlich" (Z. 7) und „extreme Qualen" (Z. 12) auf eine emotionale Reaktion des Lesers ab. Mit dem Terminus „Vernichtungsapparat" verwendet Friedrich einen Begriff, der häufig im Zusammenhang mit dem Holocaust verwendet wird. Eine umstandslose und scharfe Verurteilung des alliierten Bombenkriegs kommt in dem Text in aller Deutlichkeit zum Ausdruck. Volker Ullrich fasst die Thesen Friedrichs zusammen und verweist dabei auf die Vorgeschichte der alliierten Luftkriegsführung, der er eine größere Bedeutung zuzumessen scheint, als dies bei Friedrich der Fall ist. Dass Friedrich den alliierten Bombenkrieg sprachlich in die Nähe des Holocaust rückt, verurteilt Ullrich.

S. 155, Aufgabe 2 (Material C) individuelle Lösung

Zwangsarbeit im Dritten Reich S. 156/157

S. 156, M1: Zwangsarbeiterinnen in einer Wäscherei
Im Jahr 1944 war etwa ein Drittel der zwangsrekrutierten Arbeitskräfte weiblich. Je niedriger die Stellung der Bevölkerung der jeweiligen Herkunftsländer in der rassistischen Hierarchie der Nationalsozialisten war, desto höher war der Frauenanteil. An die 90 Prozent der Zwangsarbeiterinnen kamen aus Osteuropa und waren somit – gerade als aus der Sowjetunion stammende „Ostarbeiterinnen" – besonders menschenverachtenden Lebensbedingungen ausgesetzt. Zwangsarbeiterinnen wurden in der Landwirtschaft und allen Bereichen der Industrie eingesetzt.

Webcode
FG450099-157

S. 156, M2: Zwangsarbeiter räumen Bombentrümmer
Für die körperlich schwere und z. T. gefährliche Arbeit der Trümmerbeseitigung griff das NS-Regime in erster Linie auf den Zwangseinsatz von Zivilarbeitern, Kriegsgefangenen und KZ-Häftlingen zurück. Im Januar 1945 befanden sich mehr als 10 000 Zwangsarbeiter in Osnabrück, der Großteil war in einem der fast hundert Zwangsarbeiterlager der Stadt untergebracht. Hinzu kamen Zwangsarbeiter, die aus dem Konzentrationslager Neuengamme und aus den Strafgefangenenlagern im Emsland in die Stadt geschickt wurden. Nach Bombenangriffen war es für Hausbesitzer in Osnabrück möglich, sich bei der lokalen Luftschutzleitung Zwangsarbeiter zur Schadensbeseitigung „auszuleihen".

S. 156, M3: Kennzeichen für „Ostarbeiter"
Während des Krieges leisteten ca. 2,75 Millionen aus der Sowjetunion verschleppte Männer, Frauen und Kinder im Deutschen Reich Zwangsarbeit. Mit den „Ostarbeitererlassen" vom 20. Februar 1942, einem diskriminierenden Regelwerk zur Behandlung der sowjetischen Zwangsarbeiter, wurde die Kennzeichnungspflicht eingeführt: Als sichtbares Zeichen der Diskriminierung musste der Aufnäher „OST" auf der Kleidung getragen werden. Die öffentliche Stigmatisierung diente auch der weiteren Absonderung von der deutschen Bevölkerung.

S. 157, M4: Häftlinge des KZ Dachau bei der (Zwangs-)Arbeit
Ab 1942 wurde mit Blick auf die Kriegserfordernisse die Abpressung der Arbeitskraft von KZ-Häftlingen intensiviert und organisatorisch „optimiert". Rüstungsunternehmen wie BMW oder Messerschmidt mieteten Zwangsarbeiter aus dem KZ Dachau an, die in Außenlagern direkt bei den Produktionsstätten untergebracht wurden. Besonders viele Dachauer KZ-Häftlinge fielen der „Vernichtung durch Arbeit" bei den Bauprojekten in den KZ-Außenlagern Kaufering und Mühldorf zum Opfer: Unter mörderischen Bedingungen mussten hier etwa 30 000 größtenteils jüdische Häftlinge Großbunker für die Unterbringung kriegswichtiger Produktionsstätten errichten.

S. 157, M5: Gedicht der ukrainischen Zwangsarbeiterin Elena Bogomaz
Elena Bogomaz war erst 16 Jahre alt, als sie zur Zwangsarbeit nach Deutschland verschleppt wurde. Sie unternahm einen Fluchtversuch, wurde aber bald von der Polizei aufgegriffen und in das Zwangsarbeiterlager zurückgebracht. Siehe auch die Erläuterungen zu Aufgabe 1.

S. 157, Aufgabe 1
Elena Bogomaz beschreibt ihr Leben in Unfreiheit: Stacheldrahtzäune und die ständige Überwachung durch die Aufseher prägen den Alltag. Sie schildert den Hass, der ihr im vermeintlichen „Kulturland" Deutschland entgegenschlägt, und die stets präsente Drohung einer Deportation in ein KZ. Das junge Mädchen sehnt sich nach ihrem Zuhause in der Ukraine. Ihre verzweifelte Situation als Zwangsarbeiterin lässt Elena wünschen, sie wäre nie geboren.

5 Nationalsozialistische Außenpolitik und Zweiter Weltkrieg

S. 157, Aufgabe 2

VISUALISIERUNG 5.3

	Zwangsarbeiter in NS-Deutschland
Gesamtzahl (1944)	• über zehn Millionen Kriegsgefangene, KZ-Häftlinge und zivile ausländische Arbeiter und Arbeiterinnen mussten Zwangsarbeit verrichten
Herkunft und Geschlecht	• der Großteil stammte aus Osteuropa; mehr als die Hälfte der aus Osteuropa Verschleppten waren Frauen
Einsatzgebiete	• Industrie (vor allem Rüstungsindustrie) und Landwirtschaft
Lebensbedingungen	• drastische Strafen bei Vergehen gegen die Sonderregelungen für Zwangsarbeiter • gesellschaftliche Isolation: Verbot des Besuchs von öffentlichen Freizeiteinrichtungen; Todesstrafe für Liebesbeziehungen mit Deutschen • Unterbringung in Sammelunterkünften mit mangelnden Hygieneeinrichtungen (Ungeziefer, Krankheiten)
Differenzierungen bei den Lebensbedingungen	• Unterschiede in Abhängigkeit von Einsatzorten und vor allem der Herkunft: nach den rassistischen Kriterien der Nationalsozialisten wurden westeuropäische Zwangsarbeiter besser behandelt als osteuropäische

S. 157, Aufgabe 3 Recherche-Aufgabe

S. 157, Aufgabe 4 Diskussion

Flucht und Vertreibung der Deutschen — S. 158/159

S. 158, M1: Flüchtlinge und Vertriebene 1945–1950

Mit über sieben Millionen Flüchtlingen und Vertriebenen haben „Reichsdeutsche" aus den ehemals deutschen Gebieten östlich von Oder und Neiße den größten Anteil an den erzwungenen deutschen Migrationsbewegungen am Ende und nach dem Zweiten Weltkrieg. Unter den während des Nationalsozialismus als „Volksdeutsche" bezeichneten Bevölkerungsgruppen in Osteuropa waren vor allem deutschsprachige Minderheiten in der Tschechoslowakei (fast drei Millionen Personen) und im Vorkriegs-Polen (über eine Million Personen) betroffen. Jeweils ca. 250 000 Flüchtlinge und Vertriebene machten sich zudem aus Jugoslawien und Rumänien, 200 000 aus Ungarn auf den Weg. Aufnahmegebiete waren vor allem die sowjetische und die amerikanische Besatzungszone. Hier erreichte der Anteil von Flüchtlingen und Vertriebenen an der Gesamtbevölkerung Ende 1947 24,3 bzw. 17,7 Prozent (britische Besatzungszone: 14,5 Prozent). Die französischen Besatzungsbehörden verweigerten die Aufnahme von Flüchtlingen und Vertriebenen. Im Zuge der Westverschiebung Polens mussten 1,7 Millionen polnische Flüchtlinge und Vertriebene die nun zur Sowjetunion gehörenden Gebiete verlassen. Sie wurden ebenso wie 3,5 Millionen Personen aus dem polnischen Kernland in den neu hinzugewonnenen, ehemals deutschen Gebieten angesiedelt.

S. 158, M2: Flüchtlinge in Ostpreußen

Der Großteil der deutschen Flüchtlinge und Vertriebenen machte sich zu Fuß auf den Weg Richtung Westen. Die meisten Zuglinien waren durch den Krieg unterbrochen. Das wenige Hab und Gut, das sie hatten mitnehmen können, transportierten sie in Koffern, Handwagen oder auf Pferdefuhrwerken. Viele überlebten die Strapazen der Wochen oder gar Monate dauernden Flucht nicht: Sie starben an Hunger und Kälte oder fielen Krankheiten zum Opfer.

S. 159, M3: Berichte ostpreußischer Flüchtlinge

3A Nachdem die sowjetische Armee Ostpreußen im Januar 1945 eingekreist hatte, versuchten deutsche Flüchtlingstrecks über das zugefrorene Frische Haff, eine Meeresbucht der Ostsee, in die von der Wehrmacht gehaltenen Gebiete weiter westlich zu gelangen. Vom dort gelegenen Danziger Hafen hoffte man, die Flucht in die Kerngebiete des Deutschen Reichs fortsetzen zu können. Der acht Kilometer lange Marsch verlief durch kniehohes Eiswasser. Die Kälte, Bruchstellen im Eis und der Beschuss durch die sowjetische Armee forderten viele Todesopfer.

Nationalsozialistische Außenpolitik und Zweiter Weltkrieg 5

3B Wie schwer das Vorwärtskommen für Flüchtlinge häufig war, verdeutlicht die Tatsache, dass Ella Knobbe für ihren Weg aus der Region um Elbing (heute Elbląg) in das nur rund 60 Kilometer entfernte Stobnitt (heute Stabuniki) drei Wochen benötigte. Über das Ausmaß der Vergewaltigungen durch Angehörige der sowjetischen Armee liegen keine verlässlichen Zahlen vor. Die Historikerin Catherine Merridale geht in ihrem 2006 erschienenen Buch zur sowjetischen Kriegsführung von Zehn-, höchstwahrscheinlich sogar Hunderttausenden Opfern sexueller Gewalt aus. Der Statistiker Gerhard Reichling kam Anfang der 1990er Jahre im Rahmen eines feministischen Filmprojekts zu dem Ergebnis, dass in den Vertreibungsgebieten etwa 1,4 Millionen Frauen vergewaltigt wurden.

S. 159, M4: Sonderbefehl für die Stadt Bad Salzbrunn

Der Sonderbefehl für die Stadt Bad Salzbrunn (heute Szczawno-Zdrój), der auf den 14. Juli 1945, 6 Uhr datiert ist und die Unterschrift des Abschnittskommandanten Oberstleutnant Zinkowski trägt, wurde wenige Tage vor dem Beginn der Potsdamer Konferenz erlassen und fällt somit in die Phase der „wilden" Vertreibungen. Den von der Vertreibung Betroffenen ist ein Gepäck von höchstens 20 kg gestattet, der übrige Besitz wird zum Eigentum der polnischen Regierung erklärt. Für die Umsetzung des Befehls wird den Betroffenen eine Frist von wenigen Stunden gesetzt, im Fall der Nicht-Ausführung drohen massive Sanktionen bis hin zum Waffeneinsatz.

Mehrere Dekrete des polnischen Staates aus den Jahren 1945 und 1946 bestimmten auch auf zentraler Ebene die Enteignung der geflüchteten, vertriebenen oder noch auszuweisenden Reichsdeutschen und Angehörigen der deutschsprachigen Minderheit. Von Vertreibung und Enteignung ausgenommen blieben Personen, die Widerstand gegen den Nationalsozialismus geleistet hatten, sowie diejenigen „Volksdeutschen", die bereit waren, sich von ihrem „Deutschtum" loszusagen.

S. 159, M5: Johannes Hürter über die Ursachen der Vertreibung

Zur nationalsozialistischen Herrschaft in Polen und der Tschechoslowakei: Nach den Plänen der Nationalsozialisten sollte der westliche Teil Polens durch die Ansiedlung von „Volksdeutschen" aus sowjetischen Gebieten, durch die Vertreibung eines Großteils der polnischen Bevölkerung sowie die Eliminierung aller Juden „germanisiert" werden. Die östlichen Gebiete Polens sollten als Arbeitskräftereservoir dienen: Hier sollte die polnische Bevölkerung – durch Massenexekutionen der intellektuellen und politischen Führungsschicht beraubt – unter gezielt niedrig gehaltenem Lebensstandard für das NS-Regime arbeiten. Der deutschen Besatzungs-, Umsiedlungs- und Vernichtungspolitik fielen fast sechs Millionen polnische Zivilisten zum Opfer, etwa die Hälfte davon waren polnische Juden.

Unterstützt durch die Sudetendeutsche Partei, die bei Regionalwahlen im Jahr 1938 90 Prozent der sudetendeutschen Stimmen erhielt, betrieb das NS-Regime gegenüber der Tschechoslowakei eine Destabilisierungspolitik, die – nach der Annexion der sudetendeutschen Gebiete im September 1938 – in der militärischen Besatzung und Zerschlagung des Staates im Frühjahr 1939 gipfelte. Große Teile der Tschechoslowakei wurden als Protektorat Böhmen und Mähren faktisch durch das Reich annektiert, mit der Ersten Slowakischen Republik ein deutscher Vasallenstaat errichtet. Da das hochindustrialisierte Protektorat vor allem wirtschaftlich ausgebeutet werden sollte und die Slowakei als Bündnisstaat galt, sind die Opferzahlen in der Tschechoslowakei niedriger als in anderen besetzten Ländern Osteuropas. Die Schätzungen belaufen sich auf 330 000 bis 360 000 Opfer, darunter etwa 270 000 Juden.

Johannes Hürter sieht in der Vorgeschichte der Vertreibung der Deutschen zwar keine Rechtfertigung des Geschehens, dennoch, so fordert er, müsse diese in Rechnung gestellt werden.

S. 159, Aufgabe 1 siehe die Erläuterungen zu M1

S. 159, Aufgabe 2

Die Flüchtlinge und Vertriebenen mussten sich zu Fuß oder auf Pferdewagen ihren Weg durch die vom Krieg zerstörten Gebiete bahnen und konnten nur wenige Habseligkeiten mit sich führen. Die winterlichen Witterungsbedingungen machten die oft wochenlangen Wanderungen zu einem lebensgefährlichen Unternehmen. Flüchtlinge wurden Opfer von militärischen Angriffen, Vergewaltigungen und gezielten Tötungen.

5 Nationalsozialistische Außenpolitik und Zweiter Weltkrieg

S. 159, Aufgabe 3
Die deutschen Truppen hatten im besetzten Osteuropa Verbrechen gegen die Menschlichkeit von zuvor unbekannten Ausmaßen begangen. Hass auf die Deutschen angesichts dieser Verbrechen und das Bedürfnis nach Rache liegen als Motiv für die Vertreibung nahe. Ein Hinweis darauf bietet die Drohung mit schärfsten Strafen und Waffengebrauch. Auch wirtschaftliche Erwägungen kommen als Motiv in Betracht: Die Deutschen wurden gezwungen, ihr Eigentum fast vollständig zurückzulassen. Dieses ging in den Besitz der polnischen Regierung über.

S. 159, Aufgabe 4
In Polen wurden Zehntausende Zivilisten Opfer von Massenmorden, Hunderttausende Polen wurden vertrieben, um Platz für deutsche Siedler zu schaffen. Spätestens mit dem Überfall auf die Sowjetunion gewann das militärische Vorgehen der Deutschen den Charakter eines Vernichtungskrieges, in dessen Rahmen Millionen von Menschen ermordet wurden. Diese „beispiellose Gewaltpolitik" (M4, Z. 7 f.) ist zwar nicht als Rechtfertigung, aber doch als eine der Ursachen für die Vertreibung der Deutschen zu werten.

S. 159, Aufgabe 5 a) zu aktuellen Flüchtlingswanderungen siehe die Erläuterungen zu den Materialien auf S. 310 f.
b) Recherche-Aufgabe

Die Kultur der Erinnerung an die Shoa — S. 160/161

Webcode
FG450099-160

S. 160, M1: Rede Richard von Weizsäckers, 1985
In seiner weltweit beachteten Rede vor dem deutschen Bundestag sprach Bundespräsident Weizsäcker vom 8. Mai als Tag der Befreiung – auch aus deutscher Sicht – und brach damit ein Tabu. Er erklärte, dass nicht das Ende des Krieges als Ursache für Flucht, Vertreibung und deutsche Teilung betrachtet werden dürfe, die Ursachen seien vielmehr im Beginn der NS-Gewaltherrschaft zu suchen, die zum Krieg führte: Nicht der 8. Mai 1945 als Tag der militärischen Kapitulation, sondern der 30. Januar 1933, der Tag der nationalsozialistischen Machtübernahme, stünde am Anfang dieser Entwicklungen. Die Rede vor dem Bundestag fand vor allem im Ausland viel Anerkennung, löste innerhalb Deutschlands aber auch heftige Debatten aus. Vertriebenenverbände reagierten empört und auch in Teilen der CDU und der Presse stieß die Rede auf Ablehnung. Im vorliegenden Quellenausschnitt gedenkt Weizsäcker an prominenter Stelle (noch vor den meisten Gruppen von NS-Opfern) den gefallenen deutschen Soldaten. Das ist insofern problematisch, als die deutsche Wehrmacht massiv an den nationalsozialistischen Verbrechen beteiligt war: Den (toten) Tätern und ihren Opfern wird hier also auf derselben Ebene gedacht.

S. 161, M2: Harald Welzer über Erinnerungskultur
Welzer kritisiert in seinem Essay das Schale, Petrifizierte und Inhaltsleere der heutigen Erinnerungskultur. Die Vermittlungspraxis, die historische Fakten und moralische Botschaften vermische, führe gerade bei Jugendlichen zu einem Gefühl der Freiheitseinschränkung. Ziel seiner Polemik ist es allerdings nicht, das Kapitel NS-Geschichte zu schließen, er plädiert vielmehr für neue Formen der Auseinandersetzung. In den Vordergrund der pädagogischen Arbeit will Welzer statt den Grauen der Vernichtungslager die unscheinbaren alltäglichen Veränderungen rücken, im Zuge derer die deutsche Gesellschaft zu einer Ausgrenzungsgesellschaft wurde. Welzer fordert zudem Lernorte eines neuen Typs, die Lernformen mit hohem Erlebnischarakter und Raum für eine partizipative und demokratieorientierte Persönlichkeitsbildung bieten.

S. 161, M3: Denkmal für die ermordeten Juden Europas
Die Idee für ein zentrales Denkmal für die Opfer des Holocaust geht auf eine Bürgerinitiative um die Publizistin Lea Rosh und den Historiker Eberhard Jäckel zurück, die 1988 in Berlin gegründet wurde. Nach langen Jahren der öffentlichen und politischen Diskussion, in der sich immer wieder auch vehementer Widerstand gegen das Erinnerungsprojekt äußerte, beschloss der Bundestag im Jahr 1999 die Errichtung des Denkmals. In zwei Wettbewerben, an denen über 500 Künstler mit ihren Vorschlägen für die Gestaltung des Denkmals teilnahmen, setzte sich schließlich ein Entwurf des New Yorker Architekten Peter Eisenman durch: 2711 quaderförmige Betonblöcke unterschiedlicher Höhe und Neigung sind schachbrettartig auf einem unregelmäßig gewellten Untergrund angeordnet. Das abstrakte Kunstwerk soll auf einer emotionalen Ebene wirken und Raum für individuelle Interpretationen bieten.

Nationalsozialistische Außenpolitik und Zweiter Weltkrieg

S. 161, M4: Stolpersteine
Das Projekt „Stolpersteine", das im Jahr 1992 begann, geht auf den Künstler Günter Demnig zurück. Meist am Ort der letzten frei gewählten Wohnstätte angebracht, erinnern die Stolpersteine an das Schicksal von Verfolgten, Verschleppten und Ermordeten. Das Projekt will zum einen die von den Nationalsozialisten häufig zu Nummern degradierten Opfer aus der Anonymität holen, zum anderen soll deutlich gemacht werden, dass die Deportationen aus ganz normalen Wohngegenden zwangsläufig unter den Augen der Nachbarn durchgeführt wurden. Da die Steine Witterung und Verschmutzung ausgesetzt sind, müssen sie – um lesbar zu bleiben – regelmäßig gesäubert werden. Verschiedene lokale Initiativen und Freiwillige widmen sich dieser Aufgabe.

S. 161, M5: Schüler beim 65. Jahrestag der Befreiung des KZ Bergen-Belsen
Im 1940 eingerichteten Lager Bergen-Belsen waren zunächst belgische und französische Kriegsgefangene untergebracht, infolge des Überfalls auf die Sowjetunion wurden hier auch Tausende sowjetische Kriegsgefangene interniert. Nach der Integration des Lagers in das KZ-System der SS im April 1943 wurde Bergen-Belsen auch für Juden und weitere Häftlingsgruppen genutzt. 20 000 Kriegsgefangene und mehr als 52 000 KZ-Häftlinge wurden in Bergen-Belsen ermordet oder starben infolge der Haftbedingungen.
Die Fotografie zeigt Schüler vor der Inschriftenwand, die 1947 im Auftrag der britischen Militärregierung als Teil eines zentralen Mahnmals errichtet wurde und in mehreren Sprachen an die Opfer des KZ Bergen-Belsen erinnert.

S. 161, Aufgabe 1
Im Quellenausschnitt gedenkt Weizsäcker denjenigen, die im Kontext von Krieg und Gewaltherrschaft ihr Leben verloren. An erster Stelle nennt er die Opfer des Holocaust, an zweiter die Völker, die unter dem Krieg gelitten haben, wobei er die hohe Zahl sowjetischer und polnischer Opfer betont. Noch vor weiteren Gruppen, die von den Nationalsozialisten verfolgt und ermordet wurden (Sinti und Roma, Homosexuelle, Psychiatriepatienten und politische Opponenten), gedenkt Weizsäcker den deutschen Opfern: Er erinnert an gefallene deutsche Soldaten, Bombentote und Vertriebene. Weizsäcker fordert, dass die Deutschen, auch die Nachgeborenen, ihre Augen nicht vor der Vergangenheit verschließen dürften, da sie sonst blind für die Gegenwart würden.
Das weitgehende Schweigen über den Massenmord an den Juden, das in den ersten Jahren der Bundesrepublik vorherrschte, bekam durch öffentlichkeitswirksame Prozesse in den 1960er Jahren erste Risse. Die Rede von Richard von Weizsäcker aus dem Jahr 1985 steht für den Beginn einer neuen politischen Kultur in der Bundesrepublik, in der die Erinnerung an den Holocaust einen festen Platz hat.

S. 161, Aufgabe 2 a)
In Berlin wird mit einem zentralen Denkmal an die ermordeten Juden Europas erinnert. M3 zeigt Besuchergruppen, die sich auf den Betonstelen des Denkmals niedergelassen haben, zu dem auch ein Informationszentrum gehört. M4 zeigt mit den „Stolpersteinen" eine dezentrale Denkmalsform: Insgesamt 60 000 Gedenksteine wurden inzwischen an den letzten Wohnorten von Opfern verlegt. Durch das Säubern der „Stolpersteine" beteiligen sich Schüler aktiv an der Instandhaltung dieser Denkmale. Gedenkstätten gibt es auch an den Orten, an denen sich Konzentrationslager befanden (M5). Besondere Jahrestage, wie hier der Tag der Befreiung des KZ Bergen-Belsen, werden mit offiziellen Gedenkfeiern begangen.
b) Für Welzer haben Initiativen wie die Stolpersteine, die sich darum bemühen, das Schicksal des Einzelnen sichtbar zu machen, keinerlei nennenswerten Erkenntniswert (vgl. Z. 8 f.). Offizielle Gedenkfeiern und andere Rituale der Holocausterinnerung bezeichnet er als „abgestanden" (Z. 27). Der viel beschworene „Kampf gegen das Vergessen" sei längst gewonnen, die Erinnerung an den Holocaust in Form einer „Beschilderung der Republik mit Tafeln" (Z. 10) längst omnipräsent. Welche alternativen Formen der Erinnerung dem Autor vorschweben, geht aus dem Quellenabschnitt nicht hervor.

S. 161, Aufgabe 3 Diskussion

S. 161, Aufgabe 4 a) Recherche-Aufgabe
b) individuelle Lösung

Rechtsextremismus heute — S. 162/163

S. 162, M1: Bericht eines Aussteigers
Gabriel Landgraf, der hier von seinem Einstieg in die rechtsextreme Szene berichtet, gehörte zu den führenden Kadern der neonazistischen „Kameradschaften" in Berlin. Er war u. a. Mitglied der (inzwischen verbotenen) „Berliner Alternative Süd-Ost" (BASO), deren Konzept einer Art „rechter Streetwork" auf die Agitierung Jugendlicher ausgerichtet war. Seine Entscheidung, sich von der rechtsextremen Szene zu lösen, bezeichnet Landgraf als den schwersten Schritt seines Lebens. Vorausgegangen war diesem Schritt ein Prozess der ideologischen Loslösung, in dem Landgraf die Widersprüche und Unzulänglichkeiten der von ihm verbreiteten rechtsextremen Inhalte bewusst wurden. Nach seinem Ausstieg im Jahr 2005 engagierte er sich in der Aussteigerinitiative „Exit".

S. 163, M2: Umfrageergebnisse zu rechtsextremen Einstellungen
Die „Mitte"-Studien der Universität Leipzig, auf die sich auch die im Schülerband abgedruckte Tabelle bezieht, erfassen seit 2002 rechtsextreme Einstellungen in Deutschland. In der abgebildeten Tabelle sind beispielhaft die Ergebnisse zu einzelnen Items aus den Analysekategorien Befürwortung einer rechtsautoritären Diktatur, Chauvinismus, Ausländerfeindlichkeit, Antisemitismus, Sozialdarwinismus und Verharmlosung des Nationalsozialismus aufgeführt. Mit über einem Drittel der Befragten erreicht die Zustimmung zu chauvinistischen und ausländerfeindlichen Aussagen ein besonders hohes Ausmaß. Antisemitische Aussagen und Aussagen, die als Indikator für die Befürwortung einer rechtsautoritären Diktatur zu werten sind, erreichen Zustimmungswerte von über zehn Prozent. Im Jahr 2015, dem Untersuchungszeitraum der „Mitte"-Studie 2016, wurden mehr als 1000 Angriffe auf Flüchtlingsunterkünfte gezählt, während sich die AfD als neue rechtspopulistische Partei etablierte und PEGIDA mit Massenmobilisierungen Erfolge feierte. Dennoch sind im Vergleich zu 2014 nur geringfügige Steigerungen rechtsextremer Einstellungen zu verzeichnen. Ein bereits seit Jahren vorhandenes rechtsautoritäres Potenzial habe, so die Verfasser der Studie, mit PEGIDA und AfD eine politisch-ideologische Heimat gefunden.

S. 163, M3: Kai Brinckmeier über Rechtsextreme im Internet
Der Kommunikationswissenschaftler Brinckmeier beschreibt die zunehmend diversifizierten Formen rechtsextremer Auftritte im Internet und analysiert die stabilisierende Wirkung der Netzkommunikation für die Szene. Sie diene nicht nur der milieuinternen Mobilisierung und der gezielten Ansprache von Jugendlichen, sondern wirke auch der Zersplitterung der Szene entgegen. Im Netz verfolgen die Rechtsextremen eine Doppelstrategie, erklärt Brinckmeier in dem Interview weiter. Zum einen nutzen sie massiv öffentliche Foren oder die Kommentarfunktionen von Nachrichtenseiten, um hier gezielt ihre Inhalte zu platzieren. Zum anderen werden im Internet Aktionen in der realen Welt vorbereitet und im Anschluss medial durch Videos und Fotografien aufbereitet.

S. 163, M4: NPD-Demo in Riesa, 2015
Riesa gehört zu den Hochburgen der NPD in Sachsen. Hier hat auch die NPD-eigene Zeitung „Deutsche Stimme" ihren Verlagssitz. Als Ausdruck des Protests gegen die rechtsextreme Zeitschrift benannte die Stadt Riesa im Jahr 2010 die Straße, in der sich das Verlagshaus befindet, in Geschwister-Scholl-Straße um. Im gesamten Bundesgebiet zählte der Verfassungsschutz für das Jahr 2015 690 rechtsextremistische Demonstrationen und Kundgebungen mit insgesamt 95 200 Teilnehmern.

S. 163, M5: Demo gegen Rechts in Berlin, 2015
Das Jahr 2015 war nicht nur von einer massiven rassistischen Mobilisierung, sondern auch von einer Vielzahl zivilgesellschaftlicher Initiativen geprägt, die Solidarität mit Geflüchteten zeigten. Neben praktischen Hilfen wie Sachspenden, Kinderbetreuung, Unterstützung beim Deutschlernen oder bei Ämtergängen etc. wurden an unzähligen Orten anlässlich rechter Aufmärsche Gegendemonstrationen organisiert.

S. 163, Aufgabe 1
Der Aussteiger, der größtenteils bei seinen Großeltern aufwuchs, wurde durch den Großvater schon früh von Positionen geprägt, die den Nationalsozialismus verherrlichen. Seinen Weg in die rechtsextreme Szene beschreibt er auch als Folge jugendlicher Lust an Provokation und Rebellion: Er wollte etwas „radikal Anderes" (Z. 8) darstellen, sich dabei aber zugleich nicht isoliert fühlen. Von Gewalt fühlte er sich fasziniert. Erster Anlaufpunkt war für ihn die Fußballszene, die ein starkes Wir-Gefühl vermittelte und von Antisemitismus und Rassismus geprägt war. Von dort aus bewegte er sich immer tiefer in die rechte Szene hinein. Dabei spielten auch Frust und Perspektivlosigkeit eine Rolle.

Nationalsozialistische Außenpolitik und Zweiter Weltkrieg

S. 163, Aufgabe 2
Zur Analyse siehe die Erläuterungen zu M2. Als Strategien gegen Rechts könnten genannt werden: Auseinandersetzung mit rechtsextremen Argumentationsstrategien auf politischer Ebene; Stärkung einer demokratischen Zivilgesellschaft und gesellschaftlicher Vielfalt; (frühkindliche) Bildung im Sinne einer empathischen, offenen, konfliktfähigen, selbstbewussten und selbstkritischen Persönlichkeit; staatliche Repression zur Einschränkung rechtsextremer Aggression.

S. 163, Aufgabe 3
M4 zeigt eine NPD-Demo in Riesa. Neben Deutschlandfahnen sind „Go home"- und „No welcome"-Schilder zu sehen, die sich gegen Geflüchtete richten. Das zentrale Transparent wirft Asylsuchenden „Asylmissbrauch" vor und misst (durch den völkischen Kampfbegriff „Überfremdung") der Aufnahme von „Fremden" eine schädliche Wirkung auf die Gesellschaft bei. Mit der Aufforderung „Wehrt Euch!" wird eine Parole aufgegriffen, die durch ihre Verwendung während des Nationalsozialismus Bekanntheit erreichte. M5 zeigt eine Demonstration gegen Rechts in Berlin. Hier wird Solidarität mit Geflüchteten und ein Ende rassistischer Ausgrenzung gefordert. Plakat: individuelle Lösung.

S. 163, Aufgabe 4 a) und b) Recherche-Aufgaben

Kompetenzen prüfen S. 166/167

S. 166, M1: Handschriftliche Auszüge aus der ersten Ansprache vor Hitlers Generälen
Nur drei Tage nach seiner Ernennung zum Reichskanzler bekundete Hitler in aller Deutlichkeit den Willen, die erhaltene Macht unter keinen Umständen mehr abzugeben. Innenpolitisch erklärte er die radikale Umgestaltung der deutschen Gesellschaft und die Unterdrückung jeglicher oppositioneller Betätigung zum Ziel. Außenpolitisch plante er die Revision des Versailler Vertrages und „Gleichberechtigung in Genf" (als Voraussetzung für ungehinderte Aufrüstung) sowie die Erlangung der Kriegsfähigkeit. Als nächsten Schritt stellte Hitler die kriegerische Expansion nach Osten in Aussicht. Besonderes Augenmerk legte er auf die Schaffung der ideologischen Grundlagen für seine bellizistische Politik (Kampf dem Pazifismus und Stärkung des „Wehrwillens"). Die „rücksichtslose Germanisierung" des eroberten „Lebensraumes" impliziert die Vertreibung oder Vernichtung der ansässigen Bevölkerung.

HRU, S. 137, KV
5.3 Selbsteinschätzungsbogen für Schüler

HRU, S. 136, KV
5.2 Der Nationalsozialismus – zentrale Begriffe

S. 166, M2: Karikatur siehe die Lösungshilfen zu S. 167, Aufgabe 1 auf S. 339 des Schülerbandes

S. 166, M3: Sozialpolitische Maßnahmen der NSDAP
Götz Aly stellt zur Erklärung des breiten Konsenses der deutschen Bevölkerung mit dem Nationalsozialismus die sozialpolitischen Maßnahmen des Regimes in den Mittelpunkt seiner Analyse. Die Nationalsozialisten seien sich – insbesondere nach den Erfahrungen des Ersten Weltkrieges – der zentralen Bedeutung des materiellen Lebensstandards für die Machtsicherung bewusst gewesen und haben dementsprechend (zunächst auf nationaler, nach Kriegsbeginn auch auf internationaler Ebene) eine Umverteilungspolitik zugunsten der breiten Masse der deutschen Bevölkerung betrieben. So habe sich das NS-Regime die Zustimmung weiter Teile der Bevölkerung erkauft.

S. 167, M4: Zusammenstellung von Stolpersteinen siehe die Erläuterungen zu S. 161, M4

S. 167, M5: Henning von Tresckow über die Frage nach einem Attentat auf Hitler
Von Tresckow war eine der zentralen Figuren des militärischen Widerstands gegen das NS-Regime. Nachdem er die Machtübernahme Hitlers zunächst begrüßt hatte, wuchsen seine Zweifel am Regime, bis er sich 1938 auf die Seite der Gegner des Regimes stellte und Kontakte zu Widerstandskreisen suchte. Einen Anschlag auf Hitler sah er bald als einen Akt der Notwehr und als moralische Pflicht. Das Zitat stammt aus einem Brief, den von Tresckow seinem Mitverschwörer von Stauffenberg zukommen ließ, um ihn in der Durchführung seiner Anschlagspläne zu bestärken. Nach dem Scheitern des Attentats beging von Tresckow Selbstmord. Bis zu seinem Tod war von Tresckow in führender Position für die Wehrmacht tätig.

S. 167, Aufgabe 1 bis 10 siehe die Lösungshilfen auf S. 339/340 des Schülerbandes

5 Nationalsozialistische Außenpolitik und Zweiter Weltkrieg

Lösungen zu den Kopiervorlagen der Handreichung

KV 5.1, Aufgabe 1 Beispiellösung Willi Graf
1. Willi Graf
2. geb. 1918; 1934 Beitritt zum katholischen Jugendbund „Grauer Orden"; 1937 Aufnahme des Medizinstudiums; 1938 Festnahme wegen „bündischer Umtriebe" (Einstellung des Verfahrens); 1940 Einzug in den Kriegsdienst; seit 1942 Engagement bei der „Weißen Rose"; 1943 Hinrichtung
3. Willi Grafs Elternhaus ist katholisch, aber eher unpolitisch; Willi ist Mitglied im katholischen „Bund Neudeutschland" bis zu dessen Verbot; gegen den Willen der Eltern verweigert er den Beitritt zur HJ; im katholischen Jugendbund „Grauer Orden" beschäftigt sich Willi mit Theologie und Philosophie und findet eine Gemeinschaft von Gleichgesinnten; das Verbot katholischer Jugendgruppen und die Repressalien gegen die illegal weiter agierenden Jugendbünde verstärkt Willis Distanz zum NS-Regime; während seines Kriegseinsatzes, vor allem während des Feldzuges gegen die Sowjetunion, ist Willi entsetzt über das verbrecherische Vorgehen der deutschen Truppen.
4. Willi Graf wurde durch sein Engagement in katholischen Jugendbünden nachhaltig geprägt; er beschäftigte sich intensiv mit philosophischen und literarischen Schriften, die seine humanistischen Überzeugungen stärkten.
5. Willi Graf berichtet in Briefen an seine Schwester intensiv von den Kriegsgräueln im Osten; er betont die persönliche Verantwortung des Einzelnen bei moralischen Entscheidungen.
6. Im Sommer 1942 lernt Willi Graf in seiner Studentenkompanie Hans Scholl und Alexander Schmorell kennen und besucht von ihnen organisierte Diskussionsabende; seit Dezember desselben Jahres engagiert er sich aktiv bei der Gruppe.
7. Willi Graf beteiligt sich an der Herstellung der Flugblätter; er stellt Kontakte zu NS-Kritikern in anderen Städten her; er beteiligt sich am Anbringen von Anti-NS-Parolen an den Wänden öffentlicher Gebäude.
8. 18. Februar 1943 Festnahme; 9. April 1943 Todesurteil; nach Monaten in Haft, die mögliche Vollstreckung des Todesurteils jederzeit vor Augen, wird er am 12. Oktober 1943 hingerichtet.
9. Willi Grafs Schwester Anneliese Knoop-Graf hat es sich zur Aufgabe gemacht, die Erinnerung an Willi, seinen Mut und seine Ideale weiterzutragen; zahlreiche Schulen und Straßen sind nach Willi Graf benannt; er wurde posthum zum Ehrenbürger Saarbrückens ernannt.
10. individuelle Lösung

KV 5.1, Aufgabe 2 individuelle Lösung

KV 5.2, Aufgabe 1a)

K	G	A	E	F	S	Z	K	I	Z	T	I	L	L	P	B	K	M
R	A	P	L	G	H	V	E	C	W	M	I	F	H	O	J	N	Y
A	R	P	D	B	O	H	A	A	A	X	E	Ü	S	R	E	W	C
F	Q	E	I	C	A	A	W	N	N	Y	H	Ö	A	Z	O	H
T	D	A	S	A	Ü	B	V	M	G	B	R	R	O	Y	L	R	I
D	F	S	W	T	K	I	R	X	S	H	I	E	A	B	U	Z	N
U	I	E	C	X	R	N	A	R	A	R	T	R	P	A	W	T	F
R	J	M	Ü	N	C	H	N	E	R	A	B	K	O	M	M	E	N
C	O	E	F	A	U	D	L	Ä	B	O	K	U	H	P	X	S	Z
H	L	N	T	U	W	Y	A	T	E	Z	A	L	Ö	U	B	H	D
F	S	T	U	E	A	R	E	Y	I	B	T	T	I	X	C	E	F
R	A	Q	G	R	T	P	R	R	T	I	S	D	N	E	N	B	K
E	Y	A	B	A	N	T	I	S	E	M	I	T	I	S	M	U	S
U	N	Z	V	I	E	R	J	A	H	R	E	S	P	L	A	N	B
D	I	Ö	K	M	Y	Z	E	Q	H	M	F	I	Ü	X	V	O	L
E	V	E	R	N	I	C	H	T	U	N	G	S	K	R	I	E	G

b)
Kraft durch Freude: NS-Freizeitorganisation; Ziele: ideologische Indoktrination, Erhöhung der Arbeitsleistung und Wehrfähigkeit
Appeasement: von Zugeständnissen gegenüber Hitler geprägte britische Außenpolitik, die mit der Hoffnung auf Friedenserhaltung verfolgt wurde
Shoa: systematischer Massenmord an den Juden Europas
Zwangsarbeit: Millionen von Menschen, insbesondere aus Osteuropa, mussten unter menschenunwürdigen Bedingungen Zwangsarbeit für NS-Deutschland leisten
Führerkult: Verehrung Hitlers als „Führer", dem unbedingter Gehorsam geschuldet sei
Münchner Abkommen: Frankreich und Großbritannien stimmen 1938 der Abtretung des Sudetenlandes an Deutschland zu
Antisemitismus: zentrales Merkmal der NS-Ideologie; Judenhass; wer Jude ist, wird nach pseudowissenschaftlichen, „rassischen" Kriterien definiert
Vierjahresplan: Wirtschaftsplan zur Herstellung der deutschen Kriegsfähigkeit
Vernichtungskrieg: für den deutschen Ostfeldzug gebräuchlicher Begriff, der das von Verbrechen gegen die Menschlichkeit geprägte deutsche Vorgehen kennzeichnet

KV 5.2, Aufgabe 2 Recherche-Aufgabe

KV 5.1 Eine biografische Recherche durchführen – Strukturierungshilfe

M2 Kurt Huber in seiner Verteidigungsrede vor dem Volksgerichtshof, 19. April 1943:
Als deutscher Staatsbürger, als deutscher Hochschullehrer und als politischer Mensch erachte ich es als Recht nicht nur, sondern als sittliche Pflicht, an der politischen Gestaltung der deutschen Geschicke mitzuarbeiten, offenkundige Schäden aufzudecken und zu bekämpfen.

Zit. nach http://www.bpb.de/geschichte/nationalsozialismus/weisse-rose/61001/kurt-huber (Stand: 13.11.2017).

M1 Mitglieder der „Weißen Rose": Hans (links) und Sophie Scholl mit Christoph Probst, Foto, 1942

Arbeitsschritte „Eine biografische Recherche durchführen"

Name und biografische Eckdaten	
1. Welche Person wird vorgestellt?	
2. Welche wichtigen biografischen Eckdaten sind zu nennen?	

Motive des Widerstandes	
3. Gab es Einflüsse des Elternhauses oder Erlebnisse im Leben der Person, die eine kritische Haltung zum Nationalsozialismus begünstigten?	
4. Gab es politische oder religiöse Überzeugungen, die zur Entscheidung, Widerstand zu leisten, beitrugen?	

Autorin: Caterina Zwilling
Bildrechteinhaber: akg-images/George (Jürgen) Wittenstein

Name: Klasse: Datum:

5.	Sind Aussagen überliefert, in denen die Person zu ihrer Entscheidung Stellung nimmt? Wie begründet sie den Schritt zum Widerstand?	

Aktivität in der „Weißen Rose"

6.	Gehörte die Person seit den Anfängen zur „Weißen Rose"? Seit wann war die Person bei der Gruppe engagiert? Wie fand sie Kontakt zu der Gruppe?	
7.	In welcher Form war die Person an den Aktionen der „Weißen Rose" oder an der Unterstützung der Gruppentätigkeiten beteiligt?	
8.	Welches Schicksal hatte die Person nach der Entdeckung der Gruppe?	

Erinnerung heute

9.	Welche Rolle spielt die Erinnerung an die Person in der heutigen Zeit? Ist sie eine Symbolfigur geworden oder relativ unbekannt geblieben? Wurde sie offiziell geehrt?	

Zitat

10.	Gibt es ein Zitat der Person, das besonders aussagekräftig ist oder euch besonders beeindruckt?	

1 Gruppenarbeit: Recherchiert in der Gruppe über ein Mitglied der Widerstandsgruppe „Weiße Rose" oder eine Person aus dem Unterstützerumfeld der Gruppe. Nutzt dazu die Arbeitsschritte in eurem Schulbuch (S. 151) und die oben stehende Strukturierungshilfe. Präsentiert eure Ergebnisse in der Klasse.

2 Diskutiert die Aussage von Kurt Huber (M2) in der Klasse. Gibt es eine „sittliche Pflicht" zum Widerstand gegen unmenschliche Verhältnisse?

5 Nationalsozialistische Außenpolitik und Zweiter Weltkrieg — Kopiervorlage 5.2

Name: Klasse: Datum:

KV 5.2 Der Nationalsozialismus – zentrale Begriffe

K	G	A	E	F	S	Z	K	I	Z	T	I	L	L	P	B	K	M
R	A	P	L	G	H	V	E	C	W	M	I	F	H	O	J	N	Y
A	R	P	D	B	O	H	A	A	A	X	E	Ü	S	R	E	W	C
F	Q	E	I	C	A	A	A	W	N	N	Y	H	Ö	A	Z	O	H
T	D	A	S	A	Ü	B	V	M	G	B	R	R	O	Y	L	R	I
D	F	S	W	T	K	I	R	X	S	H	I	E	A	B	U	Z	N
U	I	E	C	X	R	N	A	R	A	R	T	R	P	A	W	T	F
R	J	M	Ü	N	C	H	N	E	R	A	B	K	O	M	M	E	N
C	O	E	F	A	U	D	L	Ä	B	O	K	U	H	P	X	S	Z
H	L	N	T	U	W	Y	A	T	E	Z	A	L	Ö	U	B	H	D
F	S	T	U	E	A	R	E	Y	I	B	T	T	I	X	C	E	F
R	A	Q	G	R	T	P	R	R	T	I	S	D	N	E	N	B	K
E	Y	A	B	A	N	T	I	S	E	M	I	T	I	S	M	U	S
U	N	Z	V	I	E	R	J	A	H	R	E	S	P	L	A	N	B
D	I	Ö	K	M	Y	Z	E	Q	H	M	F	I	Ü	X	V	O	L
E	V	E	R	N	I	C	H	T	U	N	G	S	K	R	I	E	G

1. _____
2. _____
3. _____
4. _____
5. _____
6. _____
7. _____
8. _____
9. _____

	Begriffe	Erläuterungen
1.		
2.		
3.		
4.		
5.		
6.		
7.		
8.		
9.		

1 a) Finde im Buchstabensalat die neun Begriffe, die inhaltlich mit dem Nationalsozialismus zusammenhängen, und notiere sie in den Zeilen rechts neben dem Buchstabenfeld.
b) Erläutere die Begriffe. Nutze dafür die oben stehende Tabelle. Schlage im Bedarfsfall in deinem Schulbuch, Kapitel 3 bis 5 nach.

2 Recherche: Informiere dich über NS-Gedenkstätten in Niedersachsen (z. B. über *www.niedersachsen.de* → *Land & Leute* → *Geschichte* → *Gedenkstätten* oder über *www.ns-gedenkstaetten.de* → *Gedenkstätten bundesweit* → *Niedersachsen*). Wähle eine Gedenkstätte aus und stelle sie in der Klasse vor. Besprecht gemeinsam, ob ein Besuch in einer Gedenkstätte in eurer Nähe möglich ist.

Autorin: Caterina Zwilling

KV 5.3 Nationalsozialistische Außenpolitik und Zweiter Weltkrieg

Ich kann, weiß, verstehe …	sehr sicher	sicher	unsicher	sehr unsicher	Hilfen finde ich hier: (SB = Schülerbuch)
1 Ich kann Ziele der nationalsozialistischen Außen- und Wirtschaftspolitik benennen.					SB, S. 136–139
2 Ich kann die Frage diskutieren, ob die deutsche Außenpolitik von 1919 bis 1939 mehr durch Kontinuität oder eher durch Brüche gekennzeichnet war.					SB, S. 58/59, 138–139
3 Ich kann Kriegsverlauf, Hauptkriegsschauplätze und die deutsche Besatzungspraxis darstellen.					SB, S. 140–143
4 Ich kann den Begriff „Vernichtungskrieg" erläutern.					SB, S. 142/143
5 Ich kann den Prozess der Verfolgung und Vernichtung der Juden erfassen.					SB, S. 144/145
6 Ich kann die Frage diskutieren, inwiefern die Auseinandersetzung mit der Frage nach Schuld und Verantwortung auch für die heutige Generation eine Aufgabe ist.					SB, S. 144/145
7 Ich kann historische Ereignisse bewerten.					SB, S. 146/147
8 Ich kann Formen des Widerstands erläutern.					SB, S. 148/149
9 Ich kann erklären, warum sich kein breiter Widerstand in Deutschland bildete.					SB, S. 148/149
10 Ich kann eine biografische Recherche durchführen.					SB, S. 150/151
11 Ich kann einen Zeitungsbericht über das Ende des Zweiten Weltkrieges verfassen.					SB, S. 152/153
12 Ich kann die Frage diskutieren, ob sich der Kriegseinsatz von Frauen mit der NS-Ideologie in Einklang bringen ließ.					SB, S. 152/153
13 Ich kann die Auswirkungen des Bombenkrieges auf die Opfer beschreiben.					SB, S. 154/155
14 Ich kann diskutieren, ob der Bombenkrieg als Kriegsverbrechen bezeichnet werden sollte oder nicht.					SB, S. 154/155
15 Ich kann das System der Ausbeutung durch Zwangsarbeit erklären.					SB, S. 156/157
16 Ich kann die Flucht und Vertreibung der Deutschen aus den Ostgebieten darstellen.					SB, S. 158/159
17 Ich kann die Migration der Deutschen am Kriegsende mit aktuellen Flüchtlingswanderungen vergleichen.					SB, S. 158/159, 310/311
18 Ich kann Formen des Erinnerns an den Nationalsozialismus beschreiben.					SB, S. 160/161
19 Ich kann die Gefährdung der Demokratie durch Rechtsextreme in der Gegenwart beurteilen.					SB, S. 162/163

Autorin: Andrea Welk

6 Der Ost-West-Konflikt spaltet die Welt   SB S. 168–193

Sachinformationen zum Kapitelaufbau

Hatten die USA und die UdSSR noch wenige Jahre zuvor gemeinsam gegen das nationalsozialistische Deutschland gekämpft, verstärkten sich ab 1947 die ideologisch-politischen Gegensätze zwischen den einstigen Partnern in der Anti-Hitler-Koalition. Das Vorgehen der Sowjetunion in Osteuropa, vor allem in Griechenland und der Türkei, veranlasste die USA zur Korrektur ihrer Europapolitik und zum Übergang zur Strategie des „Containment". Moskau reagierte darauf mit der Ablehnung des Marshallplans und der Gründung des „Kommunistischen Informationsbüros". Die Welt spaltete sich in zwei Lager auf, militärische Bündnisse wurden geschlossen und an Schauplätzen wie Korea Stellvertreterkriege zwischen den beiden Machtblöcken ausgetragen. Die gerade erst in die Unabhängigkeit entlassenen afrikanischen und asiatischen Staaten versuchten einen anderen Weg zu gehen, den der Neutralität. Durch die Gemeinschaft der Blockfreien versuchten sie, ihre Interessen an die Öffentlichkeit zu bringen und Einfluss auf die Weltpolitik zu nehmen. Auch die europäischen Staaten rückten zusammen, um nicht zum Spielball der Supermächte zu werden. Deutschland und Frankreich gingen dabei voran und legten die Grundlage für die heutige EU.

Hinweis zum Unterrichtsverlauf

siehe Jahrgangscurriculum, S. 12

Kompetenzerwerb in Kapitel 6 (s. Schülerband S. 192)

Eine detaillierte Liste der zu erwerbenden Kompetenzen finden Sie hier in der Handreichung auf dem Selbsteinschätzungsbogen, S. 157.

Selbsteinschätzungsbogen für Schüler zum Kapitel 6

siehe Kopiervorlage 6.4, S. 157

Weiterführende Hinweise auf Forum-Begleitmaterialien (s. Einleitung, S. 7)

- Arbeitsheft 4, Kap. 3: USA, UdSSR und Kalter Krieg
- Kompetenztraining, Kap. 26: Internationale Politik seit 1945
- Geschichte interaktiv II, Kap. 9: Die Welt nach 1945
- Foliensammlung Geschichte 2, Folie 27: Miss America – ein Kriegsbild
- Invitation to History: Volume 2, Unit 5: The division of the world after 1945

Literatur, Jugendbücher, Filme, Internethinweise für Lehrkräfte

Literatur
Alexander Emmerich, Der Kalte Krieg, Stuttgart (Theiss) 2011.
Rolf Steininger, Der Kalte Krieg, 5. Aufl., Frankfurt a. M. (Fischer Taschenbuch Verlag) 2011.
Bernd Stöver, Der Kalte Krieg, 5. durchges. Aufl., München (C. H. Beck) 2017.
Jugendbücher
Gudrun Pausewang, Die letzten Kinder von Schewenborn, 19. Aufl., Ravensburg (Ravensburger Buchverlag) 2017.
Dies., Die Wolke, 19. Aufl., Ravensburg (Ravensburger Buchverlag) 2017.
Filme
FWU 4610524:   Kalter Krieg – Die Kubakrise 1962
WBF K-2446:   Die Atombombe und das Gleichgewicht des Schreckens
WBF K-2460:   Afrika wird unabhängig
Internethinweise für Lehrkräfte
http://www.bpb.de/izpb/10320/internationale-beziehungen-i (Online-Ausgabe der „Informationen zur politischen Bildung" zum Thema „Kalter Krieg")
http://www.daserste.de (Suchbegriff „Planspiel Atomkrieg": Hintergrundinformationen und Videos zur Geschichte der nuklearen Abschreckung)

http://www.bbc.co.uk/schools/gcsebitesize/history/mwh/ir2 (Video-Clips zum Thema „Kalter Krieg", Angebot der BBC)

Auftaktseiten — S. 168/169

S. 168 f.: Atomwaffentest in der Wüste Nevada (USA)
Mehr als 2000 Atomwaffentests wurden bis heute weltweit durchgeführt, die meisten davon (ca. 85 Prozent) von den USA und der Sowjetunion. Die Zündung der Bomben erfolgte dabei teils in der Atmosphäre (auf der Erdoberfläche, unter Wasser, im Weltraum), teils unterirdisch. Auf dem Gelände der Nevada National Security Site führten die USA von 1951 bis 1962 119 oberirdische und bis zum Atomtest-Moratorium 1992 1000 unterirdische Atomwaffentests durch. Den letzten bekannten Test führte Nordkorea im September 2017 unterirdisch durch.

Orientierung im Kapitel — S. 170/171

S. 170, M1: Militärische Blöcke im Kalten Krieg
Die Karte zeigt die Aufteilung der Welt in zwei politische und militärische Machtblöcke, die in Europa aufeinandertreffen. Der amerikanisch dominierte Bereich nimmt fast die gesamte westliche Hemisphäre ein; im Pazifik geschützt durch Japan, im Atlantik durch die NATO. Er bildet jedoch im Gegensatz zum sowjetischen Machtbereich keine geografische Flächeneinheit. Zunächst konnten die USA Westeuropa in ihr Bündnissystem einbinden, danach Staaten am Rande des kommunistischen Einflussbereichs in Asien, während die Sowjetunion in Osteuropa einen Gürtel politisch und wirtschaftlich abhängiger Satellitenstaaten schuf und mit der Gründung des Warschauer Pakts reagierte.

Markiert sind die Krisen, in denen die Supermächte ihre Interessen meist indirekt durch die militärische und finanzielle Unterstützung von Kriegsparteien vertraten und die aus dem Gegensatz Ost-West einen weltweiten Konflikt machten: Berlinblockade (1948/49), Bürgerkrieg in Griechenland (1946–1949), Israelischer Unabhängigkeitskrieg (1948/49), Koreakrieg (1950–1953), Indochinakrieg (1950–1954), Suez-Krise (1956), Berliner Mauerbau (1961), Kuba-Krise (1962), Bürgerkrieg auf Zypern (1963).

S. 171, M2: Stalin, Roosevelt und Churchill bei der Konferenz von Teheran 1943
Die Konferenz in der iranischen Hauptstadt Teheran fand vom 28. November bis 1. Dezember 1943 statt. Die Regierungschefs der „Großen Drei", Franklin D. Roosevelt (USA), Winston Churchill (Großbritannien) und Josef Stalin (Sowjetunion), trafen sich, um anlässlich der jüngsten Niederlagen Deutschlands und Italiens über eine gemeinsame Strategie zu sprechen. Zentrale Themen waren:
1. Die Kriegsführung: Unter anderem wurde zur Entlastung der Sowjetunion eine Invasion amerikanischer und britischer Truppen in Nordfrankreich beschlossen.
2. Die Behandlung Deutschlands nach Kriegsende: Aufteilung Deutschlands unter den Siegermächten
3. Die „polnische Frage": Polen sollte nach Westen – bis an die Oder-Neiße-Linie – verschoben und die deutsche Bevölkerung aus den neuen polnischen Gebieten vertrieben werden.

S. 171, M3: Karikatur „Entwurf für ein Siegerdenkmal"
Nach dem deutschen Überfall auf die UdSSR und dem japanischen Angriff auf Pearl Harbor hatten sich die Sowjetunion, die USA und Großbritannien im gemeinsamen Kampf gegen das nationalsozialistische Deutschland zu einer „Anti-Hitler-Koalition" zusammengefunden. Wie die Karikatur zeigt, kam es im Laufe der Zeit jedoch zu Spannungen zwischen den Koalitionspartnern, die schließlich zur Entstehung des Kalten Krieges führten.

Dargestellt ist ein Pferd, das sich aus zwei Vorderhälften zusammensetzt und um dessen Beine sich eine Schlange als Symbol für das besiegte Deutschland und Hitler windet. Im Sattel der linken, mit dem Hammer-und-Sichel-Zeichen verzierten Pferdehälfte sitzt Stalin, der sich mit grimmigem Blick nach hinten, zur rechten Pferdehälfte (mit $- und £-Symbolen bemalt), umwendet. Hier haben – wie Stalin in metallenen Rüstungen steckend – Roosevelt und Churchill Platz genommen. Letzterer hält die Zügel fest in der Hand.

S. 171, M4: „Berlinkrise" 1961
Der Checkpoint Charlie befand sich an der Kreuzung Friedrichstraße/Zimmerstraße in Berlin-Mitte. Er war einer von drei Grenzübergängen zwischen dem Ost- und den Westsektoren Berlins. Seit die DDR-Führung im August 1961 die Sektorengrenze mit einem Stacheldraht und einer Mauer abgeriegelt hatte, war die Stimmung äußerst angespannt, aber noch konnten sich die Vertreter der Besat-

6 Der Ost-West-Konflikt spaltet die Welt

zungsmächte in allen Sektoren frei bewegen. Im Oktober 1961 wurde diese Vereinbarung jedoch mehrfach vonseiten der ostdeutschen Grenzposten gebrochen, den amerikanischen Vertretern wurde wiederholt der Zugang verwehrt. Zunächst setzten amerikanische Grenzsoldaten die Freizügigkeit mithilfe von Army-Jeeps, die die jeweiligen Vertreter beim Überfahren der Grenze eskortierten, durch. Am 27. Oktober drohte die Auseinandersetzung jedoch zu eskalieren: Eine russische Panzerkolonne formierte sich auf der ostdeutschen Seite. Zunächst war unklar, wer sie geschickt hatte und was damit bezweckt werden sollte. Die Situation wurde daher als sehr bedrohlich und als möglicher Auslöser für einen erneuten Krieg – einen Atomkrieg – beurteilt. Erst geheime Gespräche zwischen amerikanischen und russischen Vertretern in Washington führten zum Abzug der Panzerkolonne. Die russische Führung wollte vermutlich mit dieser Aktion ihren Machtanspruch demonstrieren, zielte jedoch nicht auf eine weitere Eskalation.

S. 171, Aufgabe 1
Die Stimmung auf dem Foto von 1943 (M2) scheint heiter. Insbesondere Roosevelt lacht und sogar Stalin scheint zu lächeln. Man gewinnt den Eindruck, dass die „Großen Drei" sich hier noch einig sind. Die Karikatur von 1945 (M3) dagegen spielt auf die unterschiedlichen Interessen der drei Großmächte in Bezug auf die für die Zeit nach dem Krieg geplante Neuordnung Europas an. Die Miene Stalins verrät, dass das Verhältnis zwischen den drei Staaten alles andere als entspannt ist. Das Foto M4 aus dem Jahr 1961 zeigt einen der Tiefpunkte in den Beziehungen der ehemaligen Alliierten, denn hier droht sogar eine kriegerische Auseinandersetzung zwischen ihnen.

S. 171, Aufgabe 2 a) siehe die Erläuterungen zu M1

b)

VISUALISIERUNG 6.1

Kalter Krieg	Entspannung
• 1948/49: Berlinblockade • 1949: Gründung der NATO • 1949: Gründung von BRD und DDR • 1950–1953: Koreakrieg • 1955: Gründung des Warschauer Pakts • 1961: Bau der Berliner Mauer • 1962: Kuba-Krise • 1964–1973: Amerika kämpft im Vietnamkrieg • 1979–1988: UdSSR kämpft im Afghanistankrieg	• 1968: Unterzeichnung des Atomwaffensperrvertrags (tritt 1970 in Kraft) • 1973: KSZE-Konferenz (1975 Unterzeichnung der Schlussakte von Helsinki) • 1980: Beginn der Reformbewegung in Polen • ab 1985: Reformpolitik in der UdSSR und in vielen osteuropäischen Ländern • 1989/90: Fall der Mauer/deutsche Wiedervereinigung • 1991: Ende der Sowjetunion und Auflösung des Warschauer Pakts

S. 171, Aufgabe 3 Eine „Supermacht":
- ist ein Staat
- vertritt eine bestimmte gesellschaftspolitische Philosophie oder Ideologie
- hat ein überragendes wirtschaftliches, technologisches und militärisches Potenzial
- ist eine Seemacht und besitzt strategische Nuklearwaffen
- beeinflusst oder bestimmt internationale Entwicklungen

S. 171, Aufgabe 4 individuelle Lösung

Blockbildung im Kalten Krieg S. 172/173

S. 172, M1: Politisch-militärische Zusammenschlüsse in Europa 1945 bis 1990
Die Karte zeigt die jeweiligen Einflussbereiche der NATO und des Warschauer Pakts in Europa. Unter dem Eindruck der Berlinblockade strebten die USA danach, der Roten Armee im Ernstfall gleichwertige Streitkräfte entgegensetzen zu können. Neben den USA und Kanada gehörten Großbritannien, Frankreich und die Beneluxstaaten zu den Gründungsmitgliedern der NATO, des Weiteren Italien, Norwegen, Dänemark, Island und Portugal. Die Bundesrepublik Deutschland wurde 1954 in die NATO aufgenommen.

Die Sowjetunion reagierte auf die „Pariser Verträge" mit der Gründung des Warschauer Pakts, der die bisherigen bilateralen Militärbündnisse aus stalinistischer Zeit ablöste und die Staaten Osteuropas noch stärker unter den politischen Einfluss der UdSSR stellte.

S. 173, M2: Winston Churchill am 5. März 1946 siehe die Erläuterungen zu Aufgabe 3 a) und b)

S. 173, M3: Andrei Schdanow, am 22. September 1947 siehe die Erläuterungen zu Aufgabe 3 a) und b) und zu KV 6.1, Aufgabe 1

HRU, S. 154, KV
6.1 Textquellen erarbeiten und vergleichen

S. 173, Aufgabe 1
Der „Eiserne Vorhang" verlief quer durch Europa und Deutschland. Jenseits dieser Linie lagen die heutigen Staaten Russland, Estland, Lettland, Litauen, Weißrussland, die Ukraine, Polen, der östliche Teil Deutschlands, Tschechien, die Slowakei, Ungarn, Rumänien und Bulgarien. Direkt an den „Eisernen Vorhang" grenzten im Westen Finnland, der westliche Teil Deutschlands, Österreich, die Slowakei, Kroatien, Serbien, Mazedonien, Griechenland und die Türkei. Siehe auch die Erläuterungen zu M1.

S. 173, Aufgabe 2 a) und b) individuelle Lösung

S. 173, Aufgabe 3 a) *Winston Churchill (M2):*
- Ein „Eiserner Vorhang" trennt die freien und demokratischen Staaten im Westen von den unterdrückten Polizeistaaten im Osten.
- Sowjetrussland will zwar keinen Krieg, strebt aber eine maximale Ausdehnung der Macht und der Verbreitung seiner kommunistischen Doktrin an.

Andrei Schdanow (M3):
- Es gibt zwei politische Lager: 1. imperialistisches, antidemokratisches Lager im Westen unter der Führung der USA und 2. antiimperialistisches, demokratisches Lager im Osten unter der Führung der UdSSR.
- Die UdSSR und ihre Verbündeten kämpfen für den Frieden, die USA und England wollen die demokratische Entwicklung zurückdrehen und ihre Vorherrschaft etablieren.

b)

	W. Churchill (M2)	A. Schdanow (M3)
„Zwei-Lager-Theorie"	Der „Eiserne Vorhang" trennt die freien Länder im Westen von den unterdrückten Polizeistaaten in der „Sowjetsphäre".	Teilung der politischen Kräfte in zwei Lager: imperialistisches/antidemokratisches Lager unter der Führung der USA und antiimperialistisches/demokratisches Lager unter der Führung der UdSSR
Selbstbild	Das British Empire steht für Frieden, Freiheit und Demokratie.	Die UdSSR steht für Frieden, Freiheit, Demokratie und Unabhängigkeit.
Fremdbild	Sowjetrussland will die Vorherrschaft über die Welt, Kontrolle, Unterwerfung und Indoktrination.	USA und England wollen die Vorherrschaft über die Welt und die demokratische Entwicklung zurückdrehen.

VISUALISIERUNG 6.2

Stellungnahme: individuelle Lösung

Der neue Krieg in einer bipolaren Welt   S. 174/175

S. 174, M1: „Das Veto der Bombe", Karikatur aus dem „Simplicissimus" siehe die Erläuterungen zu Aufgabe 2 a)

HRU, S. 156, KV
6.2 Zwischen Entspannung und Konfrontation: Der Kalte Krieg

S. 175, M2: Zahl der weltweit vorhandenen nuklearen Sprengköpfe 1950 bis 2003
Die Grafik zeigt die Entwicklung des „Gleichgewichts des Schreckens". Am 16. Juli 1945 ließen die USA erstmals eine Atombombe explodieren, die Sowjetunion zog 1949 nach. Es folgte ein jahrzehntelanger Rüstungswettlauf, von der Entwicklung von Wasserstoffbomben über die Stationierung neuer Trägersysteme in Mitteleuropa bis hin zum Weltraumprojekt SDI. Seit der zweiten Hälfte der 1980er Jahre ist eine deutliche Verringerung der Zahl nuklearer Waffen zu verzeichnen. 1987 unterzeichneten

6 Der Ost-West-Konflikt spaltet die Welt

Ronald Reagan und Michail Gorbatschow einen Vertrag über die vollständige Vernichtung aller atomaren Mittelstreckenraketen (Intermediate-Range-Nuclear-Forces-Vertrag, INF).
Aktuell (2017) befinden sich im Besitz der neun Atomwaffenstaaten insgesamt etwa 15 000 nukleare Sprengköpfe. Davon gehören 7000 Russland, 6800 den USA, 300 Frankreich, 270 China, 215 Großbritannien, 130–140 Pakistan, 120–130 Indien, 80 Israel und 10–20 Nordkorea.

S. 175, M3: Kindergartenkinder proben für den nuklearen Ernstfall
Zwischen 1954 und 1961 fanden in den USA Evakuierungsübungen statt. Dabei wurden auch belebte Plätze wie beispielsweise der Times Square in New York geräumt. Wer sich während der Übung auf der Straße aufhielt, wurde verhaftet. Gleichzeitig spielte man die Folgen eines Nuklearangriffs herunter: Lehrfilme zeigten das Leben im Bunker, wo sich Menschen unverletzt und in Sonntagsgarderobe aufhalten, gemeinsam Sport machen oder sich mit Spielen die Zeit vertreiben. Der wohl zynischste Auswuchs dieser Kampagne war die Figur der Schildkröte Bert: Im Schulfilm „Duck And Cover" zog sie bei einem Angriff schützend ihren Kopf, den Schwanz und die vier Füße unter ihren Panzer. So wurde den Kindern beigebracht, sich bei einer Explosion auf den Boden zu werfen und mit der Jacke oder dem Schulranzen über dem Kopf zu schützen.

S. 175, M4: Konrad Adenauer auf einer Pressekonferenz siehe die Erläuterungen zu Aufgabe 2 b)

S. 175, Aufgabe 1 a)
Das atomare Wettrüsten fand und findet überwiegend zwischen den USA auf der einen Seite und der Sowjetunion/GUS/Russland auf der anderen Seite statt. Bis 1975 besaßen die USA die meisten Sprengköpfe. Seitdem holte die Sowjetunion auf: Sie vervielfachte ihre Bestände bis 1985, während die USA ihre verringerten. Seit 2003 zeigen die Abrüstungsabkommen Wirkung und die Anzahl der Sprengköpfe hält sich etwa auf dem gleichen Niveau.
b) *Merkmale der militärischen Strategie im Kalten Krieg:*
- mehr Atomwaffen: Gleichgewicht durch Wettrüsten
- bessere Technologie: mehr Ausgaben für Forschung und Wissenschaft (Sputnik-Schock, NASA)
- im Angriffsfall: sofortiger Gegenschlag garantiert

c) *Mögliche Argumente für die Bezeichnung „friedliche Koexistenz":*
- kein offener Krieg zwischen den Supermächten
- bedächtige Sicherheitspolitik
- diplomatische Beziehungen und Kommunikation („Rotes Telefon" seit 1963)

Mögliche Argumente für die Bezeichnung „Gleichgewicht des Schreckens":
- drohender Atomkrieg: ausgearbeitete Pläne für die Zerstörung des Gegners liegen bereit
- Raketen, Bomber und U-Boote sind immer einsatzbereit
- „Stellvertreterkriege" in Korea und Vietnam

S. 175, Aufgabe 2 a)
Aussage der Karikatur: Eine Bombe als übergroßer und übermächtiger Konferenzteilnehmer dominiert die Gespräche und bestimmt die Ergebnisse der Konferenz. Hintergrund der Karikatur ist die „Mutual Assured Destruction" (Fähigkeit, den Gegner mindestens einmal völlig zu vernichten), die die potenziellen Gegner von einem Krieg abhält.
Die Karikatur kann mit den Arbeitsschritten „Eine Karikatur analysieren" auf S. 334/335 des Schülerbandes selbstständig interpretiert werden.
b) Adenauer bekräftigt die entscheidende Rolle der „Bombe" und der „Mutual Assured Destruction" für die Sicherheit Deutschlands und stimmt damit der Aussage der Karikatur zu.

S. 175, Aufgabe 3 a) und b) Recherche-Aufgaben

Dekolonialisierung: Aus Kolonien werden Staaten — S. 176/177

S. 176, M1: Dekolonialisierung 1945 bis 1990
Die Weltkarte zeigt die verschiedenen Phasen der Dekolonialisierung und lenkt den Blick auf den afrikanischen Kontinent, der seit dem 19. Jahrhundert unter den europäischen Kolonialmächten aufgeteilt gewesen war.
Die Kolonien Asiens erreichten ihre Unabhängigkeit bald nach dem Ende des Zweiten Weltkrieges. Zum einen stärkte das Vorbild Indiens die nationalen Unabhängigkeitsbewegungen, zum anderen unterstützte China unter Mao Zedong kommunistische Freiheitskämpfe. In den 1960er Jahren gelang

Der Ost-West-Konflikt spaltet die Welt 6

den französischen und britischen Kolonien in Afrika der Sprung in die Unabhängigkeit. 1960 war der Prozess der Dekolonialisierung weitgehend abgeschlossen. Aus demselben Jahr datiert eine UNO-Resolution, die erklärte, dass der „Kolonialismus in allen Erscheinungsformen schnell und bedingungslos zu beenden" sei.

S. 177, M2: Briefmarke der DDR, 1981
Bei der hier abgebildeten Briefmarke handelt es sich um eine Zuschlagmarke. Zuschlagmarken enthielten neben dem normalen Beförderungsentgelt der Post zusätzlich eine Spende – erkennbar an dem Pluszeichen – zugunsten eines guten Zweckes. Die Briefmarke gehört zu einer Reihe von Zuschlagmarken der Deutschen Post der DDR von 1956 bis 1989, die unter dem Titel „Solidarität" ausgegeben wurden.

S. 177, M3: Patrice Lumumba in seiner Rede zur Unabhängigkeit 1960
Patrice Émery Lumumba gehörte 1958 zu den Gründern der Partei Mouvement National Congolais (MNC), die für die Unabhängigkeit des Kongo eintrat. Aus den ersten Parlamentswahlen am 25. Mai 1960 ging die MNC als Siegerin hervor – Lumumba wurde nach der Unabhängigkeit der ehemaligen Kolonie Belgisch-Kongo am 30. Juni 1960 erster Premierminister der Republik Kongo. Nur wenige Tage später kam es zu einer Revolte der Armee und zu Unruhen im Land – die Vereinten Nationen entsandten Truppen. Auf Druck der belgischen Regierung wurde Lumumba abgesetzt, wenig später an seinen Gegenspieler Moise Tschombé, den späteren Ministerpräsidenten Katangas, ausgeliefert, brutal misshandelt und am 17. Januar 1961 ermordet.

S. 177, M4: Die ärmsten Länder der Welt 2017 siehe die Erläuterungen zu Aufgabe 2

S. 177, Aufgabe 1 Ablauf der Dekolonialisierung:
1945–1949   Israel, Pakistan, Nepal, Bangladesch, Indien, Myanmar, Vietnam, Laos, Thailand, Kambodscha, Singapur, Brunei, Indonesien, Philippinen, Korea
1950–1959   Marokko, Libyen, Sudan, Guinea, Ghana
1960   Mauretanien, Gambia, Senegal, Mali, Niger, Burkina Faso, Elfenbeinküste, Nigeria, Tschad, Zentralafrikanische Republik, Kamerun, Gabun, Kongo, Zaire, Somalia, Madagaskar
1961–1969   Algerien, Sierra Leone, Botswana, Simbabwe, Sambia, Malawi, Tansania, Kenia, Uganda, Jemen, Malaysia
1970–1990   Sahara, Angola, Namibia, Mosambik, Papua-Neuguinea

S. 177, Aufgabe 2 Die Mindmap sollte folgende Aspekte beinhalten:
Ursachen:
- Erster Weltkrieg: Die Kolonialmächte gewähren den Soldaten aus den Kolonien nicht mehr Rechte.
- Zweiter Weltkrieg: Großbritannien und Frankreich sind nach dem Krieg militärisch sowie wirtschaftlich geschwächt und müssen ihren Kolonien Zugeständnisse machen.
- Atlantik-Charta 1941: Selbstbestimmungsrecht der Völker
- Die USA und die UdSSR unterstützen Unabhängigkeitsbewegungen und autoritäre Herrscher, um ihren Einflussbereich zu vergrößern.

Folgen:
- Stellvertreterkrieg zwischen den USA und der UdSSR
- wirtschaftliche Abhängigkeit von Europa (Entwicklungshilfe)
- Missstände: Korruption, Misswirtschaft, kein Bildungssystem, Gewalt, Kriege
- Nord-Süd-Konflikt
- Die fünf ärmsten Länder der Welt befinden sich in Afrika (M4).
- ethnische und religiöse Auseinandersetzungen: Verfolgung, Vertreibung, Völkermord

S. 177, Aufgabe 3 a)
Lumumba fordert ein Ende der Unterdrückung und Ausbeutung durch die Kolonialmächte und tritt für die kontinentale Einheit Afrikas sein. Der Kongo solle in Bezug auf Frieden, Wohlstand und soziale Gerechtigkeit ein Vorbild für ganz Afrika sein.

b) Der Traum Lumumbas von einer geeinten kongolesischen Nation scheiterte an rivalisierenden Clanchefs, die ihre Eigenständigkeit beibehalten wollten (Juli 1960: Abspaltung der Provinz Katanga, Darstellungstext Z. 42 f.). Und auch in anderen Regionen Afrikas herrschten statt Lumumbas Vision von Frieden und Gerechtigkeit (M3, Z. 20–22) Gewalt, Bürgerkriege, Korruption und Armut (Darstellungstext Z. 31–33). Die Idee einer Afrikanischen Einheit (M3, Z. 34) scheiterte ebenfalls: Die

6 Der Ost-West-Konflikt spaltet die Welt

„Organization of African Unity" ist zu schwach, um ihre Interessen durchzusetzen (Darstellungstext Z. 37–39).

S. 177, Aufgabe 4 a), b) und c) individuelle Lösungen

Die Kuba-Krise: Die Welt hält den Atem an! — S. 178/179

Webcode
FG450099-179

HRU-CD
Film „Die Kuba-Krise 1962"

Diff. Kopiervorlagen
18.3 Methode: Eine „Fieberkurve" zur Kuba-Krise gestalten: Die Kuba-Krise (1962): Höhepunkt oder Wendepunkt des Kalten Kriegs?

S. 178, M1: Reichweite der sowjetischen und der amerikanischen Raketen
Die Einrichtung sowjetischer Raketenbasen auf Kuba, von der amerikanischen Luftaufklärung Mitte Oktober 1962 entdeckt, wurde zum Auslöser der Kuba-Krise. Im Juli 1962 hatte die Sowjetunion im Rahmen der „Operation Anadyr" begonnen, unter größter Geheimhaltung Soldaten und Waffen auf Kuba zu stationieren. Insgesamt 42 000 Soldaten sowie rund 230 000 t Ausrüstung wurden nach Kuba verschifft, darunter auch 36 Mittel- sowie 24 Langstreckenraketen mit nuklearen Sprengköpfen, die Reichweiten von bis zu 4000 km besaßen. Die USA hatten ihrerseits bereits ab 1959 in Italien und der Türkei gegen die UdSSR gerichtete Atomraketen stationiert.

S. 178, M2: Ein sowjetischer Frachter verlässt mit Raketen an Bord Kuba
In einer Radiobotschaft, die „Radio Moskau" in sowjetischer und englischer Sprache sendete, stimmte Chruschtschow dem amerikanischen Lösungsvorschlag zu: Die Sowjetunion erklärte sich bereit, ihre auf Kuba stationierten Atomwaffen abzuziehen und die dortigen Startrampen abzubauen, wenn die USA im Gegenzug versicherten, auf eine Invasion Kubas zu verzichten (siehe M4). Nicht Teil der offiziellen Vereinbarungen war die nach Beilegung der Krise in Aussicht gestellte Demontage der amerikanischen Mittelstreckenraketen in der Türkei. Der Abzug der sowjetischen Raketen erfolgte unter Aufsicht der UNO und wurde von amerikanischen Flugzeugen und Schiffen überwacht.

S. 179, M3: Präsident Kennedy in einer Fernseh- und Rundfunkansprache an die Nation
Rund 100 Millionen Amerikaner verfolgten am Abend des 22. Oktober 1962 die 17-minütige Ansprache Präsident Kennedys, die – in mehrere Sprachen übersetzt – von Rundfunk- und Fernsehstationen auf der ganzen Welt übertragen wurde. In seiner Rede informierte Kennedy die Öffentlichkeit über die Hintergründe der Kuba-Krise, ließ die Bevölkerung und den russischen Ministerpräsidenten, an den er den Appell richtete, „seine Politik der Weltbeherrschung" aufzugeben, über das weitere Vorgehen jedoch im Unklaren. Kennedy erklärte zwar, dass man „weder voreilig noch unnötig einen weltweiten Atomkrieg riskieren" wolle, machte aber deutlich, dass man vor diesem Risiko auch nicht zurückschrecken werde.

S. 179, M4: Briefwechsel zur Lösung der Krise
Hatte der sowjetische UNO-Botschafter Valerian Zorin am 25. Oktober 1962 vor dem Sicherheitsrat der Vereinten Nationen die Existenz sowjetischer Atomraketen auf Kuba noch bestritten, stellte Chruschtschow einen Tag später in einem Brief an Kennedy indirekt deren Abzug in Aussicht, sofern die USA von einer Invasion Kubas absehen würden (die Anwesenheit sowjetischer Militärspezialisten auf Kuba wurde für diesen Fall als hinfällig bezeichnet). Als Zugeständnis an die sowjetische Regierung, die nur einen Interventionsverzicht als Gegenleistung für den Abbau der Raketenbasen gefordert hatte, erklärte sich Kennedy in seinem Antwortschreiben (M4a) zusätzlich zur sofortigen Aufhebung der Blockade bereit. Inzwischen überzeugt davon, dass kein amerikanischer Angriff auf Kuba bevorstehe, diktierte Chruschtschow am Nachmittag des 26. Oktober einen zweiten Brief, in welchem er die Entfernung der amerikanischen Raketen aus der Türkei in die Liste seiner Forderungen aufnahm. Das dem sowjetischen Botschafter in Washington am 27. Oktober unterbreitete Angebot sicherte den Abbau der Raketenbasen in der Türkei zu, unter der Bedingung, dass dies nicht öffentlich verhandelt werde. Chruschtschow lenkte ein und nahm den amerikanischen Lösungsvorschlag an (M4b).

S. 179, Aufgabe 1
Sowohl die Sowjetunion als auch die USA verfügten über Atomraketen mit großen Reichweiten, die gegen die jeweilige Gegenseite gerichtet waren. Wie US-Präsident Kennedy in seiner Radio- und Fernsehansprache betonte, sei man bereit, diese im Falle eines atomaren Angriffs einzusetzen. Dass es am „schwarzen Samstag" (27. Oktober) beinahe dazu kam, ist u. a. auf Kommunikationsprobleme und das eigenmächtige Handeln zweier untergeordneter sowjetischer Offiziere zurückzuführen, die den Befehl zum Abschuss eines amerikanischen Aufklärungsflugzeuges über Kuba gaben, obwohl dies strikt untersagt war. Da Kennedy den Einsatzbefehl zum Luftangriff verweigerte, konnte eine militärische Eskalation der Krise abgewendet werden.

Der Ost-West-Konflikt spaltet die Welt   6

S. 179, Aufgabe 2
Der Briefwechsel zeigt, dass sowohl Kennedy als auch Chruschtschow auf Deeskalation bedacht waren, um die Gefahr eines nuklearen Krieges abzuwenden. Der vereinbarte Kompromiss – der nicht offiziell vereinbarte Abzug der in der Türkei stationierten amerikanischen Atomraketen, der „heimlich", einige Monate nach dem Ende der Krise erfolgen sollte – ermöglichte es beiden Seiten, ihr Gesicht zu wahren.

S. 179, Aufgabe 3 individuelle Lösung

Methode: Spielfilme auf Feindbilder untersuchen — S. 180/181

S. 180, M1: Filmszenen aus „James Bond 007 – Liebesgrüße aus Moskau"
„Liebesgrüße aus Moskau" ist der fünfte James-Bond-Roman und nach „James Bond – 007 jagt Dr. No" der zweite Bond-Film, der in die Kinos kam. Der in Großbritannien, der Türkei, Jugoslawien (heute: Serbien), Italien und Spanien gedrehte Film, dessen Romanvorlage zu den Lieblingsbüchern von US-Präsident Kennedy gezählt haben soll, feierte am 10. Oktober 1963 in London seine Weltpremiere. In den deutschen Kinos startete der Film vier Monate später, am 14. Februar 1964.

Webcode
FG450099-181

S. 180, Aufgabe 1
Der Kampf der beiden Systeme wurde auch auf der Kinoleinwand ausgefochten. In Streifen wie den James-Bond-Filmen wurde das eigene, positiv dargestellte Gesellschaftssystem von der durch Schurken und Bösewichte repräsentierten Gegenseite bedroht. Die Filme sollten die Zuschauer nicht nur unterhalten, sondern politisieren.

S. 180, Aufgabe 2 a) und b) Gruppenarbeit

S. 180, Aufgabe 3
Der von Sean Connery dargestellte Agent des „MI-6" kämpft auf der Seite der „Guten". Er verkörpert den Prototyp des britischen Gentlemans. Lotte Lenya spielt die böse Rosa Klebb, eine ehemalige Leiterin des KGB, die zur Verbrecherorganisation „Phantom" übergelaufen ist. Klebb will den russischen und den britischen Geheimdienst gegeneinander ausspielen. Ihre Uniform, die helmartige Frisur und ihre versteinerte Miene lassen sie hart und kalt wirken (M1, Szenenbild unten). Die entscheidende Brücke zwischen den Kontrahenten ist die hübsche russische Botschaftsangestellte und Dechiffrier-Spezialistin Tatiana Romanova (Daniela Bianchi; Szenenbild oben). Sie hat den Auftrag, eine Affäre mit Bond zu beginnen und ihn in eine Falle zu locken. Als Klebb in Bonds Hotelzimmer auftaucht, um ihn zu töten, verweigert Tatiana dieser jedoch die Hilfe und erschießt stattdessen Klebb.

USA und UdSSR: Zwischen Sicherheitsdenken und Entspannung — S. 182/183

S. 182, M1: „Weight Watchers", Karikatur aus der englischen Zeitschrift „Punch"
Die Karikatur bewertet kritisch die allzu langsamen Fortschritte in den seit 1969 andauernden Strategic Arms Limitation Talks (SALT-Verhandlungen). Im September 1977 kamen beide Seiten endlich zu einer Einigung: Die Anzahl der Interkontinentalraketen wurde auf jeweils 2250 begrenzt, von denen maximal 1200 mit Mehrfachsprengköpfen ausgerüstet sein durften. Außer diesen Höchstgrenzen für die Raketensysteme wurden Beschränkungen für das Entwicklungs- und Teststadium festgelegt. Am 18. Juni 1979 unterzeichneten US-Präsident Carter und Generalsekretär Breschnew in Wien den SALT-II-Vertrag.

Webcode
FG450099-182

HRU, S. 156, KV
6.2 Zwischen Entspannung und Konfrontation: Der Kalte Krieg

S. 183, M2: Henry A. Kissinger schrieb 1969
Der Politikwissenschaftler Kissinger, 1969 von US-Präsident Nixon zum Sicherheitsberater ernannt, drückt in teils pathetischer Sprache („die schöpferischen Kräfte … beschwören, Z. 2–3) seine Auffassung aus, dass angesichts des ungeheuren Zerstörungspotenzials atomarer Waffen kein Staat – auch keine Supermacht – in der Lage sei, sich durch Waffen und Raketenabwehrsysteme zu schützen. Er appelliert stattdessen an die Verhandlungspartner, „eine Ordnung auf politischer Multipolarität" (Z. 3–5) zu schaffen, d. h. die machtpolitischen und ideologischen Gegensätze um des Friedens willen zu akzeptieren. Er argumentiert politisch und diplomatisch.

6 Der Ost-West-Konflikt spaltet die Welt

S. 183, M3: Der sowjetische Generalmajor Sidelńikov schrieb 1973
Sidelńikov als ranghoher Militär der sowjetischen Armee brandmarkt die „aggressiven, reaktionären Kräfte des Imperialismus und Abenteurer aller Art" (Z. 8–10) unumwunden als Kriegstreiber. Er „entlarvt" die westlichen Bemühungen um eine Entspannungspolitik als Trick, der die sowjetische Verteidigungsfähigkeit untergraben soll, und erteilt somit den Abrüstungsbemühungen eine Absage.

S. 183, M4: Verteidigungsausgaben der USA und der UdSSR 1965 bis 1985
Die Grafik zeigt die jeweiligen finanziellen Aufwendungen der USA und der Sowjetunion für die militärische Rüstung über einen Zeitraum von 20 Jahren (1965–1985).
Die Kurve der USA ist starken Schwankungen unterworfen. Ab 1968 verringern sich die Rüstungsausgaben, was im Zusammenhang mit dem Atomwaffensperrvertrag, dem SALT-I-Abkommen und den KSZE-Verhandlungen zu sehen ist. Als prägend erweisen sich die Präsidentschaften Jimmy Carters (1977–1981) und Ronald Reagans (1981–1989). In Carters Amtszeit fallen die Iran-Krise sowie der Einmarsch sowjetischer Truppen in Afghanistan, außenpolitische Ereignisse, die ein Gleichziehen mit dem Rüstungsniveau und -tempo der Sowjets notwendig erscheinen ließen. In Mitteleuropa geriet das militärische Gleichgewicht durch die Stationierung sowjetischer Mittelstreckenraketen (SS20) in Gefahr, woraufhin 1979 der sogenannte „NATO-Doppelbeschluss" verabschiedet wurde, der die Stationierung von US-Atomwaffen in Europa vorsah. Reagans antikommunistische Außenpolitik gegen das „Reich des Bösen" ließ zu Beginn der 1980er Jahre die US-Rüstungsausgaben steil ansteigen (Raketenabwehrsystem SDI).
Die Kurve der sowjetischen Ausgaben zeigt dagegen kaum gravierende Veränderungen. Sie steigt stetig, ist nicht abhängig von Regierungswechseln. Die Rüstungsausgaben für atomare wie konventionelle Rüstungssysteme werden trotz internationaler Entspannungsbemühungen und -abkommen nicht reduziert.

S. 183, Aufgabe 1 siehe die Erläuterungen zu M4

S. 183, Aufgabe 2

	M2	M3
Autor	Henry A. Kissinger, Sicherheitsberater des amerikanischen Präsidenten	Sidelńikov, sowjet. Generalmajor und Chefredakteur der Armeezeitung
Perspektive	Zeitpunkt: 1969 Ort: USA Beruf: Politiker, Diplomat	Zeitpunkt: 1973 Ort: UdSSR Beruf: Generalmajor, Soldat
Analyse des Konflikts	Das Atomwaffenarsenal der Supermächte kann nicht zur Verteidigung eingesetzt werden, weil jeder Krieg mit Atomwaffen zu Schäden führen würde, „die die Verwüstungen während der zwei Weltkriege weit in den Schatten stellen würde".	„Die reaktionären Kräfte des Imperialismus" – die USA – wollen den Sozialismus – die UdSSR und ihre Verbündeten – mit ihrer Entspannungspolitik täuschen, um dann ihre Schwäche auszunutzen.
Strategie/ Lösungsvorschlag	Verhandlungen für Rüstungskontrollen, multipolare Friedensordnung einer vielfältigen Welt	Die UdSSR muss weiter aufrüsten, um sich gegen die USA und ihre Verbündeten verteidigen zu können.

VISUALISIERUNG 6.3

S. 183, Aufgabe 3
Carter und Breschnew – ihre Waffenarsenale auf dem Rücken tragend – stehen jeweils auf einer Waage. Zwischen ihnen steht ein Topf mit der Aufschrift „SALT 2". Beide legen zögerlich eine vergleichsweise sehr kleine Rakete in den Topf. Der Zeichner kritisiert mit dieser Darstellung – noch vor dem Vertragsabschluss –, dass es sich bei den SALT-II-Vereinbarungen um keine wirksame Abrüstung handelt. Tatsächlich wurde die Anzahl der Waffensysteme vielfach nur auf dem damaligen Stand eingefroren.

S. 183, Aufgabe 4 Diskussion

Entspannungspolitik und neue Konfrontationen   S. 184/185

S. 184, M1: „Helsinki – Gipfel der Unverbindlichkeiten", Karikatur, 1975
Die erste „Konferenz über Sicherheit und Zusammenarbeit in Europa" (KSZE) wurde am 3. Juli 1973 auf Initiative des Warschauer Pakts ins Leben gerufen. Vertreten waren alle europäischen Staaten (mit Ausnahme Albaniens) sowie die USA, Kanada und die UdSSR. Von den insgesamt 35 Teilnehmerstaaten gehörten 15 der NATO, sieben dem Warschauer Pakt an, die übrigen Staaten waren bündnisfrei. Die Einhaltung bzw. Durchführung der vereinbarten Prinzipien wurde in Folgekonferenzen in Belgrad (1977/78), Madrid (1980–1983), Wien (1986–1989) und Helsinki (1992) überprüft. Nach dem Ende des Ost-West-Konflikts wurde die KSZE-Konferenz zu einer ständigen internationalen „Organisation für Sicherheit und Zusammenarbeit" (OSZE) mit Sitz in Wien umgewandelt.

Webcode
FG450099-185

HRU, S. 156, KV
6.2 Zwischen Entspannung und Konfrontation: Der Kalte Krieg

S. 185, M2: Entspannung und Konfrontation 1945 bis 1990
Gezeigt wird chronologisch das Auf und Ab des Kalten Krieges von 1945 bis 1990. Entspannungs- und Konfrontationsphasen wechseln sich ab, laufen aber zuweilen auch parallel. Die historische Bedeutsamkeit der Ereignisse wird mittels einer Skala angegeben. Die Schülerinnen und Schüler erhalten so einen Überblick über das komplexe Thema „Kalter Krieg".

S. 185, M3: Aus der KSZE-Schlussakte von Helsinki vom 1. August 1975
Zwei Jahre und mehr als 2300 Sitzungen der verschiedenen Kommissionen und Arbeitsgruppen vergingen, ehe am 1. August 1975 die Schlussakte von Helsinki unterzeichnet wurde. Die Abmachungen wurden in drei Bereiche („Körbe") unterteilt. Der erste Korb (siehe M3) beschäftigt sich mit dem Thema „Sicherheit" und enthält Leitprinzipien für die Zusammenarbeit in Europa. Die Teilnehmerstaaten verpflichteten sich, das Selbstbestimmungsrecht der Völker sowie die Unverletzlichkeit der bestehenden Grenzen anzuerkennen (I, III), und erklärten sich zum Verzicht auf Gewalt sowie zur Nichteinmischung in die inneren Angelegenheiten anderer Staaten bereit (II, V, VI). Die Wahrung der Menschenrechte und Grundfreiheiten (VIII) gehörte ebenfalls zu den KSZE-Prinzipien. Vereinbarungen zur Zusammenarbeit im humanitären Sektor, in Bereichen der Wirtschaft, Wissenschaft, Technik, Umwelt und Kultur wurden in den übrigen „Körben" festgelegt.

Diff. Kopiervorlagen
18.5 Kooperation im Kalten Krieg? Die Schlussakte von Helsinki (1975)

S. 185, Aufgabe 1
Phase der Konfrontation
1947: Truman-Doktrin; 1948/49: Berlinblockade; 1949: Gründung der NATO; 1950–1953: Koreakrieg: 1955: Gründung des Warschauer Pakts; 1961: Bau der Berliner Mauer; 1962: Kuba-Krise
Phase der Entspannung
1963: Einrichtung des „Heißen Drahts"; 1963: Abkommen über teilweises Verbot von Atomtests; 1968: Atomwaffensperrvertrag; 1971: Viermächteabkommen über Berlin; 1972: SALT-I-Vertrag; 1975: KSZE-Schlussakte von Helsinki
Phase der Konfrontation
ab 1979: Stationierung sowjetischer Mittelstreckenraketen; 1979: NATO-Doppelbeschluss; 1979: sowjetischer Einmarsch in Afghanistan
Phase der Entspannung
1987: INF-Abkommen; 1990: VKSE-Vertrag

S. 185, Aufgabe 2 a) siehe die Erläuterungen zu M3
b) Zu den in der KSZE-Schlussakte vereinbarten Prinzipien gehört auch die Achtung der Menschenrechte und Grundfreiheiten einschließlich der Gedanken-, Gewissens-, Religions- und Überzeugungsfreiheit. Die Verpflichtung zur Anerkennung und Einhaltung der Menschenrechte stellt ein Zugeständnis der Warschauer-Pakt-Staaten an den Westen dar. Die Schlussakte von Helsinki stärkte den Bürgerrechtsbewegungen in den Ostblockstaaten den Rücken; sowohl die Gewerkschaft Solidarność in Polen als auch die tschechische Bürgerrechtsbewegung „Charta 77" beriefen sich auf die in Helsinki vereinbarten Rechte und bestanden auf deren Einhaltung.

S. 185, Aufgabe 3
Die Karikatur zeigt ein Kartenhaus, das nicht aus Spielkarten, sondern aus einzelnen, mit Siegeln versehenen Seiten der KSZE-Schlussakte errichtet wurde. Von der obersten Etage des Kartenhauses winken zufrieden und strahlend fünf Staats- und Regierungschefs in die Menge. In der Mitte ist der reich mit Orden dekorierte russische Ministerpräsident Leonid Breschnew zu erkennen. Er hat seinen rechten Arm um die Taille Helmut Schmidts gelegt, neben dem der französische Staatspräsident Valéry Giscard d'Estaing steht. Auf der anderen Seite Breschnews befinden sich US-Präsident Gerald Ford

6 Der Ost-West-Konflikt spaltet die Welt

und der Pfeife rauchende britische Premierminister Harold Wilson. Der Abschluss der Konferenz wird mit Böllerschüssen und einem Feuerwerk gefeiert. Nicht nur der Clown im Vordergrund, auch das Kartenhaus entlarvt die KSZE-Konferenz als „Gipfel der Unverbindlichkeiten", handelte es sich bei der Schlussakte doch um keinen völkerrechtlichen Vertrag. Sie beruhte lediglich auf der Selbstverpflichtung der Unterzeichnerstaaten, Kontrollinstrumente gab es keine.

S. 185, Aufgabe 4 a) und b) Recherche-Aufgaben

Wie weit geht die Vereinigung Europas? S. 186/187

Diff. Kopiervorlagen
18.1 Der Schuman-Plan: Wendepunkt in der Geschichte Europas?

HRU, S. 157, KV
6.3 Auf dem Weg zur wirtschaftlichen Einigung Europas

S. 186, M1: Werbung für ein einiges Europa, 1952
Das Plakat des niederländischen Grafikers Reyn Dirksen (1924–1999) greift die stürmischen Nachkriegsjahre auf, in denen die westeuropäischen Staaten noch immer mit den Kriegsfolgen zu kämpfen hatten und sich politisch die Blockbildung zwischen dem Westen und dem Osten Europas (Kalter Krieg) bereits deutlich abzeichnete. Dirksen wirbt in seinem Plakat für ein einheitliches Europa, das er als ein dreimastiges Segelschiff darstellt.
Schon das amerikanische Wiederaufbauprogramm (Marshallplan) hatte eine wirtschaftliche Integration des europäischen Westens in die freie Marktwirtschaft zum Ziel. Mit der Gründung der Montanunion 1951 begann die ökonomische Verflechtung der europäischen Staaten.

S. 187, M2: Der französische Außenminister Schuman in einer Rede am 9. Mai 1950
Am fünften Jahrestag der bedingungslosen Kapitulation der Wehrmacht sorgte der französische Außenminister Schuman für eine epochenprägende Zäsur, als er die deutsch-französische Annäherung zur Grundvoraussetzung für einen europäischen Einigungsprozess erklärte. Weitsichtig bekannte Schuman, dass eine solche Annäherung Zeit bräuchte. Als ersten Schritt regte er die Vereinheitlichung der Kohle- und Stahlindustrie beider Länder an. Dieser Vorschlag begründete die Idee einer „Montanunion", hatte jedoch auch symbolischen Charakter, da die beiden Zweige der Schwerindustrie maßgeblich für die militärische Rüstung waren. Eine gegenseitige Kontrolle der Kohle- und Stahlproduktion war ein wichtiger Schritt zur Friedenssicherung.

S. 187, M3: Die vier Freiheiten im Binnenmarkt
Ohne sich dessen bewusst zu sein, kommt jeder von uns tagtäglich mit dem Binnenmarkt in Berührung: Man kann einkaufen, wo man will, kann überall im Bundesgebiet studieren und arbeiten oder sein Geld investieren bzw. anlegen. Mit der Errichtung des Europäischen Binnenmarktes im Jahr 1993 wurde dies in allen EU-Staaten möglich. Die „vier Freiheiten" des Binnenmarktes definieren jedoch nicht nur die freie Handelszone, in der alle Waren aus EU-Ländern, die die einheitlichen Sicherheits- und Qualitätsstandards erfüllen, gehandelt werden dürfen, sondern auch freien Personen-, Dienstleistungs- und Kapitalverkehr.

S. 187, Aufgabe 1

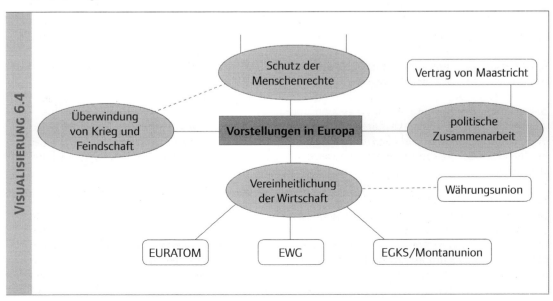

Der Ost-West-Konflikt spaltet die Welt 6

S. 187, Aufgabe 2
Die beiden Rohstoffe waren von überragender Bedeutung für die Kriegsproduktion: Kohle war der Hauptenergieträger, der die Waffenproduktion am Laufen hielt, Stahl war der Rohstoff, aus dem die schweren Waffen wie Panzer, Kanonen oder Kriegsschiffe hergestellt wurden. Die Kontrolle der Kohleförderung und der Stahlproduktion war deshalb ein wichtiger Baustein der Friedenssicherung.

S. 187, Aufgabe 3 Inhalte der Kurzvorträge:
a) • *Freiheit des Warenverkehrs:* Grundsätzlich darf jede Ware, die in der EU legal auf den Markt kommt, in jedem EU-Land verkauft werden.
• *Freiheit des Kapitalverkehrs:* EU-Bürger können ihr Geld überall in der EU anlegen. 1999 wird die gemeinsame Währung – der Euro – eingeführt.
b) • *Freiheit des Dienstleistungsverkehrs:* EU-Bürger haben das Recht, in jedem Mitgliedsland der EU Dienstleistungen anzubieten oder in Anspruch zu nehmen.
• *Freie Wahl des Arbeitsplatzes:* EU-Bürger können sich mit ihrem Berufs- oder Studienabschluss auf dem Arbeitsmarkt jedes EU-Mitgliedsstaates bewerben und arbeiten. Sie müssen dabei wie Einheimische behandelt werden, dürfen also nicht aufgrund ihrer Staatsbürgerschaft benachteiligt sein.
• *Freiheit des Personenverkehrs:* Jeder EU-Bürger kann seinen Wohnsitz innerhalb der EU frei wählen.

S. 187, Aufgabe 4 Diskussion

Deutschland und Frankreich – Motor der EU?   S. 188/189

S. 188, M1: „Deutsche und Franzosen im Wandel der Zeit", Karikatur, 1988
Die Karikatur vergleicht Deutsche (oben) und Franzosen (unten), ohne jedoch einer klaren Chronologie zu folgen. Mimik und Gestik der gegenübergestellten Personen sind jeweils gleich. Die erste Paarung zeigt Otto von Bismarck und Napoleon Bonaparte, die beide kühle Machtpolitiker waren und nach der Hegemonialmacht in Europa strebten. Daneben stellt Behrendt die Nationalallegorien Germania und Marianne, die für den jeweiligen Nationalismus stehen, der sich aggressiv und gewaltsam zeigte und den Dualismus beider Staaten begründete. Daraus entwickelten sich jeweils nationale Klischees, die das Bild der Deutschen und Franzosen voneinander prägten. Der eine Baskenmütze tragende und Baguette essende Franzose trifft auf den Bier trinkenden Bayern mit Trachtenhut samt Gamsbart. Zuletzt stehen sich zwei junge Männer gegenüber, die bis auf die Haarfarbe nichts unterscheidet. Damit wird die Normalisierung der deutsch-französischen Beziehungen symbolisiert.

Webcode
FG450099-189

HRU-CD
Film „Die deutsch-französische Freundschaft"

HRU, S. 157, KV
6.3 Auf dem Weg zur wirtschaftlichen Einigung Europas

S. 189, M2: Mitterand und Kohl in Verdun
Die Schlacht um Verdun zwischen Deutschland und Frankreich vom Februar bis Dezember 1916 war die schlimmste und verlustreichste Schlacht des Ersten Weltkrieges. Über eine Million Menschen verloren rund um die französische Kleinstadt ihr Leben. Sie wurde damit zum Symbol der Sinnlosigkeit moderner Abnutzungskriege.
Die französische Einladung zu der Gedenkfeier in Verdun im September 1984 sollte eine Wiedergutmachung sein, denn Deutschland war zuvor bei der Vierzigjahrfeier der alliierten Landung in der Normandie nicht dazugebeten worden. Als sich Mitterand und Kohl auf dem Soldatenfriedhof spontan die Hände hielten, hatte diese Geste eine enorme Strahlkraft auf die deutsch-französischen Beziehungen und auf ganz Europa.

S. 189, M3: Europäische Währungskrise
Helmut Schmidt und Valéry Giscard d'Estaing gelten als große Stützen der europäischen Wirtschaft, die sich infolge der Ölkrise 1973 und des Zusammenbruchs des Bretton-Woods-Systems in einer großen Krise befand. Die Idee eines europäischen Währungssystems hatte in dieser Krisenphase ihren Ursprung.

S. 189, M4: Frankreich und Deutschland als Friedensvermittler in der Ukraine-Krise
Die Quasi-Annexion der Krim durch Russland (2014) und die Abspaltung ostukrainischer Territorien (die Volksrepubliken Donezk und Lugansk, 2014) von der Ukraine durch prorussische Separatisten gründete in der verstärkten Westorientierung von Teilen der ukrainischen Gesellschaft, die auch auf die politische Ausrichtung des Landes ausstrahlte. Infolge des sogenannten Massakers auf dem Kiewer Maidan-Platz am 18. Februar 2014, als eine Demonstration (Euromaidan) gegen den prorussischen Präsidenten Janukowitsch blutig endete, weitete sich der Konflikt zu einem Krieg aus. Der Dualismus

6 Der Ost-West-Konflikt spaltet die Welt

zwischen der EU und Russland, das sich in seiner Einflusssphäre bedroht sah, nachdem es bereits auf dem Balkan an Einfluss verloren hatte (EU-Osterweiterung), eskalierte. Deutschland und Frankreich engagieren sich nachdrücklich für eine friedliche Lösung des Konfliktes, der bereits mehreren Tausend Menschen das Leben gekostet hat. Hierbei geht es u. a. auch um die engen wirtschaftlichen Verflechtungen zwischen der EU und Russland.

S. 189, Aufgabe 1 a)

VISUALISIERUNG 6.5

deutsche Seite	
preußischer Soldat mit Pickelhaube und Messer zwischen den Zähnen	expansive Hegemonialpolitik Preußens bzw. des Deutschen Reichs gegen Frankreich (Deutsch-Französischer Krieg 1870/71; Erster Weltkrieg)
Germania mit gehörntem Helm	aggressiver Nationalismus deutscher Prägung mit der Germania als ideologische Symbolfigur für Hegemonialstreben (19. Jahrhundert – Nationalsozialismus)
Klischee vom Deutschen mit Trachtenhut, Bierkrug und Wurst (Bayern)	Bundesrepublik Deutschland bis in die Gegenwart
Gegenwart	

französische Seite	
französischer Soldat mit napoleonischem Offiziershut samt Kokarde und Messer zwischen den Zähnen	expansive Hegemonialpolitik Frankreichs unter Napoleon Bonaparte im Zeichen der Revolution (Napoleonische Kriege 1799–1816)
Marianne mit Jakobinermütze	aggressiver Nationalismus französischer Prägung mit der Marianne als Symbolfigur für die Französische Revolution (ab 1789)
Klischee vom Franzosen mit Baskenmütze, Rotwein und Baguette (Region Bordeaux)	Frankreich bis in die Gegenwart
Gegenwart	

b) Bei der Betrachtung der Karikatur fällt auf, dass Fritz Behrendt hier die Gemeinsamkeiten der staatlichen Entwicklung betont. Diese Entwicklung verlief in der Geschichte der beiden Staaten nicht synchron, jedoch lassen sich historische Parallelen erkennen, etwa das Hegemoniestreben oder der Nationalismus. In beiden Ländern haben sich Klischees eingebürgert, die das Bild vom jeweils anderen nachhaltig geprägt haben und bestimmten Stereotypen Vorschub leisteten. Heute, so scheint es, begegnen sich beide Gesellschaften auf Augenhöhe.

S. 189, Aufgabe 2
Das Halten der Hände vor dem Ehrenkranz symbolisiert das beiderseitige Gedenken an die Opfer des Ersten Weltkrieges. Es handelt sich hierbei um eine Versöhnungsgeste, denn deutsche Soldaten waren 1914 in Frankreich eingefallen. Die Stadt Verdun wurde zum Symbol eines sinnlosen Krieges, weil hier über eine Million Soldaten ihr Leben in einer Abnutzungsschlacht verloren, ohne dass nennenswerte militärische Erfolge erzielt wurden.

S. 189, Aufgabe 3 a)
Am 22. Januar 1963 unterzeichneten der französische Staatspräsident Charles de Gaulle und Bundeskanzler Konrad Adenauer einen Freundschaftsvertrag zwischen beiden Ländern (Élysée-Vertrag). Nach dem jahrhundertelangen Dualismus beider Staaten, der immer wieder als „Erbfeindschaft" propagandistisch befeuert worden war, stellte das Abkommen einen Meilenstein für den Frieden in Europa dar. Beide Regierungen sind durch die Übereinkunft zu gegenseitigen Konsultationen in außen-, sicherheits-, jugend- und kulturpolitischen Fragen verpflichtet. Zudem wurden regelmäßige Treffen der jeweiligen Regierungen vereinbart.
b) Die deutschen und französischen Minister für Finanzen und Wirtschaft sowie die Präsidenten der Zentralbanken beider Länder treffen sich regelmäßig im Deutsch-Französischen Finanz- und Wirtschaftsrat. Ursprünglich diente der 1988 gegründete Rat u. a. der Vorbereitung der Europäischen

Währungsunion, jedoch stärkte er die deutsch-französische Kooperation in wichtigen Finanz-, Währungs- und Wirtschaftsfragen. Die Gründung der sogenannten Eurogruppe geht auf die Arbeit des Rates zurück.

S. 189, Aufgabe 4 Recherche-Aufgabe

Kompetenzen prüfen — S. 192/193

S. 192, M1: Aus der Rede Kennedys an der Universität Washington am 10. Juni 1963
Die drohende Gefahr eines Atomkrieges während der Kuba-Krise führte dazu, dass sich die USA, die UdSSR und Großbritannien auf ein Verbot von Atomwaffentests unter Wasser, in der Atmosphäre und im Weltraum einigten, das im Oktober 1963 in Kraft trat; weitere Staaten schlossen sich dem Abkommen später an. In seiner Rede bezeichnete Kennedy – als erster US-Präsident seit Beginn des Kalten Krieges – die UdSSR als gleichberechtigte Supermacht (Z. 15).

HRU, S. 158, KV
6.4 Selbsteinschätzungsbogen für Schüler

S. 192, M2: Amerikanischer Comic von 1947 siehe die Lösungshilfen zu S. 193, Aufgabe 4 auf S. 340 des Schülerbandes

S. 192, M3: Cartoon des Zeichners Rube Goldberg von 1947 siehe die Lösungshilfen zu S. 193, Aufgabe 5 a) auf S. 340 des Schülerbandes

S. 193, M4: Bernd Stöver schildert verschiedene Erklärungen für den Kalten Krieg siehe die Lösungshilfen zu S. 193, Aufgabe 7 a) auf S. 340 des Schülerbandes

S. 193, Aufgabe 1 bis 8 siehe die Lösungshilfen auf S. 340/341 des Schülerbandes

Lösungen zu den Kopiervorlagen der Handreichung

KV 6.1, Aufgabe 1
Hinweis: In der Kopiervorlage werden die Arbeitsschritte „Philosophische Textquellen erarbeiten und vergleichen" verwendet (siehe Schülerband, S. 332). Obwohl es sich hier nicht um philosophische Texte handelt, eignet sich diese Methode zur vergleichenden Analyse.

Leitfrage: Wie sieht die weltpolitische Lage nach dem Ende des Zweiten Weltkrieges aus?
1. US-Präsident Harry S. Truman (M1); Andrej Schdanow, Vertreter der sowjetischen Delegation auf der Kommunistischen Informationskonferenz (M2)
2. *Truman:* am 12. März 1947 in Washington; *Schdanow:* am 22. September 1947 in Schreiberhau, im Riesengebirge
3. Transkripte/Mitschriften der Reden Trumans und Schdanows
4. Beide Texte beschäftigen sich mit der neuen Weltordnung nach dem Ende des Zweiten Weltkrieges. Die Redner stellen die amerikanische und die sowjetische Sicht auf die weltpolitische Lage nach 1945 dar, wobei Schdanows Rede die Antwort Stalins auf die Truman-Doktrin ist.
5. an die Mitglieder des Kongresses und die amerikanische Bevölkerung (Truman) bzw. an die Teilnehmer der Gründungskonferenz des Kominform (Schdanow); beide Reden richteten sich zugleich an die jeweilige Gegenseite und die Weltöffentlichkeit
6. *Truman:* Es existieren zwei unterschiedliche Lebensformen, zwischen denen jede Nation in Zukunft wählen muss (Z. 16–18): eine auf dem Willen der Mehrheit gründende Lebensform, die von den USA vertreten wird und sich durch ein demokratisches politisches System und individuelle Freiheit auszeichnet (Z. 18–24) und eine zweite, sich auf dem Willen einer Minderheit gründende Lebensform, die durch Terror, Unterdrückung und den Verlust der persönlichen Freiheit gekennzeichnet ist (Z. 24–29) und von der Sowjetunion vertreten wird.
Schdanow: Die Welt ist in zwei miteinander kämpfende Lager geteilt (Z. 9–13): ein imperialistisches, nach Expansion strebendes antidemokratisches Lager (USA Großbritannien) und ein antiimperialistisches und demokratisches Lager; das friedliebende demokratische Lager, dem die UdSSR angehört, wird vom antidemokratischen Lager unter Führung der USA bedroht (Z. 1–17).
7. *Truman:* Es existieren zwei gegensätzliche Lebensweisen auf der Welt.
Schdanow: Mit dem Ende des Zweiten Weltkrieges entstanden zwei unterschiedliche Weltlager.
8. Beide Texte gehen von einer ideologischen und politischen Spaltung der Welt in zwei gegensätzliche Systeme aus, die von der UdSSR bzw. den USA repräsentiert werden: ein friedliebendes, demokratisches System und ein imperialistisches, antidemokratisches System. Es wird jeweils klar

6 Der Ost-West-Konflikt spaltet die Welt

unterschieden zwischen „Gut" und „Böse". Jede Seite sieht allerdings sich selbst als „die Guten" und die Gegenseite als „die Bösen". Die Lebensform der USA ist laut Truman frei von Zwang, sie gründet auf dem Willen der Mehrheit und ist u. a. durch freie Institutionen sowie Rede- und Religionsfreiheit gekennzeichnet (Z. 4, 18–24), während die sich auf Terror und Unterdrückung stützende Lebensform der UdSSR auf dem Willen einer Minderheit gründet (Z. 10–14, 24–29). Die sowjetische Seite hat eine ganz andere Sicht – auch auf den Begriff „Demokratie". Während die Sowjetunion und die demokratischen Länder nach der Überwindung des Imperialismus und der Stärkung der Demokratie streben würden, sei es das Ziel der aggressiven Politik der USA, den Imperialismus zu stärken und die Demokratie „abzuwürgen" (Z. 1–8).

9. *Truman:* Vorstellung des zukünftigen außenpolitischen Kurses (Interventions- und Eindämmungspolitik gegenüber der Sowjetunion)
   Schdanow: Legitimierung der sowjetischen Außenpolitik (Ausdehnung nach Osteuropa)
10. *Truman:* Der US-Präsident macht deutlich, dass die USA allen Völkern, deren Freiheit bedroht sei, beistehen würden. Die Rede ist eine Kampfansage an die Sowjetunion.
    Schdanow: Durch die positive Eigendarstellung und die negative Darstellung der Gegenseite sollte die Verantwortung für die Entstehung des Kalten Krieges den USA zugeschoben werden.
11. individuelle Lösung

KV 6.2, Aufgabe 1 a)

E	A	X	P	N	E	R	M	T	I	L	A	B	W	D	H	T	L	P	O	C	H	I	T	M	O
I	A	T	O	M	W	A	F	F	E	N	S	P	E	R	R	V	E	R	T	R	A	G	L	T	N
N	N	E	R	T	A	I	M	U	N	G	C	H	T	P	K	Q	W	Y	U	R	T	Z	E	K	Z
T	V	U	I	N	R	U	S	T	R	I	C	H	D	A	S	P	U	O	B	Y	B	A	B	O	I
C	A	H	E	I	S	S	E	R	D	R	A	H	T	R	Z	Q	R	T	T	A	U	Q	U	R	R
H	R	Z	E	L	C	W	F	G	L	I	Z	U	X	I	E	Y	F	I	I	W	L	S	K	E	M
U	E	G	H	L	H	E	D	H	S	R	Y	O	E	Z	K	X	E	N	M	S	N	V	I	A	A
L	I	L	V	O	A	R	B	C	Q	E	Q	T	R	U	O	D	V	F	F	L	A	Z	E	K	W
S	R	D	T	R	U	M	A	N	D	O	K	T	R	I	N	U	N	V	X	D	T	J	R	R	P
S	E	E	P	U	E	A	A	S	Y	U	O	N	O	P	F	N	N	E	P	E	O	O	B	I	O
Q	S	D	O	B	R	S	X	U	C	V	L	U	L	G	E	G	I	R	A	F	R	T	M	E	U
A	K	F	D	E	P	P	Y	Z	H	V	R	R	I	F	R	J	E	T	L	T	E	T	M	G	C
Y	J	K	U	B	A	K	R	I	S	E	E	C	P	R	E	O	L	R	R	J	S	E	Q	U	H
N	E	R	W	T	K	R	J	R	P	C	D	B	Z	T	N	L	Z	A	E	P	L	U	X	N	R
O	U	I	Q	P	T	I	J	K	E	K	P	A	U	U	Z	E	T	G	O	S	A	L	T	G	K
P	V	E	I	J	U	E	E	L	B	L	R	P	N	M	U	R	O	L	L	B	Y	O	V	A	L

b) Truman-Doktrin (1947); Gründung der **NATO** (1949); **Koreakrieg** (1950–1953); Gründung des **Warschauer Pakt**s (1955); **Kuba-Krise** (1962); **„Heißer Draht"** wird eingerichtet (1962); Abschluss des **Atomwaffensperrvertrag**es (1968); Abschluss des **SALT**-I-Vertrages (1972); **KSZE-Konferenz** in Helsinki (1975); Abschluss des **INF-Vertrag**es (1987)

KV 6.2, Aufgabe 2
Herrschaft
- ab 1945 Aufspaltung der Welt in zwei gegensätzliche Blöcke („Bipolarität") unter Führung der beiden Supermächte USA und UdSSR
- Blockbildung sowohl im politisch-ideologischen (Kommunismus und liberal-westliche Demokratie; „Zwei-Lager-Theorie") als auch im wirtschaftlichen und militärischen Bereich (NATO und Warschauer Pakt)
- Wechsel zwischen Phasen der Konfrontation (teils direkte Konfrontation: Kuba-Krise, teils „Stellvertreterkriege": Vietnam) und Phasen der Entspannung (Abschluss von Abrüstungsverträgen, KSZE-Konferenz)

Staatlichkeit
- in Phasen ablaufende Dekolonisation (in Asien ab den 1940er Jahren, in Afrika ab den 1950er, vor allem aber während der 1960er Jahre)

Transkulturalität
- Die Zeit des Ost-West-Konflikts wird durch beide politische Weltanschauungen bestimmt.
- Aufbau von Feindbildern, Übermittlung der Feindbilder auch durch Spielfilme und Romane

KV 6.3, Aufgabe 1 Beispiellösung

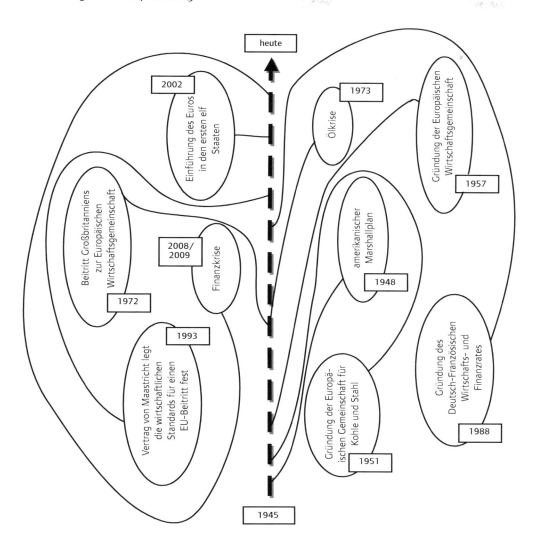

KV 6.1 Textquellen erarbeiten und vergleichen

M1 Aus der Rede des amerikanischen Präsidenten Truman vor dem Kongress, 12. März 1947:

Es ist eines der Hauptziele der Außenpolitik der Vereinigten Staaten, Bedingungen zu schaffen, die es uns und anderen Nationen ermöglichen, eine Lebensform zu gestalten, die frei ist von Zwang. Hauptsächlich um diesen Punkt ging es in dem Krieg gegen Deutschland und Japan. Unser Sieg wurde über Länder errungen, die versuchten, anderen Nationen ihren Willen und ihre Lebensform aufzuzwingen …

In jüngster Zeit wurden den Völkern einer Anzahl von Staaten gegen ihren Willen totalitäre Regierungsformen aufgezwungen. Die Regierung der Vereinigten Staaten hat immer wieder gegen den Zwang und die Einschüchterungen in Polen, Rumänien und Bulgarien protestiert …

Zum gegenwärtigen Zeitpunkt der Weltgeschichte muss fast jede Nation zwischen alternativen Lebensformen wählen … Die eine Lebensform gründet sich auf den Willen der Mehrheit und ist gekennzeichnet durch freie Institutionen, repräsentative Regierungsform, freie Wahlen, Garantien für die persönliche Freiheit, Rede- und Religionsfreiheit und Freiheit von politischer Unterdrückung. Die andere Lebensform gründet sich auf den Willen einer Minderheit, den diese der Mehrheit gewaltsam aufzwingt. Sie stützt sich auf Terror und Unterdrückung, auf die Zensur von Presse und Rundfunk, auf manipulierte Wahlen und auf den Entzug der persönlichen Freiheiten.

Zit. nach http://avalon.law.yale.edu/20th_century/trudoc.asp (Stand: 13.11.2017). Übers. von Matthias Steinbrink.

M2 Aus der Erklärung der Kommunistischen Informationskonferenz, einer Versammlung der wichtigsten kommunistischen Parteien Europas, zur internationalen Lage, September 1947:

Auf der einen Seite strebte [nach dem Zweiten Weltkrieg] die Politik der UdSSR und der demokratischen Länder nach der Überwindung des Imperialismus und der Konsolidierung [Festigung] der Demokratie. Auf der anderen Seite strebte die Politik der Vereinigten Staaten und Großbritanniens nach der Stärkung des Imperialismus und der Abwürgung der Demokratie …

So sind zwei Lager entstanden: das imperialistische, antidemokratische Lager … und das antiimperialistische, demokratische Lager … Der Kampf zwischen den beiden entgegengesetzten Lagern … vollzieht sich unter den Bedingungen einer weiteren Verschärfung der allgemeinen Krise des Kapitalismus … und der Festigung der Kräfte des Sozialismus und der Demokratie … Die Nationen der Welt wünschen keinen Krieg … Daher müssen die kommunistischen Parteien den Widerstand gegen die Pläne der imperialistischen Aggression und Expansion in jeder Hinsicht leiten, sei es nun auf der staatlichen, der politischen, der wirtschaftlichen oder ideologischen Linie. Sie müssen … ihre Anstrengungen auf der Grundlage einer gemeinsamen … Plattform zusammenschließen und alle demokratischen und patriotischen Kräfte des Volkes um sich sammeln.

Zit. nach Boris Meissner, Das Ostpakt-System. Dokumentensammlung, hg. von der Forschungsstelle für Völkerrecht und ausländisches öffentliches Recht der Universität Hamburg, Frankfurt a. M./Berlin (Metzner) 1955, S. 97 f.

1 Untersuche und vergleiche die Textquellen mithilfe der Arbeitsschritte.

Arbeitsschritte „Textquellen erarbeiten und vergleichen"

Leitfrage formulieren	
Welche Leitfrage möchtest du anhand der Texte beantworten?	
Formale Aspekte	
1. Wer sind die Autoren?	
2. Wann und wo sind die Texte veröffentlicht worden?	
3. Um welche Textarten handelt es sich?	
4. Wovon handeln die Texte?	
5. An wen richten sich die Texte?	

Autorin: Andrea Welk

Inhalt erschließen

6. Was sind die wesentlichen Textaussagen?

7. Wie antworten beide Texte auf die Leitfrage?

Aussagen vergleichen

8. Welche Unterschiede und Gemeinsamkeiten lassen sich feststellen?

Beurteilen (sich in die Menschen der Zeit hineinversetzen und ein Urteil bilden)

9. Welche Ziele verfolgten die Autoren?

10. Welche Wirkung sollten die Texte erzielen?

Bewerten (ein Urteil aus heutiger Sicht mit Blick auf die Leitfrage bilden)

11. Wie kann man die Ideen der Autoren aus heutiger Sicht bewerten?

Autorin: Andrea Welk

KV 6.2 Zwischen Entspannung und Konfrontation: Der Kalte Krieg

M1 Buchstabensalat

E	A	X	P	N	E	R	M	T	I	L	A	B	W	D	H	T	L	P	O	C	H	I	T	M	O
I	A	T	O	M	W	A	F	F	E	N	S	P	E	R	R	V	E	R	T	R	A	G	L	T	N
N	N	E	R	T	A	I	M	U	N	G	C	H	T	P	K	Q	W	Y	U	R	T	Z	E	K	Z
T	V	U	I	N	R	U	S	T	R	I	C	H	D	A	S	P	U	O	B	Y	B	A	B	O	I
C	A	H	E	I	S	S	E	R	D	R	A	H	T	R	Z	Q	R	T	T	A	U	Q	U	R	R
H	R	Z	E	L	C	W	F	G	L	I	Z	U	X	I	E	Y	F	I	I	W	L	S	K	E	M
U	E	G	H	L	H	E	D	H	S	R	Y	O	E	Z	K	X	E	N	M	S	N	V	I	A	A
L	I	L	V	O	A	R	B	C	Q	E	Q	T	R	U	O	D	V	F	F	L	A	Z	E	K	W
S	R	D	T	R	U	M	A	N	D	O	K	T	R	I	N	U	N	V	X	D	T	J	R	R	P
S	E	E	P	U	E	A	A	S	Y	U	O	N	O	P	F	N	N	E	P	E	O	O	B	I	O
Q	S	D	O	B	R	S	X	U	C	V	L	U	L	G	E	G	I	R	A	F	R	T	M	E	U
A	K	F	D	E	P	P	Y	Z	H	V	R	R	I	F	R	J	E	T	L	T	E	T	M	G	C
Y	J	K	U	B	A	K	R	I	S	E	E	C	P	R	E	O	L	R	R	J	S	E	Q	U	H
N	E	R	W	T	K	R	J	R	P	C	D	B	Z	T	N	L	Z	A	E	P	L	U	X	N	R
O	U	I	Q	P	T	I	J	K	E	K	P	A	U	U	Z	E	T	G	O	S	A	L	T	G	K
P	V	E	I	J	U	E	E	L	B	L	R	P	N	M	U	R	O	L	L	B	Y	O	V	A	L

M2 Entspannung und Konfrontation zwischen 1945 und 1990

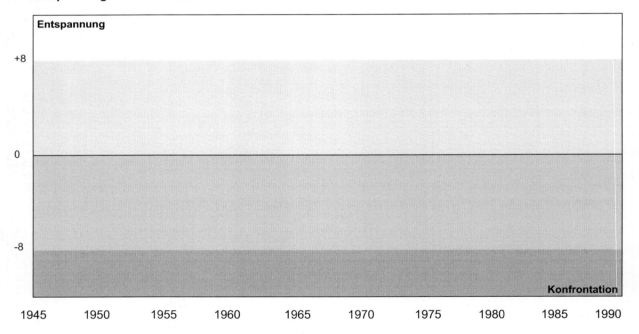

1 a) In dem Gitterrätsel M1 verbergen sich zehn Begriffe zum Thema „Kalter Krieg". Finde und markiere sie.
b) Trage die Begriffe an die zeitlich richtige Stelle in die Grafik M2 ein. Ordne sie dabei entweder der Phase der Entspannung (oben) oder der Phase der Konfrontation (unten) zwischen den Supermächten zu.

2 Fasse stichpunktartig zusammen, was du in Kapitel 6 über Herrschaft, Staatlichkeit und Transkulturalität in der Zeit des Ost-West-Konflikts erfahren hast.

Autorin: Andrea Welk

KV 6.3 Auf dem Weg zur wirtschaftlichen Einigung Europas

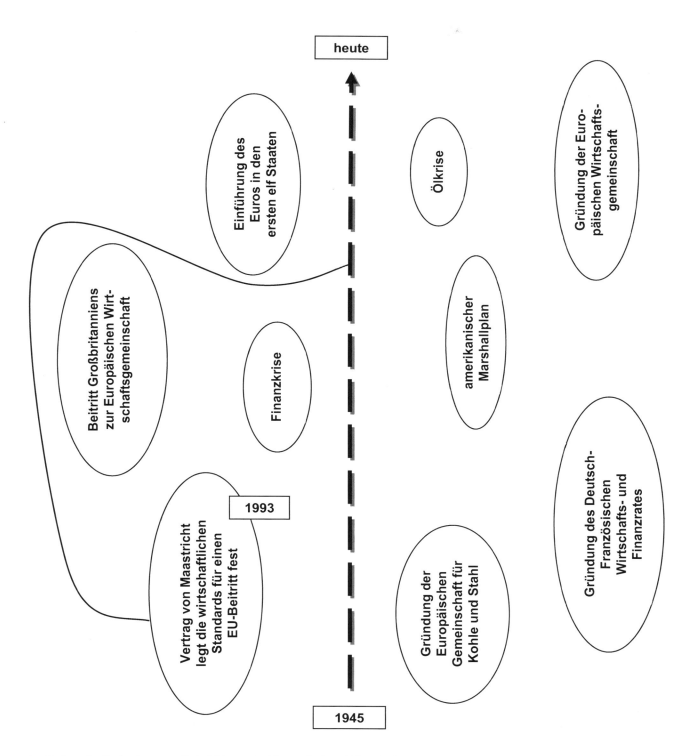

1. Ordne die Ereignisse zur Entwicklung der Europäischen Wirtschaftsunion richtig auf dem Zeitstrahl an, indem du sie mit Linien verbindest. Ergänze bei jedem Ereignis die entsprechende Jahreszahl. Versuche beim Eintragen die Linien am Zeitstrahl ins richtige zeitliche Verhältnis zum heutigen Tag zu setzen und achte darauf, dass sich keine Linie überschneidet.

Autor: Jan Johannes

6 Der Ost-West-Konflikt spaltet die Welt — Kopiervorlage 6.4

Name: Klasse: Datum:

KV 6.4   Der Ost-West-Konflikt spaltet die Welt

Ich kann, weiß, verstehe …	sehr sicher	sicher	unsicher	sehr unsicher	Hilfen finde ich hier: (SB = Schülerbuch)
1 Ich kann die Teilung der Welt in zwei Blöcke erläutern.					SB, S. 172/173
2 Ich kann Ursachen für die Gründung militärischer Bündnisse benennen.					SB, S. 172/173
3 Ich kann den Begriff „Kalter Krieg" erklären.					SB, S. 173
4 Ich kann die Gefahren eines Atomkrieges und die Folgen der neuen Waffentechnik bewerten.					SB, S. 174/175
5 Ich kann beurteilen, welcher Ausdruck für den Kalten Krieg passender ist: „friedliche Koexistenz" oder „Gleichgewicht des Schreckens".					SB, S. 174/175
6 Ich kann den Ablauf der Dekolonialisierung beschreiben.					SB, S. 176/177
7 Ich kann historische Ursachen für heutige Konflikte in Afrika und Asien beschreiben.					SB, S. 176/177
8 a) Ich kann erläutern, warum der Kalte Krieg im Oktober 1962 zu eskalieren drohte.					SB, S. 178/179
b) Ich kann erklären, wie Kennedy und Chruschtschow die Krise lösten, und ihre Vorgehensweisen bewerten.					
9 Ich kann Spielfilme auf Feindbilder untersuchen.					SB, S. 180/181
10 Ich kann Phasen der Entspannung und Eskalation des Kalten Krieges unterscheiden.					SB, S. 182–185
11 Ich kann Stellung beziehen zu der Frage, warum sich die Supermächte nicht auf eine vollständige Abrüstung einigen konnten.					SB, S. 182/183
12 a) Ich kann die wesentlichen Bestimmungen der KSZE-Schlussakte nennen.					SB, S. 184/185
b) Ich kann erklären, welche Bedeutung die Schlussakte für Oppositionsgruppen im Ostblock haben konnte.					
13 Ich kann Stationen des deutsch-französischen Verhältnisses und der europäischen Einigung benennen.					SB, S. 186–191
14 Ich kann die Kriterien für eine Aufnahme als EU-Mitglied nennen.					SB, S. 187
15 Ich kann die vier Freiheiten im europäischen Binnenmarkt erläutern.					SB, S. 187
16 Ich kann ein Kurzreferat über den Élysée-Vertrag oder den Deutsch-Französischen Finanz- und Wirtschaftsrat halten.					SB, S. 188/189

Autorin: Andrea Welk

7 Deutschland nach 1945: Zwei Staaten, eine Nation? SB S. 194–233

Sachinformationen zum Kapitelaufbau

Am 8. Mai 1945 endete die nationalsozialistische Herrschaft mit der bedingungslosen Kapitulation der Wehrmacht. Deutschland war nicht nur auf politischer Ebene ein zerschlagenes Land: Die Städte waren zerstört, die Versorgung der Bevölkerung mit dem Notwendigsten brach zusammen. Hunger, Obdachlosigkeit, Brennstoffmangel und oft auch die Suche nach vermissten Freunden und Verwandten prägten den Alltag in der unmittelbaren Nachkriegszeit. Konflikte um den weiteren Umgang mit dem besiegten Land traten unter den Besatzungsmächten schon kurz nach Kriegsende immer deutlicher hervor. Im Zuge des sich abzeichnenden Kalten Krieges, dem bald auch die Entnazifizierungsbemühungen der Alliierten weitgehend zum Opfer fielen, bewegten sich Westzonen und Ostzone wirtschaftlich und politisch in zunehmendem Maße auseinander. Während die ökonomische Notlage langsam überwunden wurde, besiegelte die Gründung von Bundesrepublik und DDR im Jahre 1949 eine Teilung Deutschlands in zwei Staaten, die mehr als 40 Jahre Bestand haben sollte.

Hinweis zum Unterrichtsverlauf

siehe Jahrgangscurriculum, S. 13

Kompetenzerwerb in Kapitel 7 (s. Schülerband S. 232)

Eine detaillierte Liste der zu erwerbenden Kompetenzen finden Sie hier in der Handreichung auf dem Selbsteinschätzungsbogen, S. 189.

Selbsteinschätzungsbogen für Schüler zum Kapitel 7

siehe Kopiervorlage 7.3, S. 189

Weiterführende Hinweise auf Forum-Begleitmaterialien (s. Einleitung, S. 7)

- Arbeitsheft 4, Kap. 5: Deutschland von der Teilung bis zur Vereinigung
- Kompetenztraining, Kap. 27: Deutschland nach 1945
- Geschichte interaktiv II, Kap. 8: BRD und DDR
- Foliensammlung Geschichte 2, Folie 25: Die deutsche Teilung
- Foliensammlung Geschichte 2, Folie 30: Fotografien, die Geschichte machten
- Invitation to History: Volume 2, Unit 6: Germany from 1945 to 1961
- Invitation to History: Volume 2, Unit 7: Germany devided and united 1961–1990

Literatur, Jugendbücher, Filme, Internethinweise für Lehrkräfte

Literatur
Wolfgang Benz, Auftrag Demokratie. Die Gründungsgeschichte der Bundesrepublik und die Entstehung der DDR 1945–1949, Berlin (Metropol) 2009.
Christoph Kleßmann, Zwei Staaten, eine Nation. Deutsche Geschichte 1955–1970, 2. überarb. u. erw. Aufl., Bonn (Bundeszentrale für politische Bildung) 1997.
Ilko-Sascha Kowalczuk, 17. Juni 1953, München (C. H. Beck) 2013.
Annette Weinke, Die Nürnberger Prozesse, 2. durchges. Aufl., München (C. H Beck) 2015.
Jugendbücher
Christoph Heuer/Gerlinde Althoff, Klaus Kordons „Der erste Frühling", Graphic novel, Hamburg (Carlsen) 2007.
Christoph Kleßmann/Jens Gieseke, Allgemeinbildung. Vom Ende des Zweiten Weltkrieges bis heute. Deutsche Geschichte ab 1945, Würzburg (Arena) 2016.
Klaus Kordon, Ein Trümmersommer, Weinheim (Beltz & Gelberg) 2016.
Barbara Warning, Kindheit in Trümmern, Ravensburg (Ravensburger) 2015.

7 Deutschland nach 1945: Zwei Staaten, eine Nation?

Filme
FWU 4611175: Wiederaufbau nach dem Zweiten Weltkrieg
WBF K-2430: Die Währungsreform 1948. Vom Kriegsgeld zur Friedensmark
WBF D-2405: Entnazifizierung und Demokratisierung. Deutschland 1945–1948
FWU 4611102: Die Berliner Mauer: Symbol des Kalten Krieges

Internethinweise für Lehrkräfte
https://www.bpb.de/izpb/10040/deutschland-1945-1949 (Online-Version der „Informationen zur politischen Bildung" zum Thema „Deutschland 1945–1949")
http://www.deutschegeschichten.de/zeitraum/index.asp?KategorieID=1004 (Informationen zur Berlin-Blockade, der Währungsreform und den Nürnberger Prozessen)
https://www.hdg.de/lemo/kapitel/nachkriegsjahre (Informationen zur Nachkriegszeit, zusammengestellt vom „Lebendigen Museum Online" [„LeMO"])
http://www.chronik-der-mauer.de (Internetprojekt der Bundeszentrale für politische Bildung und des DeutschlandRadios zum Bau der Berliner Mauer)

Auftaktseiten — S. 194/195

S. 194 f.: Gemüseanbau im Berliner Tiergarten

Die Gründe für die Versorgungskrise der Nachkriegsjahre sind vielfältig und reichen z. T. noch in die Vorkriegszeit zurück. Bereits die forcierte NS-Rüstungspolitik ab 1936 hatte zu einer Vernachlässigung der Produktion von Gütern des alltäglichen Bedarfs geführt. Während des Krieges konnte die Grundversorgung der deutschen Bevölkerung allerdings durch rigide Lenkungsmaßnahmen und vor allem durch die Ausplünderung der besetzten Gebiete gesichert werden. Die Folgen des Krieges (u. a. die Zerstörung von Infrastruktur und Anbauflächen) führten 1945/46 zu einer europaweiten Ernährungskrise, von der auch Deutschland betroffen war. Nachdem die Vorräte aus der Kriegszeit aufgebraucht waren, spitzte sich die Lage in Deutschland ab 1946 vor allem in den Städten zu. Besonders angespannt war die Situation in Berlin: Die Versorgung der Stadt, die mit ihren bald drei Millionen Einwohnern ca. 84 000 Tonnen Lebensmittel pro Tag benötigte, wurde auch durch die Sektoreneinteilung erschwert. Die Westalliierten waren gezwungen, Lebensmittel über weite Strecken aus ihren jeweiligen Besatzungszonen anzufahren. Zur Erhöhung der städtischen Eigenproduktion hatte der Berliner Magistrat bereits am 15. Oktober 1945 mit der „Brachlandverordnung" eine Nutzung unbebauter Flächen für die Agrarproduktion verfügt. Durch die Maßnahme konnte etwa ein Fünftel des Gemüsebedarfs der Stadt gedeckt werden. Der Beitrag zur lebenswichtigen Versorgung mit den Grundnahrungsmitteln Brot und Getreide blieb allerdings verschwindend gering.

S. 195, Aufgabe

Im Bildhintergrund sind das beschädigte Brandenburger Tor und weitere Gebäude der weitgehend zerstörten Berliner Innenstadt zu erkennen. Im Bildvordergrund bearbeiten zwei Frauen mit einfachen Mitteln den Boden und beaufsichtigen dabei zugleich ein Kleinkind. Das Bild irritiert durch das Nebeneinander von Urbanität und Landwirtschaft, es deutet die Ausmaße der Zerstörung der Stadt wie der gesamten Lebensgrundlagen an und es verweist auf die bedeutende Rolle der Frauen bei Versorgung und Wiederaufbau in der Nachkriegszeit.

Orientierung im Kapitel — S. 196/197

S. 196, M1: Deutschland unter den Besatzungsmächten (1945 bis 1949)

Die Beschlüsse der Konferenz von Québec (1944) sahen für die Nachkriegszeit eine Einteilung Deutschlands in drei Besatzungszonen vor. Mit den Planungen für die Einrichtung einer vierten, französischen Besatzungszone, die aus Teilen der britischen und der amerikanischen Zone gebildet werden sollte, wurde erst bei der Konferenz von Jalta (1945) begonnen. Das Saarland, zunächst Teil der französischen Besatzungszone, wurde 1947 als teilautonomes Land unter französisches Protektorat gestellt und vor allem wirtschaftlich an Frankreich angegliedert. Auch das Ruhrgebiet hatte als ehemalige „Waffenschmiede" des Deutschen Reichs einen Sonderstatus: Mit dem „Ruhrstatut" von 1949 wurde die rüstungsrelevante Produktion der westdeutschen Schwerindustrie unter internationale Kontrolle gestellt. Die grundlegende Entscheidung für eine Westverschiebung Polens war bereits auf der Konferenz von Teheran (1943) gefallen: Gebietsverluste an die Sowjetunion im Osten sollten durch die Verschiebung der Westgrenze Polens in ehemals deutsche Gebiete ausgeglichen werden. Der nördliche Teil Ostpreußens fiel mit dem Potsdamer Abkommen (1945) an die Sowjetunion.

Deutschland nach 1945: Zwei Staaten, eine Nation?

S. 197, M2: Obdachlose Familie in einer Stadt in Deutschland
Durch Kriegsschäden war fast ein Viertel des Wohnungsbestands der Vorkriegszeit zerstört, in den großen Städten sogar über 50 Prozent. Millionen von Menschen waren obdachlos. Ausgebombte und zurückkehrende Soldaten mussten in Behelfsunterkünften wie Turnhallen, Schulen, Bunkern oder eigens errichteten Wellblechbaracken untergebracht werden. Verschärft wurde die Wohnungsnot bald durch den Zuzug von Millionen von Flüchtlingen und Vertriebenen aus den ehemaligen Ostgebieten. Die Stadtverwaltungen reagierten mit Zuzugsbeschränkungen und Zwangseinquartierungen von Obdachlosen in Privatwohnungen.

S. 197, M3: Schaufenster nach Einführung der D-Mark in den Westzonen
Die Inflation der Nachkriegszeit hatte den Geldwert der Reichsmark zerrüttet. Die Grundversorgung mit Lebensmitteln verlief über Bezugsscheine, auf dem Schwarzmarkt dominierte der geldlose Tauschhandel. In Erwartung einer baldigen Währungsreform verstärkte sich seit Herbst 1947 die Tendenz zur Warenhortung. Die Händler waren nicht bereit, gegen die Reichsmark zu tauschen: Ihnen war klar, dass die anstehende Reform ersparte Geldbeträge in der alten Währung massiv entwerten würde. Am Tag des Inkrafttretens der Währungsreform waren die Geschäfte plötzlich wieder prall gefüllt. Der staunend-sehnsüchtige Blick, mit dem die Frauen auf der Fotografie die Schaufensterauslagen einer Metzgerei begutachteten, verweist auf den seit Kriegsende durchlebten Mangel.

S. 197, M4: Titelbild der Zeitschrift „Ulenspiegel"
Das Satiremagazin „Ulenspiegel" erschien ab 1945 im amerikanischen Sektor, bis der Zeitschrift aufgrund unliebsamer linker Tendenzen im Jahre 1948 die Lizenz entzogen wurde. In den folgenden zwei Jahren wurde das Magazin in der sowjetischen Zone verlegt, musste 1950 aber auch dort sein Erscheinen einstellen – nun wegen allzu westlicher Tendenzen. Der „Ulenspiegel" beteiligte sich mit seiner kritischen Kommentierung des Zeitgeschehens am politisch-kulturellen Neuanfang im Nachkriegsdeutschland. Der Karikaturist Karl Holtz, der 1934–1945 unter Berufsverbot stand, wurde 1950 von einem sowjetischen Militärgericht wegen einer Stalin-Karikatur mit einer Haftstrafe belegt.

S. 197, Aufgabe 1 a) und b) siehe die Erläuterungen zu M1

S. 197, Aufgabe 2 a)
Während die USA, England (Bizone) und später auch Frankreich (Trizone) in der Besatzungspolitik zusammenarbeiteten, verfolgte die Sowjetunion offenbar einen eigenen Weg. Insbesondere in Bezug auf die Wirtschaft finden sich – mit dem auf Westeuropa bezogenen Marshallplan und der zweifachen Währungsreform – Hinweise auf eine getrennte Politik in West und Ost. In der Berlin-Blockade wird ein offener Konflikt zwischen den westlichen Besatzungsmächten und der Sowjetunion evident. Das zunehmende Auseinanderdriften der Besatzungsmächte der West- und Ostzone mündete in der Gründung zweier Staaten.
b) Ein Zeitstrahl zeigt überblicksartig historische Ereignisse im Zeitverlauf. Dadurch können Rückschlüsse auf Entwicklungslinien gezogen werden. Durch die kompakte Darstellung ist ein Zeitstrahl jedoch zwangsläufig stark vereinfachend.

S. 197, Aufgabe 3 individuelle Lösung

S. 197, Aufgabe 4
Aus der Karikatur von Karl Holtz spricht die Besorgnis über die Spaltungstendenzen zwischen den von den Westmächten (symbolisiert durch die Hegemonialmacht USA) und den sowjetisch besetzten Teilen Deutschlands. Während in beiden Teilen die Situation alles andere als rosig ist (Ruinen im Hintergrund), scheint dem deutschen Michel das Leben im jeweils anderen Landesteil als die bessere Alternative. Holtz bezieht in seiner Karikatur keine Position für Ost oder West: Das Einzige, was beide Seiten unterscheidet, ist der unterschiedlich „beflaggte" Himmel. Die hier nur symbolisch zu verstehende Mauer wirkt im Rückblick geradezu prophetisch.

7 Deutschland nach 1945: Zwei Staaten, eine Nation?

Der 8. Mai 1945 – Niederlage oder Befreiung? S. 198/199

Webcode
FG450099-199

S. 198, M1: „Trümmerfrauen" beim Bergen von Baumaterial

Während der NS-Zeit wurden KZ-Häftlinge und Kriegsgefangene zur Trümmerbeseitigung gezwungen. Direkt nach dem Krieg wurden für die als Strafe stigmatisierte Schwerstarbeit zunächst politisch Belastete und deutsche Kriegsgefangene eingesetzt. Diese wurden in den Jahren 1945/46 für eine begrenzte Zeit durch Freiwillige und zwangsverpflichtete Arbeitslose beiderlei Geschlechts abgelöst, die für die harte Arbeit erhöhte Lebensmittelrationen erhielten. Später übernahmen reguläre Baufirmen mit schwerem Gerät die Entfernung des Kriegsschutts. Die fundierte Studie „Mythos Trümmerfrauen" von Leonie Treber aus dem Jahr 2014 stellt bei der exemplarischen Untersuchung von elf Städten fest, dass nur in Berlin und in einigen wenigen Städten der SBZ Frauen in größerem Umfang an der Trümmerbeseitigung beteiligt waren. Treber weist zudem nach, dass ein Großteil der Aufnahmen – die heute als Teil einer vermeintlich tatsachengetreuen Überlieferung feste Bestandteile der Erinnerungskultur geworden sind – gestellt war. Das verbreitete Bild der „Trümmerfrauen" muss vor dem Hintergrund eines Bedürfnisses nach positiven deutschen Identifikationsfiguren gesehen werden.

S. 198, M2: Auswirkungen des Krieges auf die Bevölkerungszahlen

Weltweit 60 bis 70 Millionen Tote und gewaltige Bevölkerungsverschiebungen gehörten zu den Folgen des Zweiten Weltkrieges. In den deutschen Gebieten überstieg die Zahl von zugezogenen Flüchtlingen und Vertriebenen bei Weitem die Anzahl, der durch Kriegshandlungen oder deren Folgen Umgekommenen: Die Bevölkerungsdichte stieg stark an, was die ohnehin schon schwierige Versorgungslage zuspitzte. Tod und Kriegsgefangenschaft von deutschen Soldaten führten zudem zu einem prozentualen Überschuss der weiblichen Bevölkerung.

S. 199, M3: Erinnerungen einer 18-jährigen Schülerin

Der Quellenauszug stammt aus einem Aufsatz zum Thema „Kriegs- und Nachkriegstage. Ein Rückblick auf die eigene Vergangenheit", der 1956 von einer Bochumer Oberprimanerin verfasst wurde. Der Text entstand im Rahmen eines pädagogischen Projekts, das auf der Basis von 80 000 unbenoteten Erlebnis- und Besinnungsaufsätzen Erkenntnisse über die Jugend der Nachkriegszeit gewinnen wollte.

S. 199, M4: Brief einer Ehefrau an ihren Mann in amerikanischer Kriegsgefangenschaft

Gertrude M. aus Hameln erhielt im Sommer 1945 erstmals Nachricht von ihrem Mann, der verwundet in einem US-Lazarett lag. In einem 21 Seiten langen Brief schildert sie ihre Erlebnisse der vorausgegangenen Monate. Neben Kummer über den Sturz des NS-Staates und den Schwierigkeiten des Alltagslebens kommen in dem Brief auch Sorgen über die Zukunft zum Ausdruck. Sie berichtet von festgenommenen „Parteigenossen" und fürchtet, dass auch Heinrich als SS-Mann mit Problemen konfrontiert werden wird. Im Oktober 1946 wurde die SS vom Nürnberger Militärgerichtshof zur verbrecherischen Organisation erklärt. Mit langen Haftstrafen war für SS-Männer dennoch keineswegs automatisch zu rechnen: Heinrich wurde nach seiner Behandlung in mehreren US-Lazaretten 1947 nach Hause entlassen.

S. 199, M5: Soldatengräber und Badende an der Havel in Berlin

Erleichtert über das eigene „Davongekommensein" versuchen Badende wenige Monate nach Kriegsende, ein Stück Normalität zu leben. Der Tod bleibt allerdings in unmittelbarer Sichtweite: Im Bildvordergrund ist das geschmückte Grab von Soldaten zu erkennen, die vermutlich in den letzten Kriegstagen bei der „Schlacht um Berlin" gefallen waren.

S. 199, Aufgabe 1 a)

M1 zeigt Frauen beim Wegräumen der Trümmer zerstörter Gebäude: Die Aufräumarbeiten sind schwere Arbeit, symbolisieren aber zugleich den Beginn des Neuaufbaus (→ Verlust, Entbehrung, Hoffnung). M3 berichtet von den Schrecken der Flucht und der Ankunft in der alten Heimat (→ Trauma des Erlebten, Erleichterung über die wiedergewonnene Sicherheit). In M4 sinniert eine vormalige Anhängerin des Nationalsozialismus über die möglichen Folgen der SS-Mitgliedschaft ihres Mannes (→ Enttäuschung, Hoffnungslosigkeit, Angst). M5 zeigt entspanntes Badetreiben unmittelbar neben einem – nur wenige Monate alten – Grab von Soldaten (→ Wunsch, zur Normalität zurückzukehren, neue Lebenslust, Verdrängung des Grauens).

b) siehe die Erläuterungen zu KV 7.1, Aufgabe 1

HRU, S. 186, KV
7.1 Alltag in der Nachkriegszeit

Deutschland nach 1945: Zwei Staaten, eine Nation?

S. 199, Aufgabe 2
Die deutsche Kapitulation bedeutete für die vom Nationalsozialismus Verfolgten in Deutschland und für große Teile Europas Befreiung. Die Mehrheit der Deutschen empfand die Situation jedoch als Niederlage. Für die vielen, die sich mit dem Nationalsozialismus identifiziert hatten, brach nicht nur eine Welt zusammen, sie fürchteten sich aufgrund ihrer Verstrickung in die NS-Verbrechen auch vor Strafe. Die wirtschaftliche Not in der unmittelbaren Nachkriegszeit und die Flucht- und Vertreibungsbewegungen aus den Ostgebieten waren Folgen des verlorenen Krieges, die die deutsche Bevölkerung zu spüren bekam. So lassen sich die Begriffe „Niederlage" und „Befreiung" nicht voneinander trennen: Die deutsche Niederlage war zugleich die Befreiung vom Nationalsozialismus. Der zeitgenössische Begriff „Stunde null" spiegelt das Gefühl eines absoluten Bruchs wider, indem er völligen Zusammenbruch und totalen Neuanfang suggeriert. Eine „Stunde null" hat es in der von Brüchen und Kontinuitäten geprägten Geschichte jedoch nicht gegeben, auch nicht 1945.

S. 199, Aufgabe 3 Recherche-Aufgabe

Was wird aus Deutschland? S. 200/201

S. 200, M1: Churchill, Truman und Stalin in Potsdam siehe die Erläuterungen zu Aufgabe 2 c)

Webcode
FG450099-201

S. 201, M2: Auszug aus dem Protokoll der Potsdamer Konferenz
Zu den Zielen der Potsdamer Konferenz gehörte die Verhinderung eines erneuten deutschen Großmachtbestrebens. Neben den Stichworten Entmilitarisierung, Entnazifizierung und Demokratisierung gehört zu diesem Zielkomplex auch die Dezentralisierung der Wirtschaft: Die Großindustrie, die zu den Bündnispartnern des NS-Regimes zählte, sollte entflochten werden. Auch die Demontage von Industrieanlagen sollte nicht nur die Reparationsforderungen decken, sondern darüber hinaus das deutsche Rüstungspotenzial schwächen. Das Abschlussdokument der Konferenz steht zudem für die wachsenden Risse, die sich zwischen den Westalliierten und der Sowjetunion auftaten. Der laut dem Dokument für Deutschland als Ganzes verantwortliche Kontrollrat war in der Folgezeit u. a. aufgrund von Frankreichs Vetopolitik zu politischer Wirkungslosigkeit verurteilt. Die postulierte, aber an die vage Bedingung der „Durchführbarkeit" gebundene Gleichbehandlung der Deutschen wurde ebenso wie die deklarierte wirtschaftliche Einheit Deutschlands durch die Teilung der Reparationsgebiete unterminiert.

S. 201, M3: Der Historiker Rolf Steininger urteilte 1988
Die Erfüllung ihrer hohen Reparationsforderungen gehörte angesichts der enormen materiellen Schäden durch den deutschen Vernichtungskrieg zu den zentralen Anliegen der Sowjetunion. Bereits in den Wochen vor der Potsdamer Konferenz hatte sie in erheblichem Umfang mit Demontagen begonnen. England verfolgte demgegenüber eine gemäßigtere Reparationspolitik. Dabei spielten nicht nur die Erfahrungen aus der Zeit nach dem Ersten Weltkrieg, sondern auch wirtschaftspolitische Überlegungen eine Rolle: Eine nachhaltige Schwächung der deutschen Wirtschaftskraft hätte sich auch auf den englischen Handel negativ ausgewirkt oder sogar eine längerfristige Alimentierung Deutschlands erforderlich gemacht. Die USA sympathisierten grundsätzlich mit der britischen Position, zeigten sich aber kompromissbereiter gegenüber der Sowjetunion. Der amerikanische Außenminister legte in Potsdam schließlich einen Vorschlag zur Teilung der Reparationspolitik vor, der nach weiteren Verhandlungen angenommen wurde. Die unterschiedliche Reparationspolitik musste zu Ungleichheiten in der Wirtschaftsentwicklung führen, die wiederum einer einheitlichen politischen Entwicklung im Weg standen.

S. 201, Aufgabe 1
Demilitarisierung → Z. 18 f.; Denazifizierung → Z. 20–27 und Z. 31–35; Dezentralisierung → Z. 36 f.; Demokratisierung → Z. 3–6 und Z. 28–30; Demontage → Z. 40 f.

7 Deutschland nach 1945: Zwei Staaten, eine Nation?

S. 201, Aufgabe 2 a)

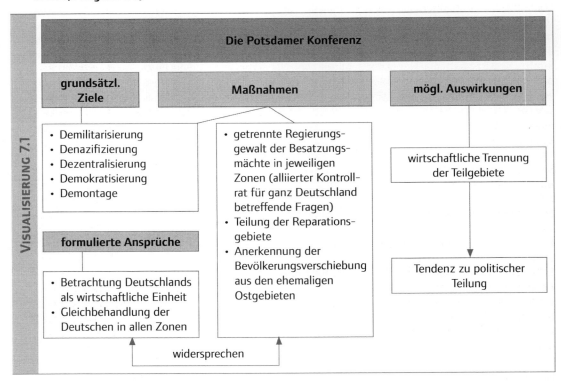

b) individuelle Lösung, siehe auch die Erläuterungen zu Aufgabe 2 a)

c) Das repräsentative Auftreten der Politiker vor der Eingangstür zu den Verhandlungsräumen lässt auf einen offiziellen Fototermin für Journalisten schließen. Die drei Staatsmänner stehen zuversichtlich lächelnd nebeneinander, Truman befindet sich in der Mitte. Sie sind auf der Fotografie (annähernd) von Kopf bis Fuß zu sehen: Die Einstellung entspricht der Halbtotalen. Während Churchill und Stalin in Richtung der Fotografen blicken, hat Truman sein Gesicht Stalin zugewandt. Die drei reichen sich die Hände: Durch Trumans überkreuzte Hände entsteht der Eindruck allseitiger Verbundenheit. Im Hintergrund befinden sich mehrere, teilweise bewaffnete Männer in Uniform. Diese unterstreichen, ebenso wie die Uniformen von Churchill und Stalin, die militärisch gesicherte Herrschaft über Deutschland. Das Bild soll Zuversicht und allen internen Auseinandersetzungen zum Trotz vor allem Geschlossenheit vermitteln.

S. 201, Aufgabe 3

Zum Zeitpunkt der Potsdamer Konferenz waren frühere Pläne der Alliierten, die eine Aufteilung Deutschlands in mehrere unabhängige Einzelstaaten vorsahen, eigentlich bereits ad acta gelegt. Von britischer und amerikanischer Seite wurde das sowjetische Vorgehen in der Reparationsfrage allerdings als eine faktische Absage an die Pläne zur Erhaltung eines einheitlichen Deutschlands gesehen. Mit der in Potsdam vereinbarten Einteilung Deutschlands in unterschiedliche Reparationsgebiete ist nach Steininger der entscheidende Schritt in Richtung einer politischen Teilung des Landes vollzogen worden – auch wenn die Konferenzteilnehmer dies nicht unbedingt bewusst anstrebten.

Methode: Arbeiten im Archiv – Beispiel: Flüchtlinge und Vertriebene S. 202/203

Webcode
FG450099-203

S. 202, M1: Umsiedlerpass für Vertriebene aus einem Archiv, 1948

Die in Deutschland ankommenden Flüchtlinge und Vertriebenen wurden in der Regel in einem Auffanglager wie demjenigen im südniedersächsischen Friedland registriert und von dort auf die verschiedenen Städte und Gemeinden verteilt.

Bis 1949 fanden etwa 1,8 Millionen Menschen in Niedersachsen eine neue Heimat. In der Anfangsphase sahen sich die Neuankömmlinge mit Vorbehalten in der Bevölkerung, Unterbringungsproblemen und Schwierigkeiten bei der Integration in den Arbeitsmarkt konfrontiert.

Deutschland nach 1945: Zwei Staaten, eine Nation?

S. 202, M2: Dokument aus dem Landeshauptarchiv Koblenz
Laut einer Volkszählung lebten 1950 etwa acht Millionen Vertriebene aus den ehemaligen Ostgebieten und aus dem Ausland in Westdeutschland. Das entspricht einem Prozentsatz von 16,5 Prozent der Bevölkerung. Die Verteilung auf die Bundesländer variierte jedoch stark: Während beispielsweise in Schleswig-Holstein die Vertriebenen 33 Prozent der Bevölkerung ausmachten, waren es in Rheinland-Pfalz gerade einmal drei Prozent. Dieser geringe Prozentsatz ist auf die eher rigide Besatzungspolitik Frankreichs zurückzuführen, die auch eine Abschottung gegenüber der Aufnahme von Vertriebenen beinhaltete. Der zunehmende Druck der Westmächte und die Verabschiedung des Grundgesetzes, das allen Vertriebenen die deutsche Staatsbürgerschaft verlieh, führten 1949 zu einem Einlenken Frankreichs. Im April 1950 begann die Umsiedlung von Vertriebenen aus anderen, stark belasteten Bundesländern Westdeutschlands.

S. 202, Aufgabe 1
Individuelle Lösung. Zur Methode der Archivarbeit: Das selbstständige Arbeiten in Archiven stellt eine Form des entdeckenden und offenen Lernens dar, das einen wichtigen Aspekt des historischen Forschungsprozesses erlebbar macht. Dabei werden nicht nur Kompetenzen in der Quellenarbeit, sondern auch grundlegende Erkenntnisse zur Geschichtsschreibung insgesamt gewonnen, da die Konfrontation mit ungeordnetem Quellenmaterial den Konstruktcharakter von historischen Narrationen verdeutlicht. Für ein gelungenes Arbeiten im Archiv ist eine gründliche Vorbereitung durch die Lehrkraft unabdingbar. Dazu gehören Vorgespräche mit Archivmitarbeitern inklusive einer ersten Abklärung der Quellenlage in Bezug auf die Fragestellung. Viele Archive bieten Führungen und Workshops für Schülergruppen an, die in enger Absprache mit der Lehrkraft in die Archivarbeit einführen. Bei den Einführungen, die im besten Fall thematisch auf den Unterrichtsgegenstand abgestimmt sind, werden Recherchemöglichkeiten vorgestellt und exemplarische Quellen zum Thema untersucht.

S. 202, Aufgabe 2
individuelle Lösung; zur Methode der Zeitzeugenbefragung siehe die Erläuterungen zu S. 256, Aufgabe 1

S. 203, Aufgabe 3 Recherche-Aufgabe, individuelle Lösung

Wähle aus: Gesellschaft und Alltag im Nachkriegsdeutschland S. 204/205

S. 204, M1: Auswirkungen des Krieges auf die Alters- und Geschlechtsstruktur
Durch den Krieg hatte sich die Zusammensetzung der Bevölkerung massiv verändert. Der männliche Anteil an der Bevölkerung war von 49,2 Prozent (1939) auf 42,7 Prozent (1946) gesunken. Drastisch war auch der Rückgang der – für die wirtschaftliche Leistungsfähigkeit eines Landes besonders bedeutsamen – Gruppe der 25- bis 40-Jährigen: Gehörten 1939 noch 26,7 Prozent der Bevölkerung zu dieser Alterskategorie, so waren es 1946 nur noch 20,5 Prozent. Der Anteil der 25- bis 40-jährigen Männer an der Gesamtbevölkerung hatte sich im gleichen Zeitraum sogar von 27,3 Prozent auf 17,6 Prozent vermindert.

Diff. Kopiervorlagen
19.1 Not und neues Selbstbewusstsein: Alltag im besetzten Deutschland

S. 204, M2: Grad der Zerstörung deutscher Städte 1945
Die Kriegszerstörungen betrafen in erster Linie die Städte, während in den ländlichen Gebieten ein großer Teil des Wohnungsbestandes intakt geblieben war. Nach den für die sowjetische Besatzungszone vorliegenden Statistiken war der Belegungsgrad von Wohnungen infolge der Zerstörungen zwischen 1939 und 1948 insgesamt um mehr als 60 Prozent gestiegen: Für die städtischen Räume muss von einem weit stärkeren Anstieg ausgegangen werden. Besonders angespannt war die Wohnsituation der Vertriebenen, denen in der Nachkriegszeit im Durchschnitt deutlich weniger Wohnraum zur Verfügung stand als der Restbevölkerung: So teilten sich beispielsweise 1949 in Niedersachsen im Schnitt 1,82 Vertriebene einen Wohnraum, während der Belegungsgrad bei der übrigen Bevölkerung 1,19 Personen pro Raum betrug.

S. 204, M3: Scheidungsfälle auf 10 000 Einwohner in den Westzonen/BRD
Die kriegsbedingte Desintegration der Familie durch räumliche Trennung und allgemeine gesellschaftliche Destabilisierungstendenzen erwies sich in vielen Fällen als unumkehrbar. Heimkehrende Soldaten oder evakuierte Frauen fanden sich Ehepartnern gegenüber, die ihnen fremd geworden waren. Der durchaus verbreiteten Sehnsucht nach einer Rückkehr in die Geborgenheit der Familie stand zudem eine Lebensrealität gegenüber, die von der ökonomischen Krise geprägt war und die wieder-

vereinte Familie oft genug zu einer bloßen Notgemeinschaft im Kampf gegen das Elend werden ließ. Auch die Wohnverhältnisse ließen wenig Raum für eine Intimität der Kleinfamilie: Viele teilten sich den engen Raum mit ausgebombten Verwandten und Freunden oder zwangseinquartierten Fremden. Statistisch bemerkbar machte sich die Zerrüttung eines Teils der Familien in der Erhöhung der Scheidungsfälle, die mit einigen Jahren Verzögerung 1948 ihren Höhepunkt erreichten.

S. 205, M4: Tagesration eines Normalverbrauchers im Oktober/November 1946/47
Bereits während des Krieges war angesichts von Versorgungsengpässen die Lebensmittelverteilung über Bezugskarten geregelt worden. Für die „volksdeutsche" Bevölkerung blieb bis Kriegsende so die Grundversorgung an Nahrungsmitteln gesichert. Die Zuteilungen der Lebensmittelkarten in der Nachkriegskrise reichten allerdings nicht mehr für die Deckung des Grundbedarfs aus. Der heute von der Welternährungsorganisation angegebene, durchschnittliche Mindestbedarf von 2000 Kalorien pro Person und Tag wurde in allen Besatzungszonen weit unterschritten. Dabei variierten die Zuteilungen in den verschiedenen Zonen stark: Mit zeitweise nur 900 Kalorien pro Tag war die Versorgung über Bezugsscheine in der französischen Zone am schlechtesten. Die Bevölkerung versuchte sich durch „Organisieren", d. h. die illegale Beschaffung von Lebensmitteln, und wenn möglich durch Tauschhandel auf dem Schwarzmarkt das Notwendige zu beschaffen.

S. 205, M5: Preise 1946/47
Im Zuge der Versorgungskrise der Nachkriegszeit begann sich der Schwarzmarkt in ungeahntem Ausmaß auszudehnen. Hier wurden Familienbesitz, in Eigenproduktion hergestellte Waren oder Dienstleistungen gegen Lebensmittel und andere Güter des täglichen Bedarfs eingetauscht, deren Tauschwert ins Unermessliche gestiegen war. Auf dem Schwarzmarkt dominierte der Naturalientausch, die Reichsmark hatte dagegen ihren Charakter als anerkanntes Tausch- und Zahlungsmittel weitgehend verloren. Die Angabe der Geldwerte in M5 dient der Orientierung.

S. 205, M6: Plakat der amerikanischen Militärregierung, um 1947
Das Konzept einer Reeducation der Deutschen stammte ursprünglich aus Großbritannien. Nachdem sich die USA von der Idee einer Zerstückelung Deutschlands entfernt hatten und nach neuen Wegen suchten, eine von Deutschland ausgehende Kriegsgefahr zu bannen, entwickelte sich auch von dieser Seite Interesse an dem Konzept. Die frühen Versuche einer Reeducation erwiesen sich als wenig effektiv: Insbesondere die als Schocktherapie gedachte direkte Konfrontation mit den Grausamkeiten des NS-Regimes durch Zwangsbesuche in befreiten KZs oder das verordnete Ansehen sogenannter „atrocity-Filme" führte nicht zur gewünschten Auseinandersetzung mit den Verbrechen, sondern zu einer Abwehrhaltung. Das neue Konzept der Reorientation sollte ab etwa 1947 über positive Identifikation zum Ziel führen. In Filmen und auf Plakaten wurde nun eine optimistische Botschaft verbreitet, die das Gelingen von Demokratisierungsprozessen mit dem Versprechen einer Aufnahme in die westliche Werte- und Wirtschaftsgemeinschaft verknüpfte. Zum Plakat siehe die Erläuterungen zu Aufgabe 2 (Material C).

S. 204, Aufgabe 1 a) und b) (Material A)
Zu M1: Aus der Grafik zur Bevölkerungsstruktur 1939 lässt sich ein deutlicher Einschnitt in der Bevölkerungsentwicklung während der Zeit des Ersten Weltkrieges ablesen: Der statistische Einbruch bei den 20- bis 25-Jährigen ist auf einen Geburtenrückgang und eventuell auf eine erhöhte Kindersterblichkeit während des Krieges zurückzuführen, der Einschnitt bei der ca. 40- bis 50-jährigen männlichen Bevölkerung auf eine erhöhte Sterblichkeit junger Männer während der Kriegshandlungen 1914–1919. Die Grafik zum Jahr 1945 verdeutlicht die ungleich stärkeren Auswirkungen des Zweiten Weltkrieges: Bezogen auf die weibliche Bevölkerung lässt sich eine Abnahme der in Berlin ansässigen Personen mittleren und jüngeren Alters feststellen, die nicht nur auf Todesfälle, sondern vermutlich auch auf die Evakuierung von Müttern und ihren Kindern aus den Städten zurückzuführen ist. Der dramatische Rückgang der 18- bis 40-jährigen (und in abgemilderter Form selbst noch der 40- bis 60-jährigen) Männer liegt vor allem in den hohen Todeszahlen von Soldaten und der Abwesenheit der Kriegsgefangenen begründet.
Zu M3: Im Vergleich zum Jahr 1939 liegt die Scheidungsrate 1946 etwas höher und steigt in den folgenden beiden Jahren steil an. Nach dem Höhepunkt im Jahr 1948 fällt die Kurve der Ehescheidungen wieder ab, bis sie 1952 einen Wert erreicht, der knapp unter dem von 1946 und etwas über dem von 1939 liegt. Zur Erklärung dieser Werte siehe die Erläuterungen zu M3.

Deutschland nach 1945: Zwei Staaten, eine Nation?

S. 204, Aufgabe 2 (Material A)
In einem Großteil der heutigen Bundesländer lag die Zerstörungsrate von Wohnraum zwischen 10 und 20 Prozent. Besonders hart betroffen waren die stark urbanisierten und industrialisierten Gebiete im heutigen Nordrhein-Westfalen sowie die Regionen Berlin, Bremen und Hamburg mit über 20 Prozent zerstörtem Wohnraum. Insgesamt zeigt sich die Konzentration der kriegsbedingten Schäden auf die urbanen Räume durch die extrem hohen Zerstörungsraten in vielen Städten, die z. T. bis zu 75 Prozent des Wohnungsbestandes erreichten. Zu den Folgen des Wohnraummangels gehörten – insbesondere in den Städten – Obdachlosigkeit, Überbelegung, Zwangseinquartierung und Rückkehrverbote für Evakuierte.

S. 205, Aufgabe 1 (Material B)
Die von den Alliierten ausgestellten Lebensmittelkarten berechtigten zum Bezug von einfachen Grundnahrungsmitteln, vor allem Brot. Lebensmittel mit Proteinen, Fetten und Vitaminen wurden dagegen in nur sehr geringen Mengen verteilt. Insgesamt konnte die zugeteilte Nahrungsmenge nicht zur Versorgung eines Menschen ausreichen. Hunger vermeiden konnte nur, wer mit Tauschwaren auf dem Schwarzmarkt reüssieren konnte oder in der Lage war, sich anderweitig illegal mit Lebensmitteln zu versorgen. Andere Güter des alltäglichen Bedarfs wie Schuhe oder Glühlampen, aber auch bestimmte Lebensmittel waren über die Bezugskarten grundsätzlich nicht zu erhalten. Der Alltag der Menschen war von Hunger und der Sorge um die nächste Mahlzeit geprägt.

S. 205, Aufgabe 2 (Material B)
Angesichts der geringen Zuteilungen der Lebensmittelmarken war der Schwarzmarkt eine lebensnotwendige Ergänzung bei der Nahrungsbeschaffung.

S. 205, Aufgabe 1 (Material C)
oben: Deutschland am Scheideweg; *links:* Groll gegen die Amerikaner, Verfolgung von Minderheiten, Missachtung der amerikanischen Armee, Geringschätzung der Demokratie, Schwarzmarktaktivitäten → eine ausgestoßene Nation; *rechts:* Gerechtigkeit, Respekt für die Rechte anderer, Ehrlichkeit, Demokratie, Friedfertigkeit → eine respektierte Nation; *unten:* Weist Dein Beispiel ihnen den richtigen Weg?

S. 205, Aufgabe 2 (Material C)
Das Plakat weist mit seinen gedeckten Farben, seinem eher ruhigen Aufbau und der eher kleinen Schrift in der grafischen Gesamtgestaltung keine allzu reißerischen Züge auf. Im Bildzentrum steht ein Wegweiser an einer stilisierten Straßenkreuzung: Auf der rechten Seite liegt der Weg, der Deutschland durch Demokratie, Friedfertigkeit etc. in den Kreis der respektierten Nationen führt. Die linke Abzweigung dagegen mündet infolge von Groll gegen die Amerikaner, Geringschätzung der Demokratie etc. in einem Pariastatus der deutschen Nation. Neben dem Wegweiser steht ein akkurat gekleideter amerikanischer Soldat, der den rechten Weg weist. Seine einladende Geste richtet sich an einen Mann mit Hut, dessen Kopf in der linken unteren Bildecke abgebildet ist und der offensichtlich die deutsche Bevölkerung repräsentieren soll. „Deutschland steht am Scheideweg" lautet die Plakatüberschrift: Es ist noch nicht ausgemacht, in welche Richtung sich die deutsche Gesellschaft nach der NS-Zeit bewegen wird. Das Plakat richtet sich an amerikanische GIs und nicht direkt an die deutsche Bevölkerung. Darauf lässt schon die Wahl der Sprache schließen. Das „Du" der Frage am unteren Bildrand meint den einzelnen US-Soldaten, „sie" sind die Deutschen. Die Soldaten werden zu vorbildhaftem Verhalten im besetzten Deutschland aufgerufen. Nur so könne das Ziel einer Reeducation der Deutschen erreicht werden.

S. 205, Aufgabe 3 (Material C)
Die Plakataktion gehört zu den im Rahmen der Reeducation durchgeführten Maßnahmen. Hinter dem an die Soldaten gerichteten Aufruf, gutes Beispiel zu geben, steht als Ziel höherer Ordnung die gelungene Umerziehung der Deutschen auf demokratische Werte. Dies soll hier nicht durch Abschreckung oder Schuldzuweisung erreicht werden, sondern durch positive Identifikation: Das gerechte, respektvolle, ehrliche, demokratische und friedvolle Verhalten der Amerikaner soll Vorbildfunktion haben.

S. 205, Aufgabe für alle siehe die Erläuterungen zu KV 7.1, Aufgabe 1

HRU, S. 186, KV
7.1 Alltag in der Nachkriegszeit

7 Deutschland nach 1945: Zwei Staaten, eine Nation?

Entnazifizierung und Nürnberger Prozesse — S. 206/207

Webcode
FG450099-207

S. 206, M1: Umerziehung durch Anschauung der Verbrechen (Oberpfalz, 1945)

Zur Strategie der frühen Reeducation gehörte eine direkte Konfrontation der Deutschen mit den Grauen der Konzentrationslager und anderer nationalsozialistischer Verbrechen gegen die Menschlichkeit. Das NS-Regime hatte auf der aktiven Billigung und Beteiligung breiter Teile der Bevölkerung beruht, die von der Verfolgung, Ausbeutung und Ermordung der Opfer profitierte. Nach 1945 überwog die unglaubwürdige Behauptung, „davon" nichts gewusst zu haben. Angesichts des eigenen Entsetzens bei der Entdeckung der ganzen Ausmaße der NS-Vernichtungspolitik sahen sich die Besatzer nicht zu einem taktvollen Verhalten gegenüber den Deutschen verpflichtet: Letztere fühlten sich durch die verordnete Konfrontation mit den Verbrechen absichtsvoll beschämt. Viele Deutsche wählten diesen Vorwurf als Ausflucht, um den für sie unangenehmen Schamgefühlen zu entkommen: Statt sich mit den deutschen Verbrechen auseinanderzusetzen, fühlte man sich als Opfer der Zumutungen der Konfrontationsstrategie. Die Fotografie zeigt Neunburger Bürger vor den Leichen von KZ-Häftlingen aus Flossenbürg, die während eines Todesmarsches in unmittelbarer Nähe des Ortes von SS-Männern ermordet worden waren. Die Häftlingskolonne aus Flossenbürg war wenige Tage vor der Ankunft der Amerikaner von der SS durch den Ort getrieben worden. Die amerikanische Besatzungsmacht zwang nach dem Sieg NSDAP-Funktionäre und andere Bürger der Stadt zur Exhumierung der Leichen aus den umliegenden Massengräbern. An den auf einem zentralen Platz aufgebahrten Toten musste anschließend die gesamte Einwohnerschaft vorbeidefilieren.

S. 206, M2: Prozess gegen die Hauptkriegsverbrecher in Nürnberg 1946

Im ersten Nürnberger Prozess wurden zwölf Todesurteile, drei lebenslange Haftstrafen und vier Haftstrafen zwischen 10 und 20 Jahren verhängt. Franz von Papen, Hans Fritzsche und Hjalmar Schacht wurden freigesprochen. Zwei Verfahren mussten wegen Selbstmord bzw. Verhandlungsunfähigkeit des Angeklagten eingestellt werden. Der Nürnberger Hauptkriegsverbrecherprozess ist nicht nur in Bezug auf die Aufarbeitung der NS-Verbrechen von zentraler Bedeutung, sondern hatte auch entscheidenden Einfluss auf die Entwicklung und Durchsetzung des Völkerrechts und einer internationalen Gerichtsbarkeit, wie sie im heutigen Internationalen Strafgerichtshof in Den Haag ihren Ausdruck findet.

S. 207, M3: Auszug aus einem Gerichtsverfahren (1945)

Die Reichsbahn übernahm im Vernichtungsprozess durch den Transport von Millionen Menschen in die Tötungslager eine unabdingbare Rolle. Der in M3 angesprochene Transport von Nordhausen nach Belsen wurde am 6. April 1945 im Rahmen der Räumungen der frontnahen Konzentrationslager durchgeführt, die in den letzten Kriegsmonaten Zehntausenden das Leben kosteten. Der Zug mit 5000 KZ-Häftlingen aus Dora war mit Wasser und Proviant für zwei Tage ausgerüstet worden. Während der sechs Tage und sieben Nächte dauernden Fahrt starben viele der Häftlinge an den Entbehrungen. Keiner der verantwortlichen Führungskräfte der Reichsbahn wurde für die Verbrechen des Staatsbetriebes verurteilt. Ein Großteil setzte seine Karriere erfolgreich bei der Deutschen Bahn fort.

S. 207, M4: „Schwarz wird weiß oder mechanische Entnazifizierung", Karikatur, 1946

Die Karikatur wurde Anfang 1946 in „Der Simpl" veröffentlicht, einer im amerikanischen Sektor erscheinenden Satirezeitschrift, die sich in der Tradition des „Simplicissimus" sah. Der Künstler Max Radler (1904–1971) war während des Nationalsozialismus Soldat der Wehrmacht. Zugleich hatte er mit dem emigrierten NS-Gegner und Autor Oskar Maria Graf freundschaftlichen Kontakt gehalten. Der in der Karikatur als Patentinhaber angegebene Heinrich Schmitt war als bayerischer Sonderminister für politische Befreiung für die Umsetzung der Entnazifizierung verantwortlich.

S. 207, Aufgabe 1

Die Amerikaner konfrontierten die Deutschen schonungslos mit dem Grauen der nationalsozialistischen Verbrechen. Keiner sollte im Nachhinein die menschenverachtende Massenmordpolitik der Nationalsozialisten bestreiten können. Neben der Hoffnung, der Bevölkerung so die Augen zu öffnen und sie zu einer endgültigen Abkehr von der NS-Vergangenheit zu bewegen, spielte dabei aufseiten der Besatzer sicherlich auch der Wunsch nach Strafe eine Rolle: Nicht zuletzt ein vorwurfsvolles „Seht, was ihr getan habt!" ist deshalb eine der Botschaften der „Umerziehung durch Anschauung".

Deutschland nach 1945: Zwei Staaten, eine Nation?

S. 207, Aufgabe 2
Die Aussage des Zugführers zeugt von jener menschlichen Kälte, die zu den Voraussetzungen der NS-Verbrechen gehörte. Im „spaßigen" Tonfall von Aussagen wie „Wir hatten eine Portion Tote" und „Die Gefangenen hatten es … ganz gemütlich", kommt die fortgesetzte Mitleidlosigkeit des Täters gegenüber seinen Opfern zum Ausdruck. Verantwortlich für seine Beteiligung am Verdurstenlassen der Gefangenen scheint sich der Angeklagte nicht zu fühlen. Er unterstreicht, dass im Grunde alles ordnungsgemäß abgelaufen sei: Dienstwege, Fahrpläne und Vorschriften seien eingehalten worden. Vor den strafrechtlichen Folgen seiner Tat versucht er sich durch Verweise auf Vorgesetzte und andere Verantwortliche zu schützen. Für einen Überlebenden des Transports müssen diese Aussagen mehr als ein Schlag ins Gesicht sein. Zu hören, wie sich ein Täter derart zynisch über die selbst erlebten Qualen und den Tod von Leidensgefährten äußert, ist für einen Betroffenen wohl kaum zu ertragen.

S. 207, Aufgabe 3
Die Karikatur setzt sich kritisch mit der Entnazifizierung auseinander. Über ein Fließband werden schwarze Schafe in eine als „Entnazifikator" bezeichnete Maschine befördert. Die Sündersymbolik des „schwarzen Schafes", die angedeuteten Uniformen und die z. T. zum Hitlergruß erhobenen Arme identifizieren diese Figuren als NS-Belastete. Überwacht wird der Prozess durch einen in Uniform gekleideten Mann am rechten Bildrand, der eine lange Liste in der Hand hält: Es handelt sich hierbei offenbar um einen Vertreter der Besatzungsmacht. Nach dem Durchlaufen des maschinellen Prozesses im „Entnazifikator" erscheinen die ehemals schwarzen Schafe als Geläuterte: Ihre Farbe ist nun weiß, sie tragen Blumen und Kreuze. Die weißen Schafe defilieren an politischen und kirchlichen Würdenträgern sowie einem politisch scheinbar unbelasteten Publikum vorbei. Ein Banner in Landesfarben verortet die Szene in Bayern. Die Karikatur nimmt die inkonsequente Praxis der Entnazifizierung in den Westzonen aufs Korn: Viele NS-Belastete konnten sich hier durch „Persilscheine" reinwaschen. Auch in der SBZ blieben viele ehemalige Nationalsozialisten unbehelligt, sofern sie bereit waren, sich zum neuen System zu bekennen.

S. 207, Aufgabe 4 Recherche-Aufgabe

S. 207, Aufgabe 5 Diskussion

Wie entwickelte sich die Ostzone? S. 208/209

S. 208, M1: Plakat zur Bodenreform, 1945
Die Bodenreform vom September 1945, mit der Grundbesitz mit einer Fläche von über 100 Hektar enteignet wurde, betraf 35 Prozent der agrarischen Nutzfläche in der SBZ. Insgesamt wurden 3,1 Millionen Hektar Land aus dem Eigentum von Großagrariern, ehemaligen NS-Führern und aus staatlichem Besitz entschädigungslos eingezogen und verteilt. Unter den ca. 500 000 Begünstigten waren auch etwa 210 000 Neubauern. Gerade diese sahen sich auf ihrem neuen Besitz schlechten Voraussetzungen für ein erfolgreiches Wirtschaften gegenüber: Nur jedem siebten stand ein eigenes Wohn- und Wirtschaftshaus zur Verfügung, nur jeder fünfte besaß ein Pferd, nur jeder vierte einen eigenen Pflug. Maschinen wie Traktoren mussten bei den neu gegründeten „Vereinigungen der gegenseitigen Bauernhilfe" ausgeliehen werden, an die die Ausstattung der ehemaligen Gutshöfe überschrieben worden war. Trotz dieser Schwierigkeiten konnte die KPD, die neben der SMAD als treibende Kraft hinter den Reformen stand, dank der Bodenumverteilung ihre Mitgliederbasis in den ländlichen Gebieten vervielfachen.

S. 208, M2: Demontage in Ost und West
In der SBZ wurden nicht nur Industrieanlagen, sondern auch Bestandteile des Verkehrsnetzes wie z. B. Eisenbahngleise entnommen. Zudem wurden 200 Unternehmen, deren Produktionskapazität insgesamt etwa 20 Prozent der Industrieproduktion in der Ostzone ausmachte, in „Sowjetische Aktiengesellschaften" umgewandelt und so enteignet. Hinzu kamen Entnahmen aus der laufenden Produktion. Zu den Folgen der Demontagen in der SBZ gehörten industrielle Strukturschäden, die die ökonomische Entwicklung der wenig später entstehenden DDR belasteten. In den westlichen Zonen betrieb Frankreich die mit Abstand schärfste Demontagepolitik. Aufseiten Großbritanniens und der USA führte dagegen schon bald nach Kriegsende das Interesse an einer wirtschaftlichen Sanierung Deutschlands zu einem gemäßigten Vorgehen in Bezug auf Demontagen. Zur Reparationsfrage allgemein siehe auch die Erläuterungen zu S. 201, M3.

Webcode
FG450099-209

7 Deutschland nach 1945: Zwei Staaten, eine Nation?

S. 209, M3: Aufruf der Berliner SPD gegen die Vereinigung mit der KPD zur SED (1946)
Im März 1946 entschieden SPD-Mitglieder in den Westberliner Bezirken per Urabstimmung über die Frage einer Vereinigung mit der KPD. In den Ostbezirken konnte die Urabstimmung aufgrund einer Weisung der SMAD nicht durchgeführt werden. Etwa 82 Prozent der Westberliner SPD-Mitglieder sprachen sich gegen eine sofortige Vereinigung mit der KPD aus. Der bereits im Juni 1945 in Berlin gegründete und von der SMAD anerkannte Zentralausschuss der SPD erhob Anspruch auf die Führung der Partei in allen Besatzungszonen und trat für eine Vereinigung der Partei mit der KPD ein. In den Westzonen hatte sich zur gleichen Zeit mit dem „Büro Schuhmacher" eine zweite Parteizentrale gebildet, die eine Vereinigung strikt ablehnte.

S. 209, M4: Die Vereinigung von KPD und SPD aus Sicht eines KPD-Experten (1946)
Der Quellentext ist ein Auszug aus dem Artikel „Gibt es einen besonderen deutschen Weg in den Sozialismus?" des KPD-Funktionärs Anton Ackermann. Darin untersucht dieser die Möglichkeiten zu einer friedlichen Erringung der Staatsmacht durch sozialistische Kräfte in Deutschland. Unabdingbare Voraussetzung dafür sei die rasche Zusammenführung von KPD und SPD zu einer Einheitspartei. Auf dem Parteitag vom April 1946 wurde Ackermann in den Parteivorstand und das Zentralsekretariat der neu gegründeten SED gewählt.

S. 209, M5: Wilhelm Pieck und Otto Grotewohl beim symbolischen Händedruck, 1946
Der Händedruck von Pieck und Grotewohl gehört zu den Bildikonen der deutschen Geschichte des 20. Jahrhunderts. Als dramaturgischer Höhepunkt des Parteitages sollte die Geste die Aufhebung der Spaltung der Arbeiterklasse und die aus dieser Einheit erwachsende neue Kraft symbolisieren. Der solidarische Handschlag, der schon seit dem 19. Jahrhundert zum Symbol-Kanon der Arbeiterbewegung gehörte, war zu diesem Zeitpunkt bereits als Emblem der SED vorgesehen und wurde in der späteren DDR als Parteizeichen allgegenwärtig. Die abgebildete Fotografie von Abraham Pisarek war eine von zwei Aufnahmen der Handschlag-Szene, die ikonischen Stellenwert erreichten. Ab den 1970er Jahren wurde in der DDR nur noch ein verkleinerter Bildausschnitt verwendet, was den nunmehr ungeliebten Ulbricht unsichtbar machte.

S. 209, Aufgabe 1
Zentrales Element des Plakats ist ein überlebensgroßer Bauer, dessen breite Schultern und kräftige Hände Stärke ausdrücken. Er trägt einen riesenhaften Brotlaib und eine Milchkanne in der Hand, am Boden stehen weitere Lebensmittel. Vor den Füßen des Bauern erstreckt sich eine stilisierte Stadt in Spielzeuggröße. Das Plakat ist farblich überwiegend in Schwarz-Weiß gehalten. Nur das Rotbraun des Brotlaibs wird in der Schrift an der Bildoberkante und in der Farbe der Hausdächer aufgenommen. Einen auffälligen Farbakzent setzt zudem das Blau des bäuerlichen Halstuchs. Unter der Parole „Junkerland in Bauernhand" suggeriert das Plakat mit der Übergröße der Lebensmittel und der Bildunterschrift, dass durch die Bodenreform Wohlstand und ein hohes Niveau landwirtschaftlicher Produktivität erreicht wird. Es spricht zudem das Selbstwertgefühl der Bauern positiv an, die als wichtige Stützen der Gesellschaft dargestellt werden.

S. 209, Aufgabe 2
Ohne eine freie Entscheidung durch demokratische Abstimmung in beiden Parteien kann von einer wirklichen Vereinigung der Arbeiterbewegung nicht die Rede sein. Die Mehrheit der Berliner SPD-Mitglieder hat sich gegen eine Einheitspartei ausgesprochen. Dieses Votum wurde ignoriert. Die Existenz von zwei deutschen Arbeiterparteien ist auf Unterschiede in den politischen Vorstellungen zurückzuführen, die sich im Rahmen einer Zwangsvereinigung nur durch Druck und Zwang übertünchen lassen. Bei der Zwangsvereinigung handelt es sich um eine Maßnahme, die die demokratische Entscheidungsfreiheit der Wähler einschränkt.

S. 209, Aufgabe 3 individuelle Lösung

Deutschland nach 1945: Zwei Staaten, eine Nation?

S. 209, Aufgabe 4 a)

VISUALISIERUNG 7.2

Die politische Entwicklung in der SBZ nach 1945
Ziel des SMAD: Errichtung einer „antifaschistisch-demokratischen Ordnung" in Deutschland → *zur Erreichung dieses Ziels: Schulung kommunistischer Emigranten aus Deutschland an sowjetischen Parteischulen bereits vor Kriegsende*
Parteigründung: KPD, SPD, CDU, LDPD, NDPD
„Einheitsfront antifaschistisch-demokratischer Parteien" → *Zusammenschluss unter Führung der KPD* → *keine freie Entfaltung der Parteien möglich* → *Kommunisten besetzen die entscheidenden politischen Positionen*
Zwangsvereinigung von KPD und SPD zur SED → *erfolgt gegen Widerstand von Teilen der SPD*

b)

VISUALISIERUNG 7.3

Die wirtschaftliche Entwicklung in der SBZ nach 1945
Demontage (1945–1954) → *Verlust von ca. 30% der Produktionskapazität* → *Hypothek für die wirtschaftliche Entwicklung*
Bodenreform (1945) → *Enteignung von Großgrundbesitzern und NS-Größen* → *Verteilung des Landes an Kleinbauern, landlose Bauern und Umsiedler* → *wirtschaftlich nicht erfolgreich: kleine Betriebsflächen hemmen moderne Bewirtschaftung des Landes*
Zusammenschluss von Bauernhöfen zu „Landwirtschaftlichen Produktionsgenossenschaften" (ab 1952)
Auflösung und Umwandlung von Industriebetrieben in „Volkseigene Betriebe"

Wie entwickelten sich die Westzonen? S. 210/211

S. 210, M1: Wahlplakate von SPD und CDU siehe die Erläuterungen zu Aufgabe 1

S. 210, M2: Gesamtergebnis der Landtagswahlen 1946/47 in den drei Westzonen
Die ersten Wahlen auf Länderebene genehmigte die amerikanische Besatzungsmacht im Dezember 1946, im April und Mai 1947 folgten Landtagswahlen in der britischen und französischen Besatzungszone. Der Wahlkampf wurde mit Themen wie Hunger, Obdachlosigkeit und Eingliederung der Vertriebenen von den drängenden wirtschaftlichen Problemen der Nachkriegsgesellschaft dominiert. Die Ergebnisse der Wahlen in den Ländern fielen regional sehr unterschiedlich aus. In Rheinland-Pfalz verfehlte die CDU mit 47,2 Prozent nur knapp eine absolute Mehrheit.

S. 211, M3: Plakate zum Marshallplan in den Westzonen und in der Ostzone, 1947
Das Plakat aus den Westzonen wirbt für den Marshallplan als eine Maßnahme, die die europäische Wirtschaft ankurbeln wird. Ein den Güterverkehr symbolisierender Lastwagen rauscht die Straße entlang. Statt eines Nummernschilds trägt der Wagen auf der Kühlerhaube die Aufschrift ERP (European Recovery Program). In der Reihe der am Lkw angebrachten europäischen Fahne erscheint auch die deutsche Flagge als Pares inter Pares. Der Lastwagen passiert eine offene Zollschranke: Die ungehinderte Durchfahrt steht sinnbildlich für ungehinderten Warenaustausch zwischen den Besat-

Webcode
FG450099-211

Sprechende Bilder
*Die Berliner
Luftbrücke 1948*

7 Deutschland nach 1945: Zwei Staaten, eine Nation?

zungszonen. Der Aufruf „Freie Bahn" mit seinen verwischten Buchstaben vermittelt einen Eindruck von Energie und Geschwindigkeit, der auf die durch den Marshallplan zu erreichende wirtschaftliche Dynamik verweist.

Das Plakat aus der Ostzone verurteilt den Marshallplan und setzt auf die Eigenkraft der deutschen Wirtschaft. Das Bildzentrum nimmt ein dicker Mann ein: Mit Bauch, Zigarre, Dollarzeichen und Stars-and-Stripes-Zylinder ist er als Personifizierung des amerikanischen Kapitals überdeutlich zu erkennen. Im Bildhintergrund sind Industrieanlagen auszumachen. Einzige erkennbare Lichtquelle in der Abbildung ist ein Spotlight aus der oberen linken Ecke, das den Mann direkt erfasst. Wie ein ertappter Dieb beeilt er sich davonzukommen. Der Marshallplan wird als imperialistische Strategie des US-Kapitals interpretiert, die nur der Erhöhung des eigenen Profits dient.

S. 211, M4: Aus der Stuttgarter Rede des US-Außenministers vom 6. September 1946

Auf der Pariser Außenministerkonferenz hatten die Alliierten in Bezug auf die Errichtung einer einheitlichen Wirtschaftszone keine Einigung erzielt. In seiner Stuttgarter Rede verkündigte Byrnes die Schaffung der Bizone als „Vereinigtes Wirtschaftsgebiet" der amerikanischen und britischen Zonen. Damit zeichnete sich die zukünftige Bildung eines Weststaates bereits ab. Zugleich fand der US-Außenminister ermutigende und freundschaftliche Worte für die Deutschen. Die Ansprache, die auch als „Rede der Hoffnung" bekannt wurde, gilt als Wendepunkt in den deutsch-amerikanischen Beziehungen: Nur anderthalb Jahre nach Kriegsende leitete sie die amerikanische Versöhnungspolitik gegenüber Deutschland ein.

S. 211, Aufgabe 1

Primäres Ziel der USA war die Errichtung einer deutschen Zentralregierung und die Einbindung Deutschlands in ein westliches Bündnissystem. Aufgrund eigener wirtschaftlicher Schwierigkeiten stand für Großbritannien die wirtschaftliche Stabilisierung Deutschlands im Vordergrund: Dadurch sollte eine schnellstmögliche Reduktion der britischen Hilfszahlungen ermöglicht werden. Frankreich stellte sich aufgrund seiner negativen historischen Erfahrungen zunächst gegen eine wirtschaftliche und politische Zusammenarbeit zwischen den Zonen. So folgte das Land dem amerikanischen Vorstoß zu einer Vereinigung der westlichen Zonen zunächst nicht. Trotz unterschiedlicher Schwerpunktsetzungen und der französischen Vorbehalte waren die Westalliierten in Bezug auf das grundlegende Ziel der Besatzungspolitik einig: Sie strebten die Schaffung eines demokratischen Systems auf der Grundlage freier Wahlen an. Eine stabile Wirtschaftslage wurde als Voraussetzung für eine demokratische Entwicklung erkannt. Die Besatzungspolitik der Sowjetunion zielte auf die Errichtung einer „antifaschistisch-demokratischen Ordnung" unter Führung der Kommunisten und leitete früh Strukturreformen zu einer wirtschaftlichen Umgestaltung ein.

S. 211, Aufgabe 2

Das SPD-Plakat vermittelt eine optimistische Aufbruchsstimmung. In einem grauen Torbogen stehen eine Frau und ein Mann, die durch Kleidung und Schaufel als Werktätige zu identifizieren sind. Hinter ihnen herrscht graue Eintönigkeit, vor ihnen erstreckt sich ein lichtes, farbenfrohes Panorama. Symbolisch wird so der Übergang von einer entbehrungsreichen Vergangenheit in eine goldene Zukunft dargestellt: Dort bestellt ein Bauer sein Feld, die Fabrikschornsteine rauchen und die Städte erblühen. Im Hintergrund erstrahlt eine große rötliche Sonne. Das Plakat weist deutlich sozialistische Bezüge auf: Es richtet sich in erster Linie an Arbeiter und Bauern und verspricht den Anbruch einer „neuen Zeit".

Das CDU-Plakat konzentriert sich auf die Darstellung der herrschenden Not. Eine Kohlezeichnung zeigt die Ruinen eines kriegsbeschädigten Hauses und zwei ärmlich gekleidete, ausgemergelte Frauen mit Kind. Der Betrachter wird mit einem Imperativ direkt angesprochen und zur Mithilfe bei der Aufbauarbeit in der CDU aufgefordert. Als erstes Ziel wird die Überwindung der unmittelbaren wirtschaftlichen Not propagiert, als dafür geeignete Partei präsentiert sich die CDU.

S. 211, Aufgabe 3 a)

Beispiellösung: US-Außenminister Byrnes verkündet in Stuttgart die wirtschaftliche Vereinigung der britischen und amerikanischen Zone – Byrnes spricht von einer Rückgabe der Regierung an das deutsche Volk. Wie werden sich Frankreich und die Sowjetunion verhalten?

b) Die Sowjetunion muss angesichts der zunehmenden Spannungen mit den Westalliierten die Errichtung einer gemeinsamen Wirtschaftszone der Briten und Amerikaner als Bedrohung betrachtet haben. Sie verfolgte in ihrer Besatzungszone bereits eine Politik der wirtschaftlichen und politischen Umgestaltung im sowjetischen Sinne. An einer wirtschaftlichen Vereinigung Deutschlands war sie

Deutschland nach 1945: Zwei Staaten, eine Nation?

vermutlich nur in Form einer Ausweitung dieser Umgestaltungen auf die westlichen Zonen interessiert. Das vereinte Vorgehen der Briten und Amerikaner schwächte die Position der Sowjetunion.

S. 211, Aufgabe 4 a) siehe die Erläuterungen zu M3
b) Recherche-Aufgabe

S. 211, Aufgabe 5
Beispielargumentation: Die amerikanische Strategie, angesichts der Hindernisse bei der Schaffung eines einheitlichen gesamtdeutschen Wirtschaftsraums auf eine Teillösung zu setzen, kalkulierte das Risiko einer bleibenden Teilung des Landes ein. Der Beitritt Frankreichs durch Schaffung der Trizone verschärfte die Tendenz zur Teilung in einen West- und einen Oststaat weiter. Allerdings hatte die Sowjetunion zu diesem Zeitpunkt mit der Bodenreform und den Eingriffen in das Parteiensystem der SBZ (Schaffung der „Einheitsfront" und Zwangsvereinigung von KPD und SPD) bereits Fakten geschaffen, die klarmachten, dass mit ihr ein Übergang zu einem parlamentarisch-demokratischen und marktwirtschaftlichen Deutschland nicht zu machen sei. Insofern schrieb die Schaffung der Bi- bzw. der Trizone einen Zustand fest, der sich in der Tendenz einer zunehmenden wirtschaftlichen und politischen Auseinanderentwicklung der Westzonen und der SBZ bereits vorher abgezeichnet hatte.

Die Gründung der Bundesrepublik Deutschland   S. 212/213

S. 212, M1: Staatsaufbau der Bundesrepublik Deutschland
Das Verfassungsschema der Bundesrepublik Deutschland zeigt einen nach den Prinzipien der repräsentativen Demokratie gestalteten Staatsaufbau. Die wahlberechtigten Bürger wählen auf Bundesebene den Bundestag, der seinerseits den Bundeskanzler wählt. Letzterer ernennt die Bundesminister. Die so zusammengesetzte Bundesregierung wird von dem – durch Wahl der Bundesversammlung bestimmten – Bundespräsidenten formell ernannt. Auf Landesebene wählen die Wahlberechtigten die Landtage und diese wiederum die Landesregierungen. Das zentrale Gesetzgebungsorgan ist der Bundestag. An der Gesetzgebung ist auch der Bundesrat beteiligt, der sich aus Vertretern der Landesregierungen zusammensetzt: Hier gibt es eine Überschneidung der Länderexekutiven mit den gesetzgebenden Funktionen auf Bundesebene. Die Richter des Bundesverfassungsgerichts werden hälftig von Bundestag und Bundesrat gewählt und anschließend vom Bundespräsidenten formell ernannt. Die Gerichte sind unabhängig. Aufgrund der zentralen Stellung des Bundestages ist die Bundesrepublik eine parlamentarische Demokratie: Das Parlament wählt den Bundeskanzler, dieser ist in seiner Regierungsausübung auf die Unterstützung des Parlaments angewiesen. Das Strukturprinzip der Gewaltenteilung wird in diesem und anderen Punkten durch Elemente der Gewaltenverschränkung im Sinne eines Systems der „Checks and Balances" ergänzt.

Webcode
FG450099-213

HRU-CD
Film „Die Gründung der BRD 1949"

S. 213, M2: Die Gründung der BRD am 23. Mai 1949 in Bonn
Bei der feierlichen Verkündung des Grundgesetzes in der Aula der Pädagogischen Akademie Bonn waren auch Vertreter der Westalliierten und des Wirtschaftsrates sowie weitere Gäste aus Politik und Gesellschaft anwesend. Nach einer Eröffnungsrede Adenauers wurden die Mitglieder des Parlamentarischen Rats und die Regierungschefs der Länder einzeln zur Unterzeichnung des Originaldokuments aufgerufen. Der KPD-Abgeordnete Heinz Renner verweigerte ebenso wie sein Fraktionskollege Max Reimann seine Unterschrift, da die Verabschiedung des Grundgesetzes in seinen Augen die Spaltung Deutschlands bedeute. Helene Weber (CDU) ist eine der vier Frauen, die neben 61 Männern dem Parlamentarischen Rat angehörten.

S. 213, M3: Aus der Regierungserklärung Adenauers vom 20. September 1949
Fünf Tage nach seiner Wahl gab der Bundeskanzler seine erste Regierungserklärung vor dem Bundestag ab. In der fast 90-minütigen Rede sprach der Kanzler über das bisher Erreichte und die kommenden Herausforderungen. Besonderes Augenmerk legte er auf die Errungenschaften der Demokratie und den wirtschaftlichen Wiederaufbau nach marktwirtschaftlichen Prinzipien, aber auch auf den Umgang mit den Besatzungsmächten, die Vertriebenenproblematik und die Frage der Kriegsgefangenen. Adenauer bekannte sich zum Ziel einer deutsch-französischen Annäherung sowie zur westeuropäischen Integration und dankte den USA für ihre Wiederaufbauhilfe.

7 Deutschland nach 1945: Zwei Staaten, eine Nation?

S. 213, Aufgabe 1

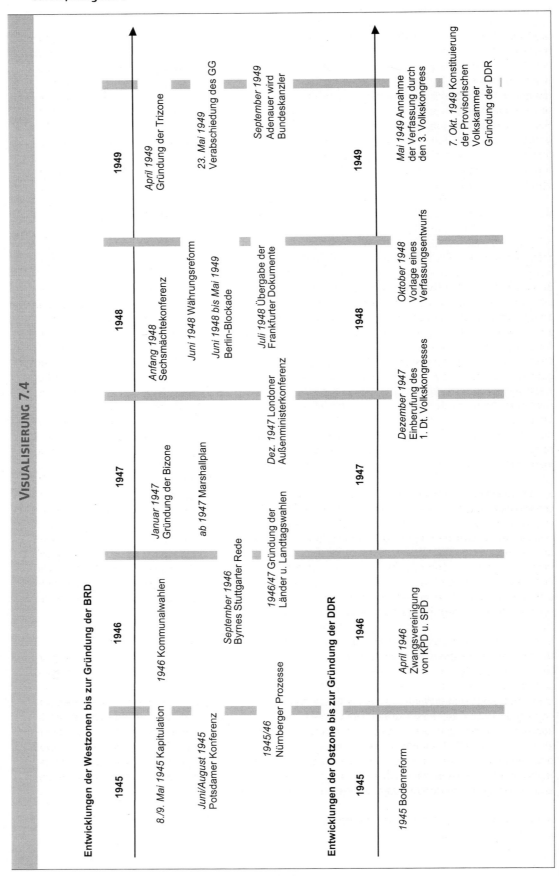

VISUALISIERUNG 7.4

Deutschland nach 1945: Zwei Staaten, eine Nation?

S. 213, Aufgabe 2 siehe die Erläuterungen zu M1

S. 213, Aufgabe 3 a) und b) individuelle Lösungen
Mögliche Argumente eines Befürworters: Die neu gegründete Bundesrepublik hat viel erreicht: Sie hat sich mit dem Grundgesetz eine demokratische Grundlage gegeben, durch den Marshallplan und eine künftige Integration in die Europäische Union ist wirtschaftlicher Aufschwung in Sicht, auf außenpolitischem Gebiet gibt es trotz der Auflagen der Besatzungsmächte kleinere Bewegungsspielräume. Im Lichte dieser Errungenschaften war es richtig, zum jetzigen Zeitpunkt die Frage der deutschen Einheit hintanzustellen.
Mögliche Argumente eines Kritikers: Die Errungenschaften der Bundesrepublik sind mit einer Festschreibung der deutschen Teilung erkauft. Ohne eine wirkliche Entnazifizierung ist der Aufbau eines demokratischen Gemeinwesens nicht möglich. Der Status quo sollte in der Grenzfrage anerkannt werden: Revanchistische Forderungen in Bezug auf die Oder-Neiße-Linie gefährden eine friedliche Entwicklung in Europa.

Die Gründung der Deutschen Demokratischen Republik   S. 214/215

S. 214, M1: Staatsaufbau und Herrschaftsverhältnisse in der DDR
Staatsaufbau und Herrschaftsverhältnisse der DDR sind durch eine Verquickung von Staats- und SED-Apparat gekennzeichnet. Innerhalb des Parteiapparats überwiegen die Prinzipien der Anweisung und Beeinflussung von oben nach unten sowie der Rechenschaftspflicht von unten nach oben. Wahlen sind nur in Bezug auf zwei Institutionen vorgesehen: Das Politbüro wird per Wahl durch das Zentralkomitee bestimmt. Dieses wiederum wird vom Parteitag gewählt und legt ihm Rechenschaft ab. Der Parteitag ist allerdings – trotz offiziell gegenläufiger Rechenschaftspflicht – Beeinflussungen durch Generalsekretär und Politbüro ausgesetzt. Durch diese Kreisbewegung wird das Wahlprinzip ausgehebelt. Aufseiten des Staatsapparats wird die Volkskammer von den wahlberechtigten Bürgern gewählt und wählt ihrerseits den Ministerrat, den Staatsrat sowie das Oberste Gericht. Analog dazu werden Volksvertretungen und Exekutivorgane auf lokaler und regionaler Ebene per Wahl bestimmt. Die gewählten staatlichen Organe sind allerdings nicht unabhängig: Die obersten Staatsorgane – Staatsrat, Ministerrat und Volkskammer – sind dem direkten Einfluss und den Weisungen des Generalsekretärs und des Politbüros der SED unterworfen. Dieser Einfluss wird vom Staatsrat an das Oberste Gericht und vom Ministerrat an die regionalen und lokalen Exekutivorgane weitergegeben. Insgesamt kontrollieren die Spitzenorgane des SED-Parteiapparats so den gesamten Staatsapparat.

Webcode
FG450099-215

HRU-CD
Film „Die Gründung der BRD 1949"

S. 215, M2: Die Gründung der DDR am 7. Oktober 1949 in Ost-Berlin
Die Provisorische Volkskammer setzte am Tage ihrer Konstituierung die Verfassung in Kraft und beschloss die Einrichtung einer Provisorischen Regierung sowie einer Provisorischen Länderkammer. Wilhelm Pieck eröffnete die Sitzung mit einer Rede. Darin attackierte er die Maßnahmen der Westmächte und der westdeutschen Politiker als imperialistisch und bezeichnete die Wahlen in der Bundesrepublik als Massenbetrug zur Verschleierung der faktischen Diktatur der Militärgouverneure. Die kurz zuvor errichtete „Nationale Front" der Parteien und Massenorganisationen der DDR solle in Zusammenarbeit mit geeigneten Kräften in Westdeutschland die Spaltung der Nation überwinden, um so den westlichen Teil des Landes mit der DDR zu vereinigen.

S. 215, M3: Auszug aus der Regierungserklärung Otto Grotewohls
In seiner ersten Ansprache als Ministerpräsident proklamierte Grotewohl den Willen der neuen Regierung zur deutschen Einheit und machte die Westmächte für die Spaltung des Landes verantwortlich. Die DDR werde im Gegensatz zum imperialistischen Westdeutschland den Weg des Friedens und der Demokratie gehen. Fundamentale Prinzipien seien dabei der Antifaschismus und die unerschütterliche Freundschaft zur Sowjetunion. Die Ökonomie werde über den Weg der Wirtschaftsplanung in kürzester Zeit Vorkriegsniveau erreichen. Auf innenpolitischem Gebiet forderte Grotewohl einen Verzicht auf „kleinliche Streitereien" unter den Parteien zugunsten eines Zusammenstehens in der Nationalen Front. Mit Blick auf den wirtschaftlichen Wiederaufbau spricht er sich zudem für eine rasche Reintegration der ehemaligen NSDAP-Mitglieder in das gesellschaftliche Leben aus. Die Regierungserklärung wurde von der Volkskammer einstimmig gebilligt.

S. 215, Aufgabe 1 a) siehe Visualisierung 7.4
b) individuelle Lösung

7 Deutschland nach 1945: Zwei Staaten, eine Nation?

S. 215, Aufgabe 2 siehe die Erläuterungen zu M1

S. 215, Aufgabe 3 a)
Das Verfassungsschema der Bundesrepublik folgt dem Grundsatz der Gewaltenteilung mit Elementen der Gewaltenverschränkung. Die durch die wahlberechtigten Bürger direkt oder indirekt gewählten höchsten politischen Organe sind auch in der Praxis die zentralen Entscheidungsträger. Im Schema zu Staatsaufbau und Herrschaftsverhältnissen in der DDR ist keine Gewaltenteilung erkennbar. Hervorstechendes Merkmal ist die Verflechtung von Partei- und Staatsapparat. Die (nach Einheitslisten) direkt oder indirekt gewählten staatlichen Instanzen haben nicht die Entscheidungsgewalt inne. Die politisch bedeutsamen Entscheidungen werden durch die Führungsorgane der SED getroffen, die das eigentliche Herrschaftszentrum sind.

b)

VISUALISIERUNG 7.5

Adenauer	Grotewohl
• Lob der demokratischen Errungenschaften in Westdeutschland • Betonung der Fortschritte auf dem Weg zur Wiedererlangung der staatlichen Souveränität in Westdeutschland • Forderung nach Ende der Denazifizierung • positive Auswirkungen von Marshallplan und Besatzungsstatut • keine Anerkennung der Oder-Neiße-Grenze • Wille zur westeuropäischen Integration	• deutsche Spaltung → Schuldzuweisung an Westmächte • Dankbarkeit und Freundschaft gegenüber der Sowjetunion • Anerkennung der Oder-Neiße-Grenze • Besatzungsstatut und Marshallplan als imperialistische Machenschaften • Forderung nach Zusammenarbeit und Einmütigkeit aller Parteien • Prognose einer Wirtschaftskrise in Westdeutschland und Lob des wirtschaftlichen Aufbaus in Ostdeutschland

Landesgeschichte: Die Gründung des Landes Niedersachsen — S. 216/217

S. 216, M1: Das Land Niedersachsen 1945–1950
Nordwestdeutschland war ebenso wie das heutige Bundesland Nordrhein-Westfalen Teil der britischen Besatzungszone. Die britische Militärregierung, die am 14. Juli 1945 die vollen Hoheitsrechte in ihrem Gebiet übernahm, richtete vorübergehend die vormaligen Länder Braunschweig, Oldenburg und Schaumburg-Lippe wieder ein, Hannover war wie Nordrhein, Schleswig-Holstein und Westfalen preußische Provinz. Am 23. August 1946 wurden die Provinzen aufgelöst und Hannover, Nordrhein-Westfalen und Schleswig-Holstein der Länderstatus verliehen. Mit der Verordnung 55 der britischen Militärregierung vom 8. November 1946, die rückwirkend zum 1. November in Kraft trat, wurden die Länder Braunschweig, Hannover, Schaumburg-Lippe und Oldenburg zum Land Niedersachsen vereinigt.

S. 217, M2: Rede des stellvertretenden britischen Militärgouverneurs im Zonenbeirat
Am 15. Februar 1946 richtete die britische Militärregierung einen für die gesamte britische Besatzungszone zuständigen „Zonenbeirat" ein, dem neben den Länder- und Provinzchefs auch Vertreter von Parteien und Gewerkschaften sowie Fachvertreter angehören sollten. Um die Neugliederung der britischen Zone voranzutreiben, wurde der „Zonenbeirat" im Juli 1946 aufgefordert, entsprechende Vorschläge auszuarbeiten. Während Kurt Schumacher, Vorsitzender des Zonenbeirats, ein Zwei-Länder-Modell vorschlug, setzten sich die Ministerpräsidenten der Länder Oldenburg und Braunschweig, Theodor Tantzen und Alfred Kubel, für eine Aufteilung der Zone in fünf Länder (Braunschweig, Hannover, Nordrhein-Westfalen, Schleswig-Holstein, Weser-Ems) und zwei Stadtstaaten (Bremen, Hamburg) ein. Ministerpräsident Kopf schlug dagegen die Schaffung der Länder Niedersachsen, Nordrhein-Westfalen, Schleswig-Holstein und der beiden Stadtstaaten Bremen und Hamburg vor, eine Lösung, die auch der Oberpräsident der Nordrhein-Provinz, Robert Lehr, bevorzugte. Auf der Plenarsitzung des Zonenbeirats in Hamburg entschieden sich die Mitglieder am 20. September 1946 mehrheitlich für den Vorschlag Kopfs, der von der britischen Militärregierung akzeptiert und angenommen wurde.

Deutschland nach 1945: Zwei Staaten, eine Nation? 7

S. 217, M3: Aus der Regierungserklärung des ersten Ministerpräsidenten Niedersachsens
Der erste Landtag des Landes Niedersachsen trat am 9. Dezember 1946 im Neuen Rathaus in Hannover zu seiner konstituierenden Sitzung zusammen. Die insgesamt 86 Abgeordneten waren von den Parteien ausgewählt und von der Militärregierung ernannt worden. Nach der Eröffnungsansprache des britischen Zivilgouverneurs und der Wahl des Landtagspräsidenten verlas Ministerpräsident Kopf seine Regierungserklärung. Das von ihm vorgestellte „niedersächsische Konzept", das auf einer Ende der 1920er Jahre erarbeiteten Denkschrift des Geografen Kurt Brüning beruhte, sah vor, das Land Niedersachsen als einheitlichen Natur- und Wirtschaftsraum zu begreifen. Die bisherigen Grenzen und Verwaltungsgliederungen, die aus dynastischen Gründen entstanden seien, sollten einer wirtschaftlich vernünftigen und naturräumlich orientierten Lösung weichen.

S. 217, M4: Vertriebene in ihrer Unterkunft in Bothfeld (Hannover), 1946/1947
Die Flüchtlinge, die nach dem Zweiten Weltkrieg in Bothfeld oder anderswo eine neue Heimat suchten, wurden entweder bei Einheimischen einquartiert oder in Massenquartieren untergebracht. Die Lebensumstände in diesen Lagern waren in der Regel schlecht, die hygienischen Verhältnisse unzureichend, in den saalartigen Räumen fehlte es an jeglicher Privatsphäre.
Aus Fertigbauteilen zusammengesetzte Wellblechbaracken, wie auf dem Foto zu sehen, wurden nach ihrem Erfinder, dem kanadischen Ingenieur Peter Norman Nissen, auch „Nissenhütten" genannt. Nach dem Ende des Zweiten Weltkrieges wurden derartige Hütten, die weder mit sanitären Einrichtungen noch mit Wasseranschlüssen ausgestattet waren, von den Briten im Bereich ihrer Besatzungszone als Notunterkünfte für Flüchtlinge aufgebaut. In Hamburg lebten zeitweilig 10 000 Menschen in „Nissenhütten", die jeweils von zwei Familien bewohnt wurden.

S. 217, Aufgabe 1 siehe die Erläuterungen zu M1

S. 217, Aufgabe 2 a) siehe die Erläuterungen zu M2
b) Diskussion

S. 217, Aufgabe 3 a)
Kopf betonte in seiner Regierungserklärung, dass die „Bekämpfung des Elends der Vertriebenen und Flüchtlinge, des Hungers, der Kälte, der Seuchen und der Obdachlosigkeit" zu den wichtigsten Aufgaben zählte und Vorrang hätte vor der Klärung organisatorischer und verwaltungstechnischer Fragen.
b) Nicht nur in Niedersachsen bestimmten Hunger und Not den Alltag der Menschen, für alle Deutschen stellte die Nachkriegszeit einen „Neubeginn in Trümmern und Not" dar. Die Bevölkerung Niedersachsens wuchs von etwa 4,5 Millionen (bei Kriegsausbruch) auf etwa 6,7 Millionen Menschen (Frühjahr 1947) an, was zu Problemen bei der Versorgung und auch bei der Unterbringung der Menschen führte, denn etwa 175 000 Wohnungen waren infolge von Kriegsschäden unbewohnbar.

Plan und Markt: Zwei Wege zum Wohlstand? S. 218/219

S. 219, M1: Modell: soziale Marktwirtschaft (Bundesrepublik) siehe die Erläuterungen zu Aufgabe 1 a)

Webcode
FG450099-218

S. 219, M2: Modell: Planwirtschaft (DDR) siehe die Erläuterungen zu Aufgabe 1 b)

S. 219, M3: Wirtschaftsminister Ludwig Erhard
Ludwig Erhard (1897–1977), der zunächst Wirtschaftsminister in Bayern und ab März 1948 Direktor der Verwaltung für Wirtschaft des Vereinigten Wirtschaftsgebietes war, setzte nach der Währungsunion das Konzept der sozialen Marktwirtschaft durch und stellte damit die Weichen für das „Wirtschaftswunder". In der Regierung Adenauer bekleidete Erhard viele Jahre (1949–1963) das Amt des Wirtschaftsministers, ehe er 1963 zum Bundeskanzler gewählt wurde (Rücktritt im November 1966).

S. 219, Aufgabe 1 a)
Im Zentrum der Wirtschaftsordnung der Bundesrepublik steht der Markt als Ort des Warentausches. Über ihn werden nach dem Prinzip von Angebot und Nachfrage die Preise gebildet. Der Gütertausch findet auf der Basis von privaten Verträgen statt. Die Produktionsmittel sind in privater Hand. Güterproduktion, Finanzwirtschaft, Handel und Verkehr unterliegen der unternehmerischen Eigenplanung. Die Privathaushalte stellen die Arbeitskräfte und finanzieren über ihr nach Marktmechanismen festgelegtes Einkommen ihren Verbrauch. Um das Entstehen von zu großen sozialen Ungleichheiten zu verhindern, greift der Staat – dort, wo er Fehlentwicklungen ausmacht – über verschiedene Mecha-

7 Deutschland nach 1945: Zwei Staaten, eine Nation?

nismen in das Marktgeschehen ein. Dazu gehören die Wirtschafts-, Sozial- und Steuerpolitik, Maßnahmen der Wirtschaftsförderung, die Regelung der Wettbewerbsordnung und die Wirtschafts- und Gewerbekontrolle. So überwacht der Staat den freien Wettbewerb (z. B. durch das Verbot von Kartellbildungen) und sichert die Existenz der Lohnarbeiter (z. B. durch Arbeitslosengeld, Lohnfortzahlung im Krankheitsfall, Regelungen zum Kündigungsschutz und das staatliche Rentensystem).
b) Im Zentrum der Wirtschaftsordnung der DDR steht der Staat als zentrale Planungsinstanz. Der Staat lenkt über wirtschaftliche Planung die Produktion sowie den Einsatz von Rohstoffen und Arbeitskräften und setzt die Preise fest. Die Produktionsmittel befinden sich in staatlichem Besitz. Güterproduktion, Verkehr, Geldwirtschaft und Handel unterliegen dementsprechend der staatlichen Planungskontrolle. Die Privathaushalte stellen die Arbeitskräfte und finanzieren über ihr staatlich festgelegtes Einkommen ihren Verbrauch.

S. 219, Aufgabe 2 a)

VISUALISIERUNG 7.6

soziale Marktwirtschaft	Planwirtschaft
• Steuerung vorwiegend über den Markt • Preisbildung durch Angebot und Nachfrage • Privateigentum an Produktionsmitteln • Konkurrenz als Leistungsanreiz • höhere Produktivität und Angebotsvielfalt • höhere soziale Ungleichheit (Gegensteuerung durch staatliche Eingriffe) • höheres durchschnittliches Wohlstandsniveau	• Steuerung durch staatliche Planung • staatlich festgesetzte Preise und Löhne • Staatseigentum an Produktionsmitteln • keine Konkurrenz als Leistungsanreiz • niedrigere Produktivität und Angebotsvielfalt → Mangel • niedrigere soziale Ungleichheit • niedrigeres durchschnittliches Wohlstandsniveau

b) individuelle Lösung

Die Bundesrepublik wird Bündnispartner des Westens — S. 220/221

Webcode
FG450099-221

S. 220, M1: Bundeskanzler Adenauer stellt den „Hohen Kommissaren" sein Kabinett vor
Das Foto zeigt Bundeskanzler Konrad Adenauer bei seinem Antrittsbesuch bei den „Hohen Kommissaren" anlässlich der Unterzeichnung des Besatzungsstatuts am 21. September 1949. Amtssitz der Kommissare war das Grandhotel am Petersberg in Bonn, von wo aus die Vertreter der Siegermächte buchstäblich auf die neue Regierung der Bundesrepublik herabsehen konnten. Das Protokoll der Zeremonie an diesem Tag sah vor, dass der Teppich das Territorium der Siegermächte symbolisierte. Indem Adenauer diese Grenze überschritt, demonstrierte er – ob geplant oder nicht – den Anspruch seiner Regierung, möglichst bald ein gleichberechtigter Partner der Westmächte zu werden.

S. 221, M2: Adenauer in seiner ersten Regierungserklärung siehe die Erläuterungen zu Aufgabe 1 b) und c)

S. 221, M3: Stellungnahme des SPD-Abgeordneten Wehner siehe die Erläuterungen zu Aufgabe 1 d)

S. 221, M4: Wahlplakat der CSU 1953 zur Wiederbewaffnung siehe die Erläuterungen zu Aufgabe 4

S. 221, Aufgabe 1 a)
Ende der Demontage, Möglichkeit für internationale Handelsbeziehungen, weitreichende außen- und innenpolitische Handlungsfreiheit, Deutschland als Partner der westeuropäischen Staaten
b) In seiner Rede führt Adenauer aus, welcher Aspekt der Westintegration ihm besonders am Herzen liegt: Aufbau und Unterhalt guter Beziehungen zu allen Ländern – vor allem zu den Nachbarländern und hier insbesondere zu Frankreich (Z. 3–10). Adenauer betont die friedliche Absicht Deutschlands (Z. 6–10) und erklärt, dass die Bundesrepublik die Mitgliedschaft in der Europäischen Union anstrebe (Z. 11–15). Diese Aussagen stimmen mit den Zielen aus Aufgabe 1 a) überein, präzisieren sie teilweise.

Deutschland nach 1945: Zwei Staaten, eine Nation?

c) Für die Westintegration spricht aus seiner Sicht die „Herkunft" und „Gesinnung" der Deutschen. Noch unter dem Eindruck der Grausamkeiten, die der Zweite Weltkrieg für die Menschen gebracht hat, betont er, „Kriegen und Blutvergießen" ein Ende setzen zu wollen. Er glaubt, durch die Westintegration dauerhaften Frieden, Wohlstand und Harmonie ermöglichen zu können.

d) Adenauer gibt mit seiner Politik der Westintegration das Ziel einer baldigen Wiedervereinigung der beiden deutschen Teilstaaten preis. Die Opposition bewertete die Bedingungen dieser Integration negativ und kämpfte dagegen. 1957 räumt Wehner (M3) allerdings ein, dass unter den gegebenen Umständen von 1949 die Teilung Deutschlands „das kleinere Übel" darstellte.

S. 221, Aufgabe 2
Das Betreten des Teppichs war vermutlich in Teilen ein Zufall, da Adenauer mit diesem Schritt auf das buchstäbliche Entgegenkommen des französischen Kommissars Poncet reagierte. Ähnlich wie der berühmte Kniefall Willy Brandts in Warschau war die Geste vermutlich nicht geplant, auch wenn sie später symbolträchtig bewertet wurde.

S. 221, Aufgabe 3 Diskussion

S. 221, Aufgabe 4
1. individuelle Lösung
2. *Vordergrund oben:* Text in schwarzer Schrift: „Er ist bewaffnet." Der erste Buchstabe ist mit einem roten Stern unterlegt. *Vordergrund unten:* Text in roter Schrift: „Wollt ihr ihn hier haben?" *Vordergrund Mitte:* uniformierter Mann mit Gewehr; auf seiner Mütze ist ein roter Stern aufgenäht, *Hintergrund:* Münchner Frauenkirche
3. Heinz Schwabe, deutscher Grafiker und Künstler
4. *Anlass:* Wahlkampf zur zweiten Bundestagswahl am 6. September 1953. Der Plakatentwurf wurde auch von der Schwesterpartei CDU verwendet, allerdings mit dem Kölner Dom im Hintergrund.
5. Der uniformierte Mann soll offensichtlich einen Soldaten aus der Sowjetunion darstellen – erkennbar am roten Stern auf seiner Mütze.
6. Die einzigen farbigen Elemente sind die beiden roten Sterne und der rote Schriftzug „Wollt ihr ihn hier haben?" Sie machen deutlich, dass mit den beiden Personalpronomen „er" und „ihn" ein sowjetischer Soldat gemeint ist.
7. Der sowjetische Soldat steht vor dem Wahrzeichen der bayerischen Landeshauptstadt, der Frauenkirche. Er verdeckt teilweise mit seinem Körper die Kirche und wirkt groß und bedrohlich.
8. Der Text spricht den Betrachter direkt an, unterstreicht die bedrohliche Wirkung des Soldaten („Er ist bewaffnet") und stellt die Frage „Wollt ihr ihn hier haben?", die eine rhetorische Frage ist, da jeder bayerische Wähler diese mit „nein" beantworten würde.
9. Der rote Stern ist das Symbol für kommunistische Weltanschauungen, in diesem Fall für die Sowjetunion. Die rhetorische Frage ist ebenfalls rot hervorgehoben. Der Betrachter soll diese Elemente im Gedächtnis behalten.
10. Die Botschaft lautet: Die CSU (zusammen mit der CDU) wird verhindern, dass sowjetische Soldaten in der Bundesrepublik Deutschland stehen. Die Botschaft muss im Kontext von Stalins Vorschlag, die beiden deutschen Teilstaaten zu einer neutralen Zone zu vereinigen, gesehen werden.
11. Der Betrachter soll glauben, dass eine CSU-Regierung die Anwesenheit von sowjetischen Soldaten in der Bundesrepublik verhindern wird. Er soll mit seiner Stimme die Politik der CDU/CSU und damit die weitere Westintegration der Bundesrepublik durch den Beitritt zur Europäischen Verteidigungsgemeinschaft und im Weiteren zur NATO unterstützen. Andernfalls drohe möglicherweise das hier dargestellte Szenario einer Anwesenheit oder gar Besetzung durch sowjetische Soldaten.

17. Juni 1953 – Volksaufstand in der DDR   S. 222/223

S. 222, M1: Demonstranten mit Plakaten siehe die Erläuterungen zu Aufgabe 1 b)

S. 223, M2: Telegramm einer Streikleitung an die Regierung siehe die Erläuterungen zu Aufgabe 1 b)

S. 223, M3: Demonstranten fliehen vor einem sowjetischen Panzer siehe die Erläuterungen zu Aufgabe 3

Webcode
FG450099-223

Diff. Kopiervorlagen
19.2 Der 17. Juni 1953: Putschversuch oder Volksaufstand?

7 Deutschland nach 1945: Zwei Staaten, eine Nation?

S. 223, M4: Der Aufstand aus Sicht der DDR siehe die Erläuterungen zu Aufgabe 2

S. 223, M5: Kundgebung der Berliner SED-Bezirksleitung siehe die Erläuterungen zu Aufgabe 3

S. 223, Aufgabe 1 a) *Hintergrund*
- Fünfjahresplan zugunsten der Stahlindustrie und auf Kosten der Konsumgüterindustrie
- hohe Ausgaben für Reparationszahlungen an Sowjetunion und Besatzungskosten
- wegen hoher Planvorgaben erhöht die SED die Arbeitsnormen: mehr Arbeit bei gleichem Lohn

Motive für die Proteste
- Verschlechterung der Versorgungslage
- hohe Strafen bei geringfügigen Diebstählen oder Unterschlagungen („Gesetz zum Schutz des Volkseigentums")
- die neuen Normen bedeuteten für die Arbeiter und Angestellten 20 bis 30 Prozent weniger Lohn

b) Die Demonstranten forderten nicht nur freie Wahlen, sondern auch die Zulassung aller großen demokratischen Parteien Westdeutschlands. Diese Wahlen hätten möglicherweise den Weg zur Vereinigung der beiden Teilstaaten geebnet.

S. 223, Aufgabe 2
Zielsetzung des ZK: Die Verantwortung für den Aufstand wird westdeutschen Terrororganisationen zugeschoben. Die DDR-Führung will sich als die gute Regierung präsentieren, die sich gegen den Faschismus und für die Einheit und Freiheit der Deutschen engagiert. Gleichzeitig sollen die Aufständischen „reingewaschen" werden, indem sie als Opfer einer Verschwörung des Westens dargestellt werden.
sprachliche Mittel: Die vermeintlichen Verschwörer in West-Berlin werden als „Kriegsverbrecher", „Militaristen", „kriminelle Elemente", „Terrororganisation" oder „Banditenkolonnen" bezeichnet. Dagegen werden die Demonstranten „ehrliche Bauarbeiter" genannt, die lediglich gegen ihre Regierung aufgehetzt wurden.

S. 223, Aufgabe 3 Begriffsklärung:
Aufständische: Personen, die an einem Aufstand beteiligt sind. Ein Aufstand richtet sich gegen eine Regierung. Synonym wird auch von Rebellion gesprochen.
Provokateure: Personen, die durch ihr Verhalten Unruhe stiften, andere aufwiegeln, aufhetzen

Zentrale Argumente der Diskussionsparteien:
Vertreter der DDR: Die Demonstranten wurden von Provokateuren aus dem Westen aufgewiegelt, weil „West-Berlin" die DDR-Regierung stürzen und die deutsche Einheit wiederherstellen wolle. Dafür sprechen die Forderungen der Streikleitung (M2): Rücktritt der Regierung, Neuwahlen und Zulassung der großen Parteien Westdeutschlands.
Vertreter der Bundesrepublik: Sie sind der Meinung, dass es sich bei den Ereignissen in den Tagen vor und am 17. Juni 1953 um einen berechtigten Aufstand, eine Rebellion, gegen die unzumutbaren Normerhöhungen der DDR-Regierung handelt. Sie bestreiten die Vorwürfe, daran direkt beteiligt zu sein oder gar den Aufstand angezettelt zu haben.
neutrale Beobachter: Der zentrale Beweggrund für die Aufständischen war sicherlich die Normerhöhung durch die DDR-Regierung. West-Berlin spielte dabei höchstens eine indirekte Rolle: Der Vergleich der Wirtschafts- und Versorgungslage in der DDR und der BRD führte bei vielen Arbeitern im Osten zu einer generellen Unzufriedenheit, die zu der schlechten Stimmung beitrug.

1961 – Bau der Berliner Mauer   S. 224/225

Webcode
FG450099-225

HRU-CD
Film „Der Mauerbau 1961"

S. 224, M1: Flüchtlinge aus der DDR in die Bundesrepublik 1950 bis 1990 siehe die Erläuterungen zu Aufgabe 1

S. 224, M2: Titelseite des „Neuen Deutschland" vom 14. August 1961
Die Tageszeitung „Neues Deutschland" war von 1946 bis 1989 das Zentralorgan und wichtigstes Propagandawerkzeug der SED. Im Vergleich zu anderen Zeitungen in der DDR erschien sie in einem größeren Format und einer besseren Papier- und Druckqualität. Vor 1989 erreichte sie eine Auflage von einer Million Exemplaren, ihre derzeitige Auflage liegt bei etwa 29 000 Exemplaren. Siehe auch die Erläuterungen zu Aufgabe 2 a).

Deutschland nach 1945: Zwei Staaten, eine Nation?

S. 224, M3: Titelseite der „Bild-Zeitung" vom 16. August 1961
Bis 1962 war Karl-Heinz Hagen der Chefredakteur der auflagenstärksten Tageszeitung Europas. Unter seiner Leitung engagierte sich die Redaktion stark gegen die deutsche Teilung. Unter anderem beteiligte sie sich an der Ansteckeraktion „Macht das Tor auf" und berichtete ausführlich über die Fluchtbewegung aus der DDR. Nach dem Mauerbau erschien die „Bild-Zeitung" einige Wochen mit der Grafik eines Stacheldrahts als Umrandung.

Diff. Kopiervorlagen
19.3 13. August 1961: Der Mauerbau aus östlicher und westlicher Perspektive

S. 225, M4: Ein Mitglied des Politbüros der SED erklärte 1963 vor Grenzsoldaten
Der Journalist Albert Norden (1904–1982), Sohn eines Rabbiners, emigrierte 1933 in die Tschechoslowakei, später dann nach Frankreich und in die USA. Nach seiner Rückkehr nach Deutschland wurde Norden 1949 Leiter der Presseabteilung im Informationsamt der DDR. Von 1958 bis 1981 war Albert Norden Mitglied des Politbüros des ZK der SED und Abgeordneter der Volkskammer. Siehe auch die Erläuterungen zu Aufgabe 3.

S. 225, M5: Darstellung des Mauerbaus in einem DDR-Schulbuch
Der 1945 gegründete Verlag „Volk und Wissen Volkseigener Verlag Berlin" verlegte fast alle Schulbücher der DDR. Nach der Wende konnten die Bücher nicht mehr verwendet werden, da sich in ihnen durchgängig die Ideologie der SED wiederfand.

S. 225, M6: Die Journalistin Margret Boveri schrieb 1962
Die Journalistin Margret Boveri (1900–1975) engagierte sich nach 1945 vor allem für die Wiedervereinigung Deutschlands. Für ihren „publizistischen Einsatz für eine Verständigung zwischen Ost und West" erhielt sie 1971 das Bundesverdienstkreuz 1. Klasse. Siehe auch die Erläuterungen zu Aufgabe 5.

S. 225, Aufgabe 1 Ausgangslage vor dem Mauerbau:
- Westalliierte verlassen trotz des Ultimatums der UdSSR West-Berlin nicht
- seit 1958 steigende Flüchtlingszahlen aus der DDR in die BRD, vor allem junge, gut ausgebildete Arbeitskräfte verlassen das Land

S. 225, Aufgabe 2
a) *„Neues Deutschland"*: Überschrift: „Maßnahmen zum Schutze des Friedens und zur Sicherung der Deutschen Demokratischen Republik in Kraft", Unterzeile: „Bevölkerung erteilt Bonner Ultras gebührende Antwort", darunter befinden sich mehrere Artikel zum Thema. In der linken Randspalte sind die Schlagzeilen aus dem Sportteil aufgelistet. Die Gestaltung der Titelseite wirkt ruhig, alltäglich und unaufgeregt.
„Bild-Zeitung": Überschrift: „Der Osten handelt – was tut der Westen? Der Westen tut NICHTS!", Unterzeile: „Präsident Kennedy schweigt … Macmillan geht auf die Jagd … und Adenauer schimpft auf Willy Brandt …" Die Titelseite widmet sich ausschließlich dem Thema Mauerbau und vermittelt eine höchst emotionale, geschockte Reaktion auf die Ereignisse und die Reaktion der westlichen Regierungschefs.
b)
- „Sicherungsmaßnahmen" (Z. 17)
- „Kriegsbrandherd West-Berlin … unter zuverlässiger Kontrolle" (Z. 18/19)
- „antifaschistischer Schutzwall" (Z. 21)
- „Mehrheit der Werktätigen der DDR begrüßt und unterstützt die Sicherungsmaßnahme" (Z. 27–29)

S. 225, Aufgabe 3
Gemäß der Allgemeinen Erklärung der Menschenrechte der Vereinten Nationen von 1948 verstößt die DDR-Führung gegen mehrere Grundrechte, insbesondere gegen das Grundrecht der Freizügigkeit. (Art. 13, Absatz 2 „Jeder hat das Recht, jedes Land, einschließlich seines eigenen, zu verlassen und in sein Land zurückzukehren.") Das Erschießen von DDR-Bürgern, die die Grenze zwischen DDR und BRD überqueren, ist demnach als Mord einzustufen.

S. 225, Aufgabe 4 Recherche-Aufgabe

S. 225, Aufgabe 5
- Wirtschaft und Lebensstandard: im Osten ein wesentlich geringerer Lebensstandard als im Westen
- Mentalität und Sichtweise auf die jeweils andere Hälfte Deutschlands: Entfremdung und zunehmendes Desinteresse zwischen den Bürgern in Ost und West

7 Deutschland nach 1945: Zwei Staaten, eine Nation?

Neue Ost- und Deutschlandpolitik — S. 226/227

Webcode
FG45099-227

S. 226, M1: Bundeskanzler Willy Brandt am Mahnmal im Warschauer Getto siehe die Erläuterungen zu Aufgabe 2 und 3

S. 227, M2: Auszug aus dem Grundlagenvertrag
Der Vertrag bedeutet trotz der Formulierung, „normale gutnachbarliche Beziehungen zueinander auf der Grundlage der Gleichberechtigung" aufzubauen und sich dabei von den Prinzipien der „souveränen Gleichheit aller Staaten, der Achtung der Unabhängigkeit, Selbstständigkeit und territorialen Integrität, dem Selbstbestimmungsrecht, der Wahrung der Menschenrechte" leiten zu lassen, keine völkerrechtliche Anerkennung der DDR durch die Bundesrepublik. Folgerichtig wird nicht die Einrichtung von gegenseitigen Botschaften vereinbart, sondern lediglich die Einrichtung „Ständiger Vertretungen".
Offen bleibt auch die Frage der Staatsangehörigkeit: Aus Sicht des Westens gibt es keine DDR-Staatsbürgerschaft. Vielmehr betont der Verhandlungsführer Staatssekretär Egon Bahr mit einem „Brief zur deutschen Einheit" an die SED-Führung, dass die Wiedervereinigung trotz dieses Vertrages das erklärte Ziel bleibe.

S. 227, M3: Demonstration gegen die Ostverträge
Die große Menschenmenge auf dem Foto zeigt, wie sehr die Ostpolitik Brandts die Menschen mobilisierte und polarisierte. Die meisten der abgebildeten Demonstranten scheinen älter als 50 Jahre zu sein. Bei vielen von ihnen handelt es sich vermutlich um Heimatvertriebene (siehe die beiden Frauen in Trachten). Sie sind gegen die Ostverträge, weil diese ihre Hoffnung auf Rückkehr oder Entschädigungen schwächten oder gar zunichtemachten. Es befinden sich auch NPD-Anhänger unter den Demonstranten, wie man an dem Plakat „Breslau – Königsberg – Stettin, Deutsche Städte wie Berlin!" erkennen kann. Siehe auch die Erläuterungen zu Aufgabe 3.

S. 227, Aufgabe 1 a) Lösungsvorschlag für eine Tabelle

Ostverträge	Bundesrepublik Deutschland
UdSSR	12. August 1970: Moskauer Vertrag → Verzicht auf gewaltsame Grenzverschiebungen
Polen	7. Dezember 1970: Warschauer Vertrag → Verzicht auf gewaltsame Grenzverschiebungen
DDR	21. Dezember 1972: Grundlagenvertrag → gegenseitige Anerkennung staatlicher Souveränität
ČSSR	11. Dezember 1973: Prager Vertrag → Verzicht auf gegenseitige Gebietsansprüche

VISUALISIERUNG 7.7

außerdem: 1971: Vier-Mächte-Abkommen zwischen den USA, der UdSSR, Frankreich und Großbritannien (Anerkennung West-Berlins als Teil der Bundesrepublik)
b) individuelle Lösung

S. 227, Aufgabe 2 a) Mögliche Aspekte der Erörterung:
- War der Kniefall eine spontane oder geplante Geste?
- War der Kniefall ein Symbol für Mitgefühl und Trauer?
- War der Kniefall eine physische Reaktion auf ein überwältigendes Gefühl der Trauer?
- War der Kniefall ein umfassendes Schuldeingeständnis Brandts in Vertretung aller Deutschen?

b) Recherche-Aufgabe

S. 227, Aufgabe 3
Zur damaligen Zeit waren die Deutschen bezüglich der Bewertung der NS-Zeit und der Frage nach der Schuld für die NS-Verbrechen noch tief gespalten. Ein großer Teil bewertete das Kriegsende als Niederlage, ein weiterer großer Teil, die Heimatvertriebenen, hoffte immer noch auf eine Rückkehr nach Ostpreußen, Schlesien oder in das Sudetenland. Nur ein Teil der Deutschen bekannte sich schuldig und hatte die Konsequenzen der Kriegsniederlage akzeptiert. So wurde der Kniefall entsprechend unterschiedlich bewertet: Auf der einen Seite standen die Vertriebenen und die „unschuldigen" Deutschen, die den Kniefall als Zeichen des Verrats geißelten, auf der anderen Seite standen die-

jenigen, die sich zu ihrer Schuld an den NS-Verbrechen bekannten und den Kniefall als längst überfälliges Zeichen der Demut begrüßten.

S. 227, Aufgabe 4
Artikel 1: allgemeine Absichtserklärung über „gutnachbarliche Beziehungen"
Artikel 2: Grundlage der Beziehungen ist die Charta der Vereinten Nationen.
Artikel 3: Spezifizierung von Artikel 2 – Streitfragen werden ausschließlich mit friedlichen Mitteln gelöst
Artikel 4: Aufhebung der Hallstein-Doktrin
Artikel 6: Spezifizierung von Artikel 2 – gegenseitige Unabhängigkeit wird garantiert
Artikel 7: Absichtserklärung für eine Zusammenarbeit in den Bereichen Wirtschaft, Wissenschaft und Technik, Verkehr, Rechtsverkehr, Post- und Fernmeldewesen, Kultur, Sport und Umweltschutz; keine genaueren Angaben, wie diese Zusammenarbeit aussehen soll
Artikel 8: Einrichtung von „ständigen Vertretungen", die nicht gleichzusetzen sein sollen mit normalen Botschaften
Das Neue an der Form der Annäherung war, dass die einzige Grundlage des Vertrages seiner Unterzeichnung die Charta der Vereinten Nationen war. Auf deren Grundsätze beziehen sich die Artikel des Grundlagenvertrages. Daraus resultiert eine gewisse Redundanz im Inhalt der Artikel. Der einzige konkrete Schritt in Richtung diplomatischer Beziehungen ist die Einrichtung der sogenannten Ständigen Vertretungen. Im Übrigen bleibt die weitere Entwicklung der Beziehungen völlig offen.

Die deutsch-deutschen Beziehungen nach Unterzeichnung des Grundlagenvertrages S. 228/229

S. 228, M1: Karikatur von Josef Blaumeiser
Die abgebildete Karikatur trägt den Titel „Menschliche Erleichterungen". Der Karikaturist und Grafiker Josef Blaumeiser (1924–1988), dessen Zeichnungen vor allem in der „Süddeutschen Zeitung" und der „Abendzeitung" erschienen, schuf sie anlässlich der Unterzeichnung des Grundlagenvertrages. Siehe auch die Erläuterungen zu Aufgabe 2.

Webcode
FG450099-229

S. 229, M2: Devisenzahlung der BRD an die DDR 1984 siehe die Erläuterungen zu Aufgabe 3

S. 229, M3: Foto Kohl und Honecker 1987 in Bonn
Am 7. September 1987 empfing Bundeskanzler Helmut Kohl den SED-Generalsekretär Erich Honecker zu seinem einzigen Staatsbesuch in der Bundesrepublik. Honecker wurde mit allen protokollarischen Ehren eines Staatsbesuchers in Bonn empfangen. Es entstand dadurch der Eindruck, die Bundesregierung habe die Teilung Deutschlands endgültig akzeptiert.

S. 229, M4: Kommt die Wiedervereinigung? siehe die Erläuterungen zu Aufgabe 5

S. 229, Aufgabe 1 a)
- Erleichterungen im Reiseverkehr (sehr begrenzt), Post- und Telefonverbindungen, Bau von Autobahnen und Kanälen, Sporttreffen, Kulturaustausch und Familienzusammenführungen (stark begrenzt)
- Aufschwung des Binnenhandels, Zahlungen der Bundesrepublik für Ausbau und Nutzung der Verkehrswege, Freikauf von „politischen" Häftlingen, Transferzahlungen in Milliardenhöhe

b)
- Erleichterungen im Reiseverkehr (vor allem für Bewohner der Grenzregion), Post- und Telefonverbindungen, Bau von Autobahnen und Kanälen, Sporttreffen, Kulturaustausch und Familienzusammenführungen (stark begrenzt), westdeutsche Journalisten konnten aus der DDR berichten
- DDR ist billiger Produktionsstandort für westdeutsche Unternehmen, DDR braucht Devisen und gewährt deshalb den Freikauf von Häftlingen gegen Geld oder materielle Leistungen

S. 229, Aufgabe 2
Vorschläge für Überschriften: „Deutschland richtet sich ein" oder „Die Deutschen machen es sich gemütlich"
Begründung: Die Menschen in der Bundesrepublik haben scheinbar die Mauer und damit die Teilung Deutschlands akzeptiert. Sie versuchen nun, ein möglichst schönes Leben zu führen und die hässliche Mauer zu verdrängen oder gar zu vergessen.

S. 229, Aufgabe 3

7 Deutschland nach 1945: Zwei Staaten, eine Nation?

- Durchfahrt/Transit von und nach West-Berlin
- Mindestumtausch für Besucher aus der Bundesrepublik
- Postpauschale
- Pauschale für Reinigung, Sanierung und Ausbau von Straßen und Gewässern
- Geldgeschenke

S. 229, Aufgabe 4
- Vorschlag für eine Schlagzeile im Westen: „Honecker triumphiert über den Westen – das Ende der Hoffnung auf Wiedervereinigung?"
- Vorschlag für eine Schlagzeile im Osten: „Auch der Westen hat es nun kapiert: Die DDR ist und bleibt ein souveräner Staat"

S. 229, Aufgabe 5
Sechs Jahre nach Kriegsende glaubten etwa 40 Prozent der Bevölkerung an eine Wiedervereinigung. Die Nachkriegsordnung schien noch nicht fest verankert, denn man konnte noch relativ ungehindert zwischen beiden Teilen Deutschlands hin- und herreisen. Diese Zuversicht stieg noch bis Ende der 1950er Jahre an. Mit den zunehmenden Abriegelungsmaßnahmen durch die DDR, die schließlich im Bau der Mauer 1961 gipfelten, gingen die Erwartungen diesbezüglich jedoch zurück. Vor allem seit den Ostverträgen 1971/72 und der Aufnahme beider Staaten in die UNO 1973 sanken die Hoffnungen auf eine Wiedervereinigung deutlich. Bis 1987 setzte sich weitgehend die Überzeugung durch, dass die Teilung Deutschlands endgültig sei.

Kompetenzen prüfen — S. 232/233

HRU, S. 189, KV
7.3 Selbsteinschätzungsbogen für Schüler

HRU, S. 187, KV
7.2 Deutschland nach 1945 – zentrale Begriffe

S. 232, M1: Umbenennung einer deutschen Straße unter Aufsicht von US-Soldaten
Kurz nach Kriegsende befahlen die Besatzungsmächte die Umbenennung von Straßen mit eindeutigem NS-Bezug. Zuständig für die Durchführung der Umbenennungen waren ab 1946 die gewählten Kommunalvertretungen, die in dieser Frage z.T. einen starken Beharrungswillen an den Tag legten. So wurden angeordnete Namensänderungen – wie beispielsweise im Falle Hindenburgs – keinesfalls flächendeckend vorgenommen. Bis heute sind etwa ein Drittel der Benennungsakte aus der NS-Zeit noch gültig und geben immer wieder Anlass zu geschichtskulturellen Kontroversen.

S. 232, M2: Schwarzmarkt in Hamburg, 1947
Das während der NS-Herrschaft eingeführte Bewirtschaftungssystem wurde aufgrund der Warenknappheit von den Alliierten beibehalten. Oft erwiesen sich aber Geld und Lebensmittelkarten als wertlos. Dies begünstigte „Hamsterfahrten" und die Entstehung städtischer Schwarzmärkte, auf denen im Tauschhandel Lebens- und Genussmittel sowie Waren des täglichen Bedarfs, meist aus zweiter Hand, den Besitzer wechselten. Zigaretten wurden zum inoffiziellen Zahlungsmittel, für das man fast alles Lebensnotwendige erhalten konnte. Razzien und Strafandrohungen erwiesen sich als relativ wirkungslos. Erst mit der Währungsreform 1948 verschwanden die Schwarzmärkte.

S. 232, M3: Richard von Weizsäcker zum 40. Jahrestag des Endes des Zweiten Weltkrieges
In seiner weltweit beachteten Rede erklärte von Weizsäcker, dass nicht das Ende des Krieges als Ursache für Flucht, Vertreibung und deutsche Teilung betrachtet werden dürfe: Die Ursachen seien vielmehr im Beginn der NS-Gewaltherrschaft zu suchen, die zum Krieg führte. Der Behauptung vieler Deutscher, die nach dem Krieg „von nichts" gewusst haben wollten, widersprach er vehement. Der Bundespräsident forderte, dass die Deutschen, auch die Nachgeborenen, ihre Augen nicht vor der Vergangenheit verschließen dürften, da sie sonst blind für die Gegenwart würden. Die Rede vor dem Bundestag fand vor allem im Ausland viel Anerkennung, löste innerhalb Deutschlands aber auch heftige Debatten aus. Vertriebenenverbände reagierten empört, und auch in Teilen der CDU und der Presse stieß die Rede auf Ablehnung. Heute gehören viele der Aussagen von Weizsäckers zu den Grundlagen der deutschen Erinnerungskultur. Im Umgang mit der NS-Vergangenheit seines Vaters blieb von Weizsäcker allerdings hinter seinen eigenen Ansprüchen zurück: Ernst von Weizsäcker war wegen der Mitwirkung an den Deportationen französischer Juden nach Auschwitz in Nürnberg als Kriegsverbrecher verurteilt worden – sein Sohn verteidigte ihn bis zuletzt als unwissend.

S. 233, M4: Auszug aus einem ostdeutschen Geschichtslehrbuch, 1960
siehe die Lösungshilfen zu S. 233, Aufgabe 6 auf S. 341 des Schülerbandes

Deutschland nach 1945: Zwei Staaten, eine Nation? 7

S. 233, M5: Karikatur zum Grundlagenvertrag 1972 siehe die Lösungshilfen zu S. 233, Aufgabe 7 auf S. 341 des Schülerbandes

S. 233, Aufgabe 1 bis 9 siehe die Lösungshilfen auf S. 341/342 des Schülerbandes

Lösungen zu den Kopiervorlagen der Handreichung

KV 7.1, Aufgabe 1 Beispiellösung:

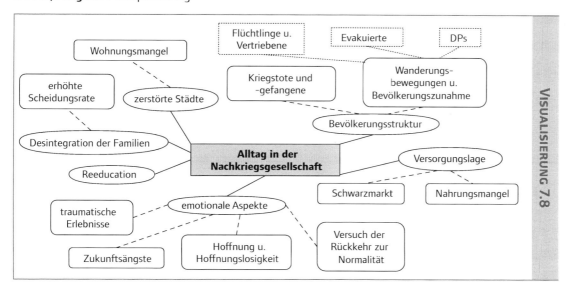

VISUALISIERUNG 7.8

KV 7.1, Aufgabe 2
„Fringsen" bedeutet „Mundraub begehen". Der Begriff geht zurück auf eine Predigt des Kölner Kardinals Joseph Frings, in der dieser die illegale Beschaffung von Lebens- und Heizmitteln in engen Grenzen legitimierte. Die alltägliche Not ließ Verhaltensweisen zur allseits akzeptierten Normalität werden, die offiziell als Straftaten galten.

KV 7.2, Aufgabe 1
Entnazifizierung, Potsdamer Konferenz, Zwangsvereinigung von KPD und SPD, Parlamentarischer Rat, Grundgesetz, Provisorische Volkskammer, Reeducation, „Zusammenbruchsgesellschaft", „Stunde null", Vertriebene, zerstörte Städte, Marshallplan, Währungsreform, Bodenreform, Reparationen, Schwarzmarkt etc.

KV 7.2, Aufgabe 2 Beispiellösung:
- *Herrschaft und Staatlichkeit:* Im Rahmen der *Entnazifizierung* bemühten sich die Amerikaner, die deutsche Gesellschaft vom Nationalsozialismus zu „säubern". Bei der *„Potsdamer Konferenz"* von 1945, auf der die Alliierten über die Zukunft Deutschlands berieten, wurden unterschiedliche Ansichten und Interessen der Besatzungsmächte deutlich. Gegen den Widerstand von Teilen der SPD erfolgte im April 1946 die *Zwangsvereinigung von KPD und SPD* zur SED.
- *Gesellschaft und Recht:* Im Zuge der *Reeducation* wollten die Siegermächte demokratische Werte in der deutschen Gesellschaft implementieren. Als *„Zusammenbruchsgesellschaft"* bezeichnen Historiker die von den Kriegsfolgen gezeichnete Gesellschaft der unmittelbaren Nachkriegszeit. Der von Zeitgenossen für die unmittelbare Nachkriegszeit geprägte Begriff *„Stunde null"* suggeriert einen vollständigen Bruch mit der nationalsozialistischen Vergangenheit, den es so nie gegeben hat. Die Integration der aus den ehemaligen Ostgebieten *Vertriebenen* und Geflüchteten stellte die deutsche Nachkriegsgesellschaft zunächst vor Herausforderungen.
- *Wirtschaft und Umwelt:* Im Rahmen des *Marshallplans* stellten die USA Europa Gelder für den Wiederaufbau zur Verfügung. Nach der *Währungsreform*, mit der im Juni 1948 in den Westzonen die Deutsche Mark eingeführt wurde, füllten sich die Geschäfte schlagartig. Bei der *Bodenreform* in der SBZ, die zugleich als Entnazifizierungsmaßnahme wie als Strukturreform fungieren sollte, wurde das Land von enteigneten Großgrundbesitzern und NS-Größen an Kleinbauern und Landlose übergeben.

7 Deutschland nach 1945: Zwei Staaten, eine Nation? — Kopiervorlage 7.1

Name: Klasse: Datum:

KV 7.1 Alltag in der Nachkriegszeit

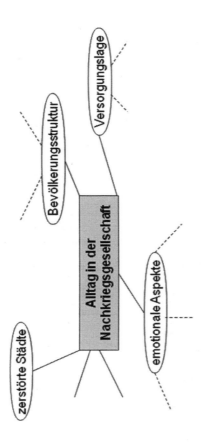

1. Ergänze die Mindmap zum Alltag im Nachkriegsdeutschland. Greife dazu auf S. 198/199 und S. 204/205 des Schulbuchs sowie deine Notizen aus dem Unterricht zurück.

2. **Recherche:** Informiere dich über die Entstehungsgeschichte und Bedeutung des Begriffs „fringsen". Erläutere anhand deiner Rechercheergebnisse, inwieweit der Alltag in der Nachkriegsgesellschaft auch von einer Kluft zwischen offizieller Rechtslage und alltäglichem Rechtsempfinden geprägt war.

Autorin: Caterina Zwilling

| Name: | Klasse: | Datum: |

KV 7.2 Deutschland nach 1945 – zentrale Begriffe

_____
_____
_____
_____
_____
_____
_____

1 Sammle mithilfe des Schulbuchs und deiner Notizen aus dem Unterricht zehn zentrale Begriffe aus dem Themenbereich „Deutschland nach 1945" und trage sie in das obere, linierte Feld ein.

2 Kleingruppenarbeit
a) Vergleicht eure Ergebnisse in der Kleingruppe und einigt euch auf jeweils drei Begriffe zu den Aspekten Herrschaft und Staatlichkeit, Gesellschaft und Recht sowie Wirtschaft und Umwelt, die euch besonders wichtig erscheinen. Tragt die Begriffe in die Tabelle ein.
b) Formuliert gemeinsam zu jedem Begriff der Tabelle einen erklärenden Satz. Nehmt dabei das Schulbuch und eure Notizen aus dem Unterricht zu Hilfe.

Begriffe	Erläuterungen
Herrschaft und Staatlichkeit	

Autorin: Caterina Zwilling

7 Deutschland nach 1945: Zwei Staaten, eine Nation?

Kopiervorlage 7.2

Name: Klasse: Datum:

Gesellschaft und Recht	
Reeducation	Im Zuge der „Reeducation" wollten die Siegermächte demokratische Werte in der deutschen Gesellschaft implementieren.
Wirtschaft und Umwelt	

Autorin: Caterina Zwilling

7 Deutschland nach 1945: Zwei Staaten, eine Nation? Kopiervorlage 7.3

Name: Klasse: Datum:

KV 7.3 Deutschland nach 1945: Zwei Staaten, eine Nation?

Ich kann, weiß, verstehe …	sehr sicher	sicher	unsicher	sehr unsicher	Hilfen finde ich hier: (SB = Schülerbuch)
1 Ich kann die Situation nach dem Zweiten Weltkrieg in Deutschland beschreiben.					SB, S. 198/199
2 Ich kann eine Mindmap erstellen, die die Probleme und den Alltag der Nachkriegsgesellschaft aufzeigt.					SB, S. 198/199
3 Ich kann diskutieren, welcher Begriff die Situation der Gesellschaft 1945 am passendsten beschreibt.					SB, S. 198/199
4 Ich kann erläutern, welche Pläne die Alliierten 1945 für Deutschland hatten und welche möglichen Auswirkungen die Potsdamer Beschlüsse hatten.					SB, S. 200/201
5 a) Ich kann geeignete Fragestellungen für eine Archivrecherche entwickeln.					SB, S. 202/203
b) Ich weiß, wie ich vorgehen muss, um passende Archivmaterialien zu finden, zu sichten und zu analysieren.					
6 Ich kann ein Mindmap erstellen, die die unterschiedlichen Aspekte des Alltags in der Nachkriegszeit aufzeigt.					SB, S. 204/205
7 Ich kann die Entnazifizierungsmaßnahmen in den Westzonen und der SBZ beschreiben, miteinander vergleichen und kritisch bewerten.					SB, S. 206/207
8 Ich kann die politische und wirtschaftliche Entwicklung in der SBZ nach 1945 in einem Schaubild darstellen.					SB, S. 208/209
9 Ich kann das unterschiedliche Vorgehen der Siegermächte in ihren Besatzungszonen darstellen.					SB, S. 208–211
10 Ich kann die Ursachen der Teilung Deutschlands in zwei Staaten erklären.					SB, S. 210/211
11 a) Ich kann einen Zeitstrahl für die Entwicklung der Westzonen bis zur Gründung der BRD gestalten.					SB, S. 212–215
b) Ich kann einen Zeitstrahl für die Entwicklung der SBZ bis zur Gründung der DDR gestalten.					
12 Ich kann die politischen und wirtschaftlichen Systeme der Bundesrepublik und DDR erläutern und vergleichen.					SB, S. 212–215, 218/219
13 Ich kann den Gründungsvorgang des Landes Niedersachen beschreiben.					SB, S. 216/217
14 Ich kann erläutern, welche Probleme die Regierung des Landes Niedersachsen anfangs bewältigen musste.					SB, S. 216/217
15 Ich kann die Politik der Westanbindung unter Adenauer erklären und bewerten.					SB, S. 220/221
16 Ich kann Ursachen, Verlauf und Folgen der Krisen in der DDR 1953 und 1961 erklären.					SB, S. 222–225
17 Ich kann den Wandel der Ostpolitik ab 1970 unter Willy Brandt beschreiben und bewerten.					SB, S. 226–229
18 Ich kann die Veränderungen im deutsch-deutschen Verhältnis durch den Grundlagenvertrag aus unterschiedlichen Perspektiven darstellen.					SB, S. 228/229

Autorin: Andrea Welk

8 Leben im geteilten Deutschland SB S. 234–263

Sachinformationen zum Kapitelaufbau

In den beiden 1949 gegründeten deutschen Staaten bildeten sich auch auf wirtschaftlichem und gesellschaftlichem Gebiet unterschiedliche Realitäten heraus. Die planwirtschaftlich organisierte DDR-Ökonomie meisterte zwar die Überwindung der Nachkriegskrise, sie blieb aber vom Mangel an bestimmten Konsumgütern geprägt. In der Bundesrepublik feierte das marktwirtschaftliche Modell mit dem „Wirtschaftswunder" Erfolge und leitete eine Ära des Massenkonsums neuen Ausmaßes ein. Bemerkenswert war in der DDR der hohe Grad der weiblichen Erwerbstätigkeit, die Gesellschaft der Bundesrepublik blieb dagegen lange von traditionellen Rollenbildern gekennzeichnet. Während im Osten der Alltag der Jugendlichen in hohem Maß vom Zugriff staatlicher Organisationen bestimmt war, hatten in Westdeutschland Jugendkulturen weitaus größere Entwicklungsfreiräume. Hier setzte mit der 68er-Bewegung ein tief greifender Veränderungsprozess ein, der langfristig zur Modernisierung der bundesrepublikanischen Gesellschaft beitrug.

Das vorliegende Kapitel befasst sich mit wirtschaftlichen und gesellschaftlichen Entwicklungen, die das Alltagsleben in DDR und Bundesrepublik prägten. Anhand der ersten Doppelseite erarbeiten sich die Lernenden Grundlagenwissen zur ost- und westdeutschen Wirtschaftsentwicklung. Nach einer Themeneinheit zu „Gastarbeitern" und Migration untersuchen die Schülerinnen und Schüler das Alltagsleben in Ost und West. Die Stasi als auch im Alltag präsentes Machtinstrument steht im Mittelpunkt der anschließenden Doppelseite. Im Folgenden setzen sich die Lernenden mit der Rolle der Frauen und dem Leben von Jugendlichen in der DDR und der Bundesrepublik auseinander, bevor u. a. anhand der Fußball-WM von 1954 die Rolle sportlicher Großereignisse bei der Herausbildung eines nationalen „Wir-Gefühls" analysiert wird. Die Themenseiten zur 68er-Bewegung sind mit dem Methodenteil verknüpft, der sich der Durchführung einer Zeitzeugenbefragung widmet. Das Kapitel schließt mit einer Doppelseite zum Terror der RAF in den 1970er Jahren.

Hinweis zum Unterrichtsverlauf

siehe Jahrgangscurriculum, S. 14

Kompetenzerwerb in Kapitel 8 (s. Schülerband S. 262)

Eine detaillierte Liste der zu erwerbenden Kompetenzen finden Sie hier in der Handreichung auf dem Selbsteinschätzungsbogen, S. 212.

Selbsteinschätzungsbogen für Schüler zum Kapitel 8

siehe Kopiervorlage 8.3, S. 212

Weiterführende Hinweise auf Forum-Begleitmaterialien (s. Einleitung, S. 7)

- Arbeitsheft 4, Kap. 5: Deutschland von der Teilung bis zur Vereinigung
- Kompetenztraining, Kap. 27: Deutschland nach 1945
- Geschichte interaktiv II, Kap. 8: BRD und DDR
- Foliensammlung Geschichte 2, Folie 26: Plakate in Ost und West
- Foliensammlung Geschichte 2, Folie 28: Frauen in der Bundesrepublik I
- Foliensammlung Geschichte 2, Folie 29: Frauen in der Bundesrepublik II
- Invitation to History: Volume 2, Unit 6: Germany from 1945 to 1961
- Invitation to History: Volume 2, Unit 7: Germany devided and united 1961–1990

Literatur, Jugendbücher, Filme, Internethinweise für Lehrkräfte

Literatur
Manfred Görtemaker, Kleine Geschichte der Bundesrepublik Deutschland, Bonn (Bundeszentrale für politische Bildung) 2002.
Ilko-Sascha Kowalczuk, Die 101 wichtigsten Fragen. DDR, München (C. H. Beck) 2009.
Edgar Wolfrum, Die 101 wichtigsten Fragen. Bundesrepublik Deutschland, München (C. H. Beck) 2009.

Leben im geteilten Deutschland **8**

Stefan Wolle, Die DDR. Eine Geschichte von der Gründung bis zum Untergang, Bonn (Bundeszentrale für politische Bildung) 2015.
Jugendbücher
Felix Görmann, Da war mal was ... Erinnerungen an hier und drüben, Hamburg (Carlsen) 2014.
Klaus Kordon, Krokodil im Nacken, Weinheim (Beltz & Gelberg) 2002.
Ders., Auf der Sonnenseite, Weinheim (Beltz & Gelberg) 2009.
Grit Poppe, Schuld, Hamburg (Dressler) 2014.
Filme
FWU 4602422:   Wirtschaft in der DDR
FWU 4602554:   Deutsch-deutsche Geschichte: Jugend in Ost und West
FWU 4602556:   Die 68er: Demokratie in der Krise?
WBF B-2450:   Das Wirtschaftswunder. Westdeutscher Alltag in den 50er Jahren
WBF D-2458:   Die Rolle der Frau in der Bundesrepublik Deutschland (1948–1971)
Internethinweise für Lehrkräfte
http://www.hdg.de/lemo/kapitel/geteiltes-deutschland (umfassende Informationen zum Leben im geteilten Deutschland, zusammengestellt vom „Lebendigen Museum Online" [„LeMO"])
http://www.bpb.de/izpb/9741/deutschland-in-den-70er-80er-jahren (Online-Ausgabe der „Informationen zur politischen Bildung" zum Thema „Deutschland in den 70er/80er Jahren")
http://www.planet-wissen.de/geschichte/ddr/das_leben_in_der_ddr/pwwbdaslebeninderddr100.html (Informationen zum Leben in der DDR, Angebot von „Planet Wissen")
https://www.jugendopposition.de (multimediales Angebot zur Jugendopposition in der DDR, Gemeinschaftsprojekt der Bundeszentrale für politische Bildung und der Robert-Havemann-Gesellschaft)

Auftaktseiten — S. 234/235

S. 234 f.: Mauerbau in Berlin-Neukölln/Treptow
Am 13. August 1961 begann mit der „Operation Rose" in Berlin die Abriegelung der Sektorengrenzen zum Westen. Rund 15 000 bewaffnete Kräfte der Volkspolizei, der Grenzpolizei und der Kampftruppen waren direkt an der Grenze im Einsatz, im rückwärtigen Gebiet standen etwa 7000 Soldaten der Nationalen Volksarmee sowie Truppeneinheiten der sowjetischen Armee bereit. Die Berliner Bevölkerung reagierte mit Fassungslosigkeit und Wut auf die Teilung der Stadt, die Familien und Freunde auseinanderriss. Stärker als die Proteste im Westen und die polizeilich unterbundenen Widerstandsversuche im Osten haben sich Bilder von Fluchtversuchen der letzten Minute und von Verabschiedungsszenen direkt an der Grenze in das kollektive Gedächtnis eingebrannt. Wenige Tage nach dem 13. August wurde die provisorische Grenzbefestigung durch eine Mauer aus Hohlblocksteinen ersetzt – zusätzlich gesichert durch einen Übersteigschutz aus Stacheldraht. Nach Forschungsergebnissen des Zentrums für Zeithistorische Forschung Potsdam kamen bis 1989 in Berlin mindestens 138 Menschen durch Gewalt oder Unfall im Zusammenhang mit dem Grenzregime ums Leben.

S. 235, Aufgabe individuelle Lösung

Orientierung im Kapitel — S. 236/237

S. 236, M1: Bundesrepublik und DDR mit Transitautobahnen und Grenzübergängen
Zwischen 1945 und 1947 wurden durch Verordnungen der amerikanischen, britischen und französischen Militärregierungen die westdeutschen Bundesländer geschaffen, die die Grundlage des föderalen Staatsaufbaus der Bundesrepublik bilden sollten. Die sowjetische Militärregierung schuf in ihrer Besatzungszone zunächst fünf Bundesländer, die allerdings 1952 – im Zuge einer auf stärkere Zentralisierung ausgerichteten Verwaltungsreform – aufgelöst und durch 14 Bezirke ersetzt wurden.
Der Transitverkehr durch die östlichen Besatzungsgebiete und später die DDR war immer wieder Gegenstand von Konflikten, die in der Berlin-Blockade 1948/49 einen ersten dramatischen Höhepunkt fanden. In den 1950er und 1960er Jahren war zwar die Sicherheit von Personen und Waren durch ein Abkommen garantiert, Reisende waren aber von zahlreichen, im Vorfeld kaum kalkulierbaren Einschränkungen betroffen, die von stundenlangem Warten bis zu schikanösen Kontrollen reichten. Im Rahmen der Entspannungspolitik wurde 1971 ein Transitabkommen vereinbart, das die Reisebedingungen erleichterte. In der Folgezeit wurden zunächst drei, dann vier Transitautobahnen festgelegt, die von westlichen Autofahrern genutzt werden konnten. Dabei waren nur kurze Pausen an Raststätten oder Tankstellen gestattet, ein Verlassen der Strecke war untersagt. Die Zahl der Grenzübergänge variierte im Laufe der Zeit: 1952 ließ die DDR-Regierung etliche Übergänge

8 Leben im geteilten Deutschland

schließen, 1972 wurden mehrere Übergänge für den lokalen, sogenannten „kleinen Grenzverkehr" geöffnet.

S. 237, M2: Westdeutsche Familie beim Urlaub am Gardasee
Im Zuge des westdeutschen „Wirtschaftswunders" wurden Auslandsreisen erstmalig für breitere Teile (wenn auch keineswegs für die Mehrheit) der Bevölkerung erschwinglich. Insbesondere das südlich-exotisch wirkende und doch nicht allzu entfernte Italien war das Traumziel der Bundesbürger. Die Fotografie zeigt eine Familie beim Ausladen ihres VW Käfers – ein Automodell, das in den 1950er Jahren millionenfach verkauft wurde und zum Symbol des Aufschwungs avancierte. Wie sehr die italienischen Restaurantbesitzer auf das deutsche Publikum eingestellt sind, zeigt das Schild „Man spricht deutsch".

S. 237, M3: Junge Pioniere am Tag der Nationalen Volksarmee
Fast alle Kinder in der DDR traten bei ihrer Einschulung den „Jungen Pionieren" bei. Die Organisation, deren Losung „Für Frieden und Sozialismus: Seid bereit!" lautete, veranstaltete nicht nur Bastelnachmittage und Solidaritätsaktionen für Länder der Dritten Welt, sondern widmete sich auch der Wehrerziehung der Grundschüler. Dazu gehörten beispielsweise von der NVA organisierte Pioniermanöver, im Rahmen derer vormilitärische Kenntnisse wie die Orientierung im Gelände vermittelt wurden. Häufig fanden diese Manöver am 1. März, dem Tag der Nationalen Volksarmee, statt.

S. 237, M4: Ein „Stasi"-Mitarbeiter wertet Tonbänder aus
Wer als Oppositioneller in der DDR einen Telefonanschluss beantragte, hatte oft erstaunlich schnell Erfolg, obwohl die normale Wartezeit über zehn Jahre betrug. Es war klar, dass das Gerät zur Überwachung genutzt würde. Für die telefonische Überwachung gab es zwar enge gesetzliche Grenzen, so war beispielsweise offiziell eine staatsanwaltliche Genehmigung notwendig, in der Praxis wurden diese Regeln aber systematisch missachtet. Etwa 95 Prozent der Telefonmitschnitte, so schätzt der Historiker Ilko-Sascha Kowalczuk, waren illegal und damit auch nicht vor Gericht verwertbar. Neben DDR-Bürgern waren auch westliche Politiker und Journalisten in breitem Umfang Ziel der akustischen Überwachungsmaßnahmen. Allein im Jahr 1986 wurden vom MfS 2,6 Millionen Telefonate abgehört und 170 000 Abhörberichte gefertigt. Neben der Telefonüberwachung (im „Stasi"-Jargon „Maßnahme A" genannt) gehörte auch das Abhören von Wohn- und Geschäftsräumen durch versteckte Mikrofone („Maßnahme B") zu den gängigen Überwachungsformen. Aufgrund des größeren logistischen Aufwands, den die Platzierung von „Wanzen" mit sich brachte, lag das Verhältnis der Anwendungshäufigkeiten von Maßnahme B und A bei etwa 1 zu 6.

S. 237, Aufgabe 1
Die Fotografie zeugt vom wirtschaftlichen Aufschwung in der frühen Bundesrepublik. Während die Nachkriegsjahre von wirtschaftlicher Not geprägt waren, sieht man hier eine Familie, die sich ein Auto und eine Auslandsreise leisten kann.

S. 237, Aufgabe 2 a)
Die Armee will sich als volksnahe Einrichtung präsentieren. Bereits Kindern soll ein positives Bild des NVA-Soldaten vermittelt werden, militärische Wehrhaftigkeit wird als positiv besetzte Normalität dargestellt. Bei den Schülern soll auch für das Berufsfeld Armee geworben werden.
b) Das Bild von dem kleinen Jungen mit dem automatischen Gewehr sollte vielleicht in kritischer Absicht den Militarismus der DDR illustrieren. Genauso gut möglich ist es aber, dass der Fotograf das Geschehen ganz unkritisch dokumentieren oder gar die Wehrhaftigkeit des DDR-Sozialismus positiv herausstreichen wollte.

S. 237, Aufgabe 3 a) und b) Recherche-Aufgaben

Wirtschaft in Ost und West: Mangel gegen Wohlstand? S. 238/239

Webcode FG450099-239

HRU-CD Film „Das Wirtschaftswunder"

S. 238, M1: Westdeutsches Werbeplakat, 1955
Im August 1955 lief in Wolfsburg unter breiter Aufmerksamkeit der Medien der millionste VW-Käfer vom Band, schon acht Jahre später wurde die Zahl von zehn Millionen produzierten Fahrzeugen erreicht. Die Ursprünge des Volkswagenwerkes und des Käfer-Modells gehen auf nationalsozialistische Initiativen der „Volksmotorisierung" zurück. Nach dem Wiederaufbau des bombengeschädigten Werkes in Wolfsburg wurde Ende 1945 die Produktion wieder aufgenommen. Damit begann die Erfolgsgeschichte des preiswerten, zuverlässigen und leicht zu reparierenden Pkws. In den 1970er

Jahren wurde der VW Käfer mit achtstelligen Produktionszahlen zum meistproduzierten Automodell der Welt. Siehe auch die Erläuterungen zu Aufgabe 1 a).

HRU, S. 211, KV
8.2 Leben im geteilten Deutschland

S. 238, M2: Propagandaplakat für den Fünfjahresplan, 1951
Der Parteitag der SED beschloss im Juli 1950 den ersten Fünfjahresplan, der ab Anfang des Folgejahres Gültigkeit erlangen sollte. Nach dem Zweijahresplan für den Zeitraum 1949/50 passte sich die DDR damit dem Planungsrhythmus der Sowjetunion an und ging zur langfristigen Planwirtschaft über. Als vorrangige wirtschaftliche Aufgabe wurde der Ausbau der Schwerindustrie festgeschrieben. Insgesamt sollte das Produktionsvolumen der Industrie in fünf Jahren mehr als verdoppelt werden. Für die Agrarwirtschaft waren Produktionssteigerungen von 25 Prozent vorgesehen. Die wirtschaftliche Entwicklung konnte mit den hochgesteckten Zielen allerdings nicht mithalten: Die Planvorgaben mussten in der Folgezeit mehrmals revidiert werden. Siehe auch die Erläuterungen zu Aufgabe 1 a).

S. 239, M3: Erinnerungen Lothar Ritters
Die nach oben weitergereichten Zahlen zur Planerfüllung in den Betrieben der DDR waren häufig manipuliert: Eine Nichterfüllung des Plans hätte zu personellen Konsequenzen auf der Leitungsebene des Betriebs führen können und für alle Betriebsangehörigen finanzielle Einbußen wie z. B. den Verlust von Jahresprämien bedeutet. Die Diskrepanzen zwischen den propagierten Planerfüllungszahlen und der tatsächlichen ökonomischen Situation waren auch auf gesamtwirtschaftlicher Ebene bald nicht mehr zu übersehen und trugen zur Zerrüttung des Vertrauens der Bevölkerung in das Wirtschaftssystem der DDR bei.

S. 239, M4: Tauschgeschäfte in der DDR
Dem Mangel an bestimmten Gütern versuchte die Bevölkerung der DDR mit Tauschgeschäften zu begegnen. Mit Blick auf spätere Tauschmöglichkeiten wurden bei verfügbaren Waren häufig Spekulations- und Vorratskäufe getätigt, die die gesamtwirtschaftlichen Versorgungsprobleme noch erhöhten. Tauschgeschäfte fanden nicht nur zwischen Privathaushalten statt: Auch zwischen Betrieben wurden gehortete Produkte – an der staatlichen Administration vorbei – getauscht, um so Ressourcenengpässe zu schließen. Auf den „grauen Märkten" wurden auch Dienstleistungen angeboten. Mit der „Feierabendarbeit" konnten insbesondere in den Mangelberufen des Handwerks hohe Nebeneinkünfte erzielt werden.

S. 239, M5: Menschenschlange vor einem Laden in Weimar
Anstehen gehörte in der DDR zum Einkaufsalltag. Wenn rare Produkte einmal verfügbar waren, war der Andrang entsprechend groß. Man stellte sich an, ohne zu wissen, ob die Waren überhaupt noch erhältlich sein würden, wenn man an der Reihe war. Das Schaufenster des fotografierten Geschäfts ist mit einem Bild von Karl Marx und einem Propagandaspruch geschmückt – ein Zeichen für die Allgegenwart politischer Parolen im DDR-Alltag. Auffällig ist zudem, dass trotz der hohen weiblichen Erwerbstätigkeitsrate auch in den 1980er Jahren ganz überwiegend Frauen für den Einkauf verantwortlich zu sein scheinen.

S. 239, Aufgabe 1 a)
Das Plakat M1 wirbt für den Kauf eines Volkswagens. Es zeigt – vor tiefschwarzem Hintergrund – die Erdkugel und ein an die Milchstraße erinnerndes weißes Band, auf dem ein roter VW Käfer fährt. Das Pkw-Modell, das laut Plakat bei steigender Qualität und sinkenden Preisen Produktionszahlen von einer Million Stück erreicht hat, scheint den Weltraum zu erobern. Über der Weltkugel, die dadurch wie ein Kopf wirkt, ist ein Zylinder abgebildet, eine Hand mit weißem Handschuh deutet das Lüften der Kopfbedeckung an. Der Plakattext „In aller Welt zieht man den Hut" verbalisiert dieses Sinnbild. Zylinder und Handschuh suggerieren, dass nicht nur die ganze Welt, sondern gerade auch die Reichen und Eleganten dem VW Käfer ihren Respekt zollen. Die Aura von Wohlstand und Erfolg wird dadurch auch auf das Pkw-Modell übertragen. Indirekt werden auch nationale Gefühle angesprochen: Zehn Jahre nach der deutschen Niederlage im Zweiten Weltkrieg wird die Bundesrepublik dank ihrer wirtschaftlichen Leistungskraft wieder in aller Welt respektiert.
Das Plakat M2 agitiert für den Fünfjahresplan. Mit aller Kraft, so die Plakatunterschrift, soll sich die Bevölkerung für den Aufbau des Sozialismus einsetzen. Ein Metallarbeiter und eine Bäuerin sind im Bildvordergrund abgebildet. Sie wirken stark, gesund und zuversichtlich, ihr Blick geht in die Ferne. Der Mann hält ein riesenhaftes Werkzeug in der Hand, die Frau ein reifes Ährenbündel. Diese Elemente vermitteln ebenso wie die enormen Fabrikanlagen im Hintergrund den Eindruck von großer Produktionskraft. Ein Emblem in der linken Ecke verbindet die Zahl Fünf (→ Fünfjahresplan) mit Hammer, Ähre und Zirkel (→ Arbeiter, Bauern, Intellektuelle). Alle Klassen sollen sich für die erfolg-

reiche Umsetzung des Wirtschaftsplans einsetzen. Auch mit diesem Plakat werden nationale Emotionen bemüht: Auf dem Fabrikgebäude wehen neben der roten auch zwei deutsche Fahnen, die Plakatüberschrift zitiert die Nationalhymne.
b) M1 umwirbt potenzielle Käufer. In der Marktwirtschaft müssen sich die Produkte auf dem Markt bewähren. Reichtum und Eleganz erscheinen als erstrebenswerte Ziele. M2 will die Bevölkerung zu Produktivität animieren und von der Produktivkraft der sozialistischen Planwirtschaft überzeugen. Erreicht werden soll die Einhaltung der staatlichen Planvorgaben. Arbeiter und Bauern werden in heroisierter Form als tragende Säulen der Gesellschaft dargestellt.

S. 239, Aufgabe 2 a)
Dem planwirtschaftlichen System der DDR gelang es nicht, Güter jeden Typs und zu jeder Zeit in einer dem Bedarf entsprechenden Menge zur Verfügung zu stellen. Trotz der propagierten Erfolge bei der Planerfüllung waren viele Produkte Mangelware. Vor Geschäften, die solche raren Güter ausnahmsweise im Angebot hatte, bildeten sich Schlangen. Bei Gütern mit hohen Produktionskosten wie Autos führte der Mangel zu jahrelangen Wartezeiten.
b) Das Motto wird in M4 ironisch verwendet. Es suggeriert ein geordnetes Vorwärtskommen, das nicht der Wirklichkeit entsprach. Die Produktion hing den Plänen hinterher, viele Güter waren knapp, im Schatten der sozialistischen Planwirtschaft bildeten sich private Tauschmärkte.
c) Die offiziellen Erfolgsmeldungen zum sozialistischen Aufbau entsprachen nicht der wirtschaftlichen Realität. Die Planwirtschaft war als Wirtschaftsmodell angetreten, das versprach, Rohstoffe zu schonen und Verschwendung zu verhindern. Die Manipulation der Zahlen zur Planerfüllung zeigt jedoch, dass man von einem effizienten Wirtschaftssystem weit entfernt war. In Bezug auf viele nachgefragte Produkte herrschte Mangel.

Wähle aus: Aus Gastarbeitern werden Einwanderer — S. 240/241

Webcode *FG450099-240*

S. 240, M1: Türkische Gastarbeiter in ihrer Unterkunft
Bis Anfang der 1970er Jahre lebten die Angeworbenen meist ohne Familienangehörige in firmeneigenen Baracken oder Sammelunterkünften, in denen das Leben reglementiert war. Männer und Frauen waren getrennt untergebracht, gegenseitige Besuche auf den Zimmern untersagt. In Anwerbeverträgen war von angemessenen Unterkünften die Rede gewesen. Immer wieder gab es jedoch Beschwerden über die hohe Zimmerbelegung und schlechte sanitäre Anlagen. Erst 1973 wurde eine gesetzliche Regelung verabschiedet, die Mindestanforderungen an vom Arbeitgeber gestellte Unterkünfte festschrieb und dabei nicht zwischen deutschen und ausländischen Arbeitern unterschied.

S. 240, M2: Ein türkischer Gastarbeiter berichtet
Nicht nur von deutscher Seite war der Arbeitsaufenthalt nach dem Anwerbeabkommen als zeitlich begrenzter gedacht. Auch die meisten Angeworbenen planten zunächst, nach einigen Jahren Arbeit in Deutschland mit verbesserten Chancen in ihre Geburtsländer zurückzukehren. Von Anfang an waren die „Gastarbeiter" mit Diskriminierungserfahrungen konfrontiert. Wer sich zum Bleiben entschied, hatte es bei der Wohnungssuche schwer: Die ungeliebten Ausländer erhielten häufig nur die heruntergekommensten Wohnungen in wenig nachgefragten Wohnlagen. Vielfach war ein Mietzuschlag für Ausländer üblich. Erst 1982 wurde diese Praxis gerichtlich für unzulässig erklärt.

S. 241, M3: Der türkische Schriftsteller Nevzat Üstün
Üstün (1924–1979) war ein politisch engagierter Schriftsteller und Journalist. In seiner Erzählung „Almanya Almanya" (1965) setzte sich der in der Türkei lebende Autor mit den Migrationserfahrungen türkischer Einwanderer in Deutschland auseinander. Die Anwerbeabkommen für „Gastarbeiter" sahen eine begrenzte Aufenthaltsdauer vor: Nach dem „Rotationsprinzip" sollten die Arbeitnehmer nach wenigen Jahren in ihre Geburtsländer zurückkehren und durch Neuankömmlinge ersetzt werden. So sollten Niederlassungstendenzen verhindert werden. Die ausländischen Arbeiter wurden meist für unqualifizierte Beschäftigungen herangezogen. Untergebracht in Baracken und Sammelunterkünften, waren die „Gastarbeiter" gerade in den Anfangsjahren von der übrigen Bevölkerung isoliert. Der Mangel an Privatsphäre und strenge Reglements in den Unterkünften bedeuteten auch eine Beschränkung der Sexualität. Das Zitat von Max Frisch stammt aus seinem – auf die Schweizer Gesellschaft bezogenen – Essay „Überfremdung" von 1965.

S. 241, M4: Günter Wallraff, „Ganz unten"
Zweieinhalb Jahre recherchierte Wallraff – getarnt als türkischer Leiharbeiter Ali Levent Sinirlioglu – zu den Arbeits- und Lebensbedingungen ausländischer Arbeiter. Die Ergebnisse waren niederschmet-

ternd: Rassistische Beleidigungen und Schikanen gehörten ebenso zu den Alltagserfahrungen wie massiv gesundheitsschädigende Arbeitsbedingungen. Das Buch wurde nach seinem Erscheinen breit in der Öffentlichkeit diskutiert und hatte Konsequenzen auch auf gesetzgeberischer Ebene: Die Bundesregierung verschärfte die Bestimmungen zur Leiharbeit. Darüber hinaus leitete die Staatsanwaltschaft Ermittlungen gegen Firmen ein, die nach den Recherchen Wallraffs geltendes Arbeitsrecht gebrochen hatten. Aufgrund der eindimensionalen Darstellung der „Gastarbeiter" und ihrer Festschreibung auf eine Opferrolle wird das Buch allerdings bis heute auch kritisiert.

S. 241, M5: Jan Hanrath zur Vielfalt der türkischstämmigen Bevölkerung in Deutschland
Neben Arbeit und Familienzusammenführung spielen bei Migrationsbewegungen aus der Türkei auch politische Gründe eine Rolle: So flohen beispielsweise nach dem Militärputsch von 1980 viele kritische Intellektuelle und Oppositionelle nach Deutschland. Mit 95 Prozent ist der überwiegende Teil der Migranten aus der Türkei muslimischen Glaubens, fünf Prozent gehören anderen Religionsgemeinschaften (z. B. der christlichen oder der jesidischen) oder keiner Konfession an. Fast zwei Drittel der türkischstämmigen Menschen in Deutschland leben bereits seit 20 Jahren oder länger hier, ca. 40 Prozent sind in Deutschland geboren.

S. 240, Aufgabe 1 (Material A)
Viele „Gastarbeiter" verließen ihre Herkunftsländer in der Absicht, nur einige Jahre in Deutschland zu arbeiten. Sie hofften auf gute Verdienstmöglichkeiten und akzeptable Lebensbedingungen. In Deutschland sahen sie sich jedoch schwierigen Lebensbedingungen gegenüber. M1 zeigt eine Unterkunft von „Gastarbeitern". Das kleine Zimmer ist mit mindestens vier Männern belegt: Am rechten Bildrand ist das Gestänge eines zweiten Hochbetts zu erkennen. Das Mobiliar ist einfach, der Platz knapp, Privatsphäre nicht vorhanden. Auf den Schränken liegen gut sichtbar die Koffer der Bewohner – ein Hinweis darauf, dass die Idee der Rückkehr gegenwärtig ist. M2 schildert Schwierigkeiten bei der Wohnungssuche, die vermutlich auch mit rassistischer Diskriminierung in Zusammenhang standen. Hüseyin A. berichtet von langen Arbeitszeiten und wenig außerfamiliären Beziehungen in Deutschland. Dennoch blieb er mit seiner nachgereisten Familie in Deutschland.

S. 240, Aufgabe 2 (Material A) Recherche-Aufgabe

S. 241, Aufgabe 1 (Material B)
Max Frisch prangert in dem Zitat an, dass im Ausland angeworbene Arbeiter als abstrakte Arbeitskräfte angesehen wurden. Sie sollten ihre – häufig schwere und wenig angesehene – Arbeit verrichten und sonst nicht weiter stören. Dass sich Menschen in dem Land, in dem sie arbeiten, auch ein Leben aufbauen wollen – mit einer Wohnung, Freizeit, Familie –, wollte man nicht sehen. Diese Einstellung fand ihren Niederschlag auch in rassistischer Diskriminierung und Ausbeutung, wie sie Wallraff in seiner Reportage schildert.

S. 241, Aufgabe 1 (Material C) a)
Innerhalb der Gruppe der türkischstämmigen Menschen in Deutschland existieren vielfältige Unterschiede – z. B. in Bezug auf Aufenthaltsdauer, Migrationsgründe, ethnischen und religiösen Hintergrund, Staatsbürgerschaft und Bildungsgrad.
b) Arbeit, Studium, Familienzusammenführung, Flucht aus politischen Gründen

S. 241, Aufgabe für alle individuelle Lösung

Der Alltag in West- und Ostdeutschland   S. 242/243

S. 242, M1: Westdeutsche Familie beim Kaffeetrinken
Die Abbildung spiegelt das Ideal der bürgerlichen Familie der 1960er Jahre wider. Beim Ritual von Kaffee und Kuchen ist die Kleinfamilie mit Verwandten in Sonntagskleidung am Tisch versammelt. Die nach traditionellem Rollenbild für den Haushalt zuständige Mutter bedient Gäste und Familie. Dem Gesichtsausdruck der Kinder zufolge hält sich ihr Amüsement in Grenzen.

S. 242, M2: Beisammensein im Garten einer Kleingartenanlage bei Neubrandenburg/DDR
Die Datsche spielte in der Freizeitkultur der DDR eine prominente Rolle. Sie bot angesichts eingeschränkter Reisemöglichkeiten Alternativen bei der Wochenend- und Urlaubsgestaltung und ermöglichte zudem den Eigenanbau von Obst und Gemüse, das in den Läden nicht immer zu haben war. Die Abbildung zeigt eine Kaffeerunde. Anzahl und Altersstruktur der Fotografierten lassen den

---

Webcode
FG450099-243

HRU, S. 209, KV
8.1 Wandel der Lebensformen in den 1960er Jahren

HRU, S. 211, KV
8.2 Leben im geteilten Deutschland

8 Leben im geteilten Deutschland

Diff. Kopiervorlagen
19.5 „Dein Päckchen nach drüben": Die Bedeutung der „Westpakete" im geteilten Deutschland

Schluss zu, dass sich hier neben Familienmitgliedern auch Freunde, Kollegen oder Nachbarn versammelt haben.

S. 243, M3: Interview mit dem in der DDR aufgewachsenen Historiker Stefan Wolle
Der Historiker wurde in den 1970er Jahren aus politischen Gründen zeitweise der Humboldt-Universität in Berlin verwiesen, konnte sein Studium aber erfolgreich abschließen. Nach 1989 setzte sich Wolle für die Aufarbeitung der SED-Vergangenheit ein. Er war als Mitarbeiter beim Bundesbeauftragten für die Unterlagen des Staatssicherheitsdienstes der ehemaligen DDR und bei der Stiftung zur Aufarbeitung der SED-Diktatur tätig. Seit 2005 ist er Wissenschaftlicher Leiter des DDR-Museums in Berlin.

S. 243, M4: Ausstattung mit Konsumgütern siehe die Erläuterungen zu Aufgabe 3

S. 243, Aufgabe 1
Das Leben in der Bundesrepublik war in den 1950er Jahren von zunehmendem Wohlstand und einer konservativen Mentalität geprägt. Heim und Familie spielten in der Freizeit eine herausragende Rolle. Der Alltag in der DDR war in vielen Punkten staatlichen Vorgaben unterworfen. Rückzugsmöglichkeiten vor staatlicher Einflussnahme suchten viele im privaten Freundeskreis. Auch in der Freizeitgestaltung waren jedoch die staatlich organisierten Kollektive ein – z.T. durchaus als positiv empfundener – Bezugspunkt. Der ökonomische Lebensstandard war deutlich geringer als in der Bundesrepublik. Das Warten auf Mangelgüter gehörte zu den prägenden Alltagserfahrungen. Arbeitslosigkeit gab es in der Planwirtschaft jedoch nicht.

S. 243, Aufgabe 2 a)
Nach Wolle war die soziale Sicherheit in der DDR untrennbar mit politischer Unfreiheit verbunden. Einrichtungen wie das Kollektiv vermittelten ein Gefühl der Zusammengehörigkeit und Solidarität, sie waren aber zugleich Instrumente der sozialen und politischen Kontrolle – auch wenn es innerhalb des Kollektivs bestimmte Freiräume gab.
b) Persönliche Lebensumstände und politische Voreinstellungen beeinflussen nicht nur unsere Sicht auf die Dinge, sondern auch das, was wir erleben. Als „braver" DDR-Bürger war man beispielsweise nicht von direkten Maßnahmen des Repressionsapparates betroffen. Positive Erfahrungen wie soziale Sicherheit oder Zusammenhalt können zudem in der Rückschau verabsolutiert werden. So wird die Vergangenheit verklärt.

S. 243, Aufgabe 3
1969 lag die Ausstattung mit Konsumgütern in fast allen Bereichen weit unter dem Niveau der Bundesrepublik. Nur bei Rundfunkgeräten überstieg der Prozentsatz der DDR den der Bundesrepublik. Besonders eklatant ist der Unterschied in Bezug auf Pkws. In diesem Bereich bleibt die DDR bis 1985 weit hinter Westdeutschland zurück. In Bezug auf Rundfunkgeräte, Kühlschränke und Waschmaschinen liegt die DDR 1978 mit der Bundesrepublik fast gleich auf, nur bei Fernsehgeräten sind die Werte signifikant niedriger. 1985 hat sich der Abstand zwischen DDR und Bundesrepublik in fast allen Bereichen wieder vergrößert. Auch in der DDR stieg der Lebensstandard von 1969 bis 1985 merklich an, allerdings mit deutlich geringerer Geschwindigkeit als in der Bundesrepublik.

S. 243, Aufgabe 4 Recherche-Aufgabe

Die „Stasi" – das Machtinstrument der SED   S. 244/245

Webcode
FG450099-245

Diff. Kopiervorlagen
19.7 Vernichten oder Bewahren? Der schwierige Umgang mit dem „unheimlichen Erbe" des Ministeriums für Staatssicherheit

S. 244, M1: Ehemalige Geruchsproben, ausgestellt im Leipziger Stasi-Museum
Der Vergleich von Geruchsproben gehörte seit der Weimarer Republik zu den kriminalistischen Methoden der Verbrechensbekämpfung. Das von der Stasi in Zusammenarbeit mit der Volkspolizei aufgebaute Geruchsproben-Archiv diente hingegen präventiven Zwecken. Es wurden Proben von vermeintlichen oder tatsächlichen Oppositionellen gesammelt, um sie später z.B. zum Abgleich mit Geruchsspuren an illegalen Flugblättern zu verwenden. Speziell ausgebildete „Differenzierungshunde" wurden für die Zuordnung der Gerüche eingesetzt. Die Proben wurden häufig ohne das Wissen der Betroffenen genommen, beispielsweise indem auf Stühlen in Verhörräumen oder Kneipen sterile Tücher platziert wurden. Die genaue Anzahl der archivierten Geruchsproben ist nicht mehr zu ermitteln. Es ist davon auszugehen, dass Tausende Oppositionelle von der Maßnahme betroffen waren.

Leben im geteilten Deutschland 8

S. 245, M2: Aus einem Aktenvermerk des Ministeriums für Staatssicherheit
Die schriftlichen Belege für Tötungspläne aus der Spätphase der DDR stammen aus den Akten einer internen Revision, der die Abteilung XX/4 (Überwachung der Kirchen und Religionsgemeinschaften) wegen zu eigenmächtigen Handelns, Korruptionsverdachts und allzu rabiater „Zersetzungsmaßnahmen" unterzogen wurde.

S. 245, M3: Die Sprache der Stasi
Die Sprache des MfS weist enge Beziehungen zur Gruppensprache des Militärs auf. Typisch ist beispielsweise die Verwendung des Begriffs „aufklären" in seiner militärischen Bedeutung (z. B. „eine Person aufklären"). Kennzeichnend ist zudem ein dehumanisierender Sprachgebrauch: So werden Verben, die in der Standardsprache nur in Kombination mit sächlichen Bezugswörtern zu finden sind, auf Personen bezogen (z. B. „Bearbeitung von angefallenen Personen"). Darüber hinaus werden für Personen häufig Sachbezeichnungen verwendet (z. B. „die Quelle"). Tätigkeiten, die mit Lügen und Täuschungen verbunden sind, werden mit weniger anstößig klingenden Vokabeln beschrieben (z. B. „konspirative Wohnungsdurchsuchung").

S. 245, M4: Aus einem Interview mit Robert P., der als IM tätig war
Der Politologe Müller-Enbergs kommt – auf Grundlage der wenigen einschlägigen Statistiken – zu dem Ergebnis, dass 1989 ca. 3500 Personen unter 21 Jahren als Inoffizielle Mitarbeiter für das MfS tätig waren. Etwa 1300 davon waren Müller-Enbergs Forschungen zufolge minderjährig. Andere Schätzungen erreichen Zahlenwerte von 8000 bis 10000 minderjährigen IMs. Die Jugendlichen sollten als Gleichaltrige Informationen über die dissidente Jugendkultur liefern. Zur Anwerbung, die häufig mit dem Wissen oder der Mithilfe der Schulleitung erfolgte, wurden die gleichen Methoden der „operativen Psychologie" eingesetzt, die auch bei Erwachsenen zur Anwendung kamen. Neben Erpressung gehörte dazu die Ausnutzung von Schwächen oder des jugendlichen Geltungsbedürfnisses. Die jungen IMs mussten ein Schriftstück unterschreiben, in dem sie sich verpflichteten, mit niemandem – auch nicht mit ihren Eltern – über ihre Tätigkeit zu sprechen.

S. 245, Aufgabe 1
Aufgabe der Stasi war die Sicherung des SED-Regimes. Zu ihren Tätigkeiten gehörte die Überwachung von dissidenten Personen und Gruppierungen, die Verhinderung oppositioneller Aktivitäten, der Schutz der Volkswirtschaft vor Kriminalität und Sabotage, die Sicherung des Grenzregimes, Spionagetätigkeiten im Ausland und die Abwehr geheimdienstlicher Aktivitäten aus dem Ausland. Mit einem Netz aus hauptamtlichen Mitarbeitern und „inoffiziellen" Spitzeln überwachte die Stasi die Bevölkerung, unterwanderte und zerschlug politische Gruppen und ging mit Maßnahmen gegen Oppositionelle vor, die darauf abzielten, die Person durch Isolierung, Diffamierung und psychische Schädigung handlungsunfähig zu machen.

S. 245, Aufgabe 2
totale Überwachung und polizeistaatliche Methoden wie die präventive Speicherung von Geruchsproben; Isolierung; getarntes Aushorchen von Personen; Aufbau von psychologischem Druck; Anwerbung Inoffizieller Mitarbeiter aus dem persönlichen und politischen Umfeld; Erpressung; Einschränkung der Mobilität; Tötungspläne

S. 245, Aufgabe 3
Das Bewusstsein über die stets präsente Möglichkeit von Stasi-Aktivitäten muss zu einer Unterminierung von Vertrauensverhältnissen im persönlichen und politischen Umfeld geführt haben. Nie konnte man sich sicher fühlen, dass ein Freund oder politischer Weggefährte nicht doch heimlich dem MfS zuarbeitete. Der Austausch zu politischen Fragen über Telefon oder den Postweg musste aufgrund der leichten Kontrollierbarkeit gemieden werden, kein Ort für politische Treffen schien vor Abhörmaßnahmen gefeit. Durch das hohe Maß der Überwachung wurde die politische Handlungsfähigkeit von oppositionellen Gruppen massiv eingeschränkt und ein allgemeines Klima der Verunsicherung geschaffen.

S. 245, Aufgabe 4
M1 gibt beispielhaft Auskunft darüber, mit welchen Methoden Überwachung durch das MfS funktionierte. Die abgebildeten Gläser und Geruchsproben sind authentische Objekte, die Geschichte besonders anschaulich erfahrbar machen. Die besondere „Kuriosität" von Beispielen wie den Geruchsproben kann allerdings den Blick auf die Ernsthaftigkeit des DDR-Überwachungsalltags verstellen.

8 Leben im geteilten Deutschland

S. 245, Aufgabe 5 a)
Matthias Domaschk: geb. 1957; bereits als Jugendlicher Mitglied der Evangelischen Gemeinde in Jena; Unterzeichnung des Protestbriefes gegen die Biermann-Ausbürgerung; 1976 Verhaftung und psychologische Folter beim Verhör; Kontakte zu tschechischen und polnischen Widerstandsgruppen sowie westdeutschen DDR-Gegnern; 1981 Verhaftung und Tod in Haft unter ungeklärten Umständen
b) Jürgen Fuchs: geb. 1950; bereits in der Schulzeit kritische Äußerungen zum Prager Frühling; 1973 Beitritt zur SED; 1975 Parteiausschluss; Studium und schriftstellerische Tätigkeit; politische Zwangsexmatrikulation; Proteste gegen Biermann-Ausbürgerung; 1976 Inhaftierung in Berlin-Hohenschönhausen; 1977 Zwangsausreise; Tätigkeit als Schriftsteller und Sozialpsychologe in Westdeutschland; Engagement in der Friedensbewegung und Kontakte zu Oppositionsgruppen in der DDR und Osteuropa; Ziel von „Zersetzungsmaßnahmen" der Stasi (u. a. Bombenexplosion vor Wohnhaus und Pläne zu Vergiftung durch radioaktive Substanzen)
c) Rainer Eppelmann: geb. 1943; 1966 Verweigerung des Wehrdienstes; achtmonatige Haft; Studium der Theologie; Ordination zum Pfarrer; Organisation von „Bluesmessen" und anderen Veranstaltungen der kirchlichen Jugendarbeit; 1982 Mitautor des Berliner Appells „Frieden schaffen ohne Waffen"; Engagement bei kirchlichen Friedens- und Menschenrechtsgruppen; Ziel von „Zersetzungsmaßnahmen" der Stasi (u. a. Tötungspläne durch fingierten Autounfall); 1989 Mitbegründer der Partei „Demokratischer Aufbruch"; 1990 Minister in der Regierung Modrow und der Regierung de Maizière; 1990–2005 Abgeordneter des Deutschen Bundestags (CDU); weitere politische Ämter und Engagement für die Aufarbeitung der SED-Vergangenheit

S. 245, Aufgabe 6 a)
Der westdeutsche Polizist Kurras erschoss 1967 während einer Demonstration den Studenten Benno Ohnesorg und trug damit wesentlich zur Radikalisierung der westdeutschen Studentenbewegung bei. Zu diesem Zeitpunkt war er als Inoffizieller Mitarbeiter für die Stasi tätig. Der Verdacht, Kurras habe im Auftrag der Stasi geschossen, um die Bundesrepublik zu destabilisieren, ließ sich vor Gericht nicht erhärten.
b) Knud Wollenberger hatte unter dem Decknamen IM „Donald" seine Ehefrau, die Bürgerrechtlerin Vera Lengsfeld, für das MfS ausspioniert.

Frauenrollen in West und Ost — S. 246/247

Webcode
FG450099-247

HRU, S. 211, KV
8.2 Leben im geteilten Deutschland

HRU-CD
Hördokument „Regine Hildebrandt über (ihre) Berufstätigkeit und Mutterschaft in der DDR (1995)"

Diff. Kopiervorlagen
19.4 „Volle Gleichberechtigung der Frau"? Geschlechterrollen in der DDR

S. 246, M1: Werbeanzeige für Waschpulver, Bundesrepublik, 1959
Mit „Wipp" brachte das Unternehmen Henkel, das dank seiner Erfolgsmarke „Persil" bereits eine marktbeherrschende Stellung innehatte, 1955 sein erstes synthetisches Waschmittel auf den Markt. Waschmittel wurden in den 1950er Jahren besonders intensiv beworben. Sie repräsentierten das bürgerliche Familienideal und den Wunsch nach Sauberkeit – nach einer durchaus auch im übertragenen Sinne interpretierbaren Abgrenzung vom Schmutz der Kriegsjahre. Nicht zufällig sprach man im Rahmen des Entnazifizierungsprozesses von „Persilscheinen".

S. 247, M2: Einkommen von Frauen in Prozent der Männerverdienste
1960 erhielten weibliche Angestellte in Westdeutschland mit 56 Prozent des Männerverdienstes nur wenig mehr als die Hälfte des Gehalts ihrer männlichen Kollegen. Arbeiterinnen waren mit 60 Prozent des Gehalts kaum näher am Niveau des vergleichbaren Männereinkommens. Bis 1988 verbesserten sich die Werte bei den Arbeiterinnen um zehn und bei den Angestellten um acht Prozentpunkte auf 30 bzw. 36 Prozent Lohndifferenz. Von Einkommensgleichheit blieb man aber weit entfernt. Auch in der DDR gab es trotz der propagierten vollen Gleichberechtigung der Geschlechter ein Lohngefälle zwischen Männern und Frauen. Mit ca. 22 Prozent war es aber deutlich geringer als im früheren Westdeutschland. Auch im heutigen Deutschland werden kaum bessere Werte erreicht: Für das Jahr 2016 stellte das Statistische Bundesamt eine geschlechtsbezogene Lohndifferenz von 21 Prozent fest.

S. 247, M3: Ergebnis einer Studie über Mädchenbildung in der Bundesrepublik, 1969
In ihrer Studie setzte sich Helge Pross mit der Benachteiligung von Mädchen im Bildungssystem auseinander. In den 1960er Jahren belief sich ihren Ergebnissen nach der Mädchenanteil bei Abitur und Studienaufnahme nur auf 37 bzw. 30 Prozent. Zwar waren seit Beginn des Jahrzehnts im Zuge von Bildungsreformen (wie der flächendeckenden Durchsetzung der Koedukation) die Indikatoren für Mädchenbildung gestiegen, von Chancengleichheit war man aber noch weit entfernt. Im selben Jahrzehnt zogen an den Oberschulen der DDR – infolge gezielter Förderung – die Mädchen mit den Jungen bereits gleich auf. In der Bundesrepublik wurde die 50-Prozent-Marke bei Abiturientinnen erst 1990 erreicht.

Leben im geteilten Deutschland **8**

S. 247, M4: DDR-Plakat, 1954
Der auf eine Initiative von Clara Zetkin aus dem Jahre 1911 zurückgehende „Internationale Frauentag" wurde in der DDR seit 1946 begangen. Frauen wurden zu Hause und auf der Arbeit mit kleinen Präsenten und Blumen gewürdigt. Die offiziellen Kampagnen zum Frauentag drehten sich meist um die berufliche Integration der Frau in bisherige Männerdomänen. Eine geschlechtergerechte Aufteilung der Hausarbeit wurde nicht thematisiert. Nachdem eine nahezu flächendeckende Erwerbstätigkeit der Frauen erreicht war, traten politische Botschaften zurück: Der Frauentag beschränkte sich auf Festtagsreden und das gesellige Beisammensein im Betrieb.

S. 247, Aufgabe 1 a)
Die Waschmittelwerbung M1 transportiert ein patriarchales Rollenverständnis. Die adrett geschminkte und frisierte Frau existiert ganz in Funktion ihres Ehemannes und geht begeistert in ihrer Rolle als Hausfrau auf. Ihr gegenüber steht der beruflich erfolgreiche Mann mit Anzug und Wohlstandsbauch. Trotz des Gleichberechtigungsanspruchs des Grundgesetzes waren Recht und Gesellschaft der Bundesrepublik der 1950er Jahre von einem konservativen Frauenbild geprägt. Erst in den 1970er Jahren setzten sich vor dem Hintergrund der Frauenbewegung und ökonomischer Erfordernisse Veränderungen durch.
b) Das Plakat M4 wirbt für den Internationalen Frauentag. Die abgebildete Arbeiterin hat eine selbstbewusste Körperhaltung und ist in einem technischen Beruf tätig. Sie widerspricht somit traditionellen Rollenvorstellungen. Der in der rechten Ecke abgebildete Blumenstrauß, der der Arbeiterin vermutlich zum Frauentag überreicht wurde, ist dagegen ein klassisch weiblich konnotiertes Geschenk. In der DDR waren schon früh fast alle Frauen erwerbstätig, viele auch in traditionell männertypischen Berufen. Dies war auch deshalb möglich, weil die staatliche Kinderbetreuung breit ausgebaut wurde. Der Haushalt blieb jedoch vorwiegend Frauensache.

S. 247, Aufgabe 2
In der Bundesrepublik herrschte nicht nur die Meinung, dass sich die Tätigkeit der Frauen auf Haushalt und Kinder beschränken sollte, die wirtschaftliche Unselbstständigkeit der Frau war sogar rechtlich festgeschrieben. In der DDR wurde dagegen von Anfang an das Ziel der vollen Integration der Frauen in das Arbeitsleben verfolgt, auch weil vor dem Hintergrund der Abwanderung in den Westen alle Arbeitskräfte benötigt wurden.

S. 247, Aufgabe 3 Diskussion

S. 247, Aufgabe 4 Recherche-Aufgabe

Jugend in der DDR S. 248/249

S. 248, M1: Kundgebung zum „Fest der Freundschaft", 1967
Anlässlich des „Festes der Freundschaft" von 1967 trafen sich Delegierte der FDJ mit Vertretern der sowjetischen Jugendorganisation „Komsomol". Die Propagandaschau wurde von einem Unterhaltungsprogramm begleitet. Allerdings gingen die Vorstellungen von Politikern und Jugendlichen in Bezug auf Amüsement z. T. weit auseinander: Zum Missfallen der offiziellen Delegierten verwandelten die jungen Besucher eine der organisierten Tanzveranstaltungen kurzerhand in eine Beat-Party. Beim offiziellen Aufmarsch mit Musikparade und militärischem Abschlusszeremoniell versammelten sich 60 000 meist jugendliche Teilnehmer.

S. 249, M2: Motive für die Mitgliedschaft in der FDJ
Die FDJ war aufgrund ihrer Monopolstellung ein wichtiger Teil des jugendlichen Alltagslebens. Über die von der FDJ organisierten „Jungen Pioniere" und „Thälmann-Pioniere" wurde ein Großteil der Kinder bereits ab der Einschulung erfasst (1989: 98 Prozent). Mit der Jugendweihe erfolgte meist der Übergang in die FDJ. Durch eine Mischung aus Repression und Unterhaltung versuchte die Organisation, die Jugendlichen in ihrem Sinne zu beeinflussen. Die von der FDJ initiierten Sanktionsmaßnahmen reichten vom Bloßstellen vor der Klasse und der Einbestellung beim Direktor bis hin zu polizeilichen Verhören oder der Verhinderung von Berufswünschen. Beim staatlich organisierten Freizeitangebot war man durchaus um Modernität bemüht: So wurden in den 1960er Jahren mitunter auch Beat-Konzerte organisiert, in den 1980er Jahren feierte man in FDJ-eigenen Großraumdiskos.

Webcode
FG450099-249

HRU, S. 211, KV
8.2 Leben im geteilten Deutschland

S. 249, M3: Lied „Die Partei"
Der tschechisch-deutsche Dichter Louis Fürnberg verfasste 1949 das „Lied der Partei" und widmete es dem IX. Parteitag der Kommunistischen Partei der Tschechoslowakei. Der kommunistische Autor hatte auf eine Einladung zum Parteitag gehofft – vor dem Hintergrund antisemitischer und nationalistischer Stimmungen blieb diese dem deutschsprachigen Juden jedoch versagt. Insofern lässt sich der stramm stalinistische Text auch als Versuch der Selbstversicherung eines Verunsicherten interpretieren. In der DDR wurde das Lied 1950 zu Ehren des III. Parteitags der SED in einer Interpretation von Ernst Busch uraufgeführt und gehörte fortan zum gängigen Liedrepertoire der offiziellen Massenveranstaltungen. Im Zuge des Entstalinisierungsprozesses wurde der Stalinbezug im Refrain gestrichen und trotz der dadurch entstehenden Doppelung durch Lenin ersetzt.

S. 249, M4: Jugendweihe in der DDR
Mit der Jugendweihe wurde symbolisch der Übergang in die Welt der Erwachsenen begangen. Die Anfänge dieser Feier gehen auf freidenkerische Kreise des 19. Jahrhunderts zurück. In der DDR wurde das Ritual als Instrument für eine Erziehung im Sinne des marxistisch-leninistischen Weltbildes genutzt. In Jugendstunden, die allgemeine Fragen des Lebens behandelten und ideologische Standpunkte vermittelten, wurden die Jugendlichen auf die Weihe vorbereitet. Der Festakt selbst bestand aus Reden und dem sozialistischen Bekenntnis der Jugendlichen, die im Anschluss Blumen und ein Buchpräsent erhielten. Wer sich der Jugendweihe verweigerte, musste mit schwerwiegenden Benachteiligungen rechnen. Das abgebildete Plakat zeigt im Hintergrund Fabrikschlote, einen Strommast und ein russisches Flugzeug: Auch in der Werbung für die Jugendweihe kommt ein DDR-typischer Produktions- und Technikkult zum Ausdruck.

S. 249, M5: Der Historiker Stefan Wolle
Mit dem Rock 'n' Roll traten in den 1950er Jahren im Westen die Jeans ihren Siegeszug an. In der DDR blieben Rock 'n' Roll und die entsprechende Kleidung offiziell lange als Ausdruck des „Gammlertums" verpönt. Der jugendlichen Sehnsucht nach den modischen Nietenhosen gab 1972 eine Inszenierung von Ulrich Plenzdorfs „Die neuen Leiden des jungen Werther" in Ost-Berlin Ausdruck: Die Schauspieler trugen Jeans. 1974 lief in Sachsen die Produktion der ersten Nietenhosen an, offiziell wurden sie Doppelkappnahthosen genannt. Auf ein blaues Modell musste man noch weitere vier Jahre warten.

S. 249, Aufgabe 1
Die Mitgliedschaft in der FDJ wird in erster Linie pragmatisch begründet: 76 Prozent traten mit Blick auf ihre schulische und berufliche Zukunft bei, fast 60 Prozent geben den Wunsch nach Vermeidung von Ärger als Grund an. Neben diesen beiden Begründungen, die auf die Angst vor negativen Konsequenzen verweisen und der FDJ-Mitgliedschaft somit eine Art Zwangscharakter verleihen, war auch der allgemeine Gruppendruck eine weitverbreitete Motivation zum Beitritt (62,5 Prozent). Die Punkte 4–7 zeugen davon, dass viele der Organisation auch deshalb beitraten, weil es Elemente gab, die sie an der FDJ schätzten. Dazu gehörten das Zusammensein mit Gleichaltrigen, eine interessante Freizeitgestaltung und die Wahrnehmung der Interessen Jugendlicher. Dass immerhin 20,6 Prozent der Jugendlichen die Gelegenheit zu interessanten politischen Diskussionen als Beitrittsgrund angeben, ist ein Hinweis darauf, dass es in dieser Hinsicht zumindest in der Endphase der DDR gewisse Freiräume gab.

S. 249, Aufgabe 2
Die Partei wird als beinahe gottgleich dargestellt: Sie habe alles gegeben, selbst Naturkräfte wie Sonne und Wind. Das Leben selbst scheint mit ihr verbunden. Die Massen – so legt der Text nahe – seien der großzügigen, schützenden und mütterlichen Partei zu Dank verpflichtet. Die Partei bekämpfe Unrecht, Lüge und Ausbeutung und habe darum grundsätzlich und immer recht. Jeder, der sich gegen sie stelle, müsse bösartig oder dumm sein. Die Partei erscheint als gut, allmächtig und unfehlbar, ihre Gegner werden diffamiert.

S. 249, Aufgabe 3
Der SED-Staat griff mit dem Ziel der Herausbildung einer staats- und linientreuen Jugend in vielfältiger Weise auf das Leben der Jugendlichen zu. Die von Parteifunktionären geführte FDJ, die einen Großteil der Jugendlichen organisatorisch erfasste, war in Schulen, Betrieben und Universitäten präsent. Die FDJ-Mitglieder sollten an offiziell organisierten Aufmärschen und Kampfdemonstrationen teilnehmen (M1 zeigt junge uniformierte FDJler mit vorgefertigten Schildern bei einem solchen verordneten Aufmarsch). Zugleich konnten sie das umfangreiche Freizeitangebot der Organisation nut-

Leben im geteilten Deutschland 8

zen. So wurde die FDJ zu einem wichtigen Element im Alltagsleben der Jugendlichen. Wer nicht der FDJ beitrat, musste mit erheblichen Nachteilen u. a. in Bezug auf die schulische und berufliche Zukunft rechnen. M2 zeigt, dass die Sorge um schulische und berufliche Möglichkeiten zu den Hauptgründen für einen FDJ-Beitritt gehörte. Ein zentrales Fest für Jugendliche in der DDR war die Jugendweihe, die als Gegenstück zu Kommunion und Konfirmation eingeführt wurde. Auch hier zeigte sich der staatliche Zugriff: Die Jugendlichen mussten einen Eid auf den sozialistischen Staat ablegen. Das Plakat M4 illustriert, wie die Jugendweihe mit der Propagierung eines sozialistischen Aufbauwillens verbunden wurde. Ab 1978 mussten alle Schüler der 9. und 10. Klasse an einer vormilitärischen Ausbildung teilnehmen. Die SED-Funktionäre wünschten sich eine durch und durch angepasste Jugend, die sich der als unfehlbar dargestellten Partei unterordnet (M3).

S. 249, Aufgabe 4
Die Jugendlichen brachten ihre Abgrenzung gegenüber der staatlichen Kontrolle der Freizeitgestaltung durch Musik, jugendliche Subkulturen und Jugendmode zum Ausdruck. Auch kirchliche Jugendgruppen wurden als Freiräume geschätzt, die abseits des staatlichen Anpassungsdrucks standen.

S. 249, Aufgabe 5 individuelle Lösung

Jugend in der Bundesrepublik   S. 250/251

S. 250, M1: Jungenklasse einer Volksschule, um 1953
1952 besuchten 80 Prozent der Kinder die Volksschule und schlossen also ihre Schulbildung bereits mit der achten Klasse ab. Aufgrund kriegszerstörter Schulgebäude und Lehrermangel fand der Unterricht zu Anfang der 1950er Jahre häufig im Schichtbetrieb und mit Klassen von bis zu 49 Schülern statt. Gängig war zudem geschlechtergetrennter Unterricht. Koedukative Schulkonzepte setzten sich erst in den 1960er und 1970er Jahren durch. Die Schule der 1950er Jahre war von autoritären Strukturen geprägt. Die Prügelstrafe wurde erst 1973 gesetzlich abgeschafft.

Webcode
FG450099-251

HRU, S. 211, KV
8.2 Leben im geteilten Deutschland

S. 250, M2: Jugendliche bei einem Rockkonzert, 1959
Rock 'n' Roll löste ab Mitte der 1950er Jahre den Bebop-Jazz der Beatgeneration als Soundtrack der Jugendrebellion ab. Seinen weltweiten Durchbruch erlebte der frühe Rock 1955 mit dem Film „Blackboard Jungle", der sich – musikalisch untermalt von Bill Haley – mit Jugendkriminalität an Schulen beschäftigte. Eine Deutschland-Tournee des Sängers artete 1958 in Randale aus: In Berlin, Hamburg, Essen und Stuttgart zerlegten die Fans die Konzertsäle. Zwischen 1956 und 1958 wurden 350 Fälle derartiger Jugendkrawalle gezählt. Die Kultur des Rock 'n' Roll feierte das Underdog-Dasein und die Befreiung von bürgerlichen Moralvorstellungen. So boten die Tanzflächen auch Gelegenheit zu einer ersten Annäherung zwischen den Geschlechtern. Bis die Rockkultur mit den Beatles zu einer Mainstream-Mode wurde, blieb sie jedoch ein Minderheitenphänomen. Die große Mehrheit der Jugendlichen blieb – wie in jeder Generation – den herrschenden Normen, Regeln und Rollenmodellen verhaftet.

S. 250, M3: Titelbild der „Bravo", 1956
Für 50 Pfennig konnte man die als „Zeitschrift für Film und Fernsehen" untertitelte „Bravo" ab August 1956 erstehen. Bei einer Startauflage von 30 000 Exemplaren erreichte sie bis 1959 Verkaufszahlen von bis zu 523 000 Stück. Die Redaktion war bemüht, sich von Krawallen und anderen als anstößig empfundenen Elementen der Jugendkultur zu distanzieren. Dennoch stand die Zeitschrift bald im Ruf der Jugendverführung. 1959 beantragte das rheinland-pfälzische Sozialministerium anlässlich eines – aus heutiger Sicht wenig aufreizenden – „Star-Schnitts" von Brigitte Bardot die Indizierung der Ausgabe durch die Bundesprüfstelle für jugendgefährdende Schriften.

S. 251, M4: Die Historikerin Susanne Zahn über den Einfluss des Rock 'n' Roll siehe die Erläuterungen zu M2

S. 251, M5: Münchner Filmtheater mit Plakaten zu dem Film „Die Halbstarken"
Der Ausdruck „Halbstarke" wurde schon seit Anfang des 20. Jahrhunderts für unangepasste Jugendliche aus dem Arbeitermilieu verwendet und tauchte mit den Jugendkrawallen Mitte der 1950er Jahre wieder als diffamierende Bezeichnung auf. Im engeren Sinne wurde der Begriff für die in Cliquen auftretenden Teile der männlichen Arbeiterjugend verwendet, die sich der Kultur des Rock 'n' Roll verschrieben hatten. Der Film „Die Halbstarken" von Georg Tressler beschäftigt sich mit einer Gruppe krimineller Jugendlicher: Der aus schwierigem Elternhaus stammende 19-jährige Freddy lässt sich

zu kriminellen Machenschaften hinreißen, auch um der schönen Sissy zu gefallen. Als Freddy sich bei einem misslungenen Coup weigert, einen Zeugen zu erschießen, schießt ihm die – als Femme fatale inszenierte – 16-jährige Sissy in den Bauch. „Die Halbstarken" wurde zu einem der erfolgreichsten deutschen Filme der Nachkriegszeit.

S. 251, Aufgabe 1 a)
Die Gesellschaft der 1950er Jahre war von konservativen Wertvorstellungen geprägt. Von Jugendlichen wurde Disziplin, Pflichtgefühl, Opferbereitschaft und Anpassung erwartet. Auch in der Schule herrschten autoritäre Strukturen vor. Die Jugendlichen hatten zudem mit den Folgen des Krieges zu kämpfen: Viele waren durch eigene Erfahrungen traumatisiert, viele Väter waren gefallen oder kehrten durch Krieg und Gefangenschaft verändert zurück.
b) Die Jugendlichen rebellierten gegen die als prüde und spießig empfundene Welt der Erwachsenen und die autoritären Ansprüche einer Gesellschaft, die vor allem Anpassung erwartete.

S. 251, Aufgabe 2 a)
Die Jugendlichen setzten sich durch Mode und Musikgeschmack von den Erwachsenen ab. Die schnellen Rhythmen des Rock 'n' Roll entsprachen dem Lebensgefühl vieler Jugendlicher, der dazugehörige Tanzstil eignete sich ebenso zum Flirten wie zur Provokation der Erwachsenen. Lederjacken, Jeans und Mopeds wurden zum Markenzeichen der neuen „Halbstarken", die immer wieder durch Randale auf sich aufmerksam machten.
b) Die jugendliche Subkultur wurde schnell kommerzialisiert. Zeitschriften wie die „Bravo" fokussierten auf ein jugendliches Publikum und auch die Filmindustrie erkannte das Geschäftspotenzial der Jugendkultur.

S. 251, Aufgabe 3 Beispiellösung: rebellisch, aggressiv, wild, unangepasst, unpolitisch

S. 251, Aufgabe 4 individuelle Lösung

S. 251, Aufgabe 5 Gruppenarbeit

„Wir-Gefühl" durch sportliche Großereignisse? S. 252/253

Webcode
FG450099-253

S. 252, M1: Fußballweltmeisterschaft 1954
Das Fußballereignis, das häufig als Kristallisationspunkt eines neuen Nationalgefühls interpretiert wird, repräsentiert zugleich jene Kontinuität zum Nationalsozialismus, die für die deutsche Nachkriegsgesellschaft prägend war. Mit Sepp Herberger hatte die Mannschaft einen Trainer, der sich schon früh mit dem Nationalsozialismus arrangiert hatte (NSDAP-Eintritt im Mai 1933) und dem Regime ab 1936 als „Reichstrainer" zu Diensten stand. Einsatzwille, Unterordnung, Kameradschaft und Opferbereitschaft waren die zentralen Elemente des viel beschworenen Gemeinschaftsgeistes, den Herberger in der Mannschaftsunterkunft in Spiez herzustellen wusste. Zu diplomatischen Verstimmungen führte das Absingen der ersten Strophe des Deutschlandliedes durch das Publikum nach dem Abpfiff des Endspiels ebenso wie die revanchistischen Äußerungen des DFB-Präsidenten Peco Bauwens, der den Sieg als einen Denkzettel gegen die Siegermächte feierte und vom Beitrag des Germanengottes Wotan fabulierte. Das Endspiel traf bei der Bevölkerung auf enormes Interesse: Für Übertragungen in Gaststätten, Kinos und Veranstaltungsräumen waren im Vorfeld Berechtigungskarten ausgegeben worden, und selbst die Verkaufszahlen der raren Fernsehgeräte waren merklich angestiegen. Die Begeisterung über den Sieg war gewaltig. Neben Herberger und Walter v. l. n. r.: Toni Turek, Horst Eckel, Helmut Rahn, Ottmar Walter, Werner Liebrich, Jupp Posipal, Hans Schäfer, Werner Kohlmeyer, Karl Mai.

S. 252, M2: Empfang der Weltmeister in München, 1954
Bereits bei der Rückfahrt aus der Schweiz wurde der vorbeifahrende Sonderzug der Nationalelf an den deutschen Bahnhöfen von jubelnden Massen erwartet. In München begleiteten rund 300 000 Menschen den Autokorso der Mannschaft, die in zwölf offenen Mercedes-Cabrios zum Marienplatz fuhr. Hier zeigten sich die Nationalspieler auf dem Rathausbalkon der begeisterten Menge. Die neuen Stars der jungen Bundesrepublik wurden in der Folgezeit als erfolgversprechende Werbeträger von der Wirtschaft mit teuren Geschenken überschüttet.

S. 253, M3: Der Sportexperte Albrecht Sonntag (1998)

Der Sportsoziologe Albrecht Sonntag ist Koordinator eines europaweiten Forschungsprojekts zum Themenfeld Fußball. Als Untersuchungsgegenstand schätzt Sonntag das Phänomen Fußball aufgrund seiner Ambivalenz: Es produziere einerseits Abgrenzungen und eine grundsätzliche Einteilung in „in-" und „out-group", trage aber andererseits durch die Schaffung von Gemeinsamkeiten auch zur Anerkennung anderer Gruppen bei. Die Zelebration des Nationalen bei den Weltmeisterschaften bezeichnet er in einem Interview für „Die Zeit" im Jahr 2014 als problematisch: Im „Wir sind anders" der fahnenschwingenden Massen schwinge immer auch ein „Wir sind besser" mit.

S. 253, M4: Auszug aus der „Frankfurter Allgemeinen Zeitung" zur Fußball-WM (2006)

Der Autor lobt das Verbindende des Fußballs, die Betonung des spielerischen Elements bei der WM von 2006 und den „entspannten" Umgang mit nationalen Insignien. So positiv wurde das neue Schwelgen in Schwarz-Rot-Gold nicht von allen Kommentatoren aufgenommen. Ein Artikel der „Süddeutschen Zeitung" beschäftigte sich anlässlich der EM von 2012 mit soziologischen Untersuchungen zur WM-Fankultur sechs Jahre zuvor: Die Soziologin Dagmar Schediwy betonte in ihrer Studie zum Thema, dass in Bezug auf Fußball nicht von Patriotismus gesprochen werden könne, beziehe sich dieser doch seiner Definition nach auf Demokratie und soziale Errungenschaften. Diese spielten in Zusammenhang mit dem Bekenntnis der Fans zur Nationalmannschaft keine Rolle, hier gehe es – wie wissenschaftliche Befragungen belegen – vielmehr um Nationalstolz und Vaterlandsliebe. Solche nationalistischen Konzepte, so das Ergebnis einer Studie des Soziologen Ulrich Wagner, korrelieren positiv mit Fremdenfeindlichkeit.

S. 253, M5: Ein Historiker über die Olympischen Spiele von 1972 (2010)

Das Vorbereitungskomitee der Olympischen Spiele von 1972 war sehr darum bemüht, München als weltoffene Stadt zu präsentieren und sich von der Berliner Inszenierung des Jahres 1936 abzusetzen. Die Verantwortung für die künstlerische Gestaltung oblag dem Designer Otl Aicher, der als Jugendlicher zum antifaschistischen Widerstand gezählt werden konnte und zudem mit Inge Scholl, der Schwester von Hans und Sophie Scholl, verheiratet war. Diese Personalentscheidung rückte Willi Daume, der NOK-Präsident der Bundesrepublik, besonders gerne in den Vordergrund. Während die DDR die Entscheidung für den Austragungsort München mit Parolen wie „2 × '36 = '72" attackierte, gelang es den Organisatoren, der Welt das Bild einer modernen Bundesrepublik zu präsentieren. Zu den Anschlägen siehe die Erläuterungen zu Aufgabe 4 a).

S. 253, Aufgabe 1 a)

Sportlicher Wettbewerb ist stets von starken Emotionen geprägt: Es geht ums Gewinnen und Verlieren, um Freude und Trauer. Bei Großereignissen des Sportes werden diese Gefühle von den Fans einer bestimmten Mannschaft gemeinsam durchlebt: Sie fühlen sich dadurch miteinander verbunden. Gerade auch die Existenz anderer Fangruppen führt zu einem größeren Verbundenheitsgefühl innerhalb der eigenen Gruppe: Abgrenzung nach außen geht mit Zusammenhalt nach innen häufig Hand in Hand.

b) individuelle Lösung

S. 253, Aufgabe 2

Allein schon die Teilnahme an der WM 1954 war ein Zeichen der Normalisierung der außenpolitischen Beziehungen der Bundesrepublik. Der Sieg der Mannschaft löste einen Begeisterungssturm aus: Nach dem Zusammenbruch des Nationalsozialismus und den entbehrungsreichen Nachkriegsjahren zeigte sich ein deutscher Staat wieder als international akzeptiert und erfolgreich. Für die Aufrichtung des beschädigten Selbstbildes der Deutschen und eine positive Identifikation mit der Bundesrepublik war das „Wunder von Bern" daher ein wichtiges Ereignis.

S. 253, Aufgabe 3

Die Verbreitung des Fußballs fiel zeitlich mit der Durchsetzung der Nationalstaatsidee zusammen. Daher erschien bei den ersten weltweiten Wettkämpfen die Orientierung an nationalstaatlichen Kategorien bei der Aufstellung der Teams als geradezu selbstverständlich.

S. 253, Aufgabe 4 a)

Am 5. September 1972 stürmten Mitglieder der palästinensischen Terrororganisation „Schwarzer September" die Unterkunft der israelischen Olympiamannschaft und erschossen dabei zwei der Athleten. Neun israelische Sportler wurden als Geiseln genommen. Durch die Geiselnahme sollten in Israel bzw. Deutschland inhaftierte Palästinenser und RAF-Mitglieder freigepresst werden. Bei einer gescheiter-

8 Leben im geteilten Deutschland

ten Befreiungsaktion wurden alle neun Sportler, fünf der acht Terroristen und ein Polizist getötet. Die Olympischen Spiele wurden trotz des Attentats nicht abgebrochen.

b) Das moderne Fußballspiel entstand um die Mitte des 19. Jahrhunderts in England. 1863 wurde mit der „Football Association" der erste englische Fußballverband gegründet. Der zunächst vor allem bei den Oberschichten beliebte Zeitvertreib entwickelte sich rasch zu einem Sport, für den sich auch die Arbeiterklasse begeisterte. 1900 wurde mit dem DFB auch in Deutschland ein Fußballverband gegründet, 1908 war Fußball erstmals eine olympische Disziplin, seit 1930 werden Weltmeisterschaften ausgerichtet. Heute ist Fußball in vielen Ländern der Massensport schlechthin. In Deutschland kann sich bei Großereignissen wie der WM kaum einer dem Begeisterungstaumel entziehen.

Die 68er: Ziviler Ungehorsam und Protestbewegung — S. 254/255

Webcode
FG450099-255

HRU, S. 209, KV
8.1 Wandel der Lebensformen in den 1960er Jahren

HRU, S. 211, KV
8.2 Leben im geteilten Deutschland

S. 254, M1: Wohngemeinschaft in Hamburg
Gemeinschaftskasse, Konsens-Prinzip und das Ziel der Hierarchiefreiheit waren Grundsätze der Wohngemeinschaften der 68er-Bewegung, mit denen ein linkes Gegenmilieu zur bürgerlichen Mehrheitsgesellschaft geschaffen wurde. Die politische Ausrichtung der abgebildeten Wohngruppe lässt sich an den sowjetischen Politplakaten, der Mao-Büste und der auf dem Tisch liegenden APO-Zeitschrift ablesen.

S. 254, M2: Studentendemonstration in München
Neben dem Marxismus gehörte der Antiimperialismus zu den wichtigsten politischen Bezugspunkten der 68er-Bewegung (Plakate von Che Guevara und Ho Chi Minh). Dazu trug in erster Linie die Empörung über den Vietnamkrieg und die blutige Unterdrückung von Befreiungsbewegungen in der Dritten Welt bei. Eine Rolle spielten aber auch psychologische Mechanismen, mit denen auf die wenig revolutionäre Situation im eigenen Land reagiert wurde: Während in der saturierten Bundesrepublik die deutsche Arbeiterklasse eine Solidarisierung mit der Studentenbewegung verweigerte und ernsthafte Umsturzversuche kaum in Aussicht standen, konnten revolutionäre Fantasien auf die weit entfernten und romantisierten „kämpfenden Massen" der Entwicklungsländer projiziert werden.

S. 255, M3: Sprüche der Protestierenden
Slogan 1 bezieht sich auf die bundesdeutschen Notstandsgesetze. Slogan 2 nimmt in seinem Protest gegen den Vietnamkrieg Bezug auf die von August Bebel schon um 1870 geprägte Parole „Diesem System keinen Mann und keinen Groschen". Slogan 3 zeugt von dem Versuch, eine gemeinsame Front mit der Arbeiterklasse aufzubauen. Slogan 4 wurde bei Demonstrationen – leicht ironisch – den oft schimpfenden Beobachtern auf den umliegenden Balkonen zugerufen. Slogan 5 stammt ursprünglich aus der amerikanischen Hippie-Kultur und verbindet Antimilitarismus mit der Forderung nach sexueller Befreiung.

S. 255, M4: Aus einem Lied der Band „Ton Steine Scherben"
Die 1970 gegründete Band wurde zum musikalischen Bezugspunkt der auf die 68er-Bewegung folgenden Sponti- und Hausbesetzerszene der 1970er Jahre. Auf ihrer ersten Single veröffentlichte sie den Song „Macht kaputt, was euch kaputt macht", der im Rahmen eines Theaterprojekts entstanden war. In der Anfangsphase der Bandgeschichte kam es bei Konzerten immer wieder zu spontaner Randale. Aus diesem Grund sei der „Macht-kaputt"-Song nach Interviewaussagen eines Bandmitglieds schon bald nicht mehr live gespielt worden.

S. 255, Aufgabe 1 siehe die Erläuterungen zu KV 8.1, Aufgabe 1

S. 255, Aufgabe 2 a)
Ziele: Suche nach alternativen Lebensformen; Veränderungen in der Kindererziehung und im Bildungswesen; Emanzipation der Frauen; Aufarbeitung der NS-Vergangenheit; Solidarität mit den antikolonialen Befreiungsbewegungen; Beendigung des Vietnamkrieges; keine Notstandsgesetze; freie Liebe
Verlauf: Die 68er-Bewegung in Deutschland entzündete sich insbesondere an der geplanten Notstandsgesetzgebung der „Großen Koalition". Der Tod Benno Ohnesorgs durch Polizeischüsse bei der Anti-Schah-Demonstration im Juni 1967 führte zu einer Zunahme von gewalttätigen Formen des Protests. Nach dem Attentat auf Rudi Dutschke wurde der Springer-Verlag zu einem der zentralen Angriffsziele der 68er. Ab 1969 begann die Bewegung abzuflauen. Ein Teil der Studenten fand sich später in der Friedens- und Umweltbewegung wieder, eine Minderheit radikalisierte sich und ging in den bewaffneten Kampf.

b) Ausdruck einer Antihaltung in Kleidung, Musik und Drogenkonsum; Ausprobieren alternativer Wohn- und Lebensformen; Sitzstreiks; Besetzungen; Demonstrationen; Straßenkämpfe

S. 255, Aufgabe 3 Recherche-Aufgabe

S. 255, Aufgabe 4 a)
Karl Marx (1818–1883) hatte mit seinen theoretischen Analysen der kapitalistischen Gesellschaft und seinen revolutionären Schriften entscheidenden Einfluss auf die Arbeiterbewegung. Er gilt als der Theoretiker des Kommunismus. Ho Chi Minh (1890–1969) war Gründer der Kommunistischen Partei Indochinas und ab 1946 Präsident der von ihm proklamierten Republik Vietnam. Als politischer Führer der Guerillaorganisation Viet Minh hatte er eine zentrale Stellung im bewaffneten Kampf für die Unabhängigkeit des Landes inne. Der Guerillaführer Che Guevara (1928–1967) spielte bei der kommunistischen Revolution in Kuba eine führende Rolle. Nachdem er zeitweise hohe Positionen in der kubanischen Revolutionsregierung eingenommen hatte, entschied er sich für eine Weiterführung des Guerillakampfes in Bolivien, wo er von der bolivianischen Armee ohne Verfahren exekutiert wurde.
b) Alle drei dargestellten Personen waren kommunistische Revolutionäre und insofern positive Bezugspunkte für die sozialistisch geprägte Studentenbewegung. Im Zuge der Empörung über den Vietnamkrieg und der Solidarität mit den Befreiungsbewegungen der Dritten Welt maßen die Studenten Figuren wie Ho Chi Minh und Che Guevara, die diese Bewegungen repräsentierten, einen besonders hohen Stellenwert bei. Dass der Kampf um die Befreiung mit Waffen geführt wurde, veranlasste die 68er nicht zu einer Distanzierung.

S. 255, Aufgabe 5
In M3 werden mit den Notstandsgesetzen und dem Vietnamkrieg zwei zentrale Themen der 68er-Bewegung angesprochen. Im Aufruf zum „Kampf auf der Straße" kommen die z.T. radikalen Protestformen der Bewegung zum Ausdruck. Mit „Make love not war" wird auch die Thematik der freien Liebe angeschnitten. Das Lied der „Ton Steine Scherben" ruft zum Widerstand gegen Krieg, Polizeigewalt, Kapitalismus und bürgerlichen Staat auf. Auch hier werden zentrale Themen der Studentenrevolte angesprochen und eine grundsätzliche Gesellschaftskritik formuliert. Die Aufforderung „Macht kaputt, was euch kaputt macht" stellt eine Kampfansage an die gesamte bürgerliche Gesellschaft dar.

Methode: Zeitzeugen befragen S. 256/257

S. 256, M1: Ein Zeitzeuge erzählt
Die Einführung der Koedukation am Gymnasium des Zeitzeugen erfolgte – verglichen mit der Mehrheit der deutschen Schulen – erst spät. Die Schilderung der Haltung vieler Lehrer zum Nationalsozialismus spiegelt nicht nur das allgemeine Fortleben nationalsozialistischer Ideologeme in der deutschen Nachkriegsgesellschaft wider, sondern verweist auch auf die gescheiterte Entnazifizierung der Lehrerschaft: Ab 1947 wurden viele als belastet Eingestufte aufgrund des akuten Lehrermangels wieder eingestellt. Beim Treblinka-Prozess von 1970 wurde der Lagerkommandant Stangl wegen Mordes an mindestens 400 000 Menschen zu lebenslanger Haft verurteilt. Ein Jahr nach der Bundestagswahl von 1969 wurde das Wahlalter auf 18 Jahre herabgesetzt.

Webcode
FG450099-257

S. 256, M2: Zeitzeugenbefragung in einer Schule
Die Fotografie zeigt Noah Klieger bei einem Gespräch mit Schülern. Der heute in Israel lebende Publizist und Sportjournalist überlebte den Holocaust in Europa und war 1947 an den Vorbereitungen für die Überfahrt des Flüchtlingsschiffs Exodus nach Israel beteiligt. 2010/11 wirkte er an einem von Schülern initiierten Zeitzeugenprojekt mit. Gemeinsam mit zwei Jugendlichen und zwei Lehrern bereiste er Europa und besuchte dabei die wichtigsten Orte seines Lebens. Der aus der Reise entstandene Film „Noahs Reise" sowie ein gleichnamiges Buch lassen sich im Unterricht einsetzen.

S. 256, Aufgabe 1
Individuelle Lösung. Zur Methode der Zeitzeugenbefragung: Zeitzeugeninterviews fordern von der Planungsphase bis hin zur Auswertung und Präsentation der Ergebnisse die Eigenaktivität der Lernenden und entsprechen somit dem Prinzip eines handlungsorientierten Unterrichts. Die Methode stellt an die Lernenden hohe Ansprüche in Bezug auf Empathie und Quellendistanz. Insbesondere Letzteres fällt Schülern oft schwer: Die Schilderungen von Zeitzeugen werden allzu leicht als durch Lebenserfahrung bezeugte Wahrheiten aufgefasst und zu wenig hinterfragt. Darum gilt es präsent zu halten, dass Zeitzeugen die Vergangenheit zum einen immer nur ausschnitthaft erlebt haben und dass zum anderen Erinnerungen verloren gehen und durch spätere Erfahrungen verändert werden.

8 Leben im geteilten Deutschland

Zeitzeugenbefragungen liefern nicht nur Erkenntnisse über vergangene Geschehnisse, sondern – bei quellenkritischer Betrachtung – auch Informationen über vergangene und aktuelle Welt- und Selbstwahrnehmungsmuster des Befragten.

Terrorismus in Deutschland – die RAF S. 258/259

Webcode
FG450099-258

S. 258, M1: Entführter Arbeitgeberpräsident Hanns Martin Schleyer
Die Fotografien von Schleyer als Geisel der RAF fungierten nicht nur als Lebensbeweise. Als Darstellungen eines Entscheidungsträgers in einer Position der Ohnmacht hatten sie auch eine hohe symbolische Bedeutung. Nicht zufällig haben die Entführer die Bilder gezielt in- und ausländischen Medien zugespielt. Im Aufbau sind die Aufnahmen an erkennungsdienstliche Fotografien der Polizei angelehnt: Schleyer blickt frontal in die Kamera, sein Kopf und Oberkörper sind abgelichtet, in den Händen hält er ein Schild. Über ihm prangt wie ein staatliches Hoheitssymbol das Zeichen der RAF. Die „Bildpolitik" der RAF hatte auch unbeabsichtigte Folgen: Die Fotos zeigen nicht den kompromisslosen Wirtschaftsvertreter und ehemaligen SS-Offizier Schleyer, sondern einen müde wirkenden, vom Tod bedrohten Mann. Teile der radikalen Linken kritisierten auch mit Verweis auf die Geiselbilder die Menschenverachtung der RAF-Strategie.

S. 259, M2: Das ehemalige RAF-Mitglied Silke Maier-Witt in einem Interview (2001)
Silke Meier-Witt (geb. 1950) gehörte seit 1977 der zweiten Generation der RAF an und war u. a. an der Vorbereitung der Schleyer-Entführung beteiligt. Kurz nach der Erschießung einer Passantin bei einem Banküberfall in Zürich begann Meier-Witts Ausstiegsprozess. Sie wurde schließlich wegen „Unzuverlässigkeit" aus der RAF ausgeschlossen und setzte sich in die DDR ab. 1990 wurde sie festgenommen und im darauffolgenden Jahr zu einer mehrjährigen Haftstrafe verurteilt. Später engagierte sie sich als Friedensfachkraft und bei friedenspädagogischen Angeboten für Jugendliche im Kosovo.

S. 259, M3: Aus der Regierungserklärung Helmut Schmidts (1977)
Die Regierungserklärung entstand vor dem Hintergrund der Ermordung des Generalbundesanwalts Buback und seiner zwei Begleiter. In der Rede forderte Schmidt den Einsatz der „angemessenen rechtsstaatlichen Mittel" in der Terrorismusbekämpfung. Er sprach sich gegen die Ausweitung der Verbotspraxis gegenüber Organisationen und gegen die Einschränkung der Demonstrationsfreiheit aus. Auch eine Erhöhung des Strafmaßes hielt er mit Blick auf die Überzeugungstäter für wenig wirksam. Zugleich bedauerte er das Scheitern einer Gesetzesinitiative zur Überwachung von Gesprächen zwischen Häftlingen und Anwälten und befürwortete beschleunigte Verfahren. In besonderem Maß betonte er die Notwendigkeit, den Terroristen den „geistigen Nährboden" zu entziehen.

S. 259, M4: Personenkontrolle bei der Rasterfahndung nach den Mördern Schleyers, 1977
Die Rasterfahndung wurde unter dem damaligen BKA-Präsidenten Horst Herold entwickelt, der bereits früh auf computergestützte Fahndungsmethoden setzte. Die erfolgreiche Rasterfahndung im Jahr 1979, die zur Verhaftung des RAF-Mitglieds Rolf Heißler führte, ging von drei Prämissen aus: 1. Die RAF unterhält konspirative Wohnungen in Frankfurt. 2. Die Stromrechnungen für diese Wohnungen werden bar bezahlt. 3. Staatliche Datenbanken mit gesicherten Legalnamen lassen sich als „Radiergummi" verwenden, um Personen aus dem Kreis der Verdächtigen zu streichen. Unter Rückgriff auf die Daten des Stromanbieters wurde eine Liste aller Frankfurter erstellt, die ihre Stromrechnung nicht per Überweisung zahlten. Die Namen der etwa 18 000 Personen wurden mit anderen Datenbanken verglichen, um so nach und nach öffentlich Krankenversicherte, Bafög-Bezieher, Rentner etc. als Personen mit nachgewiesenermaßen legalen Namen von der Liste zu streichen. Im Fall der Schleyer-Entführung schlug die umfangreiche Rasterfahndung allerdings fehl: Der entscheidende Hinweis war in der Fülle der Informationen untergegangen.

S. 259, Aufgabe 1
Ihren Beitritt interpretiert Maier-Witt rückblickend als einen Akt der Schwäche. Ähnlich wie bei Sektenmitgliedern zu beobachten, habe sie während ihrer RAF-Mitgliedschaft nicht mehr über ihr Tun reflektiert: Was moralisch richtig und was falsch war, schien auf entlastende Weise festzustehen. Im Namen der Ideologie und der Gruppenzugehörigkeit habe sie alle moralischen Bedenken beiseitegeschoben und auf selbstständiges Denken verzichtet. Anlass zu einem langfristigen Prozess des Umdenkens gab Meier-Witt die Erschießung einer unbeteiligten Frau bei einer RAF-Aktion. Heute hält sie den Einsatz von Gewalt für grundsätzlich unvereinbar mit dem Anspruch auf Weltverbesserung.

Leben im geteilten Deutschland 8

S. 259, Aufgabe 2 individuelle Lösung

S. 259, Aufgabe 3 Recherche-Aufgabe

Kompetenzen prüfen   S. 262/263

S. 262, M1: Westdeutsche Familie zu Besuch bei Verwandten in Weimar siehe die Lösungshilfen zu
S. 263, Aufgabe 4 auf S. 342 des Schülerbandes

S. 262, M2: Karikatur von Erich Rauschenbach, 1980 siehe die Lösungshilfen zu S. 263, Aufgabe 1
auf S. 342 des Schülerbandes

S. 263, M3: Joachim Gauck über die Methoden der DDR-Staatssicherheit (2009)
Der ehemalige Bundespräsident Gauck war in der DDR als evangelischer Pastor tätig und engagierte sich Ende der 1980er Jahre in den Oppositionskreisen um das Neue Forum. Von 1990 bis 2000 fungierte er als Bundesbeauftragter für die Unterlagen des Staatssicherheitsdienstes. In dem seiner Autobiografie entnommenen Passus beschreibt er „Zersetzungs"-Methoden des MfS wie Verleumdung, Bloßstellung, Behinderung des beruflichen Fortkommens und Diskreditierung als Spitzel.

S. 263, M4: Zeugnis einer Polytechnischen Oberschule, DDR 1978
Die Polytechnische Oberschule war seit 1959 die allgemeine Schulform in der DDR und umfasste die Klassenstufen eins bis zehn. Der Fächerkanon zeigt das hohe Gewicht, das in der DDR auf eine praktische Ausbildung der Schüler sowie auf die Beziehungen zur Sowjetunion gelegt wurde. Zu den Inhalten des Faches Staatsbürgerkunde, das zunächst ab Klasse 9, später ab Klasse 7 unterrichtet wurde, gehörten der Staatsaufbau der DDR, die Ideologie des Marxismus-Leninismus sowie Rechte und Pflichten des DDR-Bürgers. In den 1980er Jahren wurde das Fach mit ein bis zwei Wochenstunden unterrichtet. Bei Fragen des beruflichen Fortkommens wurde der Abschlussnote in Staatsbürgerkunde allerdings besondere Bedeutung beigemessen.

S. 263, Aufgabe 1 bis 9 siehe die Lösungshilfen auf S. 342 des Schülerbandes

HRU, S. 212, KV
8.3 Selbsteinschätzungsbogen für Schüler

Lösungen zu den Kopiervorlagen der Handreichung

KV 8.1, Aufgabe 1
1. *M2:* Freundschaft/gemeinsames politisches Projekt
2. *M1:* Die Mutter bedient Familie und Gäste. Ein Gedeck für sie ist auf dem Tisch nicht zu sehen.
3. *M1:* Die Familie ist ordentlich und „anständig" zurechtgemacht: Der Vater trägt Hemd und Krawatte. Auch der Sohn mit den überaus ordentlich geschnittenen Haaren hat ein Hemd an. Die drei adrett frisierten Frauen tragen Kleider, das Mädchen einen Rock. *M2:* Bei den Abgebildeten am WG-Tisch dominiert ein alternativer, eher „ungepflegter" Kleidungsstil.
4. *M1:* Die Familie sitzt gerade, beinahe etwas steif am Tisch. *M2:* Die Körperhaltung der Personen ist leger: Ellbogen werden auf den Tisch gestützt, die Füße aufs Sofa gestellt.
5. *M1:* Die Wohnung wirkt ordentlich, der Tisch ist mit Tischdecke und verziertem Geschirr gedeckt. Um Flecken zu vermeiden, ist die Kaffeekanne mit einem Tropfschutz versehen. *M2:* Auf dem Tisch herrscht Chaos: Unterschiedliche Tassen und Teller, ein Suppentopf, eine Teekanne, Zwiebeln, Zigarettenstummel und politische Flugblätter liegen ungeordnet herum.
6. *M2:* An den Wänden hängen kämpferische politische Plakate.

KV 8.1, Aufgabe 2 a) und b) individuelle Lösungen

KV 8.1, Aufgabe 3 Diskussion

KV 8.2, Aufgabe 1
1. *Bundesrepublik:* Wirtschaftsordnung: soziale Marktwirtschaft; rasches Wirtschaftswachstum in den 1950er Jahren; Anwerbung von „Gastarbeitern"; *DDR:* Wirtschaftsordnung: Planwirtschaft; Mangel an bestimmten Konsumgütern; keine Arbeitslosigkeit; lange Wartezeiten bei Mangelprodukten
2. *Bundesrepublik:* „Konsumgesellschaft"; Vorherrschen eines traditionellen Modells des Familien- und Ehelebens; *DDR:* staatliche Bevormundung in vielen Bereichen; prägende Rolle des „Kollektivs"; Suche nach Freiräumen z. B. im privaten Freundeskreis oder bei den Kirchen

3. *Bundesrepublik:* Gleichberechtigung in der Verfassung; konservatives Ehe- und Familienrecht; Frauenbewegung und „sexuelle Revolution" verändern das Geschlechterverhältnis; Arbeitskräftemangel führt zu höherer weiblicher Beschäftigung und Verbesserung der Bildungschancen von Mädchen; massive Gehaltsunterschiede zwischen den Geschlechtern; *DDR:* Gleichberechtigung in der Verfassung; Berufstätigkeit nahezu aller Frauen; Haushalt bleibt überwiegend Frauensache; umfangreiche Maßnahmen der staatlichen Familienförderung; geringere Gehaltsunterschiede zwischen den Geschlechtern als in der Bundesrepublik

4. *Bundesrepublik:* Gesellschaft und Politik fordern Disziplin, Pflichtgefühl, Opferbereitschaft und ein hohes Maß an Anpassung; Rebellion von Jugendlichen gegen die Elterngeneration: Herausbildung von eigenen Jugendkulturen ab Mitte der 1950er Jahre (Rock 'n' Roll, Halbstarke); Jugendliche werden zu wichtiger Zielgruppe der Wirtschaft; 1968: Die Protestbewegung junger Erwachsener und ihre Suche nach alternativen Lebensformen bedingen langfristige Änderungen der westdeutschen Gesellschaft; *DDR:* Kontrolle und Indoktrinierung der Jugend durch die FDJ; Organisation von Freizeitangeboten durch die FDJ; massive Benachteiligung von unangepassten Jugendlichen in Bildung und Beruf; flächendeckende Kontrolle gelingt nicht: Verweigerung und Unangepasstheit von Teilen der Jugend in Bezug auf Musik und Mode, im Rahmen von Subkulturen und kirchlichen Jugendgruppen

KV 8.2, Aufgabe 2 Gruppenarbeit

8 Leben im geteilten Deutschland — Kopiervorlage 8.1

Name: Klasse: Datum:

KV 8.1 Wandel der Lebensformen in den 1960er Jahren

A Westdeutsche Familie beim Kaffeetrinken (Foto M1 auf S. 242 des Schulbuches)	B Wohngemeinschaft in Hamburg (Foto M1 auf S. 254 des Schulbuches)
1. zu vermutende Grundlage des Zusammenwohnens	
familiäre Bindungen	
2. geschlechterspezifische Rollenverteilung	
	Das Foto lässt keine geschlechterspezifische Rollenverteilung erkennen.
3. Kleidung/Frisuren	

Autorin: Caterina Zwilling

8 Leben im geteilten Deutschland — Kopiervorlage 8.1

Name: Klasse: Datum:

4. Körperhaltung	

5. Ordnung im Haushalt	

6. Wandschmuck	
An den Wänden hängen Gemälde mit idyllischen Landschaften.	

1 Vergleiche mithilfe der oben stehenden Tabelle einzelne Aspekte der beiden Fotos von S. 242 (M1) und S. 254 (M1) deines Schulbuches.

2 Wähle aus:
  a) Finde je drei Adjektive,
    – die die Stimmung und das Lebensgefühl des Jungen vom Foto A widerspiegeln könnten,
    – die die Stimmung und das Lebensgefühl der Personen vom Foto B widerspiegeln könnten.
  b) Formuliere einen Satz,
    – mit dem der Vater vom Foto A die Tischszene in der Wohngemeinschaft (B) kommentieren könnte,
    – mit dem ein Mitglied der Hamburger Wohngemeinschaft (B) die Tischszene auf dem Foto A kommentieren könnte.

3 Diskutiert in der Klasse, inwieweit sich heutige Generationenkonflikte mit den Konflikten zwischen den jungen 68ern und ihrer Elterngeneration vergleichen lassen.

Autorin: Caterina Zwilling

8 Leben im geteilten Deutschland   Kopiervorlage 8.2

Name: Klasse: Datum:

KV 8.2 Leben im geteilten Deutschland

Bundesrepublik	DDR
1. Wirtschaft	
2. Alltag	
3. Frauenrollen	
4. Jugend	

1. Notiere in oben stehender Tabelle Aspekte des Lebens in der DDR und der Bundesrepublik, die dir besonders wichtig erscheinen.
2. **Gruppenarbeit:** Vergleicht eure Tabellen in der Kleingruppe und ergänzt die Ergebnisse.

Autorin: Caterina Zwilling

8 Leben im geteilten Deutschland

Name: Klasse: Datum:

KV 8.3 Leben im geteilten Deutschland

Ich kann, weiß, verstehe …	sehr sicher	sicher	unsicher	sehr unsicher	Hilfen finde ich hier: (SB = Schülerbuch)
1 a) Ich kann die Wirtschaftssysteme der Bundesrepublik und der DDR beschreiben und vergleichen.					SB, S. 238/239
b) Ich kann erklären, welche Auswirkungen die unterschiedliche Wirtschaftspolitik in den beiden deutschen Staaten auf das Konsumverhalten und den Alltag hatte.					
2 Ich kann Gründe und Folgen von Zuwanderung in die BRD erläutern.					SB, S. 240/241
3 Ich kann Unterschiede in der Gesellschaft und im Alltag beider Länder beschreiben.					SB, S. 242/243
4 Ich kann das System der Machtsicherung der SED in der DDR erklären und bewerten.					SB, S. 244/245
5 Ich kann erklären, wie die Emanzipationsbewegung die Frauenrolle im Westen veränderte.					SB, S. 244/245
6 Ich kann die Lebensbedingungen der Frauen in der DDR beschreiben und mit der Situation der Frauen in der BRD vergleichen.					SB, S. 246/247
7 a) Ich kann erklären, in welcher Form und mit welchen Zielen der Alltag für die Jugend in der DDR geprägt wurde.					SB, S. 248/249
b) Ich kann darstellen, wie Jugendliche versuchten, dem Druck der SED zu entgehen.					
8 Ich kann den Wandel der Jugendkultur in der Bundesrepublik der 1950er und 1960er Jahre erläutern.					SB, S. 250/251
9 Ich kann die Funktion von sportlichen Großereignissen zur Legitimation von Staaten erläutern.					SB, S. 252/253
10 Ich kann erklären, warum das „Wunder von Bern" auch „die eigentliche Geburtsstunde der Bundesrepublik Deutschland" genannt wird.					SB, S. 252/253
11 Ich kann Protestformen gegen den Staat und gesellschaftliche Normen in der BRD aufzeigen.					SB, S. 254/255
12 Ich kann eine Zeitzeugenbefragung durchführen.					SB, S. 256/257
13 Ich kann die Gefährdung der Demokratie und der rechtsstaatlichen Ordnung durch den RAF-Terrorismus beschreiben.					SB, S. 258/259
14 Ich kann die Frage diskutieren, wie ein demokratischer Rechtsstaat auf Terror reagieren kann.					SB, S. 258/259

Autorin: Andrea Welk

Die deutsche Wiedervereinigung 9

9 Die deutsche Wiedervereinigung   SB S. 264–289

Sachinformationen zum Kapitelaufbau

Ende der 1980er Jahre stand die DDR kurz vor dem Staatsbankrott. Der Zusammenbruch drohte aber nicht nur in wirtschaftlicher Hinsicht, auch in der Bevölkerung verlor das SED-Regime immer mehr an Rückhalt und Zustimmung. Die deutliche Ablehnung der Reformpolitik Gorbatschows durch die SED-Regierung sorgte dafür, dass die Rufe nach Erneuerung immer lauter wurden. Als im Mai 1989 die ungarische Grenze nach Österreich geöffnet wurde, nutzten Tausende DDR-Bürger diese Möglichkeit, um das Land zu verlassen. Im Herbst spitzte sich die Lage weiter zu, Hunderttausende folgten den Aufrufen oppositioneller Gruppen und gingen auf die Straßen, um für eine Erneuerung der DDR zu demonstrieren. Erich Honecker musste von seinen Ämtern als Generalsekretär der SED und Staatsratsvorsitzender zurücktreten, am 9. November 1989 wurden schließlich die Grenzen geöffnet.

Die Materialien dieses Kapitels zeigen Ursachen und Verlauf der „Wende" im Herbst 1989 in chronologischer Abfolge und beleuchten die wirtschaftlichen und sozialen Folgen der Einheit. Eingegangen wird auch auf gesellschaftliche Fragestellungen: Ist die deutsche Einheit mehr als zwanzig Jahre nach dem Mauerfall auch in den Köpfen der Menschen angekommen? War die DDR ein „Unrechtsstaat"? Die Materialien zeigen Trennendes und Verbindendes.

Hinweis zum Unterrichtsverlauf

siehe Jahrgangscurriculum, S. 15

Kompetenzerwerb in Kapitel 9 (s. Schülerband S. 288)

Eine detaillierte Liste der zu erwerbenden Kompetenzen finden Sie hier in der Handreichung auf dem Selbsteinschätzungsbogen, S. 233.

Selbsteinschätzungsbogen für Schüler zum Kapitel 9

siehe Kopiervorlage 9.3, S. 233

Weiterführende Hinweise auf Forum-Begleitmaterialien (s. Einleitung, S. 7)

- Arbeitsheft 4, Kap. 5: Deutschland von der Teilung bis zur Vereinigung
- Kompetenztraining, Kap. 27: Deutschland nach 1945
- Geschichte interaktiv II, Kap. 8: BRD und DDR
- Foliensammlung Geschichte 2, Folie 31: Wunschbild Freiheit?
- Invitation to History 2, Unit 7: Germany – East and West 1961–1990

Literatur, Jugendbücher, Filme, Internethinweise für Lehrkräfte

Literatur
Hannes Bahrmann/Christoph Links, Chronik der Wende. Die Ereignisse in der DDR zwischen 7. Oktober 1989 und 18. März 1990, 12. Aufl., Berlin (Ch. Links) 2009.
Klaus-Dietmar Henke (Hg.), Revolution und Vereinigung 1989/90. Als in Deutschland die Realität die Phantasie überholte, München (dtv) 2009.
Andreas Rödder, Geschichte der deutschen Wiedervereinigung, München (C. H. Beck) 2011.
Wolfgang Schuller, Die deutsche Revolution 1989, Berlin (Rowohlt) 2009.
Jugendbücher
Julia Balogh/Birgit Murke (Hg.), Geteilte Ansichten: Jugendliche stellen Fragen zur Deutschen Einheit, Wien (Ueberreuter) 2015.
PM Hoffmann/Bernd Lindner, Herbst der Entscheidung. Eine Geschichte aus der Friedlichen Revolution, Graphic Novel, Berlin (Ch. Links) 2014.

9 Die deutsche Wiedervereinigung

Filme
WBF D-2480:   Der Weg zur deutschen Einheit 1989/90
FWU 4602555:   Zeitenwende 1989/90: Von der friedlichen Revolution zur Deutschen Einheit
FWU 4602689:   Die Deutsche Einheit: Erfolge, Probleme, Perspektiven

Internethinweise für Lehrkräfte
http://www.bpb.de/geschichte/deutsche-einheit/deutsche-teilung-deutsche-einheit (Dossier der Bundeszentrale für politische Bildung zum Thema „Deutsche Teilung – Deutsche Einheit")
http://www.hdg.de/lemo/kapitel/deutsche-einheit (Informationen zur deutschen Einheit zusammengestellt vom „Lebendigen Museum Online" [„LeMO"])
http://www.chronikderwende.de (Internetpräsentation der TV-Dokumentation „Chronik der Wende")

Auftaktseiten — S. 264/265

S. 264 f.: Demonstration am Berliner Alexanderplatz, Foto, 4. November 1989
Fünf Tage vor dem Fall der Mauer fand in Ost-Berlin die mit etwa einer halben Million Teilnehmern größte genehmigte Demonstration in der Geschichte der DDR statt. Berliner Künstler und Kulturschaffende hatten die Demonstration organisiert und bei der Volkspolizei angemeldet. Staatssicherheit und SED versuchten erfolgreich, Einfluss auf die Veranstaltung zu nehmen: Einige der vorgesehenen Redner, wie der Liedermacher Wolf Biermann, wurden von den Organisatoren wieder ausgeladen. Teilnehmer und Redner der Kundgebung, die einem politischen Volksfest glich, setzten sich für eine Demokratisierung des Sozialismus ein und forderten freie Wahlen, Reise- sowie Pressefreiheit. Neben Schauspielern, Schriftstellern, Bürgerrechtlern und Studenten traten auch die SED-Politiker Günter Schabowski und Markus Wolf, Generaloberst der Staatssicherheit a. D., ans Mikrofon, wurden jedoch von den Demonstranten ausgepfiffen.

Orientierung im Kapitel — S. 266/267

S. 266, M1: Die Berliner Mauer siehe die Erläuterungen zu Aufgabe 1

S. 267, M2: Mahnwache in der Gethsemanekirche, Ost-Berlin, 18. Oktober 1989
Seit dem 2. Oktober 1989 versammelten sich Mitglieder der Gruppe „Kirche von Unten", der Berliner Umwelt-Bibliothek sowie des Weißenseer Friedenskreises zu einer dauerhaften Mahnwache für die inhaftierten Teilnehmer von Friedensdemonstrationen und verhaftete Oppositionelle. Auf Transparenten forderte man „Freiheit für die politisch Inhaftierten"; später hingen, als Kompromiss zwischen Kirche und Staat, Transparente mit der Losung „Wachet und betet. Mahnwache für die zu Unrecht Inhaftierten" über dem Eingang der Kirche. Das Gotteshaus im Berliner Stadtteil Prenzlauer Berg entwickelte sich rasch zu einem Kommunikationszentrum der Oppositionsbewegung. Die Nachrichten, die hier auch über das seit dem 10. Oktober ständig besetzte Kontakttelefon eintrafen, wurden auf Flugblättern im ganzen Land verbreitet.

S. 267, M3: Brandenburger Tor, Berlin, 9./10. November 1989
Das Foto zeigt die Berliner Mauer aus westlicher Sicht in der Nacht vom 9. auf den 10. November 1989, dem Datum der Mauereröffnung. Im Hintergrund ist das Brandenburger Tor zu erkennen. Einwohner aus Ost und West überwinden das Bauwerk, das fast drei Jahrzehnte lang das Symbol für die deutsche Teilung war, und spazieren auf der Mauerkrone entlang.
Der offizielle Abriss der Mauer begann am 13. Juni 1990, im November 1990 wurden die letzten Segmente abgebaut. An einigen Stellen blieben Reste der Grenzanlagen erhalten, die unter Denkmalschutz stehen. Der Verlauf der Mauer ist heute im Bereich der Innenstadt an vielen Stellen im Straßenbelag durch ein Kupferband bzw. eine doppelte Reihe von Kopfsteinen markiert.

S. 267, M4: „Wir haben wieder eine Mauer", Karikatur, 1992
Die Karikatur von Dieter Hanitzsch (geb. 1933), der u. a. für den „Bayerischen Rundfunk" und die „Süddeutsche Zeitung" zeichnet, zeigt, dass drei Jahre nach der Wiedervereinigung noch eine Mauer in den Köpfen vieler Menschen in West und Ost existiert.
Zu sehen ist ein zweigesichtiger deutscher Michel. Eine Mauer spaltet die beiden Köpfe, die mit groben Stichen zusammengenäht sind. Die Schriftzüge auf der Mauer („Fauler Ossi" und „Besser Wessi") greifen in West- und Ostdeutschland verbreitete Meinungen und Vorurteile gegen die Menschen im jeweils anderen Teil des vereinten Deutschlands auf. Der Button auf dem Revers weist auf den Beginn des Mauerbaus hin.

Die deutsche Wiedervereinigung

S. 267, Aufgabe 1 Die Beschreibung sollte folgende Elemente enthalten:
- 12 Grenzübergänge (Heerstraße/Staaken, Heiligensee/Stolpe Dorf, Bornholmer Straße, Chausseestraße, Invalidenstraße, Friedrichstraße, Checkpoint Charlie, Prinzenstraße, Oberbaumbrücke, Sonnenallee, Waltersdorfer Chaussee, Dreilinden/Drewitz)
- Länge der Grenzanlage: 155 km
- 186 Beobachtungstürme, 31 Führungsstellen, 484 Wachhunde
- Absperrung Richtung Bundesrepublik: Betonmauer (3–4 m hoch), Streckmetallgitterzaun oder Grenzmauer (Plattenbau)
- Absperrung Richtung Hinterland: Hinterlandsperrzaun (2–3 m hoch) und Kontaktsignalzaun
- zwischen den beiden Absperrungen eine freie Fläche mit Kfz-Graben, Lichtstraße, Kolonnenweg, Laufanlage für Kettenhunde

S. 267, Aufgabe 2 individuelle Lösung, siehe die Erläuterungen zu den Materialien

S. 267, Aufgabe 3 mögliche Gründe für die Unzufriedenheit der DDR-Bürger
- niedrigerer Lebensstandard als in der Bundesrepublik: Konsumgüter wie z. B. Südfrüchte waren Mangelware, beim Kauf von Elektrogeräten oder Autos mussten lange Wartezeiten in Kauf genommen werden
- Überwachung durch die Staatssicherheit: Regimekritiker und Menschen, die aus der DDR flüchten wollten, wurden inhaftiert und z. T. gefoltert

S. 267, Aufgabe 4 a) und b) individuelle Lösungen

Umbruch in Osteuropa S. 268/269

S. 268, M1: Arbeiterführer Wałęsa spricht vor Anhängern der Gewerkschaft Solidarność
Sinkende Löhne und eine Anhebung der Lebensmittelpreise riefen 1980 eine Streikwelle in Polen hervor, die zunächst friedlich beigelegt werden konnte. Politische Züge trug dagegen von Anfang an der am 14. August des Jahres einsetzende Streik der Danziger Werftarbeiter. Im Herbst 1980 wurde die Gewerkschaft „Solidarność" gegründet. Intellektuelle und katholische Geistliche solidarisierten sich mit den Werftarbeitern. Bauern und Studenten organisierten sich nach dem Vorbild der Solidarność. Der revolutionären Massenbewegung gehörten vor Verhängung des Kriegsrechts 1981 etwa zehn Millionen Menschen an. Zur Symbolfigur des Freiheitskampfes wurde Lech Wałęsa, der von 1990 bis 1995 als polnischer Staatspräsident amtierte.

Webcode
FG450099-269

S. 268, M2: Streikende am Eingang zur Danziger Lenin-Werft im August 1980
Der katholischen Kirche kam eine wichtige Rolle beim Umbruch in Polen zu (siehe auch das Transparent auf dem Foto M1). Hohe Kirchenvertreter wie der Erzbischof von Warschau-Gnesen und Primas von Polen, Kardinal Wyszyński, aber auch der aus Polen stammende Papst Johannes Paul II. unterstützten die Bürgerrechtsbewegung und traten als Vermittler zwischen Staat und Opposition auf. Johannes Paul II., der sein Heimatland insgesamt dreimal – 1979, 1983 und 1987 – besuchte, forderte wiederholt von der polnischen Regierung die Einhaltung der Menschenrechte und die Einführung von Reformen.

S. 269, M3: Wandel in den Staaten Ostmitteleuropas bis 1990
Der von Gorbatschow eingeleitete Prozess, aber auch der „Geist von Helsinki" förderten die demokratischen Bewegungen der osteuropäischen Länder. Den Anfang machten Polen und Ungarn, der Reformprozess griff aber bald auch auf andere sozialistische Staaten über. Während die Revolution in der Tschechoslowakei und der DDR weitgehend friedlich verlief, war der Übergang in Bulgarien und vor allem in Rumänien (Sturz und Hinrichtung Ceaușescus im Dezember 1989) mit gewaltsamen Auseinandersetzungen zwischen Kräften der alten Ordnung (in Rumänien die berüchtigte Geheimpolizei „Securitate") und den Kräften der Erneuerung verbunden. Jugoslawien zerfiel in blutigen Nationalitätenkonflikten und Bürgerkrieg. Die baltischen Staaten Estland, Lettland und Litauen erklärten ihre Souveränität, weitere ehemalige Sowjetrepubliken folgten diesem Beispiel.

S. 269, M4: Aus dem Programm der polnischen Gewerkschaft Solidarność

Mit der Solidarność entstand im September 1980 die erste unabhängige Gewerkschaft in Osteuropa, die innerhalb weniger Monate zur Massenbewegung wurde. Ein Jahr nach ihrer Konstituierung trat die Solidarność in Danzig zu ihrem ersten Landeskongress zusammen. Die hier verfasste „Botschaft an die Arbeiter Osteuropas" sorgte ebenso für Aufsehen wie die Forderung nach der Zulassung unabhängiger Gewerkschaften. Während des Treffens verabschiedeten die Delegierten der Solidarność, die sich als gesellschaftlich-politische Bewegung mit demokratischer Mission verstanden, ein Programm zur Selbstverwaltung auf allen Ebenen (M3). Dem Staat wurde Missbrauch der Macht vorgeworfen.

S. 269, Aufgabe 1 a)

Die Solidarność trat für eine Demokratisierung des Landes ein und forderte u. a. freie Wahlen mit unabhängigen Kandidaten. Mit Kundgebungen und Streiks versuchte die Solidarność, diese Ziele zu erreichen.

b) Die Solidarność entwickelte sich von einer sozial- und wirtschaftspolitisch orientierten Arbeitnehmerorganisation zu einer gesellschaftlich-politischen Bewegung, die das kommunistische Herrschaftssystem grundsätzlich infrage stellte. Sie hatte maßgeblichen Anteil an der politischen Umgestaltung Polens. Als es 1988 zu einer erneuten Streikwelle kam, nahm die Regierung Verhandlungen mit der 1982 offiziell verbotenen Gewerkschaft auf, um eine Lösung aus der schweren Wirtschafts- und Vertrauenskrise zu finden. Die Gespräche wurden im Februar 1989 am „Runden Tisch" fortgesetzt. Der Vorsitzende der Solidarność, Lech Wałęsa, wurde im Dezember 1990 zum Staatspräsidenten gewählt.

S. 269, Aufgabe 2

Die Gewerkschaft Solidarność, die nach eigener Angabe Menschen unterschiedlicher Nationalität, politischer und religiöser Überzeugung vereint, kämpfte für die Einhaltung der Menschenrechte. Die Achtung des Menschen müsse nach Ansicht der Gewerkschaft Richtschnur des Handelns sein. Diese Forderung findet sich auch in der KSZE-Schlussakte wieder, zu deren Umsetzung und Einhaltung sich die polnische Regierung durch die Unterzeichnung des Dokuments verpflichtet hatte.

S. 269, Aufgabe 3 a) Beispiellösung

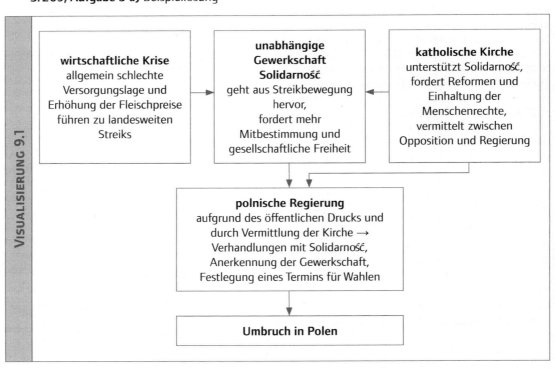

b) siehe die Erläuterungen zu M3

S. 269, Aufgabe 4 Recherche-Aufgabe

Reformpolitik in der Sowjetunion — S. 270/271

Webcode
FG450099-271

S. 270, M1: Gipfeltreffen von Gorbatschow und Bush in den USA, Juni 1990
Vom 30. Mai bis zum 3. Juni 1990 besuchte Michail Gorbatschow die USA, wo er mit seinem amerikanischen Amtskollegen George Bush zusammentraf. In der Frage der Bündniszugehörigkeit des wiedervereinten Deutschlands vertraten beide Politiker unterschiedliche Positionen. Während Bush sich für eine uneingeschränkte NATO-Mitgliedschaft Deutschlands aussprach, äußerte Gorbatschow große Bedenken. Beide Staatsmänner einigten sich schließlich darauf, dass die Deutschen – in Übereinstimmung mit der Schlussakte von Helsinki – das Recht hätten, selbst über die Zugehörigkeit ihres Landes zu einem Militärbündnis zu entscheiden.

S. 270, M2: Gorbatschow als Klavierspieler
Der Karikaturist Peter Leger stellt den Generalsekretär der KPdSU als virtuosen Klavierspieler dar. Gelassen und souverän spielt dieser nicht nur auf einem, sondern auf gleich vier Klavieren und sorgt so außenpolitisch für Abrüstung und Entspannung im Verhältnis zum Westen sowie innenpolitisch für Reformen und eine Demokratisierung der Politik.

S. 271, M3: Wirtschaftsentwicklung während der ersten Jahre der Reformpolitik
Der Kurvenverlauf der Grafik zeigt, dass trotz der Reformbemühungen die Produktivität von Industrie und Landwirtschaft in der Sowjetunion in der zweiten Hälfte der 1980er Jahre kontinuierlich abnahm und sich die Versorgungslage dramatisch verschlechterte. Die verschiedenen Krisenfaktoren (Haushaltsdefizit, sinkende Realeinkommen, Inflation, Subventionskürzungen bei Grundnahrungsmitteln) gewannen schließlich eine nicht mehr aufzuhaltende Eigendynamik, die zur Auflösung der UdSSR führte.

S. 271, M4: Michail Gorbatschow über sein politisches Programm
Gorbatschows Konzept war auf eine innersozialistische Reform ausgerichtet. Die Reformmaßnahmen blieben nicht auf den ökonomischen Bereich beschränkt, sondern wurden zu einem gesamtgesellschaftlichen Umbauprojekt erweitert, welches das gesellschaftliche und politische Leben grundlegend verändern sollte. Voraussetzung für Demokratie war laut Gorbatschow Offenheit („Glasnost"), zur Zielsetzung seiner Politik erklärte er die „Perestroika" („Umgestaltung"), nämlich die Schaffung eines demokratischen Sozialismus (Z. 18 ff.). Gefordert sei sowohl der Einzelne (selbstständiges, diszipliniertes und kreatives Handeln, Z. 4 ff.) als auch die Wirtschaft als solche (Abkehr von der Planwirtschaft, Abbau von Bürokratie, Wecken des privatwirtschaftlichen „Unternehmergeistes", Z. 13 ff.). Auf zwischenstaatlicher Ebene plädiert Gorbatschow – auch als vertrauensbildende Maßnahme gegenüber dem Westen gedacht – für nationale Selbstbestimmung und partnerschaftliche Beziehungen zur Wahrung des Friedens (Z. 28 ff.).

S. 271, Aufgabe 1 Beispiellösung

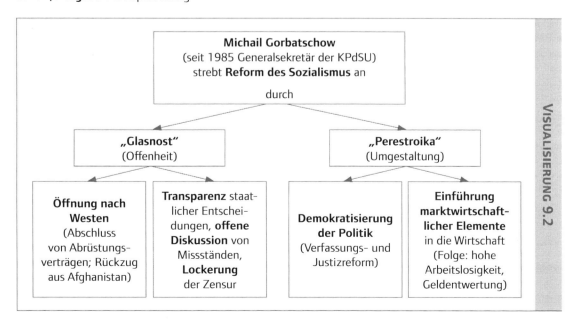

VISUALISIERUNG 9.2

9 Die deutsche Wiedervereinigung

S. 271, Aufgabe 2 a) siehe die Erläuterungen zu M4 und Aufgabe 1
b)
- statt Einparteienherrschaft der KPdSU: politischer Pluralismus (1988: Einberufung eines Kongresses der Volksdeputierten; seit 1989/90 Entstehung neuer Parteien)
- statt zentral geplantem Wirtschaftssystem: Einführung marktwirtschaftlicher Elemente, Förderung von Joint Ventures mit westlichen Firmen, Schließung verlustreicher Betriebe, Ausrichtung der Produktion am tatsächlichen Bedarf, Bekämpfung von Korruption
- statt Intransparenz und Unterdrückung regimekritischer Äußerungen: offene Diskussion gesellschaftlicher Probleme, höhere Transparenz des politischen Handelns, kritische Aufarbeitung des Stalinismus, Rehabilitierung der Opfer des Stalinismus
- statt Pressezensur: schrittweise Lockerung der Beschränkung der Pressefreiheit, Gründung neuer Zeitungen und Zeitschriften

S. 271, Aufgabe 3 a) und b) individuelle Lösungen

S. 271, Aufgabe 4 Recherche-Aufgabe

Warum brach die DDR zusammen?   S. 272/273

Webcode
FG450099-273

S. 272, M1: Marode Häuser in einem Wohnbezirk in Gotha
Wie in vielen Städten in der DDR verfielen auch in der Kreisstadt Gotha immer mehr alte Häuser und wurden unbewohnbar. Zudem führte der Wunsch der Regierung nach einer neuen sozialistischen Gestaltung der Innenstädte zum Abriss zahlreicher historischer Gebäude.

S. 273, M2: Karikatur aus der „taz"
Die „Tageszeitung" (taz) wurde 1978 in West-Berlin als linksliberale, selbst verwaltete und überregionale Tageszeitung gegründet. Die Zeitung war eines der Projekte, das in der Folge der „Tunix-Konferenz" vom 27. bis 29. Januar 1978 entstanden ist. Dort hatten sich ehemalige Mitglieder der 1968er-Bewegung versammelt, um abseits von maoistischen und DDR-orientierten Ideologien eine neue linke Alternativbewegung zu gründen. Siehe auch die Erläuterungen zu Aufgabe 2.

S. 273, M3: Aufruf zur Bildung einer sozialdemokratischen Partei in der DDR
Am 26. August 1989 trat eine Initiative zur Gründung einer sozialdemokratischen Partei in der DDR in die Öffentlichkeit. Das Datum hatte Symbolcharakter: genau 200 Jahre zuvor, am 26. August 1789, waren im Zuge der Französischen Revolution die Bürger- und Menschenrechte deklariert worden. Der Aufruf stellt eine klare Kampfansage gegen die Einparteienherrschaft der SED dar und wurde von den SED-Funktionären auch so aufgenommen.

S. 273, Aufgabe 1 a)
- KSZE-Schlussakte von Helsinki: legte fest, dass die Grenzen in Europa als unverletzlich anzuerkennen und die Menschenrechte zu wahren sind
- Solidarność: unabhängige Gewerkschaft in Polen, die mit ihrer Gründung 1980 den Niedergang der Sowjetunion einläutete

b) Gorbatschows wesentliche Maßnahmen waren: Lockerung der Zensur, Wiederaufnahme von Abrüstungsverhandlungen mit den USA, Abzug der sowjetischen Truppen aus Afghanistan, Öffnung der Wirtschaft, Reduzierung der staatlichen Kontrolle

S. 273, Aufgabe 2
Die Unzufriedenheit vieler DDR-Bürger mit der politischen und wirtschaftlichen Situation führte zu einer Auswanderungswelle, die durch die Öffnung der ungarischen Grenze möglich geworden war. Der Karikaturist stellt die DDR als von den Bürgern gebildeten Schriftzug dar. Der Schriftzug ist in Auflösung begriffen, da viele Menschen die DDR in Richtung Bundesrepublik verlassen. Da es ohne Bürger keinen Staat gibt, ist abzusehen, dass die DDR in ihrer bisherigen Form nicht mehr lange existieren wird.

S. 273, Aufgabe 3 Forderungen nach:
- „Demokratisierung der DDR" (Z. 4), d. h. dem Ende der SED-Herrschaft und freien und allgemeinen Wahlen
- „Rechtsstaat und strikter Gewaltenteilung" (Z. 8/9), d. h. einer Verfassung, die die Trennung von Legislative, Exekutive und Judikative festschreibt

- „parlamentarischer Demokratie und Parteienpluralität" (Z. 9/10), d. h. Ende des Einparteiensystems, der Souverän ist das Volk, das durch Wahl eines Parlaments seine demokratischen Rechte ausübt
- „relativer Selbstständigkeit der Regionen" (Z. 10/11), d. h. eine Art Föderalismus nach dem Vorbild der BRD
- „sozialer Marktwirtschaft ... Demokratisierung ... des Wirtschaftslebens" (Z. 11–13), d. h. Ende der sozialistischen Planwirtschaft, Angebot und Nachfrage bestimmen Produktion, Preise und Gehälter
- „Freiheit der Gewerkschaften und Streikrecht" (Z. 13–14)

S. 273, Aufgabe 4 Vorschlag für eine Mindmap

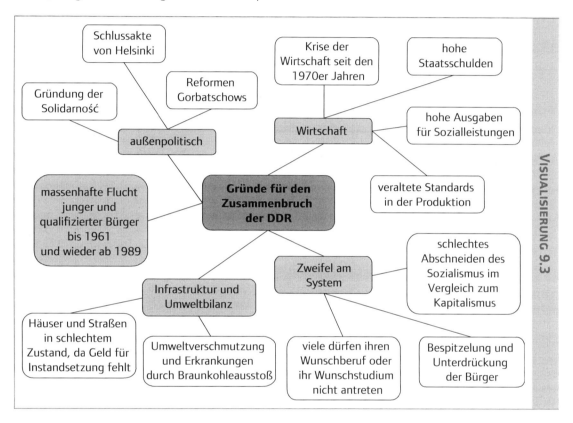

Die „friedliche Revolution" in der DDR   S. 274/275

S. 274, M1: Der Grenzübergang Checkpoint Charlie am Morgen nach der Maueröffnung
Der Checkpoint Charlie war der bekannteste Grenzübergang Berlins, an dem Diplomaten, westliches Militärpersonal und ausländische Touristen in die DDR einreisen konnten. Eingerichtet wurde er nach dem Mauerbau als dritter innerdeutscher Grenzkontrollpunkt nach Helmstedt/Marienborn und Dreilinden/Drewitz. Deshalb wurde er nach militärischem Alphabet „Charlie" genannt.

S. 274, M2: Montagsdemonstration in Leipzig siehe die Erläuterungen zu Aufgabe 1

S. 275, M3: Ein Augenzeuge über den 9. Oktober 1989 in Leipzig siehe die Erläuterungen zu Aufgabe 2

S. 275, M4: Rede Stefan Heyms auf der Berliner Protestdemonstration
Stefan Heym, Sohn eines jüdischen Kaufmanns, emigrierte 1933 in die Tschechoslowakei und von dort zwei Jahre später in die USA, wo er Journalistik studierte. In der McCarthy-Ära verließ er die USA und ließ sich nach einem Zwischenstopp in Prag 1953 in der DDR nieder. Seine Haltung gegenüber dem SED-Regime war jedoch stets kritisch. 1965 wurde ihm ein Veröffentlichungsverbot auferlegt, 1976 unterzeichnete er die Petition einiger DDR-Autoren gegen die Ausweisung Wolf Biermanns. In den 1980er Jahren unterstützte Heym die Bürgerrechtsbewegung und sprach sich bereits 1982 für eine deutsche Wiedervereinigung aus.

9 Die deutsche Wiedervereinigung

S. 275, Aufgabe 1 Die Forderung:
- „freie Wahlen" bezieht sich auf die Wahlfälschungen der SED-Führung
- „Wir sind das Volk" bezieht sich auf das demokratische Grundprinzip der Volkssouveränität
- „Weg mit dem Führungsanspruch" bezieht sich auf die Einparteienherrschaft der SED, die für sich die absolute Macht und Deutungshoheit in der DDR beanspruchte

S. 275, Aufgabe 2

> **VISUALISIERUNG 9.4**
>
> | pro | kontra |
> |---|---|
> | • Hoffnung auf Veränderung
• Hoffnung auf Ende der SED-Herrschaft
• Solidarität mit anderen
• je mehr Menschen demonstrieren, desto sicherer ist es für den Einzelnen | • Gefahr, verhaftet zu werden
• Gefahr, bei gewaltsamen Auseinandersetzungen mit der Polizei verletzt oder gar getötet zu werden |

S. 275, Aufgabe 3
Der Ausdruck „aufrechter Gang" steht für das neue Selbstbewusstsein der DDR-Bürger. Sie beugen sich nicht mehr vor der SED, lassen sich nicht mehr unterdrücken und einschüchtern.
Den letzten Satz kann man folgendermaßen verstehen: Heym spricht mit „Freunde" seine linken Gesinnungsgenossen an, mit „in Deutschland" bezieht er möglicherweise auch die „Freunde" in der Bundesrepublik mit ein. Er spielt wahrscheinlich mit „sämtliche Revolutionen", die „danebengegangen sind", auf die Revolutionen von 1848/49 und 1918 an, in denen sich jeweils nicht die linksliberalen demokratischen Kräfte durchsetzen konnten.

Wie gelang die Einigung Deutschlands? S. 276/277

Webcode
FG450099-277

S. 276, M1: Kohl und Gorbatschow bei den Verhandlungen zur deutschen Einheit, Juli 1990
Das Foto entstand am 15. Juli 1990 in der Nähe von Gorbatschows Datscha in dem kleinen südkaukasischen Ort Archys. Die Atmosphäre war entspannt: Beide Regierungschefs tragen ganz leger Strick – Kohl eine Jacke und Gorbatschow einen Pullover. Die Kleidungsstücke, die für den Begriff „Strickjackendiplomatie" stehen, sind heute Teil der Sammlung des Bonner Hauses der Geschichte. Siehe auch die Erläuterungen zu Aufgabe 1.

S. 276, M2: Staatsvertrag zwischen der Bundesrepublik und der DDR vom 1. Juli 1990 siehe die Erläuterungen zu Aufgabe 3

Diff. Kopiervorlagen
19.6 Die deutsche Wiedervereinigung und das Ausland

S. 277, M3: Stellungnahmen der Regierungschefs zur Frage der deutschen Einheit
- Margaret Thatcher (1925–2013) war von 1975 bis 1990 Vorsitzende der Konservativen Partei („Tories") und von 1979 bis 1990 Premierministerin von Großbritannien. Sie stand der Wiedervereinigung Deutschlands und der Person Helmut Kohls ablehnend gegenüber. Sie war es, die auf die Anerkennung der Nachkriegsgrenzen durch Deutschland im Zwei-plus-Vier-Vertrag bestand.
- Der Republikaner George Bush (geb. 1924) war von 1989 bis 1993 Präsident der USA. Auf den Fall der Mauer hatte Bush zurückhaltend reagiert, denn er wollte Gorbatschow nicht durch demonstrative Freude demütigen und die Abrüstungsverhandlungen mit der Sowjetunion gefährden. Bush unterstützte ausdrücklich die Wiedervereinigung, allerdings unter der Bedingung, dass Deutschland in der NATO blieb.
- Michail Gorbatschow (geb. 1931) war von 1985 bis 1991 Generalsekretär der Kommunistischen Partei der Sowjetunion. In der Folge seiner Reformpolitik ermöglichte er das Ende des Kalten Krieges und die Wiedervereinigung Deutschlands. Für seine Verdienste in diesem Zusammenhang erhielt er 1990 den Friedensnobelpreis.

S. 277, M4: Zwei-plus-Vier-Vertrag siehe die Erläuterungen zu Aufgabe 4

S. 277, Aufgabe 1
In der öffentlichen Wahrnehmung der Deutschen war die Wiedervereinigung das persönliche Verdienst von Helmut Kohl. Sein gutes Verhältnis zu Michail Gorbatschow hatte dazu geführt, dass der sowje-

tische Generalsekretär seine Zustimmung zur Wiedervereinigung gab. Das Foto M1 scheint diesen Eindruck zu bestätigen: Abgesehen von den Personen im Hintergrund sitzen hier scheinbar drei Freunde nach einem Ausflug zusammen und unterhalten sich gut gelaunt.

S. 277, Aufgabe 2
- M. Thatcher steht einer Wiedervereinigung kritisch gegenüber, weil sie ein politisch und wirtschaftlich starkes Deutschland nach den Erfahrungen des Zweiten Weltkrieges fürchtete.
- G. Bush unterstützt die Wiedervereinigung, weil ein vereintes Deutschland, das Mitglied der NATO wäre, einen wichtigen strategischen Partner in den laufenden Abrüstungsverhandlungen mit der Sowjetunion darstellen würde.
- M. Gorbatschow setzt seine Politik der „Glasnost" und „Perestroika" konsequent fort und erlaubt den ehemaligen Ostblockstaaten – und damit auch der DDR –, selbst über ihre Staatsform zu entscheiden. Ein militärisches Eingreifen kommt für ihn nicht infrage.

S. 277, Aufgabe 3
Gruppe Währung: Vereinbarung über eine Währungsunion mit einem Umtauschkurs von 1:1 für Löhne, Gehälter etc.; für Summen über 5000 Mark, Schulden und Kredite gilt der Kurs 2:1.
Gruppe Wirtschaft: Die Wirtschaft der DDR soll in die Form einer sozialen Marktwirtschaft überführt werden. Dazu muss die Verstaatlichung des Privateigentums und der Produktionsmittel rückgängig gemacht werden.
Gruppe Soziales: Aufbau eines staatlichen Sozialsystems nach dem Vorbild der Bundesrepublik. Da die Kassen der Versicherungen noch leer sind, werden finanzielle Mittel aus dem Bundeshaushalt bereitgestellt. Gewährung demokratischer Rechte nach dem Vorbild der Bundesrepublik: Tarifautonomie, Koalitionsfreiheit, Streikrecht, Mitbestimmung, Betriebsverfassung und Kündigungsschutz. Der defizitäre DDR-Haushalt wird mit Mitteln aus dem Fonds „Deutsche Einheit" ausgeglichen.

S. 277, Aufgabe 4
- Die Grenzen von 1945 werden dauerhaft festgelegt, insbesondere die Grenze zu Polen.
- Deutschland wird keine Ansprüche auf die ehemaligen Ostgebiete (Sudetenland, Schlesien, Ostpommern, Ostpreußen usw.) erheben.
- Das vereinte Deutschland verpflichtet sich, keine Kriege mehr zu führen und stets für Frieden einzutreten.
- Das vereinte Deutschland ist ein souveräner Staat.

S. 277, Aufgabe 5 Stationen auf dem Weg zur deutschen Einheit:
- Gorbatschows Reformprogramm „Glasnost" und „Perestroika" entzieht der DDR-Führung die ideologische Grundlage
- Juni 1989: „Gemeinsame Erklärung" zum Selbstbestimmungsrecht der Völker von Gorbatschow und Kohl
- 28. November 1989: „Zehn-Punkte-Programm" zur Überwindung der deutschen Teilung von Helmut Kohl. In der folgenden Zeit finden zwei Treffen zwischen Kohl und Gorbatschow statt, die im Ergebnis dazu führen, dass die Sowjetunion das Recht der Deutschen auf Selbstbestimmung und Wiedervereinigung anerkennt.
- 15. Juli 1990: Kohls Besuch in Gorbatschows Heimat im Kaukasus (siehe M1)
- 12. September 1990: Zwei-plus-Vier-Vertrag

Folgen der Wiedervereinigung   S. 278/279

S. 278, M1: „Spiegel"-Titelseite, September 1995
Im September 1995, fünf Jahre nach der Wiedervereinigung, titelte der „Spiegel" mit einer Grafik, die die von Helmut Kohl versprochenen „blühenden Landschaften" in den neuen Bundesländern darstellen soll. Man erkennt eine von Pflanzen bedeckte Landschaft, zwischen denen sich deutlich das alte DDR-Wappen mit Hammer und Sichel abzeichnet. Man kann die Grafik folgendermaßen deuten: Zwar ist in den letzten fünf Jahren in den neuen Bundesländern viel Neues entstanden, aber es erscheint noch nicht geordnet, sondern präsentiert sich vielmehr als „Wildwuchs". Unter diesem „Wildwuchs" zeichnet sich immer noch deutlich die DDR-Vergangenheit ab. Sie scheint sogar das Wachsen und Gedeihen der neuen Pflanzen zu verhindern. Die neuen Bundesländer haben es demnach noch nicht geschafft, Wirtschaft und Gesellschaft vom DDR-Erbe zu befreien.

Webcode
FG450099-278

S. 278, M2: Leistungen für die fünf neuen Länder
Die Grafik veranschaulicht die Kosten der Einheit. Die Transferleistungen betrugen im Jahr 2003 116 Milliarden Euro. Diese Transferleistungen enthielten von 1995 bis 2004 auch den sogenannten Solidarpakt I, eine Sonderzahlung des Bundes in Höhe von etwa zehn Milliarden Euro jährlich. Der Solidarpakt II sieht ebenfalls jährliche Sonderzahlungen von zehn Milliarden Euro vor, die allerdings bis 2019 auf etwa zwei Milliarden Euro jährlich sinken sollen.

S. 279, M3: „Metamorphose des aufrechten Gangs"
Der Karikaturist Peter Dittrich (1931–2009) arbeitete u. a. für den „Eulenspiegel", die einzige Satirezeitschrift der DDR, deren Ausgaben mehrfach aufgrund ihrer zu kritischen Darstellung vor dem Verkauf vernichtet wurden. Zur Karikatur siehe die Erläuterungen zu Aufgabe 1 b).

S. 279, M4: Frauen – die Verliererinnen der „Wende"?
Der „Freitag" wurde 1990 als überregionale Wochenzeitung mit linksliberaler Ausrichtung gegründet. Bis 1990 erschien sie mit dem Untertitel „Die Ost-West-Wochenzeitung". Das Blatt sah seine Aufgabe darin, das Zusammenwachsen der beiden deutschen Staaten kritisch zu begleiten und zu kommentieren. Siehe auch die Erläuterungen zu Aufgabe 3.

S. 279, Aufgabe 1 a) mögliche Erwartungen:
Ende der Unterdrückung und ein Maximum an persönlicher Freiheit; das Verbinden von guten Merkmalen des Lebens in der DDR (vor allem soziale Sicherheit) und der Bundesrepublik (vor allem materieller Wohlstand und Konsum)
b) Das Versprechen, aus den neuen Bundesländern in kurzer Zeit „blühende Landschaften" zu machen, schaffte hohe Erwartungen, die aus heutiger Sicht gesehen kaum erfüllbar waren. Dies lag hauptsächlich an der Misswirtschaft der SED-Führung, die eine marode Wirtschaft, eine verschmutzte Umwelt, ein kostenintensives Sozialsystem und lückenhafte Akten zu Eigentumsverhältnissen hinterließ. Die Gemengelage aus einerseits geringen Einnahmen bzw. Schulden und andererseits extrem hohen Ausgaben für soziale Leistungen erschwerte das Umstellen der DDR-Wirtschaft auf eine Marktwirtschaft nach westlichem Vorbild. Die Umstellung erforderte auf der Seite der Bundesrepublik immense Investitionen und Zuschüsse, während die DDR-Bürger das Gefühl hatten, vieles zu verlieren, vor allem ihren Arbeitsplatz und die soziale Sicherheit. Der Karikaturist Peter Dittrich meinte bereits 1990 die Entwicklung des DDR-Bürgers vom stolzen, aufrechten Demonstranten hin zum kleinen, vom reichen „Wessi" ausgebeuteten und gedemütigten Aushilfsarbeiter vorauszusehen.

S. 279, Aufgabe 2
- Die Menschen in der DDR mussten sich zunächst an ein neues Wirtschafts- und Sozialsystem gewöhnen.
- Die staatlichen Betriebe mussten privatisiert und modernisiert werden, obwohl sie größtenteils nicht rentabel waren.
- Unrentable Betriebe mussten geschlossen werden, die Angestellten verloren ihre Arbeitsplätze.
- Umweltschäden mussten beseitigt werden.
- Die Infrastruktur (vor Verkehr und Telekommunikation) musste ausgebaut, die Städte saniert werden.
- Renten-, Kranken- und Arbeitslosenversicherung mussten die Kosten für Millionen neuer Bürger tragen, die zuvor keine Beiträge eingezahlt hatten.
- Enteignungen mussten rückgängig gemacht werden.
- Die Verbrechen des SED-Regimes (z. B. Bespitzelung und Unterdrückung durch MfS, Verbrechen im Zuge der Grenzsicherung) mussten aufgearbeitet und wenn möglich die Verantwortlichen zur Rechenschaft gezogen werden, auch wenn die Rechtslage schwierig war und viele Beweise durch die Stasi vernichtet worden waren.

S. 279, Aufgabe 3
Das System der DDR hatte gute Voraussetzungen für die Berufstätigkeit von Frauen geschaffen (umfassende Kinderbetreuung). Nach der Wende kam es im Zuge der Privatisierung zu Entlassungen, die wirtschaftliche Grundlage der Frauen brach weg und neue Stellen gab es nicht. Startkapital für den Weg in die Selbstständigkeit fehlte den meisten. So waren viele Frauen von Sozialhilfe abhängig oder versuchten, in den alten Bundesländern Arbeit zu finden.

Wähle aus: Staatliche Einheit – gespaltene Gesellschaft? S. 280/281

S. 280, M1: Die erfundene „Zonen-Gaby" 1989 auf dem Titelbild der Zeitschrift „Titanic"
Die „Titanic"-Ausgabe vom November 1989 ist der bekannteste Titel der Satire-Zeitschrift. Auf dem Titelbild ist eine glücklich strahlende junge Frau in Jeansjacke zu sehen, die dem Betrachter stolz ihre „erste Banane" präsentiert – eine wie eine Banane geschälte Salatgurke.
Nach dem Mauerfall prägten Fotos von jubelnden Menschen mit Begrüßungsgeldscheinen und Artikel über leergefegte Supermarktregale die Berichterstattung. Die „Titanic"-Macher griffen das Klischeebild der konsumhungrigen Bevölkerung Ostdeutschlands auf satirische Weise auf, indem sie mit der erfundenen „Zonen-Gaby" eine junge Frau auf dem Cover abbildeten, die aufgrund des in der DDR herrschenden Mangels an bestimmten Konsumgütern offensichtlich nicht weiß, wie eine Banane aussieht und sie daher mit einer Gurke verwechselt.

S. 280, M2: Ergebnisse einer Umfrage von 1990 siehe die Erläuterungen zu Aufgabe 2 (Material A)

S. 281, M3 und M4: Kommentare von Michael Jürgs und Angela Elis
Den Schülern sollte bei der Textanalyse bewusst werden, dass es sich um Polemik handelt. Als solche ist der Artikel des westdeutschen Journalisten Michael Jürgs (M3) im ungekürzten Original betitelt. Auf eine polemische Auseinandersetzung mit dem Thema „Besser-Wessis und Jammer-Ossis" deutet z. B. die saloppe Ausdrucksweise von M3 hin. Verwendet werden ironische Begriffe wie „Neufünfländer" (Z. 2) oder „Ossis" (Z. 15). Der Text M4 wurde von der ostdeutschen Moderatorin Angela Elis als Erwiderung verfasst. Sie geht direkt auf Jürgs' Anwürfe ein und relativiert bzw. korrigiert die geäußerten Vorurteile oder verkehrt sie ins Gegenteil: Sie schreibt ironisch von „Jammer-Wessis" und „Besser-Ossis" (Z. 15 f.). Sie diagnostiziert bei den Westdeutschen eine „Angst vor der Einheit" (Z. 17 f.) als Antwort auf das in M3 gezogene Fazit, die Ostdeutschen hätten „Angst vor der Freiheit". Beide Autoren veröffentlichten 2006 gemeinsam das Buch „Typisch Ossi – Typisch Wessi. Eine längst fällige Abrechnung unter Brüdern und Schwestern".

S. 281, M5: Meinungsumfrage des Magazins „Der Spiegel" zur deutschen Einheit, 2007
Anlass der groß angelegten „Spiegel"-Meinungsumfrage im Herbst 2007 war, dass die erste „Generation Deutsche Einheit", also die 1989 geborenen Deutschen, die Volljährigkeit erreichte. Die insgesamt 1000 Teilnehmer in Ost und West wurden in zwei Altersgruppen zu jeweils 500 Personen eingeteilt und getrennt befragt. Das Hauptinteresse der Meinungsforscher galt hierbei der Frage: Wie denken die jüngeren Leute, die ersten, die ohne innerdeutsche Grenze aufgewachsen sind oder bei der Wiedervereinigung jünger als sechs Jahre alt waren, über Deutschland und die Einheit? Zum Vergleich wurde auch die Elterngeneration befragt, wodurch sich die Altershöchstgrenze von 50 Jahren erklärt.

S. 280, Aufgabe für alle Diskussion

S. 280, Aufgabe 1 (Material A) siehe die Erläuterungen zu M1

S. 280, Aufgabe 2 (Material A)
- Die Westdeutschen denken, dass die meisten Ostdeutschen obrigkeitshörig, leicht zu beeinflussen, bescheiden sowie ausländerfeindlich sind. Insgesamt ergibt sich das Bild eines unselbstständigen, leicht zu beeinflussenden Ostdeutschen.
- Die Ostdeutschen denken über die Westdeutschen, dass sie überheblich und geltungssüchtig, konsumorientiert und rücksichtslos sind. Insgesamt ergibt sich das Bild eines arroganten und oberflächlichen Westdeutschen.

S. 281, Aufgabe 1 (Material B)
Michael Jürgs (M3) äußert sich kritisch über die Einstellung der „Ossis" zu den Folgen der Wiedervereinigung. Er unterstellt ihnen, sich jeweils die Rosinen aus beiden Systemen herauszupicken: Sie würden die soziale Sicherheit und die klaren, überschaubaren Strukturen in der DDR vermissen, hätten jedoch gerne die finanziellen Zuwendungen angenommen, die die „Wessis" „rübergeschaufelt" haben. Die Verantwortung und die Risiken, die mit der neuen Freiheit verbunden seien, wollten die „Ossis" laut Jürgs jedoch nicht tragen.
Angela Elis (M4) kritisiert an den „Wessis", dass diese nur die Kosten der Wende sehen und nicht die Gewinne, die sie im Zuge der Anpassung der Lebensumstände in den neuen Bundesländern gemacht haben. Die „Wessis" lebten in einer Traumwelt, in der sie die Opfer und Zahlmeister der Wen-

9 Die deutsche Wiedervereinigung

de seien, während die „Ossis" nur profitiert hätten. Elis attestiert dem „Wessi" chronische Angst vor der Einheit.

S. 281, Aufgabe 2 (Material B)
Die Vorurteile, die „Ossis" und „Wessis" über den jeweils anderen haben, sowie die einseitigen Urteile über die Wende und ihre Auswirkungen werden teilweise, vor allem von Älteren, immer noch vertreten und bei entsprechender Gelegenheit angeführt. Unter den heutigen Schülern, die nach 1990 geboren wurden, dürften diese Argumente nur noch selten eine Rolle spielen.

S. 281, Aufgabe 1 (Material C)
Die Ergebnisse zeigen, dass die viel beschworene „Mauer in den Köpfen" nach wie vor existiert, auch bei den Jüngeren. Diese Ost-West-Differenzen zeigen sich vor allem bei der rückblickenden Beurteilung der DDR-Vergangenheit. So glauben z. B. 73 Prozent der 35- bis 50-jährigen Ostdeutschen, dass der „Sozialismus eine gute Idee" gewesen sei. Die jüngeren Ostdeutschen sehen das zwar nur zu 43 Prozent so, zeigen aber bei den anderen Fragen große Einmütigkeit mit den älteren, was als Indiz für eine eigenständige ostdeutsche Identität interpretiert werden kann, selbst bei denen, die die DDR gar nicht mehr oder kaum noch bewusst erlebt haben.

S. 281, Aufgabe 2 (Material C)
- viele Gelegenheiten für einen persönlichen Kontakt, ein persönliches Gespräch zwischen „Ossis" und „Wessis" ermöglichen und nutzen
- sich in die andere Person und ihre individuelle Lage hineinversetzen
- sich umfassend informieren und dabei eine neutrale Haltung einnehmen

Geschichte kontrovers: Die DDR – ein Unrechtsstaat? S. 282/283

Webcode
FG450099-283

S. 282, M1: **Der westdeutsche Journalist Peter Klinkenberg schrieb 2012** siehe die Erläuterungen zu Aufgabe 1 b)

S. 282, M2: **Aus einem Bericht der „Tagesschau" vom 30. September 2010** siehe die Erläuterungen zu Aufgabe 1 b)

S. 283, M3: **Joachim Gauck in der „Mitteldeutschen Zeitung", 2009** siehe die Erläuterungen zu Aufgabe 1 b)

S. 283, M4: **Der Jurist Thomas Claer meinte 2010** siehe die Erläuterungen zu Aufgabe 1 b)

S. 283, M5: **Beurteilung der Lebenssituation in der DDR** siehe die Erläuterungen zu Aufgabe 1 b)

S. 283, Aufgabe 1 a) Unrechtsstaat:
- kein eindeutig definierter Begriff
- Staat, der kein Rechtsstaat ist
- in einem Unrechtsstaat wird die Gleichheit aller Menschen nicht vorausgesetzt
- Begriff ist negativ konnotiert, da er für das nationalsozialistische Deutschland eingeführt wurde

b) Beispiellösung

	P. Klinkenberg	L. de Maizière	J. Gauck	T. Claer	Umfrage
DDR war Rechtsstaat		„Die DDR war kein vollkommener Rechtsstaat. Aber sie war auch kein Unrechtsstaat." (Z. 7–9)		„Der Begriff Unrechtsstaat trifft auf die DDR nicht zu." (Z. 13–16)	kein eindeutiges Sachurteil
DDR war Unrechtsstaat	„Die DDR war das lupenreine Gegenteil eines Rechtsstaates." (Z. 6/7)		„Der Begriff [Unrechtsstaat] trifft zu." (Z. 1)		
Argumente	• Keine mehrstufig etablierten Gerichte (Z. 14–20) • Einzige Widerspruchsmöglichkeit war die „Eingabe", die in ihrer Art an die „Bittschrift" in den rechtlosen Zeiten des Feudalismus und Absolutismus erinnert (Z. 24–32). • Richter, Anwälte und Verteidiger waren Mitglieder der SED und damit nicht unabhängig (Z. 40–45).	• Urteile aus der DDR wurden nach der Wiedervereinigung weiter vollstreckt (Z. 11–15). • Auch in der DDR waren Mord und Diebstahl Verbrechen (Z. 15–17). • Aber: es gab keine Verwaltungsgerichtsbarkeit (Z. 17–19).	• Es gab keine Unabhängigkeit der Justiz und keine Gewaltenteilung (Z. 1–3). • Es gab kein Verwaltungs- und Verfassungsgericht (Z. 8/9). • Einzige Widerspruchsmöglichkeit war die „Eingabe" (Z. 9–13).	• Ein Unrechtsstaat begeht dauerhaft, gezielt und bewusst Unrecht als Umsetzung einer entsprechenden Staatsideologie (Z. 6–12). • Das in der DDR begangene Unrecht erfolgte hingegen weder willkürlich noch wurde damit die Rechtspersonalität von Menschen bestritten (Z. 13–16).	• Etwa die Hälfte der Ostdeutschen stellt der DDR ein durchwachsenes Zeugnis aus: Zwar habe es Probleme gegeben, aber man habe dort trotzdem gut leben können. • Circa acht Prozent der Ostdeutschen sind der Meinung, dass das Leben in der DDR besser war als im vereinten Deutschland, sie werden die DDR vermutlich nicht als Unrechtsstaat bezeichnen.

VISUALISIERUNG 9.5

c) Mögliche Stellungnahme: Gemäß den Kriterien, die einen Rechtsstaat von einem Unrechtsstaat unterscheiden, war die DDR ein Unrechtsstaat, denn es gab keine Gewaltenteilung und keine unabhängige Justiz. Es existierte keine Rechtssicherheit, keine Möglichkeit, sich juristisch gegen die Willkür des SED-Regimes zu wehren. Dass trotzdem viele Menschen das Leben in der DDR positiv bewerten, spielt bei dieser Fragestellung keine entscheidende Rolle. Auch das Leben im Nationalsozialismus wurde und wird von einigen Menschen positiv bewertet, obwohl Deutschland zwischen 1933 und 1945 eindeutig als Unrechtsstaat bezeichnet werden kann.

S. 283, Aufgabe 2 individuelle Lösung

9 Die deutsche Wiedervereinigung

Nationalfeiertage: Warum feiern wir in Deutschland am 3. Oktober? S. 284/285

Webcode
FG450099-285

Diff. Kopiervorlagen
19.8 Längsschnitt:
Der 9. November –
ein schwieriges Datum
deutscher Geschichte

S. 284, M1: „Lichtgrenze" zum 25. Jahrestag des Mauerfalls
Vom 7. bis zum 9. November 2014 erinnerte in Berlin eine aus 8000 weißen Ballons bestehende „Lichtgrenze" auf einer Länge von 15 km an den ehemaligen Mauerverlauf. Zum Abschluss der Feierlichkeiten ließ man die Ballons fliegen, als Symbol für die überwundene Teilung Deutschlands.

S. 285, M2: Heinrich August Winkler 2004 in einem Interview über den 3. Oktober siehe die Erläuterungen zu Aufgabe 2

S. 285, Aufgabe 1
Der 17. Juni stand für den gescheiterten Versuch, sich gegen das sozialistische Regime der SED zu wehren. Der 3. Oktober markiert dagegen das vorläufige Ergebnis einer erfolgreichen friedlichen Revolution, die teilweise das zu Ende führte, was bereits mit dem Aufstand von 1953 versucht worden war: eine Annäherung der beiden deutschen Staaten, die möglicherweise schon damals in der Wiedervereinigung hätte münden können.

S. 285, Aufgabe 2
Winkler hält den 3. Oktober für das beste Datum, seine Begründung:
- Tag, an dem zwei Jahrhundertprobleme gelöst wurden: die deutsche Frage (Teilung) und die polnische Frage (Oder-Neiße-Grenze; Z. 5 –10)
- Forderung „Einheit in Freiheit" der Revolution von 1848 erfüllt (Z. 16 –19)
- Nationalfeiertage sollten einen Erfolg feiern, deshalb sind der 17. Juni (gescheiterter Aufstand 1953) und der 9. November (Pogromnacht 1938; Mauerfall: zwar Erfolg, aber eben nur Zwischenschritt zur Einheit) nicht geeignet (Z. 27 –38 und 42 –44)

S. 285, Aufgabe 3
Mögliches Urteil: Tatsächlich hat sich im kollektiven Gedächtnis der meisten Deutschen eher der Mauerfall am 9. November 1989 eingeprägt. Deshalb war es für manche überraschend, dass dieser Tag nicht Nationalfeiertag wurde. Zudem wissen vermutlich viele Menschen nicht, dass am 3. Oktober 1990 vertraglich die deutsche Wiedervereinigung besiegelt wurde. Bei genauer Betrachtung überzeugen jedoch die von Winkler (M2) vorgebrachten Argumente, die den 3. Oktober als geeigneten Nationalfeiertag stützen.

S. 285, Aufgabe 4
Individuelle Lösung. Zusatzinformation: Am 9. Mai 1950 schlug der französische Außenminister Robert Schuman die Gründung einer Europäischen Gemeinschaft für Kohle und Stahl vor. Damit wurde der Grundstein für die heutige Europäische Union gelegt. Seit 1986 wird deshalb an diesem Tag der Europatag der Europäischen Union gefeiert.

S. 285, Aufgabe 5 Recherche-Aufgabe; Beispiele:
- Frankreich: 14. Juli; wird seit 1880 gefeiert, weil an diesem Tag 1789 der Sturm auf die Bastille stattgefunden hatte und damit die siegreiche Phase der Französischen Revolution begann
- Österreich: 26. Oktober; wird seit 1965 gefeiert, weil an diesem Tag 1955 die österreichische Neutralität beschlossen wurde
- Schweden: 6. Juni; wird seit 1974 gefeiert, weil an diesem Tag 1523 König Gustav Wasa gekrönt und gleichzeitig die Union mit Dänemark aufgelöst wurde und Schweden seitdem ein selbstständiger Staat war

Kompetenzen prüfen S. 288/289

HRU, S. 233, KV
9.3 Selbsteinschätzungsbogen für Schüler

HRU, S. 229, KV
9.1 Ein Denkmal interpretieren

S. 288, M1: Karikatur „Osteuropäischer Geleitzug im Winter 1988/1989"
Die Karikatur zeigt mehrere Dampfer im Eismeer. Der größte – „Perestroika" – hält kraftvoll eine Fahrrinne frei, hat dabei ein kleineres Schiff („Polen") überholt und befreit ein anderes („Ungarn"). Drei weitere Dampfer stecken völlig vereist und mit beinahe erkalteten Schornsteinen im Eis fest: „Rumänien", „DDR" und „ČSSR". Die Karikatur macht deutlich, dass die Verweigerung des durch die Sowjetunion eingeleiteten Reformkurses zwangsläufig zur politischen Erstarrung und Isolation führen wird.

Die deutsche Wiedervereinigung

S. 288, M2: Titelblatt des Magazins „Der Spiegel", März 1985
Am 11. März 1985 wählte das Zentralkomitee der KPdSU den als Reformer geltenden 54-jährigen Michail Gorbatschow zum Generalsekretär der Partei. Gorbatschow, seit März 1990 auch Staatspräsident der UdSSR, wurde 1990 mit dem Friedensnobelpreis geehrt. Nach der Auflösung der UdSSR gab er am 25. Dezember 1991 seinen Rücktritt von allen Ämtern bekannt.

S. 288, M3: Demontage des Lenin-Denkmals in Berlin-Friedrichshain, 1991 siehe die Lösungshilfen zu S. 289, Aufgabe 2 auf S. 343 des Schülerbandes

S. 289, M4: Aus dem Jahresbericht der Bundesregierung zur deutschen Einheit (2009)
Der im Juni 2009 vorgelegte Bericht würdigt die gemeinsamen Anstrengungen der Menschen in Ost und West und zieht eine insgesamt positive Bilanz. So konnte beispielsweise nicht nur die Umweltverschmutzung gestoppt, sondern auch der Verfall vieler Innenstädte verhindert werden. Trotz positiver Entwicklungen sei die Schere zwischen Ost und West jedoch groß und das ostdeutsche Bruttoinlandsprodukt liege – u. a. bedingt durch das Fehlen großer kapitalkräftiger Unternehmen – immer noch unter dem der westdeutschen Bundesländer.

S. 289, M5: Aus einem Interview mit dem Psychotherapeuten Hans-Joachim Maaz (2001)
Der Psychotherapeut Maaz analysiert die Beziehungen zwischen Ost- und Westdeutschen über einen Zeitraum von zehn Jahren nach der politischen Einheit, die, allen Hoffnungen zum Trotz, nicht zeitgleich die vielfältigen wirtschaftlichen und sozialen Probleme beseitigte. Er stellt dabei folgende Entwicklung fest: Gefühle der Befreiung seien auf ostdeutscher Seite abgelöst worden durch solche von Enttäuschung und Minderwertigkeit, die letztlich zu einer spezifisch ostdeutschen Identitätsfindung im Nachhinein geführt hätten. Komplementär dazu die Haltung des Westens, die Handlungsrichtlinien vorzugeben.

S. 289, Aufgabe 1 bis 9 siehe die Lösungshilfen auf S. 342/343 des Schülerbandes

Lösungen zu den Kopiervorlagen der Handreichung

KV 9.1, Aufgabe 1
1. Mahnmal
2. drei Holzstelen in Metallfassung: hinten eine hohe Wand, vorne zwei etwas niedrigere Wände, die oben leicht abgeschrägt sind und deren einander zugewandte Kanten in der oberen Hälfte eine Zickzacklinie bilden
3. etwa 5 m hoch, Holz und Stahl
4. modern
5. Inschrift: „Jetzt wächst zusammen, was zusammengehört/Wir sind ein Volk!"; Inschriftentafel am Fuß des Mahnmals: „Den Opfern der deutschen Teilung. Den Mutigen der friedlichen Revolution von 1989. Den Erbauern der Wiedervereinigung"
6. Enthüllung des Mahnmals am 13. August 2000, 39 Jahre nach der Errichtung der Berliner Mauer
7. an die deutsche Teilung und Wiedervereinigung
8. Auftraggeber und Finanzierung: Stiftung Point Alpha
9. nein
10. Einweihung durch die Ministerpräsidenten von Hessen (Roland Koch) und Thüringen (Bernhard Vogel)
11. Es markiert den Todesstreifen am amerikanischen Beobachtungsposten Point Alpha, von wo aus Truppenbewegungen des Warschauer Paktes frühzeitig bemerkt werden sollten.
12. Erinnerung an die Opfer der deutschen Teilung und an die Protagonisten der „friedlichen Revolution" in der DDR
13. Die beiden vorderen Stelen sind durch einen Spalt getrennt, der für die deutsche Teilung steht. Die hintere, ungeteilte Holzstele symbolisiert das vereinigte Deutschland. Das Mahnmal steht für eine sichtbare und schmerzhafte Narbe in der deutschen Geschichte.
14. nein
15. nein

9 Die deutsche Wiedervereinigung

KV 9.2, Aufgabe 1 a)
1. individuelle Lösung
2. *Oberes Bild:* Die beiden deutschen Michel blicken traurig und resigniert auf die hohe, stacheldrahtbewehrte Mauer zwischen ihnen. Der westdeutsche Michel links ist etwas größer und dicker als der ostdeutsche Michel rechts.
   Mittleres Bild: Die Mauer ist eingestürzt (worden), die beiden Michel stehen auf ihren Trümmern und liegen sich in den Armen. Sie weinen und lachen vor Freude.
   Unteres Bild: Die beiden deutschen Michel stehen auf einem Siegerpodest: der kräftige westdeutsche Michel hoch oben auf Platz 1, der kleinere ostdeutsche Michel weit unten auf dem zweiten Platz. Während der westdeutsche Michel einen zufriedenen Eindruck macht, wirkt der ostdeutsche Michel niedergeschlagen und deprimiert.
3. der Karikaturist Walter Hanel (geb. 1930 in Böhmen), dessen Karikaturen regelmäßig in großen deutschen und auch internationalen Zeitungen erscheinen
4. 1992, Entstehungsort unbekannt
5. kein Titel
6. die deutsche Einheit und ihre Folgen für das Verhältnis von Ost- und Westdeutschen
7. Der kräftige, große Michel links steht für die Westdeutschen, der kleinere Michel rechts für die Menschen in Ostdeutschland.
8. Bilanz, zwei Jahre nach der deutschen Einheit
9. Das Verhältnis zwischen Ost und West entwickelte sich von einer Begegnung auf Augenhöhe zu einem Gefälle zwischen den Gewinnern im Westen und den Verlierern im Osten.
10. die ungerechte Verteilung des Wohlstandes: die Menschen in Ostdeutschland sind die Verlierer der Einheit, die Menschen in Westdeutschland die Gewinner
11. individuelle Lösung

b) bis d) individuelle Lösungen

KV 9.1 Ein Denkmal interpretieren

M1 Gedenkstätte Point Alpha an der ehemaligen innerdeutschen Grenze – Denkmal der deutschen Teilung und Wiedervereinigung, Foto, 2014

1 Interpretiere das Denkmal (M1) mithilfe der Arbeitsschritte.

Arbeitsschritte „Ein Denkmal interpretieren"

Beschreiben	
1. Was für eine Art von Denkmal ist es (z.B. Kriegerdenkmal, Mahnmal)?	
2. Aus welchen Bestandteilen besteht es?	
3. Wie groß ist das Denkmal und aus welchem Material besteht es?	
4. In welchem Kunststil ist es gestaltet?	

9 Die deutsche Wiedervereinigung   Kopiervorlage 9.1

Name: Klasse: Datum:

5. Welche Elemente, Symbole und Inschriften hat es?	

Historisch einordnen

6. Aus welcher Zeit stammt das Denkmal?	
7. Woran soll das Denkmal erinnern?	
8. Ist etwas über den Auftraggeber und die Finanzierung bekannt?	
9. War die Errichtung des Denkmals umstritten?	
10. Wie wurde die Einweihung gestaltet?	

Aussage deuten

11. Welche Absicht hatte der Erbauer bei der Wahl des Standortes?	
12. Welche Funktion hatte das Denkmal bei seiner Errichtung?	
13. Welche Aussageabsicht haben die einzelnen Elemente und Inschriften?	
14. Wie wurde das Denkmal im Lauf der Zeit wahrgenommen? Wie beurteilt man es heute?	
15. Gibt es weitere Quellen, die die Auswertung des Denkmals unterstützen?	

Autorin: Dagmar Scheich
Bildrechteinhaber: F1online

9 Die deutsche Wiedervereinigung — Kopiervorlage 9.2

Name: Klasse: Datum:

KV 9.2 Die Folgen der deutschen Einheit

M1 Karikatur zur deutschen Einheit von Walter Hanel, 1992	Datum/Ereignis
	1961: Mauerbau
	9. November 1989: Mauerfall
	1992: Folgen der Einheit für „Ossis" und „Wessis" aus der Sicht des Karikaturisten
	2014: 25 Jahre Mauerfall

Autorin: Dagmar Scheich
Bildrechteinhaber: Walter Hanel

M2 Stimmen zum Thema „25 Jahre Mauerfall"

2a Steffen Dobbert (32 Jahre), der in Mecklenburg aufgewachsen ist, schrieb 2014 in „Die Zeit":

Meine Generation, das sind nicht nur gebürtige Ossis. Das sind auch Menschen aus Hamburg oder Heidelberg. Uns stehen einzigartige Herausforderungen bevor: der digitale Umbruch, der demografische Wandel, die Klimakatastrophe, die Staatsverschuldung. Wir haben andere Sorgen, als veraltete Ost-West-Klischees abzuschaffen. (…)
Man könne nicht mehr unterscheiden, ob junge Deutsche aus dem Osten oder aus dem Westen kommen, sagte Angela Merkel schon vor fünf Jahren, zum 20. Mauerfall-Jubiläum. Ich glaube, sie hat recht. In Deutschland steht keine Mauer mehr, auch nicht in den Köpfen junger Menschen. Man könnte sagen, sie wurde abgetragen, Stein für Stein. In einigen Jahren wird „der Ossi" ganz aussterben. Wenn die Medien ihn denn lassen. Dann könnten wir zu Leuten, die aus dem Vogtland stammen, Vogtländer sagen, Thüringer zu Thüringern und Mecklenburger zu Mecklenburgern. Die meisten meiner Freunde würde das freuen. (…) Die meisten Menschen fühlen sich mehr als Deutsche denn als Ost- oder Westdeutsche.

Zit. nach Steffen Dobbert, Die Ost-West-Lüge. Warum es keinen Unterschied zwischen Ossis und Wessis gibt, in: Die Zeit, Nr. 45/2014, 30. Oktober 2014.

2b Johannes Staemmler schrieb 2014 im „Zeit-Magazin":

Ist Herkunft heute nicht egal? Ist Heimat nicht da, wo man sich wohlfühlt? Und reisen junge Europäer nicht durch die Welt, um ihre Träume zu leben, anstatt sich von der Vergangenheit binden zu lassen? Sicherlich. Aber jeder trägt ein Stück Geschichte bei sich.
Meine beginnt 1982 in Dresden. Als die Mauer fällt, bin ich sieben. Das erste Silvester verbringe ich in Göttingen – damals funkelnd und aufregend. 25 Jahre ist das nun her. Sächsisch spreche ich kaum noch. Meine Freunde kommen aus der ganzen Welt.
Doch prägt meine Herkunft, wie ich die Welt sehe. Ich kann das nicht abschütteln und will es auch gar nicht. Es hat viel mit den Neunzigern zu tun, als die Ostdeutschen in den spätmodernen Kapitalismus katapultiert wurden. Sie wollten das so, hatten aber keine Ahnung, welchen Preis das haben würde.
Es gibt heute kaum Ostdeutsche in Vorständen und Chefredaktionen. Vielleicht wird das mit der Zeit anders, wenn die Jungen reif genug sind. Aber wenn ich mir ansehe, wie viele Frauen und Menschen mit Migrationshintergrund es in die Leitungsebenen geschafft haben, dann glaube ich, dass es noch sehr lange dauern wird. Auch sie werden als anders wahrgenommen. Die Vielfalt in diesem Land spiegelt sich nicht da, wo über Optionen für die Zukunft beraten und entschieden wird. So lange die Norm einer deutschen Einheitlichkeit so wie bisher gelebt wird, werden viele außen vor bleiben – unter ihnen auch die Ostdeutschen. Und genauso lange wird „ostdeutsch" eine politische Kategorie bleiben und nicht nur eine regionale.

Zit. nach Johannes Staemmler, Die deutsche Einheitlichkeit, in: Zeit-Magazin, 7. September 2014.

2c Robert Schachtschneider schrieb 2014 im „Zeit-Magazin":

Ich war fünf Jahre alt, als die Wiedervereinigung in Brandenburg einschlug. Fabriken schlossen, Arbeitsplätze wurden wegprivatisiert, Karrieren endeten, Alteigentümer prozessierten. Fast in jeder Familie zogen Söhne, Töchter, Ehepartner weg. Auch in meiner. (…) Die deutsche Einheit (dagegen) gleicht einer Einbahnstraße, auf der das Modell BRD nach Ostdeutschland verfrachtet wurde. Es fehlte die zweite Richtungsspur: Was durfte Ostdeutschland einbringen? Wenig. So wurden aus Menschen, die Ende der Achtziger auf die Straße gegangen sind, die gestalten wollten, teilweise apolitische Bürger im vereinten Deutschland. Dieses lähmende Gefühl und der Komplex, der daraus entstand, prägten auch mich.

Zit. nach Robert Schachtschneider, Einbahnstraße Deutsche Einheit, in: Zeit-Magazin, 7. September 2014.

1 **a)** Analysiere die Karikatur M1 nach den Arbeitsschritten „Eine Karikatur entschlüsseln" auf S. 334/335 deines Schulbuches.

b) Ergänze die Karikatur um ein viertes Teilbild „2014: 25 Jahre Mauerfall". Nimm M2 zu Hilfe und recherchiere gegebenenfalls selbst dazu.

c) Präsentiere deine Karikatur und begründe deinen Entwurf.

d) Diskutiert in der Lerngruppe, wessen Karikatur die beste ist.

9 Die deutsche Wiedervereinigung Kopiervorlage 9.3

Name:　　　　　　　　　　　Klasse:　　　　　　　　Datum:

KV 9.3　Die deutsche Wiedervereinigung

Ich kann, weiß, verstehe …	sehr sicher	sicher	unsicher	sehr unsicher	Hilfen finde ich hier: (SB = Schülerbuch)
1 Ich kann die Ziele und Aktionen der Solidarność beschreiben und die Bedeutung dieser Gewerkschaft für den Wandel in Polen beurteilen.					SB, S. 268/269
2 Ich kann den Umbruch in der Sowjetunion und im Ostblock erklären.					SB, S. 268–271
3 Ich kann eine Mindmap zur politischen und wirtschaftlichen Entwicklung der Sowjetunion bis 1991 anfertigen.					SB, S. 270/271
4 Ich kann die Merkmale von „Glasnost" und „Perestroika" nennen und die wesentlichen Unterschiede zum bisherigen System erläutern.					SB, S. 270/271
5 Ich kann Gründe für den Zerfall und Niedergang der DDR nennen und in einer Mindmap zusammenfassen.					SB, S. 272/273
6 Ich kann die Ziele der Oppositionsbewegung in der DDR erläutern.					SB, S. 273
7 Ich kann den Verlauf der „friedlichen Revolution" in der DDR 1989 wiedergeben.					SB, S. 274/275
8 Ich kann die Vereinbarungen des Staatsvertrags zwischen der Bundesrepublik und der DDR erläutern.					SB, S. 276
9 Ich kann die Vorbehalte der Siegermächte zur deutschen Wiedervereinigung erklären.					SB, S. 276/277
10 Ich kann die wesentlichen Punkte des Zwei-plus-Vier-Vertrags nennen.					SB, S. 277
11 Ich kann die Schwierigkeiten der Wiedervereinigung auf unterschiedlichen Ebenen erläutern und beurteilen.					SB, S. 278–281
12 Ich kann die Frage diskutieren, ob die deutsche Gesellschaft heute immer noch in Ost und West „gespalten" ist.					SB, S. 280/281
13 Ich kann den staatlichen Charakter der DDR aus heutiger Sicht bewerten.					SB, S. 282/283
14 Ich kann die Bedeutung von Nationalfeiertagen am Beispiel des „Tags der Deutschen Einheit" diskutieren.					SB, S. 284/285

Autorin: Andrea Welk

10 Die globalisierte Welt seit 1990: Eine Welt? Viele Welten? SB S. 290–317

Sachinformationen zum Kapitelaufbau

Die mit dem Ende der Blockkonfrontation verbundenen Hoffnungen auf eine weltweite Entwicklung in Richtung eines friedlichen Zusammenlebens und zunehmender Demokratisierung haben sich als allzu naiv erwiesen. Spätestens mit den Anschlägen vom 11. September 2001 und dem darauffolgenden „War on Terror" nahm eine neue Konfrontationslage Form an, die die Welt bis heute nachhaltig prägt. Daneben ist in vielen Teilen der Welt ein Bedeutungszuwachs des Nationalismus zu verzeichnen, der bereits im Jugoslawienkrieg und zuletzt in der Ukraine seine destabilisierende Wirkung entfaltete. Auch in vielen Mitgliedsstaaten der Europäischen Union erstarken Positionen, die das Nationale aufgewertet sehen wollen und die europäische Integration infrage stellen. Der hoffnungsvolle Aufbruch der Protestbewegungen in vielen arabischen Ländern ab 2011 hat für die Menschen bisher kaum zur Verbesserung ihrer Lebensumstände geführt. Im Gegenteil: Vor allem in Syrien tobt ein blutiger Bürgerkrieg, der Hunderttausenden das Leben gekostet und Millionen von Menschen in die Flucht gezwungen hat. Neben der zunehmenden internationalen Vernetzung gehört auf wirtschaftlichem Gebiet der Aufstieg von Schwellenländern wie China zu den Merkmalen, die das Gesicht der multipolaren Welt des 21. Jahrhunderts prägen.

Das vorliegende Kapitel befasst sich mit Entwicklungen und Problemlagen in der Welt seit 1990. Nach einer Doppelseite zur Rolle der UNO in der Weltpolitik geht die anschließende Themeneinheit auf die neuen Herausforderungen der EU in der globalisierten Welt ein. Die beiden folgenden Themeneinheiten befassen sich mit der NATO-Osterweiterung und der Ukraine-Krise sowie mit der politischen und wirtschaftlichen Situation Russlands. Ökonomischer Aufstieg und autoritärer Staat in China stehen im Mittelpunkt der nächsten Doppelseite. Das „Wähle-aus"-Modul bietet den Schülerinnen und Schülern verschiedene Materialien zu Inhalt, Bedeutung und Verletzlichkeit der Menschenrechte. Es folgen Themeneinheiten zum „neuen" Terrorismus, zum „Arabischen Frühling" und seinen Auswirkungen sowie zu Bedeutung und Gründen von Migration. Das Kapitel schließt mit einer thematischen Einheit zur Globalisierung und zur Frage ihrer Bewertung.

Hinweis zum Unterrichtsverlauf

siehe Jahrgangscurriculum, S. 15

Kompetenzerwerb in Kapitel 10 (s. Schülerband S. 316)

Eine detaillierte Liste der zu erwerbenden Kompetenzen finden Sie hier in der Handreichung auf dem Selbsteinschätzungsbogen, S. 225.

Selbsteinschätzungsbogen für Schüler zum Kapitel 10

siehe Kopiervorlage 10.3, S. 225

Weiterführende Hinweise auf Forum-Begleitmaterialien (s. Einleitung, S. 7)

- Arbeitsheft 4, Kap. 3: USA, UdSSR und Kalter Krieg
- Kompetenztraining, Kap. 28: Transnationale Kooperationen seit 1945 – UNO und EU
- Kompetenztraining, Kap. 29: Leben in der Zeit der Globalisierung
- Geschichte interaktiv II, Kap. 9: Die Welt nach 1945
- Foliensammlung Geschichte 2, Folie 32: Globalisierung
- Invitation to History: Volume 2, Unit 8: The Age of Globalization

Literatur, Jugendbücher, Filme, Internethinweise für Lehrkräfte

Literatur
Tobias Debiel u. a. (Hg.), Globale Trends. Frieden – Entwicklung – Umwelt, Bonn (Bundeszentrale für politische Bildung) 2013.
Michael Richter, Fluchtpunkt Europa, Bonn (Bundeszentrale für politische Bildung) 2016.

Thorsten G. Schneiders (Hg.), Der Arabische Frühling, Wiesbaden (Springer) 2013.
Andreas Wirsching, Demokratie und Globalisierung. Europa seit 1989, München (C. H. Beck) 2015.
Jugendbücher
Jean-Pierre Filiu, Der arabische Frühling. Graphic Novel, Hamburg (Carlsen) 2013.
Christian Linker, Dschihad Calling, München (dtv) 2016.
Edward van de Vendel/Anoush Elman, Der Glücksfinder, Hamburg (Carlsen) 2011.
Filme
FWU 4602691: Möglichkeiten und Grenzen der internationalen Friedenssicherung
FWU 5511200: Europäische Flüchtlingspolitik
FWU 4611167: Rechter Populismus in Deutschland und Europa
FWU 4611193: Menschen auf der Flucht
FWU 4611234: Vernetzte Welt – Die globalisierte Weltwirtschaft
Internethinweise für Lehrkräfte
http://www.bpb.de/mediathek/mit-offenen-karten (Filmbeiträge der ARTE-Reihe „Mit offenen Karten" zu Themen des vorliegenden Kapitels)
http://www.bpb.de/internationales/weltweit/vereinte-nationen (Dossier der Bundeszentrale für politische Bildung zum Thema „Vereinte Nationen")
http://www.bpb.de/internationales/europa/brexit/ (Dossier zum „Brexit" und den möglichen Folgen)
http://www.bpb.de/internationales/weltweit/menschenrechte (Dossier „Menschenrechte", Angebot der Bundeszentrale für politische Bildung)
http://www.politische-bildung.de/tunesien_aegypten.html (Dossier „Unruhen in der arabischen Welt"))
http://www.politische-bildung.de/fluechtlingspolitik.html (Dossier zum Thema „Flucht und Asyl")

Auftaktseiten S. 290/291

S. 290 f.: Golfplatz in Melilla an der nordafrikanischen Mittelmeerküste

Die spanischen Exklaven Melilla und Ceuta liegen im Norden Marokkos. Hier verlaufen die einzigen Landgrenzen zwischen Europa und Afrika. Tausende von Geflüchteten harren in der Nähe der Exklaven aus und versuchen immer wieder, die Grenzen zu überwinden. Die Grenzanlagen bestehen aus mehreren, bis zu sechs Meter hohen Zäunen, die durch messerscharfen NATO-Draht, Wärmebildkameras, Sensoren und Tränengasdüsen gesichert sind. Häufig ziehen sich Flüchtlinge beim Versuch, den Zaun zu überwinden, schwere Verletzungen zu. Die Hilfsorganisation Ärzte ohne Grenzen prangerte 2012 zudem die exzessive Gewalt der marokkanischen und spanischen Grenzschützer an, die mit Knüppeln und Gummigeschossen gegen die Flüchtlinge vorgehen. Im Februar 2014 ertranken fünfzehn Flüchtlinge beim Versuch, über das Meer nach Ceuta zu gelangen – die Grenzbeamten der Guardia Civil hatten mit Tränengas und Gummimunition auf die Schwimmenden geschossen. Der Golfplatz in Melilla wurde mit einem Millionenbetrag von der EU bezuschusst.

HRU, S. 252, KV
10.1 Flucht nach Europa

S. 291, Aufgabe individuelle Lösung

Orientierung im Kapitel S. 292/293

S. 292, M1: Kriege und Konflikte weltweit (2014)

Das Heidelberger Institut für Internationale Konfliktforschung zählte für das Jahr 2014 weltweit 424 gewaltsame Konflikte, von denen 21 als Kriege eingestuft wurden. Der Großteil der kriegerischen Konflikte konzentriert sich auf den Nahen und Mittleren Osten sowie Afrika. Mit dem Ukraine-Konflikt wurde (erstmals seit dem Kaukasuskrieg 2008) auch Europa wieder zum Kriegsschauplatz. Die Studie stellt ein Ansteigen der Zahl der Konflikte mit transnationalem Charakter fest: Gruppen wie der „Islamische Staat" im Mittleren Osten und Boko Haram in Westafrika agieren jenseits des staatlichen Bezugsrahmens. Der Krieg zwischen den Drogenkartellen und der Regierung in Mexiko stellt insofern eine Besonderheit dar, als er der Einzige ist, der nicht aus ideologischen Gründen oder zur Erlangung politischer Macht geführt wird.

10 Die globalisierte Welt seit 1990: Eine Welt? Viele Welten?

S. 293, M2: Zerstörung nach einem Taifun auf den Philippinen, 2013
Der Taifun „Haiyan" und die von ihm verursachten meterhohen Flutwellen forderten im November 2013 Tausende Todesopfer, Millionen von Menschen wurden obdachlos. Laut dem Potsdam-Institut für Klimafolgenforschung handelte es sich vermutlich um den stärksten Tropensturm, der seit Beginn der Wetteraufzeichnungen auf Land traf. Seit 30 Jahren ist eine Tendenz zur Zunahme solcher Stürme zu verzeichnen.

S. 293, M3: UN-Soldaten versorgen Frauen und Kinder aus Srebrenica, 1995
Beim Massaker im bosnischen Srebrenica ermordeten bosnisch-serbische Soldaten unter Führung Ratko Mladićs mehr als 7000 muslimische Männer und männliche Jugendliche. Zehntausende von Vertriebenen aus den serbisch kontrollierten Gebieten Bosnien und Herzegowinas hatten in der kleinen Stadt Zuflucht gesucht, die von der UNO zur Sicherheitszone erklärt worden war. Weder das Mandat noch die Ausrüstung der 350 in Srebrenica stationierten UN-Soldaten erlaubten es ihnen allerdings, den vorrückenden serbischen Truppen etwas entgegenzusetzen. Nach der Einnahme des Gebiets begannen die Soldaten unter Mladić, Männer und männliche Heranwachsende im wehrfähigen Alter von Frauen und Kindern zu trennen. Letztere wurden in die Nähe der bosnisch-muslimisch kontrollierten Zone gebracht. Die Männer wurden ermordet, ihre Leichen wurden verscharrt.

S. 293, M4: Flüchtlingsboot aus Libyen vor der Küste Lampedusas, 2011
Während des „Arabischen Frühlings" erreichten fast 48 000 Geflüchtete die zwischen Tunesien und Sizilien gelegene italienische Insel Lampedusa. Neben Flüchtlingen aus den nordafrikanischen Ländern gelang es auch mehr Menschen aus dem subsaharischen Afrika, Europa zu erreichen: Länder wie Libyen, die vor den Unruhen bei der vorgelagerten Grenzsicherung eine wichtige Rolle gespielt hatten, erfüllten die ihnen von Europa zugedachte Rolle nicht mehr. Während die Zahl der Flüchtlinge 2015 und 2016 weiter anstieg, ist für 2017 ein Rückgang zu beobachten: Bis September dieses Jahres erreichten etwa 6200 Geflüchtete Lampedusa. Unterstützt durch europäische Gelder, hat die libysche Regierung den Grenzschutz wieder aufgebaut. Die libysche Küstenwache greift Tausende von Flüchtlingen auf dem Mittelmeer auf und bringt sie zurück aufs afrikanische Festland. Nach dem Kentern eines Flüchtlingsschiffs im Oktober 2013 starben 366 Menschen vor der Küste Lampedusas, eine Tragödie von ähnlichen Ausmaßen wiederholte sich vor der Insel im Februar 2015.

S. 293, M5: Demonstranten mit „attac"-Transparent, 2012
Die globalisierungskritische Organisation wurde 1998 in Frankreich gegründet und ist seit 2000 auch in Deutschland aktiv. Im Zentrum ihrer Agenda stand zunächst die Forderung nach einer Besteuerung des Devisentransfers, heute setzt sich „attac" allgemein für die demokratische Kontrolle internationaler Märkte sowie soziale und ökologische Ziele ein. Die Gruppierung verfügt weltweit über mehr als 90 000 Mitglieder, Deutschland ist eines der Länder mit den meisten Unterstützern. Das Netzwerk ist dezentral organisiert und in Bezug auf Inhalte und Aktionsformen heterogen. Im Oktober 2012 demonstrierten „attac" und andere Organisationen kurz vor dem Welternährungstag gegen Nahrungsmittelspekulation: Leere Töpfe dienten den Teilnehmern zum Lärmmachen und sollten zugleich den Hunger symbolisieren.

S. 293, Aufgabe 1 individuelle Lösung

S. 293, Aufgabe 2 Beispiellösung:

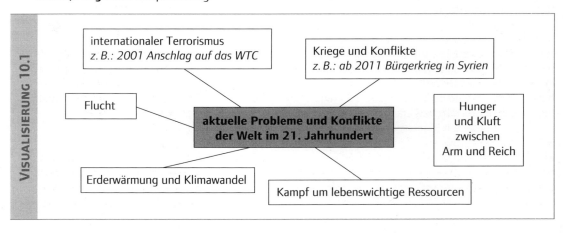

S. 293, Aufgabe 3
Die Schauplätze kriegerischer Konflikte liegen momentan vor allem in Afrika sowie im Nahen und Mittleren Osten. In Afrika sind laut der Karte mit Ägypten, Mali, Sudan, Südsudan, Nigeria, Somalia, der Zentralafrikanischen Republik und der Demokratischen Republik Kongo acht Staaten betroffen. Im Nahen und Mittleren Osten haben die gewaltsamen Konflikte der Karte nach in Jemen, Syrien, Irak, Afghanistan und Pakistan die Ausmaße eines Krieges angenommen. Auch Mexiko und die Philippinen sind als Schauplätze kriegerischer Konflikte gekennzeichnet.

S. 293, Aufgabe 4 Recherche-Aufgabe

Kann die UNO Frieden schaffen? S. 294/295

S. 294, M1: Die Organisation der UNO
Die UN-Charta überträgt dem Sicherheitsrat die Hauptverantwortung für die Wahrung des Friedens und der internationalen Sicherheit. Seine Beschlüsse sind für alle Mitgliedsstaaten bindend. Die Generalversammlung berät über weltpolitische Fragen, setzt den Haushalt fest und wählt den Generalsekretär. Beschlüsse werden mit einfacher oder Zweidrittelmehrheit gefällt, sie sind aber völkerrechtlich nicht bindend. Der Generalsekretär organisiert und koordiniert als Chef des Sekretariats die Arbeit der UNO und fungiert als ihr offizieller Repräsentant. Der Internationale Gerichtshof ist das Hauptrechtsprechungsorgan der UNO, in seinen Zuständigkeitsbereich fallen Streitfälle zwischen Staaten. Der ursprünglich zur Verwaltung von Kolonial- und Mandatsgebieten eingesetzte Treuhandrat existiert nur noch als inaktives Organ. Der Wirtschafts- und Sozialrat übernimmt beratende und koordinierende Aufgaben in den Bereichen ökonomische Entwicklung, Sozialwesen, Bildung, Gesundheit und Menschenrechte. Während die Spezialorgane von der Generalversammlung zur Wahrung spezifischer Aufgaben eingesetzt werden, fußen die Sonderorganisationen auf gesonderten Verträgen und sind in Bezug auf Budget und Mitgliederstruktur selbstständig.

Webcode
FG450099-295

S. 295, M2: Zur Rolle der UNO im syrischen Bürgerkrieg
In seiner Syrien-Resolution vom Februar 2014 forderte der UN-Sicherheitsrat die Verbesserung des Zugangs zu humanitären Hilfen und den sofortigen Stopp der Angriffe auf Zivilisten. Zwei weitere Resolutionen vom Juli und Dezember 2014 sahen u. a. Hilfsoperationen aus Nachbarländern ohne die vorherige Einwilligung der syrischen Regierung vor. In ihrem Bericht „Failing Syria" erklären Hilfsorganisationen, dass die Resolutionen nicht nur von den Konfliktparteien, sondern auch von Mitgliedsstaaten der UN und sogar vom Sicherheitsrat selbst unterlaufen wurden. Im Dezember 2015 rief der Sicherheitsrat mit einer Resolution zum Waffenstillstand auf und lud zu Friedensgesprächen nach Genf ein. Die Genfer Gespräche, die bisher weitgehend ergebnislos verliefen, gehen im Herbst 2017 in die achte Runde.

S. 295, M3: Bilanz der UN-Millenniumsziele nach Auslaufen des Programms 2015
Eine Kommission aus Repräsentanten der UNO, der OECD, der Weltbank und verschiedener NGOs erstellte 2001 eine Liste von Zielen, mit denen die Inhalte der UN-Millenniumserklärung aus dem Vorjahr konkretisiert werden sollten. Die Bilanz nach 15 Jahren fällt gespalten aus: Während einige Ziele wie beispielsweise die Halbierung der Zahl der Hungernden umgesetzt wurden, blieb das Erreichte in anderen Punkten, wie z. B. der Primärschulbildung für alle oder der Senkung der Kindersterblichkeit, weit hinter den gesteckten Zielen zurück. Das Niveau der Verbesserungen ist weltweit sehr unterschiedlich verteilt.

S. 295, M4: UN-Ziele 2015–2030
Auf dem UN-Gipfel in New York wurde im September 2015 die „Agenda 2030 für nachhaltige Entwicklung" verabschiedet. Zum Einsatz für die Verwirklichung der Ziele sind im Sinne einer „globalen Partnerschaft" alle Staaten sowie privatwirtschaftliche und zivilgesellschaftliche Akteure aufgerufen – eine Unterscheidung in Geber- und Nehmerländer wird zurückgewiesen. Die Ziele zur wirtschaftlichen, ökologischen und sozialen Entwicklung sind dem Prinzip der Nachhaltigkeit verpflichtet.

S. 295, Aufgabe 1 a)
Ein wichtiger Handlungsbereich der UNO ist die internationale Friedenssicherung und -schaffung. Frieden weltweit gewährleisten kann die UNO allerdings keineswegs: Beispiele wie Srebrenica oder der Völkermord in Ruanda zeigen, wie sich selbst Kriegsverbrechen vor den Augen der Vereinten Nationen vollziehen können. Die UNO und ihre Unterorganisationen sind zudem in zahlreichen Be-

10 Die globalisierte Welt seit 1990: Eine Welt? Viele Welten?

reichen tätig, die in Bezug auf die wirtschaftliche, ökologische, soziale und kulturelle Entwicklung international von Bedeutung sind.
b) Die UNO versucht im Konfliktfall Verhandlungen anzustoßen. Im Falle ergebnisloser Verhandlungen kann sie wirtschaftliche Sanktionen verhängen und in einer dritten Stufe UN-Friedenstruppen entsenden. Die Truppen sind für die Überwachung des Friedens verantwortlich, sie können die Einhaltung von UN-Beschlüssen aber auch militärisch durchsetzen.

S. 295, Aufgabe 2
Die drei Syrien-Resolutionen des Sicherheitsrates haben sich laut einem Bericht von Hilfsorganisationen als völlig wirkungslos erwiesen: Nicht nur wurde das Töten nicht gestoppt, mit 76 000 Getöteten im Jahr 2014 haben sich die Opferzahlen im Vergleich zu den Vorjahren sogar noch erhöht. Auch die Zahl derjenigen, die Hilfe benötigen, aber durch die Hilfsorganisationen kaum zu erreichen sind, ist auf 4,8 Millionen angestiegen und hat sich damit mehr als verdoppelt. Zudem droht der UNO die Zahlungsunfähigkeit bei der Versorgung von fast vier Millionen Flüchtlingen, die in den Nachbarländern Syriens Schutz suchen.

S. 295, Aufgabe 3
Die Lebensbedingungen haben sich in allen vier Bereichen weltweit deutlich verbessert. Die Zahl der Menschen, die in extremer Armut leben, konnte ebenso halbiert werden wie die Zahl der Todesfälle von Kindern unter fünf Jahren. Die Anzahl der Kinder ohne Grundschulbildung konnte um mehr als 40 Prozent gesenkt werden, der Prozentsatz von Menschen ohne sichere Trinkwasserversorgung ist von 24 auf 9 Prozent gesunken. Trotz dieser Erfolge bleiben die absoluten Zahlen erschreckend: So lebt auch heute noch fast jeder neunte Mensch weltweit in extremer Armut, jeder elfte hat keinen Zugang zu sauberem Wasser.

S. 295, Aufgabe 4 Gruppenarbeit

S. 295, Aufgabe 5 a) und b) Recherche-Aufgaben

Herausforderungen der EU: Vom Kalten Krieg in die globalisierte Welt — S. 296/297

S. 296, M1: Flüchtlingslager Idomeni (2016)
In der Nähe des griechischen Dorfes Idomeni befindet sich eine zentrale Bahnstrecke, die Griechenland mit Mazedonien verbindet. Von hier aus versuchten ab 2014 viele Flüchtlinge, Zugang zum Nachbarland zu finden, um von dort aus weiter nach Norden zu reisen. Da Mazedonien die Einreise zunehmend erschwerte, sammelten sich immer mehr Menschen in einem größtenteils improvisierten Zeltlager. Zeitweilig befanden sich bis zu 14 000 Geflüchtete in dem Camp, in dem infolge von Überbelegung und langanhaltenden Regenfällen katastrophale Lebensbedingungen herrschten. Im Mai 2016 ließ die griechische Regierung das Lager zwangsweise räumen. Auf dem blau-gelben Zelt am linken Bildrand wurde mit einer Sprühdose der Schriftzug „Help us. Open the border." angebracht.

S. 296, M2: Befürworter und Gegner des „Brexit" in London, 2016
Das Referendum über den Austritt des Vereinigten Königreichs aus der Europäischen Union vom 23. Juni 2016 fiel denkbar knapp aus: Bei einer Wahlbeteiligung von 72,2 Prozent stimmten 51,9 Prozent der Wähler für den „Brexit". Die Fotografie zeigt eine Demonstration, mit der sich „Brexit"-Gegner am 3. September 2016 für einen Verbleib in der EU einsetzten. Das gewählte Datum – der Tag, an dem mit dem Kriegseintritt Großbritanniens auch für die Briten der Zweite Weltkrieg begann – soll symbolisch die Notwendigkeit einer europäischen Integration unterstreichen. Polizisten trennen den proeuropäischen Protestzug von „Brexit"-Befürwortern, die sich mit britischen Nationalflaggen und einem Megafon am Rand der Demonstrationsroute gesammelt haben.

S. 296, M3: Treffen der rechtspopulistischen Fraktion ENF des EU-Parlaments, 2017
Von links nach rechts: Frauke Petry (Deutschland, AFD), Marine Le Pen (Frankreich, Front National), Matteo Salvini (Italien, Lega Nord), Geert Wilders (Niederlande, Partij voor de Vrijheid), Harald Vilimsky (Östereich, FPÖ) und Marcus Pretzell (Deutschland, AfD). Der Kongress der Rechtspopulisten in Koblenz, der von Protestdemonstrationen mit mehr als 3000 Teilnehmern begleitet war, sollte als Startsignal für die Wahlkämpfe in verschiedenen EU-Staaten dienen. Im Vorfeld waren vonseiten der Veranstalter verschiedene Medien wie ARD, ZDF, Spiegel und FAZ von der Berichterstattung ausgeschlossen worden: Den Journalisten wurde der Zugang zur Tagung verwehrt.

Die globalisierte Welt seit 1990: Eine Welt? Viele Welten?

S. 297, M4: Die Totengräber von Europa
Der slowakische Unternehmer und Politiker Richard Sulík, der große Teile seiner Kindheit und Jugend in Deutschland verbrachte, ist Vorsitzender der von ihm gegründeten Partei Sloboda a Solidarita (SaS, Freiheit und Solidarität). Seit 2014 ist er Mitglied des Europäischen Parlaments und gehört dort der Fraktion der (national-)konservativen EU-Kritiker an. Sulík spricht sich für ein Ausscheiden Griechenlands aus der EU und gegen die Aufnahme von Geflüchteten in der Slowakei aus. Die Obergrenze für Flüchtlinge müsse bei null liegen, erklärte der Politiker in einer ARD-Talkshow. 2015 trat Sulík als Redner auf einer Konferenz des rechtspopulistischen Magazins „Compact" auf. Die angekündigte Teilnahme an einer AfD-Veranstaltung im Jahr 2016 sagte er kurzfristig ab.

S. 297, M5: Rede von US-Präsident Obama in Hannover, 2016
Bei seiner Rede im Congress Centrum der Hannover Messe neun Monate vor dem Ende seiner Amtszeit betonte Obama die zentrale Bedeutung eines starken, wirtschaftlich erfolgreichen, demokratischen und geeinigten Europas für die Zukunft der Welt. In Bezug auf die Haltung von Bundeskanzlerin Merkel zur Flüchtlingsfrage erklärte Obama bei einer späteren Pressekonferenz, sie stehe auf der richtigen Seite der Geschichte.

S. 297, Aufgabe 1
Sulík kritisiert die finanziellen Hilfen, mit denen die EU wirtschaftlich geschwächte Mitgliedsstaaten unterstützt, sowie die Nichteinhaltung von Regeln (zu denken wäre hier beispielsweise an das Überschreiten des festgesetzten Niveaus der staatlichen Neuverschuldung in einzelnen EU-Ländern). Die europäische Staatengemeinschaft sieht er von einer Krise in die nächste taumeln. Eine Intensivierung der europäischen Integration hält Sulík für die falsche Antwort auf die Probleme der EU: Keinesfalls sollten den europäischen Institutionen weitere Kompetenzen übertragen werden. In Bezug auf die „Brexit"-Verhandlungen wirft Sulík den EU-Politikern Rachegelüste vor. An Großbritannien solle ein Exempel statuiert werden. Der Versuch, auf diese Weise den Austritt weiterer Mitgliedsstaaten zu verhindern, sei allerdings zum Scheitern verurteilt. Das größte Problem der EU sind in den Augen Sulíks die „Migranten" (Z. 25 f. und 30), denen er mit dieser Wortwahl – sicherlich nicht zufällig – den Status von Flüchtlingen abspricht.

S. 297, Aufgabe 2
Wie Sulík sieht auch Obama die Europäische Union vor schwerwiegenden Problemen stehen. Das langsame Wirtschaftswachstum vor allem im Süden Europas führe zu einem Anstieg der Arbeitslosigkeit und verringere die Zukunftsperspektiven einer ganzen Generation junger Europäer. Obamas Antwort auf diese Probleme steht allerdings zu Sulíks Thesen in deutlichem Widerspruch. Ein Ende der europäischen Integration und eine Rückbesinnung auf das Nationale schaffe nichts als eine „falsche Geborgenheit" (Z. 21 f.), die zu Diskriminierung und Unterdrückung führen kann. Verbrechen wie der Massenmord in Srebrenica oder die Shoa seien Ausdruck eines solchen „verdrehten Denkens" (Z. 25). Statt sich über Grenzen zu definieren, müsse man sich einander gegenüber offen zeigen und die Würde jedes Einzelnen respektieren.

S. 297, Aufgabe 3 Diskussion

Die NATO-Osterweiterung – ein Vertragsbruch? S. 298/299

S. 298, M1: Die NATO in Europa (2015)
Dem Militärbündnis gehörten bei seiner Gründung im Jahr 1949 folgende zwölf Staaten an: Belgien, Dänemark, Frankreich, Großbritannien, Island, Italien, Kanada, Luxemburg, die Niederlande, Norwegen, Portugal und die USA. 1952 traten Griechenland und die Türkei bei, drei Jahre später folgte die Bundesrepublik. 1982 erfolgte der Beitritt Spaniens, das sich seit dem Tod Francos zunehmend westlich orientiert hatte. Nachdem die NATO auf ihrem Gipfel in Madrid 1997 erstmals Polen, Tschechien und Ungarn Beitrittsverhandlungen angeboten hatte, wurde die Mitgliedschaft der drei Staaten 1999 ratifiziert. In einem zweiten Schub der Osterweiterung wurde das Militärbündnis 2004 auf Bulgarien, Estland, Lettland, Litauen, Rumänien, die Slowakei und Slowenien ausgedehnt. Mit den baltischen Staaten erhielten erstmals auch ehemalige Sowjetrepubliken Mitgliedsstatus. Nach der Aufnahme von Albanien und Kroatien im Jahr 2009 hat das Staatenbündnis aktuell 28 Mitglieder. Bis zum Abschluss der Austrittsverhandlungen bleibt auch Großbritannien mit allen Rechten und Pflichten Mitglied der Europäischen Union.

Webcode
FG450099-299

10 Die globalisierte Welt seit 1990: Eine Welt? Viele Welten?

S. 298, M2: Demonstration für Westorientierung in Kiew, 2013
Nachdem Präsident Janukowitsch im November 2013 die Unterzeichnung eines Assoziierungsabkommens mit der EU abgelehnt und stattdessen seinen Willen zu einer engeren wirtschaftlichen Kooperation mit Russland bekundet hatte, formierte sich eine Protestbewegung gegen seine Regierung. Im Dezember nahmen bereits Hunderttausende an den Massenkundgebungen teil. Nach brutalen Polizeieinsätzen eskalierten die Auseinandersetzungen zwischen Demonstranten und Regierungskräften zunehmend: Im Januar und Februar 2014 forderten bewaffnete Kämpfe bis zu 100 Todesopfer. Die Opposition gegen Janukowitsch wurde von unterschiedlichen politischen Strömungen getragen, darunter auch rechtsextreme Gruppen wie „Swoboda" und der paramilitärisch organisierte „Rechte Sektor".

S. 299, M3: Gorbatschow kritisiert den Westen
Inwieweit es bei den Verhandlungen zur deutschen Wiedervereinigung bindende Zusagen hinsichtlich eines Verzichts auf eine NATO-Osterweiterung gegeben hat, ist bis heute umstritten. Schriftlich in Vertragsform fixiert wurde in der Frage nichts. Aussagen des deutschen Außenministers Genscher und des amerikanischen Außenministers Baker, in denen diese eine NATO-Ausweitung nach Osten ausschließen, sind belegt. Beide interpretieren ihre Zitate heute allerdings als ein „Abtasten" verschiedener Positionen und nicht als Versprechen. Gorbatschow selbst konnte sich im November 2014 nicht an Zusagen im Rahmen der Zwei-plus-Vier-Verhandlungen erinnern. Nach der Wiedervereinigung sei ihm allerdings versichert worden, dass sich die NATO nicht nach Osten ausbreiten werde. Nicht nur die dennoch erfolgte NATO-Erweiterung, sondern auch das Vorgehen des Militärbündnisses in Jugoslawien, insbesondere im Kosovo, im Irak, in Libyen und Syrien sowie bei der Frage der Stationierung von Raketenabwehrsystemen in osteuropäischen Ländern habe, so Gorbatschow, das Vertrauen Russlands in den Westen erschüttern müssen.

S. 299, Aufgabe 1 a)
Die militärische Blockbildung des Westens wurde durch die Berlinblockade vorangetrieben und mündete im April 1949 in der Gründung der NATO. Gründungsmitglieder waren zehn westeuropäische Staaten sowie Kanada und die USA. 1952 wurden die Türkei und Griechenland NATO-Mitglieder, 1955 folgte die Bundesrepublik. Der NATO stand ab 1955 der von der Sowjetunion angeführte Warschauer Pakt gegenüber. Der Kalte Krieg zwischen den beiden Militärblöcken war bis zum Zusammenbruch des Ostblocks durch eine militärische Pattsituation gekennzeichnet.
b) 1999: Polen, Tschechien, Ungarn; 2004: Bulgarien, Estland, Lettland, Litauen, Rumänien, Slowakei, Slowenien; 2009: Albanien, Kroatien

S. 299, Aufgabe 2
Gorbatschow wirft den USA Wortbruch vor: Die NATO-Osterweiterung sei trotz anderslautender Versprechungen erfolgt. Deutschland habe sich gegenüber dem Bruch dieses Versprechens gleichgültig verhalten. Durch die Osterweiterung wolle die NATO ihre Macht ausbauen und Russland kleinhalten. Als Argument gegen Gorbatschow könnte man aus westlicher Sicht anbringen, dass jeder Staat das Recht haben sollte, seine Bündniszugehörigkeit im Einverständnis mit den infrage kommenden Bündnispartnern frei zu wählen. Deutsche oder amerikanische Politiker könnten keine bindenden Aussagen über Bündnisentscheidungen anderer Staaten machen. Zudem lägen die Zusicherungen von Kohl und Baker Jahrzehnte zurück. Solche Versicherungen besäßen keinen Ewigkeitswert.

S. 299, Aufgabe 3
Anhänger Russlands: Der Westen ignoriert die Interessen seines Partners Russland. Die westliche Politik ist von einer Geringschätzung Russlands geprägt. Auch die Versprechen nach der Wende von 1989 sind nicht eingehalten worden. Dieses Vorgehen hat zu einem Zusammenbruch des Vertrauens geführt und birgt die Gefahr eines neuen Kalten Krieges in sich.
Anhänger des Westens: Russland verfolgt in der Ukraine eigene Interessen und unterstützt die autoritäre Herrschaft Janukowitschs. Durch sein militärisches Eingreifen in der Krim hat Russland die Lage in der Ukraine noch verschärft. Es ist Russland, das eine machtpolitische Strategie im Stil des Kalten Krieges verfolgt.

S. 299, Aufgabe 4
Die ehemalige sowjetische Teilrepublik Ukraine erlangte 1991 ihre Unabhängigkeit. In Fragen der außenpolitischen Bündnispolitik ist das Land gespalten. Die Mehrheit der Bürger im westlichen Teil des Landes spricht sich für eine engere Bindung an die EU aus und versteht sich auch kulturell als Teil des Westens, im östlichen – kulturell und sprachlich russisch geprägten – Teil überwiegen Befür-

worter einer verstärkten Anbindung an Russland. Als Präsident Janukowitsch 2013 ein Wirtschaftsabkommen mit der EU ablehnte, entstand eine Protestbewegung gegen den autoritär regierenden Präsidenten, die im Februar 2014 in der Absetzung Janukowitschs mündete. Angesichts einer möglichen Westbindung der Ukraine besetzte Russland die militärstrategisch wichtige Halbinsel Krim. Bei einer Volksabstimmung zur Frage des Anschlusses der Krim an Russland setzten sich die Befürworter dieser Option durch. In den östlichen grenznahen Gebieten forderten bewaffnete Auseinandersetzungen zwischen von Russland unterstützten Separatisten und der ukrainischen Armee Hunderte von Toten.

S. 299, Aufgabe 5 Recherche-Aufgabe

Russland – zwischen Stagnation und neuer Stärke S. 300/301

S. 300, M1: Die Auflösung der UdSSR und die Gemeinschaft Unabhängiger Staaten
Zu den Konfliktherden: Der langjährige Konflikt um den Status der abtrünnigen Gebiete Abchasien und Südossetien, die Eigenständigkeit von Georgien beanspruchen, spitzte sich 2008 zu: Georgien griff Südossetien an, woraufhin russische Truppen in das Gebiet einmarschierten. Die Kampfhandlungen dauerten zwar nur wenige Tage, die Spannungen halten aber bis heute an. Die zu Russland gehörende autonome Republik Tschetschenien war 1994–1996 und 1999–2009 Schauplatz von zwei verlustreichen Kriegen zwischen teils islamistischen Separatisten und der russischen Zentralregierung. Auch die benachbarte russische Republik Dagestan wurde seit Mitte der 1990er Jahre in den Tschetschenienkrieg hineingezogen. Bei Guerillakämpfen und Terroranschlägen kamen Hunderte Menschen ums Leben. Die jahrzehntelangen Streitigkeiten zwischen Armenien und Aserbaidschan um die Region Berg-Karabach nahmen zuletzt im April 2016 die Form einer bewaffneten Auseinandersetzung an. Der Krieg zwischen den beiden Ländern von 1992 bis 1994 hatte Zehntausende von Toten gefordert. Nach dem Bürgerkrieg in Tadschikistan, in dem von 1992 bis 1997 um die politische und wirtschaftliche Macht gerungen wurde, etablierte Präsident Rahmon ein autoritäres Regime. Nach bewaffneten Scharmützeln in der Hauptstadt wurde im September 2015 die letzte Oppositionspartei verboten.

S. 301, M2: Präsident Putin 2014 zum Anschluss der Krim-Halbinsel
Anmerkungen zu Einzelpunkten der Quelle: a) Das Krim-Referendum wird von westlicher Seite nicht anerkannt: Nicht nur seien unabhängige Wahlbeobachter nicht zugelassen worden, das gesamte Referendum habe der ukrainischen Verfassung widersprochen. b) Mit seinem Bezug auf die Taufe des Großfürsten Wladimir I. im Jahre 988 bemüht Putin geschichtspolitische Argumente, um die Bedeutung der Krim für Russland zu unterstreichen. Moskau hatte den Jahrestag der Taufe, die die Christianisierung Russlands einleitete, 2010 zum nationalen Gedenktag erklärt. c) Bereits seit dem 18. Jahrhundert war die Hafenstadt Sewastopol Hauptstützpunkt der russischen Schwarzmeerflotte. Nach 1991 entwickelten sich Konflikte um die weitere militärische Nutzung des Hafens, die 1997 durch ein ukrainisch-russisches Abkommen geregelt wurden. d) Die Krim war im 18. Jahrhundert unter Katharina der Großen von Russland erobert worden. 1954 sprach Chruschtschow die Halbinsel der Ukrainischen Sowjetrepublik zu. Nach der Auflösung der Sowjetunion wurde die Krim 1991 Teil des unabhängigen ukrainischen Staates. Bei einem Referendum stimmte damals die knappe Mehrheit der Krimbewohner für die Unabhängigkeit der Ukraine und damit gegen die Zugehörigkeit zur seinerzeit schwachen und durch die Sowjetherrschaft diskreditierten Russischen Föderation. e) Im Jahr 2008 hatte sich das Kosovo einseitig für unabhängig erklärt und war von den westlichen Ländern rasch anerkannt worden, während Serbien die Abspaltung als völkerrechtswidrig bezeichnete.

S. 301, Aufgabe 1 a)
Armenien, Aserbaidschan, Kasachstan, Kirgisistan, Moldawien, Russland, Tadschikistan, Turkmenistan, Weißrussland, Usbekistan
b) Estland, Lettland, Litauen
c) Georgien, Ukraine

10 Die globalisierte Welt seit 1990: Eine Welt? Viele Welten?

S. 301, Aufgabe 2

VISUALISIERUNG 10.2

1945–1991	Ära Jelzin	Präsidentschaft Putins
• 1953: Tod Stalins: Auflösung der Gulags • 1958–1961: „Tauwetter" unter Chruschtschow: Abkehr von brutaler Gewalt; Lohnerhöhungen und sozialer Wohnungsbau; dennoch: weiter niedriger Lebensstandard • 1986: Gorbatschow beginnt mit einer Politik der neuen Offenheit; Atomkatastrophe in Tschernobyl • 1991: Auflösung der Sowjetunion; Gründung der GUS	• ab 1991: demokratische Reformen • 1993: Verfassung mit Garantie der Menschenrechte • rasche Privatisierung der Wirtschaft führt zum Zusammenbruch vieler Wirtschaftszweige, hohen Arbeitslosenzahlen, hoher Inflation und Verarmung großer Teile der Bevölkerung • Destabilisierung durch Zunahme von Nationalismen • 1994–1996: Tschetschenienkrieg • NATO-Osterweiterung muss angesichts innenpolitischer Schwäche hingenommen werden	• ab 2000: allmähliche wirtschaftliche Erholung • solide Basis für Staatseinnahmen durch Rohstoffhandel und Steuerreform • dennoch: weiter Armut und Perspektivlosigkeit in weiten Landesteilen • innenpolitisch wird Russland zur „gelenkten Demokratie" mit fast unbeschränkter Macht des Präsidenten

S. 301, Aufgabe 3 a) und b) Recherche-Aufgaben

S. 301, Aufgabe 4 a)
Die überwiegende Mehrheit der Krimbewohner habe sich für die Wiedervereinigung mit Russland ausgesprochen. Die Krim habe auch historisch und militärstrategisch eine große Bedeutung für Russland. Die Bevölkerung der Krim setze sich mehrheitlich aus russischstämmigen oder russischsprachigen Ukrainern zusammen. Die Russen seien vom Zerfall der UdSSR und vom Verlust der Krim überrascht worden: Sie fühlen sich bestohlen, selbst die Hoffnungen auf einen einheitlichen Wirtschaftsraum im Rahmen der GUS seien enttäuscht worden. Der Westen messe mit zweierlei Maß: Er habe die Unabhängigkeit des Kosovo anerkannt, nicht aber die Loslösung der Krim von der Ukraine.
b) individuelle Lösung

S. 301, Aufgabe 5
Die EU und die USA bezeichnen das Vorgehen Russlands in der Ukraine als völkerrechtswidrig und haben Sanktionen gegen das Land verhängt.

S. 301, Aufgabe 6 Recherche-Aufgabe

China heute – führende Weltwirtschaftsmacht? S. 302/303

Webcode
FG450099-303

S. 303, M1: Chinas Wirtschaft im internationalen Vergleich
Nach den Daten des Internationalen Währungsfonds überholte China 2014 erstmals die USA bei der Wirtschaftsleistung. Auch 2015 stieg der Anteil Chinas am kaufkraftbereinigten globalen Bruttoinlandsprodukt weiter an. Pro Kopf gerechnet ist die Wirtschaftsleistung der USA allerdings viermal größer als die chinesische. Insgesamt hat sich das Wirtschaftswachstum in China verlangsamt: Während in den Nullerjahren zweistellige Steigerungsraten erreicht wurden, lag das Wachstum 2016 bei 6,7 Prozent (USA: ca. 1,6 Prozent).

S. 303, M2: Alexander Jung über die chinesische Wirtschaft, 2015
Anfang 2016 musste die chinesische Börse erneut massive Kursabstürze verzeichnen. Mehrmals wurde der Handel nach einem Absacken der Kurse von mehr als sieben Prozent vorzeitig beendet. Stützversuche von Regierungsseite, beispielsweise in Form von groß angelegten staatlichen Aktienkaufprogrammen, zeigten kaum positive Effekte. Bisher sind neuerliche Kurseinbrüche ausgeblieben. Für das Jahr 2017 rechnen Wirtschaftsexperten mit einer relativ stabilen Entwicklung der Börsenkurse in China. Sollte es aber zu einer neuen Krise des Vertrauens in die wirtschaftliche Solidität Chinas kommen, erklärt Sebastian Heilmann, Ökonom des Mercator Institute for China Studies in Berlin, so könnten Regierungsmaßnahmen sie wohl kaum stoppen.

Die globalisierte Welt seit 1990: Eine Welt? Viele Welten? **10**

S. 303, M3: Shenzhen
1980 wurde die nördlich von Honkong liegende Stadt Shenzhen zur ersten Sonderwirtschaftszone Chinas erklärt. Heute haben die Einwohner der Stadt, deren wirtschaftliche Entwicklung sich vor allem auf die Elektronik- und die Telekommunikationsindustrie stützt, eines der höchsten Pro-Kopf-Einkommen in China. Vor dem Hintergrund eines auch für chinesische Verhältnisse erstaunlichen Baubooms gehört Shenzhen zu den am schnellsten wachsenden Städten der Welt.

S. 303, Aufgabe 1
China hat in den letzten Jahrzehnten ein rasantes Wirtschaftswachstum erlebt. Inzwischen findet ein Großteil der weltweiten Produktion von Industriegütern in China statt. Darum wird das Land als „Werkstatt der Welt" bezeichnet.

S. 303, Aufgabe 2

positive Aspekte	negative Aspekte
• enormes Wirtschaftswachstum • Der Lebensstandard der Bevölkerung konnte verbessert werden: Hunger gehört der Vergangenheit an; es hat sich eine Mittelschicht herausgebildet. • China ist inzwischen das Land mit den weltweit höchsten Quoten bei Exporten und Anteilen an der Weltwirtschaft.	• extrem hohe Umweltbelastungen • Enteignungen und Zwangsumsiedlungen • Anstieg der Korruption • niedrige Löhne • Zunahme der Kluft zwischen Arm und Reich

VISUALISIERUNG 10.3

S. 303, Aufgabe 3 a)
Im Mittelpunkt der sozialen Marktwirtschaft steht der Markt, der freie Wettbewerb richtet sich nach Angebot und Nachfrage, die Produktionsmittel befinden sich in privater Hand. Der steuerfinanzierte Staat fördert die Privatwirtschaft, wirkt über Gewerbekontrolle und Wettbewerbsordnung auf den Markt ein und federt soziale Härten durch Sozialleistungen ab. In der Planwirtschaft basiert die Ökonomie auf staatlicher Lenkung. Der Staat, der über die Produktionsmittel verfügt, legt Produktionsziele fest, bestimmt das Niveau von Preisen und Löhnen und organisiert den Einsatz von Arbeitskräften und Rohstoffen.
b) Der chinesische „Staatskapitalismus" ist ein Mischmodell: Marktmechanismen spielen bei der Regelung der Wirtschaftsabläufe eine Rolle, Betriebe können privatwirtschaftlich arbeiten, der Staat versucht aber, den Markt nach seinen Vorgaben zu lenken. Nach Alexander Jung zeigen die Kursabstürze an chinesischen Börsen, dass dieser Versuch zum Scheitern verurteilt ist: Der chinesische Staat hat die Kontrolle verloren. Jung zufolge führt das Eingreifen des Staates in das Marktgeschehen durch Planungsvorgaben prinzipiell zu ineffizientem Wirtschaften.

S. 303, Aufgabe 4
Alexander Jung führt Chinas wirtschaftliche Probleme auf dessen staatskapitalistische Verfasstheit zurück. Die Börsenturbulenzen seien ein Ausdruck für die Ineffizienz staatlicher Planungsvorgaben. Nur der freie Markt sei in der Lage, effiziente Lösungen zu finden. Angesichts der Hypothekenkrise von 2007, die sich in der Folgezeit zu einer weltweiten Wirtschaftskrise ausweitete, erscheint allerdings der von Jung nur am Rande erwähnte „Hang zu Fehlanreizen" (Z. 25 f.) auch in der Marktwirtschaft beträchtlich.

S. 303, Aufgabe 5
Chinas Anteile an der Weltwirtschaft nehmen seit Jahrzehnten stetig zu: 2014 stand es mit 16,5 Prozent knapp vor der USA auf Platz eins der Rangliste. Trotz der Börsenturbulenzen von 2014 gehen Prognosen von einem weiteren Aufstieg der chinesischen Wirtschaft aus, die ihren Abstand zur USA voraussichtlich noch vergrößern können wird. China ist wirtschaftlich auch international aktiv, beispielsweise im Bereich der Entwicklungshilfe in Afrika. Zudem hat das Land seine Militärausgaben erhöht. Dass die USA durch diese Entwicklung beunruhigt sind, zeigen amerikanische Truppenverlegungen nach Asien. Auch wenn die militärische Vormacht der USA bisher unangefochten ist, kann China zumindest auf wirtschaftlichem Gebiet als „zweite Weltmacht" neben den USA bezeichnet werden.

10 Die globalisierte Welt seit 1990: Eine Welt? Viele Welten?

Wähle aus: Gelten Menschenrechte überall? S. 304/305

Webcode
FG450099-304

S. 304, M1: Aus der Erklärung der Menschenrechte der Vereinten Nationen (1948)
Die UN-Menschenrechtserklärung entstand vor dem Hintergrund des Entsetzens der Weltöffentlichkeit im Angesicht der NS-Verbrechen. Bereits in der Charta der Vereinten Nationen vom Oktober 1945 war die Schaffung einer Menschenrechtskommission festgeschrieben worden: Sie sollte neben einer Erklärung, die die Menschenrechte umfassend definiert, auch eine völkerrechtlich bindende Konvention vorbereiten sowie Durchsetzungsmaßnahmen entwerfen. Angesichts der zunehmenden Spannungen im Rahmen des beginnenden Kalten Krieges musste sich die Kommission allerdings auf die Erklärung beschränken, die im Dezember 1948 fast einhellig von der Generalversammlung angenommen wurde. Erst 1966 verabschiedete die UNO eine erste völkerrechtlich bindende Menschenrechtskonvention auf universeller Ebene. An effektiven Durchsetzungsmöglichkeiten mangelt es allerdings bis heute.

S. 304, M2: Die Entwicklung der Menschenrechte von 1776 bis heute
Den Gedanken von für alle Menschen gültigen, grundsätzlichen Rechten gab es zu verschiedenen Zeiten in verschiedenen Kulturen. Ausdrücklich verkündet wurden Menschenrechte erstmals in der amerikanischen Unabhängigkeitserklärung, die das Leben, die Freiheit und das Streben nach Glück zu unveräußerlichen Rechten erklärte. Hier, wie in der Erklärung der Menschen- und Bürgerrechte von 1789, waren allerdings nicht alle Menschen gemeint: Frauen sowie die von der Kolonialherrschaft betroffenen Menschen oder – wie im Falle Amerikas – schwarze Sklaven blieben stillschweigend ausgeklammert. In der deutschen Geschichte sind die vom Paulskirchenparlament erklärten Grundrechte ein wichtiger Meilenstein in der Entwicklung der Bürgerrechte – auch wenn sie aufgrund des Scheiterns der 1848er-Revolution nicht wirksam wurden. In Artikel 1–19 des Grundgesetzes sind neben Bürgerrechten, auf die nur Deutsche Anspruch haben, auch allgemeine Menschenrechte festgeschrieben. 1989 verabschiedete die UNO eine gesonderte Kinderrechtskonvention, die 54 Grundrechte zum Schutz von Kindern und Jugendlichen unter 18 Jahren festlegt. Bis auf die USA haben alle UN-Mitgliedsstaaten die Kinderrechtskonvention ratifiziert. Siehe auch die Erläuterungen zu M1.

S. 305, M3: Menschenrechte weltweit (2013)
Menschenrechte werden in fast allen Ländern der Welt verletzt. Auch im demokratischen Rechtsstaat der westlichen Industrieländer kommt es zu Menschenrechtsverletzungen, der Großteil findet allerdings in Entwicklungs- und Schwellenländern statt. Der Politikwissenschaftler Michael Krennerich weist in einem Interview mit der Bundeszentrale für politische Bildung aus dem Jahr 2014 darauf hin, dass die weltweite Entwicklung der Umsetzung von Menschenrechten nicht linear verläuft. Eine Verschlechterung der Lage verzeichnet er beispielsweise für Russland, Mexiko und Mali. Als chronisch schlecht beurteilt er die Situation in den meisten Staaten des Nahen Ostens, in vielen zentral- und ostafrikanischen Staaten, in Usbekistan, Turkmenistan, China, Vietnam, Nordkorea, aber auch im osteuropäischen Belarus und beim Europaratsmitglied Aserbaidschan. Seit dem Putschversuch in der Türkei im Jahr 2016 hat sich auch dort die Menschenrechtslage deutlich verschlechtert.

S. 305, M4: Aus dem Bericht von Amnesty International (2013)
In ihrem Bericht von 2013 beklagt Amnesty zahlreiche Kriegsverbrechen in bewaffneten Konflikten, z. B. in der Demokratischen Republik Kongo, im Sudan, in Kolumbien und in besonders dramatischen Ausmaßen in Syrien. Angesichts des weltweiten Anstiegs der Flüchtlingszahlen prangert die Organisation die Abschottungspolitik der EU an und fordert zur Eindämmung künftiger bewaffneter Konflikte die Kontrolle des internationalen Waffenhandels. Für Europa dokumentiert der Bericht rechtswidrige Zwangsräumungen, von denen vor allem Roma betroffen sind.

S. 305, M5: Aus einem Artikel der „Zeit" (2014)
Die islamistische Sekte Boko Haram startete 2009 vor dem Hintergrund von Machtrivalitäten im Norden Nigerias einen bewaffneten Aufstand. Seit der Niederschlagung des Aufstands und der Hinrichtung der damaligen Führungsriege geht die Gruppe u. a. mit Terroranschlägen gegen den nigerianischen Staat vor, inzwischen sind auch Ziele in Niger und Kamerun betroffen. Die Gruppe präsentiert sich als Hüter der muslimischen Orthodoxie und verfolgt die Errichtung eines religiösen Kalifats. Die bewaffneten Auseinandersetzungen in Nigeria und den angrenzenden Staaten haben nach Angaben des Heidelberger Instituts für Internationale Konfliktforschung allein im Jahr 2015 mindestens 12 000 Todesopfer gefordert, 2,5 Millionen Menschen wurden vertrieben (2014: 10 000 Todesopfer, ca. 1 Million Vertriebene). Für das Jahr 2016 wurden weitere 3000 Todesopfer gezählt.

Die globalisierte Welt seit 1990: Eine Welt? Viele Welten? **10**

S. 304, Aufgabe 1 (Material A) Beispiellösung

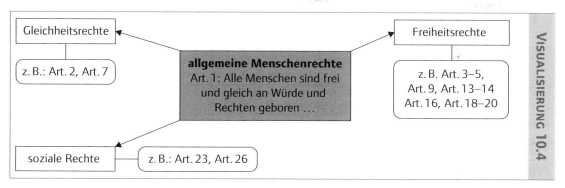

S. 304, Aufgabe 2 (Material A)
Angesichts der Tatsache, dass weltweit täglich Menschenrechte verletzt werden, sind sie offensichtlich insgesamt äußerst anfällig gegenüber Verletzungen. Häufig ist es der Staat, der die Rechte verletzt und dieser wäre meist zugleich die einzige Instanz, die Rechte wirkungsvoll durchsetzen könnte. Zu den am meisten verletzten Menschenrechten gehört die Presse- und Meinungsfreiheit, deren Einschränkung durch „niedrigschwellige" Maßnahmen (Gesetze, Verordnungen) leicht zu bewerkstelligen ist. Menschenrechtsverletzungen sind häufig kettenartig miteinander verbunden: So muss, wer sich der Einschränkung der Pressefreiheit nicht fügt, oft mit willkürlicher Verhaftung rechnen und läuft unter Umständen sogar Gefahr, gefoltert zu werden.

S. 304, Aufgabe 3 (Material A)
Bereits in der amerikanischen Unabhängigkeitserklärung von 1776 waren Menschenrechte festgeschrieben. In Europa bildet die Erklärung der Menschen- und Bürgerrechte im Rahmen der Französischen Revolution den ersten Meilenstein in der Rechtsentwicklung. In Deutschland wurden im Zuge der Revolution von 1848/49 erstmals Grundrechte formuliert, seit 1949 sind Menschenrechte im Grundgesetz verankert. Auf internationaler Ebene stellt die Allgemeine Erklärung der Menschenrechte durch die UNO im Jahr 1948 einen wichtigen Erfolg dar. 1989 wurde sie durch die UN-Kinderrechte ergänzt.

S. 305, Aufgabe 1 (Material B)
In großen Teilen der Welt werden die Menschenrechte nicht geschützt. Insbesondere in Afrika und Asien ist die Einhaltung der Menschenrechte in den meisten Staaten nicht oder nur teilweise gewährleistet. Der Bericht von Amnesty weist auf Folter und die Einschränkung der Meinungsfreiheit in der Mehrheit der existierenden Staaten hin, ebenso wie auf massive Menschenrechtsverletzungen im Rahmen von bewaffneten Konflikten. Besonders dramatisch ist die Lage derzeit in Syrien. Das Beispiel Brasilien zeigt, dass es auch in Ländern, in denen die Menschenrechte offiziell geschützt werden, zu Menschenrechtsverletzungen kommt.

S. 305, Aufgabe 2 (Material B)
Der Artikel berichtet von massiven Menschenrechtsverletzungen gegenüber Kindern in Nigeria: Sie werden getötet, entführt, zwangsverheiratet oder zum Kampf gezwungen. Damit wird ihnen das Recht auf Leben, Freiheit und körperliche Unversehrtheit genommen. Auch die Kinder, die im Kriegsgebiet ohne Eltern auf sich allein gestellt sind, haben kaum eine Chance auf ein menschenwürdiges Leben.

S. 305, Aufgabe für alle individuelle Lösung

Warum gibt es Terroranschläge?   S. 306/307

S. 306, M1: Anschlag auf das World Trade Center in New York
Um 9.05 Uhr Ortszeit – etwa 20 Minuten nach dem ersten Aufprall – traf das zweite Flugzeug die Türme des World Trade Centers. Damit wurde klar, dass es sich um einen Anschlag handelte. Um 10.05 Uhr stürzte der Südturm ein und zerstörte dabei auch viele umliegende Gebäude, dreizehn Minuten später kollabierte der Nordturm. Millionen von Zuschauern verfolgten den Einschlag des zweiten Flugzeugs und die weiteren katastrophalen Entwicklungen live vor dem Fernseher: Die Bilder haben sich weltweit ins kollektive Gedächtnis eingebrannt.

Webcode
FG450099-307

Diff. Kopiervorlagen
18.8 „War on Terror":
US-Außenpolitik nach dem 11. September

10 Die globalisierte Welt seit 1990: Eine Welt? Viele Welten?

S. 307, M2: Der Anführer von Al-Kaida, Osama bin Laden, in einem Interview 1996

Unter dem Namen Al-Kaida war 1988 in Afghanistan ein loser Zusammenschluss um den saudi-arabischen Freiwilligen bin Laden entstanden, der als Auffangbecken für die antisowjetischen Kämpfer des Afghanistankrieges dienen sollte. Erst nach der Vereinigung der Gruppe um bin Laden mit einer von Aiman az-Zawahiri angeführten ägyptischen Dschihad-Gruppe in der Mitte der 1990er Jahre begann sich die Organisation herauszubilden, die die Anschläge am 11. September 2001 durchführte. Hatte sich Al-Kaida zunächst den Sturz der arabischen Regierungen zum Ziel gemacht, internationalisierte sich ihre Strategie ab 1996/97: Die USA wurden nun als Hauptvertreter einer vermeintlichen „Zionisten- und Kreuzfahrerallianz" zum Angriffsziel erklärt, die verschwörungstheoretisch für jegliche Unterdrückung von Muslimen verantwortlich gemacht wurde. In M3 stellt bin Laden seine aggressive Terrorstrategie als einen Verteidigungskampf gegen Unterdrückung dar.

S. 307, M3: Der französische Islamwissenschaftler Olivier Roy (2014)

Roy interpretiert den Dschihad als ein generationsabhängiges Phänomen der Radikalisierung, das mit einer narzisstisch geprägten Gewaltkultur in Zusammenhang steht. Im Zentrum der Gedankenwelt junger Dschihadisten stehe der Wunsch, ein Held zu sein – und sei es ein negativer. Gerade bei denen, die sich als zu kurz gekommen fühlten, ginge es auch um das Ausleben von Allmachtsfantasien. Religion im traditionellen Sinn spiele beim Dschihad keine Rolle: Bezugspunkt sei ein erfundener Islam, der als Rechtfertigung für eine Ideologie der Gewalt diene.

S. 307, M4: Der Islamwissenschaftler Michael Kiefer (2014)

Der Salafismus bietet seinen Anhängern eine extrem einfache Weltdeutung: Eine klare Unterscheidung zwischen „erlaubt" und „verboten", zwischen „gut" und „böse" scheint anhand weniger Axiome möglich. Dieses manichäische Weltbild wird in einer komplexen Welt von vielen als Entlastung empfunden. Als Attraktivitätsmoment der salafistischen Ideologie macht Kiefer darüber hinaus die Möglichkeit zur Selbstüberhöhung aus: Die Dschihadisten fantasieren sich als Teil eines historischen Endkampfes für die Sache Gottes. Attraktiv wirke zudem das gebotene Gemeinschaftserlebnis und – bei jungen Männern – ein Kult der Hypermännlichkeit. Ein muslimischer Sozialisationskontext sei bei Radikalisierungsprozessen dagegen keineswegs zwingend: Bei 17 Prozent der nach Syrien ausgereisten Kämpfer handele es sich um Konvertiten.

S. 307, Aufgabe 1 a) und b)

VISUALISIERUNG 10.5

Merkmale des historischen Terrorismus	Merkmale des neuen Terrorismus
• Formen von Terrorismus existieren bereits seit der Antike. • In Europa taucht der Begriff im Zusammenhang mit dem Staatsterror der Jakobiner erstmals auf. • Terrorakte in Westeuropa nach 1945 bezogen sich ideologisch häufig auf nationale Unabhängigkeitsbestrebungen oder linke Revolutionstheorien.	• Religion als ideologischer Bezugspunkt • zielt auf möglichst hohe Opferzahlen ab • globaler Charakter • kein Raum für Verständigung, Verhandlungen oder Kompromisse • trifft unbeteiligte, zufällig anwesende Opfer

S. 307, Aufgabe 2

Auch wenn schon immer Unbeteiligte zu den Opfern von Terrorismus gehörten, scheint der neue Terrorismus in Bezug auf seine Opfer besonders wahllos vorzugehen. Während Terrorakte in Westeuropa nach 1945 vor allem im Namen nationaler Unabhängigkeitsbestrebungen und linker Revolutionstheorien verübt wurden, nimmt der neue Terror Bezug auf religiös gefärbte Begründungsideologien. Der Terrorismus des 21. Jahrhunderts hat zudem einen stark globalisierten Charakter. Offene Fragen: individuelle Lösung.

S. 307, Aufgabe 3

Als „Krieg gegen den Terror" wird die Reaktion auf die Attentate vom 11. September 2001 bezeichnet. Dazu gehören verstärkte Überwachung, Grenzkontrollen und Abhörmaßnahmen ebenso wie die gezielte Tötung von führenden Terroristen durch amerikanische Einsatzkräfte. Zum „Krieg gegen den Terror" zählen auch militärische Offensiven wie die Militäraktion der USA und ihrer Verbündeten in Afghanistan, dem Rückzugsraum der Al-Kaida. Die Erfolgsaussichten dieser Strategie sind unsicher: Zwar gelang es mit der Tötung Osama bin Ladens, den wichtigsten Führer von Al-Kaida auszuschalten, aus Afghanistan zogen die westlichen Truppen allerdings ab, ohne dass ein dauerhafter Frieden hergestellt worden wäre. Der „Krieg gegen den Terror", der beispielsweise in Afghanistan auch mit massiven Menschenrechtsverletzungen einherging, kann zudem den Zulauf zu terroristischen Organisationen verstärken. Propagandistischen Terrorrechtfertigungen wie in M2 wird damit ein fruchtbarer Boden bereitet.

S. 307, Aufgabe 4
Wunsch nach Abenteuer, Macht, Anerkennung; Faszination der Gewalt; Gefühl des Ausgeschlossenseins; Attraktivität der einfachen Weltdeutung

S. 307, Aufgabe 5 individuelle Lösung

S. 307, Aufgabe 6 individuelle Lösung

Wohin führte der „Arabische Frühling"? S. 308/309

S. 308, M1: Veränderungen in der arabischen Welt (2011)

Webcode
FG450099-308

Algerien: Die eher vereinzelten Proteste wurden von Sicherheitskräften niedergeschlagen, immerhin wurde aber mit der Aufhebung des jahrzehntelangen Ausnahmezustands eine Forderung der Opposition erfüllt. Der seit 1999 amtierende Präsident Bouteflika wurde 2014 im Amt bestätigt.

Bahrain: Die vor allem von Schiiten getragenen Proteste gegen das autoritär regierende sunnitische Königshaus wurden mit Unterstützung saudi-arabischer Truppen niedergeschlagen. Auf die weiterschwelenden Proteste reagierte die Regierung mit der Verhaftung etlicher Oppositionsführer.

Jemen: Nach Massenprotesten für einen demokratischen Wandel und der Absetzung des Präsidenten erlangten die bereits seit 2004 bewaffnet agierenden schiitischen Huthi-Rebellen die Kontrolle über weite Teile des Landes. Die seit 2015 anhaltende Intervention einer von Saudi-Arabien geführte Militärkoalition will den Einfluss der Huthi-Rebellen zurückdrängen.

Jordanien: Nach Massenprotesten versprach König Hussein Reformen, ein Wahlgesetz wurde verabschiedet und eine unabhängige Wahlkommission eingesetzt. Faktisch regiert das Königshaus aber weiterhin autoritär.

Kuwait: Die Demonstrationen waren vor allem von den vielen staatenlosen Bewohnern Kuwaits getragen, die mehr Rechte forderten. Nach einer Phase der Krise konnte die Herrscherfamilie Al-Sabah ihre Macht stabilisieren.

Marokko: Nach Protesten intensivierte König Mohammed VI. bereits eingeleitete Reformprozesse: Unter anderem wurden seine umfassenden Machtbefugnisse durch eine Verfassungsänderung etwas beschnitten. Inwieweit es sich bei den Entwicklungen in Marokko um einen tragfähigen Demokratisierungsprozess handelt, ist umstritten.

Saudi-Arabien: Auf Proteste reagierte das Königshaus mit Repression, Drohungen sowie finanziellen Zugeständnissen. Die absolute Herrschaft der al-Saud-Familie blieb unangetastet.

S. 309, M2: Einwohner im zerstörten Aleppo/Syrien, 2015
Aleppo war vor dem Bürgerkrieg mit über zwei Millionen Einwohnern eine der größten Städte Syriens. Heute liegen weite Gebiete der Stadt, die von 2012 bis 2016 Schauplatz schwerer bewaffneter Auseinandersetzungen war, in Trümmern. Ein Großteil der Bewohner war während der Kämpfe in die Flucht getrieben worden. Die Zurückgebliebenen riskierten täglich ihr Leben: Neben Raketenangriffen waren auch Heckenschützen eine ständige Bedrohung. Die zu großen Teilen zerstörte Altstadt Aleppos gehörte zum UNESCO-Weltkulturerbe. Seit Dezember 2016 ist die Stadt unter der Kontrolle der syrischen Regierung, und die Kampfhandlungen sind eingestellt. Seither sind viele Geflüchtete in ihre Stadt zurückgekehrt.

S. 309, M3: Tagebuchauszug eines libyschen Fotografen, 2015
Für den „Spiegel" verfasste ein 26-jähriger Fotograf zwischen März und August 2015 Tagebucheinträge über sein Leben in der vom IS beherrschten Stadt Darna. Er berichtete von öffentlichen Hinrichtungen, davon, wie er beim „IS-Medienzentrum" Abbitte für seine frühere journalistische Tätigkeit leisten musste, von Stromausfällen und Lebensmittelmangel, vom Wandel des Alltagslebens und davon, wie die alltägliche Brutalität auch ihn selbst veränderte.

10 Die globalisierte Welt seit 1990: Eine Welt? Viele Welten?

S. 309, Aufgabe 1 a)

VISUALISIERUNG 10.6

Dezember 2010	Januar 2011	Februar 2011	März 2011
17.12. Tunesien	15.1. Algerien 16.1. Kuwait 21.1. Saudi-Arabien 25.1. Ägypten und Jordanien	1.2. Marokko 3.2. Jemen 6.2. Bahrain 15.2. Libyen	Syrien

b)

VISUALISIERUNG 10.7

Tunesien
- *ab Dezember 2010:* landesweite Proteste gegen die autoritäre Herrschaft von Präsident Ben Ali
- Ben Ali flieht nach Saudi-Arabien
- erste freie Wahlen: Sieg einer konservativen islamischen Partei
- *2014:* Annahme einer neuen Verfassung mit Garantie der Grundrechte
- *2015:* Attentate auf Touristen
- → *Terrorakte bedrohen die wirtschaftliche Stabilität und die demokratische Entwicklung*

Ägypten
- *ab Januar 2011:* Proteste gegen autoritäre Herrschaft, Korruption, Arbeitslosigkeit
- nach mehrmonatigen Aufständen mit Hunderten Toten: Rücktritt Mubaraks
- erste freie Wahlen: Sieg der „Gerechtigkeitspartei" (Muslimbrüder) unter Mursi
- nach Berufung zahlreicher Muslimbrüder auf wichtige Verwaltungsposten: Konflikt mit dem Militärrat; Mursi wird verhaftet
- *2015:* Mursi wird zum Tode verurteilt
- neuer Präsident: Ex-General as-Sisi
- → *Ägypten wird wieder diktatorisch regiert; große wirtschaftliche Probleme*

Libyen
- *ab Februar 2011:* landesweite Proteste gegen den Diktator Gaddafi und Auseinandersetzungen zwischen rivalisierenden Clans
- Eingreifen der NATO aufseiten der Gaddafi-Gegner
- Sturz und Tod Gaddafis
- → *Zerfall unter zwei sich bekämpfenden Regierungen; in beiden Landesteilen spielen mit dem IS bzw. Al-Kaida Terrororganisationen eine bestimmende Rolle*

Syrien
- *ab 2011:* Revolte gegen die diktatorisch regierende Assad-Familie; Teile des Militärs desertieren und bilden die „Freie Syrische Armee"; das Assad-Regime lässt Städte bombardieren und setzt Giftgas ein
- → *2016 befanden sich 11 Millionen Syrer auf der Flucht vor dem anhaltenden Bürgerkrieg*

S. 309, Aufgabe 2
Die Islamisten kontrollieren umfassende Bereiche des alltäglichen Lebens. Die Moral-Polizei Hisba reglementiert die Kontakte zwischen den Geschlechtern, zwingt Ladenbesitzer zur Schließung ihrer Geschäfte während der Gebetszeiten und verbannt Mädchen außerhalb der Unterrichtszeiten ins Haus. An den Schulen wurden nicht nur die Lehrpläne den Auffassungen der Islamisten angepasst, sondern auch ganze Fächer, die als unislamisch gelten, verboten: Vom Unterrichtsverbot sind die Naturwissenschaften betroffen, auch Musik als eine Form des sinnlichen Genusses und sportliche Betätigung wurde von den körperfeindlichen Islamisten verbannt.

S. 309, Aufgabe 3 Recherche-Aufgabe

Migration: Viele Gründe, viele Grenzen — S. 310/311

Webcode
FG450099-311

HRU, S. 252, KV
10.1 Flucht nach Europa

S. 310, M1: Wanderungsbewegungen heute
Die weltweiten Wanderungsbewegungen lassen sich statistisch nur schwer erfassen. Schätzungen gehen für das Jahr 2015 von etwa 244 Millionen Migranten weltweit aus (inkl. Geflüchtete). Damit sind heute über drei Prozent der Weltbevölkerung Migranten. 2010 standen Schätzungen zufolge die USA als Aufnahmeland mit über 40 Millionen Personen bei der absoluten Anzahl von Migranten mit großem Abstand an erster Stelle. Prozentual lag der Anteil der Migranten an der amerikanischen

Die globalisierte Welt seit 1990: Eine Welt? Viele Welten?   **10**

Bevölkerung mit ca. 13,5 Prozent allerdings weit hinter den Quoten von Staaten wie Katar, den Vereinigten Arabischen Emiraten und Kuwait, in denen Migranten 70 bis weit über 80 Prozent der Bevölkerung ausmachen.

S. 311, M2: Migranten berichten
2 a) 2011 schätzte die Commission on Filipinos Overseas, dass etwa zehn Millionen Filipinos außerhalb des Landes leben. Die Vereinigten Arabischen Emirate (VAE) sind dagegen ein Land mit extrem hohen Einwandererzahlen: Fast 90 Prozent der Bevölkerung haben nicht die Staatsbürgerschaft der VAE. Der Aufenthalt wird häufig durch ein „Kafala" genanntes Bürgschaftsverhältnis mit dem Arbeitgeber geregelt, das den Arbeitnehmer in eine starke Abhängigkeit zum Bürgen bringt. Besonders schlecht ist die Situation vieler der 146 000 ausländischen Hausangestellten: Bei Befragungen, die Human Rights Watch 2014 mit 99 Hausangestellten durchgeführt hat, berichtete mehr als ein Viertel von Gewalterfahrungen, mehrere Frauen waren vergewaltigt worden, alle litten unter der extremen Arbeitsbelastung.
2 b) Nach dem Sturz des Präsidenten im Jahr 2012 ist besonders der Norden Malis von ständigen bewaffneten Auseinandersetzungen zwischen Regierungskräften, Tuareg-Separatisten, islamistischen Terrorgruppen und anderen Milizen betroffen. Zu Melilla siehe die Erläuterungen zu S. 290 f.
2 c) Etwa vier Millionen Afghanen leben als Flüchtlinge im Iran, viele von ihnen bereits in der dritten Generation. Weitgehend rechtlos und von offiziellen Arbeitsverhältnissen ausgeschlossen, verdingen sich die meisten als Tagelöhner. Viele Flüchtlinge versuchen, von Calais aus über den Kanaltunnel nach Großbritannien zu gelangen. Zeitweise harrten bis zu 10 000 Flüchtlinge an den Rändern der Stadt in improvisierten Zeltlagern aus. Der bekannteste dieser Slums war der „Jungle", in dem Geflüchtete und Hilfsorganisationen eine rudimentäre Infrastruktur mit Gemeinschaftsküchen und Gebetsräumen aufgebaut hatten. 2016 wurde der „Jungle" geräumt.

S. 311, Aufgabe 1 Gruppenarbeit

S. 311, Aufgabe 2
Zu den wichtigen Herkunftsländern gehören: Paraguay, Bolivien, Peru, Kolumbien, Mittelamerika, Mexiko, Marokko, Algerien, Tunesien, Ägypten, etliche Staaten im nördlichen Teil Westafrikas, etliche Staaten in Ostafrika, südliches Afrika (außer Südafrika), Jemen, Ukraine, Türkei, Syrien, Irak, etliche Staaten in Zentralasien, China, Pakistan, Indien, etliche Staaten in Südostasien.
Zu den wichtigen Zielländern gehören: Nordamerika, Venezuela, Argentinien, Europa, südlicher Teil Westafrikas, Südafrika, Saudi-Arabien, Vereinigte Arabische Emirate, Oman, Japan, Australien.

S. 311, Aufgabe 3 Recherche-Aufgabe

S. 311, Aufgabe 4 Diskussion

Globalisierung – Segen oder Fluch?   S. 312/313

S. 313, M1: Die weltweite Produktionskette eines Smartphones siehe die Erläuterungen zu Aufgabe 3

Webcode
FG450099-312

S. 313, M2: Rohstoff-Abbau in der Demokratischen Republik Kongo, 2011
Die Demokratische Republik Kongo verfügt über reiche Vorkommen an Rohstoffen wie Kupfer, Kobalt und Coltan, die durch die Computer- und Smartphone-Produktion zu den weltweit gefragtesten Metallen und Erzen geworden sind. Seit Langem beherrschen blutige Verteilungskämpfe die Abbaugebiete: Aus den Verkaufserträgen wird ein Krieg finanziert, der in den letzten 15 Jahren Millionen Tote gefordert hat. Die Arbeitsbedingungen in den meist von bewaffneten Gruppen kontrollierten Minen sind von mangelnden Sicherheitsvorkehrungen, Kinderarbeit und einer extremen Arbeitsbelastung geprägt: Jährlich kommen Hunderte von Arbeitern ums Leben. Die Rodung von Wäldern und der Einsatz giftiger Chemikalien belasten zudem die Umwelt.

S. 313, M3: Montage von Smartphones in Wuhan, 2013
Nichtregierungsorganisationen kritisieren immer wieder die Arbeitsbedingungen bei in China produzierenden Zulieferfirmen von namhaften Smartphone- und Computerkonzernen. Ein Bericht von China Labor Watch aus dem Jahr 2013 attestierte einem der Zulieferunternehmen den Bruch einer ganzen Reihe von gesetzlichen Mindeststandards: Billiglöhne, Wochenarbeitszeiten von bis zu 69 Stunden, Arbeit von Minderjährigen, Misshandlungen durch Vorgesetzte und die Unterbringung

10 Die globalisierte Welt seit 1990: Eine Welt? Viele Welten?

in unwürdigen Unterkünften, lauteten die Vorwürfe. 2010 hatte in einer anderen Zulieferfirma eine Selbstmordserie unter den Mitarbeitern international für Schlagzeilen gesorgt und Diskussionen um die Arbeitsbedingungen ausgelöst.

S. 313, Aufgabe 1
Bereits mit den Entdeckungsreisen im 15. und 16. Jahrhundert erfolgte eine „erste Globalisierung", im Laufe derer die Europäer ihren Herrschaftsbereich auf weite Teile der Welt ausdehnten. Die Industrialisierung bildet die Grundlage für eine „zweite Globalisierung" im 19. und 20. Jahrhundert. Die technischen Fortschritte beschleunigten Kommunikationsprozesse und Fortbewegungsmöglichkeiten und „verkürzten" so die Distanzen zwischen den Kontinenten.

S. 313, Aufgabe 2 Beispiellösung:

VISUALISIERUNG 10.8

positive Aspekte	negative Aspekte
• Menschen verschiedener Kontinente können problemlos miteinander Kontakt aufnehmen: Die neuen Kommunikationsmittel lassen die Welt „zusammenrücken". • Informationen können weltweit in hohem Tempo ausgetauscht werden. Das verbessert nicht nur die Möglichkeiten wissenschaftlichen Fortschritts, Information ist auch eine Voraussetzung für Demokratisierungsprozesse. • Kultureller Austausch führt dazu, dass die Menschen lernen, über ihren Tellerrand hinauszusehen.	• Weltweit setzt sich eine Wirtschaftslogik durch, die das Profitstreben an erste Stelle setzt. • Der Wettbewerb um den billigsten Standort führt dazu, dass Produktionsstätten häufig dorthin verlagert werden, wo die Standards für Löhne, Arbeitsbedingungen und Umweltschutz besonders niedrig sind. • Die weltweite Konkurrenz geht mit dem Zwang zu ständiger Rationalisierung einher: Entlassungen und Verdichtung der Arbeit sind die Folge.

S. 313, Aufgabe 3
Ein Smartphone, das in Deutschland seinen Käufer findet, hat einen langen Weg durch die globalisierte Produktion hinter sich. Die für die Produktion benötigten Rohstoffe werden in Mexiko, Brasilien, der DR Kongo oder Australien gewonnen. Die Montage wird größtenteils in China vorgenommen, Komponenten dafür werden auch aus Deutschland, Tschechien oder Japan geliefert. Die Endmontage findet häufig in dem Land statt, in dem das Smartphone verkauft wird, in diesem Fall in Deutschland. Der Firmensitz des Beispiel-Smartphones befindet sich in den USA.

S. 313, Aufgabe 4
Siegel für „fair" gehandelte Waren signalisieren, dass bei der Produktion bestimmte soziale und ökologische Standards eingehalten wurden. So wird beispielsweise garantiert, dass angemessene Löhne gezahlt werden, dass Kinderarbeit und Zwangsarbeit ausgeschlossen sind und dass Umweltschutzstandards beachtet wurden.

S. 313, Aufgabe 5 individuelle Lösung

Kompetenzen prüfen — S. 316/317

HRU, S. 254, KV
10.2 Die globalisierte Welt seit 1990 – zentrale Begriffe

HRU, S. 255, KV
10.3 Selbsteinschätzungsbogen für Schüler

S. 316, M1: Der Historiker Hans-Ulrich Wehler (2009) siehe die Lösungshilfen zu S. 317, Aufgabe 1 auf S. 343 des Schülerbandes

S. 316, M2: Titelseite des „Spiegels", 2001
Das Titelbild präsentiert die Weltkugel als umkämpften Spielball. Verschiedene Hände greifen nach dem Globus: Während die Hände eines Weißen nah am „Ball" sind, strecken sich die Hände von Menschen mit dunklerer Hautfarbe ins Leere. Die Ausgabe beschäftigt sich in erster Linie mit der Anti-Globalisierungsbewegung.

S. 316, M3: Geteilte Welt
Die 14,8 Prozent der Weltbevölkerung, die in Industrieländern leben, vereinen in Geldwert gemessen mehr als die Hälfte der Produktion von Gütern und Dienstleistungen auf sich. Drastisch fallen weltweit auch die Unterschiede beim Einkommen aus: So verfügte beispielsweise 2014 die Bevölkerung in der

Euro-Zone über ein Pro-Kopf-Einkommen von fast 40 000 Euro, in Südostasien lag der jährliche Wert dagegen bei knapp über 1500 Euro. Dass der Anteil der Industrieländer bei den Exporten mit mehr als 60 Prozent noch höher liegt als bei der Weltwirtschaftsleistung zeigt, dass die Entwicklungs- und Schwellenländer weniger stark in den Weltmarkt eingebunden sind: Ein größerer Anteil der Güter wird für den Binnenmarkt produziert.

S. 317, M4: Problemnetz der Erde
Die Grafik visualisiert die mit Wirtschafts- und Verteilungsfragen, Umweltzerstörung und Gewalt zusammenhängenden Probleme der Welt sowie deren komplexes Zusammenhangsgeflecht.

S. 317, Aufgabe 1 bis 6 siehe die Lösungshilfen auf S. 343 des Schülerbandes

Lösungen zu den Kopiervorlagen der Handreichung

KV 10.1, Aufgabe 1 a)
Zur Route siehe die interaktive Karte unter *http://www.paulueberdasmeer.de/* → *Pauls Weg*. Wichtige Stationen: Doula, Kamerun; Oran, Algerien; Nador (nähe Melilla), Marokko; Tarifa, Spanien; Granada, Spanien; Bilbao, Spanien; Paris, Frankreich; Berlin, Deutschland; Eisenhüttenstadt, Deutschland; Berlin, Deutschland. Transitländer: (Kamerun), Nigeria, Niger, Algerien, Marokko, Spanien, Frankreich, (Deutschland).
b) Beispiellösung:
Doula, Kamerun: Paul macht sich im Jahr 2011 aus Doula in Kamerun auf den Weg nach Europa. In Kamerun sieht Paul keine Chance mehr auf ein Leben in Würde. Sein Vater ist gestorben, weil sich die Familie eine medizinische Versorgung nicht leisten konnte.
Oran, Algerien: Paul arbeitet drei Jahre lang in Oran als Bauarbeiter, um das Geld für eine Weiterreise zusammenzubekommen.
Nador (nähe Melilla), Marokko: Paul reist Richtung Melilla. Statt über den fast unüberwindlichen Grenzzaun der Enklave will Paul die Weiterreise über den Seeweg versuchen. Er lebt in den Wäldern bei Nador und wartet auf eine Chance. Er schafft es, einen Platz auf einem Boot zu ergattern. Bei der Überfahrt kommt die Hälfte seiner Mitreisenden in dem steuerungslos auf offener See treibenden Boot um.
Tarifa, Spanien: Paul wird in Abschiebehaft genommen und verbringt zwei Monate im Gefängnis.

KV 10.1, Aufgabe 2 a)
Kuligk thematisiert seine Rolle als Privilegierter. Sein deutscher Pass gibt ihm Möglichkeiten, die kein Geflüchteter hat. Auch wenn er die europäische Flüchtlingspolitik kritisiert, bleibt er Teil des privilegierten „Wir".
b) Die Frage „Papa, was hast du gemacht, als …" weckt Assoziationen mit dem Nationalsozialismus. Während die Rolle der deutschen Bevölkerung während des Nationalsozialismus in den 1950er Jahren totgeschwiegen wurde, begannen die 68er der Elterngeneration ähnlich lautende Fragen zu stellen.

KV 10.2, Aufgabe 1
1. bipolar; 2. Osterweiterung; 3. Arabischer Frühling; 4. Staatskapitalismus; 5. multipolar; 6. Industriestaaten; 7. Sicherheitsrat; 8. Ressourcen; 9. Migration; Lösungswort: Globalisierung

KV 10.2, Aufgabe 2
Die Zusammenhänge und Auswirkungen der Globalisierung begegnen uns im Supermarkt, wo wir Lebensmittel aus aller Welt erhalten, oder im Etikett unserer Kleidung, auf dem wir die Aufschrift „Made in Bangladesh" entdecken. Globalisierung bedeutet auch, dass es für die meisten Menschen in Deutschland inzwischen völlig normal ist, in ein Restaurant mit französischer oder italienischer Küche zu gehen oder Sushi zu essen. Deutsche Hausmannskost ist längst nicht mehr die einzige Option. Ausdruck des globalisierten Handels ist auch die Tatsache, dass Gebrauchsanleitungen vieler Produkte in einer ganzen Reihe unterschiedlicher Sprachen verfasst sind. Daran kann man ablesen, in welchen Ländern dieses Produkt identisch verkauft wird. Das Internet verkürzt im Alltag die räumliche Distanz: Man kann amerikanische Serien streamen oder auf türkischen Foren mitdiskutieren (und das z. B. auch über eben jene amerikanische Serie, die man gerade von Deutschland aus gestreamt hat).

10 Die globalisierte Welt seit 1990: Eine Welt? Viele Welten?

Name: Klasse: Datum:

KV 10.1 Flucht nach Europa

M1 Pauls Weg nach Europa

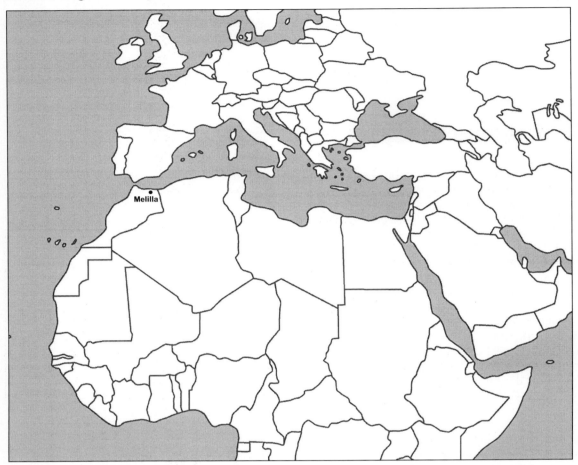

Ort:

Ort:

Autorin: Caterina Zwilling
Bildrechteinhaber: Fotolia/Andreas Haertle

10 Die globalisierte Welt seit 1990: Eine Welt? Viele Welten?

Kopiervorlage 10.1

Name: Klasse: Datum:

Ort:

Ort:

M2 „Die Sprache von Gibraltar", Gedicht von Björn Kuhligk zur Situation in Melilla, 2016 (Auszug)

ich gehe über das Rollfeld
ich setze die Sonnenbrille auf
ich habe den Reisepass, ich kann mir
das Essen aussuchen, das Hotel, die Uhrzeit
5 mare nostrum¹, nicht eures

Ich sehe, was ich sehe
die Segelboote im Segelboothafen [...]
die Rennradfahrer
die Feierabendjogger auf der Strandpromenade

die komplementär beleuchteten Springbrunnen   10
Papa, was hast du gemacht, als die Leute
von den Zäunen geschossen wurden
ich habe etwas für meinen Körper getan

Björn Kuhligk, Die Sprache von Gibraltar. Gedichte, München (Hanser) 2016, S. 12 f.

¹ mare nostrum (lat.: unser Meer): Als mare nostrum wurde im Römischen Reich das Mittelmeer bezeichnet. Mare nostrum nannte sich auch eine 2013 gestartete Operation der italienischen Marine und Küstenwache, die Flüchtlinge in Seenot retten und Schleuser aufgreifen sollte.

1 Der Dokumentarfilm „Als Paul über das Meer kam" erzählt von der Flucht des Kameruners Paul Nkamani nach Europa. Recherchiere zu Pauls mehr als vier Jahre dauernder „Reise".
a) Fertige mithilfe der Karte M1 eine Skizze von Pauls Route nach Europa an. Zeichne dabei wichtige Stationen seines Fluchtwegs ein und benenne die Transitländer.
b) Wähle neben „Nador, nähe Melilla" drei weitere Stationen aus und fasse stichpunktartig zusammen, was Paul dort erlebt hat. Nutze dazu oben stehende Tabelle.

2 Der Lyriker Björn Kuhligk reiste 2014 nach Melilla. Lies das Gedicht (M2), das er dort verfasst hat.
a) Untersuche, wie Kuhligk seine eigene Rolle in Melilla problematisiert.
b) Auf welche historische Situation spielt Kuhligk mit der Formulierung „Papa, was hast du gemacht, als ..." an? Diskutiert, ob ihr den dadurch angedeuteten Vergleich für gerechtfertigt haltet.

Autorin: Caterina Zwilling
Bildrechteinhaber: Fotolia/Andreas Haertle

KV 10.2 Die globalisierte Welt seit 1990 – zentrale Begriffe

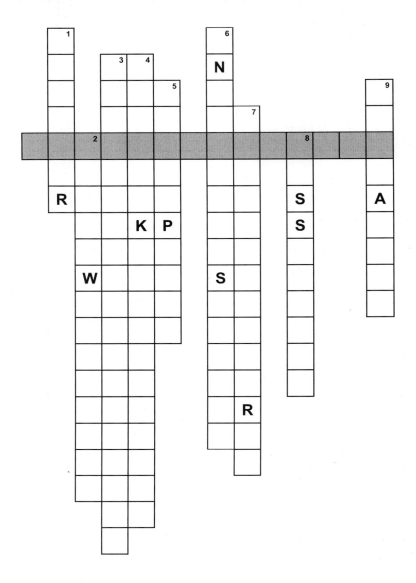

1. Adjektiv, welches das Vorhandensein von zwei Herrschaftspolen ausdrückt
2. Ausweitung der NATO auf Staaten des vormals sowjetischen Einflussgebietes
3. Bezeichnung für die Protestbewegung in arabischen Ländern ab 2011 (Ü = UE)
4. Bezeichnung für die Wirtschaftsform in China
5. Adjektiv, welches das Vorhandensein mehrerer Herrschaftspole bezeichnet
6. Länder mit hohem wirtschaftlichem Entwicklungsniveau
7. wichtigstes Entscheidungsgremium der UNO
8. Rohstoffe u. Ä., die zur wirtschaftlichen Produktion benötigt werden
9. Wanderungsbewegungen

1 Löse das oben stehende Kreuzworträtsel zu Fachbegriffen aus Kapitel 10. Die Begriffe werden senkrecht eingetragen. In der grau unterlegten Zeile ergibt sich waagerecht gelesen das Lösungswort.

2 Globalisierung ist kein Phänomen, das sich in weiter Ferne abspielt. Suche Beispiele dafür, wie dir Auswirkungen und Zusammenhänge der Globalisierung in deinem Alltag begegnen.

Autorin: Caterina Zwilling

10 Die globalisierte Welt seit 1990: Eine Welt? Viele Welten? Kopiervorlage 10.3

Name: | Klasse: | Datum:

KV 10.3 Die globalisierte Welt seit 1990: Eine Welt? Viele Welten?

Ich kann, weiß, verstehe …	sehr sicher	sicher	unsicher	sehr unsicher	Hilfen finde ich hier: (SB = Schülerbuch)
1 Ich kann die Rolle der UNO bei der Friedenssicherung in aktuellen Konflikten erklären und bewerten.					SB, S. 294/295
2 Ich kann die UN-Millenniumsziele nennen und ihre Umsetzung bewerten.					SB, S. 295
3 Ich kann den Übergang von der bipolaren Welt des Kalten Krieges zur heutigen multipolaren Welt erläutern.					SB, S. 296/297
4 Ich kann erklären, welche Folgen die NATO-Osterweiterung hatte.					SB, S. 298/299
5 Ich kann Gründe und Verlauf der Ukraine-Krise darstellen.					SB, S. 298/299
6 Ich kann die Entwicklungen in der sowjetischen und russischen Geschichte miteinander vergleichen.					SB, S. 300/301
7 Ich kann Russlands neue Außenpolitik unter Präsident Putin bewerten.					SB, S. 300/301
8 Ich kann den Wandel Chinas zum Industriestaat erläutern und die Folgen dieser Entwicklung bewerten.					SB, S302/303
9 Ich kann beurteilen, ob China als „zweite Weltmacht" neben den USA bezeichnet werden kann.					SB, S. 302/303
10 Ich kann die schrittweise Entwicklung der Menschenrechte erläutern.					SB, S. 304
11 Ich kann die Bedeutung der Menschenrechte einordnen und an Beispielen untersuchen.					SB, S. 304/305
12 Ich kann die Entstehung des „neuen" Terrorismus beschreiben.					SB, S. 306/307
13 Ich kann die Maßnahmen der USA und ihrer westlichen Verbündeten im Rahmen des „Krieges gegen den Terror" erläutern und bewerten.					SB, S. 306/307
14 Ich kann die Frage diskutieren, ob die Freiheit des Einzelnen zugunsten der Sicherheit eingeschränkt werden darf.					SB, S. 306/307
15 Ich kann Ursachen und Verlauf des „Arabischen Frühlings" erläutern und die heutige Lage in der Region beurteilen.					SB, S. 308/309
16 Ich kann Gründe für heutige Migrationsbewegungen benennen und ihre Folgen erläutern.					SB, S. 310/311
17 Ich kann die Aussage „Migration ist für eine Gesellschaft eine Chance und eine Herausforderung" erörtern.					SB, S. 310/311
18 Ich kann die allmähliche Vernetzung der Welt in der „ersten" und „zweiten" Globalisierung darstellen.					SB, S. 312
19 Ich kann Chancen und Bedrohungen einer globalisierten Wirtschaft beschreiben und bewerten.					SB, S. 312/313

Autorin: Andrea Welk

Zusatzaufgaben SB S. 318–327

Kapitel 1: Neue Weltmächte – neue Gesellschaftsordnungen

zu S. 24/25: M4: Sieg des Proletariats?
Der marxistische Theoretiker Georgi Walentinowitsch Plechanow war der Sohn adliger Grundbesitzer. Als Übersetzer ein anerkannter Interpret der Schriften von Marx und Engels sowie Mitbegründer der sozialdemokratischen Partei Russlands war Plechanow zunächst der Lehrer Lenins, bevor er zu dessen schärfstem Kritiker wurde.

zu S. 24/25: Aufgabe 4 a)
Plechanows Vorhersage: Da sich die Interessen der Arbeiterklasse und der Bauern widersprechen (die Arbeiter treiben den Aufbau der sozialistischen Produktionsweise voran, während sich die Bauern in wirtschaftlichen Fragen nach dem Kapitalismus richten), ist die „soziale Revolution" zum Scheitern verurteilt.
b) Plechanow hofft auf die Zusammenarbeit zwischen Arbeitern und Bauern, weist jedoch auf die unterschiedlichen Interessen hin, die dieser Kooperation entgegenstehen. Lenin geht dagegen sofort auf Konfrontation und nimmt billigend in Kauf, dass die Gegner seiner Pläne (Bauern und andere Anhänger des Kapitalismus) gewaltsam unterdrückt werden müssen. Die Folgen dieser Meinungsverschiedenheiten könnten sein, dass Lenin und Plechanow von Verbündeten zu Gegnern werden.

zu S. 30/31: M3: Stalin und Geheimpolizeichef Jeschow, Original und bearbeitetes Foto siehe die Erläuterungen zu KV 1.1, Aufgabe 1

zu S. 30/31: Aufgabe 4 siehe die Erläuterungen zu KV 1.1, Aufgabe 1

Kapitel 2: Die Weimarer Republik

zu S. 48/49: Aufgabe 6
Die Formulierung des Dialogs ist individuell lösbar. Folgende Vorstellungen von der künftigen Republik sollten jedoch erscheinen:
- Philipp Scheidemann: „deutsche Republik", Arbeiterregierung aus allen sozialistischen Parteien, der Souverän ist das Volk
- Karl Liebknecht: „freie sozialistische Republik Deutschland", Regierung aus Arbeitern und Soldaten, der Souverän ist das Proletariat

zu S. 54/55: M5: Aus einem Leserbrief der „Braunschweigischen Landeszeitung" von 1923 siehe die Erläuterungen zu Aufgabe 4

zu S. 54/55: Aufgabe 4 Die Folgen der Wirtschaftskrise sind im Alltag der Stadt sichtbar:
- Niemand geht abends aus.
- Die Hausbeleuchtungen bleiben aus.
- Häuser werden abends verriegelt, weil man Diebstähle befürchtet.
- Kunst und Kultureinrichtungen bleiben geschlossen
- Mittelständische Unternehmen sind bankrott.
- Die Selbstmordrate steigt an.

weitere mögliche Folgen: individuelle Lösung

zu S. 60/61: M3: Wahlplakat der DDP, 1919
Am 16. November 1918 veröffentlichte das „Berliner Tageblatt" einen Aufruf seines Chefredakteurs Theodor Wolff zur Gründung einer linksliberalen bürgerlichen Partei. Vier Tage später schlossen sich Mitglieder der Fortschrittlichen Volkspartei und des liberalen Flügels der Nationalliberalen Partei zur DDP zusammen. Die DDP identifizierte sich uneingeschränkt mit der parlamentarischen Demokratie und bekannte sich zu individueller Freiheit und sozialer Verantwortung. Pfeilartig ragt der starke Arm der DDP auf dem Plakat nach oben und zeigt an, wogegen die Partei kämpfte: gegen eine Diktatur von links, d.h. die vom Spartakusbund (rot, „Russenhemd") geforderte Räterepublik, und gegen eine Diktatur von rechts (Monarchie, Junker, „Schlotbarone").

zu S. 60/61: Aufgabe 4
Das Plakat können die Schülerinnen und Schüler mithilfe der Arbeitsschritte selbstständig untersuchen. Siehe auch die Erläuterungen zu M3.

zu S. 60/61: Aufgabe 5 a) und b) Recherche-Aufgabe und individuelle Lösung

Kapitel 3: Eine Ideologie setzt sich durch: Der Nationalsozialismus

zu S. 80/81: M4: „Der ewige Jude", Plakat von H. Stalüter, 1937
Im November 1937 wurde in München die Wanderausstellung „Der ewige Jude" eröffnet, die anschließend in Wien, Berlin, Bremen, Dresden und Magdeburg Station machte. Allein in München wurden über 400 000 Besucher gezählt, in Wien weitere 350 000. In 20 Sälen wurden stereotype Feindbilder kolportiert, die sich auf vermeintlich „jüdische Rassemerkmale", diffamierende Darstellungen der jüdischen Religion und eine Geschichtsinterpretation bezogen, in der sich die Völker nur mit Not einem „jüdischen Zersetzungswillen" erwehrten. Die Ausstellung reihte sich ein in die ebenfalls antisemitisch ausgerichteten Propagandaschauen „Große antibolschewistische Schau" und „Entartete Kunst", die im Vorjahr bzw. im Sommer 1937 ebenfalls in München gezeigt worden waren.

zu S. 80/81: Aufgabe 4 a)
Das Plakat ist Ausdruck des nationalsozialistischen Antisemitismus. Es zeigt einen im Stile des Ahasver gezeichneten männlichen Juden in traditioneller Kleidung und mit langem Bart. Seine Gesichtszüge – mit großer Nase und voluminösen Lippen – entsprechen den nationalsozialistischen Vorstellungen einer „typisch jüdischen Physiognomie". Der nach außen hin ärmlich und unterwürfig wirkende Mann hat Goldmünzen in der rechten Hand, die ihn als Wucherer kennzeichnen. Die Peitsche, die der Mann in der anderen Hand hält, steht symbolisch für ein vermeintlich jüdisches Streben nach Weltherrschaft. In der Sowjetunion, so soll die unter den Arm geklemmte Karte suggerieren, haben die Juden die Macht bereits übernommen. So kombiniert das Plakat auf typische Weise antisemitische und antikommunistische Feindbilder.
b) Hitler wird als Lichtgestalt dargestellt, die mit klarem Blick und Entschlossenheit kraftvoll nach vorne schreitet und hinter sich ein ganzes Volk vereint. Die dunkle Gestalt des Juden steht auf dem Propagandaplakat alleine da, denn in der nationalsozialistischen Ideologie sind Juden das Gegenprinzip zu jeder „Volksgemeinschaft". Ihr Machtstreben versteckt die Figur auf dem antisemitischen Plakat zudem: Zwar verfügt sie über Gold und Peitsche und hat ganz Russland in der Tasche, sie hält aber den Blick bedeckt und den Körper geduckt. In der antisemitischen Darstellung wird das Judentum als hinterhältige, unheimliche Macht gezeichnet.

zu S. 90/91: M5: Aus der Regierungserklärung Hitlers vom 23. März 1933
Mit der Regierungserklärung Hitlers begann im Reichstag die Beratung zum „Ermächtigungsgesetz". Über weite Strecken der Rede bemühte sich Hitler um einen gemäßigten Ton: So sprach er von gemeinsamen Grundwerten, die die Nationalsozialisten mit den christlichen Kirchen teilten, und betonte, Deutschland außenpolitisch nur als gleichberechtigten Partner anderer Länder sehen zu wollen. Gegen Ende der Rede drohte Hitler allerdings offen allen, die es wagen würden, sich dem Nationalsozialismus entgegenzustellen.

zu S. 90/91: Aufgabe 6 a)
Hitler stellt die Weimarer Republik als einen durch marxistische Organisationen beherrschten Staat dar, in dem nur eine kleine Clique profitiere. Diese ominösen „herrschenden Mächte" (Z. 9 f.) seien von den Nationalsozialisten „im Verein mit den anderen nationalen Verbänden" (Z. 7 f.) beseitigt worden. Hitler suggeriert mit der Würdigung der Rolle anderer nationaler Verbände eine Bereitschaft zur Bündnispolitik mit anderen rechten Kräften, die realiter keineswegs bestand. Entsprechend der nationalsozialistischen Ideologie sieht er den „Willen des Volkes" und die „Autorität einer wirklichen Führung" in eins fallen. Er bietet den anderen Parteien – im Falle der freiwilligen Unterordnung unter den Willen der Nationalsozialisten – „Verständigung" (Z. 16) an, droht aber zugleich all jenen, die mit dem Gedanken des Widerstands spielen, unverhohlen mit Gewalt („Krieg", Z. 21). Diese Mischung eines Gestus der ausgestreckten Hand mit offenen Drohungen soll zum einen die bündnisbereiten Konservativen beruhigen, zum anderen politische Gegner verängstigen. So soll eine möglichst hohe Zustimmung zum „Ermächtigungsgesetz" erreicht werden, das am Tag der Rede vom Reichstag verabschiedet wurde.
b) siehe die Erläuterungen zu S. 91, Aufgabe 4

Zusatzaufgaben

Kapitel 4: Leben im Nationalsozialismus

zu S. 110/111: M6: Seite aus einem nationalsozialistischen Kinderbuch von 1936
Die Seite entstammt dem Kinderbuch „Trau keinem Fuchs auf grüner Heid und keinem Jud bei seinem Eid! Ein Bilderbuch für Groß und Klein", das die Kindergärtnerin Elvira Bauer 1936 beim Stürmer-Verlag veröffentlichte. Das im Stil einer Fibel gestaltete Buch wurde in Vorschulen und Kindergärten für den frühen Leseunterricht eingesetzt.

zu S. 110/111: Aufgabe 7
Die linke Abbildung der Kinderbuchseite zeigt einen großen, schlanken und muskulösen blonden Mann bei der Feld- oder Bauarbeit, der mit kühnem Blick in die Ferne sieht. Kontrastiert wird dieser Inbegriff des „arischen" Ideals durch die rechte Abbildung: Sie zeigt die Karikatur eines dicken Juden mit Glatze, Hakennase, Wulstlippen und scheelem Blick. Aktentasche, Schriftstück in der Tasche und Stift hinterm Ohr weisen ihn als einen – von der nationalsozialistischen Ideologie verachteten – Intellektuellen aus, der keiner „ehrlichen" körperlichen Arbeit nachgeht. Trotz seiner geckenhaften Aufmachung macht er insgesamt einen ungepflegten Eindruck. Der Text erläutert die Bilder. Mit dem „Deutschen" werden Begriffe wie Stolz, Arbeit, Kampf, Schönheit und Mut assoziiert. Der Jude wird als eitler und hässlicher Schuft apostrophiert. Interessant ist insbesondere, wie der antisemitische Hass der Nationalsozialisten auf die Opfer projiziert wird: Angeblich sind es die Juden, die die (der nationalsozialistischen Definition entsprechenden) Deutschen wegen ihres Mutes und ihrer Schönheit hassen. Das Kinderbuch arbeitet mit einfachen und plakativen Gegenüberstellungen. Zur besseren Eingängigkeit der antisemitischen Stereotype sind die Schlüsselwörter im Text rot markiert. Schon im Kindesalter soll so die antisemitische Ideologie verankert werden.

zu S. 120/121: M5: Ruth Wertheim über ihre Zeit als jüdische Schülerin bis 1934
Ruth Wertheim (später: Ruth Bär) besuchte von 1928 bis 1934 die Malwida-von-Meysenbug-Schule in Kassel. 1934 waren etwa 60 Prozent der Schülerinnen dieser Mädchenschule im BDM organisiert, 1936 lag der Organisationsgrad schon bei über 90 Prozent. Aufgrund der besonders hohen Quote bei den BDM-Mitgliedschaften wurde der Schule im August 1936 eine Auszeichnung verliehen. Ein halbes Jahr nachdem Ruth Wertheim die Schule verlassen hatte, wanderte sie nach England aus. 1938 verließ sie England, um sich im damaligen Palästina ein neues Leben aufzubauen.

zu S. 120/121: Aufgabe 7
Ruth Wertheim machte an der Schule, die sie bis 1934 besuchte, weniger diskriminierende Erfahrungen als Otto Jehuda Reiter. Während Ruth ihrer Klasse bescheinigt, sich bis zuletzt anständig verhalten zu haben, und von verständnisvollen Lehrern berichtet, war Otto bereits 1933 Opfer von antisemitischen Übergriffen anderer Schüler, die sich unter den Augen der Lehrer ereigneten, und wurde in seiner Klasse zunehmend isoliert. Auch Ruth spürte allerdings die antisemitische Stimmung: Sie berichtet von einem Ausflug, auf dem sie sich unerwünscht fühlte. Bereits 1934 musste Ruth ihre Schule verlassen, weil klar wurde, dass sie zum Abitur nicht zugelassen würde. Wie sich die Stimmung an der Schule in den folgenden Jahren entwickelte, kann sie darum nicht berichten. Der Vergleich der Berichte von Ruth und Otto zeigt Handlungsspielräume auf, die die nicht jüdischen Mitschüler jeweils unterschiedlich nutzten.

zu S. 126/127: M7: Alfred Ploetz, ein Vertreter der „Rassenhygiene", schrieb 1895
Alfred Ploetz gehört mit Wilhelm Schallmayer zu den wichtigsten Vertretern der deutschen Eugenik. Mit seinem 1895 erschienenen Werk „Die Tüchtigkeit unsrer Rasse und der Schutz der Schwachen. Grundlinien der Rassenhygiene" prägte Ploetz den Begriff der „Rassenhygiene" in Deutschland. In diesem utopischen Buch beschreibt er eine Gesellschaft, die mit dem Ziel der Aufwertung der „Rasse" u. a. auf der „Ausjäte" unerwünschter Menschen beruht. Das nationalsozialistische Euthanasieprogramm findet seine Vorläufer in solchen sozialdarwinistischen Utopien.

zu S. 126/127: Aufgabe 5
Ploetz wünscht eine Prüfung der Qualitäten Zeugungswilliger, auf deren Grundlage die jeweils gestattete Zahl von Kindern oder aber ein Fortpflanzungsverbot festgelegt wird. Schwache oder behinderte Neugeborene sollen getötet werden. Die Pflege von Kranken und die Hilfe für Schwache sieht Ploetz als Gefühlsduselei, die eine natürliche Zuchtwahl behindere und so die Qualität der „Rasse" verschlechtere. Ploetz' menschenverachtende Utopie verbindet Ideen der positiven und negativen Eugenik (Förderung erwünschter bzw. Verhinderung unerwünschter Fortpflanzung) mit dem direkten Aufruf zum Mord an unerwünschten Menschen.

Kapitel 5: Nationalsozialistische Außenpolitik und Zweiter Weltkrieg

zu S. 144/145: M5: Bericht zweier Gefangener über Auschwitz
Die beiden slowakischen Juden Alfred Wetzler und Rudolf Vrba (eigentlich Walter Rosenberg) gehören zu den wenigen, denen eine Flucht aus dem Vernichtungslager Auschwitz gelang. Nach ihrer Flucht diktierten sie dem slowakischen Judenrat einen Bericht über die Vernichtungsmaschinerie in Auschwitz, der auch den Alliierten zugespielt wurde. Sie gehören somit zu den Ersten, die detaillierte Informationen über das Morden in den Vernichtungslagern nach draußen brachten.

zu S. 144/145: Aufgabe 7
Die Gefangenen mussten nach ihrer Ankunft Gepäck, Kleider und Wertgegenstände abgeben und sich nackt in die nächste Baracke begeben. Dort wurden sie vollständig rasiert und desinfiziert. Im Zuge der Aufnahme der Personalien wurden die Gefangenen durch brutal aufgebrachte tätowierte Nummern gekennzeichnet. Die Häftlinge starben massenhaft an den Folgen von Hunger, mörderischer Zwangsarbeit und Misshandlungen. Regelmäßig wurden durch die Lagerärzte Selektionen durchgeführt. Die Selektierten wurden vergast, ihre Leichen verbrannt. Die Nationalsozialisten beraubten ihre Opfer (Abgabe von Gepäck, Kleidern, Wertgegenständen) und versuchten, ihnen durch demütigende Prozeduren die Menschlichkeit zu nehmen (Nacktheit, Abrasieren der Haare, eintätowierte Nummer). Durch Zwangsarbeit sollten die Opfer „verwertet" und zugleich vernichtet werden. Die gesamten Lebensumstände im Lager waren auf einen baldigen Tod der Häftlinge ausgerichtet. Wer seine Nützlichkeit in den Augen der Nationalsozialisten verloren hatte, wurde direkt ermordet.

zu S. 156/157: M6: Verhaltensvorschriften für Deutsche in einer Chemiefabrik (1940–1945)
Die Verhaltensvorschriften wurden als Handzettel in den Werken des Thüringer Textil- und Chemiekonzerns „Werkegruppe Schwarza" verteilt. Eine genaue Datierung ist nicht möglich.

zu S. 156/157: Aufgabe 5
Deutsche dürfen mit Polen keine sexuellen Beziehungen eingehen, sie sollen mit Polen nicht gemeinsam essen oder feiern, sie sollen ihnen keine Geschenke machen und keinerlei Gefälligkeiten erweisen und nur kurz und dienstlich mit ihnen sprechen. Die Verordnung behauptet eine deutsche „Überlegenheit in jeder Beziehung" (Z. 17) und vermittelt so jedem Einzelnen der deutschen Adressaten eine persönliche Aufwertung. Polen werden als faul (vgl. Z. 15 f.) und primitiv (vgl. Z. 20) dargestellt. Von besonderer Bedeutung ist im nationalsozialistischen Rassenwahn die Verhinderung einer „Vermischung von deutschem Blut mit polnischem Blut" (Z. 3 f.), d. h. die Zeugung von Kindern in einer deutsch-polnischen Beziehung. Während die anderen Verhaltensvorschriften in einfacher Imperativform gehalten sind, wird hier mit der Formulierung „kein deutscher Mann und keine deutsche Frau darf" (Z. 1 f.) ein direktes Verbot ausgesprochen.

Kapitel 6: Der Ost-West-Konflikt spaltet die Welt

zu S. 172/173: M4: Aus der Charta der Vereinten Nationen
Die Gründung der Vereinten Nationen stellt nach dem Völkerbund den zweiten Versuch einer internationalen Staatengemeinschaft dar, eine übergeordnete Organisation zu schaffen. Am 25. April 1945, noch vor dem Ende des Zweiten Weltkrieges, wurde in San Francisco die Gründungskonferenz einberufen. In der Präambel der UN-Charta, die sich aus 19 Kapiteln mit 111 Artikeln zusammensetzt, wird der Hoffnung Ausdruck verliehen, künftige Generationen vor weltweiten Kriegen zu bewahren. Artikel 1, Ziffer 1 erklärt die Friedenssicherung auf internationaler Ebene als höchstes Ziel. Auf Drängen von Nichtregierungsorganisationen wurde die Wahrung der Menschenrechte aufgenommen, wie in Artikel 1, Ziffer 3 geschehen. Artikel 2 nennt die Grundsätze zur Durchsetzung der in Artikel 1 dargelegten Ziele. Ein zentraler Punkt ist das in Ziffer 4 formulierte Gewaltverbot.

zu S. 172/173: Aufgabe 4 a) Ziele der Vereinten Nationen:
1. Weltfrieden
2. Gleichberechtigung aller Völker
3. Souveränität und Gleichheit aller Mitgliedsstaaten
4. nur Einsatz friedlicher Mittel
5. keine Gewalt(-androhung) gegen Staaten

Zusatzaufgaben

b) Halten sich NATO und Warschauer Pakt an die Ziele der Vereinten Nationen?

Ziele der UN	NATO	Warschauer Pakt
Weltfrieden	nein: „Stellvertreterkriege" in Südostasien und Afrika, Veto gegen UN-Beschlüsse	
Gleichberechtigung	ja	Nein: Osteuropäische Staaten waren gegenüber der sowjetischen Regierung weisungsgebunden.
Souveränität/Gleichheit	ja	nein: Verbot, Wirtschaftshilfen der USA anzunehmen
friedliche Mittel	nein: „Kampf gegen den Kommunismus" als gemeinsames Ziel der NATO-Partner	nein: teils gewaltsame Errichtung von sozialistischen Systemen in Osteuropa
keine Gewalt(-androhung)	nein: gegenseitige Bedrohung durch Wettrüsten	

zu S. 182/183: M5: 1979 in den SALT-II-Gesprächen vereinbarte Ziele für die Rüstung siehe die Erläuterungen zu Aufgabe 5

zu S. 182/183: Aufgabe 5
Analyse: Tabelle M5 bietet einen Überblick über das Waffenarsenal der beiden Supermächte zur Zeit der Unterzeichnung des SALT-II-Vertrages und sechs Jahre später. In einigen Bereichen (Raketen, Bomber ohne Cruise Missiles) wurde abgerüstet, in anderen (ballistische Raketen, Bomber mit Cruise Missiles) aufgerüstet. Die SALT-Verträge führten also scheinbar nicht zu einer nennenswerten Abrüstung, sondern vielmehr zu einer massiven Umrüstung.

	USA	UdSSR
Interkontinentalraketen	− 86	+ 520
Raketen mit einfachen Sprengköpfen	− 160	− 814
ballistische Raketen auf U-Booten	+ 240	+ 256
Bomber mit Cruise Missiles	+ 120	0
Bomber ohne Cruise Missiles	− 123	− 60
Gesamt	**− 9**	**− 98**

Urteil: Angesichts des überwältigend großen Waffenarsenals der beiden Supermächte erscheinen die SALT-Ergebnisse lächerlich, denn sie ändern nichts an der Gesamtsituation. Trotzdem kann man den Verhandlungen auch eine positive Seite abgewinnen, denn sie bewiesen immerhin die Gesprächsbereitschaft beider Seiten.

zu S. 186/187: Aufgabe 5 a)
Argumente, die gegen eine Mitgliedschaft der Türkei angeführt werden:
- Erdogan verstößt mit seinem Vorgehen gegen die Opposition gegen rechtsstaatliche Grundsätze.
- Das Verfassungsreferendum im April 2017 schränkt die Gewaltenteilung und Unabhängigkeit der Justiz ein.

b) Die Türkei erfüllt momentan keines der vier Kriterien, die in Kopenhagen 1993 festgelegt wurden:
1. Demokratische Grundsätze wurden mit dem Umbau nach dem Verfassungsreferendum nicht eingehalten.
2. Mit der Inhaftierung zahlreicher oppositioneller Politiker sowie Journalisten verstößt die Türkei gegen die Menschenrechte und den Minderheitenschutz.
3. Die Politik Erdogans wirkt sich negativ auf die Wirtschaft (insbesondere die Tourismusbranche) aus. Die politischen Auseinandersetzungen führen zum Abbruch von Handelsbeziehungen mit dem Ausland und die Verfolgung von Dissidenten zum Exodus von Fachkräften und Akademikern.
4. Die Rechtsvorschriften (Verträge, Verordnungen, Richtlinien, Beschlüsse) der EU werden von der Türkei nicht akzeptiert.

Zusatzaufgaben

Kapitel 7: Deutschland nach 1945: Zwei Staaten, eine Nation?

zu S. 206/207: M5: Konrad von Zwehl über die Entnazifizierung in der US-Zone (1986)
Die Klärung der Schuldfrage erwies sich bei der Entnazifizierung als das größte Problem. Die USA entschieden sich deshalb für die mühsame Einzelfalluntersuchung. Ein Fragenkatalog wurde denjenigen vorgelegt, die man verdächtigte, aktive Nationalsozialisten gewesen zu sein oder solche unterstützt zu haben. Die Angaben des Fragebogens mussten von einem als integer geltenden Bürger beglaubigt werden. Ein als unbelastet eingestufter Deutscher konnte wiederum anderen auf die gleiche Weise helfen. Dieses Prinzip begünstigte bewusste Falschaussagen und Denunziationen. Von den sechs Millionen ausgefüllten Fragebögen wurden nur etwa 3,6 Millionen bearbeitet. Nach Auswertung der Formulare wurden die Befragten in fünf Gruppen eingeteilt: Hauptschuldige, Belastete, Minderbelastete, Mitläufer und Entlastete.
Mitläufer wurden mit Geldstrafen oder Berufsverbot belegt. Die Verantwortung für die mittleren Kategorien wurde der Bundesrepublik übertragen, die erst in den 1960er Jahren in größerem Umfang Strafprozesse einleitete. Die Frage nach Schuld und Verantwortung wurde in der Wirtschaftswunderzeit weitgehend verdrängt.

zu S. 206/207: Aufgabe 6
Ziel der Entnazifizierung war es, die Verantwortlichen der NS-Diktatur juristisch zur Verantwortung zu ziehen und in Deutschland eine demokratische Ordnung und Gesinnung zu etablieren. Dieses Ziel wurde laut Konrad von Zwehl in der US-Zone verfehlt. Weder konnte ein Gesinnungswandel herbeigeführt noch eine Verurteilung aller Belasteten erreicht werden.

zu S. 222/223: M6: „Die Lösung", Gedicht von Bertolt Brecht
Bertolt Brecht (1898–1956), der während der NS-Zeit in die USA emigriert war, kehrte nach Beendigung des Zweiten Weltkrieges nach Deutschland zurück und ließ sich 1949 in Ost-Berlin nieder. Er engagierte sich in der Kulturpolitik, bewahrte sich aber dennoch eine kritische Distanz zum System. Wie viele Intellektuelle der DDR befürwortete er zunächst das Vorgehen der SED gegen die Aufständischen. Mit seinem Gedicht „Die Lösung" ergriff Brecht jedoch Partei für die Initiative von unten und übte Kritik an den Parteifunktionären, die aus den Ereignissen nichts gelernt hätten. „Die Lösung" entstand als Reaktion auf eine Stellungnahme des Dramatikers Kurt Barthel zu den Ereignissen des 17. Juni 1953. Der zeitweilige Generalsekretär des Deutschen Schriftstellerverbandes, der später auch Mitglied des Zentralkomitees der SED war, hatte in der Zeitung „Neues Deutschland" das Verhalten der Arbeiter scharf kritisiert.

zu S. 222/223: Aufgabe 4 a) und b) individuelle Lösungen, siehe die Erläuterungen zu M6

Kapitel 8: Leben im geteilten Deutschland

zu S. 244/245: M5: Demo gegen die Vorratsdatenspeicherung, 2009
Bei der Vorratsdatenspeicherung werden in großem Umfang Daten gespeichert, ohne dass sie aktuell für die Vermeidung oder Verfolgung von Straftaten benötigt werden. Die Speicherung erfolgt nur für den Fall, dass die gesammelten Informationen zu einem späteren Zeitpunkt nutzbringend eingesetzt werden könnten. Ein Gesetz von 2008 verpflichtete deutsche Telekommunikationsanbieter zur Speicherung der Daten ihrer Nutzer (z. B.: angewählte Telefonnummern, Standort des Telefons, IP-Adressen, Zeitpunkt des Internetzugriffs). Nachdem das Gesetz 2010 durch das Bundesverfassungsgericht für verfassungswidrig erklärt wurde, verabschiedete der Bundestag 2015 ein neues Gesetz zur Vorratsdatenspeicherung. Die Bestimmungen des Gesetzes von 2015, gegen das verschiedene Verfassungsbeschwerden laufen, wurden nach einem Urteil des Oberverwaltungsgerichts des Landes Nordrhein-Westfalen vom Juni 2017 durch die Bundesnetzagentur ausgesetzt.

zu S. 244/245: Aufgabe 7
Das vordere Plakatensemble prangert den bundesdeutschen Staat als Überwachungsstaat an. Auf die Brust des Bundesadlers wurde ein Aufkleber mit der Aufschrift „Hier wird überwacht" geklebt, über dem Wappen sind drei bedrohlich wirkende (Papp-)Kameras angebracht. So wird der Eindruck einer Allgegenwart der Überwachung transportiert. Das hintere Transparent zeigt den damaligen Innenminister Schäuble mit der Bildunterschrift „STASI 2.0". Die unter Schäuble verabschiedeten Regelungen zur Vorratsdatenspeicherung werden so als eine modernisierte Version der Überwachungsmethoden der „Stasi" dargestellt. Der Vergleich mit der „Stasi", die inzwischen zum Inbegriff der Überwachung geworden ist, wird hier zur Diskreditierung der Regierungspolitik herangezogen.

Zusatzaufgaben

zu S. 248/249: M6: DDR-Jugendliche bei einem Kirchenfest in Borna/Sachsen, 1986 siehe die Erläuterungen zu S. 248/249, Aufgabe 6

zu S. 248/249: Aufgabe 6
Die jugendlichen Teilnehmer des Kirchenfestes sitzen zum großen Teil auf dem Boden. Ihre Körperhaltung ist leger, die Kleidung ebenso. Viele der jungen Männer haben lange oder längere Haare. Die Stimmung ist entspannt. Die Abgebildeten sind in ihrem Erscheinungsbild weit entfernt von den adretten Teilnehmern des FDJ-Marsches und der Jugendweihe aus den 1950er und 1960er Jahren, die auf S. 248/249 zu sehen sind. Die Unterschiede lassen sich z.T. auf die unterschiedlichen Anlässe (offiziell vs. inoffiziell) und den zeitlichen Abstand (1950er und 1960er Jahre vs. 1980er Jahre) zurückführen. Die Fotografie illustriert aber auch die Bedeutung, die die Kirchen in der DDR als Freiraum hatten. Hier konnten Jugendliche abseits staatlicher Bevormundung zusammenkommen und auch alternative Kulturen ausleben.

Kapitel 9: Die deutsche Wiedervereinigung

zu S. 268/269: M5: Auf dem Weg zur Demokratie? siehe die Erläuterungen zu Aufgabe 5 a)

zu S. 268/269: Aufgabe 5 a)
Jacek Kuroń berichtet vom Absinken des Lebensstandards, von einem Mangel an Konsumgütern, steigenden Preisen und Engpässen im Bereich des Gesundheitswesens. Er führt die für den „Durchschnittspolen unerträglich erscheinenden Verhältnisse" auf die Planlosigkeit und Inkompetenz der Regierung zurück. In freien Wahlen und der Gründung einer Gewerkschaft sieht er den einzigen Weg aus der Krise und zu Demokratie.
b) Zusätzlich zu den von Kuroń genannten wirtschaftlichen Gründen führte auch die politische Unzufriedenheit dazu, dass sich Widerstand regte. Die Menschen protestierten gegen den Missbrauch der Macht und die Monopolisierung des Rechts durch die Regierung und forderten politische Mitbestimmung und gesellschaftliche Freiheit.

zu S. 272/273: M4: DDR-Flüchtlinge 1989–1990
In der ersten Hälfte des Jahres 1989 stieg die Zahl der ausreisewilligen DDR-Bürger dramatisch an. Bis zum Sommer hatten etwa 120000 Menschen einen Ausreiseantrag gestellt. Als unmittelbare Auslöser dieser Entwicklung sind die manipulierten Kommunalwahlen in der DDR (7. Mai) sowie das Massaker an Studenten auf dem „Platz des Himmlischen Friedens" in Peking (4. Juni) zu sehen. Der demonstrative Schulterschluss des SED-Regimes mit der chinesischen Regierung wurde als Drohung an die oppositionelle Bürgerrechtsbewegung im eigenen Land verstanden.
Mit Beginn des Abbaus der ungarischen Grenzanlagen seit Mai 1989 flohen täglich ca. 100–200 Menschen über die „grüne Grenze" von Ungarn nach Österreich und anschließend nach Westdeutschland. Nach der offiziellen Grenzöffnung am 10./11. September 1989 stieg die Zahl der Ausreisewilligen drastisch an. In nur drei Tagen reisten 15000 DDR-Bürger aus, bis Ende des Monats waren es 30000. Am 3. Oktober 1989 stoppte die DDR-Führung den visumfreien Reiseverkehr in die Tschechoslowakei. Diese Maßnahme wurde jedoch Anfang November 1989 wieder rückgängig gemacht, was erneut eine Ausreisewelle zur Folge hatte.

zu S. 272/273: Aufgabe 5 siehe die Erläuterungen zu M4

zu S. 278/279: M5: Produktion pro Beschäftigtem und Jahr (1990) siehe die Erläuterungen zu Aufgabe 4

zu S. 278/279: Aufgabe 4
Die „Bestandsaufnahme" zeigt, dass die ostdeutsche Wirtschaft im Jahr 1990 eine geringere Produktivität in Landwirtschaft und Industrie aufwies als die Wirtschaft in der Bundesrepublik. Der Energieverbrauch und die Luftverschmutzung durch den Ausstoß von Stickstoffoxiden und Schwefeldioxid waren in der DDR jedoch um ein Vielfaches höher.

Kapitel 10: Die globalisierte Welt nach 1990: Eine Welt? Viele Welten?

zu S. 300/301: M3: Wladimir Putin, Pappmachéfigur bei einem Karnevalsumzug siehe die Erläuterungen zu S. 300/301, Aufgabe 7

zu S. 300/301: Aufgabe 7

Die Karnevalsfigur zeigt Putin in einer Pose, die Stärke und Männlichkeit mimt. Im tarnfarbenen Tanktop lässt der russische Präsident selbstsicher die Muskeln spielen. Sein Bizeps hat die Form einer Bombe, die mit dem Schriftzug „Krim" versehen ist. Die Lunte der Bombe ist bereits gezündet. Die karikierte Darstellung kritisiert Putin als einen, der mit dem Feuer spielt. Seine Politik in der Krim könnte zur Explosion, zur Eskalation der gewaltsamen Auseinandersetzungen führen. Die negativen Folgen seiner Politik, so droht die Darstellung indirekt, werden Putin allerdings in erster Linie „selbst um die Ohren fliegen".

zu S. 302/303: M4: Auf dem Weg zur Mehrparteiendemokratie?

Jiang Zemin war von 1993 bis 2003 Staatspräsident der Volksrepublik China. Mit seiner auf soziale Stabilität und wirtschaftliches Wachstum ausgerichteten Politik sicherte er die politische Macht der KP China. Zemins wirtschaftliche Reformen im Sinne einer marktwirtschaftlichen Liberalisierung trugen maßgeblich dazu bei, dass China während seiner Präsidentschaft zur am schnellsten wachsenden Volkswirtschaft der Welt wurde.

zu S. 302/303: Aufgabe 6

Die wirtschaftliche Liberalisierung in China soll nach Zemins Ansicht nicht mit einer politischen Demokratisierung einhergehen. Um die politischen Bedingungen an die neuen ökonomischen Anforderungen anzupassen, reichten die Reformen, die bereits in der Vergangenheit vorgenommen wurden, auch wenn diese nicht den Wünschen des Westens entsprächen. Zemin spricht sich gegen ein Mehrparteiensystem aus: Die wirtschaftliche Rückständigkeit Chinas könne nur unter der Leitung der KP überwunden werden, die das Volk in alleiniger Herrschaft „führen" (Z. 13) müsse. Dem Pluralismus demokratischer Gesellschaften stellt er den „geschlossenen" Kampf für Wohlstand gegenüber. Mehrparteiensystem, Gewaltenteilung und demokratische Bürgerrechte hält Zemin für Erfindungen, die vielleicht für die entwickelten westlichen Industriestaaten angemessen seien, die aber keineswegs Prinzipien mit universeller Gültigkeit darstellten. Zur Legitimierung seines Festhaltens am Einparteiensystem bemüht Zemin den Begriff der „Vielfalt". Was im Westen funktioniere, könne in Entwicklungsländern schnell zu sozialen Erschütterungen führen. Bei der Einrichtung politischer Systeme müsse stets Rücksicht auf die heimischen Bedingungen genommen werden. Zemins Verweis auf vermeintlich demokratische Diskussionen in der KP kommt kaum mehr als die Funktion eines Feigenblattes zu.

Zur Auswahl und zum Einsatz der audiovisuellen Materialien

Übersicht über die Kopiervorlagen (KV) und Zusatzmaterialien (ZM)
zu den audiovisuellen Materialien (AV)

KV/ZM	Seite	Titel
KV AV 1	271	Kopiervorlage zum Film „Nikolaus II. – Der letzte Zar von Russland"
KV AV 2	272	Kopiervorlage zum Hördokument „Philipp Scheidemann ruft die Republik aus, 9. November 1918"
KV AV 3	273	Kopiervorlage zum Film „1933 – Der Weg in die Diktatur"
KV AV 4	274	Kopiervorlage zum Film „1935 – Die Ausgrenzung der Juden"
KV AV 5	275	Kopiervorlage zur Rede Adolf Hitlers auf der Kundgebung im Berliner Sportpalast, 30. Januar 1942
KV AV 6	276	Kopiervorlage zum Film „1942 – Die Weiße Rose"
ZM AV 7	277	Transkript des Sprechertextes des Films „Die Kuba-Krise 1962"
KV AV 8	278	Kopiervorlage zum Film „Die deutsch-französische Freundschaft"
ZM AV 8	279	Transkript des Sprechertextes des Films „Die deutsch-französische Freundschaft"
KV AV 9	280	Kopiervorlage zum Film „Die Gründung der BRD 1949"
ZM AV 9	281	Transkript des Sprechertextes des Films „Die Gründung der BRD 1949"
ZM AV 10	282	Transkript des Sprechertextes des Films „Die Gründung der DDR 1949"
KV AV 11	283	Kopiervorlage zum Film „Der Mauerbau 1961"
ZM AV 11	284	Transkript des Sprechertextes des Films „Der Mauerbau 1961"
KV AV 12	285	Kopiervorlage zum Film „Das Wirtschaftswunder"
ZM AV 12	286	Transkript des Sprechertextes des Films „Das Wirtschaftswunder"
KV AV 13	287	Kopiervorlage zum Hördokument „Regine Hildebrandt über (ihre) Berufstätigkeit und Mutterschaft in der DDR (1995)"
KV AV 14	288	Kopiervorlage zum Hördokument „Günter Schabowski zur neuen Ausreiseregelung der DDR-Regierung"

AV	Thema/ Material	Materialart	Länge (min)	Bezug zum Schülerband	HRU-Kommentar/ Zusatzmaterialien
AV 1	Nikolaus II. – Der letzte Zar von Russland	Film	03:39	Kap. 1: Neue Weltmächte – neue Gesellschaftsordnungen (Die Russischen Revolutionen 1917, S. 24 f.)	S. 22 f.
AV 2	Philipp Scheidemann ruft die Republik aus, 9. November 1918	Hördokument	01:57	Kap. 2: Die Weimarer Republik (1918–1933) (1918/19: Welche Staatsform soll Deutschland bekommen?, S. 48 f.)	S. 41 f.
AV 3	1933 – Der Weg in die Diktatur	Film	03:43	Kap. 3: Eine Ideologie setzt sich durch: Der Nationalsozialismus (Das „Ermächtigungsgesetz": Selbstentmachtung des Reichstags?, S. 90 f.)	S. 72 ff.
AV 4	1935 – Die Ausgrenzung der Juden	Film	03:48	Kap. 4: Leben im Nationalsozialismus (Die Ausgrenzung der Juden bis 1938, S. 122 f.)	S. 99 f.

AV 5	Adolf Hitler auf der Kundgebung im Berliner Sportpalast, 30. Januar 1942	Hördokument	02:00	Kap. 5: Nationalsozialistische Außenpolitik und Zweiter Weltkrieg (Shoa: Die Ermordung der Juden, S. 144 f.)	S. 117 f.
AV 6	1942 – Die Weiße Rose	Film	03:24	Kap. 5: Nationalsozialistische Außenpolitik und Zweiter Weltkrieg (Gab es Widerstand gegen die NS-Herrschaft?, S. 148 f.)	S. 120 f.
AV 7	Die Kuba-Krise 1962	Film	04:18	Kap. 6: Der Ost-West-Konflikt spaltet die Welt (Die Kuba-Krise: Die Welt hält den Atem an!, S. 178 f.)	S. 144 f. ZM AV 7
AV 8	Die deutsch-französische Freundschaft	Film	03:03	Kap. 6: Der Ost-West-Konflikt spaltet die Welt (Deutschland und Frankreich – Motor der EU?, S. 188 f.)	S. 149 ff. ZM AV 8
AV 9	Die Gründung der BRD 1949	Film	03:45	Kap. 7: Deutschland nach 1945: Zwei Staaten, eine Nation? (Die Gründung der Bundesrepublik Deutschland, S. 212 f.)	S. 173 ff. ZM AV 9
AV 10	Die Gründung der DDR 1949	Film	03:29	Kap. 7: Deutschland nach 1945: Zwei Staaten, eine Nation? (Die Gründung der Deutschen Demokratischen Republik, S. 214 f.)	S. 175 f. ZM AV 10
AV 11	Der Mauerbau 1961	Film	02:57	Kap. 7: Deutschland nach 1945: Zwei Staaten, eine Nation? (1961 – Bau der Berliner Mauer, S. 224 f.)	S. 180 f. ZM AV 11
AV 12	Das Wirtschaftswunder	Film	03:36	Kap. 8: Leben im geteilten Deutschland (Wirtschaft in West und Ost: Mangel gegen Wohlstand?, S. 238 f.)	S. 193 ff. ZM AV 12
AV 13	Regine Hildebrandt über (ihre) Berufstätigkeit und Mutterschaft in der DDR (1995)	Hördokument	02:01	Kap. 8: Leben im geteilten Deutschland (Frauenrollen in West und Ost, S. 246 f.)	S. 199 f.
AV 14	Günter Schabowski zur neuen Ausreiseregelung der DDR-Regierung	Hördokument	02:47	Kap. 9: Die deutsche Wiedervereinigung (Die „friedliche Revolution" in der DDR, S. 274 f.)	S. 219 f.

Kommentar zu AV 1: Film „Nikolaus II. – Der letzte Zar von Russland"
Thematische Bezüge und Einsatz im Unterricht: Der Film eignet sich zum Einsatz in Kapitel 1 „Neue Weltmächte – neue Gesellschaftsordnungen". Er kann in der Themeneinheit „Die Russischen Revolutionen 1917" gezeigt werden und veranschaulicht den Darstellungstext „Februarrevolution – das Ende der Zarenherrschaft" (Schülerband, S. 24).
Didaktisch-methodischer Hinweis: Es bietet sich eine Pro- und Kontra-Diskussion zur Exekution der Zarenfamilie an. Hierbei sollten die Schülerinnen und Schüler u. a. darüber nachdenken, warum die

HRU, S. 271,
KV AV 1
Film „Nikolaus II. –
Der letzte Zar von
Russland"

Zur Auswahl und zum Einsatz der audiovisuellen Materialien

radikalen Kräfte die gesamte Familie auslöschten und welche eventuelle Gefahr von überlebenden Zarenkindern hätte ausgehen können.

HRU, S. 272,
KV AV 2
Hördokument „Philipp Scheidemann ruft die Republik aus, 9. November 1918"

Kommentar zu AV 2: Hördokument „Philipp Scheidemann ruft die Republik aus, 9. November 1918"
Thematische Bezüge: Die Rede Philipp Scheidemanns kann den Schülern im Rahmen des Kapitels 2 „Die Weimarer Republik (1918–1933)" (Themeneinheit „1918/19: Welche Staatsform soll Deutschland bekommen?", Schülerband, S. 48 f.) vorgespielt werden. Der Text befindet sich gekürzt im Schülerband (S. 49, M3). Im Anschluss kann die Aufgabe 4 (S. 49) bearbeitet werden.
Hintergrund: Philipp Scheidemann (1865–1935) gilt als einer der herausragenden Repräsentanten der SPD und der Weimarer Republik im ersten Viertel des 20. Jahrhunderts. Während der Novemberrevolution verkündete Scheidemann vom Balkon des Reichstagsgebäudes aus am 9. November 1918 den Zusammenbruch des deutschen Kaiserreichs und proklamierte die Deutsche Republik. 1919 wurde er von der Nationalversammlung zum Reichsministerpräsidenten gewählt. Nach der Machtergreifung der Nationalsozialisten flüchtete er ins Ausland, wo er bis zu seinem Tod 1939 lebte, zuletzt in Dänemark.
Der 9. November 1918 war von turbulenten Ereignissen gekennzeichnet. Der Vormittag begann mit einem Generalstreik, der von den Revolutionären ausgerufen worden war und von der MSPD und den Gewerkschaften unterstützt wurde. Da der Kaiser sich trotz drängender Bitten nicht zum Thronverzicht bewegen ließ, hatte Prinz Max von Baden sich bereits gegen 11.30 Uhr eigenmächtig dazu entschlossen, die Nachricht von der Abdankung des Kaisers zu verkünden. Er übergab anschließend die Regierungsgeschäfte an den MSPD-Vorsitzenden Friedrich Ebert, der gegen 12 Uhr in der Reichskanzlei erschienen war. Als Philipp Scheidemann die Nachricht erhielt, der Linkssozialist Karl Liebknecht hätte die Absicht, eine sozialistische Republik in Deutschland auszurufen, wollte er dem zuvorkommen. Er eilte auf den Balkon des Reichstages und rief gegen 14 Uhr in einer improvisierten Rede eine „deutsche Republik" aus. Gegen 16.00 Uhr proklamierte Karl Liebknecht vom Balkon des Berliner Stadtschlosses eine „freie sozialistische Republik Deutschland", in welcher die Herrschaft des Kapitalismus gebrochen würde.
Lösungen zur Kopiervorlage: 28. Oktober: Die Matrosen meutern gegen das Auslaufen ihrer Schiffe zum weiteren Kriegseinsatz; 9. November, ca. 11.30 Uhr: Reichkanzler Max von Baden verkündet die Abdankung des Kaisers; 14.00 Uhr: Philipp Scheidemann ruft die Republik aus; 16.00 Uhr: Karl Liebknecht ruft die Republik aus; 10. November: Pakt zwischen kaiserlichen Offizieren und neuer Regierung. Das in M2 abgebildete Flugblatt wurde vom „Revolutionären Propaganda-Ausschuss, Berlin" (zu ihm gehörten vor allem Mitglieder der SPD) erstellt und zeigt Karl Liebknecht.

HRU, S. 273,
KV AV 3
Film „1933 – Der Weg in die Diktatur"

Kommentar zu AV 3: Film „1933 – Der Weg in die Diktatur"
Thematische Bezüge und Einsatz im Unterricht: Der Film „1933 – Der Weg in die Diktatur" ordnet sich in das Kapitel 3 „Eine Ideologie setzt sich durch: Der Nationalsozialismus" ein. Er kann wie folgt eingesetzt werden:
- als Vertiefung der Themeneinheiten „Das ‚Ermächtigungsgesetz': Selbstentmachtung des Reichstags?" (Schülerband, S. 90 f.) und „Wähle aus: Der ‚Tag von Potsdam'" (Schülerband, S. 80 f.) oder als Vertiefung der Themeneinheit „Die Errichtung der Diktatur" (Schülerband, S. 94 f.)
- als Zusammenfassung der genannten Themeneinheiten

Inhalt des Films: Der Film zeigt Originalaufnahmen aus den Jahren 1933 und 1934. Er geht dabei auf einzelne Stationen der Machtübernahme (Reichstagsbrand, Wahlen 1933, „Tag von Potsdam", „Ermächtigungsgesetz") ein.

HRU, S. 274,
KV AV 4
Film „1935 – Die Ausgrenzung der Juden"

Kommentar zu AV 4: Film „1935 – Die Ausgrenzung der Juden"
Thematische Bezüge: Der Film „1935 – Die Ausgrenzung der Juden" ordnet sich in das Kapitel 4 „Leben im Nationalsozialismus" (Themeneinheit „Die Ausgrenzung der Juden bis 1938", Schülerband, S. 122 f.) ein.
Inhalt des Films: Unter dem Stichwort der Multiperspektivität eröffnet der Film den Schülerinnen und Schülern verschiedene Sichtweisen auf die Ausgrenzung der Juden während der NS-Herrschaft. Im Film erzählen z. B. jüdische Zeitzeugen, wie sie während der NS-Zeit diffamiert und gedemütigt wurden (Ausgrenzung durch Mitschüler, Tragen des Judensterns, Boykott jüdischer Geschäftsleute im April 1933, „Nürnberger Gesetze" vom September 1935). Auch berichten nicht jüdische Zeitzeugen aus ihrer Schulzeit und den Umgang mit jüdischen Schülern. Ferner beinhaltet der Film eine Sequenz, in der Reichspropagandaminister Joseph Goebbels über die Ausgrenzung und Liquidierung von jüdischen Künstlern und Intellektuellen spricht.

Einsatz im Unterricht: Der Film kann im Rahmen der Themeneinheit „Die Ausgrenzung der Juden bis 1938" (Schülerband, S. 122 f.) zur vertiefenden Aneignung gezeigt werden. Er ergänzt den Darstellungstext „Entrechtet, diskriminiert, beraubt" (S. 122).

Kommentar zu AV 5: Hördokument „Adolf Hitler auf der Kundgebung im Berliner Sportpalast, 30. Januar 1942"

HRU, S. 275, KV AV 5
Hördokument „Adolf Hitler auf der Kundgebung im Berliner Sportpalast, 30. Januar 1942"

Thematische Bezüge: Die Rede Adolf Hitlers ordnet sich thematisch in das Kapitel 5 „Nationalsozialistische Außenpolitik und Zweiter Weltkrieg" (Themeneinheit „Shoa: Die Ermordung der Juden", Schülerband, S. 144 f.) ein.

Hintergrund: Hitler hielt die Rede zum neunjährigen Jubiläum seines „Tausendjährigen Reichs" am 30. Januar 1942, also in einer Zeit, in der der Krieg bereits in vollem Gange war. Der „Völkische Beobachter" erklärte, dass Hitler den Ort des Sportpalastes gewählt habe, weil dieser für das Ringen und die Mühsal und letzten Endes den Sieg zum Gleichnis geworden sei. Paradoxerweise wird der Sportpalast am 30. Januar 1944, also exakt zwei Jahre nach der Rede Hitlers und genau elf Jahre nach dem Machtantritt der Nationalsozialisten, ausgebombt.

Einsatz im Unterricht: Hitler spricht sich in seiner Rede für die totale Vernichtung der Juden aus. Die Rede kann deshalb im Rahmen der Themeneinheit „Shoa: Die Ermordung der Juden" (Schülerband, S. 144 f.) zur vertiefenden Aneignung eingesetzt werden. Sie ergänzt den Darstellungstext „Wannseekonferenz – Planung der ‚Endlösung'" (S. 144). Um das Hörverstehen zu schulen, sollte das Hördokument den Schülerinnen und Schülern zunächst ohne Textvorlage vorgespielt werden (Worum geht es in der Rede?). Im Anschluss kann der Text mithilfe der Fragen auf der Kopiervorlage analysiert werden.

Kommentar zu AV 6: Film „1942 – Die Weiße Rose"

HRU, S. 276, KV AV 6
Kopiervorlage zum Film „1942 – Die Weiße Rose"

Thematische Bezüge und Einsatz im Unterricht: Der Film kann im Kapitel 5 „Nationalsozialistische Außenpolitik und Zweiter Weltkrieg" und speziell in der Themeneinheit „Gab es Widerstand gegen die NS-Herrschaft?" (Schülerband, S. 148 f.) gezeigt werden. Er eignet sich z. B. als Einstieg in das Thema.

Hintergrund: Die „Weiße Rose" ist der Inbegriff des Widerstandes in Deutschland. Sie setzte sich aus einer kleinen Gruppe von Studenten um den Münchner Philosophieprofessor und Musikwissenschaftler Kurt Huber (1893–1943) zusammen. Zu den Mitbegründern dieser Gruppen zählten neben den Pastorenkindern Hans (1918–1943) und Sophie Scholl (1921–1943) Christoph Probst (1919–1943), Willi Graf (1918–1943) und Alexander Schmorell (1917–1943). Sie alle gehörten vor 1933 verschiedenen freien, später von den Nationalsozialisten zerschlagenen Jugendorganisationen wie der „Bündischen Jugend" an und waren abgestoßen vom hierarchischen System und den rassenideologischen Parolen der HJ. Durch Anbringen von Parolen wie „Nieder mit Hitler" oder „Hitler Massenmörder" an Hauswänden, aber insbesondere durch Flugblattaktionen vom Sommer 1942 bis Februar 1943 versuchte die „Weiße Rose" zum Widerstand aufzurufen. In der Anfangszeit richteten sich diese Flugblätter an einen kleinen akademischen Adressatenkreis, später gelangten sie bis nach Frankfurt, Stuttgart und Wien. Kontakte bestanden auch zu anderen Universitäten oder katholischen Oppositionszirkeln. Die Aburteilung der Gruppe, die am 18. Februar 1943 beim Verteilen von Flugblättern in der Münchner Universität vom Hausmeister entdeckt und der Gestapo ausgeliefert worden war, erfolgte in drei Etappen, um Aufsehen zu vermeiden. Die Gründungsmitglieder der „Weißen Rose" wurden vor dem Volksgerichtshof unter Leitung Roland Freislers zum Tod verurteilt. Zehn weitere Anhänger der Widerstandsbewegung, allesamt Studenten, erhielten Gefängnisstrafen, lediglich ein Mitglied wurde aus besonderen Gründen freigesprochen. Die Nachricht vom Schicksal der Münchner Studenten erreichte auch das Ausland. Der Rundfunk berichtete über die „Weiße Rose". Thomas Mann würdigte ihren Mut in einem Beitrag der BBC. Die deutsche Bevölkerung wurde durch Flugblätter, die Flugzeuge der Royal Air Force abwarfen, über das Schicksal der Studenten informiert.

Kommentar zu AV 7: Film „Die Kuba-Krise 1962"

HRU, S. 277, ZM AV 7
Sprechertext des Films „Die Kuba-Krise 1962"

Thematischer Bezug: Der Film lässt sich in das Kapitel 6 „Der Ost-West-Konflikt spaltet die Welt" (Themeneinheit „Die Kuba-Krise: Die Welt hält den Atem an!", Schülerband, S. 178 f.) integrieren.

Inhalt und Einsatz im Unterricht: Das Medium thematisiert die Kuba-Krise 1962, bei der die Welt am Rande eines Atomkriegs stand. Es bietet sich zur Erarbeitung und Vertiefung an und ergänzt die beiden Darstellungstexte „Sowjetische Atomraketen auf Kuba" und „Der Konflikt spitzt sich zu" auf S. 178 des Schülerbandes. Im Film schildern Zeitzeugen, wie beispielsweise der FDP-Politiker und frühere Bundesaußenminister Hans-Dietrich Genscher, ein ehemaliger Soldat der Nationalen Volksarmee der DDR sowie eine enge Mitarbeiterin Konrad Adenauers, ihr Erleben der Krise. Das Medium spiegelt damit den Ernst der Lage aus unterschiedlichen Perspektiven wider.

Zur Auswahl und zum Einsatz der audiovisuellen Materialien

**HRU, S. 278,
KV AV 8**
Film „Die deutsch-französische Freundschaft"

**HRU, S. 279,
ZM AV 8**
Sprechertext des Films „Die deutsch-französische Freundschaft"

**HRU, S. 280,
KV AV 9**
Film „Die Gründung der BRD 1949"

**HRU, S. 281,
ZM AV 9**
Sprechertext des Films „Die Gründung der BRD 1949"

Kommentar zu AV 8: Film „Die deutsch-französische Freundschaft"
Thematischer Bezug: Der Film kann in das Kapitel 6 „Der Ost-West-Konflikt spaltet die Welt" (Themeneinheit „Deutschland und Frankreich – Motor der EU?", S. 188 f.) integriert werden.
Inhalt und Hintergrund des Films: Die aktuell guten Beziehungen zwischen Deutschland und Frankreich sind das Ergebnis der Verständigung beider Staaten nach dem Zweiten Weltkrieg. In den Jahrhunderten zuvor gab es jahrzehntelange Phasen, in denen das Verhältnis von Krieg und Feindschaft geprägt waren. Der kurze Film greift wesentliche Stationen der deutsch-französischen Geschichte auf und stellt die Nachkriegszeit bzw. den Élysée-Vertrag von 1963 als Wendepunkt im deutsch-französischen Verhältnis dar.
Zum Einsatz im Unterricht: Der Film bietet sich zur Vertiefung an und ergänzt den Darstellungstext „Der Élysée-Vertrag" (Schülerband, S. 188). Mithilfe der Kopiervorlage können die deutsch-französischen Beziehungen seit Mitte des 19. Jahrhunderts rekapituliert werden.

Kommentar zu AV 9: Film „Die Gründung der BRD 1949"
Thematischer Bezug: Der Film „Die Gründung der BRD 1949" kann in Kapitel 7 „Deutschland nach 1945: Zwei Staaten, eine Nation?" und hier in der Themeneinheit „Die Gründung der Bundesrepublik Deutschland" (Schülerband, S. 212 f.) eingesetzt werden.
Inhalt des Films: Der Film zeigt Originalaufnahmen von 1949. Er thematisiert die Verhandlungen des „Parlamentarischen Rats" zur Ausarbeitung der Verfassung in Bonn im Sommer dieses Jahres. Im Film wird deutlich, dass die Mehrheit der Deutschen die Gründung der Bundesrepublik für eine „Übergangslösung" hielt. Das große Ziel blieb die Errichtung eines gesamtdeutschen Staates. Der Einfluss der Siegermächte und die unterschiedlichen Ideologien führten jedoch zur langfristigen Teilung Deutschlands.
Einsatz im Unterricht: Der Film ergänzt den Darstellungstext „Die Westzonen werden zur Bundesrepublik" (Schülerband, S. 212) und kann zur Vertiefung eingesetzt werden. Eine Wiederholung mithilfe der zugehörigen Kopiervorlage bietet sich an.
Alternativ kann der Film auch als Zusammenfassung am Ende der Unterrichtseinheit zur Gründung der Bundesrepublik eingesetzt werden.
Eine dritte Möglichkeit besteht darin, den Film nach der Behandlung der Potsdamer Konferenz einzusetzen. In diesem Fall kann er als Input dienen und die Frage anstoßen, wie es zur Gründung der Bundesrepublik Deutschland kam. Entsprechend können im Anschluss die Entwicklungen in der Westzone betrachtet werden.
Hinweis: Der Unterrichtseinheit zur Gründung der Bundesrepublik sollte die Betrachtung Nachkriegsdeutschlands unter besonderer Berücksichtigung der Besatzungsmächte vorausgehen. Durch die Behandlung des Marshallplans, der Währungsreform sowie der Berlin-Blockade wird die Entwicklung des Ost-West-Gegensatzes für die Schülerinnen und Schüler ersichtlich und die Spaltung Deutschlands verständlich. Der Gründung der beiden deutschen Teilstaaten BRD und DDR kommt schließlich eine besondere Bedeutung zu, denn durch die Staatsgründungen wird die Teilung Deutschlands manifestiert. Das Thema bildet damit die wesentliche Grundlage, auf welcher das folgende Kapitel zum „Kalten Krieg" aufbaut.

Die Lösung des Kreuzworträtsels lautet:

1. KONRAD ADENAUER
2. BONNER REPUBLIK
3. CARLO SCHMID
4. BONN
5. MUSEUM KOENIG
6. WEIMARER REPUBLIK
7. GROẞBRITANNIEN
8. SOWJETUNION
9. MAI
10. FRANKREICH

Zur Auswahl und zum Einsatz der audiovisuellen Materialien

Kommentar zu AV 10: Film „Die Gründung der DDR 1949"
Thematischer Bezug: Der Film „Die Gründung der DDR 1949" kann in Kapitel 7 „Deutschland nach 1945: Zwei Staaten, eine Nation?" und hier in der Themeneinheit „Die Gründung der Deutschen Demokratischen Republik" (Schülerband, S. 214 f.) eingesetzt werden.
Inhalt des Films: Der kurze Film behandelt die Gründung der DDR und verdeutlicht dabei den Einfluss der Sowjetunion im Osten Deutschlands. Das Medium hinterfragt kritisch die vermeintlich demokratische Ordnung in der SBZ. So thematisiert er z. B. die Zwangsvereinigung von KPD und SPD zur SED kurz vor der Staatsgründung.
Einsatz im Unterricht: Der Film zeigt Originalaufnahmen von 1949. Er eignet sich zur Vertiefung und kann im Anschluss an die Erarbeitung des Darstellungstextes „Staatsgründung im Osten" (Schülerband, S. 214) eingesetzt werden.

Kommentar zu AV 11: Film „Der Mauerbau 1961"
Thematischer Bezug und Einsatz im Unterricht: Der Film kann in Kapitel 7 „Deutschland nach 1945: Zwei Staaten, eine Nation?" (Themeneinheit „1961 – Bau der Berliner Mauer", Schülerband, S. 224 f.) eingesetzt werden. Das Medium zeigt Originalbilder aus der Zeit des Mauerbaus. Zeitzeugen schildern ihr Erleben des Ereignisses. Anhand der Kopiervorlage zum Film lassen sich die kontroversen Perspektiven zum Mauerbau erarbeiten.

Kommentar zu AV 12: Film „Das Wirtschaftswunder"
Thematischer Bezug und Einsatz im Unterricht: Der Film „Das Wirtschaftswunder" lässt sich in das Kapitel 8 „Leben im geteilten Deutschland" (Themeneinheit „Wirtschaft in Ost und West: Mangel gegen Wohlstand?", Schülerband, S. 238 f.) integrieren. Er ergänzt den Darstellungstext „‚Wirtschaftswunder' im Westen" (Schülerband, S. 238) und kann zur vertiefenden Erarbeitung herangezogen werden.
Hintergrund und Inhalt des Films: Die 1950er Jahre gelten in die Geschichte der Bundesrepublik als das Jahrzehnt des Wirtschaftswunders. Letzteres wird erst durch die Bergbaukrise Anfang der 1960er Jahre beendet. Die Weichen für den Aufschwung stellte Ludwig Erhard, Vordenker der Währungsreform und erster Wirtschaftsminister der Bundesrepublik. Die neue Wirtschaftsordnung ist die „soziale Marktwirtschaft". Sie soll „Wohlstand für alle" (Wahlspruch der CDU vor der Bundestagswahl 1957) bringen. Die Bundesrepublik erholt sich rasch von den Kriegsfolgen, was sie in erster Linie der Unterstützung der Westalliierten zu verdanken hat (z. B. Marshallplan). Die Westmächte wiederum benötigen im „Kalten Krieg" einen starken Bündnispartner an der Nahtstelle der Blöcke. Sie sind daher an einer stabilen Beziehung zur Bundesrepublik interessiert. Ab Mitte der 1950er Jahre steigt die private Kaufkraft in der Bundesrepublik an, während die Lebenshaltungskosten stagnieren. In der Folge steigt auch der Konsum schlagartig an. Autos, Reisen, Elektrogeräte und Möbel werden für die Bürger erschwinglich. Die industrielle Herstellung von Konsumgütern reduziert die Preise für ehemals teure Güter. Vom Wohlstand profitieren somit alle sozialen Schichten.
Der Film spiegelt das Lebensgefühl Mitte der 1950er Jahre in Westdeutschland wider. Zeitzeugen kommen zu Wort, die enthusiastisch den Aufschwung nach den Hungerjahren beschreiben.
Einsatz im Unterricht: Der Film ergänzt den Darstellungstext „‚Wirtschaftswunder' im Westen" (Schülerband, S. 238) und kann zur vertiefenden Erarbeitung herangezogen werden.
Eine andere Möglichkeit besteht darin, den Film als Einstieg in die Unterrichtsstunde einzusetzen. In diesem Fall wird im Anschluss an den Film erarbeitet, wie es zum Wirtschaftsaufschwung in der Bundesrepublik kam (und inwiefern sich die wirtschaftlichen Entwicklungen in der DDR davon unterschieden; vgl. Schülerband, S. 218/219 und 238/239).

Kommentar zu AV 13: Hördokument „Regine Hildebrandt über (ihre) Berufstätigkeit und Mutterschaft in der DDR (1995)"
Thematischer Bezug und Einsatz im Unterricht: Das Medium kann in Kapitel 8 „Leben im geteilten Deutschland" und hier speziell in der Themeneinheit „Frauenrollen in West und Ost" (Schülerband, S. 246 f.) eingesetzt werden. Das Hördokument reflektiert das Frauenbild in der DDR und eignet sich zur Vertiefung. Es ergänzt den Darstellungstext „Frauenalltag im Osten" (Schülerband, S. 246 f.).
Hintergrundinformation: Auf der Grundlage der Emanzipationstheorie des Marxismus-Leninismus galt die Eingliederung von Frauen in den Arbeitsprozess in der DDR als entscheidender Schritt zur Gleichberechtigung. Die Erwerbstätigkeit sicherte den Frauen die finanzielle Unabhängigkeit vom Ehemann und bestimmte das Frauenleitbild in der DDR.
Zur Organisation der Kinderbetreuung in der DDR: Von staatlicher Seite wurde ein großes Angebot an Kinderbetreuungseinrichtungen bereitgestellt. So gab es staatlich finanzierte Kinderkrippen, Kindergärten und Horte für die Schulkinder. Diese unterstanden dem Ministerium für Volksbildung, das

---

HRU, S. 282,
ZM AV 10
Sprechertext des Films „Die Gründung der DDR 1949"

HRU, S. 283,
KV AV 11
Sprechertext des Films „Der Mauerbau 1961"

HRU, S. 284,
ZM AV 11
Sprechertext des Films „Der Mauerbau 1961"

HRU, S. 285,
KV AV 12
Film „Das Wirtschaftswunder"

HRU, S. 286,
ZM AV 12
Sprechertext des Films „Das Wirtschaftswunder"

HRU, S. 287,
KV AV 13
Hördokument „Regine Hildebrandt über (ihre) Berufstätigkeit und Mutterschaft in der DDR (1995)"

Zur Auswahl und zum Einsatz der audiovisuellen Materialien

nicht nur die Tagesabläufe in den Einrichtungen genau vorgab, sondern auch die Inhalte der Erziehung festlegte. Neben den staatlichen Einrichtungen gab es die Kindergärten der Betriebe und der evangelischen Kirche. Das System der Kinderbetreuung ermöglichte den Frauen zum einen eine Erwerbstätigkeit, der Staat konnte so einen hohen Beschäftigungsgrad von Frauen erreichen. Zum anderen dienten die Einrichtungen dazu, die Kinder vom Krippenalter an zu „sozialistisch entwickelten Persönlichkeiten" zu formen.

Zur Person: Regine Hildebrandt (1941 in Berlin geboren, Biologin) war dreifache Mutter und übte von 1990 bis 1999 das Amt der Ministerin für Arbeit und Soziales in Brandenburg aus. Die „Mutter Courage des Ostens" setzte während dieser Zeit den generellen Betreuungsanspruch für alle Kinder durch, um die Unabhängigkeit von Frauen zu ermöglichen.

Standpunkt Hildebrandts zur Vereinbarkeit von Familie und Beruf: Für Hildebrandt war es selbstverständlich, auch nach der Geburt des ersten Kindes berufstätig zu sein, da sie ihre Arbeit interessant fand und auch eine gewisse Führungsposition erreicht hatte. Die Kinderbetreuung organisierte sie zunächst privat, dann wurden ihre Kinder in einer kirchlichen Einrichtung betreut.

HRU, S. 288,
KV AV 14
Hördokument „Günter Schabowski zur neuen Ausreiseregelung der DDR-Regierung"

Kommentar zu AV 14: Hördokument „Günter Schabowski zur neuen Ausreiseregelung der DDR-Regierung"

Thematischer Bezug: Das Hördokument kann in Kapitel 9 „Die deutsche Wiedervereinigung" und hier speziell in der Themeneinheit „Die ‚friedliche Revolution' in der DDR" (Schülerband, S. 274 f.) eingesetzt werden.

Inhalt und Einsatz im Unterricht: Das Hördokument gibt die Pressekonferenz vom 9. November 1989 wieder, in welcher Günter Schabowski, Mitglied des Politbüros, versehentlich die sofortige Öffnung der DDR-Grenzen ankündigt. Das Medium eignet sich zu Vertiefung und ergänzt den Textabschnitt „Die Mauer fällt" (Schülerband, S. 274).

Es bietet sich an, vor der Rezeption des Hördokumentes den Darstellungstext „Protestmärsche während der Staatsfeiern" sowie die Quelle M3 „Ein Augenzeuge über den 9. Oktober 1989 in Leipzig" (Schülerband, S. 274 f.) zu behandeln, da beide Texte die gefährliche Lage in der DDR im Herbst 1989 verdeutlichen. Vor diesem Hintergrund wird ersichtlich, dass der friedliche Verlauf der Revolution keine Selbstverständlichkeit war.

zum Schülerband Kap. 1 Neue Weltmächte – neue Gesellschaftsordnungen

| Name: | Klasse: | Datum: |

KV AV 1 Kopiervorlage zum Film „Nikolaus II. – Der letzte Zar von Russland"

M1 Bauern in Russland um 1900

M2 „Richtig oder falsch?"

	richtig	falsch
1. Zar Nikolaus II. stammte aus der Herrscherdynastie der Habsburger.	☐	☐
2. Zar Nikolaus II. war ein aufgeklärter Herrscher, der sich um sein Volk sorgte und spartanisch lebte.	☐	☐
3. Vor der Revolution 1917 waren 80 Prozent der russischen Bevölkerung Arbeiter.	☐	☐
4. Das russische Volk litt unter Mangelwirtschaft, Hunger und Elend.	☐	☐
5. Russland besaß vor der Revolution eine demokratische Staatsform.	☐	☐
6. Zar Nikolaus II. wurde bereits in seiner Kindheit auf seine Herrschaft und die Lenkung des Staates vorbereitet, weshalb ihm das Regieren leichtfiel.	☐	☐
7. Am sogenannten Blutsonntag des Jahres 1905 setzte sich der Zar erstmalig für die Rechte des Volkes ein.	☐	☐
8. Russland war um 1900 ein agrarisch geprägtes Land.	☐	☐
9. 1917 kam es zur Bildung einer provisorischen Regierung.	☐	☐
10. Großbritannien gewährte der Zarenfamilie Asyl.	☐	☐

1 Vergleiche die Lebensverhältnisse der Bauern auf dem Foto M1 mit denen der Zarenfamilie im Film und notiere dir Stichpunkte.

2 Entscheide in M2, ob die Aussage richtig oder falsch ist. Korrigiere die falschen Aussagen, indem du sie richtig aufschreibst.

Autorin: Marlen Gröschke
Bildrechteinhaber: Interfoto/Granger, NYC

zum Schülerband Kap. 2 Die Weimarer Republik (1918–1933) — Kopiervorlage AV 2

Name: Klasse: Datum:

KV AV 2   Kopiervorlage zum Hördokument „Philipp Scheidemann ruft die Republik aus, 9. November 1918"

M1 Schüttelkasten

- Pakt zwischen kaiserlichen Offizieren und neuer Regierung
- Karl Liebknecht ruft die Republik aus.
- Die Matrosen meutern gegen das Auslaufen ihrer Schiffe zum weiteren Kriegseinsatz.
- Philipp Scheidemann ruft die Republik aus.
- Der Reichskanzler Max von Baden verkündet die Abdankung des Kaisers.

Zeitstrahl

28. Oktober   _____

9. November, ca. 11.30 Uhr   _____

9. November, 14.00 Uhr   _____

9. November, 16.00 Uhr   _____

10. November   _____

1 a) Im Schüttelkasten M1 ist etwas durcheinandergeraten. Ordne die Ereignisse aus dem Herbst 1918 dem Zeitstrahl zu. Nutze gegebenenfalls dein Schulbuch (S. 48) als Hilfestellung.
b) Erläutere deinem Nachbarn den Zeitstrahl sowie die Ereignisse. Erkläre dabei, warum die Republik zweimal ausgerufen wurde.

M2 Flugblatt vom Januar 1919. Auf dem Zettel unter dem Fuß des Mannes steht: „Entwaffnung der Bluthunde" und „Bewaffnung des Proletariats".

2 a) Beschreibe die Abbildung M2 in Stichworten (siehe Schreibzeilen).
b) Partnerarbeit: Erläutert, welches Problem auf M2 angesprochen wird. Wer könnte dargestellt sein?

Autorin: Marlen Gröschke
Bildrechteinhaber: bpk/Dietmar Katz

zum Schülerband Kap. 3 Eine Ideologie setzt sich durch: Der Nationalsozialismus   Kopiervorlage AV 3

Name: Klasse: Datum:

KV AV 3 Kopiervorlage zum Film „1933 – Der Weg in die Diktatur"

M1 Zeitstrahl zur „Machtergreifung" Adolf Hitlers

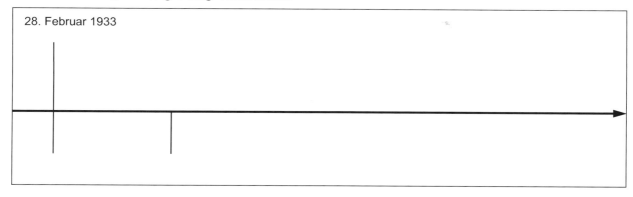

28. Februar 1933

M2

Bauerntag   –   erste Wahlen nach der „Machtübernahme" Hitlers   –   „Ermächtigungsgesetz"
Reichstagsbrand   –   „Tag von Potsdam"

28. Februar 1933   –   1934   –   23. März 1933   –   5. März 1933   –   21. März 1933

M3 „Wie Herr Hitler das Wort ‚legal' in den Mund nimmt!", Karikatur aus „Der Wahre Jacob", Berlin 1932

1   Beschrifte den Zeitstrahl in M1 mit den wesentlichen Daten und Ereignissen zur „Machtergreifung" Hitlers. Nutze hierfür die Informationen aus dem Film sowie M2.

2   Fasse die Aussage der Karikatur in M3 stichpunktartig zusammen und nimm Stellung dazu.

Autorin: Marlen Gröschke
Bildrechteinhaber: bpk/Bayerische Staatsbibliothek/Archiv Heinrich Hoffmann (M3)

zum Schülerband Kap. 4 Leben im Nationalsozialismus · Kopiervorlage AV 4

Name: Klasse: Datum:

KV AV 4   Kopiervorlage zum Film „1935 – Die Ausgrenzung der Juden"

M1 Die Ausgrenzung der Juden in Deutschland

1	
2	
3	
4	
5	

M2 Aufruf der Berliner NSDAP zum zentralen Boykott jüdischer Geschäfte am 1. April 1933, Plakat, 1933

M3 Schild am Ortseingang von Behringersdorf, Foto, 1933

Nenne Beispiele aus dem Film, bei denen Juden ausgegrenzt, herabgesetzt oder gedemütigt werden. Schreibe sie stichpunktartig in die Tabelle M1.

1. **a)** Fasse die Aussage des Plakats M2 zusammen.
   b) Stell dir vor, du wärst jüdischen Glaubens. Beschreibe die Wirkung, die das Plakat auf dich hätte.
2. Beschreibe das Foto M3. Welche Stimmung vermittelt es?

Autorin: Marlen Gröschke
Bildrechteinhaber: bpk (M2); bpk/Deutsches Historisches Museum (M3)

KV AV 5 — Kopiervorlage zur Rede Adolf Hitlers auf der Kundgebung im Berliner Sportpalast, 30. Januar 1942

M1 Ausschnitt aus der Rede Adolf Hitlers bei der Kundgebung im Berliner Sportpalast, 30. Januar 1942:

Wir sind uns im Klaren, dass dieser Krieg ja nur damit enden könnte, dass entweder die germanischen Völker ausgerottet werden oder dass das Judentum aus Europa verschwindet. (Applaus) Ich habe am 3. September im Deutschen Reichstag es schon ausgesprochen – und ich hüte mich vor voreiligen Prophezeiungen –, dass dieser Krieg nicht so ausgehen wird, wie die Juden sich das vorstellen würden, nämlich dass die europäischen, arischen Völker ausgerottet werden, sondern dass das Ergebnis dieses Krieges die Vernichtung des Judentums ist. (Applaus) Zum ersten Mal werden nicht andere Reihen verbluten, sondern zum ersten Mal wird dieses Mal das echt altjüdische Gesetz angewendet: „Aug' um Aug', Zahn um Zahn." (Applaus) Und je weiter sich dieser Kampf ausbreitet, umso mehr wird sich mit diesem Kampf – das mag sich das Beljudentum gesagt sein lassen – der Antisemitismus verbreiten. Er wird eine Nahrung finden in jedem Gefangenenlager, er wird eine Nahrung finden in jeder Familie, die aufgeklärt wird, warum sie letzten Endes ihre Opfer zu bringen hat und es wird die Stunde kommen, da der böseste Denkfeind aller Zeiten wieder wenigstens vielleicht auf ein Jahrtausend seine Rolle ausgespielt haben wird.

Transkript des Verfassers aus: Das Verbrechen hinter den Worten. Tondokumente zum nationalsozialistischen Völkermord. Eine Produktion des Deutschen Historischen Museums Berlin und des Deutschen Rundfunkarchivs Frankfurt/M. und Potsdam-Babelsberg (2001).

M2 Adolf Hitler spricht im Berliner Sportpalast, Foto, 30. Januar 1942. Das Foto zeigt Adolf Hitler während seiner Rede bei der Kundgebung zum neunjährigen Jubiläum der nationalsozialistischen Machtübernahme.

1 a) Lies M1 und markiere Schlüsselbegriffe und wichtige Passagen.
b) Hitler nutzt in seiner Rede besondere sprachliche Mittel, wie z. B. Wiederholungen, Steigerungen und Metaphern. Lies den Text ein weiteres Mal und markiere diese Besonderheiten mit einer anderen Farbe.
c) Formuliere eine Hauptaussage der Rede.
d) Diskutiert, welche Absicht Hitler mit seiner Rede verfolgt und welche Wirkung sie auf die Zuschauer hat.

2 Beschreibe das Foto M2. Wie wirkt die Situation auf dich?

Autorin: Marlen Gröschke
Bildrechteinhaber: picture-alliance//ZB

zum Schülerband Kap. 5 Nationalsozialistische Außenpolitik und Zweiter Weltkrieg — Kopiervorlage AV 6

Name: Klasse: Datum:

KV AV 6   Kopiervorlage zum Film „1942 – Die Weiße Rose"

M1 Straßenschild

M2 „Richtig oder falsch?"

	richtig	falsch
1. Die „Weiße Rose" war eine Gruppe von jungen Studenten mit gleichen Interessen und unterschiedlichen politischen Ansichten.	☐	☐
2. Die Mitglieder der Gruppe, zu denen die Geschwister Sophie und Otto Scholl gehörten, studierten an der Goethe-Universität in Frankfurt am Main.	☐	☐
3. Die „Weiße Rose" protestierte gegen die Verbrechen wider die Menschlichkeit und gegen die Opferung der eigenen Soldaten im Zweiten Weltkrieg.	☐	☐
4. George Wittenstein verweigerte als Mitglied der „Weißen Rose" den Kriegsdienst.	☐	☐
5. Die „Weiße Rose" traf sich in der Wohnung der Geschwister Scholl. Es entstanden Tausende Flugblätter.	☐	☐
6. Die Flugblätter wurden vor allem in Norddeutschland verteilt.	☐	☐
7. Der Februar 1945 wurde der „Weißen Rose" zum Verhängnis.	☐	☐
8. Bei ihrer letzten Aktion verteilten die Geschwister Scholl Flugblätter in der Fußgängerzone. Sie wurden von einer Gruppe anderer Studenten verraten.	☐	☐

_____
_____
_____
_____
_____
_____

1 Entscheide in M2, ob die Aussage richtig oder falsch ist. Korrigiere die falschen Aussagen, indem du sie richtig notierst.

2 Schreibe einen kurzen Artikel für die Schülerzeitung deiner Schule, in welchem du über die „Weiße Rose" informierst.

3 **Gedankenexperiment:** Einige Anwohner der Geschwister-Scholl-Straße setzen sich für eine Umbenennung ihrer Straße ein. Sie wollen ihre Straße lieber nach dem berühmten Komponisten Ludwig van Beethoven benennen. Notiere gemeinsam mit deinem Partner Argumente, die für den Erhalt des alten Straßennamens sprechen (siehe M1).

Autorin: Marlen Gröschke
Bildrechteinhaber: Shutterstockk/Carso80

ZM AV 7 — Transkript des Sprechertextes des Films „Die Kuba-Krise 1962"

Kuba-Krise 1962. USA und Sowjetunion stehen am Rande des Atomkriegs.
Sowjetführer Chruschtschow lässt Nuklearraketen im sozialistischen Bruderland Kuba stationieren. Sie könnten große Teile der USA in wenigen Minuten erreichen. Für Moskau ist es eine Frage des atomaren und des politischen Gleichgewichts. „Die ganze Krise hatte ihre Ursache darin, dass die Amerikaner die Sowjetunion nicht als gleichberechtigten Mitspieler anerkennen wollten."
Käme es zum atomaren Schlagabtausch der Supermächte, wäre auch das geteilte Deutschland betroffen und Berlin.
Der Bonner Bundeskanzler wird über das Risiko an der Nahtstelle der Blöcke informiert. „Das war am 22. Oktober 1962. Der amerikanische Botschafter in Bonn, Dowling, bat am Morgen schon dringendst um einen Termin bei Adenauer. Man unterbreitete Adenauer Großaufnahmen, aus denen eindeutig hervorging, dass auf Kuba Raketenabschussbasen für Raketen mit atomaren Sprengköpfen aufgebaut worden waren. Und weiter informierte Dowling Adenauer darüber, dass man nach Luftaufklärungsflügen festgestellt hatte, dass 25 sowjetische Schiffe in Richtung Kuba in Bewegung waren."
Im Fernsehen kündigt US-Präsident Kennedy eine Seeblockade an, doch nur als ersten Schritt. Sollten die sowjetischen Schiffe mit weiteren Raketen an Bord nicht abdrehen und würde der Aufbau der Atomwaffen nicht gestoppt, seien die US-Streitkräfte auf jeden Gegenschlag vorbereitet.
Bundeskanzler Adenauer empfiehlt der US-Regierung, Stärke zu zeigen. Insgeheim ordnet er militärische und zivile Alarmbereitschaft an. In West-Berlin beruft der Regierende Bürgermeister Willy Brandt Krisensitzungen ein – mit seinem Berater Egon Bahr. Beide wissen: „Wenn es dort kritisch wird, wird es in Berlin kritisch. Es wird in Berlin kritisch, weil das der schwächste Punkt, geografisch isoliert, von Streitkräften sowohl der Sowjetunion wie der DDR umgeben war."
Ost-Berlin versetzt die Nationale Volksarmee in Alarmbereitschaft. „Es wurde erläutert die Kubakrise, was auf uns zukommen könnte, also nicht bloß erhöhte Gefechtsbereitschaft, das war ja knallhart. Man hatte ja gesagt, es geht der dritte Weltkrieg los!" Es sind Tage bangen Wartens. „Wir können gar nichts machen, wir sind völlig hilflose Objekte größerer Mächte." „Ich zumindest empfand das so, dass man nicht wusste, wachst du morgen früh wieder auf, überstehst du überhaupt diesen Tag? Das war ja alles völlig offen."
In Moskau mehren sich die Zeichen, dass die USA Atomraketen auf Kuba nicht hinnehmen werden. Chruschtschow fürchtet eine Eskalation, bietet Kennedy in persönlichen Schreiben Verhandlungen an. Doch die Nachrichtenverbindungen sind damals schwerfällig. Als die Lage außer Kontrolle zu geraten droht, lenkt Chruschtschow ein. Er ordnet den Abzug der Atomraketen aus Kuba an. Die USA lassen im Gegenzug amerikanische Jupiter-Raketen in der Türkei abbauen. „Beide Seiten haben in den Abgrund geblickt, und beide Seiten sind vor dem Abgrund zurückgeschreckt."
Nie stand die Welt näher an der Schwelle zum Atomkrieg als im Oktober 1962.

ZDF Enterprises

zum Schülerband Kap. 6 Der Ost-West-Konflikt spaltet die Welt

Name: Klasse: Datum:

KV AV 8 Kopiervorlage zum Film „Die deutsch-französische Freundschaft"

M1 Zeitstrahl

M2 Ereignisse und Daten

Zweiter Weltkrieg   Gründung der EGKS (Europäische Gemeinschaft für Kohle und Stahl)
Völkerschlacht bei Leipzig   Erster Weltkrieg   Élysée-Vertrag   Deutsch-Französischer Krieg
Gründung der EWG (Europäische Wirtschaftsgemeinschaft)   Zweiter Weltkrieg

1951   1939–1945   1813   1957   1870–1871   1963   1914–1918

1. Vervollständige den Zeitstrahl M1 mit den Daten und Ereignissen aus M2. Nutze gegebenenfalls dein Schulbuch, S. 188 f.

2. Erläutere den Zeitstrahl deinem Sitznachbarn. Gehe dabei auf das deutsch-französische Verhältnis zum Zeitpunkt des jeweiligen Ereignisses ein.

Autorin: Marlen Gröschke

ZM AV 8 — Transkript des Sprechertextes des Films „Die deutsch-französische Freundschaft"

Adenauer und de Gaulle, 1963: Zwei Staatsmänner, die von sogenannter Erbfeindschaft nichts mehr wissen wollen.
Der Einmarsch der deutschen Wehrmacht in Frankreich 1940 ist noch in Erinnerung. Auch die Jahre der Besatzung mit ihren Schikanen und Demütigungen. Der französische General und Staatspräsident de Gaulle will nach dem Krieg vor allem Sicherheit vor Deutschland: Der erste Bundeskanzler Konrad Adenauer will Versöhnung. Helmut Schmidt: „Diese Generation, die sind in die Politik gegangen, wollten nur, dass der Schrecken der Nazizeit sich nicht wiederholt, das war deren Antriebskraft."
1958 kommt es zur ersten persönlichen Begegnung der beiden Staatsmänner. Der Kanzler auf Besuch in de Gaulles Landhaus in Lothringen. Man lernt sich schätzen, der General sieht in Adenauer einen überzeugten Europäer. Auf Staatsbesuch in Bonn 1962 setzt de Gaulle ein Zeichen historischer Versöhnung. O-Ton de Gaulle: „Es lebe Bonn, es lebe Deutschland, es lebe die deutsch-französische Freundschaft" nach Jahrhunderten der Kriege und der angeblichen Erbfeindschaft.

1813, die Völkerschlacht bei Leipzig. Den Sieg über Napoleon verstanden ganze Generationen als Gründungsmythos der deutschen Nation. Im Schloss von Versailles wird 1871 das Deutsche Kaiserreich proklamiert. Eine Demütigung der besiegten Franzosen. Auch die blutigen Grabenkämpfe des Ersten Weltkrieges lasteten wie ein Schatten auf der Geschichte beider Völker.
22. Januar 1963 – in der Kathedrale von Reims, in der deutsche Granaten Spuren hinterlassen hatten, kommt es zu einer symbolischen Geste: Bei einer feierlichen Messe setzen die Staatsmänner ein gemeinsames Zeichen für den Frieden. Im sogenannten Élysée-Vertrag vereinbaren sie eine enge Abstimmung der Außen- und Sicherheitspolitik. Auch bei der Kulturarbeit will man gemeinsame Wege gehen – mit einem deutsch-französischen Jugendwerk.
Für den Kanzler ist das Abkommen ein Meilenstein der Einigung Europas. Der deutsch-französische Vertrag von 1963 dokumentiert, wie binnen weniger Jahre aus einstigen Gegnern Partner wurden.

ZDF Enterprises

KV AV 9 Kopiervorlage zum Film „Die Gründung der BRD 1949"

M1 Kreuzworträtsel

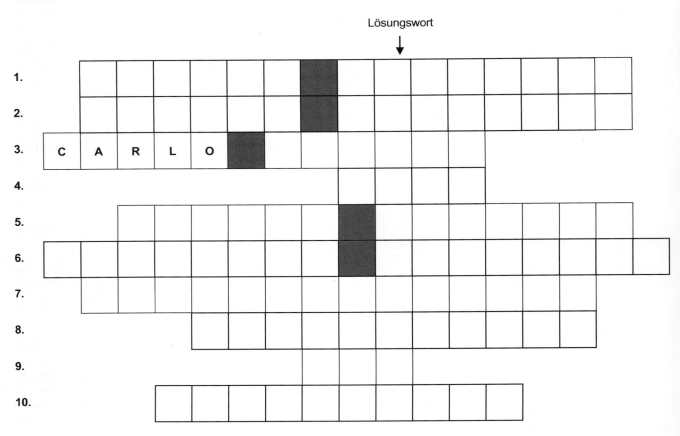

1. erster Bundeskanzler der BRD
2. andere Bezeichnung für die BRD: die …
3. Gesucht wird eine einflussreiche Persönlichkeit des „Parlamentarischen Rates" (SPD).
4. deutsche Stadt, in der die BRD gegründet wurde
5. an diesem Ort tagte der Parlamentarische Rat 1949
6. Name der ersten Republik Deutschlands
7. Gesucht wird eine der vier Siegermächte des Zweiten Weltkrieges.
8. Siegermacht, die über die Zukunft Ostdeutschlands entschied
9. In diesem Monat wurde die BRD gegründet.
10. Gesucht wird eine der vier Siegermächte des Zweiten Weltkrieges.

M2 Der ehemalige Bundeskanzler Helmut Schmidt zur Gründung der BRD 1949:

„Ich glaube, es wäre falsch zu denken, dass die Deutschen das damals für einen ganz besonderen Schritt gehalten haben. Ich glaube, dass die Mehrheit der Deutschen – übrigens auch die Mitglieder des Parlamentarischen Rates selber – dachten, dass es eine Übergangslösung ist."

Zit. nach dem Film „Die Gründung der BRD 1949", ZDF-Enterprises.

1. Löse das Kreuzworträtsel M1.
2. Erfüllten sich mit der Staatsgründung die Hoffnungen der Bevölkerung? Diskutiert unter Einbezug des Materials M2.

Autorin: Marlen Gröschke

ZM AV 9 Transkript des Sprechertextes des Films „Die Gründung der BRD 1949"

Am Anfang galt die Bundesrepublik als Provisorium. So war die Gründungsfeier am 23. Mai 1949 eher bescheiden. Und doch entsteht ein neuer Staat nach Unterzeichnung des Bonner Grundgesetzes. O-Ton
5 Sophie Maria Ponsch, Sekretärin im Parlamentarischen Rat: „Es war wirklich eine Sternstunde, sehr ernst und sehr feierlich. War doch wirklich was Großes an dem Tag."
Juli 1948: Noch bestimmen die Siegermächte des
10 Zweiten Weltkrieges über Deutschland. In das Hauptquartier der US-Militärregierung in Frankfurt am Main werden die Ministerpräsidenten der westlichen Besatzungszonen einbestellt. Ein westdeutscher Staat soll gegründet werden, denn über die
15 Zukunft Ostdeutschlands entscheidet die Sowjetunion.
Wenige Wochen später tritt im Bonner Museum „König" der sogenannte Parlamentarische Rat zusammen. 65 Männer und Frauen sollen eine Ver-
20 fassung für den neuen Staat ausarbeiten. Darunter der Christdemokrat Konrad Adenauer und Carlo Schmid von der SPD. Sie haben eine schwierige Aufgabe – einen Staat zu gründen, der vorläufig sein soll. O-Ton Helmut Schmidt: „Ich glaube, es wäre
25 falsch zu denken, dass die Deutschen das damals für einen ganz bedeutenden Schritt gehalten haben. Die Mehrheit der Deutschen, übrigens auch die Mitglieder des Parlamentarischen Rates selber, haben gedacht, das ist eine Übergangslösung." Denn
30 weiter bleibt ein geeintes Deutschland das Ziel. Und doch debattieren die Ratsmitglieder leidenschaftlich über das Verhältnis von Bund und Ländern, die Rolle der Parteien – bis hin zur Gleichberechtigung von Mann und Frau. O-Ton Sophie Maria Ponsch,
35 Sekretärin im Parlamentarischen Rat: „Die haben in kleineren Ausschüssen gearbeitet, manchmal bis elf, zwölf Uhr getagt, dann musste das alles geschrieben werden, alles abgezogen werden. Das wurde damals ja alles auf Matrizen geschrieben, die mussten dann wieder gegengelesen werden, ob da keine Fehler 40 drin sind. Das zog sich dann. Aber wir waren damals ja jung, das hat uns nicht so sehr viel ausgemacht."
Die Alliierten wachen sorgsam über die Entstehung des neuen Staates. Kann man den Deutschen nur wenige Jahre nach Krieg und Diktatur wieder 45 vertrauen? Die Geheimdienste der Westmächte bespitzeln die deutschen Politiker, öffnen ihre Post und hören die Telefone ab. O-Ton Lothar Rühl, damals Assistent von Carlo Schmidt: „Die haben natürlich die Mitglieder des Parlamentarischen Rates 50 abgehört, beobachtet und haben überall ihre Geheimdienstagenten operieren lassen. Nach ihrem Selbstverständnis durften sie das, denn sie waren ja souverän."
Ein Parlamentsgebäude fehlt noch, so wird die 55 Pädagogische Akademie in Bonn zum Sitz des künftigen Bundestags. O-Ton Sophie Maria Ponsch, Sekretärin im Parlamentarischen Rat: „Der 23. Mai war ein strahlender Sonnentag und bei der Unterzeichnung habe ich auch gedacht, es ist eigentlich 60 ein Wunder, dass es überhaupt zustande gekommen ist." Mit der Unterzeichnung des Bonner Grundgesetzes verbindet sich auch die Hoffnung auf eine stabile Demokratie, nachdem die erste deutsche Republik gescheitert war. Die neue Verfassung 65 knüpft an die freiheitlichen Traditionen der Deutschen an, an die Debatten des Frankfurter Paulskirchen-Parlaments und die demokratischen Kundgebungen in der Revolutionszeit des 19. Jahrhunderts. In dieser Tradition stehen auch die Farben 70 Schwarz – Rot – Gold.

ZDF Enterprises

ZM AV 10 — Transkript des Sprechertextes des Films „Die Gründung der DDR 1949"

Die Städte liegen in Trümmern. Über die Zukunft der Deutschen bestimmen die Siegermächte.
Seit dem Kriegsende ist das Land in vier Besatzungszonen aufgeteilt. In der sowjetischen Zone kommen die Weisungen für den Wiederaufbau aus Moskau. Aus dem Exil zurückgekehrte deutsche Kommunisten sollen Stalins Pläne umsetzen. Doch nicht zu auffällig, wie Parteiführer Ulbricht seine Genossen ermahnt. „Und dann sagte Ulbricht: ‚Ich geb' Euch jetzt die politische Zusammensetzung bekannt.' Und dann fragte einer: ‚Ja, und unsere Genossen?' Wir guckten uns an, weil es so wenig Kommunisten sind, und da sagt er: ‚Ganz klar, es muss demokratisch aussehen, aber wir müssen alles in der Hand haben.'"
Dieser Strategie folgt auch die Vereinigung von KPD und SPD zur „Sozialistischen Einheitspartei" im Frühjahr '46. In der „SED" werden die Sozialdemokraten nach und nach an den Rand gedrängt. Der „historische Händedruck" – ein Klammergriff. „Ich hab' das als eine Zwangsvereinigung erlebt. Die KPD war kleiner, aber mächtiger. Hinter ihr stand die Kommandantur, die sowjetische. Und die größere SPD sagte dann: ‚Leute, wir können nichts machen. Wer sich wehrt, wird unter die Räder kommen.'"
Als im Mai '49 im Westen die Bundesrepublik gegründet wird, steht die SED-Führung unter Zugzwang. Ein sozialistisches Deutschland kann jetzt nur noch in der sowjetischen Zone entstehen. Auf Weisung aus Moskau beschließt das SED-Politbüro, im Osten einen eigenen Staat zu schaffen. „Mir war klar, dass wie beim Schach also sozusagen dem einen Zug ein anderer folgen muss."
Am 7. Oktober '49 übergeben die sowjetischen Besatzer erste Machtbefugnisse an eine provisorische deutsche Regierung. Es ist die Geburtsstunde der DDR. Zwar gibt es keine demokratischen Wahlen, doch richten sich auch Hoffnungen auf den neuen Staat. „Wir verbanden mit diesem jungen Staat auch die Hoffnung, unsere politischen Vorstellungen von einem Staat, der den Sozialismus anstrebte und sogar aufbauen wollte, ... besser verwirklichen zu können, als wir es vielleicht in ganz Deutschland hätten tun können." Der Jugendverband FDJ feiert die Gründung eines „besseren Deutschlands" – wie es heißt.
Der politische Gegensatz zwischen Ost und West führt in die staatliche Teilung der Deutschen – niemand ahnt, wie lange sie dauern wird. „Die Befürchtung war, dass Deutschland auf ewig in zwei Lager geteilt bleibt. Und bis ein Jahr vor der Wiedervereinigung habe ich mir überhaupt nicht vorstellen können, dass es da irgendeine Lösung gibt." Im Oktober '89 begeht die SED-Führung den 40. Jahrestag der DDR – es ist der letzte. Wenige Wochen später fällt die Mauer.

ZDF Enterprises

Kopiervorlage zum Film „Der Mauerbau 1961"

M1 Propagandaflugblatt der Nationalen Front des demokratischen Deutschland, Kreisausschuss Stadtroda, 1961

Ein vernichtender Schlag den Bonner Störenfrieden!

Keine Vertiefung der Spaltung, wie Genossenschaftsbauer Becker aus Gernewitz meint.

Was ist geschehen?

Jetzt herrschen an den Grenzen der DDR, besonders an der Grenze zu den Westsektoren von Großberlin klare Verhältnisse:
    Eine Kontrolle und Bewachung, wie sie jeder
    souveräne Staat ausübt.
Den Bonner Kriegshetzern, Spaltern und Menschenhändlern ist das Handwerk gelegt.
Die Spaltung Deutschlands wird damit auf keinen Fall vertieft. Die Herstellung geordneter Verhältnisse bereitet den Abschluß eines Friedensvertrages vor. Den Militaristen ist ein wirksamer Riegel vorgeschoben. Der Weg wird frei für die Wiedergeburt Deutschlands als friedliebender, antiimperialistischer, neutraler Staat.
Den Forderungen der überwiegenden Mehrheit der Bevölkerung unserer Republik wurde mit diesen Maßnahmen entsprochen.

Wem nützt das?

Das nützt allen friedliebenden Bürgern ganz Deutschlands, weil diese Maßnahmen der Erhaltung und Sicherung des Friedens dienen.
Damit schützen wir uns vor den Bonner Ultras und dem schamlosen Treiben der Menschenfänger, die von Bonn und den westlichen, imperialistischen Besatzungsmächten organisiert und ausgehalten werden.
Die Mütter können jetzt sorgloser in die Zukunft blicken, weil sie vor den Kindesräubern geschützt sind.
Geschützt sind unsere Betriebe gegen Diversionsakte, die bisher vor allem von Berlin aus organisiert wurden.
Geschützt ist unsere Wirtschaft, weil jetzt der Geldumtausch im westberliner Schwindelkurs nicht mehr möglich ist. Die Milliarde Mark, die unseren Werktätigen jährlich auf diesem Wege gestohlen wurde, bleibt uns jetzt für unseren friedlichen Aufbau erhalten.

M2 Note Frankreichs, Großbritanniens und der USA an die Regierung der UdSSR, 17. August 1961: Die Grenze zwischen dem sowjetischen Sektor von Berlin und den westlichen Sektoren ist keine Staatsgrenze. Die Regierung der Vereinigten Staaten sieht die von den ostdeutschen Behörden ergriffenen Maßnahmen als illegal an. Sie erklärt erneut, dass sie den Anspruch, dass der sowjetische Sektor Berlins einen Teil der sogenannten „Deutschen Demokratischen Republik" bildet und dass Berlin auf deren Territorium liegt, nicht akzeptiert. Ein solcher Anspruch stellt in sich bereits eine Verletzung des in dem Abkommen über die Besatzungszonen in Deutschland und die Verwaltung von Groß-Berlin feierlich gegebenen Wortes der UdSSR dar. [...] Die ostdeutschen Behörden geben selbst zu, dass die von ihnen soeben ergriffenen Maßnahmen durch die Tatsache veranlasst wurden, dass eine immer größere Zahl von Einwohnern Ostdeutschlands dieses Gebiet zu verlassen wünscht. Die Gründe dieser Massenflucht sind bekannt. Es sind ganz einfach die inneren Schwierigkeiten in Ostdeutschland. [...]

Gesamtdeutsches Institut (Hg.), 13. August 1961, Seminarmaterial zur Deutschen Frage, 2. überarb. Aufl., Bonn (Gesamtdeutsches Institut) 1989, S. 29, zit. nach Eberhard Wilms (Hg.), Deutschland seit 1945. Besetzt – geteilt – entzweit – vereinigt, Berlin (Cornelsen) 1995, S. 112.

---

1 Erläutere den Bau der Berliner Mauer aus der Sicht der DDR-Führung. Nutze hierfür M1 sowie die Informationen aus dem Film.

2 Vergleiche die Position der DDR-Führung mit derjenigen der Westmächte (M2).

Autorin: Marlen Gröschke
Bildrechteinhaber: Deutsches Historisches Museum, Berlin/I. Desnica

ZM AV 11 Transkript des Sprechertextes des Films „Der Mauerbau 1961"

Ruhe vor dem Schock. Berlin am 12. August 1961. Kontrollen vor dem Brandenburger Tor, wie üblich: Noch ist die Grenze mitten durch die geteilte Stadt passierbar.

Auf seinem Landsitz nördlich von Berlin gibt DDR-Staatschef Walter Ulbricht den sowjetischen Befehl weiter. Für eine geheime Mission, mit der er seinen Adlatus Erich Honecker betraut.

Eine laue Sommernacht. Die Berliner sind völlig ahnungslos. Gegen zwei Uhr früh rücken im Osten Soldaten und Polizisten aus. Sie versperren alle Übergänge rund um West-Berlin. Ein böses Erwachen. O-Ton Walter Gräz: „Frühmorgens um 7, werde ich nie vergessen, stelle Radio an, schöne Musik und plötzlich: ‚West-Berlin ist abgeriegelt.' Denke: Na, dann können doch deine Eltern nicht mehr kommen."

Der Eiserne Vorhang mitten durch die Stadt trennt Freunde, Familien, Lebenswege. O-Ton Marianne von Noricof: „Man glaubte es gar nicht, dass es möglich wäre, eine Stadt zu trennen. Und auf einmal kamen die großen Stacheldrahtrollen. Und dann sah man die Realität: Es ist wirklich so."

Eisen und Beton sollen die Massenflucht aus der DDR eindämmen: 125 000 Menschen allein in diesem Jahr. Verzweifelt suchen Ost-Berliner noch nach letzten Schlupflöchern in die Freiheit, selbst Volkspolizisten unter Lebensgefahr. Die Wut der Betroffenen bleibt folgenlos. Die Westmächte greifen nicht ein. US-Präsident Kennedy hat Sowjetführer Chruschtschow schon bei einem Treffen in Wien Zurückhaltung signalisiert. O-Ton Schenk: „Hier haben beide Seiten vereinbart: Es kann jeder in seiner Hemisphäre tun, was er will. Die andere Seite redet ihm nicht rein." So geht von diesem 13. August 1961 an ein Riss durch Berlin und beide deutsche Staaten. Bald darauf wird die Teilung fest zementiert. Die Mauer wird zu einem mörderischen Monument. Bis 1989 werden in diesem Todesstreifen 136 Menschen ihren Freiheitswunsch mit dem Leben bezahlen – wie 1962 der 18-jährige Maurergeselle Peter Fechter.

ZDF Enterprises

zum Schülerband Kap. 8 Leben im geteilten Deutschland Kopiervorlage AV 12

Name: Klasse: Datum:

KV AV 12 Kopiervorlage zum Film „Das Wirtschaftswunder"

M1 Voraussetzungen für das Wirtschaftswunder in der Bundesrepublik

M2 Die soziale Marktwirtschaft

Wenn von einer freien Marktwirtschaft die Rede ist, dann ist damit in der reinen Lehre eine Wirtschaft gemeint, in der sich der Staat praktisch aus allem heraushält. Diese Wirtschaftsordnung mit _____ unternehmerischer Freiheit bildete sich im 19. Jahrhundert heraus. Die Folgen zu dieser Zeit jedoch waren, dass nur sehr geringe Löhne bei unzumutbaren _____ gezahlt wurden, sodass große Teile der Bevölkerung in _____ Elend lebten. In einer sozialen Marktwirtschaft spielt der Staat daher natürlich sehr wohl eine Rolle. Zum einen tritt er selbst als _____ Marktteilnehmer auf, indem er z. B. Arbeitsplätze bietet oder Straßen bauen lässt. Zum anderen und vor allem aber _____ er als eine Art Schiedsrichter: Der Staat legt nämlich die Rahmenbedingungen fest, also Spielregeln, an die sich alle Marktteilnehmer halten müssen. Dazu zählt selbstverständlich in erster Linie das Grundgesetz, aber auch Regelungen wie die Gewerbeordnung, das Eigentums- und Wettbewerbsrecht sowie die _____. Letztere ist in einer sozialen Marktwirtschaft so _____, dass auch diejenigen in der Gesellschaft, die wirtschaftlich nicht leistungsfähig sind (Arbeitslosigkeit, Krankheit etc.), menschenwürdige Lebensbedingungen durch den _____ erhalten. Eine herausragende Stellung nimmt aber auch die Wettbewerbsordnung ein. Es bedarf eines starken Staates, um die _____ des Marktes aufrechtzuerhalten.

Der ehemalige Wirtschaftsminister _____ etablierte die soziale Marktwirtschaft in der _____.

In der _____ hingegen entstand eine _____ _____.

Irina Berenfeld, Arbeitsblatt „Soziale Marktwirtschaft", zit. nach http://www.wirtschaftundschule.de/fileadmin/user_upload/unterrichtsmaterialien/staat_und_wirtschaftspolitik/Soziale_Marktwirtschaft/AB1_Soziale_Marktwirtschaft_Wirtschaftsordnung.pdf (Stand: 14.11.2017), bearbeitet.

M3 Wortkasten

DDR   Wirtschaftsordnung   uneingeschränkt   ausrichten   Staat   Planwirtschaft   BRD
Arbeitszeit   Ludwig Erhard   groß   aktiv   fungieren   Sozialordnung

1 Zähle die im Film genannten Voraussetzungen für das Wirtschaftswunder in der Bundesrepublik auf und schreibe sie in M1. Erläutere sie anschließend deinem Sitznachbarn.

2 Vervollständige die Lücken in M2 mit den Begriffen aus dem Wortkasten M3. Beachte, dass diese dekliniert bzw. konjugiert werden müssen.

Autorin: Marlen Gröschke

ZM AV 12 Transkript des Sprechertextes des Films „Das Wirtschaftswunder"

Nach dem Zweiten Weltkrieg liegen die deutschen Industriegebiete in Trümmern. Viele Städte sind zerstört, Millionen von Menschen, unter ihnen viele Flüchtlinge, haben kaum das Nötigste zum Leben. Carl Hahn: „Wir waren ja in den ersten drei Jahren in einem unerhörten Abstieg und halb am Verhungern." Der Wiederaufbau werde ein halbes Jahrhundert benötigen, schätzen Experten, doch es geht aufwärts. Dieter Hildebrandt: „Es ging uns noch nicht gut, aber wir hatten einen unglaublichen Optimismus, dass es uns bald besser gehen könnte." Schon in den frühen 50er Jahren erreicht die Wirtschaft der Bundesrepublik zweistellige Wachstumsraten, auch dank der Hilfe von außen. Hildegard Hamm-Bücher: „Dass die Amerikaner durch die Marshall-Plan-Hilfe natürlich entscheidend waren, dass ein Wirtschaftswunder überhaupt passieren konnte, denn ohne das Investitionskapital wäre das allenfalls zehn Jahre später angefangen." Aufbauhilfe, großer Bedarf, niedrige Löhne und moderne Maschinen schaffen die Grundlage für den Wirtschaftsaufschwung West. Dieter Hildebrandt: „Zwei Menschen stehen in Berlin am Potsdamer Platz und sehen kein einziges ganzes Haus und die sagen zueinander: ‚Ist das nicht wunderbar?' Das waren zwei Architekten."
Er gilt als Architekt der sozialen Marktwirtschaft, Bundeswirtschaftsminister Ludwig Erhard: Soziale Sicherheit und die Freiheit des Marktes sollen in Einklang kommen.
In der DDR entsteht eine sozialistische Planwirtschaft. Doch zunächst muss der ostdeutsche Staat Maschinen, Kohle und Stahl an die Sowjetunion liefern, als Kriegsentschädigung. Ein Aufschwung mit Hindernissen. Peter Ensikat: „Verglichen mit Polen, Tschechoslowakei hatten wir auch so eine Art Wirtschaftswunder. Bei uns wurde aus nichts wenig gemacht, aber immerhin das wenige war noch mehr, als andere Nachbarn es hatten."
In der Bundesrepublik spricht man bald vom Wirtschaftswunder. Die Arbeitnehmer tragen entscheidend dazu bei. Heinz Voss: „Wir mussten arbeiten, und wir haben gerne gearbeitet und ich habe manchen Monat mehr wie 250 Stunden gehabt. Ende der 50er Jahre herrscht Vollbeschäftigung in Westdeutschland. Auch Millionen von Flüchtlingen und Vertriebenen finden Arbeit und eine neue Heimat.
Zwar können sich zunächst nur wenige ein Auto leisten, doch gebaut werden sie am Fließband und verkauft in alle Welt. Sogenannte Wellen prägen die Jahre des Aufschwungs, die Einrichtungswelle, die Reisewelle und die Fresswelle. Hellmuth Karasek: „Die Angestellten sagten, während sie Wurst abschnitten: ‚Darf es etwas mehr sein?' Ich hatte zum ersten Mal gehört: ‚Darf es etwas mehr sein?'"
Die Zeit der Trümmer scheint bald überwunden. Otto Wolf von Amerongen: „Man wollte die Kriegserlebnisse durch Arbeit vergessen. Wir wollten von der Zeit nichts mehr wissen, wir wollten nichts mehr hören. Und das war mit eine enorme Triebfeder: Jetzt geh' mal ran, jetzt wird hier gearbeitet – wir vergessen das, was war." In einem satirischen Lied jener Zeit heißt es: ‚Ist ja kein Wunder nach dem verlorenen Krieg."

ZDF Enterprises

KV AV 13 Kopiervorlage zum Hördokument „Regine Hildebrandt über (ihre) Berufstätigkeit und Mutterschaft in der DDR (1995)"

M1 Regine Hildebrandt
Regine Hildebrandt wurde 1941 in Berlin geboren und lebte in der DDR. Sie studierte Biologie und arbeitete nach dem Abschluss ihres Studiums im Bereich der Arzneimittelforschung. Von 1978 bis 1990 war sie Bereichsleiterin in der Zentralstelle für Diabetes und Stoffwechselkrankheiten Berlin.
Die sich in der Bürgerbewegung „Demokratie Jetzt" (DJ) engagierende Regine Hildebrandt trat 1989 der Sozialdemokratischen Partei der DDR (SDP) bei. Von April bis August 1990 Ministerin für Arbeit und Soziales in der Regierung de Maizière, wurde sie im September 1990 – nach der Vereinigung von SDP und SPD – in den Bundesvorstand der SPD gewählt. Ab Oktober 1990 übte die dreifache Mutter das Amt der Ministerin für Arbeit und Soziales in Brandenburg aus und setzte während dieser Zeit den generellen Betreuungsanspruch für alle Kinder durch, um die Unabhängigkeit von Frauen zu ermöglichen.

Verfassertext

M2 Notizen

M3 Die Schriftstellerin Kathrin Aehnlich (geb. 1957 in Leipzig) erinnert sich:
Bei uns zu Hause endete die Gleichberechtigung vor der Wohnungstür. Mein Vater ignorierte die staatlichen Vorgaben und verlangte weiterhin das von meiner Mutter gekochte Mittagessen und seine von meiner Mutter gewaschenen und gebügelten Hemden. An ihrem Sonntag stand meine gleichberechtigte Mutter um sechs Uhr auf, bereitete das Frühstück vor, wusch das Geschirr ab, bereitete das Mittagessen vor, wusch das Geschirr vom Mittagessen ab, backte einen Kuchen. […] Sie war verantwortlich für unsere Wäsche, unsere Hausaufgaben, die Hausordnung, die Sauberkeit der Wohnung. Mein Vater klebte die Konsummarken ein und unterschrieb unsere Zeugnisse. Nur einmal im Jahr war alles anders. Einmal im Jahr durfte meine Mutter länger schlafen […]. Einmal im Jahr, am 8. März, dem „Internationalen Frauentag", hielten die Chefs ihrer Sekretärin die Tür auf.

Zit. nach Kathrin Aehnlich, Frauen in der DDR, in: Thomas Bickelhaupt, DDR. Ein fernes Land. 1949–1989, München (C. J. Bucher) 2009, S. 31 f.

1 Lies das Material M1.
2 Höre das Tondokument.
3 Fasse das Frauenbild Regine Hildebrandts zusammen. Notiere dir Stichpunkte in M2.
4 Gleichberechtigung oder Doppelbelastung der Frau? Diskutiert mithilfe der beiden Quellen (Regine Hildebrand und Kathrin Aehnlich, M3).
5 Vergleiche das Frauenbild der DDR mit dem der BRD.

Autorin: Marlen Gröschke

KV AV 14 Kopiervorlage zum Hördokument „Günter Schabowski zur neuen Ausreiseregelung der DDR-Regierung"

M1 Hintergrundinformationen

Da immer mehr Bürger ins Ausland ausreisen wollten, geriet die DDR-Regierung im Verlauf des Jahres 1989 zunehmend unter Druck. Das Ministerium des Innern beriet schließlich am 9. November auf einer extra dafür angesetzten Tagung über das Problem der Ausreise. Es wurde eine Gesetzesvorlage erstellt, wonach jeder DDR-Bürger Privatreisen beantragen konnte. Die Vorlage sollte am 10. November veröffentlicht werden. Auf der Pressekonferenz des Zentralkomitees der SED am 9. November verlas Günter Schabowski in Unkenntnis der Sperrfrist – er war bei der vorhergehenden Tagung nicht anwesend – den Inhalt des neuen Gesetzes. Zu diesem Zeitpunkt hatten weder der Regierungsapparat noch die Grenztruppen Handlungsanweisungen erhalten, wie die Antragsprozedere für Privatreisen und ständige Ausreisen aus der DDR geregelt werden sollten.

Verfassertext

M2 Der italienische Journalist Riccardo Ehrman stellte Günter Schabowski auf der Pressekonferenz am 9. November die entscheidende Frage nach dem Inkrafttreten der Gesetzesvorlage. In einem Interview aus dem Jahr 2007 äußerte er sich zu den vergangenen Ereignissen:

Am Ende war eigentlich alles irgendwie ein Zufall. Es war, sagt Riccardo Ehrman, ein Zufall, dass er 1989 in Ost-Berlin arbeitete. Es war ein Zufall, dass ausgerechnet er Günter Schabowski diese eine Frage stellte. Jeder andere hätte sie schließlich auch stellen können. Und es war Zufall, dass Günter Schabowski damals, am Abend des 9. November 1989, ausgerechnet auf seine, Riccardo Ehrmans Frage so konfus antwortete, dass nur wenige Stunden danach die Berliner Mauer, die die Stadt 28 Jahre lang getrennt und über 100 Tote gefordert hatte, auf einmal nur noch ein Haufen Beton war. Ehrman trat mit seiner Frage eine Lawine los.

Ralf Simon, Mauerfall: Die Frage der Fragen, zit. nach http://www.spiegel.de/einestages/mauerfall-a-950083.html (Stand: 14.11.2017).

---

1. Lies das Material M1 und höre anschließend das Tondokument.

2. Notiere die zentrale Aussage Schabowskis.

3. Beschreibe den Eindruck, den Günter Schabowski auf der Pressekonferenz erweckt. Welche Rolle spielen die Fragen der Journalisten?

4. Beurteile die Aussage Riccardo Ehrmans (M2), der Mauerfall am 9. November sei „Zufall" gewesen, vor dem Hintergrund der Gesamtsituation in der DDR gegen Ende der 1980er Jahre.

5. Zum Zeitpunkt der Pressekonferenz hatten weder der Regierungsapparat noch die Grenztruppen Handlungsanweisungen erhalten, wie sie mit Ausreisewilligen aus der DDR verfahren sollten. Überlege, welche Gefahren mit der spontanen Maueröffnung verbunden waren.

Autorin: Marlen Gröschke